תערוך לפני שלחן

הרב איתם שמעון הנקין הי"ד

תערוך לפני שלחן

חייו, זמנו ומפעלו של הרי"מ עפשטיין
בעל ערוך השלחן

התקין לדפוס מתוך כתבי המחבר:
אליעזר יהודה בראדט

מגיד

Rabbi Eitam Henkin
Set a Table Before Me
The Life and Work of Rabbi Yehiel Mikhl Epstein, Author of Arukh HaShulhan

ספרי מגיד, הוצאת קורן
ת״ד 4044 ירושלים 9104001
טל׳: 02-6330530 פקס: 02-6330534
www.maggidbooks.com

עורך אחראי: ראובן ציגלר
עורכת משנה: שירה פינסון, אפרת גרוס
הגהה: בנימין פרנקל
עימוד: שמעון בן־שחר
עיצוב העטיפה: דניאל גדלביץ׳
תמונת העטיפה באדיבות ר׳ דוד קמנצקי, מאוספו

מסת״ב ISBN 978-965-526-260-5

נדפס בישראל Printed in Israel 2018

הספר

תערוך לפני שלחן

יוצא לאור

לזכר נשמותיהם הטהורות של

המחבר הרב איתם שמעון הנקין הי"ד

ורעייתו נעמה הי"ד

אשר עלו לגנזי מרומים

בליל י"ט בתשרי תשע"ו

תנצב"ה

תוכן

חלק ראשון: תולדות ופרקי חיים

חלק שני: ספרים, כתבים ועיונים

נספחים

דברים אחדים

הרב אליעזר יהודה בראדט והמשפחה

תחילת עיסוקו של המחבר בדמותו וביצירתו של הרי"מ עפשטיין מסתמנת כבר לפני עשור, בשנת תשס"ז, אז פרסם הרב איתם הי"ד מאמר ביקורת על מהדורת 'ערוך השלחן' הוצאת פרידמן. מאז לא הניח את קולמוסו השופע ופרסם מאמרים חשובים רבים בתחום זה על הסתעפויותיו בבמות שונות, ודבריו נקראו על ידי רבים. לפני שנים מספר הגיש המחבר חלק מכתיבתו על בעל 'ערוך השלחן' להוצאת טורו קולג' בארצות הברית. ההוצאה אישרה את פרסום הספר, אולם בעקבות הטרדגיה הנוראה גמרו הוריו בדעתם להוציא את הספר באופן עצמאי, בהסכמת טורו קולג'.

רבים מן המספידים שביכו את לכתו בלא עת של המחבר המוכשר הדגישו את שליטתו הגמורה בתחומים רבים: הלכה, למדנות, היסטוריה חברתית-תרבותית ותולדות הרבנות, כמו גם התמצאות בלתי רגילה בנבכי הפרטים הביוגרפיים של כל נושא שבו נגע. אמנם כן, כשרונו המיוחד היה יכולתו למזג תחומי מחקר שונים, דבר שבא לידי ביטוי במאמריו המעולים על הרי"מ עפשטיין וחיבוריו, שזכו לתהילה כבר בחייו. כתיבתו של הרב איתם היתה לשם דבר גם בזכות סגולתו להגיש את המחקר בצורה חיה ומרתקת, מבלי שיורגש כמה שעות של מחקר, עמל ויגיעה מושקעות מאחורי כל בירור וידיעה. גם הפרק הביבליוגרפי הסוקר את חיבוריו של הרי"מ עפשטיין יכול להחיות נפש כל חי ואינו דורש התעניינות מיוחדת מצד הקורא.

לצד כשרונו זה, איכותו של הספר המונח לפנינו מתבטאית בעיקר בהתמצאותו הנדירה של המחבר-החוקר בהיבט המרכזי של חיי נשוא המחקר, דהיינו עולם הפסיקה וההלכה. הרב איתם הי"ד גילה בקיאות מופלאה בכל רחבי החיבור ערוך

השלחן, ולא כחוקר הפולש את החיבור כדי לאתר בו את מבוקשו ההיסטורי, אלא כתלמיד חכם אמיתי שעיקר עיסוקו בנגעים ואהלות. היכרותו עם החומר היתה פנימית ולא חיצונית, כפי שיכול כל קורא להתרשם מחיבוריו ההלכתיים: 'לכם יהיה לאכלה' בסוגיית חרקים במזון, ו'אש תמיד' על הלכות שבת, שבהם ירד המחבר לעומקה של הלכה. בהערות שוליים דחוסות ונמרצות ניכרת ידיעתו בתוכן ערוך השלחן ובמהותו הפנימית.

הספר שלפנינו כולל אוסף פרקים שהמחבר השאיר במחשבו האישי. חלק ממנו פורסם בחייו בכתבי עת שונים וחלק נוסף נכתב במיוחד עבור ספר זה. נפרט בקצרה, לפי סדר הפרקים, מה מקורו של כל פרק, מה התפרסם ובאיזו במה.

הפרקים שלא התפרסמו עד כה:

1. המבוא הגדול לספר, ובו פורש המחבר את מעמד הרבנות באותה תקופה ואת דרכו בכתיבת חיבורו.
2. חלק ראשון, פרק שלישי, 'תקופת נובהרדוק (1874–1908)'.
3. חלק ראשון, פרק שמיני, 'אחרית ימיו'.
4. חלק שני, פרק שלישי, אות ג, 'תכנית להדרת הערוך השלחן'.
5. חלק שני, פרק רביעי, 'ערוך השלחן מול משנה ברורה'.
6. נספח ג, אות א, רשימות התלמידים ונסמכים.

הפרקים שהתפרסמו בחלקם, והורחבו על ידי המחבר לקראת ספר זה:

1. חלק ראשון, פרק ראשון ושני: 'פרקים בתולדות בעל ערוך השלחן – תקופת בוברויסק, ימי נובוזיבקוב וגיסו הנצי"ב', **ישורון** כה (תשע"א), עמ' תרצא-תשיח.
2. חלק ראשון, פרק רביעי: 'דרכו של רי"מ עפשטיין בעל "ערוך השולחן" בין הציונות והציונים', **המעין** 221 (תשע"ז), עמ' 60–78 (פורסם מן העזבון).
3. חלק ראשון, פרקים חמישי-שישי: 'פרשת פולמוס המוסר וישיבת המוסר בנובהרדוק', **ישורון** לה (תשע"ז), עמ' תתקא-תתקנא (פורסם מן העזבון).
4. חלק ראשון פרק שביעי: 'פרקים בתולדות בעל ערוך השלחן – משפחתו וצאצאיו', **ישורון** כז (תשע"ב), עמ' תתעט-תתצה.

5. חלק שני, פרק ראשון: 'ספרי ערוך השלחן – סדר כתיבתם והדפסתם', **חצי גבורים – פליטת סופרים**, ז (תשע"ד), עמ' תקטו-תקלו.

6. חלק שני, פרק שני: 'כתבי הערוך השלחן הנוספים', **ישורון** לב (תשע"ה), עמ' תתפד-תתקו.

7. חלק שני, פרק שלישי, אות א: 'כתבי הערוך השלחן – ביקורת ספר', **עלוני ממרא** 121 (תשס"ח), עמ' 163–173.

8. חלק שני, פרק שלישי, אות ב: 'ערוך השלחן מהדורת פרידמן – ביקורת ספר', **עלוני ממרא** 120 (תשס"ז), עמ' 119–124.

9. נספח א: 'ר' יחיאל מיכל עפשטיין והצמח צדק בעדשת ספר מקור ברוך', **עלוני ממרא** 123 (תשע"א), עמ' 189–215.

10. נספח ב: 'רבי אליהו גולדברג אב"ד בוברויסק', **ישורון** כב (תש"ע), עמ' תתקא-תתקיב.

11. נספח ג, אות ב: 'הערוך השלחן וסמיכתו את הראי"ה קוק', **מקור ראשון** פרשת שופטים תשס"ח (מוסף "שבת").

על עריכת הספר

בדיסק הקשיח שהמחבר השאיר אחריו נמצאו תיקיות רבות הקשורות לתחום ספרנו, כולל פרקים שונים בגרסאות שונות ובמצבי עריכה שונים, וגם חומר אסוף ממקורות שונים. ערכנו השוואה יסודית כדי לזהות את הגרסה המעודכנת ביותר, ולעיתים נדירות שילבנו בין הגרסאות השונות ושיבצנו מקורות במקום שנראה מתאים, הכל מלשון המחבר.

גם הפרקים שהרב איתם פרסם בחייו לפעמים באו כאן ב'פנים חדשות' פרי עטו. נתווספו תיקונים והוספות, כי לא היה פוסק מלחדש ומלבקר את עצמו. גם פרקים א וכן ד-ז בחלק הראשון, שנדפסו לאחר מותו מן העזבון, מופיעות בספר זה בגרסה מתוקנת יותר עם הוספות ותיקונים של המחבר שנמצאו בשלב מאוחר יותר.

המחבר היה רגיל לאסוף מידע ולרשום הערותיו בכל תחום ועניין שהעסיק אותו. לאחר מכן היה נוהג ללטש רעיונותיו ובטוב טעם לצרף יחד פיסות מידע אל מארג שלם. נמצאו במחשב אזכורי תכניות שלא יצאו לפועל, בין השאר בנושא ערוך

השלחן, כגון: "באשר לאופן התקבלותו של הערוה"ש בקרב הפוסקים בדורות שלאחר מכן (בעיקר אחרי השואה) יש אצלי אריכות"; או "הארכתי על רגילותו של הרי"מ עפשטיין בספרי חכמת הנסתר, ועוד חזון למועד". הואיל ופרקים אלה הם בגדר 'ולא משתכחין', השמטנו הפניות שכאלה.

אחת ממעלותיו של המחבר היא לשונו המדויקת והקולחת. נזהרנו שלא לשנות מלשונו המקורית, והשתדלנו רק לסדר את סדר המערכה, דבר דבור על אופניו. כמו כן תוקנו ההפניות לאורך כל הספר לצורה אחידה ועקבית, משום שהדברים נכתבו בשעתם לבמות שונות ובזמנים שונים.

המחבר לא זכה לברך על המוגמר בפרק המשווה בין המשנה ברורה לערוך השלחן (חלק שני, פרק רביעי), שהוריו השלימו מרשימותיו לאחר מותו. אין ספק שפרק זה היה זוכה למקום רחב יותר בידיו האמונות, וחבל על דאבדין. הפרק 'אחרית ימיו' (חלק ראשון, פרק שמיני) הושלם על ידי אחי המחבר ד"ר יגיל הנקין. רשימת התלמידים והנסמכים של הרי"מ עפשטיין (נספח ג, אות א) מופיעה בתור רשימה בלבד.

ארבעה הנספחים מתפרסמים בספר זה בשל זיקתם לנושא הספר. נספח א עוסק בשתי נקודות חשובות הקשורות היטב לספר, ובמיוחד בשאלת אמינותו של 'מקור ברוך' מאת ר"ב עפשטיין, בנו של הרי"מ עפשטיין ודעת המחבר שאין לפסול ספר זה באופן גורף אלא "לנפות את הבר שבו מן התבן".

אליעזר יהודה בראדט, עורך

המשפחה מודה לחברים שהתייצבו לימיננו בהוצאת ספר זה לאור. ימי השבעה לבננו ולכלתנו הי"ד הסתיימו בביתם בנריה. בכאב והלם, ובחרדת קודש נכנסו האחים אל מחשבו של בננו הי"ד וגילו שם אוצר בלום, תיקיות־תיקיות מסודרות למופת. את המיפוי הראשוני עשה בננו ד"ר יגיל הנקין.

ד"ר עוז בלומן והרב שמריה גרשוני עמלו לבחון מה השאיר אחריו התלמיד החכם הנרצח. צופיה כהן מרצבך אירגנה את הכתבים. ההוצאה לאור של כתבי בננו מעזבונו הופקדה בידיו המיומנות של הרב ד"ר אליעזר בראדט. בחכמה ובדקדקנות, בנדיבות לב ובשעות עמל רבות, הוא ערך ספר זה בשיתוף אתנו. תודותנו נתונות גם לרב משה דוד צ'צ'יק אשר היטיב לעבור על כתב היד.

בצד חיבוריו ההלכתיים המעמיקים "לכם יהיה לאכלה" ו"אש תמיד" וכן כחמישים מאמרים, עסק בננו הרב איתם גם בכתביו של סבו-זקנו הגאון הרב יוסף אליהו הענקין זצ"ל. בה בעת הוא זכה לטיפוחו של פרופ' דוד אסף כהיסטוריון חוקר. המשפחה אסירת תודה לפרופ' אסף על כך.

יבורכו משמים מי שאיפשרו את ההוצאה לאור של ספר זה, וביניהם ידידנו הרב מתתיהו ברויד ומשפחתו, וכן חברינו הנאמנים שבחרו להישאר בעילום שם. תודה נוספת למאיר מילר ולאנשי הוצאת מגיד על עבודתם המסורה והמקצועית: לרב ראובן ציגלר, לשירה פינסון ולאפרת גרוס. תודה גם לבנימין פרנקל על ההגהה ולאביחי גמדני על הכנת המפתח.

ואחרון - הורים קרועי לב מגישים ספר זה לציבור הקוראים ביגון על ימי בננו הי"ד שבטלו בטרם עת, ובהודיה לקב"ה על אורו של בננו שאינו בטל.

יהודה וחנה הנקין

ציון ספרים בהערות שוליים

הספרים הבאים מופיעים פעמים רבות בהערות השוליים של הספר. כדי שלא להלאות את הקורא, בחרנו לציינם בקיצורים הבאים:

ר' מאיר בר-אילן, **מוולוז'ין עד ירושלים**, מהדורה שנייה, תל אביב תשל"א. להלן: **מוולוז'ין עד ירושלים**.

ר' מאיר בר-אילן, **רבן של ישראל**, ניו יורק תש"ג. להלן: **רבן של ישראל**.

ר' אהרן יהודה הלוי הורוויץ (עורך), **כתבי הערוך השלחן**, ירושלים תשס"ז. להלן: **כתבי הערוה"ש**.

ר' דב כ"ץ, **תנועת המוסר** – **תולדותיה, אישיה ושיטותיה**, חלקים ראשון-חמישי, ירושלים תשמ"ב. להלן: **תנועת המוסר**.

ר' דב כ"ץ, **פולמוס המוסר**, ירושלים תשל"ב. להלן: **פולמוס המוסר**.

ר' יהודה ליב מימון, **שרי המאה**, חלק שישי, ירושלים תש"כ. להלן: **שרי המאה**, ו.

ר' יהודה ליב מימון, **למען ציון לא אחשה**, ירושלים תשי"ד. להלן: **למען ציון לא אחשה**.

ר' יהודה ליב מימון, **מדי חודש בחודשו**. להלן: **מדי חודש בחודשו**.

ר' ברוך עפשטיין, **מקור ברוך**, וילנא תרפ"ח. להלן: **מקור ברוך**.

מבוא

מעמד הרבנות ברוסיה בסוף המאה ה-19

א. בין עיר לעיירה: המציאות היהודית במזרח אירופה

חוקרי החברה היהודית המזרח-אירופית בעת החדשה, למן יעקב כ"ץ ואילך, מתארים את ירידת קרנה של הרבנות והפיכתה לגורם שולי בעולם היהודי, כחלק מן הירידה הכללית בכוחם של הממסדים הישנים והפיכת ההשתייכות לקהילה היהודית-הלכתית לעניין וולונטרי בלבד – התרחשות המסומלת בעיקר בפירוק "ועד ארבע ארצות" בפולין בשנת תקכ"ד (1764)[1]. הרבנות במאה ה-19, לפי התיאור המקובל, לא נחשבה עוד כמוקד הנהגה רוחנית כבעבר, אלא שימשה כתובת טכנית לשאלות הלכה בלבד. אופייני בהקשר זה הוא ציטוט דבריו של ר' יחיאל מיכל פינס, מאמצע המחצית השנייה של המאה ה-19:

> אם נתבונן בפני הרבנות עתה, מה תחזה עינינו? פלאים ירדה ממרום עוזה לתחתית שפלותה, גלה כבוד ממנה וכחה עזבה! החבילה המשולשת התפרדה, אין שואל תורה ואין מגיש משפט לפני הרבנים [...] ולא קם בידי הרבנים

[1] ראו: כ"ץ, **מסורת ומשבר**, ירושלים תשי"ח, עמ' 266–269, 280–281; כ"ץ, **ההלכה במיצר: מכשולים על דרך האורתודוקסיה בהתהוותה**, ירושלים תשנ"ב, עמ' 9–20. שיקוף אופייני של תזה זו במחקר, היא האמירה כי "כאשר פורק הוועד בשנת 1764, התמוטט עמו המימון של מוסדות התורה המסורתיים, ובעקבותיו התמוטט כל מבנה הסמכות הרבנית המקובלת" (יהודית קליק, "יהדות רוסיה העתידית: היהודים בחלקיה המזרחיים של ממלכת פולין-ליטא", בתוך: קוליק אלכסנדר [עורך], **תולדות יהודי רוסיה**, עמ' 220).

אלא משרת ההוראה לבדה להורות בין דם לדם ובין נגע לנגע. הדבר הזה לבדו כבר יש בו די להוריד כבוד הרבנות ולהחליש כחה...[2].

כיום מסכימים החוקרים כי בין הגורמים לירידה של הממסדים הישנים, נמצאים לא רק תהליכים חברתיים ואידיאולוגיים למיניהם, פנימיים וחיצוניים – אלא גם, ובמידה רבה, התהליך הדמוגרפי ושינוי תנאי החיים הכרוך בו[3]: החברה היהודית הפכה בעידן החדש לחברה מודרנית-עירונית יותר ויותר, תוך שהיא יוצרת ריכוזי אוכלוסייה בהיקפים חסרי תקדים. אם בתחילת המאה ה-19 לא היו בעולם יותר משלוש או ארבע קהילות של עשרת אלפים יהודים, הרי שלקראת סוף המאה כבר מדובר בקהילות של מאה אלף יהודים, ורבות אחרות של יותר מחמישים אלף[4] – מציאות הרת גורל עבור הממסדים הישנים בעם היהודי. המבנה הותיק של הנהגת הקהילות ושל מוסד הרבנות, יושם בהצלחה יחסית לאורך הדורות כל עוד היה מדובר בקהילות קטנות ובינוניות, של כמה אלפי יהודים לכל היותר, וממילא בעלות יכולת ריכוזית וסמכות רבה באופן טבעי. אך כשנוצרו במהלך המאה ה-19 מרכזים עירוניים גדולים שכאמור, לראשונה בתולדות יהודי אירופה, הכילו רבבות יהודים בשטח מצומצם של כמה קילומטרים רבועים. המבנה הישן של ההנהגה הקהילתית והרבנית – הפשוט, הישיר באופיו והמנותק ביסודו מהפוליטיקה הארצית הכללית – נעשה הרבה פחות אפקטיבי, וממילא פחות רלוונטי, גם עבור האוכלוסייה המבקשת להוסיף ולאחוז במסורת.

אלא שבנקודה זו, אי-התייחסות מספקת לפריסה המורכבת של הנתונים הדמוגרפיים עלולה ליצור מעין אשליה אופטית. הדברים אמורים באשר למרכיב נוסף בתאוריה שביסס כ"ץ על האורתודוקסיה היהודית בעידן המודרני: כ"ץ מתמיה על התופעה שדווקא בעידן שבו אחוזים גדלים והולכים של יהודי אירופה

---

[2] "דור ומנהיגיו", **הלבנון**, י"ט אב תרל"ו (שנה 13 גליון 1), עמ' 2. הוא כותב שם, אגב, כי גם "הישיבות שבתו ובטלו והחנוך מסור עתה בידי עולי ימים"; תיאור זה אינו מדויק, אך הוא היה דרוש לרי"מ פינס על מנת לטעון כי "שלוש המשרות" שהגדירו את הרבנות בעבר, "כהן, שופט וחכם" (שם, עמוד השער), כבר בטלו, שהרי לפי דבריו לא פונים עוד לרב בשאלות הלכה, לא מגישים בפניו דיני ממונות, ואף לא באים לבית מדרשו ללמוד תורה.

[3] על חשיבות הפריזמה הדמוגרפית והסטטיסטית להבנת תולדות העם היהודי ראו: S. Baron, "Emphasis in Jewish History", *Jewish Social Studies*, Vol. 1, 1939, pp. 29-30. ליישום גישה זו בפועל ראו: רפאל מאהלר, ***יהודי פולין בין שתי מלחמות עולם***, תל אביב תשכ"ט; הונדרט, **גאולה קטנה ומעט כבוד**, עמ' 33–42.

[4] ראו: אטינגר, **תולדות עם ישראל**, עמ' 79, 152.

אינם עוד שומרי מצוות, ועל כל פנים אינם רואים עוד את הרבנים כמקור סמכות רוחני ומעשי, גדל הנפח של ספרות השאלות והתשובות פי כמה לעומת הדורות הקודמים. ההסבר לכך, לדבריו, הוא שדווקא עקב ההתפוררות הנמשכת של מוסדות העולם הישן ושל החברה המסורתית, הרגישו אלה שנותרו נאמנים לחברה זו צורך לחזק את זיקתם הפעילה לערכיה, והתגברה אפוא הנטייה לפנות לרבנים על כל צעד ושעל, גם בתחומים ובשאלות שבעבר לא נחשבו כמצריכים פנייה לסמכות רבנית, ועל כל פנים בתדירות גדולה מבעבר:

...מצב זה גרם לתופעה המפתיעה לכאורה, שספרות השאלות והתשובות, במקום להידלדל שעה שמגזרים גדלים והולכים של הציבור הפקיעו עצמם משליטת ההלכה, אדרבה זכתה להתרחבות לאין שיעור. אין זאת אלא שהנשארים בתחום שליטתה של ההלכה קיבלו על עצמם את עולה בעיצוב אורח חייהם במידה מרחיקת לכת יותר מאשר בדורות הקודמים [...] תלותו של היהודי האורתודוקסי המודרני במנהיגו הדתי, הוא בעל ההלכה, גדולה יותר אפוא מתלותם של אבותיו, יושבי הגטו, במורי ההוראה שבזמנם[5].

אולם העובדות אינן תומכות בתאוריה זו. קורות הזמנים החדשים משתקפות כמובן בספרות השו"ת, כשם שכל תקופה היסטורית בעבר השתקפה בספרות השו"ת בת־זמנה, אך לפי התרשמותי לא ניתן לומר כי חל שינוי מובהק בצביונה ואופיה של ספרות השו"ת במאה ה־19 לעומת המאה ה־17[6]. דומה כי הרוב

[5] כ"ץ, **גוי של שבת: הרקע הכלכלי־חברתי והיסוד ההלכי להעסקת נוכרי בשבתות ובחגי ישראל**, ירושלים תשמ"ד, עמ' 180–182.

[6] כאסמכתא לדבריו כותב כ"ץ כי "בעוד אשר עד הזמן החדש תופסים דיני חושן משפט מקום מרכזי בקובצי השו"ת ומרבית תשובות המשיבים הן ביסודו של דבר פסקי דין במשפטים בעלי אופי אזרחי, הרי מרבית תשובות חכמי הדורות האחרונים שייכות לחלקי 'אורח חיים' ו'יורה דעה', היינו לתחום הדתי הריטואלי ולהתנהגות האישית" (שם, עמ' 182). לפי הערכתי ונסיוני בספרות השו"ת, הטיעון הזה אינו מבוסס. מלבד שאת מיעוט הפרסומים בענייני חושן משפט במאה ה־19 ניתן לתלות בגורמים חיצוניים לחלוטין (הצנזורה הרוסית, למשל. ראו שלל הדוגמאות במאמרו של יהושע מונדשיין, "תשובה אבודה מכ"ק אדמו"ר ר' שניאור זלמן מליאדי", **אור ישראל** כו (תשס"ו), עמ' ט־י. זאת בנוסף להגבלות הדרסטיות על יישום משפטי התורה ברוסיה הצארית, מאז תקנות 1804), הרי שעצם האמירה כי עיקר עיסוקה של ספרות השו"ת הוא בשאלות משפטיות, נכונה בעיקר ביחס למאה ה־16, ובפרט בתשובותיהם של חכמי המזרח התיכון – ואילו בתשובות חכמי אירופה במאה ה־17, הקודמת עדיין לרוב התהליכים בהם עוסק כ"ץ, חושן משפט אינו תופס נפח ניכר בהרבה לעומת שאר חלקי השלחן ערוך.

המכריע של השאלות והתשובות שנכתבו בתקופה זו אינו שייך לקטגוריה שונה באופן מהותי מזו של השאלות והתשובות שנכתבו בדורות הקודמים. את מרבית הדיונים שבספרי השו"ת שנדפסו במזרח אירופה במאות השנים האחרונות, כולל המאה ה-19, לא יוכל היסטוריון שאינו בקיא בתולדות הספרות הרבנית לתארך על פי התוכן בלבד למאה שבה נכתבו. הנושאים הם ברוב המקרים אותם נושאים והגישה אליהם בדרך כלל אינה שונה. רק בחלק קטן יחסית של שאלות הנוגעות במישרין לתופעות שנתחדשו באותו דור, ניתן לזהות בבירור את השינוי המצופה.

אם כך, מה מקור התופעה של "הגידול היחסי" בהיקף ספרות השו"ת דווקא כשתופעות ההשכלה והחילון הולכות ונעשות דומיננטיות בעם היהודי? התשובה היא, כאמור, שמדובר באשליה אופטית: אכן, לאורך המאה ה-19 נוצרה והתרחבה במזרח אירופה שכבת היהודים שאינם עוד שומרי מצוות, ואחוז המזדהים עם ערכי החברה המסורתית התמעט בהתמדה – אולם הגידול העצום באוכלוסייה היהודית בתקופה זו, במספרים מוחלטים, הביא לכך שבפועל מספר היהודים שומרי המצוות גדל אף הוא במידה משמעותית. אם בסוף המאה ה-17 מספר יהודי העולם כולו נאמד סביב מליון נפשות, הרי שלקראת סוף המאה ה-19, מספר יהודי מזרח אירופה לבדם היה גדול פי כמה[7]. אף אם נניח שכבר בשלב זה התקרב מספר ה"חופשיים" לגבול החמישים אחוזים (וראו להלן), עדיין מדובר על מליוני יהודים בקבוצת ההשתייכות המזוהה עם האורתודוקסיה והמסורת – מציאות דמוגרפית-חברתית חסרת תקדים. הסיבה לגידול בהיקף ספרות השו"ת, נובעת אפוא בראש ובראשונה בעיקר מקיומם של הרבה יותר שואלים, ובמקביל הרבה יותר משיבים, מאשר בכל תקופה אחרת בתולדות ספרות זו. לענייננו ניתן לומר, לשם המחשה, כי רבה של עיירה שגרתית בליטא או רוסיה הלבנה של סוף המאה, שימש כתובת למספר יהודים שכמאה שנים לפני כן היה רק לרבני הערים הגדולות ביותר באירופה[8]. אם כן, למרות כל הבקיעים בעולמה של

---

[7] ראו: S. Baron, *The Russian Jew under Tsars and Soviets*, NY 1964, pp. 76-77; אטינגר, **בין פולין לרוסיה**, עמ' 257–279. וכן: שטמפפר, "גידול האוכלוסייה והגירה ביהדות פולין-ליטא".

[8] בשימוש במונחים "ליטא" ו"רוסיה הלבנה" (ולהלן: ליטא) כוונתי למרחב שבמרכז ובצפון תחום המושב, בו שכנו מרבית הישיבות הגדולות לפני מלחמת העולם הראשונה, והשפעתה של ההנהגה הרבנית המסורתית הורגשה בו במידה ניכרת (המרחב החסידי במזרח אירופה, בעיקר בפולין-גליציה ובדרום תחום המושב, על מאפייניו המיוחדים וההנהגה האדמו"רית של הציבור האורתודוקסי שבו, דורש דיון נפרד). את גבולותיו – לענייננו – של מרחב זה, שכלל את מחוזות מינסק, גרודנא, וילנא וקובנא, ניתן להגדיר בקווים גסים בבריסק וביאליסטוק במערב, פינסק

החברה המסורתית, עם כל השינויים התרבותיים והחברתיים שהתחוללו והוסיפו להתחולל, היקף האוכלוסייה המזוהה באופן עקרוני עם ההנהגה הרבנית, לא רק שלא הצטמצם לאורך המאה ה-19, אלא גדל בשיעור ניכר.

יתר על כן, אותו ערעור כללי של הממסדים הישנים, כפי שתואר לעיל, נוגע בעיקר לחברה היהודית העירונית כפי שהתגבשה בעידן המודרני; ביישובים הקטנים והבינוניים, לעומת זאת, הרלוונטיות של מבנה ההנהגה הוותיק הוסיפה להישמר במידה רבה יותר – ואין לשכוח כי לפי נתוני מפקד 1897 ברוסיה, רוב יהודי תחום המושב (56.7%) חיו עדיין בעיירות ובכפרים ולא בערים הגדולות והבינוניות[9]. על אף הגידול המתמיד בהיקפם ועוצמתם של זרמי ההשכלה והחילון, הרי שמבחינה סטטיסטית, נראה שגם בסוף המאה ה-19 היה רוב הציבור היהודי ברוסיה מזוהה עדיין עם העולם המסורתי ואורחותיו[10]. אם נבקש אפוא "לחקור את החוויה שחוו רוב היהודים בהקשרה", כלשון ג"ד הונדרט[11], נמצא כי במזרח אירופה של סוף המאה ה-19 עדיין היתה זו חוויה בעלת מידה לא מבוטלת של מרכיבים מסורתיים (או מָסוֹרְתָנִיים, אורתודוקסיים).

בדרום, שקלוב במזרח, ודווינסק בצפון. כמו כן, האבחנה שאערוך בין "עיירה" ל"עיר", תתבסס על הגדרתו של יהודה באואר את ה"שטעטל" כיישוב שרוב תושביו יהודים, ושמספרם אינו פחות מ-1,000 ואינו יותר מ-15,000 (באואר, "נובוגרודק – סיפורה של עיירה", עמ' 31). אמנם, הגדרה זו תואמת את המציאות הסוציו-דמוגרפית שלפני מלחמת העולם השנייה, ואילו בתקופה שלפני המלחמה הראשונה המספרים אמורים להיות בהתאם נמוכים מעט יותר.

[9] בנושא זה ראו: רופין, **מלחמת היהודים לקיומם**, עמ' 59–67.

[10] ראו דברי בקון, "החברה המסורתית בתמורות העתים", עמ' 455, 461. את הקביעה כי עיקר מימושו של תהליך החילון בעם היהודי התרחש לא לפני העשור השני של המאה ה-20, ניתן לעגן בין השאר בסטטיסטיקה של מספר הפונים ללימודים במוסדות השכלה גבוהה: לפי אומדניו של רופין (שם, עמ' 233, 30), נמצא כי בין 1900 ל-1935 גדל מספר הסטודנטים בעם היהודי בכ-800%, בשעה שהגידול הדמוגרפי עמד על פחות מ-60%. משתקפים בכך גם תהליכים חיצוניים, כמובן, הקשורים למעמד המשפטי של היהודים בארצות השונות ולנגישות שלהם למוסדות ההשכלה הגבוהה, אך הדבר עדיין מהווה המחשה כי בתקופה זו דווקא, ולא לפניה, התחולל עיקר השינוי בפועל בזיקתו התרבותית של רוב העם היהודי.

[11] הונדרט, **גאולה קטנה ומעט כבוד**, עמ' 232. ראו עוד בדבריו שם: "היסטוריונים הדגישו יתר על המידה את השינוי והתמקדו יתר על המידה באידיאולוגיה [...] חוויית יהודי מערב אירופה הייתה התבנית לסיפור המודרניזציה שסיפר למעשה כל היסטוריון יהודי שהתייחס לתקופה, אך הנרטיב הזה נוגע רק לקהילות יהודיות קטנות ששיעורי אוכלוסייתן בארצות שהן חיו בהן ובכלל היהודים שחיו באירופה, היו זעומים".

דוגמא לכשל הנגרם כתוצאה מאי הבאת הנתונים הללו בחשבון, נמצאת בדיונו של מרדכי זלקין בפרשה ההיסטורית המורכבת של הגיוס הכפוי לצבא רוסיה למן תקופת הצאר ניקולאי הראשון (1827) ואילך, ומדיניות הגיוס הסלקטיבי שהופעלה במהלכה על ידי הנהגת הקהילות השונות[12]. זלקין, המנתח את צדדי הפרשה תוך שימוש במונחים השאולים מן הפובליציסטיקה הפוליטית העכשווית, מעלה שוב ושוב את הטענה כי דוברי האורתודוקסיה וההנהגה הרבנית, בתגובותיהם לביקורת שהושמעה כלפי התנהלותם בפרשה זו, "התעלמו" מסוגיית "אי גיוסם של תלמידי הישיבות" ואפלייתם לטובה על חשבון אוכלוסיות אחרות. אלא שלאמיתו של דבר טענה מסוג זה לא תעלה על הדעת בעולם מסורתי, שאחד מערכי היסוד המרכזיים שלו הוא חשיבותו של העיסוק בתורה. אוכלוסייה המזדהה באופן כללי עם ערכי העולם המסורתי – וכזה היה, כאמור, רוב הציבור היהודי ברוסיה בתקופה הנדונה – אינה עשויה להתייחס בהבנה אל הטענה כי הוצאת צעירים המקדישים את חייהם ללימוד תורה ממכסת הגיוס היא "אפליה" בעלת בעייתיות ערכית. טענה כזו הושמעה בעיקר מצד משכילים רדיקליים, שכבר ניתקו את עצמם מכבלי העולם המסורתי וערכיו, ולא הזדהו – בלשון המעטה – עם גישה המקנה מעמד נכבד למוסד המסורתי של לימוד התורה ותלמידי החכמים[13]. הציבור הרחב, לעומת זאת, החזיק בגישה שונה למדי; זלקין עצמו, במאמר אחר, מתאר היטב את העשרות הרבות, אולי אף מספר תלת-ספרתי, של בתי מדרש קהילתיים שפעלו בעיירות וערים בכל רחבי ליטא[14]. מפעל מסועף זה לא היה יכול להתקיים ללא תמיכה ישירה ומתמדת של הקהילה המקומית ואנשיה, ותלמידי בתי המדרש הללו אף חיו על שולחנם של בעלי הבתים במקום, במנהג ה"ימים" הידוע[15].

---

12 זלקין, "בין 'בני אלוהים' לבני אדם" (ראו בפרט עמ' 175–176, 178–187, 203–204).

13 ראו: לוין, **ערכי חברה וכלכלה**, עמ' 123–126, וכן עמ' 54–56.

14 זלקין, "עיר של תורה". וראו להלן הערה 19.

15 זלקין ("בין 'בני אלוהים' לבני אדם", עמ' 171–172, וראו שם הערה 58) נוטה לאמץ את תיאורו של ש"י פין כי בתי המדרש שימשו כ"ערי מקלט" לבטלנים שביקשו להימלט מהגיוס. שאול שטמפפר, לעומתו, טוען כי בחורים מסוג שכזה לא היו מסוגלים לזכות בתמיכה כלכלית, ומתאר בפרוטרוט את נורמות הלימוד, שהיו כרוכות בחיי סגפנות ולימוד בהתמדה במשך רוב שעות היממה (שטמפפר, "החדר – לימוד תורה ושימור הריבוד החברתי", בתוך: ע' אטקס וד' אסף [עורכים], **החדר**, תל אביב תש"ע, עמ' 47–50). בהקשר זה, זלקין גורס כי אי-גיוס "בחור הוגה בתורה" פירושו היה "אפלייתם לטובה של מי שנמנו על האליטה הדתית" (זלקין, שם, עמ' 210); האמנם הצעירים לומדי התורה במאה ה-19, הן בבתי המדרש הקהילתיים והן בישיבות הגדולות, היו בהכרח אליטה במובן חברתי כלשהו? באופן דומה הוא כותב (שם, עמ' 208), כי "את התעלמותו

תופעה מובנת היא שמשפחה שבנה הוא שנבחר לגיוס הכפוי על מקומו של אחד מהלומדים, התרעמה על כך מאד – ותהא זיקתה הדתית באשר תהא; אך אין בכך כדי לשקף את עמדתו המסורתית של הציבור הרחב, בפרט בעיירות, כלפי הסוגיה העקרונית של מעמד לימוד התורה.

בסיכום ביניים, ניתן לקבוע כי רבים ממרכיבי העולם הישן, המסורתי – על השואלים והמשיבים שבו, על הספרים והמחברים שבו, על הרבנים ובתי המדרש שבו – הוסיפו להיות בעלי משמעות עבור חלק ניכר מהאוכלוסייה היהודית במזרח אירופה גם בשלהי המאה ה-19[16]. זאת, יש להדגיש, בייחוד כשמדובר באוכלוסייה הבלתי עירונית – ה"שטעטל", ששימרה מידה משמעותית יותר של מאפייני העולם המסורתי, לעומת המודרניזציה המואצת של האוכלוסייה העירונית.

את מסגרת הדיון במעמד הרבנות בליטא של סוף המאה ה-19 ותחילת המאה ה-20 אני מבקש אפוא להגדיר באמצעות הבחנה כללית בין המציאות היהודית העירונית-מודרנית לבין זו של ה"שטעטל" הממוצע, העיירות והכפרים במרחבי תחום המושב – ובנוסף הקדשת תשומת לב לתמונת המציאות כפי שנחוותה על ידי מרבית האוכלוסייה, ולאו דווקא כפי שצוירה בהשקפתם של אוחזי העט שבה.

של [ר' ברוך] אפשטיין [משאלת הגיוס הסלקטיבי] אפשר אולי להסביר בהשתייכותו למשפחות האליטה הכלכלית פוליטית והרבנית גם יחד". רבנית מילא, אבל איני יודע לאיזו אליטה כלכלית או פוליטית השתייך פקיד הבנק הפינסקאי ר"ב עפשטיין.

[16] השוו דיונו של שוחט, "ההנהגה בקהילות רוסיה עם ביטול הקהל", עמ' 220-216. מבלי להפריד בין קבוצות התייחסות שונות, הוא מביא מחד מקורות המתארים כי בליטא "נשאר עפ"י רוב כבוד הרבנות בתקפו", ומאידך מקורות שאינם מזכירים השפעה כלשהי של הרב המקומי בענייני הציבור. המציאות כמובן לא היתה אחידה, אך מסך העדויות שהובאו שם ניתן בהחלט לומר כי גם ברבע השלישי של המאה ה-19 נותר לרב – בעיקר כזה שהיה מפורסם גם מחוץ למושבו – מעמד של השפעה ציבורית. באשר לרבע האחרון של המאה מתאר שוחט (שם, עמ' 219) כי מעמד הרבנים הלך והתערער במהירות, בעיקר עקב התפשטות ההשכלה והחילון (והשוו: ישראל ברטל, "תגובות למודרנה במזרח אירופה", בתוך: ש' אלמוג ואחרים [עורכים], **ציונות ודת**, ירושלים תשנ"ד, עמ' 35-39); אלא שגם זאת יש להתאים למידה המשתנה של אחיזת ההשכלה במקומות השונים, כאשר התופעה הורגשה כאמור בעיקר בערים הגדולות, ופחות בעיירות ובאיזורים הכפריים, בהם כאמור ישבו עדיין רוב יהודי רוסיה.

ב. עולם הישיבות ועולם הרבנות

כהמשך לאותם יסודות שהניח יעקב כ"ץ, תאוריה מקובלת בחקר האורתודוקסיה המזרח אירופית במאה ה-19 גורסת כי גם בתוככי העולם האורתודוקסי נדחק מעמדה של הרבנות הקהילתית לשוליים, ועל חשבונה התחזקו הישיבות העל-קהילתיות בליטא וחצרות האדמו"רים בפולין ודרום-רוסיה, ששימשו מעתה מוקדי ההנהגה החדשים[17]. לפי תאוריה זו ניתן לומר כי מעמד ראש הישיבה החליף בליטא את מעמד רב הקהילה כגורם הסמכות וההזדהות הדתית, וכי כבר במאה ה-19 היוותה למעשה הישיבה העל-קהילתית מעין קהילה אלטרנטיבית המבטלת את הצורך בהשתייכות לקהילה מן הדגם הישן[18].

ככל שמדובר ביישוב היהודי המתרחב בארצות הברית ובארץ ישראל, שהיו נטולות מסורת מושרשת של רבנות קהילתית, דומה כי אכן בסוף המאה ה-19 לא היה קשר משמעותי בין מעמדו הציבורי של רב לבין כהונה במשרה קהילתית רשמית כלשהי. אולם האם כך היה גם בתפוצה היהודית הוותיקה ברוסיה? האם לאור התמונה הדמוגרפית הנזכרת, ניתן לומר שרבני העיירות איבדו את הציבור שהנהיגו בעבר? לטענתי, גם בעולם האורתודוקסי שהלך והתגבש בליטא במחצית השנייה של המאה ה-19 ותחילת המאה ה-20, הוסיפה ההנהגה הרבנית

---

[17] ראו: דוד אסף וישראל ברטל, "שתדלנות ואורתודוקסיה: צדיקי פולין במפגש עם הזמנים החדשים", בתוך: ר' אליאור, י' ברטל וח' שמרוק (עורכים), **צדיקים ואנשי מעשה - מחקרים בחסידות פולין**, ירושלים תשנ"ד, עמ' 65–90, ובפרט עמ' 68; ישראל ברטל, **מאומה ללאום - יהודי מזרח אירופה 1772–1881**, תל אביב תשס"ב, עמ' 65. לשיקוף אופייני של תזה זו במחקר, ראו: חיים א' וקסמן, "חוק הברזל של החומרה וחרדיות האורתודוקסיה", מ' ליטבק וא' לימור (עורכים), **קנאות דתית**, ירושלים תשס"ח, עמ' 185–186.

[18] אחת ההשלכות של ההנחה הזו על מצב המחקר, היא שבדור האחרון מתקיים טיפול עשיר ומסועף בישיבות ליטא למיניהן ובחצרות האדמו"רים השונות במאה ה-19, ולעומת זאת מוקדש נפח זעום בלבד לעיסוק ישיר במנהיגים רבניים מן הדגם "הישן" או להתמקדות בתחום הרבנות הקהילתית בכלל (כפי שציין בקון, "החברה המסורתית בתמורות העתים", עמ' 454. בין היחידים שהקדישו עד כה מסה משמעותית של מחקר לשכבת ההנהגה הרבנית בליטא, הוא יוסף שלמון בעבודותיו – המתמקדות כשלעצמן באלמנט הציוני). במישור זה, ניתן לומר כי המחקר שאני מבקש להציג צועד כמעט בשדה בור, בגשתו לניתוח הפלח האורתודוקסי של יהדות רוסיה מזווית התופעה של רבני הקהילות.

[הערת העורך: לאחרונה התפרסם ספרו של מרדכי זלקין, **מרא דאתרא? רב וקהילה בתחום המושב**, ירושלים תשע"ז, העוסק בהיבטים אלה.]

ה"ישנה" להיות מרכיב רלוונטי כבעבר[19]. הדבר מומחש בין השאר בכך שבתקופה בה אנו דנים עד מלחמת העולם הראשונה, כמעט שלא ניתן למצוא עיירה שלא כיהן בה רב.

יתר על כן, הנהגה זו אף הוסיפה לשמש בסיס חשוב לרכישת מעמד ציבורי. העובדות מורות כי הרוב המכריע מקרב האישים שזכו בתקופה האמורה להגיע למעמד של הנהגה על-קהילתית ולסמכות ארצית בעולם האורתודוקסי בליטא, היו רבני קהילות וערים מן "הממסד הישן", ולא דמויות מסוגים אלטרנטיביים של הנהגה, דוגמת ראשי ישיבות, מחברי ספרים נפוצים, דרשנים פופולריים ולחלופין עסקנים פוליטיים. ניתן להמחיש זאת בדוגמאות רבות: מי שניהלו את "פולמוס המוסר" (1897) שנגע בצביונו של עולם הישיבות, בין מצד התומכים ובין מצד המתנגדים, ואף אלה שהכריעו בו את הכף, היו רובם ככולם רבני קהילות, אשר מרכיב משמעותי בסמכותם נבע מכהונתם זו; מרבית האישים שנטלו חלק מרכזי בפולמוס השמיטה תרמ"ט (1889), שנגע בקיומו של היישוב החקלאי המתפתח בארץ ישראל, היו מהבולטים שברבני הקהילות והערים של התקופה; חלק ניכר מהדמויות האורתודוקסיות שהיו קשורות להנהגת "חובבי ציון" בשלביה השונים (1882–1897), היו נציגים אופייניים של הרבנות הקהילתית; אחוז מכריע מן הרבנים שזומנו על ידי שלטונות רוסיה לאסיפות בעניינים שונים בין היהדות לממשלה הצארית (דוגמת האסיפות בפטרבורג תרמ"ז [1887] ותר"ע [1910]) היו רבני קהילות בולטים, ומתוקף כך נחשבו כדמויות מייצגות כלפי השלטונות; והאישיות הרבנית הבולטת ביותר בליטא של סוף המאה ה-19, ואולי במזרח אירופה בכלל, היה מי שכיהן כרב העיר קובנא, ר' יצחק אלחנן ספקטור – מפורסם

---

[19] לביקורת מכיוון אחר על התאוריה הנזכרת, ראו מאמרו הנזכר של זלקין, שם (לעיל הערה 14). הוא טוען כי מרבית לומדי התורה במאה ה-19 ישבו בבתי מדרש קהילתיים ולא בישיבות הגדולות. לכך מסכים גם שאול שטמפפר, שם (לעיל הערה 15), המחדד כי תופעת הישיבות הגדולות התפשטה רק לקראת סוף המאה ה-19, ולאורך המאה אכן היו בתי המדרש המקומיים דומיננטיים יותר מבחינה סטטיסטית. את העובדה שדווקא הישיבות הגדולות הן שזכו כאמור לעיסוק נרחב במחקר, וגם בספרות הזכרונות אין ביטוי משמעותי לבתי המדרש הקהילתיים, מסביר זלקין (שם, עמ' 161) במימד החידוש שהיה לישיבות אלה בתודעת בני הזמן, לעומת השגרתיות שבתופעה הוותיקה של "ישיבת בית הכנסת". לכך יש להוסיף את העובדה שבראש הישיבות העל-קהילתיות, שרובן היו גדולות בהרבה מבית מדרש מקומי ממוצע, עמדו במקרים רבים דמויות שנחשבו מן השורה הראשונה של חכמי התורה, ולפיכך הותירו רושם ניכר בזכרון התלמידים – לעומת האלמוניות היחסית של מרבית הרבנים שהחזיקו את בתי המדרש הקהילתיים.

ובעל השפעה ציבורית רחבה בהרבה לעומת ראשי הישיבות הגדולות של הזמן. למעשה, בין ראשי הישיבות העל-קהילתיות שפעלו בשליש האחרון של המאה ה-19 (סלבודקה, מיר, טלז ועוד), ניתן להצביע על אחד בלבד שהתבלט בצמרת ההנהגה של העולם האורתודוקסי – ר׳ נפתלי צבי יהודה ברלין מוולוז׳ין – וגם הוא כיהן במקביל כרב העיירה שבה שכנה ישיבתו.

כמובן, אין פירוש העובדות הללו כי דווקא כהונת הרבנות המקומית היא הפרמטר שהקנה לאדם המדובר את סמכותו ויוקרתו בעולם האורתודוקסי (בגורמים לכך נדון להלן). אך מכל מקום, ראשית יש בכך כדי להצביע על מעמדה של כהונת הרבנות כשלב כמעט-הכרחי בסולם ההשפעה בעולם האורתודוקסי-ליטאי, ושנית – ובעיקר – הדבר ממחיש כי ראשי הישיבות הגדולות לא תפסו אלא נתח קטן בשכבת ההנהגה הרבנית. במילים אחרות, התאוריה הגורסת כי הממסד הרבני הקלאסי בליטא איבד במהלך המאה ה-19 את עיקר משמעותו וחשיבותו לטובת מוקדי הנהגה חדשים ועל-קהילתיים, דוגמת ראשי הישיבות, רחוקה מלהיות מדויקת. אדרבא, על היוקרה שנודעה גם בתקופה זו לתפקיד ׳רב ואב״ד׳ בעולם האורתודוקסי, תעיד העובדה – המומחשת בדמותו הנזכרת של הנצי״ב – כי אפילו אותם מנהיגי ״קהילות אלטרנטיביות״, ראשי הישיבות העל-קהילתיות שרוקנו כביכול את משמעותה של ההנהגה הרבנית-קהילתית הישנה, כיהנו לא-פעם בעצמם כרבני העיירה בה נמצאה ישיבתם.

לטענתי, על חיסול מעמדה של הרבנות המקומית במזרח אירופה, ניתן לדבר רק מאוחר יותר, מעבר למסגרת התקופה שאנו דנים בה. למעשה, הדבר התרחש בתוך זמן קצר למדי, בעשור השני של המאה ה-20, על האירועים חובקי-העולם והתהליכים הסוציולוגיים שהבשילו במהלכו: בעולם הרחב – מלחמת העולם הראשונה (1914 ואילך), המהפכה הבולשביקית (1917) והקמת הרפובליקה הפולנית השנייה ומדינת ליטא (1918) שהכילו מעתה את רוב האוכלוסייה היהודית שהיתה בעבר תחת שלטון רוסיה הצארית; בעולם היהודי – התרחבות השפעתה של התנועה הציונית, ההישג המדיני שרשמה עם הצהרת בלפור (1917) והצטברות מסה קריטית של החברה החילונית ביהדות מזרח אירופה; בעולם האורתודוקסי – הקמת ״אגודת ישראל״ (1912) ועקירת עשרות ישיבות ומאות רבנים ממקומם בעת המלחמה (1915 ואילך). בעקבות כל ההתרחשויות הללו ואחרות, שונו לחלוטין תנאי הפעולה של הממסד הרבני במזרח אירופה, ומעתה ואילך אכן ניתן לומר כי מעמד הרבנות הקהילתית נעשה בעל חשיבות והשפעה פחותות

בהרבה[20]. זו אפוא התקופה שממנה והלאה ניתן לומר כי עולם הישיבות היה דומיננטי יותר בהנהגה האורתודוקסית-ליטאית מאשר העולם הרבני הקלאסי. אך לגבי המאה ה-19, ואף תחילת המאה ה-20, לא ניתן לומר כן.

ג. שינויים פנימיים וחיצוניים במעמד הרבנות

דיון מפורט על טיב התמורות במעמדו של הרב הקהילתי ברוסיה במאה ה-19, נדרש להיות מופרד לשני חלקים: הגורמים החיצוניים, הקשורים בגופי השלטון ובמציאות הכללית הסובבת, והגורמים הפנימיים, הכרוכים בתמורות שחלו בקהילה ובחברה היהודית.

מבחינת הגורמים החיצוניים, אין ספק כי למן ביטול "ועד ארבע ארצות" בתקכ"ד (1764), דרך סיום חלוקת פולין (1795) ופרסום תקנות 1804, וכלה בביטול ה"קהל" ברוסיה בשנת תר"ד (1844), צומצמה באופן משמעותי סמכותם הרשמית של הרבנים והוגבר הפיקוח השלטוני על פעילותם. נשללו מן הרבנים, לדוגמא, רוב אמצעי הכפייה שהורשו להפעיל בעבר כלפי חברים בקהילה; על ההחרמה והנידוי הוטל איסור בתקנות 1804 (סעיף 51), עונש ה"קונע" (עמוד-הקלון) המסורתי נעלם כמעט לגמרי, והתקנות שללו גם מהנהגת הקהילה את היכולת למנוע מקבוצת חברים בקהילה להתפלג, להקים בתי כנסת ולמנות על עצמם רבנים אחרים (סעיף 53)[21]. עם ביטול מעמדו המשפטי של ה"קהל", נשללו מהקהילה גם זכויות השיטור וניהול ענייני המיסוי (להבדיל מן הגבייה). אך האם צמצום סמכויות, פירושו בהכרח אובדן שליטה והתפרקות הקהילה בעיירות? יתרה מכך, האם הרעת התנאים אכן היתה המאפיין הבלעדי של התמורות במעמד הרבנות בתקופה זו?

---

[20] הדבר מומחש יותר מכל בעובדה כי בעוד שרוב מנהיגי העולם האורתודוקסי-ליטאי של סוף המאה ה-19 כיהנו בעיקר כרבני קהילות ידועות, הרי שבקרב מנהיגי אותו ציבור בין שתי מלחמות העולם, בין אם היו דמויות רבניות בולטות (ר' ישראל מאיר הכהן מראדין, ר' חיים עוזר גרודזינסקי), ראשי ישיבה (ר' אלחנן ורסמן, ר' ברוך-בר ליבוביץ) או עסקנים פוליטיים (מ'המזרחי' או 'אגודת ישראל' בפולין), קשה הרבה יותר למצוא מי שנודע בהיותו רב קהילה (דוגמא נדירה היא ר' אברהם דובער כהנא שפירא מקובנא, ובתחילת התקופה גם ר' מאיר שמחה הכהן מדווינסק).

[21] לנוסח תקנות 1804 ראו: אטינגר, **בין פולין לרוסיה**, עמ' 234-256. לדיון בנושא כולו ראו: שוחט (לעיל הערה 16), בפרט עמ' 190-221.

השוואת תנאי הפעילות החיצוניים של רבני רוסיה במאה ה-19, מול אלה של רבני פולין-ליטא במאות ה-17–18, מעלה את המסקנה כי בכמה פרמטרים ניתן להצביע אפילו על שיפור מסוים[22]. תחת השלטון הפולני, למשל, היו מינוי הרב והתנהלותו נתונים תחת פיקוח ישיר של בעלי האחוזות, וכלשון ציטוט בן-התקופה: "שנתחלל כסא ההוראה עד שבכמה מדינות הרבנות כמוכסנות"[23]. תחת השלטון הרוסי, לעומת זאת, על אף כל נסיונות ההתערבות ומהפכת "הרבנות מטעם", בסופו של דבר התקיימה ברוב הקהילות אוטונומיה יחסית במינוי הרב (המסורתי), ובוודאי לא ניתן לומר שהרבנים שימשו "חלק ממינהל האחוזה". גם התופעה של קניית משרת הרבנות בכסף, שהיתה רווחת מאד בפרוס העת החדשה, התמעטה ברוסיה לאורך המאה ה-19.

באשר לגורמים הפנימיים בתוככי החברה היהודית, יש לשאול שוב האם האיסור שהוטל על אמצעי כפייה, והתעצמות תהליך הוולנטריזציה של ההשתייכות הקהילתית, פירושו היה גם שבהכרח נשללו מן ההנהגה הרבנית הקהילתית במאה ה-19 רוב התפקידים שמילאה במאות הקודמות. לשם בירור העניין ניעזר שוב בהשוואה מול הפונקציות שמילאו רבני פולין במאות ה-17–18. כך מתאר ג"ד הונדרט:

> הרב היה בעל הסמכות בענייני הלכה. תוארו היה 'אב בית דין', ותפקידו היה לשבת בראש בתי הדין הרבניים של הקהילה. לתואר זה נוסף התואר 'ריש מתיבתא', אם, כפי שאמנם היה לעיתים קרובות, הוא היה גם ראש הישיבה של הקהילה. בדרך כלל הרב השתתף בישיבות הקהל, ואישר בחתימתו את ההחלטות שנתקבלו [...] הרב השגיח על הבחירות לקהל, על חברא קדישא ועל חברות וארגונים אחרים. בתור מעין נוטריון-שופט הוא הוסיף את חותמו ואת חתימתו לחוזים, לצוואות ולתעודות [...] הרב היה משביע שוחטים וקצבים, משלמי מסים וגובי מסים; הוא ניסח חרמות של נידוי והכריז עליהם בבית הכנסת; הוא העניק את התואר הנכבד 'מורנו' ואת התואר הרם פחות 'חבר'; הוא סידר קידושין והשגיח על גירושין; הרב נשא את הדרשה ב'שבת הגדול'

---

[22] כבסיס להשוואה ישמש תיאורו של הונדרט, **גאולה קטנה ומעט כבוד**, עמ' 117–119. והשוו דברי שוחט (לעיל הערה 16), עמ' 216, כי "אחת התוצאות מביטולו הרשמי של ה'קהל' היתה התחזקות-מה של מעמד ה'רב הדתי'" בליטא, שלפני כן היה כפוף במידה גדולה יותר לפרנסים, שאף קיבלו ב-1804 חלק מן הסמכויות שנשללו ממנו.

[23] ראו הונדרט, שם.

> ו'שבת שובה'; במועדים קבועים הוא עבר בין הכפרים סביב הקהילה כדי לתת את שירותיו; הוא דאג שתושבי הכפר ישלמו את מסיהם ובדק שהשוחטים הוכשרו כהלכה[24].

ניתן לקבוע בביטחון כי מרבית הפונקציות המתוארות כאן באשר לרבני פולין בפרוס המאה ה-18, הוסיפו להתקיים כמעט ללא שינוי אצל רבני **העיירות** בליטא (להבדיל, כאמור, מן המציאות בריכוזי-הענק שנוצרו בערים) לכל אורך המאה ה-19. סמכויות הענישה והנידוי צומצמו עד בוטלו, כאמור, אך מלבד זאת התמונה דומה בסך הכל, למעט מידה מצומצמת יותר של פיקוח משפטי על פעילות ה"קהל".

יש בידינו תיעוד למקרים לא מעטים של מתיחות ואף התנגשויות בין הרב להנהגת עיירתו בליטא של סוף המאה ה-19, ואין ספק כי מרווח סמכותו של הרב וחופש פעולתו היו תלויים בין השאר בטיב האינטראקציה בינו לבין פרנסי הקהילה. אך האם מדובר בתופעה מיוחדת לעידן זה? האם ישנה תקופה כלשהי בתולדות יהדות אירופה, שהתאפיינה ברבנים המשמשים כ'שליט יחיד' בקהילתם, ללא תלות בממסדי ההנהגה האחרים? התשובה שלילית. אדרבא, גם במישור זה ניתן להצביע על שיפור מסוים במעמד רב הקהילה הליטאית בסוף המאה ה-19 לעומת הדורות הקודמים: חוזה הרבנות בקהילות פולין של המאות ה-16-18, נחתם בדרך כלל לתקופה רשמית, מוגדרת וקצרה (לרוב שלוש שנים). היו כמובן מקרים רבים של הארכת החוזה, ושל רבנים שכיהנו תקופה ממושכת יותר בתפקידם, אך הנורמה הזו העניקה כוח רב ביד פרנסי הקהילות כנגד הרבנים, שכהונתם נצרכה בדיקה ואישור בכל כמה שנים. לעומת זאת, חוזה הרבנות המקובל בליטא במחצית השנייה של המאה ה-19, לא הכיל הגבלה מפורשת של משך הכהונה. רבנים עזבו לא פעם את משרתם, בנסיבות שונות, אך היקף התופעה היה נמוך משמעותית מזה שהתקיים בעבר. לפי הערכה גסה שהערכתי, המספר הממוצע של משרות-רבנות בהן כיהן לאורך חייו רב פולני במאות ה-17-16, נע בין חמש לעשר לכל הפחות, ללא ציר עקבי של שדרוג מכהונה לכהונה. לעומת זאת אצל רבני רוסיה בסוף המאה ה-19, המספר נע סביב שלוש או ארבע משרות בלבד, כאשר בדרך כלל פירוש המינוי למשרה חדשה היה מעבר לכהונה חשובה יותר. התופעה של רב היושב באותה קהילה במשך עשרות שנים, שכמעט

---

[24] הונדרט, שם, עמ' 92. תיאורו מבוסס בעיקרו על זה של כ"ץ, **מסורת ומשבר**, עמ' 107-111, 195-204.

לא היה כמותה בתולדות יהדות מזרח אירופה בפרוס העת החדשה, הפכה לעניין שגרתי למדי בקרב אותה יהדות מאתיים שנה מאוחר יותר. נמצאנו למדים כי מזווית זו, דווקא הרב הליטאי של המאה ה–19 זכה למעמד יציב יותר מאשר בעבר, עובדה שתרמה לכוח עמידתו מול גורמים אחרים בקהילה.

האם פירוש הדבר שלא חלו שינויים באופיה של הרבנות הקהילתית במאה ה–19, בהיקף מנהיגותה ובעוצמתה? חלו גם חלו. האם לא נעשו תנאי פעילותו של הממסד הרבני הישן מורכבים הרבה יותר מבעבר? נעשו ללא ספק (וראו להלן). אך האם רבני העיירות נעשו בהכרח לאותה דמות קריקטוריסטית שהוצגה לימים בעיבוד הקולנועי המפורסם לספרו של שלום–עליכם 'טוביה החולב'? ייתכן שכך היה בעיניהם של סופרי ההשכלה[25], האוונגרד של הציבור ה"חופשי" המתפתח שריכוזים משמעותיים שלו התקיימו בערים הגדולות; אולם הדבר אינו נכון בהכרח עבור מאות–אלפי ואף מליוני יהודים ב"שטעטל" המזרח–אירופי, שהוסיפו לראות בהנהגה הרבנית מקור רלוונטי של סמכות. אף שבניגוד לזמנים עברו לא הכילה קבוצת ההתייחסות של הרבנות הקהילתית את כל בני העיירה, המחוז והארץ, אלא רק חלק מסוים מהם, על פי פילוח וולונטרי באופיו, הרי שבמספרים מוחלטים היה מדובר כאמור בציבור רחב לא פחות מבעבר, ולמעשה אף יותר.

אכן, ככל סוג של מנהיגות, גם הרלוונטיות של הנהגה זו הותנתה ביכולתה להסתגל ולהתאים את עצמה לתנאים המשתנים ולענות לצרכיו של הציבור. אם נשתמש במונחים מהסוציולוגיה של המנהיגות[26], הרי שבעוד שבעבר מרכיב הסמכות של רבני העיירות היה מדֻגם ה"ראשוּת", דהיינו נובע מהתוקף הרשמי של תפקידם ומהפונקציות השלטוניות שהיו כרוכות בו, הרי שלמן תחילת המאה ה–19 הוא הלך ונעשה לדגם ה"מנהיגוּת", הכרוך בתכונותיהם האישיות ודמותם של הרבנים ונובע מהאינטראקציה בינם לבין עדתם. במישור זה בוודאי צודקת

---

[25] אף כי באורח פרדוקסלי, עוצמת מאבקם של המשכילים הרדיקליים ברוסיה כנגד "הרבנים" במחצית השנייה של המאה ה–19, משקפת את הכרתם שלהם כי האחרונים (כקבוצה כוללת) עודם מחזיקים בעמדות השפעה מרכזיות בעולם היהודי, וכפי שמתלונן יל"ג, "כמה גדול כוחם עדיין של הרבנים!" (מובא אצל שוחט [לעיל הערה 16], עמ' 218). השוו: ישראל צינברג, **תולדות ספרות ישראל**, ז, תל אביב תשל"א, עמ' 147–164; יהודה פרידלנדר, "מאבקו של יהודה ליב גורדון ברבני ליטא", **סדן** גליון 3 (תשנ"ח), עמ' 263–273; פיינר, **מלחמת תרבות**, עמ' 242–246.

[26] ראו: ד' כנעני (עורך), **אנציקלופדיה למדעי החברה**, ג, תל אביב תשכ"ז, עמ' 578–582; D. Sills (ed.), *International Encyclopedia of the Social Sciences*, NY 1968, vol. IX, pp. 91-112.

התמונה המקובלת, שצוירה במחקריו של יעקב כ"ץ: הזמנים החדשים העמידו אתגר מורכב בפני מוסד הרבנות בעיירות מזרח אירופה, והיכולת למלאו בהצלחה לא נבעה עוד מהסמכות הרשמית של מוסדות הקהילה, סמכות שהלכה ונחלשה, אלא מתכונותיו של הרב וכשרונו לענות על צרכיהם החדשים והמשתנים של תושבי עיירתו, ולמצוא מרכיבים חדשים לבסס עליהם את הנהגתו[27].

במובן זה ניתן להצביע שוב על תהליך פרדוקסלי לכאורה, של הרחבת תחומי מעורבותו של רב הקהילה דווקא בתקופה שמזוהה עם ירידת מעמדו המסורתי: אם בעבר היה די בפונקציה הרשמית שמילא ובכהונתו כדיין וכמכריע הסכסוכים המקומי על מנת לשמור על מעמדו, הרי שמעתה הוא נדרש להיות פעיל במגוון רחב בהרבה של תחומים, ולהיות מעורה במידה רבה יותר בתהליכים החברתיים והרוחניים של בני עדתו בפרט ושל הציבור היהודי בארצו בכלל, על מנת להוסיף ולהיות דמות רלוונטית ומקור הנהגה רוחני. המציאות עצמה הניעה אפוא את הרבנים להיכנס לתחומי השפעה ופעילות שלא היו להם בעבר. סביר להניח שרבנים רבים התקשו להתאים את עצמם לשינויים הדרסטיים בעולמם של יהודי מזרח אירופה – אך באותה מידה, היו גם לא מעט רבנים שמילאו היטב את התנאים המתוארים לעיל.

ד. שיטות המחקר ומקורותיו

לשם ניתוח תופעה המתוחמת בגבולות גיאוגרפיים וכרונולוגיים מוגדרים, נהוג לעיתים במחקר ההיסטורי להתמקד בעניינן של שלוש "דוגמאות מייצגות", להוכיח כי ההבדלים ביניהן מכסים את הספקטרום הכולל של התופעה, ולמצות את תמונת המחקר באמצעות ניתוח השוואתי שלהן. בדרך זו הלך למשל שאול שטמפפר במחקרו הקלאסי, "שלוש ישיבות ליטאיות" (לימים: **הישיבה הליטאית בהתהוותה**). אלא שהפעלת מתודה דומה בנושא הרבנות הקהילתית ומעמדה בליטא בשלהי המאה ה-19, מעוררת קשיים מהותיים: ראשית, על מנת לסקור

---

[27] דוגמא קטנה לכך ראו במאמרו הנזכר של זלקין, שם (לעיל הערה 14), המתאר כיצד הירידה במעמדם של רבני הקהילות הביאה אותם לפנות לאפיקי פעילות חדשים, כגון ייסוד "קיבוצים" וישיבות קהילתיות קטנות. ניתן גם לראות בכך, אגב, גם אופן התמודדות של הרבנים עם גזירת הגיוס, ודרך מפלט שהעמידו בפני צעירים שהיו מעוניינים ומסוגלים לכך (השוו: שוחט, "הרקרוצ'ינה בימי ניקולאי הראשון"). זאת בניגוד לזווית ההתייחסות שמאמץ זלקין במאמר אחר (לעיל, הערה 12), עמ' 168–172, 181–182.

את התופעה באופן אפקטיבי ומהימן, יש צורך בדוגמאות שישמשו כ"ייצוג כפול": הן קהילות מייצגות שיהיה ניתן באמצעותן לסקור את התמונה הכללית של עולם הקהילות, ובו זמנית גם רבנים קהילתיים המייצגים מצידם את התופעה של עולם הרבנות. שנית, ומעבר לכך, במקרה הנוכחי מדובר בתופעה אדירה בהיקפה, מאות רבות של מקרים המשקפים למעשה את הווייתו של הפלח המרכזי באוכלוסייה היהודית ברוסיה; בנדון דידן, שיטת ה"דוגמאות מייצגות", שיש לה יתרונות במחקר תופעות מצומצמות יותר (כמו הישיבות העל-קהילתיות, או לחלופין המשכילים הרדיקליים ברוסיה באמצע המאה), עלולה להתברר כמייצגת את אותן דוגמאות בלבד.

בעניין רבנות ליטא בתקופתנו, היה אפוא מן הראוי לחקור קבוצה רחבה יותר של דוגמאות. עיסוק בחמש או עשר דוגמאות עשוי להבטיח חפיפה רבה יותר בין מסקנות המחקר לבין תמונת המציאות הכללית. אלא שדגם מחקר מסוג זה עשוי להיתקל בבעיות מכיוון אחר: ראשית, דיון **רוחבי** במספר דוגמאות כה רב, עלול לבוא על חשבון מחקר **העומק** הדרוש לשם מיצוי התופעה עד תום. שנית, באשר לרוב הקהילות ורוב הרבנים שפעלו במרחב הגיאוגרפי והכרונולוגי של דיוננו, קשה עד בלתי אפשרי להשיג מידע מקיף ומפורט במידה הדרושה עבור ניתוח ההיבטים המרובים של האינטראקציה בין הרב לקהילתו, אם מפני שמדובר בקהילה קטנה וצדדית ואם מפני שמדובר בדמות רבנית שאינה מפורסמת דיה. אמנם קיים פוטנציאל לריכוז כמות מספקת של חומר על אודות עשרה או עשרים רבנים חשובים די הצורך שפעלו בקהילות חשובות דיין. ברם במקרים אלו עשויה להצטבר מסה כזו של חומר גלם מחקרי, שלא יהיה אפשר להתמודד עמה במחקר בודד. מעבר לכך, התמקדות דווקא בדמויותיהם של רבנים יותר ידועים שפעלו בתקופה הנידונה, עלולה להתברר כשגיאה מתודולוגית מהותית, מאחר שתנאי הפעילות של דמויות שהיו מפורסמות עוד בחייהן שונים במידה רבה מן האתגרים והקשיים שבפניהם עמדו רבני קהילות אלמוניים וזוטרים יותר.

לפיכך, בספר זה בחרתי לעסוק בדמותו, בפועלו ובכתביו של רב קהילה אחד, מובהק וידוע בדורו – ר' יחיאל מיכל עפשטיין מנובהרדוק; לא כ"דוגמא מייצגת" שקווי פעילותה משקפים בהכרח את שאר הרבנים בתקופה הנידונה, אלא כשלד וציר שסביבו מתבקש להיערך דיון רוחבי והשוואתי, שאין כאן מקומו, בתופעה הכללית של הרבנות הקהילתית ברוסיה בסוף המאה ה-19 ותחילת המאה ה-20. זוהי בחירה ברב שמצד אחד הוא מפורסם די-והותר כדי להעמיד לרשותנו חומר

היסטורי עשיר ומפורט על אודות קורות חייו ופועלו, ומצד שני אינו בין הרבנים שפרסומם ופועלם הציבורי היה בעיקר במישור העל-קהילתי (דוגמת ר' יצחק אלחנן ספקטור או הנצי"ב), דבר שהאפיל על פעילותם הפנים-קהילתית ופגע בטיב המידע שנשמר בידינו על האספקטים הקהילתיים של תפקודם כרבנים. בשל כך, מעבר לערכו של העיסוק באחת הדמויות הרבניות הבולטות ביותר בליטא במחצית השנייה של המאה ה-19 ובתחילת המאה ה-20 – דיון זה בכוחו גם להוסיף דעה בהארת מעמד הרבנות הקהילתית ברוסיה בתקופה המדוברת.

מקורות המידע העומדים לרשותנו במחקר תולדות יהדות רוסיה במאה ה-19, הם רבים ומגוונים: מקורות ראשוניים – תעודות ארכיוניות, מכתבים, מסמכי שלטון, רשימות אוטוביוגרפיות, ספרות הזכרונות ועוד. מקורות משניים – אנציקלופדיות רבנים ומאגרי מידע אחרים, ספרי הזכרון הרבים של קהילות מזרח אירופה, סיפורים מכלי שני ועוד. אך המקור הראשון במעלה לחקר המרחב שבין הרבנים לקהילותיהם הוא ללא ספק העיתונות העברית העשירה שצמחה במזרח אירופה במחצית השנייה של המאה ה-19: בשנות השישים והשבעים היו אלה בעיקר 'הלבנון' ו'המגיד', בשנות השמונים והתשעים בלטו 'המליץ' ו'הצפירה', ובעשור הראשון והשני של המאה העשרים – 'הצפירה' לצד 'הזמן' ועיתונים אחרים. עדיפותם של העיתונים לענייננו נובעת מכמה פרמטרים: ראשית, היקף המידע, המבוסס על דיווחים יומיומיים מקהילות שונות לאורך שנים רבות, וכן התייחסות לאירועים ואנקדוטות שלא נזכרים כמעט במקורות מסוג אחר. שנית, מדובר במקורות היחידים שפורסמו מיד עם כתיבתם, ובכך הועמדו לביקורתם של הקוראים – ביקורת שבמקרים רבים לא איחרה לבוא. תופעה זו, הנעדרת כליל מספרות הזכרונות למשל, מאפשרת להיסטוריון לנתח ביתר יעילות אירועים משמעותיים שזכו להתייחסות מצדדים שונים.

מסיבות אלו ואחרות, העיתונות היהודית של מזרח אירופה היא מקור בלתי נדלה לתולדות יהדות מזרח אירופה, וכל היסטוריון, חוקר ספרות וסוציולוג של יהדות זו עושים בה עד היום שימוש רב. האם אפוא, לאחר דורות של שימוש מחקרי בעיתונות היהודית המזרח אירופית, ניתן עוד להציג חידוש מתודולוגי כלשהו בתחום זה? כחידוש מסוים, ארצה להציג את השימוש שעשיתי בספר זה לאו דווקא בעמודי התוכן של העיתונים, אלא בעמודי המודעות האחוריים שלהם, אותם עמודים רוויי פרסומות של ספרים ומוצרי מזון, אשר רבים מדלגים עליהם לחלוטין במהלך הדפדוף בגליונות העיתונים. אכן, הידיעות המרכזיות,

הפובליציסטיקה והדיווחים הראשיים, הופיעו בעמודים הראשונים של העיתונים, אולם ישנן ידיעות מסוג אחר, שדווקא אותו טור מודעות צפוף שנדפס בסוף העיתון היה מקומן המרכזי: ידיעות ועדכונים שפרסמו גופים ומוסדות שונים, ובראשם ישיבות ליטא למיניהן. עמוד המודעות היה הבמה המרכזית בה מסרו ישיבות ליטא מידע לתלמידיהן הפוטנציאליים: תנאי קבלה, שכר לימוד, תכנית לימודים, מועד ומקום, אירועים חריגים שונים, ועוד ועוד. כך, לדוגמא, מתברר כי מקור המידע היחידי-כמעט שבידינו על אודות ישיבת 'תורה ודעת' בנובהרדוק, המתחרה של ישיבת המוסר המפורסמת שהתקיימה בעיירה זו, הוא אותם עמודי-מודעות צדדיים של העיתונים; עד כה, בשל אי תשומת-הלב לתוכן שהשתמר בעמודים אלה, לא היה ידוע על ישיבה זו כמעט מאומה. יתר על כן, גם עבור תולדותיה של ישיבת המוסר הנוברדוקאית עצמה, עמודים אלה מהווים מקור מידע חשוב ביותר. וכן הלאה.

לא רק ישיבות עשו שימוש בעמודי המודעות, אלא גם קהילות שחיפשו רבנים, חזנים ושוחטים, מחברי ספרים שפרסמו את חיבוריהם, רבנים שביקשו לפרסם פניות שונות לציבור, ועוד ועוד. מדור נוסף ששייך לז'אנר זה של העמודים האחוריים, היה 'נדבות ליישוב ארץ ישראל' שפורסם לאורך שנים רבות ב'המליץ', וכלל הודעות על תרומות שתרמו אנשים שונים לאנשי העלייה הראשונה דרך הוועד האודסאי של חובבי ציון, ברוב המקרים לרגל שמחה משפחתית כזו או אחרת. גם ההודעות הלאקוניות הללו, שפורסמו לעשרות כמעט מדי גליון, מהוות למעשה מקור ביוגרפי חשוב ביותר לתולדותיהם של אישים רבים בני התקופה, ולעיתים גם שופכות אור על יחסה של אישיות כזו או אחרת כלפי "חובבי ציון", ועוד.

כל אלה הן דוגמאות בלבד לשימוש המחקרי שניתן לעשות באותם עמודים אחוריים של עיתוני מזרח אירופה. זאת ועוד, מעבר לעצם התוכן שהשתמר בעמודים אלה, מבחינה ביקורתית יש להם לעיתים גם עדיפות על מקורות תוכן אחרים: לא מדובר במדורים פובליציסטיים או במאמרי דעה, אלא בדיווחים אינפורמטיביים שתכליתם מסירת מידע לציבור, ובשל כך נודעת להם עדיפות אובייקטיבית; רק במקרים נדירים מאד שימשו המודעות הללו למטרת פרסום דיס-אינפורמציה. מדובר גם במקורות אותנטיים, בני התקופה, המוסרים מידע אמין ומדויק יותר מזה שנשמר בדרך כלל במקורות משניים או מאוחרים.

חלק ראשון

תולדות ופרקי חיים

פרק ראשון

תקופת בוברויסק (1864–1829)

ר' יחיאל מיכל הלוי [להלן: רי"מ] עפשטיין נולד ביום השבת, כ' שבט תקפ"ט (24 בינואר 1829)[1]. אביו, ר' אהרן יצחק הלוי ב"ר צבי הירש, היה יליד שנת תק"ע (1810), ובשעת לידת בנו היה כבן 19 שנים[2]. אמו, רָאשְׁקָה בת דוד פרידלנד[3], היתה ילידת סמילוביץ' (Smilavicy) הסמוכה למינסק, כ-120 ק"מ מצפון-מערב לעיירתו של בעלה, בוברויסק (כדלהלן). ר' אהרן יצחק, אביו של הרי"מ עפשטיין, עסק בקבלנות ובניין, כשחלק ניכר מזמנו מוקדש לנדודים בהתאם לפרויקטים אותם ביצע – רבים מהם בהזמנת ממשלת הצאר – ולעת

[1] זהו התאריך שנמסר על ידי בנו, **מקור ברוך**, ג, עמ' 1163 והשוו: **שרי המאה**, ו, עמ' 97. ישנם מקורות המציינים תאריכים אחרים: אצל רש"נ גוטליב (**אהלי שם**, עמ' 153 הערה ג) השנה היא תק"ץ, ובעקבותיו הלך ר"א שטרן (**מליצי אש**, ג, עמ' 62); לפי רמ"ש שפירא בהספדו (**הד הזמן**, כ"ז אדר ב' תרס"ח [שנה ב גליון 65], עמ' 3) מדובר בשנת תקצ"ב, ואילו אייזנשטדט (**דור רבניו וסופריו**, א, עמ' 42) נקב בתאריך כ' כסליו תקצ"ה. רוב המקורות הללו הופיעו בדפוס לפני דברי ר"ב עפשטיין, אך אחרי הכל "מסתבר שגרסתו של הבן היא הנכונה", כלשון א"ז תרשיש (**רבי ברוך הלוי אפשטיין**, עמ' 41 הערה 2) – בפרט לאור העובדה שבשאר המקורות נפלו שגיאות וסתירות נוספות בתאריכי חייו של הרי"מ עפשטיין: שפירא כתב שנפטר בן 78, בעוד שמאז תקצ"ב חלפו רק 76 שנים; אייזנשטדט טעה גם בחודש הלידה; שטרן הזכיר שנפטר בתרס"ח בן 79, וכך גם גוטליב לפניו, וממילא מתחייב שנולד בתקפ"ט, שלא כתיארוכם – וכבר העיר תרשיש (שם, עמ' 156 הערה 6, וראו גם עמ' 151 הערה 2) שרבים מהנתונים הקלנדריים שב'אהלי שם' משובשים הם. דבריו יפים לסוגת אנציקלופדיות-הרבנים בכללה.

[2] **מקור ברוך**, עמ' 670.

[3] על אודותיה ראו: **מקור ברוך**, עמ' 723–724. היעדר אזכורים לשהות שלה אצל בנה בנובהרדוק, מלמד שהיא נפטרה כנראה עשור ויותר לפני בעלה.

זקנה התיישב אצל בנו בנובהרדוק, שם נפטר לאחר כעשר שנים, בט"ו אדר תרנ"ה (1895), והוא בן 85[4].

כפי הידוע, היה לרי"מ עפשטיין (בבגרותו) אח אחד בלבד, ר' בנימין-בֵּינוּשׁ, שהתגורר בפטרבורג (Saint Petersburg), בירת האימפריה הרוסית, שם המשיך כנראה את חלק מעסקיו של אבי המשפחה. שני האחים שמרו לאורך השנים על קשר מתמיד; כשהוצרך הרי"מ עפשטיין לנסוע אל פטרבורג הרחוקה (כ-800 ק"מ ממקום מושבו), הנמצאת מחוץ לתחום המושב, הוא היה שוהה שם בביתו של אחיו[5]. חלק מהנסיעות הללו היו על רקע העיסוק בהדפסת כרכי הספר 'ערוך השלחן', שנדרשו לעבור תחת עינה של לשכת הצנזורה הרוסית, שמקום מושבה היה בפטרבורג – ובאחד המכתבים מציין הרי"מ עפשטיין כי "והכתב יד הוא בפ"ב אצל אחי שיחי', למוסרו לביקורת"[6].

א. בוברויסק – חסידים ומתנגדים

מקום הולדתו של הרי"מ עפשטיין, וכך גם של אביו לפניו, היה בעיירה בּוֹבְּרוּיְסְק (Babruysk), הנמצאת בדרום-מזרח מחוז מינסק שב"רוסיה הלבנה" (כיום: בלארוס). בימי ילדותו של הרי"מ עפשטיין, ברבע השני של המאה ה-19, מנתה בוברויסק כמה אלפי תושבים, יהודים ונוצרים (פרובוסלבים), ונמצאה בתהליך צמיחה מתמיד[7]. הרקע להתפתחותה של העיירה מאז תחילת המאה ה-19, היה

---

[4] **מקור ברוך**, עמ' 928, וכן: **מוולוז'ין עד ירושלים**, עמ' 274–275. מידע נוסף וסיפורים על אודותיו פזורים בספר **מקור ברוך**, עמ' 670–940, וכן ב**שרי המאה**, ו, עמ' 94–96. ראו גם להלן, פרק שלישי, הערה 57.

[5] כך ציין ר' נפתלי צבי יהודה ברלין (הנצי"ב) במכתב משנת תרמ"ח (1888): "גיסי הגאב"ד דק' נאווהרדאק נ"י כעת שמה בפ"ב [=בפטרבורג], בית אחיו הגביר מ' בינוש עפשטיין נ"י..." (קוסובסקי [עורך], **אגרות הנצי"ב מוולאזין**, עמ' קל). ראו גם בזכרונותיו של ר' דוב אריה קליג, מסביבות תרס"ה (1905): "נסע הגאון הנ"ל [=הרי"מ עפשטיין] מן ביתו לעיר המלוכה פעטע[ר] סבורג [...] כי הגאון הנ"ל הי' לו אח בעיר הנ"ל, ע"כ נסע לשם" (קליג, **לב אריה**, עמ' ו). באזכור טריוויאלי משנת תרמ"ט (1889) צוינו "הג"מ יחיאל מיכל הלוי עפשטיין אבד"ק נאווהרדק בעהמ"ח ס' אור לישרים ע"ס ישר לר"ת וס' ערוך השולחן על חו"מ" ואחיו "הרה"ג מו"ה בנימן בינוש הלוי עפשטיין מפ"ב" (רא"מ עפשטיין, **גבורות הארי**, דף יב ע"א).

[6] מכתב לקרוב משפחתו ר' חיים ברלין, אביב תרמ"ד – **כתבי הערוה"ש**, סי' נו. ראו עוד שם, חלק התשובות, עמ' קנו.

[7] האומדן הדמוגרפי הראשון של יהודי בוברויסק נעשה בתר"ז (1847), אז היו בעיירה כ-4,700

התקרבות צבאו של נפוליאון לאיזור, דבר שהביא את השלטון הצארי לערוך משנת תק"ע (1810) ואילך מפעלי בנייה ופיתוח מאסיביים בעיירה וסביבתה. צבא נפוליאון הגיע לעיירה בתקע"ב (1812); לאחר תבוסת נפוליאון ונסיגת צבאו מן האיזור, הואץ קצב בניית המבצר המפורסם של בוברויסק, כשעבודות הפיתוח הממשלתיות הופכות את העיירה למרכז איזורי חשוב במערכת הכלכלית והצבאית של רוסיה הצארית, כמו גם במישור הפנים-יהודי[8].

במונחים היסטוריים-יהודיים, היתה בוברויסק ממוקמת באיזור צומת גבולות שלושת הגושים הגיאוגרפיים העיקריים של "תחום המושב" (למעט פולין הקונגרסאית), שנחשבו לנבדלים זה מזה בתודעתם של יהודי רוסיה במאה ה-19: **ליטא** שמצפון (חבלי מינסק, וילנא וקובנא) וממערב (חבל גרודנא), **רוסיה הפנימית** שמצפון (מחוזות מוהילב וויטבסק) וממזרח (חבל צ'רניגוב), **ואוקראינה** (ווהלין, פודוליה, חרסון ועוד) שמדרום. מיקום ייחודי זה בא לידי ביטוי בהרכבם החברתי של יהודי בוברויסק, ברמת ההשתייכות הפנים-אורתודוקסית: רוב האוכלוסייה היהודית בסביבתה הכללית של העיירה (בפרט בצד הליטאי, ממערב ומצפון) נחשבה כבעלת אוריינטציה "מתנגדית", אך בבוברויסק עצמה התקיימה קהילה חסידית דומיננטית, שרוב חבריה נמנו על חסידות חב"ד; לצידה שכנה קהילה "מתנגדית" מצומצמת יותר, אליה השתייכה משפחתו של הרי"מ עפשטיין.

היחסים בין שתי הקהילות לאורך השנים נחשבו כטובים למדי[9]; דוגמא פרוזאית לכך ניתן למצוא ברשימת המנויים ("פרענומראנטין") לספר 'גליא מסכת', שמחברו היה ר' דוד ב"ר משה אב"ד נובהרדוק – עיירה שנחשבה במחצית הראשונה של המאה ה-19 למעוז "מתנגדי": בין העיירות שאנשיהן שילמו על הספר בטרם צאתו (בווילנא תר"ה), מופיע הרישום "באברויסק, ע"י ר' משה גבאי, עבור ביהכ"נ

יהודים – כמחצית מתושבי העיירה (סלוצקי, **ספר בוברויסק**, עמ' 30). לפי קצב הצמיחה באותם שנים, ניתן להניח שעשרים שנה קודם לכן, בזמן לידת הרי"מ עפשטיין, היה מספר יהודי העיירה פחות ממחצית מכך (השווה: שם, עמ' 22–23).

[8] לכל זאת ראו: סלוצקי, שם, עמ' 25–30.

[9] כדברי ר"י ניסנבוים (יליד בוברויסק תרכ"ט), **עלי חלדי**, עמ' 30. לתיאורים שניוניים ומאוחרים, ראו: **שרי המאה**, ו, עמ' 96–97 ועמ' 100; דב אטינגר, "רבי ברוך מרדכי אטינגר מבוברויסק-ירושלים", בתוך: א' פצ'ניק (עורך), **שנה בשנה** (תשל"א), עמ' 299; וקסמן, "הגאון בעל ערוך השלחן", עמ' 422–423.

דחסידים דלבאוויץ' [=ליובאוויטש, חסידי חב"ד]"[10]. לשכנות טובה זו תרמה בין השאר דמותו של רב העיירה באותן שנים: ר' ברוך מרדכי אטינגר, שהיה בעצמו חסיד חב"ד, ניצב בראשית דרכו בתווך שבין "מתנגדים" לחסידים, ואף נעשה לחתנו של ר' שמואל, האב"ד בווילנא בתקופת החרמות (השליש האחרון של המאה ה-18) – אך בעצמו לא היה מעורב בפעולות כנגד החסידים, ובהמשך נעשה למקורב של ר' שניאור זלמן מלאדי, מייסד חסידות חב"ד[11]. אולי בשל כך מסופר במסורת מאוחרת כי "מתחילה לא חפצו המתנגדים לקבל עליהם את מרותו", בין השאר בהשפעת אחד ממנהיגי הקהילה ה"מתנגדית", ר' עקיבא אלטשול תלמידו של ר' חיים מוולוז'ין (אשר לישיבה שהקים בבוברויסק נידרש בהמשך) – אך תבונתו של הרב החדש, לפי מסורת זו, הביאה במהרה לשיכוך ההתנגדות והמרתה בהערכה כללית[12]. הרב"מ אטינגר נתמנה לכהונתו בין השנים תקע"ה-תק"פ (1815-1820) כפי הנראה[13], והתמיד בה לאורך עשרות שנים, עד לאמצע המאה ה-19 (סביבות תרי"א, 1851).

[10] ייתכן שמדובר באביו של ר' אברהם דוב גבאי (מתלמידי הרי"מ עפשטיין, יוזכר להלן, הערה 49), ר' משה גבאי "שהיה אחד מנכבדי העיר" כלשונו של רש"נ גוטליב, **אהלי שם**, עמ' 54. יש לציין שגם חסידי חב"ד בהאלוסק ובברז'ן הסמוכות מופיעים ברשימת המנויים ל'גליא מסכת' (וכבר עמד על כך רי"מ מנדלוביץ', "דרשות מתוך כתביו של הגר"ד מנאווהרדאק זצ"ל", **ישורון** יב (תשס"ג), עמ' תשיג בהערה).

[11] קורותיו רוכזו לאחרונה בספרו של רא"י גורארי', **תולדות ברוך מרדכי**. פרקי הספר הראשונים עוסקים בתנודתו של הרב"מ בצעירותו בין ה"מתנגדים" לחסידים (ראו עמ' 24-26, 53-56, 69-76), אך דורשים קריאה ביקורתית, מאחר שרוב הפרטים והסיפורים מבוססים על מקור אחד בלבד – כתביו של האדמו"ר הריי"ץ שניאורסון – ואין בידינו כרוניקה המציגה את האירועים מן הזווית הנגדית. על כתיבתו ההיסטוריונית של האחרון, ראו: אטקס, **יחיד בדורו**, עמ' 130-143; אסף, **נאחז בסבך**, עמ' 111-119.

[12] ר"י ניסנבוים, **עלי חלדי**, עמ' 30-31.

[13] בעבר היה מקובל לתארך את התמנותו לתקס"א/תקס"ב (1801), אולי מתוך הנחה שמשך כהונתו היה חמישים שנה (ראו: גורארי', **תולדות ברוך מרדכי**, עמ' 104-105, סלוצקי, **ספר בוברויסק**, עמ' 269), אולם להלן, נספח ב אות ג, ציינתי כמה ראיות לכך שבאמצע שנות התק"ע עדיין לא היה הרב"מ בבוברויסק (דוגמת המובא אצל ר' שלום דובער לוין, **מבית הגנזים**, ברוקלין תש"ע, עמ' שיב-שיג).

ב. משפחת הלוי עפשטיין

שמו של הנולד, "יחיאל מיכל", ניתן לו על שם אבי-סבו, ר' יחיאל מיכל הלוי עפשטיין מאוּרֶצָ'ה (אורצא, Urreca הסמוכה לסלוצק)[14]. משפחת "הלוי עפשטיין" המזרח-אירופית הריהי מפורסמת, עתיקה ומיוחסת, ורבים התגאו בהשתייכותם אליה ובקשריהם לדמויות מפורסמות במעלה הדורות שלה[15]; בדורות הסמוכים ניתן להזכיר לדוגמא את ר' אריה ליב הלוי עפשטיין אב"ד קניגסברג שבפרוסיה (כיום: המובלעת הרוסית Kaliningrad), "ראש משפחתנו הגאון המקובל האלקי בעל הפרד"ס", כלשונו של הרי"מ עפשטיין[16].

אמנם, על פי רוב, קירבת הדם במשפחה מסועפת זו הריהי רחוקה למדי, ושם המשפחה "הלוי עפשטיין" איננו ערובה להיותו של המחזיק בו צאצא ישיר לרוב הדמויות המפורסמות של המשפחה במאות השנים האחרונות. נמחיש זאת בעזרת עץ היוחסין הבא, המציג את הקשר המשפחתי של הרי"מ עפשטיין לר' אריה ליב בעל 'הפרד"ס', וכן לשתי דמויות נוספות בנות דורו שלו: ר' יצחק אייזיק הלוי עפשטיין אב"ד הומל, מהמפורסמים שבחסידי חב"ד לדורותיהם, ור' אפרים מרדכי הלוי עפשטיין מנובהרדוק, שמפעל חייו היה תיעוד שושלת היחס של משפחת הלוי עפשטיין[17]. בהקשר זה אף הקדיש האחרון בשעתו מכתב מפורט לרישום ייחוסו של הרי"מ עפשטיין, כפי שמוסר בן-דורו ר' דוד טבלי האפרתי:

---

[14] וולברינסקי (נכדו), **לקורות עיר נאוואהרדאק ורבניה**, עמ' יג, וראו גם **מקור ברוך**, עמ' 714 וכן **שרי המאה**, עמ' 93-94. טעה רי"ל מימון כשכתב (שם) שרי"מ מאורצא היה סבו של הרי"מ עפשטיין; אף אם לא היו לפנינו שושלות היוחסין, הדבר אינו מסתבר ולו בשל העובדה שהרי"מ עפשטיין נולד כשאביו היה כבן 19, כאמור, כך שקרוב לוודאי שסבו (ר' צבי הירש) עדיין היה בחיים.

[15] דוגמא בולטת היא בנו של הרי"מ עפשטיין, ר' ברוך עפשטיין, שהקדיש לכך כמעט כרך שלם בספרו **מקור ברוך**. לתולדותיהן של דמויות נוספות מבני המשפחה, מלבד 'גבורות הארי' שיוזכר להלן, ראו גם **שרי המאה**, ו, עמ' 84-94.

[16] הסכמה לספרו של קרוב משפחתו (הרחוק) ותושב נובהרדוק, ר' אפרים מרדכי הלוי עפשטיין, **מירא דכיא**, וילנא תרל"ח.

[17] זווית נוספת למורכבותם של קשרי המשפחה לאורך הדורות, בפרט כאלה שנוצרו על ידי נישואין, תומחש באמצעות ענף-היוחסין של ר' בעריש זיסמן, אחד מחתניו של הגביר שמעון-זיימל עפשטיין, אחי-סבו של הרי"מ עפשטיין (כלומר, ילדיו של זיסמן היו "בני דודים שניים" של הרי"מ עפשטיין). זיסמן עצמו היה נכדו של הגביר שלמה זלמן כהן מאוסטרה, חתנו של ר' דובעריש כ"ץ רפפורט ממז'יבוז' שהיה חתנו של ר' מאיר מקונסטנטין בן ר' יעקב עמדין [יעב"ץ]

ובדבר יחס הגאון מוה' יחיאל מיכל אבד"ק נאווהרדאק שי', האריך אלי הרבה במכתבו אשר הגדיל לשלשל תפארת יחס הגאון הנ"ל לבית אבותיו משפחת עפשטיין נו"נ זי"ע, ש"ב [=נוחם נפש, זכותם יגן עלינו, שאר בשרו] הרב ר' אפרים מרדכי הלוי עפשטיין מח"ס גבורות הארי – ובאשר מכתבו מלא יחוסים על כל גדותיו, שמתי לו מקום בין יתר מכתבי שארי ומאהבי אשר הוסיפו לו יחוסים, וכתמר יפרחו, בספרי תוא"ש [=תולדות אנשי שם] ח"ב...'.[18]

לא זכינו אמנם ליציאתו לאור של 'תולדות אנשי שם' חלק ב (עקב פטירתו הפתאומית של המחבר), יחד עם המכתב הנזכר שתוכנן להיכלל בו, אך סביר להניח כי רוב הפרטים שהיו באותו מכתב הוכללו בספרו של ר' אפרים מרדכי, 'גבורות הארי', אשר עץ היוחסין שלהלן מבוסס בעיקר על עבודתו[19]:

ובעצמו נכד של ר' חיים הכהן רפפורט מלבוב (ראו: שמואל זנוויל כהנא, **ענף עץ אבות**, קראקא תרס"ג, חלק הענפים, עמ' XII-XIII). מן העבר השני, ר' אברהם הלוי מרכניץ, סב-סבו של ש"ז עפשטיין (ושל ר' צבי הירש סבו של הרי"מ עפשטיין. ידוע גם כבעל שו"ת 'ברכת אברהם', אך ספר זה לא נדפס מעולם), היה חתנו של ר' נחמן הכהן רפפורט מדובנא, חתנו של ר' יוסף היילפרין מלבוב, שהיה חתנו של ר' מאיר [מהר"ם] מלובלין (עפשטיין, **גבורות הארי**, עמ' 22, וכן: ר' אריה אנשין, **כתבי הגר"י**, ירושלים תשס"ח, עמ' שיא). לא למותר לציין כי ר' נחמן רפפורט מן השושלת השנייה היה גם סבו של ר' חיים רפפורט מן השושלת הראשונה. "ייחוס" גנאולוגי שכזה נחשב למפואר למדי במונחי אותה תקופה.

[18] האפרתי, **תולדות אנשי שם**, נספח עמ' 12. על רא"מ הלוי עפשטיין, שנפטר בקיץ תרע"ג, ראו **הצפירה**, כ"ח אב תרע"ג (שנה 39 גליון 187), עמ' 4.

[19] עפשטיין, **גבורות הארי**, מהדורה מתוקנת: תרמ"ט (המכילה שינויים רבים לעומת המהדורה הראשונה, תר"ל), עמ' 22–24. השוו: וולברינסקי ומרקוביץ, **לקורות עיר נאוואהרדאק ורבניה**, עמ' יג; משה מרקוביץ, **שם הגדולים השלישי**, וילנא תר"ע, א, עמ' 38–39; **מקור ברוך**, עמ' 714. חלקם ציינו את ר' מאיר הלוי כבנו של ר' אברהם אב"ד בריסק, אך ב'גבורות הארי' הוא מתועד כנכדו (שיבושים מהותיים יותר מצויים אצל ר"א שטרן, **מליצי אש**, ה, דף צח ע"א). באשר לבניו של ר' אברהם אב"ד בריסק, בנו הידוע הוא ר' יחיאל מיכל רופא, חתנו של ר' מרדכי יפה בעל ה'לבוש' (ראו: י"ל שפירא, **משפחות עתיקות בישראל**, תל אביב תשמ"ב, עמ' 384), אך ככל הנראה אין הוא קשור לשושלת הנוכחית, הנמשכת מן הבנים האחרים (רא"מ עפשטיין מציין: "ולא נודע לי שמותם"; הוא מזכיר גם דמויות נוספות במשפחה לאורך הדורות, דוגמת ר' יחיאל מיכל בעל 'קיצור של"ה' ור' קלונימוס קלמן בעל 'מאור ושמש', וכותב כי "אמנם כולם בני איש אחד המה ומשורש אחד המה מסתעפים למעלה ראש, אך סדר ההשתלשלות דור אחר דור נעלם ממני" (עפשטיין, **גבורות הארי**, עמ' 23–24).

בין קרוביו הישירים-יותר של הרי"מ עפשטיין ניתן להזכיר את הגביר שמעון זיימל עפשטיין, אחי-סבו, שבאותה תקופה – הרבע השני של המאה ה-19 – התגורר גם הוא בבוברויסק, והיה מי שהכניס את אחיינו ר' אהרן יצחק (אבי הרי"מ עפשטיין) לעסקי הבניין והקבלנות; לימים עבר לווארשא, בה נפטר בשנת תרט"ו (1856)[20]; אחד מבניו היה ר' יהודה-יודל הלוי עפשטיין, מחבר ספר 'מנחת יהודה' על הש"ס[21].

ג. ימי צעירותו ונישואיו

מן המידע המועט הקיים על שנותיו הראשונות של הרי"מ עפשטיין, אנו מוצאים אזכור אגבי ללימודיו ב"חדר" המסורתי[22], ולפי עדות מאוחרת שנמסרה בשם קשישים בני העיירה, כבר בילדותו ניכרה בו "נטייה מיוחדת להלכות פסוקות"[23]. אמנם, מוסכם על כותבי תולדותיו שכוונותיו הראשונות היו להמשיך בדרכו של אביו ולהיות כמוהו סוחר הקובע עיתים לתורה[24]; בכיוון זה מסופר שלאחר שסיים את לימודיו הבסיסיים החל עוד בהיותו נער צעיר לעסוק במסחר, מן הסתם בהכוונת אביו: "בשחרותו פנה גם הוא אל המסחר, אם כי במדה מצומצמת"[25]. שליטתו המלאה של הרי"מ עפשטיין בשפה הרוסית, הן בדיבור והן בכתיבה – דבר שנחשב באותו דור לתכונה נדירה בקרב רבנים מסוגו[26] – משקפת אף היא את השפעת בית הוריו ואת המגמה בה חונך בילדותו.

---

[20] סלוצקי, **ספר בוברויסק**, עמ' 31; וכן: **מקור ברוך**, עמ' 830–831. וראו גם שמואל יֵוּנין, **נחלת עולמים**, עמ' 33. מן הכתוב שם, בין השאר, מוכח שש"ז אפשטיין היה דודו של ר' אהרן יצחק, ולא אחיו כפי שכתב בטעות קרוב-משפחתם ר' חיים ברלין (ראו מכתבו בספרו של רד"ט האפרתי, **תולדות אנשי שם**, נספח עמ' 11).

[21] לתולדותיו ראו בהקדמת ספרו **מנחת יהודה**, ווארשא תרל"ז, עמ' 6–7; יוונין, שם, עמ' 72–73; **מקור ברוך**, עמ' 852. על אודות בנים נוספים של ש"ז עפשטיין, ראו שם, עמ' 891; יוונין, שם, עמ' 58–59; ה"נ מגיד, **עיר ווילנא**, עמ' 247–249. ראו גם ספרה של בת ר' יהודה-יודל, פאולין וונגרוף, שתורגם בחלקו לאנגלית בהוצאת אוניברסיטת מרילנד: Pauline Wengeroff, *Rememberings: The World of a Russian-Jewish Woman in the Nineteenth Century*, Bethesda (MD) 2000, pp 1-25, 80-107.

[22] **מקור ברוך**, עמ' 853.

[23] כך מביא **שרי המאה**, ו, עמ' 97.

[24] כפי שמוסר מפיו רי"ל מימון, שם, עמ' 99, וראו המקורות הנזכרים בהערות שלהלן.

[25] **מקור ברוך**, עמ' 1164, וראו גם **שרי המאה**, שם.

[26] כאלה שגדלו במחצית הראשונה של המאה ה-19. על שליטתו של הרי"מ עפשטיין ברוסית ראו

על האופן בו התייחס אביו של הרי"מ עפשטיין, ר' אהרן יצחק, ללימוד תורה ב"משרה מלאה", סיפר לימים נינו ר' מאיר בר-אילן (שהספיק להכירו בשנות חייו האחרונות): "עד זיקנה מופלגת לא הבין ה'סבא' כמה דברים [...] קשה היה לו להבין, כיצד מרבים כל כך בלימוד: 'פרק במשניות – מהיכא תיתי. דף גמרא לפעמים – גם זה ניחא. אבל לשבת יומם ולילה וללמוד, כיצד מתחשק דבר זה?'..."[27]. לא מדובר כאן אפוא בדגם המוכר-לעייפה של "צמיחת גדול" – אשר כבר מימי ינקותו בולט כעילוי שכל מעייניו בתורה בלבד והוריו אינם שואפים דבר מלבד שבנם יוקדש לחיים של לימוד[28] – אלא בתהליך הדרגתי ומורכב יותר.

לדברי בנו של הרי"מ עפשטיין, ר' ברוך, לשינוי בכיוון חייו של הנער הצעיר אחראי בעיקר אדם אחד, והוא: ר' אליהו גולדברג, מתלמידיו של ר' חיים מוולוז'ין, שכיהן באותה תקופה כרבה של העיירה פאריץ' (Parwich) הסמוכה, כ-50 ק"מ מבוברויסק[29]. לפי המסופר, השניים נפגשו בצורה מקרית כמעט, ב"סעודת מצוה" שהתקיימה בבוברויסק, ובה התרשם הר"א גולדברג מהנער הצעיר עד כדי ששכנע את הוריו ש"יסיעו אותו כולו מעסקיהם ולהקדישו כולו לעמל התורה"[30]. בהשפעת הר"א גולדברג עזב הנער את עיסוקיו והחל ללמוד תורה, וכעבור זמן לא רב, יצא ללמוד בישיבה המפורסמת בוולוז'ין (Volozhin), שבראשה עמד אז ר' יצחק

להלן, פרק שביעי, הערה 6–7. ניתן לציין לשם השוואה שגיסו, הנצי"ב מוולוז'ין, לא ידע רוסית כלל; ראו המובא אצל שטמפפר, **הישיבה הליטאית בהתהוותה**, עמ' 254.

[27] **מוולוז'ין עד ירושלים**, עמ' 275. אמנם, הוא מדגיש מאידך שסבו הרי"מ עפשטיין היה בעל גישה שונה, וכמעט הפוכה, כלפי לימוד התורה: "לא הבין כיצד אדם אינו רוצה להתמיד בלימוד" (הערכה זו מבוססת, כמובן, על תקופת חייו המאוחרת של הרי"מ עפשטיין, אז הכירו נכדו ר"מ בר-אילן), ואף נודע בנעוריו לבעל כשרונות טבעיים.

[28] דגם שבלוני זה רווח ברבים מביטוייה הספרותיים של ההגיוגרפיה האורתודוקסית. ראו: אסף, **נאחז בסבך**, עמ' 29–30 (הערה 29, וכן הערה 11). הבעייתיות ההיסטוריונית אינה בעצם קיומו של הדגם הזה – שלעיתים התממש בצורה זו או אחרת – אלא בנטייה להחילו (כולו או חלקים ממנו) באופן אוטומטי על תולדותיו של כמעט כל רב גדול שחי בעת החדשה. בנושא זה, ראו: קליבנסקי, **הישיבות הליטאיות במזרח אירופה**, עמ' 19–21.

[29] לתולדותיו של הר"א גולדברג ראו להלן נספח ג.

[30] **מקור ברוך** שם, וראו גם עמ' 1635, 1174. ר"ב עפשטיין כותב ש"בעת ההיא" כבר כיהן הר"א גולדברג כרבה של בוברויסק, אך זו טעות – הלה נתמנה לכך בשנת תרי"ב (על כך ראו בנספח ב), כשהרי"מ עפשטיין כבר היה אברך ובוגר ישיבת וולוז'ין.

(איצל'ה), בנו של מייסד הישיבה ר' חיים[31]. אין בידינו תיארוך מדויק של מועד לימודי הרי"מ עפשטיין בישיבה, שלפי דברי בנו נמשכו כשנתיים, אך ככל הנראה מדובר בשנים תר"ז-תר"ט (1849–1847) או מעט קודם לכן[32].

סיפור מעניין מקורותיו של הרי"מ עפשטיין בוולוז'ין, נשמר לימים על ידי ר' משה שמואל שפירא, ששמע אותו מבעל המעשה בשנת תרס"ה – כמעט שישים שנה לאחר האירועים. בימי החורף הקרים בוולוז'ין לא היה קל לחצות את המרחק שבין המקום בו ישנו התלמידים אל בניין הישיבה, ולכן הרי"מ עפשטיין, שנודע בישיבה בכינוי "הבוברויסקי", העביר את מיטתו לחדר קטן שהיה סמוך לבית המדרש – מעין מחסן או עזרת נשים – על מנת שיוכל להשכים קום וללמוד "בראש האשמורת השלישית"; אולם כשגילה זאת ראש הישיבה, ר' איצל'ה, לא אהב את המעשה, שהיה כרוך בהפרת סדרי הישיבה, וציווה על השמש להחזיר את המיטה למקומה המקורי[33].

בתקופת לימודיו בוולוז'ין נפגש הרי"מ עפשטיין עם ר"מ צעיר, חתנו של ראש הישיבה (ר' איצל'ה), הלא הוא ר' נפתלי צבי יהודה ברלין – שלימים יהיה בעצמו ראש ישיבת וולוז'ין לאורך עשרות שנים. סביר להניח שמפגש זה הוא שהביא לכך שבסמוך לסיום לימודיו של הרי"מ עפשטיין בוולוז'ין, נעשה הוא לגיסו של הנצי"ב: נשא לאשה את אחותו מיכלה, בת הגביר ר' יעקב ברלין ממיר (Mir)[34].

---

[31] ראו: אייזנשטדט, **דור רבניו וסופריו**, ספר ראשון עמ' 43; **מקור ברוך**, עמ' 1195, והמקורות שלהלן.

[32] **מקור ברוך**, שם מתארך זאת לשנים תר"ב-תר"ג, אך בלתי סביר שאביו יצא ללמוד בוולוז'ין כבר בגיל 14, ומתיאורו הכללי שלו עצמו (שם עמ' 1164) עולה שלימודיו המסודרים של אביו החלו מאוחר יותר. מן הצד השני, ר' איצל'ה מוולוז'ין נפטר בשנת תר"ט, כך ששנות לימודיו של הרי"מ עפשטיין אצלו החלו לכל המאוחר בתר"ז. ואכן, ר"ב עפשטיין (שם, עמ' 1919 הערה ב) מספר על שיחה של אביו עם ר' איצל'ה בשנת פטירתו של האחרון – כלומר שבתר"ט עדיין היה אביו בוולוז'ין.

[33] שפירא, **רבי משה שמואל ודורו**, עמ' 42. שם נכתב שאת הסיפור שמע מן הרי"מ עפשטיין בשנת תרס"ז, אך ראו שם, עמ' 209–208, מכתב מוקדם יותר משנת תרפ"ד (לעומת המאמר שנכתב בתשכ"ג – ראו עמ' 26), ובו סיפר רמ"ש שפירא ששמע זאת בעת ביקורו של הרי"מ עפשטיין בווילנא בשנת תרס"ה.

[34] **מקור ברוך**, עמ' 941. כאן המקום לתמוה על המקום האפסי שמקדיש ר"ב עפשטיין לדמותה של אמו, לעומת עשרות עמודים שהאריך בהם על קרובי משפחה רחוקים יותר. על אביה, ר"י ברלין, ראו שם עמ' 941–1137; נולד בשנת תקנ"ד, היה סוחר טקסטיל ותלמיד חכם, ואשתו היתה

מאז שנשתלבו דרכיהם של הרי"מ עפשטיין והנצי"ב, נוצרה ביניהם ידידות הדוקה שבאה לידי ביטוי למשך עשרות שנים[35], עד פטירת הנצי"ב בשלהי תרנ"ג.

ר' יעקב ברלין, שהיה סוחר אמיד, העניק לחתנו הרי"מ עפשטיין נדוניה גדולה על מנת שיוכל להוסיף ולשקוד על לימודיו בשלווה, אך צאצאיו מספרים שהנדוניה אבדה מן העולם בנסיבות הבאות: היא הופקדה אצל סוחר מסלוּצק, שכעבור זמן קצר איבד את נכסיו, ור"י ברלין בחר לוותר על החוב ברוח המצוה "לא תהיה לו כנושה". לפי אחד מהסיפורים, כששמע על כך חתנו, הרי"מ עפשטיין – שבשנה שלאחר החתונה שהה בסמוך לחותנו במיר – לא מצא ויתור זה חן בעיניו, ולפיכך שכר בעצמו עגלה ונסע לסלוצק, "והייתי כנושה ונושה – ואחרי כן חזרתי הביתה ועמי אותה הישועה שהביא חותני..."[36].

כך או כך, לאחר כשנה יצא הרי"מ עפשטיין מחסותו הכלכלית של חותנו במיר וחזר לבוברויסק, שם פתחו הוא ואשתו חנות לממכר בדים ואריגים; חנות זו, כדרכם של רבנים צעירים רבים באותה תקופה, הופעלה באופן בלעדי על ידי אשתו מיכלה, וממנה הגיעה רוב פרנסת משפחתם[37]. לימים ימסור עד-שמיעה, שכשנפטרה אשתו של הרי"מ עפשטיין בערוב ימיהם, אמר בעלה בהספדו – בדרך של הפרזה, יש להניח – שבמשך שלושים שנה היא ניהלה את חנותם המשותפת, והוא אפילו לא ידע היכן מקום החנות[38]. עם זאת, הבקיאות היחסית שמגלה הרי"מ עפשטיין בפרטי מסחר הטקסטיל ברוסיה, אגב דיונו בהלכות שעטנז, עשוי

בתיה מרים בת מיכאל אייזנשטט. בשנת תרי"ד עלה לארץ ישראל והתגורר בירושלים, בה נפטר בחשוון תרכ"ח (גוטליב, **אהלי שם**, עמ' 153, א"ר מלאכי, "משפחת ברלין והישוב", **תלפיות** ה (תשי"ב), חוברת ג-ד, עמ' 395–398. מקור ברוך, שם, כותב שנפטר בתר"ל, ותרשיש, **רבי ברוך הלוי אפשטיין**, עמ' 39 הערה 30, אף העדיף את גרסתו מפני שמדובר בסבו – אך התאריך הנכון הוא ללא ספק תרכ"ח; ראו הידיעה על פטירתו ב**הלבנון**, ר"ח כסלו תרכ"ח (שנה 4 גליון 23), עמ' 362, וראו גם בספרו של רא"ל פרומקין עם הוספותיו של אליעזר ריבלין, **תולדות חכמי ירושלים**, ג, ירושלים תרפ"ט, עמ' 246–247 – וכבר הבחין בכך מלאכי, עמ' 398).

[35] ראו להלן פרק שביעי אות א-ב.

[36] כפי שמספר **מוולוז'ין עד ירושלים**, עמ' 275–276. בגרסת **מקור ברוך**, עמ' 975–978, חסר סיפור זה של בקשת הרי"מ עפשטיין אחר הנדוניה האבודה.

[37] **מקור ברוך**, עמ' 1174; **מוולוז'ין עד ירושלים**, עמ' 276. ראו גם: **שרי המאה**, ו, עמ' 100. על דפוס פרנסת הרב באמצעות חנותה של אשתו ראו: אטקס, **יחיד בדורו**, עמ' 231–232.

[38] מפי ר' שלמה זלמן בלוך, **הצדיק רבי שלמה**, עמ' יב. השוו הסיפור שמוסר ר"ב עפשטיין, לפיו כשנדרש אביו לבוא אל החנות המשפחתית, לא ידע את הדרך אליה (מקור ברוך שם, והעתיקו

אולי להעיד על מעורבות מסוימת, או לכל הפחות גילוי עניין, בעסקי החנות המשפחתית[39].

ד. ר"מ ודיין בבוברויסק

בסמוך לחזרתו של הרי"מ עפשטיין לבוברויסק, בשנת תרי"ב (1852), התמנה ר' אליהו גולדברג לרב ואב"ד קהילת ה"מתנגדים" בעיירה, וממקומו החדש החל להדריך מקרוב ובאופן אישי את האברך הצעיר[40], ובהמשך העניק לו סמיכה להוראה[41]. בתקופה זו כבר החל הרי"מ עפשטיין למסור שיעור בתלמוד "לפני חברים ותלמידים מופלגים בתורה"[42]; כעבור זמן לא רב נתמנה למגיד שיעור בישיבת אלטשול[43] – הגדולה שבישיבות הליטאיות בבוברויסק[44] – וככל הנראה, בשלב מסוים אף נתמנה לתפקיד הר"מ הבכיר בה[72].

מוולוז'ין עד ירושלים, עמ' 276, וכך גם **שרי המאה**, שם. לא ברור אם יש לשייך סיפור זה לתקופת בוברויסק או נובהרדוק).

39 "ובמעמקי מדינת רוסיא עיקר הזריעה הוא הקנבוס, והולכים במסחור הרבה יותר מפשתן, והמה בזול הרבה נגד פשתן..." (**ערוך השלחן**, יורה דעה, סי' רצח סעי' ה); "עכשיו בזמנינו רובי החוטים שתופרים בהם הבעלי מלאכתו הם חוטי צמר גפן שקורין באוו"ל, והם עיקרי החוטים, ונמכרים לאלפים ולרבבות בחנויות [...] ואמרו לי החייטים שבהם תופרים מפני שהם טובים מאד לתפירה וחזקם גדול מאד" (שם, סי' שב סעי' יב). אמנם, ייתכן שמקור המידע אינו דווקא הפרנסה המשפחתית, ואף לא הידע הכללי הרחב של הרי"מ עפשטיין, שנחשב, כדברי נכדו "לאחד הרבנים ה'ידענים' בהוויות העולם" (**מוולוז'ין עד ירושלים**, עמ' 278–277) – אלא העובדה שהמסחר בפשתן היה עיסוק שכיח בנובהרדוק: "במסחר תבואות השדה, הכי נכבד היה ליושבי העיר מסחר זרע הפשתן" (**הצפירה**, י"ח טבת תרמ"ח [שנה 14 גליון 280], עמ' 3).

40 אייזנשטדט, **דור רבניו וסופריו**, ספר ראשון עמ' 42, וראו גם **מוולוז'ין עד ירושלים**, שם ו**שרי המאה**, ו, עמ' 98.

41 **מקור ברוך**, עמ' 1164 (על השגיאה שבתיארוכו המוקדם, הערנו לעיל, הערה 13).

42 כלשון **מקור ברוך**, שם. הוא מספר עוד שבאותו זמן אביו גם "החל להעלות על ספר את חדושיו בתורה"; אמנם, לא הגיעו לידינו כתבים כלשהם של הרי"מ עפשטיין המוקדמים לשנות התר"כ.

43 **מוולוז'ין עד ירושלים**, עמ' 276, וראו גם בהספדו של רמ"ש שפירא, **הד הזמן**, כ"ז אדר ב' תרס"ח (שנה ב גליון 65), עמ' 3.

44 ישיבה זו נוסדה בשנות התק"פ על ידי ר' עקיבא אלטשול הנזכר, תלמידו של ר' חיים מוולוז'ין; על אודותיה ראו ר"מ צינוביץ', **עץ חיים**, עמ' 441–438; ניסנבוים, **עלי חלדי**, עמ' 40–41. על אודות מייסד הישיבה, ר' עקיבא אלטשול, ראו סלוצקי, **ספר בוברויסק**, עמ' 285–286, וראו גם "מגילת יוחסין של משפחת אלטשול", שנכתבה על ידי נכדו ר' שלמה זלמן אלטשול, ופורסמה על ידי שמחה אסף, **רשומות** סדרה חדשה, ד (תשי"ז), עמ' 135 ואילך.

אחד מאלה שלמדו אצל הרי"מ עפשטיין בישיבת אלטשול, היה יהודה ליב קצנלסון, הסופר שנודע לימים בכינוי "בְּקִי בֶּן יָגְלִי"[46]. הלה, יליד תר"ז, הגיע בנערותו לעיר־מולדתו של אביו, בוברויסק (בסביבות שנת תרכ"ב); בזכרונותיו סיפר ש"בישיבת המתנגדים קרא אז את שיעוריו ר' מיכ(א)ל עפשטיין ז"ל, שהיה אחרי כן רב בנובוגרודוק"[47]. תחילה למד קצנלסון בישיבת החסידים, אך בהמשך עזב אותה, ו"זמן קצר ביקרתי את בית המדרש של המתנגדים לשמוע את השיעור של ר' מיכל עפשטיין"[48]. תלמיד אופייני יותר של הרי"מ עפשטיין בתקופת בוברויסק, הוא ר' אברהם דוב גבאי (ת"ר-תרע"ז), "העילוי מבוברויסק", שלמד אצל הרי"מ עפשטיין זמן רב, נסמך להוראה ממנו כמו גם מהר"א גולדברג, ובהמשך נתמנה לרב העיירה וורקלאן[49].

במשך תקופה זו הוסיפו להתהדק קשריו של הרי"מ עפשטיין עם רבו, ר' אליהו גולדברג, שבמהלך זמן כהונת תלמידו בישיבת אלטשול, שקד הוא בעצמו על טובתה כרב המקום[50]. השפעתו על הרי"מ עפשטיין באה לימים לידי ביטוי כשכתב האחרון את ספרו המפורסם 'ערוך השלחן', בו הבליע כמה שמועות והוראות שקיבל מרבו המובהק; אמנם כדרכו, לא נזכרו שמותיהם המפורשים של בעלי השמועה, אלא הריהם רמוזים בלשון דוגמת "וגם אני ראיתי בימי ילדותי לגדול אחד..."[51] – אך לפחות בחלק מן המקרים ניתן לזהות, בעזרת מקורות חיצוניים, מיהו ה'גדול' בו מדובר. כך, בהלכות בשר וחלב מספר הרי"מ עפשטיין ש"בילדותי

---

45 ראו: צינוביץ', שם, עמ' 400. **מקור ברוך**, עמ' 1164, כותב שאביו אף קיבל על עצמו את משרת הרבנות בבוברויסק, אך לא מצאנו פשר לכך, שכן משרה זו היתה תפוסה עד פטירת הר"א גולדברג בתרל"ה, אז כבר היה הרי"מ עפשטיין בנובהרדוק (ואולי הכוונה ששימש כדיין ומורה צדק – ראו להלן). דבר זה נעלם מעיני הכותב האנונימי של תולדות הרי"מ עפשטיין בפתח **ערוך השלחן** מהדורת עוז והדר (ירושלים תשס"ו), שבהסתמך על **מקור ברוך** כתב (עמ' ז) שהרי"מ עפשטיין כיהן כרב בבוברויסק לאחר פטירת הר"א גולדברג; לביקורתנו על מהדורה זו ומאמר התולדות הפלגיאריסטי שנכלל בה, ראו להלן חלק שני פרק שלישי אות ב.

46 כפי שציין רמ"ש שפירא בהספדו (**הד הזמן**, כ"ז אדר ב' תרס"ח [שנה ב גליון 65], עמ' 3), ואחריו **מוולוז'ין עד ירושלים**, עמ' 276.

47 קצנלסון, **מה שראו עיני ושמעו אזני**, עמ' 58.

48 שם, עמ' 65.

49 גוטליב, **אהלי שם**, עמ' 54, וראו גם סלוצקי, **ספר בוברויסק**, עמ' 291.

50 כלשון ר"מ צינוביץ', שם, עמ' 438 (ללא ציון סימוכין).

51 **ערוך השלחן**, יורה דעה, סי' סא סעי' נג. ראו גם: אורח חיים, סי' ו סעי' ט-י, סי' כא סעי' ז, סי' רפט סעי' ג, יורה דעה, סי' קץ סעי' כד, סי' שלט סעי' ט, אבן העזר, סי' סד סעי' יז, ועוד.

שמעתי מאחד הגדולים, שגאון אחד הקיל ברעטי"ך [=צנון] שקליפתו לבנה..."[52] – והנה מעדותו של בנו, ר"ב עפשטיין, אנו למדים ש"אחד הגדולים שכאן" הריהו מורו המובהק הר"א גולדברג (ה"גאון אחד" הריהו רבי חיים מוולוז'ין), ו"ילדותו" זו הריהי תקופת בוברויסק[53].

בתחילת שנות התר"ך אנו מוצאים את הרי"מ עפשטיין משמש כדיין מומחה בבית דינו של הר"א גולדברג וכיד ימינו: במכתב ארוך משנת תרכ"ב (1862) – היחיד מתקופה זו שהגיע לידינו – הממוען לר' דובעריש מייזלש אב"ד ווארשא, שעניינו נידון סבוך של קידושי טעות, מספר הרי"מ עפשטיין שאף רבו "הרה"ג הישיש הצדיק מוהר"א ג"ב [=גולדברג] מפה" הסכים להיתר, "אך מאשר כהו עיניו לראות ואף לא יוכל לחתום בח"י [=בחתימת ידו], ע"כ ביקש אותי ג"כ לעיין בזה..."[54]. עובדה זו עשויה ללמדנו על מעמדו של הרי"מ עפשטיין בקהילת ה"מתנגדים" בבוברויסק באותן שנים – בהיותו בן שלושים ושלוש – ובפרט בעיני רבו, הר"א גולדברג.

מה הביא את הרי"מ עפשטיין לפנות דווקא לר"ד מייזלש שבווארשא, ולהעדיף את חוות דעתו על פני רבנים אחרים, מהם קרובים יותר למקומו שלו?[55] הערצתו את הר"ד מייזלש וידיעתו על פועליו המגוונים – "בימינו מילי דשמיא ובשמאלו מילי דארעא" – ניכרת היטב בפתיחת המכתב, אך הסיבה העיקרית לפנייה דווקא

---

[52] **ערוך השלחן**, יורה דעה, סי' צו סעי' יג. ייתכן שגם הדברים הבאים מתייחסים לר"א גולדברג: "וגם אני ראיתי בימי ילדותי לגדול אחד, שקודם הרגל היה קונה [בהמה] דקה ושחטה ונתן המתנות לכהן. ואני לוי ואין ביכולתי לקיימה, ואשרי אנוש יעשה זאת" (שם, סי' סא סעי' נג).

[53] ראו **מקור ברוך**, ג, עמ' 1169-1165. ניכר מהרצאת הדברים שר"ב עפשטיין לא הבחין שאביו כתב מעשה זה בספרו **ערוך השלחן** – וממילא לעניין זה הריהו בבחינת "מסיח לפי תומו". וכן לאידך גיסא: בעבר הטיל ר' צבי קפלן ספק במהימנות הסיפור שמסר ר"ב עפשטיין ("לדרכו של רבינו חיים מוולוז'ין בהלכה", **סיני** סט [תשל"א], עמ' צא), אולם כבר הצביע דב אליאך (**אבי הישיבות** ב, ירושלים תשנ"א, עמ' 523) שעיקרי הסיפור מופיעים ב'ערוך השלחן'; רק ההסברים שנכתבו סביבו, כמתברר, הריהם פרשנותו של ר' ברוך עצמו (כפי שהעליתי להלן בנספח ב אות ב).

[54] נדפס בספר **אש"ד הנחלים** – **ספר זכרון**, חמו"ל, ירושלים תשנ"ב, עמ' קא-קד, ושוב בספר **כתבי הערוה"ש**, סי' לו (בסוף המכתב מופיע התאריך תרכ"ג, אולם מדובר בטעות דפוס; ראו על כך להלן, חלק שני פרק שלישי אות 3). בתוך דבריו, אגב, מספר הרי"מ עפשטיין: "מאשר הבתולה היא קרובתי לכן שמתי נפשי בכפי...".

[55] כפי שכתב (בהמשך המכתב, שם) שהיתרו ניתן "רק באופן אם יסכימו לזה גדולי המורים, ובראשם הגאון המפורסם האב"ד דק' ווארשא...".

אליו, היא ככל הנראה היכרותו של הלה עם רבו של הרי"מ עפשטיין, ר' אליהו גולדברג, כפי שמוזכר בסוף הפתיחה: "...ע"כ ביקש אותי [=הר"א גולדברג] לעיין בזה, ולבקש הסכמת אדוני הגאון ע"ז, ואז נושיב ב"ד ונתירה. והרה"ג הנ"ל דוש"ת [=דורש שלום תורתו] דמר, ומבקש מטו מהעדר פ"ש [=פרישת שלום]...".

פרק שני

תקופת נובוזיבקוב (1874-1864)

א. מעֲבר לנובוזיבקוב

בסיומה של תקופה זו בבוברויסק, שנמשכה כחמש עשרה שנים, עזב הרי"מ עפשטיין את העיירה ונתמנה לכהונת רבנות ראשונה, בהיותו בן 35, בעיירה נוֹבוֹזִיבְקוֹב (Novozybkov. שמה באידיש: זיבקוי) שבצפון מחוז צ'רניגוב (כיום במחוז בריאנסק שברוסיה), כ-175 ק"מ דרומית-מזרחית לבוברויסק. נובוזיבקוב היתה עיירה קטנה פי שניים או שלושה מבוברויסק, ובנוסף כשלושה רבעים מאוכלוסייתה היו נוצרים (פרובוסלבים)[1]. הקהילה היהודית ששכנה במקום התפלגה באופן מגוון למדי: מצד אחד, חלק לא מבוטל מתושבי העיירה היה מזוהה עם שכבת המשכילים, וזיקתו לאורח החיים המסורתי הלכה ונחלשה, ומצד שני, בקרב הציבור האורתודוקסי בעיירה, חלק מהתושבים נמנו על חסידי חב"ד, וחלק אחר מהם היו חסידי צ'רנוביל[2].

[1] במפקד האוכלוסין שנערך ב-1897 נמנו בנובוזיבקוב 15,362 תושבים, מהם 3,787 יהודים. היקפה הכללי היה אפוא גדול מזה של נובהרדוק, עיירת רבנותו הבאה של הרי"מ עפשטיין, אך אוכלוסייתה היהודית היתה קטנה בכמחצית לעומתה (ראו בפרק שלישי, הערות 23-19).

[2] כותבי קורותיו של הרי"מ עפשטיין, ובראשם רי"ל מימון, **שרי המאה**, ו, עמ' 100, נוטים לצייר את נובוזיבקוב באותה תקופה כעיירה חסידית תמימה. לאמיתו של דבר, רוחות הזמן נשבו בעיירה בעוצמה רבה, אולי גם בשל הדומיננטיות הדמוגרפית של האוכלוסייה הנכרית. בנובוזיבקוב היה בית ספר ריאלי עירוני שהתחנכו בו גם אחוז מסוים של תלמידים יהודים, והנורמה שהתקיימה במוסד זה בסוף שנות השבעים של המאה אילצה את תלמידיו היהודים ללמוד בבית הספר בשבת, ואף לכתוב בבחינות שנקבעו לעיתים ביום זה. הדבר עורר כמובן תרעומת בקרב היהודים, והביא

מינוי רב ליטאי בוגר ישיבת וולוז'ין לכהונה בעיירה בעלת קהילה חסידית מובהקת, איננו דבר המובן מאליו, הן לגבי הרב והן לגבי הקהילה. גם אם הרי"מ עפשטיין ביקש רבנות מטעמים כלכליים בעיקרם (ראו להלן), מעשהו מעיד בוודאי על השתייכות לדגם "מתנגדי" מתון ביותר, כזה שאיננו חסידי במוצאו ובהשקפותיו אך גם אינו בעל התנגדות פעילה לחסידות[3]. מסתבר שהיה לכך קשר לאווירת עיירת מולדתו, בוברויסק, בה שררו לאורך השנים יחסים טובים בין קהילות החסידים וה"מתנגדים" וראשיהן[4], והרי"מ עפשטיין עצמו היה מיודד עם חסידים בני העיירה[5]; ואכן, לפי הידוע הסתייע המעבר לנובוזיבקוב בין השאר באמצעות חסידי בוברויסק, שהמליצו על הרי"מ עפשטיין "כי כדאי והגון הוא להיות רב בעיירה חסידית"[6]. באשר למוטיבציה של חסידי נובוזיבקוב עצמם, הועלתה לימים הצעת-הסבר, לפיה היתה מחלוקת בין שתי קבוצות החסידים בעיירה, שלא הגיעו לכלל הסכמה האם הרב הנבחר יהיה חסיד חב"ד או צ'רנוביל – ולפיכך בחרו לבסוף רב "נייטרלי"[7]. אמנם, מדובר בספקולציה, שאין בידינו מידע היכול לאשש אותה או להפריכה.

מה הניע את הרי"מ עפשטיין לעזוב את בוברויסק, לחפש משרת רבנות ולקבלה בנובוזיבקוב? לתהייה זו הועלו בעבר כמה הסברים: ר' מאיר בר-אילן משער שסבו הלך לנובוזיבקוב כי בהיותו בבוברויסק ש"לא היתה מפורסמת בליטא כמקום תורה, ועם זה עיר מובהקה של חסידים, קשה היה כפי הנראה להגיע משם

לפניות אל גורמי שלטון כדי שימנעו זאת – אך הפניות לא נענו אלא לגבי תלמידים שגם הוריהם שומרים שבת, ולא לגבי כאלה שהוריהם מחללי שבת, והיו אף תלמידים יהודים שהדבר לא הפריע להם כלל (ראו התיאור ב**המליץ**, י' אב תרל"ט (שנה 15 גליון 30), עמ' 613–614. האירוע התרחש כחמש שנים לאחר עזיבת הרי"מ עפשטיין, אך הרקע לכך לא נוצר בן רגע, כמובן).

[3] [הערת העורך: המחבר תכנן להקדיש פרק נפרד ליחסו של הרי"מ עפשטיין לחסידות ולחסידים, כפי שבא הדבר לידי ביטוי בכתביו ובקורות חייו, אבל נטרפה השעה. שמץ מכך ראו להלן, נספח א אות ו.]

[4] על כך ראו להלן נספח א.

[5] דוגמא לכך הוא ר' חיים יהודה ליב ליטווין (סוסניצר), חסיד חב"ד יליד בוברויסק שלימים היה רב בברודי וסמרגון; בתשובה ששלח לרי"מ עפשטיין במחצית השנייה של שנות התר"ל, הגדירו כ"ידיד נפשי מנוער, הרה"ג המפורסם מ' יחיאל מיכל נ"י עפשטיין, מו"צ דק"ק זיבקאוו וכעת הגאון אבד"ק נאוואראדאק..." (**שו"ת שערי דעה – שער החיים**, למברג תרל"ח, סי' סט. הפרש הגילאים ביניהם היה כתריסר שנים).

[6] כך מוסר מפיו רי"ל מימון ("כפי שסיפר לי הוא עצמו") **שרי המאה**, ו, עמ' 100.

[7] וקסמן, "הגאון בעל ערוך השלחן", עמ' 422.

לידי רבנות גדולה בליטה"[8]. כלומר, מנקודת הפתיחה שלו בבוברויסק קשה היה לרי"מ עפשטיין להשיג רבנות של עיירה גדולה בליטא, וכך התגלגל לנובוזיבקוב האלמונית והנידחת יחסית. אך מה היה הגורם שהניע אותו לחזר אחר משרת רבנות? ר' משה שמואל שפירא משער ש"באין מוצא במה להחיות את בני ביתו הוכרח לקבל עליו עול הרבנות בעיר נובוזיבקוב"[9]. המניע לחיפוש הרבנות נבע מדוחק כלכלי – שהלך וגבר כנראה במהלך שנות התר"כ – וכיוון שכך נטה הרי"מ עפשטיין לקבל כל הצעת רבנות שתעלה בפניו, ולו תהיה זו רבנות של עיירה צדדית כנובוזיבקוב[10].

הסבר אחר, ומנוגד לזה, הועלה מאוחר יותר על ידי אהרן זיסקינד תרשיש: לדעתו, אין להניח שהרי"מ עפשטיין היה זקוק לרבנות כדי להתפרנס, שהרי הוא היה בן למשפחת סוחרים עשירה[11]. לשיטה זו, יהיה הכרח לומר שחיפוש הרבנות נעשה "לכתחילה", לשם הרבנות עצמה. אולם לאמיתו של דבר אין כל מקום להנחתו של תרשיש בדבר גב כלכלי שהוענק לרי"מ עפשטיין על ידי משפחתו: כפי שאנו יודעים היטב, הוא התקשה באופן קבוע במציאת מימון כלכלי להוצאת כתביו, כולל ספרו הראשון 'אור לישרים' שנדפס בתקופת נובוזיבקוב (תרכ"ט; ראו בהמשך). מבחינה משפחתית, הדאגה לפרנסת הזוג הוטלה מלכתחילה על כתפי חותנו, ולכשאבדה הנדוניה שהעניק לו הלה (כמובא בפרק הקודם), שוב לא היה לרי"מ עפשטיין משען כלכלי-משפחתי. נראה אפוא שהגורם העיקרי לקבלת משרת הרבנות בנובוזיבקוב אכן היה כורח הקיום הכלכלי[12].

מתי התרחשה התמנותו של הרי"מ עפשטיין לרבנות בנובוזיבקוב? אף בשאלה זו

---

[8] **מוולוז'ין עד ירושלים**, עמ' 276.

[9] **הד הזמן**, כ"ז אדר ב' תרס"ח (שנה ב גליון 65), עמ' 3. הסברו הולם באופן כללי את הידוע על הרי"מ עפשטיין, שמתחילה לא ביקש להיות רב קהילה – ראו המובא מפיו על ידי **שרי המאה**, ו, עמ' 99.

[10] עם זאת, לא ברור מדוע התרחש הדבר דווקא בשנות התר"כ ולא קודם לכן. ייתכן שגרמה לכך הידרדרות כלכלית במצב החנות שהחזיקה אשתו, אך ידוע לנו שהרי"מ עפשטיין שימש גם כדיין וכר"מ בישיבת אלטשול (כנזכר בפרק הקודם, אות ד) – עיסוקים האמורים להניב אף הם פרנסה כלשהי, גם אם מועטת.

[11] תרשיש, **רבי ברוך הלוי אפשטיין**, עמ' 44.

[12] על הצד הכלכלי של כהונת הרבנות בליטא במחצית השנייה של המאה ה-19, והנתק שהתקיים אז בין העיסוק בלימוד התורה לבין שימוש כרב בפועל, ראו: אטקס, **יחיד בדורו**, פרק שישי, עמ' 223–239.

אנו מוצאים כמה סתירות בין המקורות השונים. רי"ל מימון מספר תחילה שהדבר היה "בימי שחרותו (בהיותו כבן עשרים ושבע שנים)"[13] – כלומר בסביבות שנת **תרט"ז** – ושב ומתאר את הרי"מ עפשטיין דאז כ"צעיר ליטאי" ש"היה עדיין בימי שחרותו"[14], אך מאידך הוא מוסיף מיד שהדבר היה "באמצע מחצית היובל למאה שעברה (בערך שנת תרכ"ה)" – **תרכ"ה** ולא תרט"ז![15] אפשרות ביניים הועלתה על ידי רב"צ אייזנשטדט, שכתב שהתמנות הרי"מ עפשטיין לרבנות נובוזיבקוב היתה ב**תרכ"ב**, ושעד המעבר לנובהרדוק בתרל"ד חלפו תריסר שנים[16].

תיארוכו של אייזנשטדט הינו הראשון שהועלה על הכתב, והיחיד שנתפרסם בחיי הרי"מ עפשטיין[17], ולפיכך היה לכאורה מקום להעדיפו – אולם ממקורות מקבילים מוכח שהתיארוך המאוחר מבין השלושה קרוב יותר לאמת. התאריך תרט"ז לא ייתכן ולו בשל העובדה שר' ברוך עפשטיין נולד ב**תר"ך** – בבוברויסק[18]; גם התאריך תרכ"ב אינו סביר לאור המכתב ששלח הרי"מ עפשטיין לר' דובעריש מייזליש בחודש **אב תרכ"ב**, והוא עדיין בבוברויסק[19]; יתרה מכך, בזכרונותיו של

---

[13] **שרי המאה**, ו, עמ' 81.

[14] שם, עמ' 100. דבריו אלה, מקורם כנראה במוטיבציה להדגיש את שבחו של הרי"מ עפשטיין, שנתמנה לרבנות בגיל כה צעיר (כביכול).

[15] לאור חזרתו העקבית של רי"ל מימון על כך שהרי"מ עפשטיין היה אז "עודו בימי בחרותו" (ראו שם עמ' 102), וכתיבת הגיל "עשרים ושבע", יש להניח שהתאריך בו נקב – תרכ"ה – יסודו בטעות (לשיטתו), כי באותה שנה היה הרי"מ עפשטיין כבר בן שלושים ושש. ייתכן שהטעות אירעה כתוצאה משימושו בביטוי המורכב "אמצע מחצית היובל": "אמצע יובל" או "מחצית היובל" הם אכן 25 שנה, אך "אמצע מחצית היובל" הוא 12.5 שנים, כלומר אכן סמוך לשנת תרט"ז. לימים הועתקו דבריו בכללם על ידי כמה כותבי כרוניקות, מבלי שהרגישו בסתירה או ניסו לתרצה (ראו לדוגמא: **כתבי הערוה"ש**, חלק התשובות, עמ' קפח), אך היו שנקטו בשנת תרכ"ה דווקא, בעקבות כתיבתה במפורש (ראו לדוגמא: וקסמן, "הגאון בעל ערוך השלחן" עמ' 422).

[16] אייזנשטדט, **דור רבניו סופריו**, עמ' 42; בעקבות תיארוכו הלכו מ' יוסיפון בירחון **בית הכנסת**, שנה שנייה, גליון יא (אדר תש"ז), עמ' 14, ואחרים.

[17] בשנת תרנ"ה. לתיעוד ביקור שערך אייזנשטדט בנובהרדוק באותה תקופה, ראו: **הצפירה**, י"ד אלול תרנ"ו (שנה 23 גליון 180), עמ' 865.

[18] כפי שמציין אייזנשטדט, שם, שם עמ' 43. עובדה זו מוזכרת גם על ידי גוטליב, **אהלי שם**, עמ' 153; הלה היה בן עירו של ר"ב עפשטיין והכירו אישית – ראו למשל דבריו שם בהערה א: "מרגלא בפיו של הרב ר' ברוך הנ"ל בדרך צחות: 'כור לזהב ומצרף לכסף, ולוי למשפחת עפשטיין'" – דיווח שאכן התאמת עם יציאת **מקור ברוך**, שם נכתב פתגם זה בעמ' 723.

[19] ראו לעיל פרק ראשון הערה 54.

י"ל קצנלסון מסופר על לימודיו אצל הרי"מ עפשטיין בבוברויסק תקופה קצרה **בתחילת תרכ"ד**[20]. ר"ב עפשטיין עצמו מתארך את תקופת המעבר "בתחילת שנות השלשים למאה זו, למניננו"[21], כלומר בין תרכ"ב לתרכ"ד[22], ולאור עדות קצנלסון בהכרח לומר שמדובר בתרכ"ד. אם כן, לאור כל זאת, ניתן לקבוע שמעברו של הרי"מ עפשטיין לנובוזיבקוב נעשה באמצע או סוף תרכ"ד (1864), כשהוא אז כבן שלושים וחמש שנים[23].

ב. המפגש עם ה"צמח צדק"[24]

פרשה מפורסמת מתקופת שבתו של הרי"מ עפשטיין בנובוזיבקוב, היא נסיעתו לעיירה לובביץ' (ליובאוויטש, Lyubavichi שבאיזור רודניאנסקי, אז במחוז ויטבסק), כ-260 ק"מ אווירי מצפון לנובוזיבקוב, אל האדמו"ר של חסידי חב"ד באותה עת, ר' מנחם מנדל שניאורסון – שיכונה לימים ה"צמח צדק". התיעוד המרכזי של אירוע זה נמצא בספר הזכרונות 'מקור ברוך' של ר' ברוך עפשטיין, שהעמיד את המפגש בין אביו ל"צמח צדק" במרכז הכרך המוקדש לתולדות אביו[25]. לדבריו, הרקע לנסיעה היה רצונו של אביו, להכיר את מי שהיה "מוכתר ומעוטר בכתר שם טוב ומפורסם לגאון ואדיר בתורה ופוסקי הלכות", ובעיקר משאלתם של חסידי חב"ד תושבי נובוזיבקוב, ש"היה להם לרצון לו הכיר פנים את רבם ואלופם הגדול"[26].

אמנם, ר"ב עפשטיין מאריך במידה מופרזת מאד לתאר את מפגשם של השניים, על כל פרטיו ודקדוקיו, וכולל בו סיפורים פיקנטיים רבים וציטוטים ארוכים

---

[20] קצלנסון, **מה שראו עיני ושמעו אזני**, עמ' 65. יש לזכור, אמנם, שזכרונותיו נכתבו באחרית ימיו.

[21] **מקור ברוך**, עמ' 1234–1235. למשמעות הביטוי "שנות השלשים" ראו שם, עמ' 1632.

[22] השווה **מקור ברוך**, עמ' 1789–1790, ש"תחילת שנות הארבעים" היא שנת תרל"ג או תרל"ד, וכן עמ' 702 ש"תחילת שנות השלושים" היא תרכ"ב או תרכ"ג; שנת תרכ"ה, בה נקב רי"ל מימון, תוגדר כבר כאמצע העשור ולא "תחילתו".

[23] על פי תיארוך דומה כתב א"ז תרשיש שהרי"מ עפשטיין היה רב בנובוזיבקוב "קרוב לעשר שנים" (**רבי ברוך הלוי אפשטיין**, עמ' 52) ושבעת ההתמנות היה בנו ר' ברוך "כבן ארבע או חמש" (שם, עמ' 70).

[24] [הערך העורך: לתיאור מפורט של סוגיה זו ראו להלן נספח א.]

[25] ראו: **מקור ברוך**, ג, פרקים כ–כב; כג אות ב; ל אותיות א, ג; לא–לב.

[26] שם, עמ' 1234.

של שיחות אישיות; כל זאת העלה במהרה את החשד, שהושמע כבר שנים ספורות לאחר יציאת 'מקור ברוך'[27], שמדובר בתיאור ספרותי בעיקרו ובלתי מהימן מבחינה היסטורית. אולם קשה להניח שר"ב עפשטיין היה בונה מגדלים ספרותיים כה מסועפים אילולא היה להם בסיס עובדתי מינימלי – עצם נסיעת אביו ללובביץ' ומפגשו עם ה"צמח צדק"[28]. להלן ארחיב את היריעה על פרשה היסטוריוגרפית זו[29], ואראה כי יש להפריד בין ניסוח הדברים, המשקף את סגנון ר"ב עפשטיין בלבד, וכן תכניהם של סיפוריו, הדורשים קריאה זהירה וביקורתית – לבין המעטפת הכללית והגרעין העובדתי הבסיסי עליו הוא נשען, עליו ניתן לסמוך במקרים רבים, כל שמדובר על אירועים שיש לו קשר אליהם מכלי ראשון או שני[30].

מלבד זאת, על נסיעת הרי"מ עפשטיין ללובביץ' ומפגשו עם ה"צמח צדק", אנחנו יודעים לא רק מדברי בנו – אלא גם מעדותו של תלמידו, ר' יהודה ליב מימון. לא ניתן אמנם להחשיב את כתביו הביוגרפיים המרובים של רי"ל מימון כמקור היסטורי אמין, ואף הוא עצמו בדרך כלל לא התייחס במלוא הרצינות למעשים שהביא, אלא הגדירם כשמועות עממיות: "מספרים ש..." – אך במקרה שלפנינו הוא חוזר ומעיד לא פחות משלוש פעמים, במקומות וזמנים שונים, שאת עובדת המפגש הוא שמע במו אזניו ישירות מן הרי"מ עפשטיין: "**והוא בעצמו סיפר לי**, כי לאחר מספר חדשים שהתיישב בנובוזיבקוב בתור רב, החליט למלא רצונם של בני קהילתו, ונסע ללובאביץ, כדי לקבל פניו של רבי מנדלי (בעל "צמח צדק")..."[31]. רי"ל מימון אינו מרבה למסור דברים בתור עדות שמיעה מכלי ראשון, כזו "ששמעתי גם אני בעצמי מפי מורי הגאון"[32]; אין לוותר כמובן על קריאה ביקורתית של עדותו וזיהוי מגמות והטיות למיניהן – כבכל מקור היסטורי –

---

[27] על ידי ר' יקותיאל אריה קמלהאר, בספרו **דור דעה – גאוני הדור**, פיטרקוב תרצ"ה, עמ' עו-עז.

[28] במסקנה מעין זו אחז גם עמנואל אטקס, **יחיד בדורו**, עמ' 154.

[29] על רקע שלילתו הגורפת של החוקר החב"די ר' יהושע מונדשיין את אמינות סיפור המפגש בכללו (ראו בין השאר: יהושע מונדשיין, "ה"תורה תמימה" – אמינותו", **פעמי יעקב** מה [תש"ס], עמ' סא-סד).

[30] בנספח א להלן נידונו בהרחבה כל העניינים המוזכרים בקטע זה.

[31] רי"ל מימון, **אנשים של צורה**, עמ' קנג (ושוב בספריו: **מדי חודש בחודשו**, ה, עמ' 154; **שרי המאה**, ו, עמ' 100), וראו המקורות המובאים בשתי ההערות הבאות.

[32] רי"ל מימון, **ספר הגר"א**, ירושלים תשי"ד, עמ' עג (ושוב בספרו **תולדות הגר"א**, ירושלים תש"ס, עמ' קכה).

אך גם אין יסוד לשלילה קטגורית של מהימנות כלל העדויות מסוג זה שנמסרו על ידו[33].

בנוסף, תיאורו של ר"ב עפשטיין בדבר המוטיבציה הבסיסית של אביו לנסוע ללוביץ', הולם בהחלט את הידוע לנו על התנהלות הרי"מ עפשטיין בנובוזיבקוב: לשם השוואה, בראש ספרו 'אור לישרים' שהדפיס בז'יטומיר תרכ"ט (לאחר פטירת ה"צמח צדק"), מופיעות בהבלטה הסכמותיהם של אדמו"רי צ'רנוביל, שלחסידיהם היתה כאמור קהילה קטנה בעיירתו. סביר מאד להניח, אפוא, שהוא פעל לפחות באותה מידה ליצירת קשר עם האדמו"ר אליו היו כפופים **רוב** תושבי העיירה – ה"צמח צדק"[34]. אף העובדה שר"מ בר-אילן נכד הרי"מ עפשטיין (שגדל זמן מה בביתו, באמצע שנות התר"נ) סבר לתומו שבין נותני ההסכמות ל'אור לישרים' היה גם ה"צמח צדק" עצמו[35], עשויה להעיד שבמשפחתו היתה מסורת בדבר קיום קשרים כלשהם בין סבו הרי"מ עפשטיין לבין האדמו"ר החב"די.

אם כן, נסיעתו של הרי"מ עפשטיין ללוביץ' נעשתה "מספר חודשים לאחר שהתיישב בנובוזיבקוב"[36], כלומר בערך בסוף תרכ"ד; כפי הנראה, נמשכה נסיעה

[33] הוא השלים אמנם את ידיעותיו על המפגש מן המסופר ב**מקור ברוך** (ראו למשל **שרי המאה**, ו, עמ' 101–102), אך גם הביא כמה שמועות מקוריות שאינן לקוחות מדברי ר"ב עפשטיין (לכל זאת ראו בנספח א). הפרט העובדתי היחיד שיש לדחותו, הוא דבריו שהרי"מ עפשטיין נסע ללוביץ' "פעמים אחדות" (**מדי חודש בחודשו**, ב, עמ' 176–177) – אף הוא עצמו לא הזכיר זאת בשני המקומות הנוספים בהם עסק במפגש.

[34] מדוע אפוא לא נטל הסכמה מיורשו של הצמח צדק? התשובה הפרוזאית היא שהיו כמה וכמה כאלה: לאחר פטירת הצמח צדק התפלגו חסידיו בין החצרות השונות שהקימו בניו כל אחד במקום מושבו: קאפוסט, ניז'ין, ליאדי, לוביץ' ועוד. אין בידינו ידיעה האם חסידי חב"ד בנובוזיבקוב התלכדו סביב חצר אחת מסוימת מבין אלה, אך הנסיבות בכללן עשויות להסביר מדוע ב**אור לישרים** לא מופיעה הסכמה מאת אדמו"ר חסידות חב"ד.

[35] **מוולוז'ין עד ירושלים**, עמ' 277, וראו ביקורתו של רי"ל מימון על טעות זו, **שרי המאה**, שם עמ' 104. א"ז תרשיש מתייחס לדבריו של רי"ל מימון – על היעדר הסכמה מהצמח צדק – כאל "הרב מימון סובר" כך משיקולים כרונולוגיים בלבד, ולפיכך גורס שאפשר שאכן נדפסה הסכמה כזו ומדובר במכתב שניתן בחיי הצמח צדק (תרשיש, **רבי ברוך הלוי אפשטיין**, עמ' 66 הערה 47); דבריו תמוהים, וכבר בשנת תש"ז נתפרסמו ההסכמות בשלמותן מתוך טופס מקורי, על ידי רי"ל מימון עצמו, בספרו **אנשים של צורה**, עמ' קנה–קנח.

[36] כפי שכותב רי"ל מימון (לעיל, הערה 31).

זו כשבוע-שבועיים וכללה יותר מפגישה אחת עם ה"צמח צדק" הישיש[37] – שגילה אולי עניין מיוחד בקירוב הרב ה"מתנגד" שנתמנה זה עתה לרבה של אחת מקהילות חסידיו[38].

ג. הרבנות בנובוזיבקוב

על פועלו השוטף של הרי"מ עפשטיין ברבנות נובוזיבקוב, לא הגיע לידינו מידע רב. המכתב היחיד המוקדם לתקופת נובהרדוק שנדפס עד עתה, הוא זה ששלח בתרכ"ב לר' דובעריש מייזלש, כשהוא עדיין בבוברויסק, ומתקופת נובוזיבקוב לא שרד כל מכתב. עם זאת, אנו יודעים שגם בשבתו בנובוזיבקוב הוא עסק בכתיבת תשובות לשואלים, כפי שהזכיר כמה פעמים בספרו 'אור לישרים' שנדפס בתרכ"ט (1869): "והארכתי בזה במק"א [=במקום אחר] בתשובה..."[39], "ובתשובה אחת הארכנו..."[40].

ידוע לנו על אודות אחד ממכריו בתקופה זו, ר' נחום מוכסן שמו, שכיליד עירו של הרי"מ עפשטיין היה מקורב אליו עוד בתקופת בוברויסק, וכשהתמנה הלה לרב בנובוזיבקוב, הלך אחריו ר' נחום "והיה בביתו, חציו דיין וחציו מלמד"[41]. אדם אחר שנפגש עם הרי"מ עפשטיין בתקופת נובוזיבקוב, הוא ר' אברהם ב"ר מאיר אשכנזי, שהיה תחילה מו"צ בעיירה הדרומית אוּמַן, ומאוחר יותר נעשה לרב העיירה סְלִיבּ שבסביבות נובהרדוק. כך הזכיר הרי"מ עפשטיין בשנת תרל"ח,

---

[37] ראו להלן בנספח א. הצמח צדק, שנפטר כשנה וחצי לאחר מכן, היה אמנם חולה באותן שנים, ומאז פטירת אשתו הִרבה להסתגר ומיעט לקבל אנשים ל'יחידות' (ראו: רח"מ הילמן, **בית רבי**, ברדיצ'ב תרס"ג, ג, פרק ו) – אך לא היה מדובר בהימנעות מוחלטת מפגישת מבקרים, ויש אף טוענים ש"מבלי שום לב על רפיונו קבל את האורחים [...] הטה אוזן קשבת לכל מבקשי עצתו" (לשון אלכסנדר זיסקינד רבינוביץ' [אז"ר], **האסיף**, ווארשא תרמ"ט, עמ' 165, וראו התימוכין שמביא לכך רש"ד לוין, **פרקים בתולדות חב"ד**, ניו יורק תשס"ה, עמ' ע-עא).

[38] ר"מ צינוביץ' מוסיף, כספקולציה, שהצמח צדק הוקיר את הרי"מ עפשטיין גם בשל היותו תלמיד ר' איצל'ה מוולוז'ין, שהכיר היטב את הצמח צדק ופעל לצידו בהזדמנויות שונות כדוגמת ועידת פטרבורג תר"ג (צינוביץ', **עץ חיים**, עמ' 400). אך בהקשר שכזה, עובדת לימודיו של הרי"מ עפשטיין אצל ר' איצל'ה – כמו רבים אחרים בני דורו – הריהי פרט ביוגרפי טריוויאלי ותו-לא.

[39] **אור לישרים**, גיטין, סי' צו, סוף אות ט.

[40] שם, גיטין סי' פו. ראו גם שם, יבמות סי' יד סוף אות א: "וביארנו דבריו במק"א...", וכן קידושין סי' לז, אות א: "והרבה הארכנו בזה במק"א בס"ד...".

[41] כפי שמוסר גיסו של הלה, ר"י ניסנבוים, **עלי חלדי**, עמ' 40.

בהסכמה שנתן לספרו: "...וידעתיו בשם טוב עדן הי' בעיר אומאן, ורבים השיב מעון בתוכחת מוסר היוצאים מלב מלא יראת ה', ומשם הפיץ [את] מחברתו על התורה..."[42].

על תפקודו של הרי"מ עפשטיין בתקופה זו כמורה הוראה קלאסי, ניתן להתרשם מדבריו שלו, כשתיעד לימים בספרו 'ערוך השלחן' סיפור בענייני כשרות שהתרחש "בהיותי יושב על כסא הוראה בעיר פלונית", כלומר בתקופת כהונתו בנובוזיבקוב:

> אברר לך איך שכל דברי רבותינו הקדושים הם כגחלי אש, מה שהתוודה לפני בלב נשבר בהיותי יושב על כסא הוראה בעיר פלונית, שאחד מהבע"ב [=מהבעלי בתים] החשובים דשם היה נוהג היתר בדבר [=חלב עכו"ם] בהיותו חוץ לביתו בעיר הגדולה במדינה, וישב תדיר בשָם לעסקיו, והוא ועוד אורחים בשתותם חמים בבוקר בבוקר היו קונים חלב שמן שקורין סמאנ"ט אצל חנוני אינו יהודי שכנגד אכסניא שלהם.
>
> ופעם אחת התחילו לחקור ביניהם, מאין לוקח החנוני הקטן זה כל כך חלב שמן? והלך הוא להחנוני ושאלו, וא"ל [=ואמר לו] החנוני: אני קונה באיטליז של בשר הרבה מוח של הבהמות, וממחה אותם עם הרבה חלב ומבשלם ביחד, וזה הוא השמנונית. אז נפלו כולם על פניהם על חטאם הגדול, שאכלו טרפות ובשר בחלב, והבעה"ב התודה לפני וצעק בקול, כמה גדולים דברי חכמים[43].

לתקופה זו, ככל הנראה, יש לשייך גם את הדברים שיכתוב לימים הרי"מ עפשטיין בספרו 'ערוך השלחן' הלכות טריפות: "בזמנינו זה, שנתהוה גם בשוורים ובהמות נקב כזה, כמו שראיתי בעיני **כשהייתי במדינת רייסין** [...] ופה במדינת ליטא לא שמעתי שיהיו מצויים נקבים כאלה"[44]. כך גם באשר לדבריו בהלכות שמות אנשים

---

[42] ר' אברהם אשכנזי, **ברכת אברהם**,ווארשא תרמ"ד, פתח הספר. למעט מידע על המחבר ראו: אייזנשטדט, **דור רבניו וסופריו** – ספר רביעי, ניו יורק תרס"ב, עמ' 4.

[43] **ערוך השלחן**, יורה דעה, סי' קטו סעי' ו.

[44] **ערוך השלחן**, יורה דעה, סי' מג סעי' יח. ראו גם: שם, אורח חיים סי' קסח סעי' כח. "רייסין" במובן זה, הריהי "מדינת רוסיא הקטנה" שבה היתה נובוזיבקוב, כפי שהזכיר הרי"מ עפשטיין בסיום הקדמת **אור לישרים**, לעומת "מדינת רוסלאנד" שבה היתה עיר-מולדתו בוברויסק (ולהבדיל משימוש מאוחר יותר, ראו **ערוך השלחן**, אבן העזר, סי' קכט סעי' קכט). ראו גם **אור לישרים**, כתובות, סי' סג, סוף אות א, שם הזכיר מנהג הרווח "בכל מדינת ליטא ורוסיא הלבנה ורוסיה הקטנה".

בגיטין: "ליאמא – הלמ"ד בקמץ, ובמבטא הוא נדחק כמו יו"ד אחריו. ושמעתי שֵׁם זה **בהיותי במדינת רייסין**, ונעלם ממני לאיזה שם הוא הכינוי הזה"[45].

ביטוי נוסף לתפקודו של הרי"מ עפשטיין באפיקי הרבנות הקלאסיים, אנו מוצאים בעיתונות היהודית של התקופה, כשפרסם פעם אחת מודעה העוסקת בענייני עגונות ובקשת סיוע למציאת בעל שנעדר מביתו – כפי שעשו רבני קהילות רבים באותו דור. עובדה מעניינת היא, שהאדם בו דובר במודעה זו לא היה איש נובוזיבקוב, אלא תושב עיירה סמוכה, סטָרידוב – דבר העשוי להעיד על השפעה מסוימת של הרי"מ עפשטיין ברמה האיזורית (אם כי ייתכן, כמובן, שאשתו של אותו אדם היא שהיתה ילידת נובוזיבקוב):

> אשה אחת צעקה אלי – שמה לאה בת אברהם אורמינער, שעזבה בעלה – שמו ראובן דוד בן מרדכי סאסאלין מעיר סטארידוב בפלך טשערניגאוו, ועקבותיו לא נודעו יותר משתי שנים. מלאכתו סנדלר, בשנים ערך כ"ב, קומתו בינונית, פניו גישטופעלט. לכן אני מבקש עבורה לקוראי המגיד להודיע בשערי המגיד אם חי הוא ואם לא אולי ימצא איש כזה, ומצוה רבה היא וגם הוא בן יחיד לאביו הזקן וסומא. נאום ***יחיאל מיכל הלוי עפשטיין*****, מ"ץ דפה ק"ק נאוואזיבקאוו**[46].

כמה שנים מאוחר יותר, ברוח הסולידריות היהודית הבינלאומית שפרחה באותו דור, אנו מוצאים את הרי"מ עפשטיין משתתף בגיוס כספים שנערך בקרב יהודי רוסיה "עבור אחב"י בפרס ובבל"; בין רשימה ארוכה של עיירות שתושביהן נדבו כסף למטרה זו, שנתפרסמה בעיתונות, מופיעה גם העיירה נובוזיבקוב, ובראש רשימת התורמים בני העיירה מופיע: "הרב הגדול דפה, ר' יחיאל מיכל עפשטיין – 1 רו"כ [=רובל כסף]"[47].

---

[45] **ערוך השלחן**, אבן העזר, קונטרס שמות אנשים ונשים, שמות אנשים אות ל. ראו גם שם, סי' קכח סעי' כד: "ובעיירי הקודמת לזה, שנקראת בלשונינו זיבקאי ובלשונם נאווא זיבקאוו, כותבין 'זיבקאי דמתקריא נאווא זיבקאוו'...".

[46] **המגיד**, ט' ניסן תרכ"ח (שנה 12 גליון 14), עמ' 111. על השימוש בעיתונות לטובת ענייני עגונות באותן שנים ראו המאמר "תועלת כתבי העתים בדור הזה", **הלבנון**, י"ח אדר ב' תר"ל (שנה 7 גליון 12), טור 91-96. ראו גם מחקרו המעודכן של חיים שפרבר, "תופעת הנשים העגונות בחברה היהודית במזרח אירופה וביטוייה בעיתונות היהודית 1867-1896", **קשר** 40 (תשס"ט), עמ' 102-108.

[47] **המגיד**, ר"ח אייר תרל"ב (שנה 16 גליון 18), בהוספה.

ד. 'אור לישרים'

פועלו העיקרי של הרי"מ עפשטיין בתקופת שבתו בנובוזיבקוב, הוא כתיבתו ופרסומו של חיבורו הראשון, פירוש 'אור לישרים' על 'ספר הישר', אותו הדפיס בסוף שנת תרכ"ט (1869) בז'יטומיר[48]. קרוב לוודאי שעצם כתיבת ספר זה החלה בהיותו בנובוזיבקוב, ולא קודם לכן[49]; ייתכן שקבלת משרת הרבנות היא שהעניקה עתה לרי"מ עפשטיין את הפנאי והרווחה הדרושים על מנת להוציא זאת אל הפועל. באשר לנושא הספר עצמו – פירוש והגהות ל'ספר הישר' של רבנו תם – מדובר בבחירה מעניינת ובלתי שגרתית: רב ממוצע ממזרח אירופה באותם דורות, היה עשוי לפתוח את הקריירה הספרותית-תורנית שלו בשדה נפוץ יותר, דוגמת הערות וחידושים לתלמוד, הגהות ופירושים לשלחן ערוך, תשובות בהלכה או מאמרים באגדה. אך בדומה לגיסו הנצי"ב, שכמה שנים קודם לכן פרסם את פירושו 'העמק שאלה' על ספר 'שאילתות דרב אחאי', בחר גם הרי"מ עפשטיין בספרו של אחד מגדולי הקדמונים – לבארו באופן שיטתי ומקיף ואף להגיהו (בשונה מ'העמק שאלה'), ואגב כך לשקע בו את חידושי תורתו שלו. ניתן לראות בכך ביטוי להשפעת "רוח הזמן" של יהדות מרכז אירופה, במסגרתה החל אז להתרחב גם ביהדות רוסיה העיסוק בהוצאת מהדורות מתוקנות לספרים קדמונים.

יותר ממה שנדפס בתרכ"ט כתב הרי"מ עפשטיין, אך מצבו הכלכלי באותה עת לא איפשר לו להוציא את החיבור בשלמותו, כדבריו בסוף ההקדמה: "והחילותיו להעלות על מכבש הדפוס קמא קמא דמטי לידי, כפי מכסת כספי אשר באמתחתי"[50]. הוא אמנם ישב בנובוזיבקוב חמש שנים נוספות, במהלכן תכנן להוציא חלק נוסף של 'אור לישרים', אך הדבר לא עלה בידו מפני סיבה פרוזאית למדי – סגירת בית הדפוס בז'יטומיר. כך יכתוב מאוחר יותר, בהיותו כבר בנובהרדוק: "והנה לא זכיתי שיצא עדיין לאור עולם רק אפס קצהו, שהוצאתיו זה כבר בהיותי עדיין בשוקי בראי[51], וגם זה לא נדפס יפה מהשיבוש – ואז מפני

---

[48] לדיון ביבליוגרפי מפורט בספריו של הרי"מ עפשטיין, וחיבור **אור לישרים** בכללם, ראו להלן חלק שני פרק שני אות א.

[49] ראו: **שרי המאה**, ו, עמ' 102.

[50] את הקשיים הכלכליים כגורם לאי-הדפסת 'אור לישרים' בשלמותו הזכיר גם ב**שרי המאה**, ו, עמ' 103.

[51] ביטוי תלמודי שמשמעותו – מקומות נידחים (ראו: **תלמוד בבלי**, בבא בתרא דף ל ע"א, "בשוקי בראי הואי", ופירוש הרשב"ם שם: "בארץ מרחקים הייתי...").

שננעלו שערי הדפוס בזיטאמיר נתעכב עד כה..."[52]. את הממון שהיה דרוש להדפסת החלק הראשון בתרכ"ט, גייס הרי"מ עפשטיין בין השאר בעזרת חסידי האיזור, תושבי עיירתו נובוזיבקוב וסביבתה: "ואזכיר לטובה המיוחדים מהגליל ומאנשי עירי, אשר היו לי לסיוע להוצאת הספר הקדוש הלזה [...] וכל המסייעים לדבר מצוה רבה כזו יתברכו מאלקי".

אכן, לשם הצלחת הדפסתו והפצתו של הספר פנה הרי"מ עפשטיין לקבל את תמיכתם של אדמו"רי חסידות צ'רנוביל, שכזכור קבוצה מחסידיהם ישבה בנובוזיבקוב. הסכמותיהם של שני האדמו"רים – אב ובנו, ר' אהרן ור' מנחם נחום מצ'רנוביל – נדפסו בהבלטה על פני עמוד שלם בראש הספר, כשרק בעמוד הבא הודפסו בצפיפות ארבע הסכמות מרבני ליטא. בהסכמותיהם מבקשים האדמו"רים מאנשיהם לסייע להוצאת הספר:

> כבוד אנשי שלומי בכל מקומותיהם [...] הן ד' חפץ למען צדקו יגדיל תורה וכו', על כן נתן בלב הרב וכו' ר' יחיאל מיכל הלוי שי' להעלות על מכבש הדפוס את ספר הישר [...] ולבאר כל חמירא בביאורו 'אור לישרים', ושבחוהו רבנן את ביאורו הנ"ל, וכאשר אתו בכתובים מהם [...] ובכן יתמכו נא אותו בכדי שיהי' עליהו לתרופה לגמור הדפסת ספר הק' הנ"ל בשלמות. כן מצוה גדולה לקנות ספר הקדוש הנ"ל במחיר אשר יציג הרב שי'...

את הסכמותיהם של רבני ליטא, או לפחות חלק מהן, קיבל הרי"מ עפשטיין עוד בטרם פנה לאדמו"ר ר' אהרן מצ'רנוביל – שהרי הלה מזכיר אותן בדבריו ("ושבחוהו רבנן [...] כאשר אתו בכתובים מהם") – אך בכל זאת בחר כאמור להדפיס את הסכמות האדמו"רים בראש, לפני הסכמות הרבנים; זאת מן הסתם בשל היותו עתה רב בקהילה בעלת אופי חסידי, ובעיקר בשל התועלת שהדבר עשוי להניב להפצת הספר בנובוזיבקוב וסביבתה ולגיוס אמצעים להמשך ההדפסה. ארבעת הרבנים מהם נטל הסכמה לספרו, הריהם: דוד-אשתו ר' מאיר ברלין

---

[52] הקדשה משנת תרל"ח על שער טופס 'אור לישרים', נדפסה באלבום **שנות דור ודור**, א, עמ' סו. ר"מ בר-אילן מביא שמועה לפיה הסיבה שהספר "הוא כעת יקר המציאות ויודעים עליו מעט מאד", היא ש"גרמה לכך העובדה שבבית הדפוס שבו היה הספר, נערך חיפוש מטעם הממשלה בשל איזה חשד, וכמנהג הימים ההם ברוסיה החרימו כל מה שמצאו שם כדי להרבות בבדיקה, ובינתיים הלך הכל לאיבוד" (**מוולוז'ין עד ירושלים**, עמ' 277). אמינותו ההיסטורית של סיפור זה טעונה אישוש, לאור תיאורו של הרי"מ עפשטיין (והעובדה שעדיין היה ביכולתו בתרל"ח לשלוח לידידו עותק מהספר) – אלא אם נניח ששניהם מדברים על צדדיו השונים של אותו אירוע.

ממוהילב, ר' יצחק אלחנן ספקטור מקובנא, ר' יהושע ליב (מהרי"ל) דיסקין שהיה אז בשקלוב[53] – וגיסו הנצי"ב מוולוז'ין.

ה. נישואי הנצי"ב לבת הרי"מ עפשטיין

עם סיומה של תקופת נובוזיבקוב, התהדקו קשריו של הרי"מ עפשטיין פעם נוספת עם גיסו, הנצי"ב מוולוז'ין, כשהלה נעשה גם לחתנו: נשא לאשה את בתו – ובת אחותו שלו – בתיה מרים (מירל)[54]. אשתו הראשונה של הנצי"ב, ריינא-בתיה בת ר' איצל'ה מוולוז'ין, נפטרה ככל הנראה בסביבות שנת תרל"ג-תרל"ד, לאחר למעלה מארבעים שנות נישואין[55]; בני משפחתו ומקורביו של הנצי"ב ביקשו לסייע בזיווגו-השני, וכך נשא לאשה את בת גיסו הרי"מ עפשטיין. בנישואין אלה נעסוק בהרחבה להלן בפרק שביעי.

[53] ר"מ בר-אילן מציין, באורח אגבי, ש"כבר בהיותו רב בנובוזיבקוב ביקר זקני אצל רבי יהושע לייב..." (**מוולוז'ין עד ירושלים**, עמ' 277). אין בידינו מידע נוסף על הקשר ביניהם.

[54] שנקראה כך על שם סבתה, חותנתו של הרי"מ עפשטיין ואמו של הנצי"ב, בתיה מרים אשת ר' יעקב ברלין (**מקור ברוך**, עמ' 942).

[55] הנצי"ב, יליד תקע"ז, התחתן מעט לאחר בר המצוה (**רבן של ישראל**, עמ' 15), ובנו-בכורו ר' חיים נולד לאביו בשבט תקצ"ב, בהיותו בן חמש עשרה בלבד (ראו: **שו"ת נשמת חיים**, חלק אורח חיים, "שער האוצר", עמ' ח). טרם עלה בידי למצוא כל תיעוד מוסמך למועד פטירתה של ריינא-בתיה, אך לאור הסיפורים והתיאורים הרבים שכתב ר"ב עפשטיין על אודותיה (**מקור ברוך**, עמ' 1977-1949) ניתן לשער שהלה על כל פנים הספיק לראותה בין החיים בבואו לוולוז'ין בתרל"ג (ראו בפרט עמ' 1965-1964). בשנים האחרונות נכתבה ספרות ענפה העוסקת בדמותה של ריינא-בתיה ב'**מקור ברוך**', על ידי חוקרים מהאורתודוקסיה המודרנית בארה"ב; הללו האריכו לדון לכאן ולכאן בשאלת מהימנות תיאורי ר"ב עפשטיין, אך לא עסקו כלל בשאלת מועד פטירת אשת הנצי"ב, למרות ששאלה זו עשויה להכריע את הדיון כולו. ראו: Don Seeman, "The Silence of Rayna Batya: Torah, Suffering and Rabbi Barukh Epstein's 'Wisdom of Women'", *The Torah u'Madda Journal* 6 (1996), pp 91-128; Brenda Socachevsky Bacon, "Reflections on the Suffering of Rayna Batya and the Success of the Daughters of Zelophehad", *Nashim* 3 (2000), pp. 249-256; Dan Rabinowitz, "Rayna Batya and other learned woman: A Reevaluation of Rabbi Barukh Halevi Epstein's Source", *Tradition* 35 (2001), pp. 55-69; Marc Shapiro, "Clarifications of Previous Posts", http://seforim.blogspot.com/2008/01/clarifications-of-previous-posts-by.html (January 2008); Eliyana R. Adler, "Reading Rayna Batya: The Rebellious Rebbetzin as Self-Reflection", *Nashim* 16 (2008), pp. 130-152; ראו גם להלן נספח א הערה 36.

פרק שלישי

תקופת נובהרדוק (1908–1874)

א. רבנות נובהרדוק לדורותיה

בקיץ תרל"ד (1874), כאמור לעיל, במקביל לנישואי בתו עם הנצי"ב מוולוז'ין, עקר הרי"מ עפשטיין ממקומו פעם נוספת – ואחרונה – ועבר לעיירה נוֹבְהַרְדוֹק (Navahrudak)[1] שבדרום-ליטא, על גבול מחוזות מינסק והורודנא (גרודנא, כיום בבלארוס), כ-190 ק"מ מצפון-מערב לעיר מולדתו בוברויסק.

נובהרדוק היתה עיירה יהודית ותיקה, הנזכרת כבר במאה ה-16 בתשובות ר' שלמה לוריא (מהרש"ל) ור' יואל סירקיש (הב"ח)[2]. מידע ממוקד על אודות הרבנים שכיהנו בה לאורך הדורות, רוכז על ידי משה מרקוביץ (בעל 'שם הגדולים השלישי') ודוד וולברינסקי – נכדו של הרי"מ עפשטיין – בחוברת קטנה בשם "לקורות עיר נובהרדוק ורבניה"[3]. שמותיהם של רבני נובהרדוק ידועים לנו,

---

[1] כך הוא התעתיק וההגייה המקובלים כיום (ברוסית: נוֹבוֹגְרוּדֵק. כלשון הרי"מ עפשטיין, **ערוך השלחן**, אבן העזר, סי' קכח סעי' כב: "עירי, נַאוַוהרָדְק בלשונינו, והאומות קורין לה נָאוָֹואגרוּדָאק"), אך בעבר רווחו צורות כתיבה וקריאה רבות ושונות של שם העיירה, באידיש ובעברית (וכך גם כיום בשפות הסלאביות). ראו: הרכבי, **נאווארעדאק**, עמ' 9. הצורה הנפוצה להגיית שם העיירה בימי הרי"מ עפשטיין, היתה: נַבַהרְדוֹק. פירושו של שם זה: חצר חדשה, עיר חדשה.

[2] ראו **שו"ת מהרש"ל**, למברג תרי"ט, סי' נט: "ואתם קהלא קדישא נאוויהורודק, גוזרני עליכם..."; **שו"ת הב"ח החדשות**, ירושלים תש"מ, סי' סח – תשובה העוסקת בעגונה שבעלה היה "מנאווי הראדאק".

[3] ראו גם: הרב ו"ח קנציפולסקי, "נאווארעדקער רבנים", בתוך: א' ירושלמי (עורך), **פנקס נאווארעדאק**, עמ' 25–32.

באופן רציף למדי, מאז המאה ה-17 (שנות הת'); כך, בהתיישבו על כסא הרבנות בנובהרדוק, נחשב הרי"מ עפשטיין כממשיכה של "שושלת" רבנים ידועי-שם שכיהנו במשרה זו בעת-החדשה, חלקם קנו בזכותה את פרסומם הראשון או לעיתים העיקרי.

בשמונים השנים שמראשית המאה ה-19 ועד התמנותו של הרי"מ עפשטיין, כיהנו בנובהרדוק ארבעה רבנים: הראשון שבהם היה **ר' דוד ב"ר משה** בעל 'גליא מסכת', שנולד בתקכ"ט (1769), התמנה לרבנות נובהרדוק בתקנ"ד (1794; בהיותו בן 25 בלבד), נודע בשבתו בה כאחד מגדולי ליטא, ונפטר בכסלו תקצ"ז (1836)[4]. מחליפו ברבנות נובהרדוק (למן אותה שנה) היה **ר' אלכסנדר זיסקינד הרכבי**, תלמיד חכם גדול שעסק גם במסחר, והוערך על ידי רבים מחכמי דורו, עמם עמד בקשרי הלכה[5]; נולד בנובהרדוק בשנת תקמ"ה (1785), ונפטר בסיוון תר"י (1850)[6].

אחריו, משנת תרי"א (1851), ישב על כסא הרבנות **ר' יצחק אלחנן ספקטור**, שאת פרסומו הכללי קנה לראשונה בנובהרדוק, עת הוציא את ספר השו"ת 'באר יצחק' (קניגסברג תרי"ט). הרי"א נולד בתקע"ז (1817), כיהן בנובהרדוק עד שנת תרכ"ד (1864), אז עבר לקובנא, בה פקע שמו בעולמה של יהדות מזרח אירופה, ובה נפטר באדר תרנ"ו (1896)[7]. מחליפו בנובהרדוק היה **ר' ברוך מרדכי ליבשיץ** בעל שו"ת

---

[4] על אודותיו ראו: ר' ישראל מאיר מנדלוביץ', "רבי דוד מנובהרדוק בעל הגליא מסכת", **ישורון** יב (תשס"ג), עמ' תשז-תשיב. לתוספת נופך ראו: **שרי המאה**, ב, עמ' 177-185. ראו גם: ר' חיים ב"ר אליהו [קרינסקי], **גזע ישישים** (הספד), וילנא תר"ה.

[5] **שרי המאה**, ו, עמ' 106 מפנה לתשובות אליו מר' יעקב ברוכין מקרלין (בעל 'משכנות יעקב'), **קהלת יעקב**, וילנא תר"ז, חלק התשובות, יורה דעה, סי' א, ומר' יצחק יואל קצנלבוגן, **זרע יצחק**, ווארשא תרנ"ח, אורח חיים סי' ה. ראו גם תשובות ר' יהונתן מווהלין ור' אליעזר יצחק פריד, **שו"ת חוט המשולש**, וילנא תרמ"ב, ג, סי' מב-מג, וכן תשובת ר' יוסף פיימר, **שו"ת רבנו יוסף מסלוצק**, ירושלים תשמ"א, סי' סא.

[6] על אודותיו ראו: אלחנן הרכבי (נכדו), **דור ישרים**, ניו יורק תרס"ג, עמ' 48-55; צבי הירש הרכבי, **לחקר משפחות**, ירושלים תשי"ג, עמ' 25. אחד מדייני נובהרדוק, ר' יעקב ב"ר צבי-הירש, פרסם עליו הספד בספרו **שמע יעקב**, ליק תר"כ (מצוטט ב**שרי המאה**, ו, עמ' 107). המלומד אברהם אליהו הרכבי – המוזכר כאן בכמה מקומות – היה נכד אחיו של ר' אלכסנדר זיסקינד (הרכבי, שם, עמ' 30-31. על אודותיו בייחוד: שם עמ' 33-39).

[7] על אודותיו ראו, בין השאר: ליפשיץ, **תולדות יצחק**; ר' אפרים שימאף, **ר' יצחק אלחנן ספקטאר: תולדות חייו ואגרותיו**, ניו יורק תשכ"א; ר"י קוסובסקי שחור (עורך), **אגרות ר' יצחק אלחנן**, בני

'ברית יעקב' (ווארשא תרל"ז), שכיהן לפני כן בסמיאטיץ' ובווילקוביסק; נולד בתקס"ט (1809), ישב בנובהרדוק עשר שנים עד תרל"ד (1874), אז עבר לעיירה שדליץ שבפולין ובה נפטר בניסן תרמ"ה (1885)[8]. עם עזיבתו את נובהרדוק התפנה כיסא הרבנות בעיירה – וכך הגיע אליה הרי"מ עפשטיין.

ב. נסיבות המעבר

תאריך בואו המדויק של הרי"מ עפשטיין לנובהרדוק, היה א' תמוז תרל"ד (16 ביוני 1874), והוא אז כבן ארבעים וחמש שנים[9]; בעיירה זו כיהן כרב ואב"ד לאורך שלושים וארבע שנים, עד פטירתו בשנת תרס"ח (1908) בגיל שבעים ותשע. בסמוך לבואו פורסמה בעיתונות היהודית הידיעה הבאה:

> נאוואהרדאק. **ברוך הבא בשם ה'**. ביום ג' ר"ח תמוז בא לעירנו הרב הגאון, הבקי בכל חדרי תורה להלכה ולמעשה, חכם לבב ואמיץ כח במלחמתה, מוכתר במעלות השכליות ובמעלות המדות והנמוסיות, נאה דורש ונאה מקיים, ה"ה מוה"ר יחיאל מיכל הלוי ממשפחת עפשטיין, הנודע בבאוריו היקרים 'אור לישרים' על ס' הישר לרבינו תם, כי הוא נקרא לעדתנו להיות לרב ומורה צדק, ונפשנו שמחה לראות את האדם הגדול אשר הוכיח ה' לנו.

ברק תשס"ד (שני כרכים, ליקוט חלקי). נציין גם מקבץ הפניות לחוברות הספדים עליו: ר' צבי הירש רבינוביץ' (ספקטור), **זכר צדיק**, ברדיצ'ב תרנ"ז; ר' חיים אורי ב"ר בצלאל הכהן, **מנחם ציון**, וילנא תרנ"ז; ר' אריה ליב פרומקין, **אבל יחיד ומספד תמרורים**, לונדון תרנ"ו; ר' ברוך יפית, **קול בֹּכים**, ווארשא תרנ"ז; ר' אליעזר הלל אהרונסון, **ארז בלבנון**, פפד"מ תרנ"ז; ר' שלמה סגל, **קול נהי**, וילנא תרנ"ז. וכן: ר' משה יהודה ליב גולדברג, **מספד תמרורים**, ווילנא תרנ"ז; ר' בנימין לודז'מן, **בן אוני**, וילנא תרנ"ו; ר' יהודה טמקין, **כבוד חכמים**, ווארשא תרנ"ו; ר' משה נתן רובינשטיין, **כבוד חכמים**, ברדיצ'ב תרנ"ז.

[8] על אודותיו ראו: ר' משה זעירא, "רבי אליהו קלצקין – אב"ד לובלין", **ישורון** טו (תשס"ג), עמ' תשנז-תשנח; וולברינסקי ומרקוביץ', **לקורות עיר נאוואהרדאק ורבניה**, עמ' יב-יג. הר"א קלצקין הנזכר, היה חתנו; עליו ועל גיסיו (בני ר' ברוך מרדכי), ראו גם אצל גוטליב, **אהלי שם**, עמ' 354-355. הוא אף רשם "כתב יחס" של חותנו, נדפס בספר **שנות דור ודור**, א, עמ' עא-עב. נקרולוג על הרב"מ ליבשיץ (מאת נחום סוקולוב), נדפס שנית אצל: מ' בקלצ'וק-פלין (עורך), **יזכור-בוך: כעלם**, יוהנסבורג (דרא"פ) תשי"ד, טור 282-283.

[9] **מקור ברוך**, עמ' 1644, והידיעה שלהלן. ר"מ בר-אילן כותב בטעות שסבו התמנה לרבנות נובהרדוק בעודו "צעיר לימים, בן שלושים וכמה" (**מוולוז'ין עד ירושלים**, עמ' 277) – וכבר העיר על כך ר' ניסן וקסמן ("הגאון בעל ערוך השלחן", עמ' 424 הערה 5).

הוד והדר עטרוהו, וכל העם יצאו למגרש העיר לקראתו, ובזרועות השלום חבקוהו, ובש"ק [=ובשבת קודש] דרש באגדה ופלפול נפלא להלל מאד. יאריך ה' ימים ושנותיו בנעימים, ועדתנו תכון מעלה מעלה, והוא ינהלנו על מי מנוחות לפי רוח הזמן הדורש הצלחת ישראל, להיות כל אחד נאמן לה', למלכו ולארצו, ויהי נועם ה' עלינו. היום יום ה' לסדר זאת חקת התורה תרל"ד לפ"ק[10].

ר"מ בר-אילן כותב, כעובדה, שהרי"מ עפשטיין התמנה תחילה להיות רב בעיירה הקטנה לוּבַּץ' (Lubcha), הנמצאת כ-25 ק"מ מצפון-מזרח לנובהרדוק, אך כששמעו על כך פרנסי נובהרדוק, שבאותה שנה עזב אותם ר' ברוך מרדכי ליבשיץ, מיהרו ו"חטפו" את הרי"מ עפשטיין ומינוהו לרבה של עיירתם[11]. אותה "חטיפה", לפי מסורת זו, אין פירושה לקיחת הרב בעל כרחו, אלא שכנועו להחליף את מקום כהונתו: כפי שמוסיף ר"מ בר-אילן, "שהביאו לו כתב רבנות מנאוואהארדוק". מהם המניעים האפשריים להחלפה כה זריזה של משרת הרבנות? על פי רוב, הדבר נעשה בשל הרצון לכהן בקהילה חשובה יותר, ובמקרים מסוימים גם בשל חוזה רבנות משופר מבחינה כלכלית; אך במקרה הנוכחי, השימוש במושג "חטיפה" מלמד שהיוזמה למעבר באה מכיוון פרנסי נובהרדוק, שהפעילו כנראה לחץ מסוים ומאמצי שכנוע. כך או כך, המסגרת ההיסטורית הכללית מעניקה תמיכה לסיפור זה, לאור העובדה שרבנות לובץ' אכן התפנתה באמצע תרל"ד, עם פטירת רב המקום, ר' צבי נחום רבינוביץ'[12].

---

[10] **הלבנון**, ח' אב תרל"ד (שנה 10 גליון 48), עמ' 383. הכותב: אברהם שמואל וויינשאהל (מורה בבית הספר המקומי מטעם הממשלה). ידיעה זהה נתפרסמה גם ב**המגיד**, כ"ט אב תרל"ד (שנה 18 גליון 32), עמ' 285.

[11] **מוולוז'ין עד ירושלים**, עמ' 277; הוא אינו מציין מקור לכך, וכנראה מדובר בשמועה משפחתית. בעקבותיו הלכו רי"ל מימון, **שרי המאה**, ו, עמ' 108 (לסיפור נוסף על חטיפת רב על ידי פרנסי נובהרדוק – ר' יצחק אלחנן ספקטור – ראו שם עמ' 69–70; על כך מספר גם מרדכי זאב רייזין, **מספר חיי: זכרונות ורשימות אוטוביוגרפיים**, ניו יורק תשי"ז, עמ' 22, אף כי מבחינה כרונולוגית ייתכן שהספיק לשאוב זאת מ'שרי המאה'), ור"מ צינוביץ', "רבני קהלת לובץ'", עמ' 90 (ושם מופיעה שגיאה גסה, שאביו של הרי"מ עפשטיין נפטר – כביכול – לפני התמנותו בנובוזיבקוב). פרט טריוויאלי מעניין, בהקשר זה, הוא שגם האב"ד האחרון בנובהרדוק, ר' מאיר אבוביץ, כיהן לפני כן בעיירה לובץ' (ראו: צינוביץ', שם עמ' 95–97; יהושע יפה, "אחרוני הרבנים", בתוך: א' ירושלמי (עורך), **פנקס נאווארעדאק**, עמ' 129).

[12] כרוניקה מפורטת של רבני לובץ' סודרה על ידי ר"מ צינוביץ' ("רבני קהלת לובץ'", עמ' 86–91), ואומצה על ידי ש' ספקטור (עורך), **פנקס הקהילות – פולין**, ח, עמ' 377. לפי צינוביץ', באמצע

בין אם אירע סיפור ה"חטיפה" ובין אם אינו אלא מעשייה יפה, הוא יכול לשמש עבורנו כמצע לדיון קצר בסיבות למעברו של הרי"מ עפשטיין אל נובהרדוק. על בסיס תיאורו של ר"מ בר-אילן, נוסף לימים חידוד מאוחר הגורס שבני הזמן התבדחו על מעברו של הרי"מ עפשטיין מנובוזיבקוב ללובץ', באומרם שהרי זה כ"החלפת נעל בסנדל" – על משקל המילה הרוסית ל"סנדל": **לאפצ'ו** (Сандалии)[13]. המחשבה שבבסיס החידוד הזה, היא שאין היגיון במעבר מן העיירה הראשונה לשנייה: לובץ' היתה ממוקמת אמנם באיזור מרכזי יותר לעומת נובוזיבקוב, אך גם היתה קטנה ממנה פי כמה, כך שבכל אופן לא היה במעבר שכזה כל "שדרוג" במעמדו של הרב המכהן. מבחינה זו, המסורת הגורסת שהרי"מ עפשטיין עקר תחילה ללובץ', אכן מעוררת שאלות. מכל מקום, היות שלבסוף הגיע הרי"מ עפשטיין לנובהרדוק, אנו רשאים לשער שהמניעים לכך אכן היו המעבר למיקום מרכזי ולעיירה חשובה יותר בעולם האורתודוקסי של יהדות מזרח-אירופה. כאן הוא אפוא המקום המתאים להשערתו של ר' מאיר בר-אילן (שהושמעה במקורה לגבי בוברויסק), שכיוון שהעיירה הקודמת "לא היתה מפורסמת בליטא כמקום תורה, ועם זה עיר מובהקה של חסידים, קשה

המאה ה-19 כיהן בעיירה ר' אהרן דוד בקשט עד לפטירתו בחורף תרכ"ז (על פי ידיעה ב**הלבנון**, י"ט אייר תרכ"ז [שנה 4 גליון 10], עמ' 155. יש להעיר שבהקדמת הראב"ד בקשט לספרו **פעולת אדם**, שנדפס לאחר פטירתו בווילנא תרמ"ג, מופיע הן בנוטריקון והן בפירוש התאריך: תרל"א! מסתבר שפענוח התאריך נעשה על ידי המו"ל, והלה טעה והכליל בנוטריקון גם את האות וא"ו של "ואדברם בשלום" – ולמעשה יש להשמיטה ולפענח: תרכ"ה. הדבר עדיין תמוה, היות שהמו"ל היה חתנו של המחבר וידע כמובן מתי נפטר. מכל מקום, אישוש לתאריך הפטירה המוקדם מופיע אצל ה"נ מגיד, **עיר ווילנא**, עמ' 291 בהערה). אחריו, בסביבות תרכ"ח, נתמנה כנראה ר' שמואל זיברטנסקי בעל 'עולת שמואל', שכעבור זמן קצר עבר לווילנא. בשלב כלשהו לאחר מכן, לדברי צינוביץ', נתמנה רב בשם ר' צבי נחום טיקטין, שעבר בתרל"ח לקלצק. אם נשלב בכך את סיפור התמנות הרי"מ עפשטיין בתרל"ד, הרי שלאורך חמש שנים ויותר עמדה העיירה ללא רב! אך למעשה, נפלה בדבריו של צינוביץ' שגיאה מהותית: בנו של אותו ר' צבי נחום, כפי שהוא מציין, היה ר' משה חיים רבינוביץ' מברונזוויל – והנה, ידידו של הלה, רב"צ אייזנשטדט (**דורות האחרונים**, ספר ראשון, נ-ת, ניו יורק תרע"ה, טור 319) מציין שאביו ר' צבי נחום רבינוביץ' אב"ד לובץ' נפטר בתאריך כ"א טבת תרל"ד! צינוביץ' עצמו, במקום אחר ("רבני קלצק", בתוך: א' שטיין [עורך], **פנקס קלצק**, תל אביב תש"ך, עמ' 26) מספר על "צבי הירש טיקטין" – הירש ולא נחום. מדובר אפוא בשני אישים שונים לחלוטין: האחד ר' צבי נחום רבינוביץ' שנפטר בתרל"ד, והשני צבי הירש טיקטין שכיהן אחריו עד תרל"ח (ונפטר בתרמ"א. יש להוסיף שכהונתו לפני לובץ' היתה בעיירה צ'יזוב שבפולין – ראו אצל רח"א רוטנברג, **פני הארי החי**, ווארשא תרס"ב, סי' ח).

[13] וקסמן, "הגאון בעל ערוך השלחן", עמ' 424.

היה כפי הנראה להגיע משם לידי רבנות גדולה בליטה"[14]. נובהרדוק, לעומת זאת, אכן נתנה הזדמנות ל"רבנות גדולה" שכזו.

מעברו של הרי"מ עפשטיין מרבנות העיירה נובוזיבקוב, בה כיהן כעשר שנים, אל משרת הרבנות בעיירה נובהרדוק, כלל שינויים דרסטיים בכמה פרמטרים: נובוזיבקוב היתה עיירה נידחת באופן יחסי – "בשוקי בראי" כלשון הרי"מ עפשטיין – שנמצאה בשוליים המזרחיים של "תחום המושב"; על אף שגודלה כעיירה ומספר תושביה היהודים היו דומים לאלה של נובהרדוק, היא היתה ממוקמת באיזור דליל בהרבה באוכלוסייה יהודית. נובהרדוק, לעומת זאת, שכנה במרכז החיים היהודיים של ליטא; ובעוד שחלק מאוכלוסייתה היהודית של נובוזיבקוב היה בעל אוריינטציה חסידית מובהקת, נובהרדוק היתה עיירה ליטאית לכל דבר. המשותף לשתיהן, עם זאת, הוא שבאותן שנים כבר היתה בהן נוכחות מורגשת של משכילים, חילונים מתונים ומקצתם אף רדיקליים.

ג. העיירה נובהרדוק במחצית השנייה של המאה ה-19

מרבית הנושאים הנידונים בחיבור זה, כרוכים בפועלו של הרי"מ עפשטיין בתקופת כהונתו בנובהרדוק. כמצע לדיונים הללו, יוקדש הפרק הנוכחי לסקירת רוחב ועומק של תולדות העיירה נובהרדוק למן מחצית המאה התשע עשרה ועד מלחמת העולם הראשונה, על כל ההיבטים הכרוכים בחייה של עיירה יהודית קלאסית בליטא[15]: דמוגרפיה, חברה, חינוך והשכלה, דת, כלכלה ועוד. על גבי המצע הזה, יוקדשו בהמשך פרקים נפרדים למחקר עומק של אפיזודות שונות בחיי הרי"מ עפשטיין ועיירתו נובהרדוק, דוגמת הציונות, תנועת המוסר, סוגיית רבנות הקהילה ועוד.

---

[14] **מוולוז'ין עד ירושלים**, עמ' 276; ראו לעיל פרק שני אות א. מזווית המבט של פרנסי נובהרדוק, הוכשר כנראה הרי"מ עפשטיין לכהונתו בעקבות ספרו **אור לישרים** וקשריו ההלכתיים עם רבנים שונים ברוסיה ופולין, וכן לאור היותו קרוב-משפחתו של הנצי"ב, ראש הישיבה המפורסם של וולוז'ין. ר"מ בר-אילן עצמו, גורס שהסיבה היתה "שנודע דבר גדולתו בתורה" כשהגיע לאיזור (שם, עמ' 277).

[15] לתולדות העיירה בתקופות מוקדמות יותר ראו: ש' ספקטור (עורך), **פנקס הקהילות – פולין**, ח, עמ' 430-436; יעקב גולדברג, "קורות היהודים בנאהוורדק", בתוך: א' ירושלמי (עורך), **פנקס נאווארעדאק**, עמ' 11-17; וולברינסקי ומרקוביץ, **לקורות עיר נאוואהרדאק ורבניה**, עמ' ד-ח.

1. גיאוגרפיה, טופוגרפיה ודמוגרפיה

העיירה נובהרדוק ישבה במרכז איזור כפרי מובהק, כמה עשרות קילומטרים מן הערים שמסביב (הקרובות ביותר הינן איוויה ולידא, כ-50 ק"מ מצפון ומצפון-מערב, בהתאמה), וכמאה וארבעים קילומטר ממזרח למרכז הגדול של מינסק. העיירה לא היתה ממוקמת על הדרך הראשית של האיזור; תחנת הרכבת הסמוכה ביותר (על קו לידא-ברנוביץ), נמצאה בעיירה נובוֶילנה (Novoyelnya), כ-25 ק"מ מדרום-מערב לנובהרדוק, והדרך אליה התנהלה בדרכים סלולות רק למחצה, שנועדו לעגלות ומרכבות. מסביב לנובהרדוק, ברדיוס של כעשרה קילומטרים, היו כפרים רבים, קטנים עד זעירים, חלק מהם בעל אוכלוסיה יהודית, והעיירה נובהרדוק נחשבה עבורם כמרכז מקומי.

מבחינה טופוגרפית, נובהרדוק נמצאת בשטח שטוח למדי, זרוע גבעות נמוכות, חלקן מכוסות עצים, לצד מישורים בינוניים המאפשרים גידול חקלאי, וללא נהרות או מאגר מים משמעותי בסמיכות-מקום (הקרוב ביותר הוא האגם הקטן Sviciaz, כ-20 ק"מ מדרום לעיירה). כעשרה קילומטרים מצפון-מזרח לעיירה נמצאים גבולותיו של יער נליבוקי (Naliboki Pusca), יער גדול וצפוף שהכיל בשעתו גם כמה ביצות, ויערות נוספים פזורים מצדדיה האחרים של העיירה[16].

כך תוארה סביבתה של נובהרדוק, בידי כותב אנונימי בן-התקופה: "במקצוע [=בזווית] צפונית מזרחית לעיר נמצאו הרים תלולים עשוים בידי אדם, יורדים ומשְׁפעים במורד עמוק. מכל הבנינים העתיקים על מישור ההרים לא נשארו לפליטה רק שני שרידי מגדלים רמים המתנשאים על ראש אחת הגבעות הנזכרות"[17]. בפאתים הצפוניים של העיירה, מציין הכותב, נמצא בית הקברות

[16] יערות אלה מילאו תפקיד משמעותי בימי השואה, כמקום מחבואם של הפרטיזנים באיזור. ראו: יהושע יפה, **פרטיזנים – קורות פלוגת פרטיזנים יהודים ביערות רוסיה הלבנה**, תל אביב תשי"ב; יפה, **בגיטו נובוגרודק ובתנועה הפרטיזנית**; נחמה טק, **משפחת אנשי היער – יחידת הפרטיזנים של ביילסקי**, ירושלים תשנ"ז; פיטר דאפי, **האחים בילסקי – סיפור אמיתי**, אור יהודה תשס"ו. ראו גם לאחרונה: Вершицкая Тамара, "Логистика эксплуатации и уничтожения населения в гебитскомиссариате Новогрудок (ГК Беларусь) в период оккупации нацистской Германией (1941-1944 гг.)", *Война на уничтожение* (2010) pp. 287-298.

[17] **הצפירה**, י"ח טבת תרמ"ח (שנה 14 גליון 280), עמ' 2. חורבות המגדלים, ששרדו עד לימינו, היו חלק מהמבצר העתיק של נובהרדוק, שנבנה במאה ה-14 ונחרב בתחילת המאה ה-18; החורבות

היהודי, שכבר בימיו השתמר במצב גרוע למדי: חלקו הישן "נהפך ליער צומח עצים רעננים", ורבות מהמצבות העתיקות "טבעו בארץ"[18].

"אני יושב בתוך טבור מושבות היהודים בליטא", כתב הרי"מ עפשטיין בשנת תרמ"ד (1883), "ובעירי ובכל הגליל יש בערך שש עשרה אלף נפש מישראל"[19]. הערכה משוערת זו, 16,000 יהודים, כללה לא רק את יהודי נובהרדוק, אלא גם את תושבי העיירות שנמצאו בסביבתה הכללית ("בכל הגליל") - קרליץ', לובץ', ז'טל ועוד. להלן אנסה לברר את תמונת המצב הדמוגרפית בנובהרדוק עצמה.

בתחילת המאה ה-19, מספרם המשוער של תושבי נובהרדוק היה פחות מ-1,500, רובם יהודים, ובאמצע המאה הוערך מספר יהודי העיירה בכ-**2,500**[20]. כשלושים שנה מאוחר יותר, לפי אומדן בלתי רשמי שפורסם בשנת תרמ"ח (1888), היו בנובהרדוק **4,820** יהודים[21]. כלומר, בתוך פחות משלושים שנה מספר יהודי העיירה כמעט הכפיל את עצמו. תופעה זו, של קצב גידול אוכלוסייה גבוה, אפיינה את כלל היהודים ברוסיה ופולין עד לרבע האחרון של המאה ה-19. זאת באשר למגמה הכללית, אולם לגבי המספר המדויק של תושבי נובהרדוק בתקופה זו, אנו נתקלים בהערכות סותרות: כך, באומדן שפורסם מעט מאוחר יותר, בשנת תרנ"ה (1894), מספר יהודי העיירה עמד על **7,438** נפשות, בחלוקה שווה להפליא בין גברים לנשים, כאשר הסך הכולל של אוכלוסיית העיירה הוערך

היו אתר תיירות פופולרי עבור צעירי העיירה - ראו גלריית התמונות בסוף ספרו של הרכבי, **נאווארעדאק**.

[18] הוא מוסיף ש"קבלה בפי התושבים כי בימי קדם היה עוד בית קברות לישראל, צפונה לעיר, אשר לא נודעו עוד עקבותיו". יש להעיר כי במצב המתואר של בית הקברות בנובהרדוק ניתן להיווכח גם בימינו: בחלקו של בית הקברות ששרד את ימי השואה, נמצאות מצבות רבות ששקועות ברובן באדמה, ואחרות שפניהן התפוררו לחלוטין, בשל השפעת האקלים במשך השנים על הסלע המקומי ממנו נחצבו. רק המצבות מסוף המאה ה-19 ואילך השתמרו במצב סביר יחסית, והמצבות הישנות ביותר מאלה שכיתובן שרד, אינן קדומות לסוף המאה ה-18. תמונות של 326 מצבות מבית הקברות בנובהרדוק, שצולמו בשנת תשס"ט (2008) על ידי פרנק שוורץ, נמצאות בקישור: https://sites.google.com/site/jewishnovogrudok (למן 22.6.2009).

[19] הקדמת "כבוד מלך", **ערוך השלחן**, חושן משפט, א, ווארשא תרמ"ד, עמ' 2.

[20] ראו: ספקטור (עורך), **פנקס הקהילות - פולין**, ח, עמ' 430-431.

[21] ראו המקור דלעיל, הערה 17. מקור זה מפרט לאחר מכן בצורה מדוקדקת את חתך התעסוקה של יהודי נובהרדוק, ומציג נתונים ברזולוציה גבוהה מאד; נדון בו להלן.

בכ-13,000-12,600 תושבים[22]. ההפרש הניכר בין שני האומדנים הללו (35%), שרק שבע שנים מפרידות ביניהם, מחייב את המסקנה שלפחות אחד מהם אינו מדויק; ואכן, במפקד הרוסי הרשמי שנערך בשנת תרנ"ז (1897), נמנו בנובהרדוק 7,887 תושבים בלבד, מתוכם בסך הכל **5,015** יהודים[23] – נתון המאשש לכאורה את האומדן מתרמ"ח, הנמוך מבין השניים. אלא שמנגד, הערכה נוספת מסוף המאה ה-19 חוזרת ומדברת על **8,137** יהודים בנובהרדוק, מבין 13,656 תושבים[24] – נתון ההולם הפעם את ההערכה מתרנ"ה, הגדולה יותר.

לאמיתו של דבר, גם האומדן מתרמ"ח אינו תואם את נתוני המפקד הרשמי, מפני שאין זה סביר שבמהלך תשע שנים גדלה אוכלוסיית נובהרדוק בכמאתיים נפשות בלבד (פחות מחצי אחוז לשנה), בשעה שקצב הגידול הכללי של יהודי רוסיה באותן שנים היה גבוה בערך פי שלושה[25]. מדובר אפוא בנתון ביניים, שאינו סותר את האומדנים האחרים או תומך בהם. כך או כך, מקורם של הפרשים כאלה בין המפקד הרשמי לבין אומדנים אחרים, טעון הסבר כמובן.

השערה העשויה לפתור את הסתירות הדמוגרפיות, היא שהמפקד הרשמי כלל את יהודי נובהרדוק בגבולותיה המצומצמים בלבד, ואילו האומדנים הגדולים יותר (8,100-7,400 יהודים, בשנים 1897-1894) מתייחסים למספר היהודים הכולל

---

[22] מספר הגברים: 3718. מספר הנשים: 3720 (**הצפירה**, כ' תשרי תרנ"ו [שנה 222 גליון 216-217], עמ' 2). זאת כאשר לפי נתוני מפקד 1897, היחס בין גברים לנשים היה 51.2% נשים ו-48.8% גברים. לנתוני הערכת סך האוכלוסייה, ראו: וולברינסקי ומרקוביץ, **לקורות עיר נאוואהרדאק ורבניה**, עמ' ג.

[23] ספקטור (לעיל הערה 20), שם. האוכלוסייה הנוכרית שבאומדנים הללו, הורכבה מכמה קבוצות אתניות: למעלה משליש היו ממוצא טטארי, למעלה משליש נוסף ממוצא פולני, והמיעוט הנשאר – ביילורוסים אופייניים.

[24] מובא אצל וולברינסקי ומרקוביץ (לעיל הערה 8), שם, וכן אצל הרכבי, **נאווארעדאק**, עמ' 11. רי"ל מימון, אגב, כותב כי "באותן השנים שזכיתי ללמוד תורה בנובהרדוק ושהייתי סמוך על שולחנו של הגאון ר' יחיאל מיכל הלוי עפשטיין [=סביבות תרנ"ד], מנתה הקהילה היהודית בנובהרדוק כאלפיים וחמש מאות משפחה" (**מדי חודש בחודשו**, ה, עמ' 109). זוהי, כמובן, הערכה מופרזת מאד; מספר משפחות כזה בנובהרדוק, היה רק בצירוף האוכלוסייה הנכרית.

[25] קצב גידול האוכלוסייה של יהודי רוסיה לאורך רוב המאה ה-19 נע סביב 1.5% לשנה, אך החל להתמתן לקראת סוף המאה, בעיקר בשל תחילתם של גלי ההגירה. ראו: אטינגר, **בין פולין לרוסיה**, עמ' 261; אטינגר, **תולדות עם ישראל**, כרך שלישי: העת החדשה, עמ' 76, 147; רופין, **מלחמת היהודים לקיומם**, עמ' 69-70. ולאחרונה: שטמפפר, "גידול האוכלוסייה והגירה ביהדות פולין-ליטא בעת החדשה".

בנובהרדוק רבתי, יחד עם הפרברים והשכונות שהקיפו אותה, שלעיתים נחשבו כחלק אינטגרלי מעיירת-האם, ולעיתים לא. כך לדוגמא מתאר הרי"מ עפשטיין, אגב דיונו ההלכתי בנושא כתיבת שמות הערים בגט, את היחס האורבני בין נובהרדוק לבין פרבר קטן וסמוך שהשתייך אליה:

> עירי שאני בה כעת, יש בה מגרש קטן חלוק מהעיר כחצי תחום שבת [=כחצי קילומטר], ונקראת פירעשיקא. ובעיר נאווהרדק כשישאל אחד להדר שם: איפוא דירתך? יענה: בפירעשיקא. ואם ישאלנו בלשון שאלה: האתה תדור בנאווהרדק? יענה ויאמר: לא, כי בפירעשיקא דירתי. גם בערכאות המלוכה יש לה שם זה [...] דכן הוא החוק מהממשלה, שכל רחוב יהיה לה שם [...] וכשהאיש הדר בפירעשיקא יסע למרחק עשרה פרסאות [=כ-40 ק"מ], וישאלו לו: מאין אתה? יאמר: מנאווהרדק. וכשיאמרו לו: מאין באת? יאמר: מנאווהרדק. וכשישאלו לו: להיכן אתה נוסע, בשובו מדרכו? יאמר: לנאווהרדק. – אין זה אלא כחלק מהעיר[26].

בין כך ובין כך, מבלי שיש באפשרותנו לעת-עתה להכריע על המספר המדויק של יהודי נובהרדוק בסוף המאה ה-19, מדובר אפוא בעיירה בינונית, גדולה יותר מרוב הכפרים והעיירות ברוסיה הלבנה שהכילו אוכלוסייה יהודית, אך קטנה יותר מעיירות דוגמת בוברויסק, ואין צורך לומר מן הערים הגדולות דוגמת וילנא ומינסק[27]. נתון המוסכם לפי כל האומדנים, הוא שהעיירה היתה בעלת רוב יהודי ניכר, שעמד על כשני שליש מכלל האוכלוסייה.

אוכלוסייתה היהודית של נובהרדוק בתקופת הרי"מ עפשטיין, ידעה אפוא עלייה לאורך השנים – אך גם התחלתה של ירידה משמעותית, עקב גלי ההגירה לאמריקה שהחלו לפקוד את יהדות רוסיה מאז שנות השמונים של המאה ה-19. בקצה המסגרת הכרונולוגית של תקופת דיוננו, ערב מלחמת העולם הראשונה ב-1914,

---

[26] **ערוך השלחן**, אבן העזר סי' קכח סעי' טז. על הפרבר פירשיקה (Peresieka), ששכן בקצה הצפוני של נובהרדוק, ובו הוקם לימים הגטו המקומי בימי השואה, ראו: ספקטור (עורך), **פנקס הקהילות – פולין**, ח, עמ' 436, וביתר פירוט אצל באואר, "נובוגרודק, סיפורה של עיירה", עמ' 43-44. ראו גם לאורך הספרים שנזכרו לעיל, הערה 16.

[27] במפקד האוכלוסין שנערך ב-1897, נמנו בבוברויסק 20,760 יהודים, במינסק נמנו 47,562 יהודים, ובווילנא נמנו 63,996 יהודים – הגדולה ביותר מבין הקהילות היהודיות הוותיקות ברוסיה (להבדיל מערים בהן התיישבו היהודים רק בפרוס המאה ה-19, כדוגמאת אודסה, קישינב וביאליסטוק). מובא אצל: ברטל, **מבחר מקורות**, עמ' 13.

נמנו בעיירה כ-5,600 יהודים, ובמפקד של שנת תרפ"א (1921) לאחר מלחמת העולם, נמנו בה 3,405 יהודים בלבד[28].

2. חברה וכלכלה

כמו רוב העיירות הבינוניות ב"שטעטעל" המזרח-אירופי, היתה האוכלוסייה היהודית בנובהרדוק מורכבת ממעמדות שונים: שכבה צרה של גבירים ובעלי עסקים גדולים, ציבור רחב של יצרנים זעירים, בעלי מלאכה, סוחרים מקומיים ונותני שירותים, ושיעור קטן של עצמאים ובעלי "מקצועות חופשיים", שחלקם פעלו גם מחוץ לאיזור. על רקע המצב הכלכלי הרעוע של חלק ניכר מהאוכלוסייה, התפתחה בעיירה פעילות סעד מרשימה בהיקפה, שכללה מגוון "חברות" (אגודות-התנדבותיות) שדאגו כל אחת לנזקקים שבתחומה: יולדות, מובטלים, זקנים וכן הלאה.

מידע מפורט על הפילוח התעסוקתי והמקצועי של יהודי נובהרדוק, מגיע לידינו מרשימה סטטיסטית מקומית שפורסמה בשנת תרמ"ח (1888)[29]. על בסיס האומדן כי בעיירה יושבים 4,820 יהודים, מפרטת הרשימה את מקצועם ועיסוקם של למעלה מ-1,244 תושבים. כמאה מהתושבים הללו הוגדרו תחת הסטטוס "מבלי עבודה מיוחדת", כלומר חסרי מקצוע שהתפרנסו מעבודות מזדמנות, ותריסר נוספים הוגדרו כקבצנים; אם כן, אחוז **המפרנסים** בין יהודי נובהרדוק עמד על קצת יותר מרבע – שיעור דומה לזה שבאוכלוסייה הכללית של יהודי רוסיה[30]. מדובר ברוב הגברים ב"גילאי העבודה" (18–65), לצד אחוז קטן של נשים; שלושת-הרבעים של שאר האוכלוסייה, **המתפרנסים**, היו הילדים, עקרות-הבית, הזקנים, הנתמכים ועוד. אם הנתונים הינם עקביים באשר לחלוקה בין המינים המופיעה ברשימה בכמה מקומות, הרי שרובם המוחלט (כ-90%) של המפרנסים בנובהרדוק היו גברים, ורק חלק קטן להפליא בין הנשים עבדו במקצוע קבוע ומוגדר. אלא שקשה להניח שכך אכן היה המצב בפועל, וסביר יותר שהרשימה אינה שיטתית

[28] ש' ספקטור (לעיל, הערה 20). וראו שם גידול מחודש באוכלוסייה, והכפלת מספרם עד פרוץ מלחמת העולם השנייה.

[29] **הצפירה**, י"ח טבת תרמ"ח (שנה 14 גליון 280), עמ' 3.

[30] לפי הנתונים שמנתח אטינגר (**בין פולין לרוסיה**, עמ' 265), היחס הרשמי בין מפרנסים למתפרנסים במפקד 1897 עמד על 1/2.3, כלומר כשניים וחצי מתפרנסים על כל מפרנס; אלא שהוא מציין כי יש להוריד מכך את החיילים, שאין מתפרנסים התלויים בהם, וכן את פלח המשרתים שביניהם היה גדול יותר מספר הנשים, וכך נמצא יחס מפרנס-מתפרנסים של כ-25%.

בכל הנוגע לזיהוי המגדרי של העובדים במקצועות השונים נוסף על כך שבמקרים רבים לא ניתן לכמת את מידת התרומה הישירה של בת הזוג לתפקוד הפרנסה המשפחתית, בפרט בעסקים דוגמת אכסניה, בית מרזח, מכולת ועוד.

כך או כך, מן הנתונים יוצא כי נובהרדוק היתה "עיירה עובדת": כשאר עיירות תחום המושב, רוב בעלי הבתים שבה פרנסו בעמל כפיהם את משפחתם, ורק מיעוט מהמשפחות בעיירה נשענו בצורה מלאה על מערכות הסעד הוולונטריות שפעלו בקהילה. מאידך גיסא, קרוב לוודאי שאחוז משמעותי מתושבי העיירה נזקקו במידה מסוימת, פחותה אך קבועה, למערכות הסעד הללו. זאת מפני שרוב המלאכות בהן עסקו תושבי העיירה לפרנסתם, כפי שנראה להלן, לא היו מן הסוג שאיפשר רמת חיים יציבה, והעיסוק בהן בתנאים הנתונים, פירושו היה חיים של דלות ועוני. כך תיאר זאת הרי"מ עפשטיין בשנת תרמ"ג (1883):

> ...ומלאכתי להורות לבני ישראל, ולפניי נגלו רוב עסקיהם: ורובם ככולם עמלים יום ולילה על לחם חוקם, ולמאות בעלי מלאכות המביאים טרף לביתם מעמל ידיהם, ורובם יחיו בדוחק ולחץ בלחם לאכול ובגד ללבוש...[31].

הרשימה שבידינו מציגה פילוח מקצועות מפורט ביותר, הממיין את העובדים בעיירה לכמעט תשעים עיסוקים שונים, ובהם סוגים שונים של מלאכה ותעשייה זעירה, נותני שירות, סוחרים, יצרני מזון ועוד. מקצת מן התושבים פעלו בקביעות מחוץ לאיזור, אך רובם עבדו בעיירה וסביבתה הסמוכה בלבד. עיירה מסוג זה, בינונית בגודלה אך כפרית באופיה, היוותה למעשה "יחידה כלכלית" בזעיר-אנפין, קורפורציה-זוטא המכילה בעצמה את רוב סוגי הפעילות הכלכלית הנדרשים לקיומה, כאשר רק "סוחרי-הקצה" של העיירה נמצאים בממשק קבוע עם המערכת הכלכלית הארצית, תלויים בה וממלאים פונקציה המאפשרת את "עצמאותה" כביכול של ההתרחשות הכלכלית הפנימית בעיירה והכפרים הסמוכים לה.

השוואת נתוני התעסוקה של נובהרדוק לממוצע המקביל של יהודי רוסיה במפקד 1897, מגלה כמה הבדלים משמעותיים[32]. בעוד אחוז העוסקים בחרושת

[31] הקדמת "כבוד מלך", **ערוך השלחן**, חושן משפט, א, ווארשא תרמ"ד, עמ' 2. לתיאור תמונת העוני בקרב יהודי רוסיה באותן שנים, ראו: מאהלר, **דברי ימי ישראל: דורות אחרונים**, ספר ראשון כרך שני, עמ' 43–44. לנתונים על היקף עיסוקם בחקלאות ובמקצועות אחרים, ראו גם: לשצ'ינסקי, **התפוצה היהודית**, עמ' 147.

[32] ראו: אטינגר, **בין פולין לרוסיה**, עמ' 257–268. הוא מדגיש את ההבדל בין שתי רשימות

וייצור בקרב המפרנסים ביהדות רוסיה היה 36.3%, בנובהרדוק הוא היה גבוה בהרבה: 47.1%. יחס הפוך קיים בתחום המסחר, בו עסקו 31% מהמפרנסים, ואילו בנובהרדוק עסקו בו 20.7% בלבד. תופעה זו אופיינית לעולמה של העיירה הבינונית, שנפח המסחר בה היה נמוך בהרבה מאשר בערים הגדולות, ומאותה סיבה התקיים בה שיעור ניכר יותר של ייצור מקומי וחרושת זעירה; לא למטרת סחר ומכר ברמה איזורית אלא עבור קיומם של אנשי העיירה. דבר זה מומחש בעובדה כי בעוד אחוז העיסוק בתעשיית ההלבשה בקרב המפרנסים ביהודי רוסיה (במפקד 1897) היה 43.6%, בנובהרדוק (1888) הוא עמד על 30.3% בלבד – משום שהיה מדובר כאמור בתעשייה מקומית, שהחלק הארי שלה לא שימש למטרות מסחר מחוץ לאיזור אלא לתצרוכת בני העיירה וסביבתה הקרובה. את אופיו הכפרי של האיזור ממחישה גם העובדה כי בעוד שבקרב כלל יהודי רוסיה 8.3% מהעוסקים בחרושת היו פועלי תעשייה, בנובהרדוק אחוז הפועלים הללו שאף לאפס, וכמעט כל תחום החרושת הורכב מבעלי מלאכה[33].

גם בתחום ה"מקצועות חופשיים" נרשם הפרש מסוים בין המציאות בנובהרדוק לבין הממוצע הכללי: 7.8% בנובהרדוק מול 4.7% בקרב כלל המפרנסים ביהדות רוסיה. יש להדגיש כי תחום זה הורכב ברובו ממקצועות שונים מאשר בימינו; למעלה ממחצית מבעלי "המקצועות החופשיים" עסקו בחינוך והוראה, כרבע מהם היו "כלי קודש": שמשים, קברנים, חזנים, רבנים ועוד, ורק 19% היו סופרים, אומנים, עורכי דין, רופאים (כולל חובשים ומיילדות) וכן הלאה[34]. בתחום השירות הצבאי, בעוד שבקרב המפרנסים ביהדות רוסיה נמנו 3.5% חיילים (ובשקלול של המפרנסים והמתפרנסים: 1.7%) הרי שברשימה שלפנינו אין כל נתונים על המשרתים בצבא, מהסיבה הפשוטה שהללו כבר לא היו תושבי נובהרדוק בפועל.

סטטיסטיות – אחת של כלל יהודי רוסיה (עמ' 264), ושנייה המציגה את פילוח התעסוקה בקרב המפרנסים בלבד (עמ' 265 ואילך). הרשימה של יהודי נובהרדוק, הנידונה כאן מתמקדת אף היא במפרנסים בלבד, ולפיכך הנתונים וההשוואה ייעשו מול הרשימה השנייה.

[33] יש לציין, עם זאת, כי היחס בנובהרדוק בין מעסיקים לשכירים בתחום החרושת, היה זהה להפליא לזה של כלל יהודי רוסיה: בנתונים הכלליים, 52% מבעלי המלאכה היו בעלי העסק, 28% היו שוליות (עובדים קבועים), ו־20% היו מתלמדים. בנובהרדוק עמדו הנתונים על 52.1% בעלי עסק, מול 47.9% עוזרים ומתלמדים.

[34] אטינגר, שם, עמ' 267. בנובהרדוק היו הנתונים גבוהים אף יותר: 72 איש עסקו בהוראה או שימשו "כלי קודש", ומספר העוסקים במקצועות חופשיים אחרים היה 23 בלבד, קרוב למחצית מהם בתחום הרפואה (רק אחד מהם היה דוקטור מוסמך).

לעומת תחומי המסחר והייצור, בתחומי השירותים והפקידות לא נרשם הפרש משמעותי בין נובהרדוק לבין הממוצע הארצי: 10.2% מהמפרנסים בנובהרדוק עסקו במתן שירותים שונים, פקידות מקומית ושכירות, לעומת 11.5% מכלל המפרנסים ביהדות רוסיה. כך גם בתחום התחבורה, בו עסקו 3% מהמפרנסים ביהדות רוסיה, ובנובהרדוק היה מדובר ב2.4%; הסיבה להפרש הקטן, במקרה זה, הוא שהמקצוע התחבורתי היחיד בנובהרדוק היה העגלונים[35]. בתחום החקלאות נרשם אמנם הפרש ניכר בין נובהרדוק לבין הממוצע הכללי: 1.2% מהמפרנסים בנובהרדוק עסקו בחקלאות, לעומת פי שניים – 2.4% ביהדות רוסיה, אולם בין כך ובין כך מדובר באחוז זניח, המשקף בכל מקרה את ההבדל העצום בין עיסוקיהם של יהודי רוסיה לבין האוכלוסייה הכללית, שאחוז העיסוק שלה בחקלאות היה קרוב לשלושה רבעים[36]!

נובהרדוק היתה אפוא עיירה יהודית קלאסית, כזו ששימרה רבים מהמאפיינים הישנים של הקיום היהודי, והֵדי התהליכים חובקי-העולם של העיור, התיעוש, ההתפתחות החברותית ועוד, הורגשו בה בעוצמה פחותה, דבר המשתקף היטב בנתוני הפילוח התעסוקתי של תושביה.

כך כתב הרי"מ עפשטיין בהקדמת 'כבוד מלך': "והמעטים מן המעטים שיש להם קרקע וגינות, ראיתי בעיני איך שעמלים יומם ולילה המה ונשיהם ובניהם בעבודת הארץ [...]". בתוך הדברים מייחל הרי"מ עפשטיין ששלטונות רוסיה יאפשרו ליהודים לרכוש קרקעות, שכן "בלב שמח היינו עמלים לעבוד עבודת האדמה"; מניעת אפשרות זו, לדבריו, היא שמביאה לעוניים של היהודים, ועוני זה המלווה ברעבון מתמיד הוא שגורם להידרדרותם של מעטים לפשיעה, ולהשתמטות מחובות אזרחיות כגון מיסים וגיוס לצבא – "את כל זה ראיתי בעיני ולא מפי השמועה". הֶקְשֵר דבריו הוא אפולוגטי כמובן – הוכחת נאמנותם של יהודי רוסיה

[35] גם בשאר יהודי רוסיה, 85% מהעוסקים בתחבורה היו עגלונים (אטינגר, שם, עמ' 68). כלומר, אם נוריד את התחומים האחרים – בעיקר רכבות – נמצא כי אחוז העגלונים מקרב כלל היהודים היה 2.55%, דומה מאד לנובהרדוק.

[36] ראו: אטינגר, שם, עמ' 264; ג' ורדנסקי, **דברי ימי רוסיה**, א, תל אביב תש"י, עמ' 197. יש לציין כי אחוז החקלאים בנובהרדוק, הנמוך אפילו בהשוואה לאחוז הממוצע של יהדות רוסיה, מתאים עם זאת לשיעור הנמוך של חדירת החקלאות באוכלוסייה היהודית בחבל מינסק. לשם השוואה, בעוד שבשנת תרט"ו (1856) היו במחוז וילנא 20 יישובים יהודיים שהוגדרו חקלאיים ובמחוז גרודנא היו 24 יישובים כאלה, במחוז מינסק היו 2 יישובים בלבד (צבי לבנה, **איכרים יהודים ברוסיה**, תל אביב תשכ"ז, עמ' 103).

לשלטון הצאר, וביטול משקלם החברתי של מפירי החוק – אך עדיין ישנו מימד מפתיע בקריאתו לאפשר ליהודים לעסוק בחקלאות בהיקף נרחב, ובקישור שיצר בין העוני לבין שכיחותן של תופעות א-נורמטיביות: הרי זוהי תביעתה הוותיקה של תנועת ההשכלה, להביא ליתר-פרודוקטיביזציה בקרב האוכלוסייה היהודית, במגמה להביא לפתרון "בעיית היהודים" במישור הסוציו-אקונומי ואף החברתי-מוסרי[37]. אך לאמיתו של דבר מדובר בדמיון חיצוני בלבד: רעיון הפרודוקטיביזציה של משכילי רוסיה, נבע ממניעים אידיאולוגיים בעיקרם ומשאיפה לחולל שינוי תרבותי מקיף בחברה היהודית – ואילו קריאתו של הרי"מ עפשטיין לפתוח את שערי החקלאות בפני היהודים, לא נשענה אלא על הפוטנציאל של עיסוק זה להביא לשיפור מצבם הכלכלי הקשה, כפי שהתבטא בין השאר במציאות חייהם של יהודי עיירתו, נובהרדוק[38].

כך מתאר ר"מ בר-אילן מפי סבו, שבבואו לנובהרדוק כבר היו בה כמה "עשרות בתים שלא היו זהירים במצוות", וכן היו בה "עשירים גדולים, בעלי בתים חשובים, למדנים מפוארים, משכילים ואפילו [...] 'חופשים בדעות'"[39]. עובדה זו,

---

[37] ראו: זלקין, **בעלות השחר**, עמ' 155–158; לוין, **ערכי חברה וכלכלה באידיאולוגיה של תנועת ההשכלה**, במיוחד עמ' 211 ואילך; כ"ץ, **מסורת ומשבר**, עמ' 298–300; מאהלר, **דברי ימי ישראל: דורות אחרונים**, ספר שני כרך שני, עמ' 103–107, 160–169.

[38] הזהירות השמרנית שבאופי טיעונו, תומחש באמצעות השוואה לדברים שכתבו בו-בזמן שני רבנים ידועים נוספים בני אותו דור, שהתייחסו אף הם לשאלת החקלאות, בתגובה מפורשת לטענות שהושמעו כלפי הניוון התעסוקתי והיצרני של יהודי מזרח אירופה. כך כתב ר' יצחק אלחנן ספקטור: "מסיבת רדיפת צוררינו לפנים, אשר צרו צעדינו בראותם כי אחינו מצאו חית נפשם מעמל כפיהם בעבודת האדמה, גרשו אותם מהסתפח בנחלת שדה וכרם, לבל יתראו כאזרחים, ויכריחום לאחוז במסחר ידיהם, אשר נמבזה הי' בעיניהם, וכאשר הורגלו בהכרח ונעשה להם כטבע שני..." (כרוז מח' תשרי תרמ"ד, בתוך: י' ברנשטיין [עורך], **מצפה**, תשי"ג, עמ' יט). וכך כתב ר' שמואל מוהליבר: "כאשר יהיה בנו חלק גדול עובדי אדמה, אז לא יאמרו עוד בגויים כי חיים אנחנו על חשבון אחרים למצוץ את דמם ויגיעתם. אמנם יען כי זה שנות מאות אשר עבודת האדמה היתה לזרא לעמנו, מסיבת שונאיהם ומנדיהם אשר לא נתנו להם כל חלק ונחלה בקרב הארץ, וכולם הורגלו לאחוז את ידיהם במסחור, המאכיל את בעליו לחם בלי עמל ועבודה רבה..." (כרוז מד' תשרי תרמ"ד – שם, עמ' כג). בדבריהם ישנה השתקפות מובהקת של האידיאליזציה הערכית של עבודת האדמה, כפי שפותחה בעידן ההשכלה; אלא שהם ממנפים זאת, בהמשך הדברים, לעידוד ההתיישבות בארץ ישראל, אשר בה טמון בעיניהם הפוטנציאל להשיב לעם היהודי את אופיו החקלאי המקורי.

[39] שם, עמ' 277.

כפי שנראה בהמשך, היתה בעלת משמעות רבה לאופי כהונתו של הרי"מ עפשטיין בנובהרדוק.

ד. פרשיות קהילתיות ראשונות

כמי שכבר היה בעל ניסיון ברבנות, אך נמצא במחצית ימיו וטרם נשחק עדיין, הגיע הרי"מ עפשטיין לנובהרדוק כשהוא חדור מרץ ומוטיבציה לביצוע שינויים ותיקונים באורחותיה ומנהגיה של העיירה, בהתאם לאופנים שהוטבו בעיניו מבחינה הלכתית.

דוגמא בולטת לכך, היא החלטתו להקדים את זמנה של תפילת קבלת-שבת בנובהרדוק, ולקיימה זמן ניכר לפני השקיעה; הרקע לכך היה מנהגם של סוחרים, עגלונים ובעלי מלאכה למיניהם להמשיך במלאכתם עד שעות הצהריים המאוחרות, וכך את ההכנות לשבת היו עושים על סף כניסת השבת ממש, לעיתים אף מעבר לה. ר"מ בר-אילן, מציין שאת ההחלטה הזו קיבל הרי"מ עפשטיין "למן הימים הראשונים שנתמנה שם לרב", ומתאר בפרוטרוט את ההתנגדות שעורר שינוי זה בקרב אנשי נובהרדוק, ואת מאבקו התקיף של סבו כדי ליישם את השינוי ולהופכו למציאות קבועה – עד כדי כך שלאחר סיום המניין המוקדם בבית מדרשו, "הוא נשאר עומד לפני התיבה ואינו מניח לאיש לעבור ולקבל שבת", אלא הכריח את המאחרים להתפלל ערבית ביחידות; אף הציבור, מצידו, סירב בתחילה להיכנע לתקנה החדשה, ובפעמים הראשונות נמנעו המתפללים בהפגנתיות מלבוא לבית המדרש בשעה המוקדמת שנקבעה, והרי"מ עפשטיין נאלץ להתפלל עם קבוצה קטנה שרובה נערים[40].

בספרו 'ערוך השלחן' רמז הרי"מ עפשטיין יותר מפעם אחת לפרשה זו. באשר לנושא כשלעצמו, הוא קבע "שיש להרחיק הדלקת הנרות הרבה הרבה קודם השקיעה. **וכ"ש** [וכל שכן] **דרב העיר והיריאים מחוייבים להקדים הרבה**, כדי שההמון, עִם שלא יקדימו כל כך מכל מקום לא יבואו לידי חילול שבת, מה שאין כן אם הם [=היראים] בעצמם מדליקים סמוך להשקיעה, שההמון ידליקו אחר השקיעה, **כאשר שמענו כן ראינו בכמה מקומות**"[41]. במקום אחר אף התייחס

---

[40] **מוולוז'ין עד ירושלים**, עמ' 280–281. ראו גם: **מדי חודש בחודשו**, ה, עמ' 162; **שרי המאה**, ו, עמ' 112–113.

[41] **ערוך השלחן**, אורח חיים, סי' רמב סעי' ה. ההדגשות בכל הציטוטים – שלי.

למאמצים שהשקיע באופן אישי בתיקון המציאות שהתקיימה בעיירתו: "...**אנו שולחין** [=בערב שבת] **איש מיוחד לגרש מהשוק ומהחנויות**, כי יש בזה גודל המכשלה, שע"פ רוב לעת ערב מעשה השטן גורם שיבואו לקנות, וצריך לזה התחזקות הרבה [...] כי זהו בדוק ומנוסה שע"י כן באים לחילול שבת רבים מאנשי העיר"[42]. לבסוף שב וסיכם את את הנושא כולו:

> וגדר גדול הוא לשבת, לההמון ונשים ועמי הארץ שעינם רק אל זמן התפלה בבית הכנסת, ואם יאחרו להתפלל בבית הכנסת הרבה, הרבה [יקרה] בכל עיר ועיר שידליקו נרות אחר השקיעה, **כאשר עינינו רואות ואזנינו שומעות לדאבון לבבינו בכמה עיירות גדולות וקטנות**, שמאחרים להדליק נרות ובאים לידי חילול שבת, רחמנא ליצלן מהאי עונשא רבה. **וחוב קדוש על הרב והיריאים שבעיר להתפלל מבעוד יום, למען למנוע חילול שבת קדש** [...] וכבר הארכנו בזה בכמה מקומות, מפני שידוע לנו שהקדמת התפלה מַעֲמֶדֶת השבת וקדושתה על מכונה[43].

באופן דומה, היו שינויי מנהגים נוספים שערך הרי"מ עפשטיין בסמוך לבואו אל נובהרדוק, שאף הם עוררו התנגדות מצד חלק מתושבי העיירה הוותיקים, חדורי גאווה מקומית, שהביטו בביקורת על הרב החדש שזה מקרוב הגיע ומנסה לשנות סדרי עולם[44]. ניתן גם להניח שנמצאו גורמים מסוימים, בתוך קבוצת האוכלוסייה המחולנת שכבר התקיימה בעיירה, שהביעו התנגדות כללית למגמת חיזוק אורחות ההלכה ואכיפתן על כלל התושבים. בחלק מן המקרים, כותב ר"מ בר-אילן, "הגיעו הדברים לידי תגרות בצורה חמורה, ואפילו לידי מצור על בית זקני, ולקולות עד לב השמיים"[45].

לתקופה זו יש לשייך כנראה את הסיפור המפורסם על השחתת ההסכמות של 'אור לישרים'. כפי שתואר בפרק השני, בתקופת שבתו בנובוזיבקוב הדפיס הרי"מ עפשטיין את ספרו הראשון, כשבראש הדף הראשון של הספר (לאחר עמוד השער) הוא בחר להציב בהבלטה, על פני עמוד שלם, את הסכמותיהם של שני

---

42 שם, סי' רנו סעי' ג. ראו גם סי' רנא סעי' ד, וסי' רסא סעיפים ח–ט.

43 שם, סי' רסז סעי' ד.

44 **מוולוז'ין עד ירושלים**, עמ' 281. ראו גם שם, עמ' 282, על ההחלטה לקיים את "הסליחות" לפנות בוקר בלבד, ולא בתחילת הלילה; אמנם, בספרו של הרי"מ עפשטיין אין הנושא הזה מוזכר אלא באורח אגבי – ראו **ערוך השלחן**, אורח חיים סי' תקפא סעי' ד, וסי' תקסה סעי' ז.

45 **מוולוז'ין עד ירושלים**, עמ' 281–282.

אדמו"רי חסידות צ'רנוביל; רק לאחריהן, בגבו של הדף הזה, נדפסו בצפיפות ארבע הסכמות מאת כמה מרבניה המפורסמים של ליטא. הקדמת והבלטת הסכמות האדמו"רים נבעה, קרוב לוודאי, משיקולים פרקטיים וכלכליים: רוב הלקוחות הפוטנציאליים של הספר, בנובוזיבקוב וסביבתה נמנו על האוכלוסייה החסידית. במקומו החדש של הרי"מ עפשטיין, לעומת זאת, היה המצב הפוך בתכלית: אמנם היו כמה קהילות חסידיות באיזור – ובנובהרדוק עצמה פעל "שטיבל" של חסידי סלונים – אך האופי הכללי של העיירה היה בלתי חסידי במובהק, ונמצאו בה עדיין לא מעט "מתנגדים" מן הדגם הרדיקלי.

זהו הרקע לסיפור שמביא ר"מ בר-אילן – ורי"ל מימון מוסר ששמע אותו מפי הרי"מ עפשטיין עצמו – המסביר את העובדה הביבליוגרפית שבטפסים רבים מהמהדורה המקורית של 'אור לישרים', חסר עמוד ההסכמות ולעיתים גם עמודי ההקדמות שאחריו: כשהגיע הרי"מ עפשטיין לנובהרדוק, נמצאו בין "מתנגדי" העיירה קנאים שלא עברו בשתיקה על הקדמת והבלטת הסכמות האדמו"רים לעומת הסכמות רבני ליטא, ולפיכך פלשו לביתו של רבם החדש ותלשו את דף ההסכמות מכל העותקים שנפלו תחת ידיהם[46]. מלבד העדות כשלעצמה וכן העובדה הביבליוגרפית, סיפור זה משתלב היטב ברקע הידוע לנו על האווירה בה פעל הרי"מ עפשטיין בראשית בואו לנובהרדוק: לאור כל המתואר לעיל על שינויי המנהגים שערך, מסתבר שאכן היו רבים בעיירה שגילו כלפיו יחס חשדני, ואפשר שיותר משהיתה תלישת-ההסכמות ביטוי לאקט אנטי-חסידי, היה זה "צעד ענישה" והרתעה כלפי הרב החדש ומגמותיו השאפתניות מדי (לטעמם של חלק מן התושבים) – בדומה לאותו "מצור" שהוטל בפעם אחת סביב ביתו[47].

---

[46] **שרי המאה**, ו, עמ' 105–106; העדות מפי הרי"מ עפשטיין – שם, עמ' 103; **מדי חודש בחודשו**, ה, עמ' 159; **מוולוז'ין עד ירושלים**, עמ' 277. היעדרות דפי ההקדמות בחלק מן הטפסים, תוסבר כנראה בלהיטותם של התולשים, שלא דקדקו במספר הדפים שהשחיתו.

[47] הד להצעה זו נמצא בנימוק שנותן ר"מ בר-אילן לתלישת ההסכמות: לדבריו, "לא היה לפי כבודו של הרב מנאוואהארדוק שעל ספרו תהיינה הסכמות, ונמצאו איפוא פטריוטים של נאוואהארדוק שהוציאו מתוך הספר את הדף עם ההסכמות ושרפוהו" (**מוולוז'ין עד ירושלים**, שם). נימוק זה כשלעצמו הוא בלתי סביר, אך יש בו כאמור שיקוף לכך שתולשי ההסכמות פעלו מתוך פטריוטיזם מקומי.

נכונותו העקרונית של הרי"מ עפשטיין, בבואו אל נובהרדוק, לשנות במקום הצורך מנהגים הנהוגים זה-מכבר בעיירה, באה לימים לידי ביטוי בדברים שכתב בספרו 'ערוך השלחן', בהלכות כתיבת גיטין:

> עירי שאני בה כעת, נאווהרדאק, שכותבין בגט בחסרון אל"ף בין דלי"ת לקו"ף – והוא תמוה, דהא הקמץ מושך אל"ף, ובכל לשון קורים הדלי"ת בקמץ. ועוד, דלפי הכתיבה שנוהגים, הויין שלשה שוואין רצופין, ודבר זה א"א כידוע [...] **ובתחלת בואי לכאן הרהרתי הרבה בזה, אלא שיראתי לשנות, מפני שכן כתבו כל הגדולים שהיו לפנינו**[48].

במקרה זה, אם כן, אימוץ גדולי הדורות הקודמים (ובהם רבניה של נובהרדוק) את צורת הכתיב המקובלת, הוא שמנע מהרי"מ עפשטיין לבצע שינוי נוסף, הפעם באופן כתיבת שמה של העיירה בגיטין. מאידך, היו גם מקרים בהם הוא בחר דווקא לאמץ מנהג ייחודי שהתקיים במקום – אף זאת בהשפעת הרבנים שישבו בה מלפנים – כפי שהוא כותב בספרו בדיני טריפות, על דין "תרתי לריעותא":

> ודע, שיש עד היום כמה מקומות שאין פוסקים בחומרת רבינו הרמ"א, אלא כפסק רבינו הב"י, דבמכה בדופן מכשירים בלא בדיקה, ובאונא הסרוכה לדופן גם כן מכשירים. **ועירי שאני יושב בה כעת ג"כ נהגו כן – ולכן הארכתי לבאר דינים אלו.** ודבר זה נוהג בערים אלו מכמה דורות, שבכמה מקומות נהגו כן ע"פ הגאון שאגת אריה ז"ל שהורה כן, **ובעירי נהגו כן ע"פ הוראת הגאון מו"ה ר' דוד ז"ל, בעל המחבר ספר גליא מסכת**[49].

ה. מאפייני הרבנות בעיירה היהודית המודרנית

כעבור זמן לא רב מצא אפוא הרי"מ עפשטיין את "שביל הזהב" להנהגתה הרבנית של עיירתו על מי-מנוחות: תוך דחיית מנהגים מסוימים לצד קבלת מנהגים אחרים, תוך השפעה ופעולה נמרצת במקומות הדרושים תיקון בעיניו – כמתואר

48 **ערוך השלחן**, אבן העזר, סי' קכח סעי' ח.

49 **ערוך השלחן**, יורה דעה, סי' לט סעי' צג (גם על ר' יצחק אלחנן ספקטור, סופר שכשהיה רב בנובהרדוק כיבד את המנהג המקומי והקל באונה הסרוכה לדופן: ליפשיץ, **תולדות יצחק**, עמ' 48). להתייחסות חיובית נוספת של הרי"מ עפשטיין כלפי מנהג עירו, ראו: **ערוך השלחן**, אורח חיים, סי' תקצח סעי' א: "ודע, שמנהג עירינו כשמתפללין מנחה בראש השנה תיכף אחר מוסף, אין אומרים אבינו מלכנו גם בחול, מפני שאמרוהו בשחרית". ראו עוד שם, סי' תסה סעי' א.

לעיל – אך גם זהירות שלא למתוח את גבולות המחלוקת יותר מדי, וכן שלא "לשרוף את הגשרים" עם קבוצות האוכלוסייה השונות שהיו בעיירה[50].

כך, לדוגמא, כשנתיים לאחר בואו לנובהרדוק התפרסמה בעיתונות ידיעה על אגודה שהוקמה בעיירה, שמטרתה להשגיח על פעילות אחד ממוסדות החינוך שבמקום ולערוך בו מעין רה-אורגניזציה, שתביא בפועל להמרת צביונו מ"תלמוד תורה" ל"בית ספר": חלוקת הכיתות לפי רמות, מינוי מורים חדשים וכן מפקחים, ואף הכנסת לימוד עברית ורוסית. רפורמות חינוכיות מסוג זה נחשבו על פי רוב לאחד ממפעליה המובהקים של תנועת ההשכלה[51], כך שמטבע הדברים התעוררה בנובהרדוק התנגדות משמעותית לפעילותה של אותה אגודה, ומחלוקת ציבורית איימה על שלוות העיירה. אך באופן מפתיע, לכאורה, אנו מוצאים שמי שהתייצב בתווך כדי להביא לפתרון הסכסוך בין הקבוצות היריבות, היה לא אחר מאשר רב המקום, הרי"מ עפשטיין:

> ברם זכור לטוב כבוד הרב הגאון דפה הי"ו, אשר ברוחב דעתו השכיל לראות את הנולד, דברי ריב ומצה אשר נכונים להתפרץ בין הגבאים הישנים ובין האסיפה הכללית [=החדשה] – ובהצטרפו יחד את זקני ונכבדי העיר, כמו הרה"ג הארקאווי, [ליב] קאבאק, זאמקאווי ועוד, פרס סוכת שלום על כולם, ובדברי רצוי חכמה ודעת שקעה אש המחלוקת...[52].

---

[50] בהקשר זה, יש עניין בדברים שכתב הרי"מ עפשטיין על ה"חזקה" הניתנת לעיתים לאדם לשמש שליח ציבור: "ובדרך כלל, יזהרו מאד שלא לבא לידי מחלוקת בעניינים אלו. וכל מי אשר יראת אלקים בקרבו, יבטל דעתו אף שנראה לו שעושים שלא כהוגן, כדי שלא לבא לידי מחלוקת. ועל פי הרוב השטן מרקד בעניינים כאלו, כידוע, ולכן המשתדל את עצמו למנוע מחלוקת שכרו גדול מאד" (**ערוך השלחן**, אורח חיים, סי' תקפא סעי' ו).

[51] ראו בין השאר: כ"ץ, **מסורת ומשבר**, עמ' 302–304, זלקין, **בעלות השחר**, עמ' 192–228, וביתר הרחבה בספרו **אל היכל ההשכלה**, עמ' 58–119. מיכאל סטניסלבסקי, "התחלותיה של ההשכלה ברוסיה", בתוך: ע' אטקס (עורך), **הדת והחיים: תנועת ההשכלה היהודית במזרח אירופה**, ירושלים תשנ"ג, עמ' 126–157, סטיבן ציפרשטיין, "Transforming the Heder, Mascilic Politics in Imperial Russia", בתוך: הנ"ל וע' רפפורט-אלברט (עורכים), *Jewish History, Essays in Honor of C. Abramsky*, London 1988, pp. 87-109.

[52] **הצפירה**, כ"ג אייר תרל"ו (שנה 3 גליון 18), עמ' 139. כותב הידיעה: דניאל רטקוביץ (בנו של ר' שמואל רטקוביץ מנובהרדוק, "שהיה אחד מחשובי העיר, ירא וחרד לדבר ד' וסוחר נכבד" – גוטליב, **אהלי שם**, עמ' 300. גיסו, כנזכר שם, היה ר' נפתלי הרץ זייציק, תלמיד הרי"מ עפשטיין). אפיזודות מסוג זה, בין השאר, הביאו לימים ליצירת תדמית רכה וסובלנית של הרי"מ עפשטיין

אין להסיק מכאן שהרי"מ עפשטיין ראה בחיוב את יוזמת 'תיקון' המוסדות החינוכיים בנובהרדוק; פעולה מסוג זה אינה תואמת כלל את מערכת השקפותיו הידועה לנו (וראו להלן). אלא, שבעקבות התפלגות פעילי הציבור בעיירה לשתי סיעות, האחת תומכת ברעיון והאחת מתנגדת לו, הוא העדיף כמתברר שלא להזדהות במובהק עם הקבוצה בה תמך מן הסתם – "הגבאים הישנים" שביקשו למנוע את השינויים – אלא לשמש גורם מגשר, השומר על השלום והאחדות בעיירה. את הצורך בביקורת ופיקוח על השינויים המתוכננים, לבל יתפתחו לכיוונים בלתי רצויים מבחינתו, הוא יישם באמצעות הקמת ועדה ציבורית בה ישבו דמויות מוערכות נוספות מראשי הציבור.

התנהלות כזו מבטאת את ההכרה שאין ביכולתו של רב המקום לקבוע באופן בלעדי את אופיה ואורחותיה של עיירה כנובהרדוק של שלהי המאה ה-19; הללו הושפעו במידה רבה מ"רוח הזמן" – התהליכים החברתיים, הדתיים והאידיאולוגיים מרחיקי-הלכת שעברו באותו דור על יהדות מזרח-אירופה בכללה. כך, בזמן בואו של הרי"מ עפשטיין בשנות התר"ל היו יהודי נובהרדוק ברובם המכריע עדיין שומרי תורה ומצוות, אך מספרם ומשקלם של ה"משכילים" והחילונים בקרב הדור הצעיר הלך וגבר ככל שהתקדמה העיירה לקראת המאה העשרים (כפי שמתבטא בין השאר בתיאורים שלכל אורך פרק זה), במהירות שהיתה כמעט בלתי נתפסת עבור בני הדור הישן[53].

בזכרונם של משכילי העיירה. ראו למשל תיאורו של אלכסנדר הרכבי (נובהרדוק תרכ"ג – ניו יורק תרצ"ט), בספרו **נאוואַרעדאַק**, עמ' 31: "וואָס האָבען געזוכט צו מאַכען שלום מיט דער נייער צייט, ער האָט געקענט די רוסישע שפראַך, איז געווען א פריינט פון השכלה און טאלעראַנט פאר בילדונג" (בתרגום חופשי: הוא היה מסוג הרבנים שביקשו להשכין שלום עם הזמנים החדשים, ידע את השפה הרוסית ותמך בהשכלה כללית ובחינוך סובלני).

[53] מידע על המגזר החילוני של יהודי נובהרדוק, קיים במסודר רק מן התקופה שבין שתי מלחמות העולם. ראו בין השאר: משה שטיינברג-שריד, "החינוך העברי בנאוואהרדק", בתוך: א' ירושלמי (עורך), בתוך: **פנקס נאוואַרעדאַק**, עמ' 89–96. גם לגבי תקופה זו, יש לציין, היו שתיארו לימים "שהישוב היהודי בעיר היה כמעט כולו חרד ושומר מסורת. ברם, יהודים חרדים אלה לא היו חדורים קנאות דתית. הרוב שמר על סדר החיים הדתי הרגיל והמקובל, אולם מבלי לערוך מלחמה בעד הדת [...] אפילו כבן משפחה חסידית לא הרגשתי קנאות זו, והמאבק הרגיל בין הדור הצעיר וההורים על שמירת מצוות לא בא(ה) לידי ביטוי במלחמה" (יהושע ברוק, שם עמ' 119). עם זאת, ביטויי החיים החילוניים ניכרו היטב בפרהסיה של העיירה (ראו: באואר, "נובוגרודק – סיפורה של עיירה", עמ' 36).

במציאות שכזו, על פי רוב, עמדו בפני המרא-דאתרא, המייצג את הרבנות המסורתית, שלוש ברירות אשר כולן בגדר 'דיעבד': **האחת** - עזיבת הכהונה לטובת מקום שטרם הגיעו אליו השפעות התקופה. **השנייה** - פירוק הקהילה והסתגרות בראש פלג המקבל את מרותו המוחלטת. **השלישית** - עמידה בראשות הציבור על כל חלקיו, תוך ניווט מתמיד בין שמירה על המסגרת ההלכתית הנורמטיבית וחתירה אל הכיוון האורתודוקסי האידיאלי, לבין ההכרח לשמור על השלום והאחדות הקהילתית, שפירושן הוא היכולת להשפיע לטובה על כלל חלקי הציבור. כפי שמתברר, הרי"מ עפשטיין העדיף - כמו רבים מרבני רוסיה בדורו - לבחור באפשרות האחרונה, ולהתמודד באופן ישיר עם האתגרים שהציבה התקופה בפני רבני הקהילות, הן במישור ההלכתי והן במישור הסוציולוגי.

העובדה שהשתייכות לקהילת המאמינים הלכה ונעשתה עניין וולונטרי הנתון לבחירת כל אדם - דבר הנחשב לאחד הסממנים המובהקים של החברה הדתית בעת החדשה[54] - אילצה את הרי"מ עפשטיין להתחשב בפסיקותיו ההלכתיות לא רק בגרעין החזק של מקיימי ההלכה על כל דקדוקיה ופרטיה, אלא גם בשוליים הרופפים יותר של שומרי המצוות, אלה שהקשחת הגבולות עלולה לדחוק אותם אל מחוץ לקהילה. בספרו הגדול 'ערוך השלחן' מופיעים ביטויים רבים לכך שקבוצת ההתייחסות כלפיה הרגיש אחריות כרב ופוסק, לא היתה בעלת מאפיינים של כיתה אקסקלוסיבית, כי אם קהילה מורכבת ורבת-פנים, המכילה בפועל גם אנשים החורגים ברמה כזו או אחרת מהנורמה הכללית - כל עוד אינם בגדר אפיקורסים וכופרים-בעיקר, אלא רואים עצמם כפופים באופן עקרוני למסגרת החיים הדתית[55].

---

[54] ראו בין השאר: יעקב כ"ץ, "חברה מסורתית וחברה מודרנית", **מגמות** גליון י, ירושלים תשי"ט, עמ' 304-311, ובאריכות בספרו: **הקרע שלא נתאחה**, ירושלים תשנ"ה. לבעיית הסמכות של הרבנות הממסדית בעידן המודרני ראו: כ"ץ, **מסורת ומשבר**, עמ' 307; נסים ליאון, "על מודרניות, חילון וניעות דתי: לשאלת התחדשות ההנהגה הרבנית הקהילתית ביהדות המזרחית", בתוך: **סוגיות חברתיות בישראל** גליון 4, אריאל תשס"ז, עמ' 5-31 (ובפרט עמ' 7-12), וכן: מנחם פרידמן, "מרא דאתרא, ממנהיג לפקיד: סקירה היסטורית", בתוך: ח' עמית (עורכת), **אחריו: על מנהיגות ומנהיגים**, תל אביב תש"ס, עמ' 85-94.

[55] ליישום עדכני של המונחים שבפיסקאות האחרונות - המבוססים על דיציפלינות המחקר הסוציולוגי - בתחום חקר ההלכה וההיסטוריה הרבנית בעת החדשה, ראו: אריאל פיקאר, **משנתו של הרב עובדיה יוסף בעידן של תמורות**, רמת גן תשס"ז, עמ' 89-95. במישור ההיסטורי ראו גם מאמרו של ישראל ברטל, "תגובות למודרנה במזרח אירופה: השכלה, אורתודוקסיה, לאומיות",

דוגמא מובהקת לכל זאת, היא עמדתו ההלכתית של הרי"מ עפשטיין כלפי עולם החזנות המודרני באירופה בכלל, והתנהלותו בפרשת מינוי החזנים בנובהרדוק בפרט. נכדו ר"מ בר-אילן מספר שחלק מבתי הכנסת בנובהרדוק נהגו למנות מדי שנתיים-שלוש חזן חדש, שנבחר באסיפה ציבורית, ומטבע הדברים, בעיירה שהיתה כאמור מגוונת למדי מבחינת מידת קיום המצוות של תושביה, לא תמיד היה האדם הנבחר דמות המתאימה לשמש שליח ציבור על פי ההלכה; לא פעם ולא פעמיים נלחם הרי"מ עפשטיין כדי למנוע מינויו של חזן שאינו מקפיד כראוי על קיום המצוות, אך במקרים בהם נוכח שהדבר אינו אפשרי, ואנשי בית הכנסת התעקשו ולחצו לבחור דווקא באדם שכזה, הוא ויתר לבסוף והסכים – מפני השלום – להעלים עין ממינוי החזן[56].

ר"מ בר-אילן מוסיף ומספר על אנקדוטה מעניינת, ששימשה אולי כמניע נוסף למדיניות זו של העלמת-עין, ומוסיפה להבנת מורכבותם של תנאי הפעולה באותו דור: אביו של הרי"מ עפשטיין, ר' אהרן יצחק, שחי בסוף ימיו אצל בנו בנובהרדוק (ור"מ בר-אילן, כאמור, הספיק עוד להכירו), "היה דווקא ניהנה מן החזן עם המשוררים, ואמר כי זהו 'הפלא ופלא'. וכשאבא אומר דבר, מחוייב הבן לשתוק, ואפילו רב מחוייב לוותר..."[57]. לעיתים, מתברר, כשמדובר ברב שצמח

בתוך: ש' אלמוג ואחרים (עורכים), **ציונות ודת**, ירושלים תשנ"ד, עמ' 21–32. על מנת להבדיל בין דיוננו לבין זה של פיקאר, יש להדגיש כי המדיניות שניהל הרי"מ עפשטיין בנובהרדוק, היתה כרוכה בין השאר בהפרדה ריאליסטית בין המישור הרצוי למישור המצוי. קרי, קרוב לוודאי שהוא שאף לכך שכל אנשי עיירתו יהיו מקפידים על קלה כחמורה, אך שאיפה זו לא תורגמה לגישה אולטרה-אורתודוקסית, לאמור שמי שאינו מקפיד על קלה כבחמורה אינו יכול עוד להשתייך לקהילה, ומאידך גיסא אין לה דבר עם אידיאליזציה של הקיום המשותף, דוגמת זה שהתפתח לימים במדינת ישראל.

[56] ראו באריכות, **מוולוז'ין עד ירושלים**, עמ' 282. למשמעות המושג "העלמת-עין" בהקשר זה, ראו **שו"ת הרשב"א**, ה, וילנא תרמ"ד, סי' רלח: "והעלמת עין מן העובר, לעתים מצוה [היא], והכל לפי צורך השעה. והחכם מעלים עין לעתים בקלות [...] והעלמת עין בדבר זה עד אשר יחזקו זרועות העומדים על הפקודים, מצוה רבה [היא], והמקיים את המצוה [הזאת] עשה סמוכות לתקנה...". עם זאת, מקפיד ר"מ בר-אילן לציין כי "יחסים אישיים בינו לבין החזן, אפילו לאחר שנתמנה, לא היו כמובן מן המעולים" (**מוולוז'ין עד ירושלים**, עמ' 283).

[57] שם, עמ' 283. במקום אחר הוא מוסיף שסבו-זקנו הנ"ל, שהִרבה לשמש בעצמו שליח ציבור, לא התפלל בבית המדרש של בנו הרי"מ עפשטיין, "כדי שלא להטריחו יותר מדי ב'כיבוד אב' – קבע מקום לתפילתו ב'קלויז של הרכבי', ששם היה מסלסל בחזנות בתענוג גדול. לאחר שהזקין מאוד והרופאים אסרו עליו לעבור לפני התיבה, לא רצה להיפרד מתחביבו, עד שזקני הוכרח לשלוח

במשפחת סוחרים, היה הפער בין מצוי לרצוי מבחינה הלכתית ממוקם על ציר הפוך מבחינה כרונולוגית ובין-דורית.

גם על הנושא הזה האריך הרי"מ עפשטיין בספרו 'ערוך השלחן', ואף כאן ניתן בין השורות לזהות הדים למאבקים שהתחוללו בעיירתו שלו. מחד הוא מגלה דעה חד-משמעית בנושא, ומאידך הוא רומז על הכורח לעיתים שלא לבטא אותה בפומבי. כך הוא מעיר במקום אחד בעניין מינוי החזנים: "והרבה יש לדבר בעניני החזנים בזמן הזה, בעוונותינו הרבים, אבל כשם שמצוה לומר וכו' [דבר הנשמע, כך מצוה שלא לומר דבר שאינו נשמע]..."[58]. וכך במקום אחר: "בעוונותינו הרבים, בעתים הללו יד ההמון תקיפה, ובפרט בענייני חזנות אין בכח למחות בידם, והוא רחום וכו' [יכפר עוון]"[59]. במקום נוסף, אגב דין כלי נגינה בשבת, הוא מתייחס באריכות לבעיה הלכתית ספציפית בהתנהלותם של חזני דורו (ועירו):

...אולי יש ללמד איזה זכות על מה שבעוונותינו הרבים זה עשיריות שנים שפשתה המספחת אצל החזנים, שאוחזים בידיהם מזלג קטן של כסף או של עשת ברזל, שקורין קאמע"ר טא"ן [=קולן] [...] שנוטלין המזלג בין שיניהם ונשמע לאזניהם קול נגינה, וע"י זה יודעים להעריך הנגינה. והרי זהו ממש כלי שיר ועשוי לשיר [האסור בשבת]. ואין בידינו למחות, באמרם שבלעדו אי אפשר להם לנגן. ובעונותינו הרבים הדור פרוץ וההמון מחזיקים בידם, ולא לבד שאין ביכולת למחות אלא אף מי שירצה לצאת מבית הכנסת מפני זה מתעורר מחלוקת, כידוע[60].

למרות שגם מנהג זה, שאינו הולם את שורת הדין, הסב לרי"מ עפשטיין עוגמת נפש רבה, בכל זאת כיוון שנתקבל על ידי ציבור רחב, הוא מאריך בסמוך ללמד עליו זכות, אגב אזכור מנהג נוסף של החזנים:

...ופורשים הנאטי"ן [=מחברת תווים] לפני העמוד למען יזמרו על פי חוקי הזמרה – וכל יראי אלקים מצטערים בזה, ואין בידם למחות כי ההמון פרוע

איסור לגבאי הקלויז..." (שם, עמ' 275. בין דבריו, מאידך גיסא, הוא מזכיר חזן זקן בשם ברצ'י, ש"מצא חן בעיני זקני" הרי"מ עפשטיין – מפני שלא אחז במנהגי החזנים החדשים).

58 **ערוך השלחן**, אורח חיים סי' נג סעי' יג.

59 שם, סעי' ו, ראו עוד שם סעי' כא וסעי' לב, וכן סי' תקכט סעי' ב, וסי' תרכ סעי' א.

60 שם, סי' שלח סעי' ח. אף עניין זה מוזכר על ידי ר"מ בר-אילן, **מוולוז'ין עד ירושלים**, עמ' 283-282.

ואין שומעין בזה לדברי חכמים, באמרם שזהו אצלם עונג שבת ועונג יום טוב. ואולי באמת אין איסור בזה; וטוב לפני האלקים ימלט מזה, ואנחנו ללמד זכות באנו על זרע קודש שתומי עינים [...] על הנאטי"ן הפרוסים לפני העמוד אין לנו לומר בזה טעם איסור ברור, ולכן הנח להם לישראל, מוטב שיהיו שוגגין וכו' [ואל יהיו מזידין][61].

רבנותו של הרי"מ עפשטיין בנובהרדוק ודרך טיפולו בנושאים ציבוריים שדרשו תיקון, התאפיינו אפוא בגישה מורכבת: מצד אחד עמדה נחרצת ותקיפה בהובלת שינויים כאלה ואחרים, ומצד שני זהירות שלא לפרום את מארג היחסים העדין שבין המרא-דאתרא לכל חלקי קהילתו – ובכללם גם אנשים שמידת הקפדתם על המצוות היתה מועטת. במקום שנתברר לו שעמידה על עיקר הדין בכל תוקפו עלולה בפועל להביא לנזק יותר מאשר לתועלת, הוא העדיף לעיתים – ובהתאם לעקרונות דיני התוכחה – "להעלים עין" ולוותר במקרה זה על שאיפת התיקון.

ו. פעילות מקומית בנובהרדוק

תפקידו המרכזי של הרי"מ עפשטיין כ"מרא-דאתרא" בנובהרדוק, היה כמובן מילוי המשימות הרבניות הקלאסיות: הוראת הלכה ליחיד ולרבים, פיקוח על פעילות בתי הכנסת, דרשות במועדים קבועים, עמידה בראשות בית דין המטפל בסכסוכים פרטיים וציבוריים מסוגים שונים, וכך הלאה. לעומת זאת, מישור העסקנות הציבורית והנהגת ענייני החולין של העיירה, היה בדרך כלל, לדברי נכדו ר"מ בר-אילן, מחוץ לתחום פעילותו של הרי"מ עפשטיין: "כרגיל, לא היה זקני מחווה דעה בענייני הקהל. דעתו היתה על תפקידו של רב, כי עליו רק לשבת על התורה, לפסוק שאלות ו'דיני תורה' ולא להתערב בענייני העיר. את זה יעשו בעלי הבתים"[62].

עם זאת, בתור מי שנחשב מתוקף תפקידו לדמות ציבורית מכובדת, התבקש הרי"מ עפשטיין לעיתים לקחת חלק במגעים עם אנשי השלטון הרוסי באיזור –

---

[61] **ערוך השלחן**, שם.

[62] **מוולוז'ין עד ירושלים**, עמ' 282. הוא מתאר זאת כבחירה אוטונומית של סבו, אך יש להניח שגם "בעלי הבתים", פרנסי העיירה, לא מיהרו להפקיד את סמכויותיהם הציבוריות בידיו של רב המקום.

דבר שהתאפשר בנקל עקב שליטתו בשפה הרוסית[63] – וכתוצאה מכך נודעה לו יכולת השפעה מסוימת אף במישור היחסים שבין יהודי נובהרדוק לשכניהם הגויים: "היה תמיד ראש המדברים אצל השלטונות, האיספראווניק (מפקד המשטרה המחוזית) שהיה תמיד בעיר, ושר הפלך שהיה בא מזמן לזמן. גם שאר ה'נאטשאלסטבו' (אנשי השלטון). ואף על פי שבנאוואהארדוק, כמו בכל מקום, היה רב מטעם הממשלה, בכל זאת היו פקידי הממשלה באים בדברים עם הרב האמיתי, ולעיתים קרובות היה בית הדין הרשמי מעביר אליו משפטים שבין יהודים ובין לא יהודים..."[64].

בצורה דומה, מתאר ר"מ בר-אילן, גילה הרי"מ עפשטיין עניין בכל רבדי חייהם של בני עיירתו, ומצא את הדרך להשיק בין מעמדו כרב נכבד לבין הענקת יחס אישי וגילוי אחריות אף כלפי האנשים הפשוטים: "הוא ידע את כל החולים בנאוואהארדוק, לא רק את השוכבים על ערש דווי, אלא גם בעלי הייסורים מבין המתהלכים בחוץ, שתענית יום הכיפורים יכולה להזיק להם [...] הוא עצמו היה אומר שביום הכיפורים הוא ממעט מאד בתפילה, משום שעליו לשמור על החולים. פעמים שהיה מבקר כמה חולים בביתם, היה הולך לבית החולים וגם היה עובר על פני בתי כנסיות ושולח לקרוא את האנשים שהיה חושד בהם שאינם בקו הבריאות, כדי לשמוע מפיהם כיצד עוברת עליהם התענית [...] ולפעמים שולח אחריו רופא או 'חובש'"[65].

---

[63] כפי שמתאר ר"מ בר-אילן: "מעלה יתירה היתה לו לזקני זה, שרבנים מעטים מאד היו מצוינים בה אז: הוא ידע לדבר ולכתוב רוסית, ונחשב לאחד הרבנים 'הידענים' בהוויות העולם" (שם, עמ' 277-278). ראו גם: הרכבי, **נאווארעדאק**, עמ' 31. כן ראו להלן, הערה 78, ביטוי לדבר בדרשותיו של הרי"מ עפשטיין.

[64] שם, עמ' 278. "הרב מטעם" בנובהרדוק בשנות השבעים והשמונים של המאה ה-19 היה חיים ילין (על אודותיו ראו: הרכבי, **נאווארעדאק**, עמ' 37); בשנת תרנ"ד (1894) מילא את מקומו באופן זמני שלמה בלומשטיין, ומסוף שנה זו ועד מלחמת העולם הראשונה, כיהן בתפקיד שלום אברהם אייזנברג (תר"כ-תרפ"ה [1860-1925]).

[65] שם, עמ' 272-273. תיאור זה של התנהלות הרי"מ עפשטיין ביום הכיפורים מכיל קווי דמיון מובהקים ומעניינים למעשה ידוע על רבו בתקופת בוברויסק, ר' אליהו גולדברג; לפי המעשה (שסופר על ידי אחיינו של ר' אליהו, אברהם יעקב פפירנא), נטש הלה את בית הכנסת במהלך תפילות היום, לטובת טיפול אישי בחולים. ראו על כך להלן נספח ב הערות 6-7.

אנקדוטה פרוזאית, המשקפת מזווית נוספת את מעורבותו של הרי"מ עפשטיין גם בנושאים שאינם רבניים במובהק, תועדה בשנת תר"ן (1890), בידיעה שנדפסה באחד מעיתוני התקופה:

> מנאוואהרודאק [...] ביום א' 29 יולי נמצא שתי מודעות דבוקות על כתלי הבתים ברחוב 'ההקדש', [המאיימות] כי יציתו את העיר באש. אימתה ופחד נפלה על כל יושבי העיר, ואנשי תמיד החלו לסוב בלילות ברחובות העיר לשמור על נפשם ורכושם. הרב דמתא [=הרי"מ עפשטיין] הקהיל את יושבי העיר לביהמ"ד, ויזהר את העם כי אם יודע לאיש מהם יד מי במעל הזאת, עליו להודיע לו, לבלי יעבור על 'אם לא יגיד [ונשא עוונו]'. ביום השני באו להרב שני נערים קטנים כבני שלש עשרה, ויתודו על עונם לפני הרב, כי רק להפחיד ולאיים על בני העיר עשו הם מה שעשו...[66].

בהקשר זה, יש להידרש לדברים שפורסמו כעשרים שנה לאחר פטירתו של הרי"מ עפשטיין, על ידי בנו ר' ברוך. הלה העלה על הכתב – בשם אביו – שיפוט שלילי למדי (ואפשר אף לומר: דיכאוני) של אווירת החיים בנובהרדוק. עיירה זו, לפי תיאורו, לא היתה עבור אביו אלא "פנה שוממה ועגומה, דלה, רזה וצנומה, כעיר נאווהרדק התוגה והנוגה, העלוטה בעבים עבותים ובצללים אפילו, ופניה תמיד כמה רעמו, לבושי קדרות ומלאי עצבות [...] נאווהרדק הכהה והעצובה"[67].

[66] **המליץ**, ד' אלול תר"ן (שנה 30 גליון 177), עמ' 2. על שריפות והצתות בנובהרדוק, ראו גם: **המליץ**, כ"ט תמוז תרנ"ה (שנה 35 גליון 150), עמ' 2 ובמקביל **הצפירה**, י"ז אב תרנ"ה (שנה 22 גליון 168), עמ' 633, וכן **המליץ**, י"ב–י"ד כסלו תרנ"ו (שנה 36 גליון 252–253), עמ' 3, **הצפירה**, י' אלול תרס"ב (שנה 29 גליון 197), עמ' 2. מתקופה מוקדמת יותר ראו **הצפירה**, ט"ו תמוז תרמ"א (שנה 8 גליון 26), עמ' 205, וכן **המליץ**, ט"ז חשוון תרמ"ב (שנה 17 גליון 42), עמ' 857, שם נמסר שלאחר שתי שריפות שהתחוללו בנובהרדוק בסתיו ובאביב שעברו, פעל רבה הקודם של העיירה, ר' יצחק אלחנן ספקטור מקובנא, למען השגת סיוע לעיירה ממקורות שונים. שריפה גדולה נוספת אירעה בעיירה בחשוון תרס"ח (1907), חודשים ספורים לפני פטירת הרי"מ עפשטיין. ראו: **הד הזמן**, ח' ניסן תרס"ח (שנה ב גליון 74), עמ' 3, וכן שם, כ"ד אדר ב' (שנה ב גליון 63), עמ' 3. על שריפה נוספת, פחות משנה לאחר מכן, ראו **הד הזמן**, כ' חשוון תרס"ט (שנה ב גליון 238), עמ' 3. ראו עוד: יעקב גרשובסקי, "די גרויסע שריפה אין נאווארעדאק", בתוך: א' ירושלמי (עורך), **פנקס נאווארעדאק**, עמ' 84. ככלל, שריפות גדולות היו חלק משגרת חייהם של יהודי ה"שטעטל" המזרח-אירופי המפורסם, על רקע השימוש בעץ כחומר בנייה בלעדי והיעדר שירותי כבאות מסודרים; כמעט אין עיירה שלא נחקק בזכרונה הקולקטיבי רישומן של כמה "גרויסע שריפות".

[67] **מקור ברוך**, עמ' 1652–1653. הקשר הדברים הוא ספקולציה בדבר יחסו של ר' יצחק אלחנן

דא עקא, מכלל ההתייחסויות האותנטיות של הרי"מ עפשטיין לעיירתו, איננו מוצאים דבר כלשהו ההולם את רוח הדברים הללו, המשקפים, קרוב לוודאי, את דעתו ומצב רוחו של ר' ברוך עצמו יותר מאשר את דעת אביו[68]. ניתן להמחיש זאת באמצעות תיאור עגמומי נוסף של נובהרדוק, שנכתב על ידי נכדו של הרי"מ עפשטיין, דוד וולברינסקי, יחד עם משה מרקוביץ – המתייחסים למצבה של נובהרדוק בשנת תרע"ג מבחינה תרבותית-טכנולוגית: "כה גדלה העיר נאוואהרדאק בערכה הרוחני, אך במצבה החומרי נפלה מאד, כי אין בה מסילת הברזל ואין שום התפתחות אירופאית-קולטורית. אך קוה נקוה כי התורה תגדל, התבונה תנשא על כולנה"[69]. סביר להניח שעבור רבה של העיירה היה "ערכה הרוחני" של נובהרדוק בעל משקל גדול יותר מאשר מצב התפתחותה ה"אירופאית-קולטורית".

הערכתו החיובית של הרי"מ עפשטיין לעיירתו, וישיבתו בה מבחירתו המלאה, משתקפות גם בסיפור מאוחר שנכתב על אודותיו, לפיו במהלך שבתו בנובהרדוק הציעו לפניו את כהונת הרבנות בעיר הגדולה ביאליסטוק (Białystok, כיום במזרח פולין, כ-200 ק"מ מדרום-מערב לנובהרדוק), אך הוא דחה אותה באומרו שבעיר גדולה, כזו שתדרוש עבודת-רבנות מאומצת יותר, לא יהיה לו פנאי להשלים את ספרו 'ערוך השלחן'[70]. יש לדון האם אכן הוצעה לפניו רבנות ביאליסטוק דווקא[71], אך העובדה שבמהלך שבתו של הרי"מ עפשטיין בנובהרדוק הוא קיבל

ספקטור לעיירת רבנותו הקודמת, וכן דרוש על הפסוק שבספר איוב (כט, ב) "מי יתנני כירחי קדם".

[68] השוו תיאורו של רש"נ גוטליב – בערך על ר"ב עפשטיין! – על כך שהרי"מ עפשטיין בנובהרדוק "מצא מנוחה אשר אהב בכדי לשקוד בתורה, לחבר ולסדר חבורים רבים ונפלאים [...] ומאד יקרה וחביבה היתה לו שבתו בעיר הזאת, אשר אנשיה מצוינים בתורה ומנומסים בדרך ארץ" (**אהלי שם**, עמ' 153).

[69] **לקורות עיר נאוואהרדאק ורבניה**, עמ' טו. על היבט נוסף של מידת ההתפתחות המודרנית בנובהרדוק וסביבתה בימי הרי"מ עפשטיין, ניתן ללמוד מדבריו בתשובה שעניינה שימוש בחשמל ביום-טוב: "כן נראה לענ"ד לפי הבנתי במלאכת העלעקטרי [=חשמל] – כי אינה מצויה ברובי הערים שלנו שנוכל לעמוד בדיוק על תוצאותיו" (**בית ועד לחכמים**, שנה א גליון א, שבט תרס"ג, עמ' א; וכן **כתבי הערוה"ש**, סי' ז).

[70] כך מובא מפי ר' שלמה זלמן בלוך, שלמד בנובהרדוק בעשור הראשון של המאה ה-20: "דארט קען מען קיין ערוך השולחן ניט מאכן" (**הצדיק רבי שלמה**, עמ' 13. בתרגום חופשי: שם [=בביאליסטוק] אי אפשר לחבר ערוך השלחן).

[71] במהלך שבתו של הרי"מ עפשטיין בנובהרדוק, התפנתה כהונת ביאליסטוק פעם אחת בשנת

הצעות לכהונה רבנית בקהילות גדולות וחשובות יותר מעיירתו הנוכחית, והוא דחה אותן באמירה שהדבר יפריע לו לעסוק בתורתו, נזכרת במקורות נוספים ואין סיבה לפקפק בה[72].

ז. בעיות התקופה בראי דרשותיו של הרי"מ עפשטיין

כטבען של דרשות שהן משקפות את תנאי המקום והזמן – דרשותיו של הרי"מ עפשטיין מאפשרות לנו ללמוד רבות על הלכי-הרוח של יהודי נובהרדוק באותה תקופה, כאבטיפוס של עיירה יהודית קלאסית בליטא. דרשות אלה היוו מרכיב עתיק ובלתי נפרד מתפקידו של רב הקהילה ביהדות אירופה, ובפרט בשני מועדים בשנה: שבת "שובה" הסמוכה לפני יום הכיפורים, ו"שבת הגדול" הסמוכה לפני חג הפסח[73]. קהל שומעי הדרשה היה מן הסתם בעל זהות אורתודוקסית רובו-ככולו, אך חשוף להלכי הרוח שנשבו בקרב יהדות מזרח אירופה. הדרשן הוצרך להעניק מענה לשאלות אקטואליות המנסרות בחייהם של בני עדתו[74].

תרל"ח (1878) עם פטירתו של ר' יום טוב ליפמן הלפרין, ושוב בשנת תרנ"ח (1898) עם פטירתו של ר' שמואל מוהליבר. האפשרות הראשונה בעייתית מפני שהיה זה למעלה משש שנים לפני תחילת הדפסת החלק הראשון של 'ערוך השלחן', וייתכן שהספר אף טרם החל להיכתב. האפשרות השנייה בעייתית מפני שבאותו זמן כבר היה הרי"מ עפשטיין בן קרוב לשבעים שנה, וזהו אינו גיל בו עשויים לחשוב על כהונה במקום חדש (הן מצד הרב והן מצד המקום). עם זאת, אין בכך כמובן כדי לשלול את האפשרות שאכן בזמן כלשהו הוצעה רבנות ביאליסטוק לרי"מ עפשטיין; ניתן להזכיר שהר"י ריינס, שנבחר בשנת תר"ע (1910) לכהונה בנובהרדוק אחרי הרי"מ עפשטיין, אכן היה אז בן שבעים שנה.

[72] כך מספר ר"מ בר-אילן, ומוסיף מפי סבו ש"ההבדל בין רב בעיר גדולה ובעיר קטנה, [הוא ש] בעיר קטנה אפשר לשבת ולעסוק בתורה..." (**מוולוז'ין עד ירושלים**, עמ' 278). בדומה לכך כתב לפניו **מקור ברוך**, עמ' 1644. ראו גם, כמקור שניוני: **שרי המאה**, עמ' 109). עוד לפניהם תיאר גוטליב (**אהלי שם**, עמ' 153), "...ולא נעתר לקבל עליו את משרת הרבנות בעירות גדולות שהפצירו בו".

[73] מנהג דרשת הרב בשבת הסמוכה לחג הפסח, מוזכר עוד בתקופת הראשונים (בשלהי ימי הביניים), ויש אף שכתבו ששמה של שבת זו, "שבת הגדול", ניתן לה מפני ש"הגדול שבקהילה" (הרב) נושא בה דרשה. ראו: ר' יעקב מולין, **ספר מהרי"ל – מנהגים**, ירושלים תשס"ה, שלשים יום קודם לפסח, אות א. אמנם, דומה שזהו חידוד דרשני בלבד, ואולי מפני כך לא הזכיר אותו הרי"מ עפשטיין בספרו (ראו **ערוך השלחן**, אורח חיים סי' תל).

[74] הרי"מ עפשטיין ידע להשתמש באילוסטרציות מחידושי המדע כדי להעביר את מסריו לקהל השומעים (כך, את האופן בו מעשי האדם חקוקים לנצח בעולם האמת, הוא הסביר תוך שימוש

על פי רוב, דרשותיו של הרי"מ עפשטיין עסקו בבעיות השעה: אם בתופעת החילון שנעשתה רווחת אז ואם בפוגרומים והרדיפות שהתגברו מאז שנות התר"מ כחלק מהתעוררות האנטישמיות באירופה. נושאים אלה העסיקו מאד את יהדות רוסיה בכלל ואת היהדות האורתודוקסית בפרט. התפישה אותה חזר וביטא הרי"מ עפשטיין בדרשותיו, היא כי שתי ההתפתחויות הללו הנראות סותרות לכאורה – החילון וצמיחת האנטישמיות המודרנית – אינם אלא שני צדדים של אותו מטבע, סיבה ותוצאה. עזיבת התורה וההידמות לנכרים הם שעוררו אצל האחרונים את תופעת האנטישמיות:

> בשנתבונן על מצבינו בזמן ההוה, ויש להתפלא הפלא ופלא, הלא ידוע שהעולם הולך במעלות השלימות מזמן לזמן, והשכל האנושי מתגבר והולך בכל החכמות, וכבר בדור הקודם שמחו ועלזו כל המתחכמים מעמינו שהלכו לאחור ולא לפנים, באמרם שעתה ששמש ההשכלה זרחה בכל העולם לא יהיו עוד בית ישראל לשמצה, והיינו במעלה "ככל הגויים" – ואיך נשתומם ממש מן ההיפך מן הקצה אל הקצה, שהמדינות היותר נאורות בהשכלה כמו אשכנז

בידע האסטרונומי של העת החדשה, והשוואה לטכנולוגיה שהתפתחה זה לא מכבר – הצילום: "והנה נשער בנפשינו לדמיון, אם יעמוד אדם על כוכב הרחוק מן הארץ הרבה, עד שקווי אורו לא יגיע לנו עד אחרי עבור שלשים שנה, ויעשה שמה איזה פעולה, תגיע לנו הפאטאגראפי' ממעשה זו אחרי שלושים שנה מהמעשה, והאדם שעשה המעשה כבר מת [...] ונצייר לנו שישבו עשרים אנשים בבית אחד, עשרה מהם ישבו בטלית ותפילין ועסקו בתורה ועשרה מהם שחקו בקוביא ואכלו מאכלות אסורות, ויבא הפאטראגראפיסט ויקח התמונה הזו, על הפאטאגראף נראה לעולם מעשיהם של אלו ושל אלו..." – **דרשות קול בן לוי**, דרשה ב, עמ' 8–9), כמו גם מהתרבות הכללית. כך, באחת מדרשותיו המחיש את מרכזיותו של לימוד התורה לעומת לימודי החול באמצעות המבנה והעריכה של ספר החוקים הרוסי (דידוע דבכל ממלכה יש ספר החוקים, ונקרא בלשון מדינתינו 'סוואד-זאקאן' (הוא), ויש לפרקים איזה הוספות להחוקים הנרשמים למטה בגליון, ובפנים משוך קו לסימן שבכאן יש הוספה ונקרא בלשון מדינתינו 'טאצקא'. ונמצאים ההוספות מעט מעט באיזה מקומות, וכמובן העיקר הוא עיקר הספר וההוספות הם רק טפֵילים [...] ומבאר הנביא כי "צו לצו", כלומר הרי העיקר הוא ציוי התורה, וציוי לימודי חול הם הוספות ללימודי התורה מפני ההכרח לזה, וזהו "צו לצו צו לצו", ציווי של חול לציווי של קודש ועוד איזה הוספות כעין זה, צו. ואומר "קו לקו קו לקו", כלומר כמו שנעשה זה באיזה מקום להורות שיש הוספה, ועוד "קו לקו", כלומר שמוכרחים להפסיק מלימודי קדש ללימודי חול לפרקים, אבל "זעיר שם זעיר שם", כלומר מעט מעט ובאיזה זמנים..." – **דרשות קול בן לוי**, דרשה א, עמ' 1). אלה, כנראה, היו מוכרים לקהל השומעים.

וצרפת, ושם בעונותינו כבר נתקרבו בני ישראל עליהם כידוע, ובשָׁם תגבורת השנאה לישראל בלי קץ ובלי גבול, עד שעשו חבורות חבורות ונקראים בשם נגדי בני שם [=אנטישמים]...".[75]

וכן:

ובכל המדינות יש חבורות חבורות נגדי בני שם 'אנטיסימי[ס]טין' לאבד אותנו, וכמה נפילות 'פאגראמען' היה בשנים אלו, ולולי אדונינו הקיר"ה ושרי המלכות שמגינים עלינו, כבר עשו אותנו כלה רחמנא ליצלן...".[76]

הסיבה שהוא נותן לסתירה זו, בין התקדמותו הכללית של העולם בעידן הנאורות לבין התגברות שנאת האומות ליהודים, היא כאמור חטאיהם של ישראל, שפרקו את עול התורה והתקרבו לאומות:

הנה אנו רואים בעיתים הללו שנתרבו חכמות חצוניות עד למרבה, וכל העולם נתהפך בגוונין משונים מכפי הקודם – ודבר זה הכרח לפני ביאת הגואל, שזהו הכנה ליסוד קץ העולם [...] והנה אנחנו רואים שני דברים תמוהים, האחת שעל פי השכל ברבות החכמות צריך להתרבות יראת ד', בראותינו גדולת מעשה הבורא יתברך – ואנו רואים להיפך. ועוד, כי בריבוי החכמות היה צריך להתרבות האהבה בין בני אדם – ואנו רואים ההיפך, ובפרט השנאה לישראל.

---

[75] שם, דרשה ח (עמ' 39). הפער בין תהליך האמנציפציה והנאורות לבין החרפת היחס כלפי היהודים, העסיק כמובן גם את שצידדו בהשתלבות העם היהודי במדינות מושבו. הללו, מטבע הדברים, הביטו על הנושא מזווית שונה למדי. ראו בין השאר: משה צימרמן, "אמנסיפציה ואנטישמיות בגרמניה – עימות ישיר", בתוך: ד' אסף (עורך), **דברי הקונגרס העולמי למדעי היהדות** 7 (תשמ"א), עמ' 161-165. לסקירה היסטורית ראו: אטינגר, **תולדות עם ישראל בעת החדשה**, ג, עמ' 158-161.

[76] **דרשות קול בן לוי**, דרשה א (עמ' 2). ראו גם דרוש יח: "...דהנה אנו רואים בחוש בכמה מדינות, כמאראקא ורומניא, שבאמת רצונם לעקור את הכל, כהמן בשעתו" (עמ' 114). והשוו דבריו האפולוגטיים, שנכתבו מכורח הצנזור הרוסי, ב**ערוך השלחן**, חושן משפט סי' שפח סעי' ז: "ידוע לכל קוראי הדורות שבזמן הקדמון במדינות הרחוקות לא היה לאיש בטחון בגופו וממונו מפני השודדים והאנסים, אף שנשאו עליהם שם משרה, כידוע גם היום מאיזה מדינות מאפריקא השוד והחמס שפחות [=מושלי] הממשלה עושים, ועל טוב יזכרו מלכי אירופא וביחוד אדונינו הקיר"ה מרוסיא ואבותיו הקיסרים, ומלכי בריטניא, שפרשו כנפי ממשלתם בארצות הרחוקות למען יהי לכל איש ואיש בטחון על גופו וממונו..." (ראו עוד להלן חלק שני פרק א אות ד העוסק בהשפעת הצנזורה על 'ערוך השלחן').

האמנם קושיא אחת מתורץ בחברתה, שזהו עונש מן השמים, על כי התרחקו מהתורה ריחק ד' מהם האהבה מכולם...[77].

אך לא מדובר בענישה לשמה, אלא בהזדמנות לתיקון. לצרות שנתחדשו על עם ישראל ישנה מטרה מעשית – להחזיר את התועים לחיק התורה:

דבשלמא אם הרדיפות היתה במדינה אחת, היית יכול לתלות בטבע כי בעלי מדינה זו הם כך וכך, אבל הלא אתה רואה שבכל הגוים אשר הדיחך ד' וגו' רודפים אותך, אפילו במדינות היותר נאורות בהשכלה, האם אפשר לתלות זה בטבע? ותבין שזהו כח(י) אלוקי, ותראה ותתבונן דרק כשתשוב לדרך התורה יסורו מעליך כל צרותיך. [...] וכידוע בעונותינו שגם בהדור הקודם ש'השועלים' שלנו הרבו להרחיב פרצת דת קדשינו [...] והיהדות נתקטנה ונתמעטה לגמרי, ולפי"ז היה לו להקב"ה לעזוב אותנו – אבל אינו כן: "דודי לי", כלומר שדודי מעורר אותי על ידי שנאת האומות...[78].

מניין הגיע החילון המואץ שבדורו, וכיצד התפשט עד כדי כך? לפי הסברו של הרי"מ עפשטיין – המפוזר על פני כמה דרשות – מדובר בשלושה שלבים, שהם למעשה שלושה דורות:

ראשוני המשכילים, ששמרו עדיין על המצוות, הושפעו מרעיונות הנאורות האירופית החדשה. הם אימצו את הרציונליזם האנתרופוצנטרי – הגורס שכל

[77] שם, דרשה ט"ז (עמ' 101) וכעין זה בדרוש ח (עמ' 39). הסבר שונה ליחס בין שנאת האומות ופריקת העול, העלה הרי"מ עפשטיין בדרשה מאוחרת, שלא נכללה ב'דרשות קול בן לוי'. לפי הסבר זה אלה אינם אלא ביטויים שונים לאותה תופעה שורשית, הנובעת מהתקרבות הגאולה: "ידוע שכל כח העתיד להתבטל, מתאמץ בכל הכחות קודם ביטולו להתקיים, כמו הנר – שקודם שתכבה תתלהב [...] ולכן גם חלק הרע, כיון שבביאת המשיח עתיד להתבטל, ולכן קודם ביטולו מתאמץ את עצמו בכל הכחות, עד שמעיז פניו כלפי מעלה ועושה כל העבירות בחוצפא רבה, כמו שרואים לדאבון נפשינו. ובזה מובן ג"כ על מה שאנו רואים, שבדרנו התגברה שנאת האמות יותר מבדורות הקודמים, עד שהורגים ושוללים אותנו כידוע: ולכאורה, כיון שאנו מתקרבים להם היה להם לקרב אותנו? אך באמת חלק הטוב וחלק הרע מתפרד לשני ראשים, האחד האומות כנגד ישראל כמובן, והשנית בין ישראל עצמם, שמגברים החלק הרע בהפרת תורה ומצוות..." ("דרשה לשבת שובה תרס"ז", בתוך: י"מ סגלוביץ, **מאסף דרושי**, ב, דף נ"ה ע"א).

[78] **דרשות קול בן לוי**, דרשה ח (עמ' 40–41). ראו גם דרשה א: "וכמה מאחינו בני ישראל תועים מדרך השכל, בדמיונם כי אם יתקרבו להאומות לפרוק מעליו דת קדשינו יוטב מצבם, והוא ממש ההיפך..." (עמ' 2).

תופעה בעולם צריכה להיות מוסברת באמצעות האינטלקט האנושי לבדו. העיקרון הזה הוחל על ידיהם גם כלפי התורה:

> ...שאינם עושים מקודם עבירות בפועל ממש, וגם עושין מצות – אלא **שמקררים קדושת התורה והמצוה**, באמרם שאין בה קדושה עליונה למעלה מהשכל [...] זהו מדרגת עמלק 'אשר קרך בדרך', וזהו פתחה של מינות ואפיקורסות [...] כאשר בעונותינו זה יותר ממאה שנים שהתחלת הסוררים היתה בדרך זה, עד שבמשך הזמן עזבו רבים תורת ד' לגמרי [...] דאף שהמדיחים בעצמם לא סרו בגלוי, מכל מקום הדיחו רבים[79].

בשלב השני, עקב חדירתן לעולם היהודי של התפיסות האמורות, חל כבר שינוי בהתייחסות ללימוד התורה: עליו עתה להצטמצם ולפנות מקום ללימוד המוביל לפרנסה טובה:

> והנה ידוע שבדבר ריבוץ התורה, אותם המתחכמים אף אם אומרים שנצרך קיום התורה והמצות, יאמרו 'מה לנו בישיבות ובשקידת התורה, די שנדע הדין וההוראה הלכה למעשה', וכועסים על הישיבות ששמים מעיינם רק בהרבצת התורה. וראשית מעשיהם לבטל החדרים והישיבות...[80].

ההמשך הטבעי לכך היה שינוי ההתייחסות כלפי הפרנסה ואורח החיים בכללו:

> ובאמת אחרי ההתבוננות הראויה לאיש הישראלי, מה הוא הסיבה העיקרית שדורנו זה ירד כל כך מטה מטה במעלות התורה והמצוה, מצאנו ראינו שיסוד ההריסה [הוא] מה שנשרש בלב כל אחד מאתנו שהאדם צריך לסמוך רק על הטבע הפשוטה בלבד. ועל ידי זה, בדאגתם לפרנסת בניהם ובנותיהם, מחנכים אותם בדברים שמנתקים מוסרות התורה מעליהם, ויגדלו ללא תורה וללא מצוה...[81].

---

79 שם, דרשה יד (עמ' 88). דומה שדבריו מכוונים כלפי האבטיפוס הסטריאוטיפי של ה"משכיל", המיוצג בדמותם של משה מנדלסון ונפתלי הרץ וייזל, שהיו שומרי מצוות באופן פרטי אך שימשו בפועל כחלק ממתניעי תהליך הסקולריזציה. ראו: מאהלר, **דברי ימי ישראל – דורות אחרונים**, ספר ראשון כרך שני, עמ' 65–76, אטינגר, **תולדות עם ישראל בעת החדשה**, ג, עמ' 68–70.

80 שם, שם (עמ' 89). על מגמתם של המשכילים לתעל את לימוד התורה הישיבתי ולצמצמו לתועלת מעשית (דבר שהתבטא בהקמת "בתי המדרש לרבנים"), ראו: אטקס, **יחיד בדורו**, פרק שישי, עמ' 228–229, וכן: זלקין, **אל היכל ההשכלה**, עמ' 20–57.

81 שם, דרשה כא (עמ' 137).

כך אפוא, לפי הסברו של הרי"מ עפשטיין, הושלם התהליך שהביא ל**שלב השלישי** – צמיחת דור המנותק מעולמה של תורה כבר מנעוריו. הסיבה המרכזית לכך היתה לדבריו – כאמור לעיל – מצוקת הקיום הכלכלי: היא שהניעה רבים מדור הביניים להתנתק מדרך "החינוך הישן", שלימוד התורה במרכזו, לטובת לימוד חכמות ומקצועות שיאפשרו לבניהם להתקיים בכבוד. "וכשנתבונן, עיקר סיבת עזיבת התורה בדורותינו זהו מטענת הפרנסה – ובאמת גם זה הוא ממעשה היצר, בלי התבוננות כלל..."[82].

מאחר שההתרופפות בקיום המצוות לא היתה לדעתו תולדה של כפירה אלא של קשיי הפרנסה ורצון להעניק לדור הבנים יכולת קיום כלכלי מכובד, מצא הרי"מ עפשטיין מקום ליחס מרוכך יותר כלפי ההמון הרחב, שאינו מנותק עדיין מן היהדות. כך באשר לשאלת מצוות התוכחה בתקופתו: "בדור שרוב ישראל מסובלים בהרבה צרות ורעות, ובפרט מיסורי העדר פרנסה, האם נכון לבוא אליהם בתוכחות ולהוסיף מכאוב על מכאובם? [...] וכן אני אומר על זמנינו זה, שקשה מאד להגיד תוכחה בידעינו מצבינו המר והנמהר"[83].

נכונות מסוימת, מוגבלת אמנם, למצוא צד חיובי גם בנפשם של פורקי העול, מתבטאת בדרשה נוספת, בה כתב "דכל ישראל, בין היראים ובין פורקי עול התורה, כולם מצטערים בשפלותן של ישראל ושניהם רוצים שתתרומם קרן ישראל. אלא שמחולקים בעניין הכבוד..."[84]. ביטוי מרחיק לכת לגישה זו מופיע בדרשה מאוחרת של הרי"מ עפשטיין, שלא נדפסה ב'דרשות קול בן לוי':

> יש פליאה גדולה על אלו מבני ישראל שמלעיבים בכל קודש וכופרים בעיקר, למה להם לסבול צרות ישראל, הלא בנקל להם לצאת מן המיצר ולקבל עליו דת אחר? ...אך האמת שבכל איש ואשה מישראל, אף בהכופרים בעיקר, יש ניצוץ קדוש טמון בנפשו, שאינו מניחו לצאת לגמרי מקדושת ישראל. והוא

---

[82] שם, דרשה יב (עמ' 73).

[83] שם, דרשה ג (עמ' 10–11).

[84] **דרשות קול בן לוי**, דרשה י (עמ' 56). "עניין הכבוד", פירושו שפורקי העול חפצים בשוויון זכויות בין הגויים, וסבורים שעל ידי כך יושב כבודו של עם ישראל, ואילו יראי השמים מבקשים את כבוד התורה ומצוותיה (הרי"מ עפשטיין מדגיש, כמובן, שהנטייה האחרונה היא הטובה והראשונה היא רעה).

בעצמו אינו מרגיש זה כלל, אבל האמת כן הוא [...] הנשמה לא תתקלקל לעולם, אלא שבאדם רשע טמונה עמוק עמוק ועומדת מרחוק[85].

אמנם, גישתו המתונה, המלמדת זכות על **כלל** ישראל, אינה נוגעת **ליחידים** האוחזים במוצהר בעמדה של כפירה – כפי שכתב בדרשה אחרת: אף שגם את הכופרים הגמורים אין להוכיח על מעשיהם, הדבר אינו נובע מלימוד זכות כלשהו, אלא מהיעדר התועלת שבהוכחת רשעים במדרגה שכזו[86]. זאת בהתאם לפסוק "אל תוכח לץ פן ישנאך"[87], ולהכוונת חז"ל שהאמירה "ודע מה שתשיב לאפיקורוס" עוסקת באפיקורוס נכרי, אך לא באפיקורוס ישראל, מפני "דפקר טפי" – שיכפור עוד יותר[88].

---

85 "דרשה לשבת שובה תרס"ז", בתוך: י"מ סגלוביץ, **מאסף דרושי**, ב, דף נ"ה עמוד א-ב.

86 בהקשר זה, ראו דברי ר"מ בר-אילן, המספר על סבו ש"בהיותו בפטרבורג, היו נכנסים אליו צעירים שלא היו זהירים במצוות"; היה זה לאחר הפסח, והיה מי שייעץ לרי"מ עפשטיין לברר אצל הבאים כיצד אכלו בפסח, אך הלה השיב: "בכוונה לא אשאל. אם שמרו הכל כדת וכדין, ודאי טוב, אך אם חלילה לאו, ישקרו לי ומה תועלת בזה? ואם יאמרו לי את האמת, הרי אצטער ושוב לא אוכל לדבר עמהם – ואז יידחו עוד יותר" (**מוולוז'ין עד ירושלים**, עמ' 284–285. ושם בהמשך, סיפור על אודות אחד משכניו בנובהרדוק, שלא היה ירא שמים בלשון המעטה, אך הרי"מ עפשטיין שמר עמו על קשרים אישיים, באומרו, לדברי ר"מ בר-אילן, ש"אולי צריך הייתי לשנוא אותו, אבל איני יכול...").

87 **משלי** ט, ח. וראו גם **תלמוד בבלי** ערכין דף טז ע"ב ויבמות סה ע"ב. ראו גם דבריו המקבילים ב**ערוך השלחן**, אורח חיים סי' קנו סעי' ט: "ואני אומר כי אף במזידין צריך לשתוק [...] וכל שכן עתה שבעוונותינו הרבים נתרבה האפקורסות ואין שייך כלל תוכחה, ואין להתווכח עם פוקר ישראל, דפקר טפי".

88 **דרשות קול בן לוי**, דרוש יד (עמ' 88) – על פי **תלמוד בבלי**, סנהדרין דף ל"ח ע"ב. במכתב פרטי משנת תרס"ה הרשה לעצמו הרי"מ עפשטיין להתבטא ביתר חריפות (לעומת דרשותיו הציבוריות) כלפי הכופרים שבימיו: "דאלו פושעי ישראל המגלחים זקנם ואין מניחין תפילין ואין מתפללין בכל יום ואין שומרים שבת כראוי, ופורקים עול מלכות שמים, המה אפקורסים גמורים, ואין להם חלק באלקי ישראל ובתורתו הקדושה והטהורה, ואינם בכלל ישראל, דלדעתם המזוהמת העיקר בין אדם לחבירו – וזה אומרים הטובים שבהם – ויסוד דת קדשינו הוא להפך, דכל התורה כולה הוא בין אדם למקום, וגם מצות שבין אדם לחבירו חלילה לנו לעשות מפני נימוסות, אלא מפני שכך צוונו בוראינו יתברך בתורה"ק [...] ותכלית הדברים, שבימינו אלה שבעוונותינו נתרבו הפוקרים יש להיזהר הרבה, כי עדותם גרוע מעדות גוים ואין בהם שום ממש" (**כתבי הערוה"ש**, סי' לז. הקשר הדברים: פסילת עדי קידושין כדי להתיר אשה מעגינות. התאריך הרשום שם, תרס"ח, הינו פענוח מוטעה; ראו בביקורתי על הספר, להלן חלק שני פרק שלישי).

אם כן, בסיכום, באמצעות הדרשות הקהילתיות שבמועדים קבועים, פרשׂ הרי״מ עפשטיין בפני ציבור שומעיו את משנתו, במגמה להעניק לבני עדתו כלי הסבר עבור הרעיוניות והדילמות שהטרידו אותם. בין השורות אנו למדים שוב על המציאות המורכבת שבה פעל, כשנאלץ לנווט את רבנותו בין אורתודוקסים-חרדים לבין משכילים, בין שמרנים ובין מחדשים, בין שומרי מסורת ובין נוטשיה.

בשלהי תקופת חייו הצטרף גורם נוסף לכוחות שפעלו על יהודי מזרח אירופה, והוא – התנועה הציונית. יחסו של הרי״מ עפשטיין לאנשים שפעלו במסגרת תנועה זו ולפעילותה של התנועה עצמה בנובהרדוק, מבטא היטב את המורכבות שתיארנו עתה בהתמודדותו עם אתגרי התקופה – ולכך יוקדש הפרק הבא.

פרק רביעי

בין הציונות והציונים

א. יחסו של הרי"מ עפשטיין ליישוב הארץ

במהלך הדור בו פעל הרי"מ עפשטיין, במחצית השנייה של המאה ה-19, החלה להתפתח ביהדות אירופה – בעיקר במזרחה – מגמה שקראה לחידוש ורענון היחס כלפי ארץ ישראל. מגמה זו, אשר על שורותיה נמנו רבנים, אידיאולוגים ועסקני ציבור, חתרה לראות בארץ ישראל וביישובה בהיקף נרחב, פתרון ויעד ריאלי ליהודי העולם, אם במישור התיאולוגי של מצוות יישוב ארץ ישראל וקיבוץ הגלויות ואם במובן הלאומי של קיום טריטוריאלי אוטונומי[1]. שלב זה מסומל, בין השאר, בדמותו של ר' צבי הירש קלישר, שהדפיס בליק בשנת תרכ"ב (1862) את ספרו 'דרישת ציון' ובשנה לאחר מכן התפלמס ודן עם רבנים שונים על תכני ספרו, מעל דפי כתב העת 'הלבנון'[2]. בהמשך התרחב היקף העניין והעיסוק בנושא ארץ ישראל לקהלים רחבים יותר במרכז ומזרח אירופה, והחלו להיווסד באופן ספונטני אגודות רבות שהוקדשו לנושא, במסגרת מה שידוע כתנועת "חיבת

---

1 הרקע לפעילות זו הוא, בין השאר, ראשית התגבשותה של הלאומיות היהודית המודרנית מחד גיסא, והחרפת "הבעיה היהודית" של הישיבה בין האומות מאידך גיסא. ראו: יעקב כ"ץ, "התנועה הלאומית היהודית – ניתוח סוציולוגי", **בתפוצות הגולה** יב, גליון 1–2 (52–53), ירושלים תש"ל, עמ' 9–20; שמואל אטינגר, "ייחודה של התנועה הלאומית היהודית", בתוך: ב"צ יהושע וא' קידר (עורכים), **אידיאולוגיה ומדיניות ציונית**, ירושלים תשל"ח, עמ' 9–20.

2 ראו מבואותיו של ישראל קלויזנר לספר **הכתבים הציוניים של הרב צבי קאלישר**, ירושלים תש"ז, עמ' טו, ולספרו של הרב קלישר **דרישת ציון**, מהדורת מוסד הרב קוק, ירושלים תשכ"ד, וכן: ידידיה אסף, **ראשית התגבשותה של אורתודוקסיה לאומית במאה ה-19**, רמת גן תשס"ב; שלמון, **אם תעירו ואם תעוררו**, עמ' 58–64.

ציון". בתחילת שנת תרמ"ה (נובמבר 1884), בועידה המפורסמת שהתקיימה בעיירה קטוביץ שבשלזיה (Katowice, כיום בפולין), הוקמה הנהגה מאוחדת לרוב האגודות הללו, תחת השם "חובבי ציון"; ועידה זו היתה אחת הפעמים הראשונות שנקבצו תחת קורת גג אחת הן רבנים ידועים (דוגמת ר' דוד פרידמן מקרלין ור' שמואל מוהליבר) והן חילונים ומשכילים מודרניים (דוגמת יהודה ליב פינסקר ומשה ליב לילינבלום), וסיכמו על פעילות משותפת למען יישוב ארץ ישראל. בשנים הבאות עסקה תנועת "חובבי ציון", בין השאר, בארגון וסיוע לפעילות ההתיישבותית שכונתה לימים "העליה הראשונה"[3].

אחת מן הדמויות הרבניות הבולטות שפעלו במסגרת "חובבי ציון", היה ר' נפתלי צבי יהודה ברלין – הנצי"ב מוולוז'ין; מעורבותו בתנועה הפכה לרשמית כשנתמנה באלול תרמ"ז (1887), בוועידת דרוזגניק, לאחד משלושת "הגבאים היועצים" של התנועה, האמורים לפקח על פעילותה, בפרט בהיבטים האורתודוקסיים. פעילותו של הנצי"ב בתנועת "חובבי ציון" היתה אינטנסיבית למדי[4], כפי שמעידים עשרות רבות של מכתבים שנשמרו ממנו בנושא זה, רבים מהם במסגרת תכתובת עם י"ל פינסקר ושאר ראשי הנהלת "חובבי ציון"[5].

---

[3] ראו: ישראל קלויזנר, **מקאטוביץ עד באזל**, א, ירושלים תשכ"ב; שמואל אטינגר וישראל ברטל, "שורשי היישוב החדש בארץ ישראל", בתוך: מ' אליאב (עורך), **ספר העליה הראשונה**, א, ירושלים תשמ"ב, עמ' 1–24.

[4] ראו: יצחק ריבקינד, **הנצי"ב ויחוסו לחיבת ציון**, לודז' תרע"ט. זהו מחקר ראשוני, שעבודתו ההיסטוריונית טובה אך הוא חסר תעודות ומקורות רבים. לעבודה מקיפה יותר, אך חד-צדדית, ראו סדרת מאמריו של ר' בצלאל לנדוי, "הנציב מוולוז'ין במערכה למען יישוב ארץ ישראל וקדושתה", בתוך: **ניב המדרשיה** יא (תשל"ד), עמ' 251–277; **המעין** יד, ג (ניסן תשל"ד), עמ' 11–12; שם יד, ד (תמוז תשל"ד), עמ' 27–45. עיקר המחקר והניתוח מצוי ב'המעין', ואילו ב'ניב המדרשיה' נמצא למעשה אוסף ציטוטים המסודרים בציר כרונולוגי ומושגי. למחקר משלים וביקורתי יותר, המגיב לדברי לנדוי, ראו: אלי קלינג, "יחסו של הנצי"ב מוולוז'ין לתנועת חיבת ציון", בתוך: **חמדעת: שנתון מכללת חמדת הדרום** ג (תשס"א), עמ' 154–166; שם ד (תשס"ג), עמ' 98–125. ראו גם מאמריו: "אתחלתא דגאולה במשנת הנצי"ב", שם ב (תשנ"ט), עמ' 104–114; "שיבת ציון במשנתו של הנצי"ב מוולוז'ין", ש' רז (עורך), **קובץ הציונות הדתית: מאה שנות חינוך ציוני דתי**, ו, ירושלים תשס"ז, עמ' 17–31.

[5] איגרות רבות נדפסו בידי אלתר דרויאנוב, **כתבים לתולדות חיבת ציון וישוב ארץ ישראל**; ראו במהדורה המעודכנת של שולמית לסקוב, תל אביב תשמ"ב-תשנ"ג, כרכים א-ז, במפתח האישים בערכו של הנצי"ב. איגרות נוספות נסמנו על ידי ר"ב לנדוי, ברשימה שבסוף מאמרו ב'ניב המדרשיה'. כרך ראשון של **אגרות הנצי"ב מוולאזין** יצא לאור בבני ברק תשס"ג, על ידי

לאור זאת, עובדה מפתיעה – לכאורה – היא שגיסו וידידו הקרוב של הנצי"ב, הרי"מ עפשטיין, היה רחוק מליטול חלק כלשהו בפעילות תנועת "חובבי ציון" והדומות לה. כך מתאר רי"ל מימון בתחילת היכרותו עם הרי"מ עפשטיין בשנת תרנ"ד (1894): "ואני בימים ההם כבר הייתי שקוע ראשי ורובי בתוך תנועת 'חיבת ציון', ואם כי גיסו-חתנו הגאון הנצי"ב (זצ"ל), ריש מתיבתא דוולוז'ין, היה כרוך אחרי תנועה זו – היה הוא, רבי יחיאל מיכל עפשטיין, מתייחס אליה בקרירות גמורה. אחר כך, כשנוצרה הציונות ובתוכה גם המזרחי, היה הוא נחשב למתנגד לשניהם גם יחד"[6].

יחסו הצונן של הרי"מ עפשטיין כלפי "חובבי ציון" ולאחר מכן הציונות, בולט במיוחד לאור העובדה שרוב הסובבים אותו, בין במעגל הרחב של תושבי עיירתו נובהרדוק ובין במעגל המצומצם של קרוביו ומכריו, נמנו עם התומכים בתנועות הללו: בנו ר' ברוך עפשטיין[7], נכדו ר' מאיר בר-אילן, תלמידו ר' יהודה ליב מימון, וכאמור לעיל גם גיסו הנצי"ב. רוב הדמויות הללו (למעט ר"ב עפשטיין) לא הסתפקו באהדה בלבד, אלא נטלו חלק מעשי בפעילות "חובבי ציון" או התנועה הציונית, ואף היו בין הפעילים האורתודוקסים הבולטים ביותר בתחום זה, בקנה מידה כלל יהודי. להלן אבקש אפוא להתחקות אחר המניעים לאותה "קרירות גמורה" של הרי"מ עפשטיין כלפי התנועה היהודית הלאומית ליישוב ארץ ישראל.

תעודות שונות מלמדות כי יחסו של הרי"מ עפשטיין כלפי העניין הארצישראלי לא היה אדיש לחלוטין: הוא גילה לעיתים מעורבות פעילה בנושאים שונים הקשורים לארץ ישראל. אולם, כמעט בכל המקרים הללו מדובר במעורבות המתוחמת בגבולות הקלאסיים של הנושא, כפי שעוצבו במחצית הראשונה של המאה ה-19

ר' יעקב קוסובסקי-שחור, המשתייך לציבור החרדי-ליטאי; כפי ששמעתי מר' יהושע מונדשיין (על פי מידע שבידיו), יציאתו לאור של כרך איגרות נוסף מעוכבת זה כמה שנים, בשל העובדה שרוב האיגרות הנותרות קשורות לענייני "חובבי ציון", וחלק ניכר מהן אינו הולם את התדמית וההשקפה המקובלות בציבור הנזכר בנוגע ל"גדולי ישראל" מן הדורות הקודמים.

[6] **שרי המאה**, ו, עמ' 83. ר"מ בר-אילן מתאר זאת בצורה קצרה ומעורפלת, אפשר אף לומר – מכובסת: "לרעיון הציוני לא הסכים זקני בשלימות. בייחוד לא האמין באחרית הפוליטית של הציונות" (**מוולוז'ין עד ירושלים**, עמ' 285).

[7] על יחסו לציונות, ראו: תרשיש, **רבי ברוך הלוי אפשטיין**, עמ' 148-149. באשר למכתבים האנטי-ציוניים שיוחסו לו על ידי חיים בלוך, **דובב שפתי ישנים: דעת גדולי התורה נגד הציונות**, א, ניו יורק תשי"ט, עמ' רט-רכו, ראו בספרו של שמואל וינגרטן, **מכתבים מזוייפים נגד הציונות**, ירושלים תשמ"ב. לתופעת חיים בלוך אני מקווה להקדיש מחקר נפרד.

בעקבות עליית תלמידי הגר"א לארץ ישראל: העדפת אתרוגי ארץ ישראל על פני אתרוגים ממקומות אחרים, תמיכה במוסדות הסיוע לבני "היישוב הישן", וכן הלאה.

כך, לדוגמא, הצטרף הרי"מ עפשטיין לר' דוד פרידמן מקרלין ורבנים נוספים, שיצאו בשנת תרס"ב (1902) בקריאה שלא לפגוע במעמדה של "קופת רבי מאיר בעל הנס" הירושלמית: "בהיות ידוע לכל ישראל שמקור הכנסת לומדי עה"ק [=עיר הקודש] וכל היושב בשָׁם, חלקו מסוים מקופת רמב"נ שיסדו אבותינו ורבותינו הקדושים מדור דור, ומבלעדי זאת מוט התמוטט כל הישוב ופור התפוררה לרסיסים"[8]. באופן דומה, הוא הצטרף בשנת השמיטה תרמ"ט לחיזוק קריאתם של רבני ירושלים להגביר את קצב הצדקה לעניי ארץ ישראל, וניסח כרוז עליו חתם לצד שניים מעמיתיו הרבנים בחבל מינסק שבליטא – ר' יום טוב הכהן ליפמן אב"ד מיר, ו"הגדול ממינסק" ר' ירוחם פרלמן: "חוב קדוש מוטל על כל איש מישראל לחזק מעמד הצדקות מאה"ק..."[9].

כך גם, במכתב ארוך משנת תרנ"ו (1896) שפורסם בעיתונות כחלק משלהי הפולמוס סביב אתרוגי האי קורפו[10], התנסח הרי"מ עפשטיין במילים חדות כלפי מי שאיננו מחזיק בחיבת הארץ: "אותם המבכרים פרי בן השנואה על אתרוגי בן האהובה, קצר עטי אשר אתי לתאר שפלות נפשם [...] הנכון לאיש הישראלי לבלי לבכר פרי ארצנו הקדושה על פרי ארץ העמים? [...] ומה שונים דרכנו מדרכי רבותינו חכמי התלמוד, שלהי כתובות קי"ב א', דר' אבא מנשק כיפי דעכו

---

[8] **גבול עולם**, ירושלים תשס"ג, עמ' 4-5; **כתבי הערוה"ש**, סי' קג. מכתב נוסף באותו נושא, שלא נכלל ב**כתבי הערוה"ש**, פורסם לאחרונה בקובץ **מוריה** שנה כט גליון ג-ד (תשס"ח), עמ' עו: "...שקדושת המעות הם רק לבני אה"ק היושבים לפני ה', ואך למותר להאריך...". על אודות "מעות ר' מאיר בעל הנס", ראו: יצחק זאב כהנא, **מחקרים בספרות התשובות**, ירושלים תשל"ג, עמ' 239-257.

[9] בנימין קלוגר, **מן המקור: הישוב הישן על לוח המודעות**, א, ירושלים תשל"ח, עמ' 14, וכן **כתבי הערוה"ש**, סי' קב. ראו גם שם, סי' קו, מכתב המלצה (ללא ציון שנה) שהעניק הרי"מ עפשטיין לאדם שנשלח למשימת גיוס כספים עבור לומדי תורה. הרי"מ עפשטיין כותב ש"מצב אחב"י בארצנו" קשה מאד "ואך אל נדיבי אחב"י בחו"ל, עיניהם של הת"ח הרבים נשואות". למרות השימוש בביטויים הללו, אין וודאות שמדובר בשד"ר ארצישראלי (ולא, למשל, שליח של ישיבת נובהרדוק. ראו שם, סי' עב-עה).

[10] על כך ראו: שלמון, **אם תעירו ואם תעוררו**, עמ' 92-130; אליעזר רפאל מלאכי, **פרקים בתולדות הישוב הישן**, תל אביב תשל"א, עמ' 168-178.

ר' חייא מגנדר בעפרה, שנאמר 'כי רצו עבדיך את אבניה ואת עפרה יחוננו' – ואלו האנשים מגנדרים בעפרא דארץ אחרת, ומנשקים פירותיהם, וישליכו פריה וטובה של ארץ הקדושה..."[11]. עוד קודם לכן, במהלך הפולמוס הנזכר שהתחולל בשנת תרנ"א (1891), פעל הרי"מ עפשטיין למניעת שיווקם של אתרוגי קורפו בנובהרדוק ולהעדפתם של אתרוגי ארץ ישראל[12].

לאותה קטגוריה של פעילות יש לשייך את מעורבותו הספורדית של הרי"מ עפשטיין בהעברת כספי תרומות אל הוועד האודסאי של חובבי ציון. כך דווח, לדוגמא, כי "במשתה חתונת יעקב ברלין בהגאון הנצי"ב זצ"ל, עב"ג חיה מאחאווער, בכ' חשוון תר"ס במאהילוב", נאספו כ-16 רובל מקרובי המשפחה, ביניהם "אביו הזקן [=סבו] של החתן הרה"ג יחיאל מיכל הלוי עפשטיין", וכן אחיו החורג של החתן ר' חיים ברלין (שהיה אז רב ביליזבטגרד – כיום: Kirovohrad שבאוקריינה); סכום כסף זה נמסר "להמורשה בברעזין" – מורשה הוועד האודסאי – לתמיכה ביישוב ארץ ישראל[13]. בניגוד למקרים הקודמים, הפעם מדובר במגע – עקיף אמנם – עם ארגון מודרני שהשפעת הגורמים המסורתיים עליו היתה מעטה אף יותר מאשר "חובבי ציון" המקורית. אך מאחר שבסופו של דבר הופנו משאביו של ועד זה לתמיכה במושבות "העליה הראשונה", ושהיה מדובר בגוף החוקי היחיד ברוסיה שהורשה לעסוק בגיוס כספים ליישוב ארץ ישראל היתה התרומה לו נוהג מקובל בקרב רוב שכבות יהודי רוסיה, בפרט לרגל שמחות משפחתיות

---

[11] **המליץ**, ח' אייר תרנ"ו (שנה 36 גליון 80), עמ' 2–3 – וכן **כתבי הערוה"ש**, סי' כ. מפרסם המכתב: יוסף בן ציון דימנט. משלימים זאת דברי הרי"מ עפשטיין ב**ערוך השלחן**, אורח חיים, סי' תרמח סעי' כט: "ולכן כל איש מישראל אשר נגע יראת ד' בלבו, לא יקח רק [=אלא] אתרוגי ארץ ישראל. ואיך לא נבוש ולא נכלם בדבר מצוה שנוכל לקיימה מפרי ארצנו הקדושה, ליטול דווקא מארץ העמים? אוי לה לאותה בושה אוי לה לאותה כלימה. ועל זה נאמר 'וימאסו בארץ חמדה', ולכן יש ליזהר בזה מאד מאד".

[12] ראו דיווחו של אברהם קלובאק: "גם אצלנו כרוזא קרוא בחיל מטעם האב"ד בפה [=הרי"מ עפשטיין], ביום ב' העבר בבית המדרש הגדול אחר תפלת שחרית, שאיסור חמור הוא לקנות אתרוגי קורפו, ו[יש]להשתמש תחתם בחג הסוכות הבע"ל באתרוגי ארץ ישראל" (**המליץ**, כ"ו אייר תרנ"א [שנה 31 גליון 113], עמ' 6). מעט אחר כך כתב גם יצחק סובלסקי: "הודיעני החכם הרנ"צ געצאוו נ"י, כי בעירו נאווראדאק הכריזו איסור על אתרוגי קורפו מטעם הרב יחי' בכל בתי כנסיות שבעיר" (**הצפירה**, ר"ח סיון תרנ"א [שנה 18 גליון 116], עמ' 470).

[13] **המליץ**, ח' כסלו תר"ס (שנה 39 גליון 237), עמ' 8. מי שמסר את הכסף למורשה בברזין, היה קרוב לוודאי אחיו של החתן, ר' מאיר בר-אילן, שבאותה תקופה התגורר בעיירה זו עם אמו ואביו החורג (ראו לעיל, בסוף הפרק הראשון).

למיניהן, וכפי שמומחש במדור הקבוע "נדבות לישוב א"י" שפורסם ב'המליץ'[14]. על כך שתרומת כספים ליישוב הארץ דרך נציגי הוועד האודסאי לא נחשבה כהבעת תמיכה אידיאולוגית בחובבי ציון, תעיד העובדה שתרומה כזו נעשתה אפילו בהקשר של שמחות במשפחת ר' חיים סולובייצ'יק מבריסק, אחד הרבנים הבודדים ברוסיה שהתנגדותם לחובבי ציון היתה עובדה ידועה ברבים[15].

אם כן, על כל פנים, אותה "קרירות גמורה" לא היה פירושה היעדר עניין בנעשה בארץ ישראל, והיא אף לא נבעה מהשקפה שאינה מעניקה חשיבות מיוחדת לארץ ישראל ויישובה המתחדש. סיבה מרכזית להימנעותו של הרי"מ עפשטיין מתמיכה ב"חובבי ציון", היתה כנראה מעורבותם הדומיננטית של פעילים "חופשים", שאינם שומרי תורה ומצוות, בהנהגת התנועה ובפעילותה. על משקלו של העניין נוכל ללמוד מאיגרת שכתב גיסו הנצי"ב בתחילת תרמ"ח (1887), זמן קצר לאחר שהצטרף באופן רשמי להנהגת "חובבי ציון", ובה התייחס להתנגדותם של רבנים גדולים לתנועה זו ולעמדתו שלו בנושא:

> אכן ידעתי כי רבו המפריעים הענין, וגם יש בהם גדולי ישראל יצ"ו, ויש טעמים להם שאין ראוי להשמיע; אמנם יש טעם **נכון**, באשר רואים שהעניין בכלל מתהלך ומתנהג ע"י אנשים שאין מהם תקוה שיוציאו מידם [דבר] מתוקן כ"צ [=כל צרכו], **ואני ידעתי מזה, וגם הנני חושש לדבה, בכ"ז חשבתי** כי טוב לעשות מצוה שלא כהוגן, משלא לעשות כלל, וכדאיתא במנחות דמ"ח [=דף מ"ח] אומרים 'עמוד וחטא בשביל שתזכה באותו עניין'. ע"כ כאשר הפצירו בי בעלי האספה בדרוזגעניק לקבל עלי שם גבאי [...] נעניתי לדבה, **בחשבי אולי**

---

14 השוו ידיעה מאת מווארשא הוועד האודסאי בנובהרדוק, דוד גינצבורג, המספר כי "בעת שדרש הרב ניסענבוים נ"י בהיותו בפה בבית הרב מטעה"מ אייזינבערג, נאסף ע"י נדבות ליא"י...", והוא מונה שורה ארוכה של תורמים מתושבי העיירה; חלק מהם תרמו לא בעת אסיפתו של ניסנבוים, אלא בהתרמת פדיון כפרות של יום הכיפורים תרס"א (**המליץ**, י"ח כסלו תרס"א [שנה 40 גליון 261], עמ' 4). ראו גם דיווחו של ר' יצחק ניסנבוים עצמו, שנתיים לפני כן, על רשימת בתי הכנסת ובתי המדרש בנובהרדוק שנאספו בהם סכומי כסף למען יישוב ארץ ישראל ב"פדיון כפרות" של שנת תרנ"ט (1898), בטיפולו של רנ"צ געצאוו ואנשים נוספים (**המליץ**, ה' טבת תרנ"ט [שנה 38 גליון 270], עמ' 8).

15 ראו **המליץ**, א' סיון תרנ"ט (שנה 39 גליון 95), עמ' 7, ברכה מאת ר' אבא ליב שפירא לקרוב משפחתו הר"ח מבריסק לרגל חתונת בנו ר' ישראל גרשון, ובה נאמר "נתתי [תרומה] להמווארשא שבפה לטוה"פ באה"ק [=לטובת הפועלים בארץ הקודש]". על התנגדותו של הר"ח מבריסק לחובבי ציון ולציונות, ראו במאמרי, "מחיבת ציון לאנטי ציונות: ר' דוד פרידמן מקרלין כמקרה מבחן".

ימצא ידי לתקן בענין. ובעת נתחברתי לישב יחד את שני הגבאים הגאונים הנ"ל, אמרתי בפה מלא כי אם לא יעלה בידינו להנהיג הליכות העניין על דעתנו, אין לי להושיט אצבע בזה[16].

הנצי"ב אינו מציין מיהם אותם גדולי ישראל שמתנגדים לעניינה של חובבי ציון, אך מסתבר שגיסו הרי"מ עפשטיין, שהיה כידוע אחד מהם (אף כי לא באורח אקטיבי), עשה זאת בין השאר מאותו "טעם נכון" של דומיננטיות החילונים בהנהגת התנועה ופעילותה.

ישנה גם עדות להתנגדות תיאולוגית עקרונית מצד הרי"מ עפשטיין לרעיון של "גאולה בדרך הטבע", שרווח אצל תומכי "חובבי ציון" והציונות שבציבור האורתודוקסי. כך מעיד ר' אליהו דוד רבינוביץ'-תאומים (האדר"ת): "שמעתי מידי"נ הג"מ ר' יחיאל מיכל עפשטיין נ"י, הגאון אב"ד קהילת נאווארדאק, במה שכתוב 'הביטו אל צור חוצבתם' [ישעיהו נא א], שרצה לומר נגד האומרים שגאולת ארץ ישראל תהיה רק בדרך הטבע, שזה אינו, כמו כל לידת הבנים של אברהם אבינו ושרה שהיו רק בדרך נס, כדאמרו חז"ל"[17]. אולם הנימוק העיקרי

---

[16] מכתב מי"ד תשרי תרמ"ח לר' אליעזר דון-יחיא אב"ד לוצין, נדפס על ידי ר"ב לנדוי בסוף מאמרו הנזכר ב**ניב המדרשיה** (לעיל, הערה 4). מכתב זה פורסם עוד בחיי הנצי"ב בכתב העת **המגיד**, י"ד אדר תר"ן (שנה 34 גליון 10), עמ' 74, אולם השוואה פשוטה חושפת הבדלים ניכרים בין שתי הגרסאות, שהמשותף לכולם הוא המרכיב האידיאולוגי: כל המילים שהדגשתי בציטוט למעלה, כפי שנדפס על ידי לנדוי, הריהן חסרות (או הפוכות) בגרסה שב**המגיד**! גרסה זו פורסמה על ידי אדם בשם שלמה פריד, שהסתמך על "מכתב אחד הבא לידי ע"י המטיף המפורסם, ה' חיים יוסף יפה" – והנה, אותו נוסח שהדפיס לנדוי (שמקורו ב**ארכיון הציוני המרכזי**), הריהו העתקה בכתב ידו של אותו מטיף, רח"י יפה, החתום בשוליה. עובדה זו, וכן העובדה שבנוסח של לנדוי קיימת פיסקה נוספת נטולת מטען אידיאולוגי, די בהן כדי לקבוע שזהו הנוסח האותנטי, ואילו הנוסח שפורסם ב**המגיד** – בחיי הנצי"ב! – הינו מסולף.

[17] האדר"ת, **עובר אורח** (שמע אליהו), ירושלים תשס"ג, עמ' קעט. יש שמציינים בהקשר זה את התנגדותו של הרי"מ עפשטיין ל"היתר המכירה" בשנת השמיטה, אותה ביטא בספרו **ערוך השלחן העתיד**, זרעים א, הלכות שמיטה, סי' טו סעי' י: "ומה שהקילו בעוונותינו הרבים בעת הזאת בישובי אה"ק לעשות בשביעית ע"פ שטרי מכירה, על היסוד שאין זה רק מדרבנן, זהו עלבון תורתנו הקדושה ועלבון ארצנו הקדושה, להאריך פזורינו ככתוב בתוכחה, ויד המכונים רק בשם ישראל באמצע, כאשר צווחו גדולי הדור על זה כמבואר בתשובת גיסי הגאון הצדיק מוואלאזין". אולם זהו שטר ושוברו בצידו: התנגדותו של הנצי"ב להיתר המכירה, די בה כדי להוכיח שלא היה קשר הכרחי בין היחס לתנועת יישוב הארץ לבין העֶמדה ההלכתית בסוגיית היתר המכירה. מאידך גיסא, רי"ל מימון, **שרי המאה**, ו, עמ' 115, מביא מפי השמועה סיפור לפיו שאלו את הרי"מ

להתנגדותו של הרי"מ עפשטיין כלפי הציונות, היה – כאמור לעיל, וכפי שיעלה גם מהמכתב שיובא בהמשך – אופיה החילוני הדומיננטי של הלאומיות היהודית החדשה.

ב. הציונות בתוככי נובהרדוק

לאור הנימוקים הללו, אכן היה זה דבר מתבקש שעם הקמת התנועה הציונית בשנת תרנ"ז (1897), יועתק יחסו השלילי של הרי"מ עפשטיין ויוחל גם עליה. אדרבא, בעוד "חובבי ציון" היה ארגון בעל אוריינטציה מזרח-אירופית שנחשבה קרובה יותר למסורת, ומשקלם של הרבנים והפעילים האורתודוקסים שבו היה מורגש למדי, היתה התנועה הציונית בהיווסדה תוצר מובהק של הזהות היהודית המרכז-אירופית, שהיתה רחוקה במידה רבה – באורחותיה, מצבה הסוציולוגי ותפיסת-עולמה – מהזרם האורתודוקסי בכלל והמזרח אירופי בפרט[18]. גם יומרתה המדינית של הציונות – השגת טריטוריה אוטונומית בה תוקם מדינה יהודית – היה בה כדי לעורר התנגדות תיאולוגית רבה יותר מצד שוללי רעיון ה"גאולה בדרך הטבע", לעומת "חובבי ציון" ומטרותיה ההתיישבותיות הצנועות יותר.

סביר להניח כי הרי"מ עפשטיין היה מודע היטב לפולמוס הנרחב שהתקיים ברוסיה בשנים תרנ"ח-תרנ"ט (1898) סביב הקונגרס הציוני השני והשלישי, בשאלת היחס בין הדת וההלכה, המיוצגות על ידי הרבנים, לבין התנועה הציונית והנהגתה החילונית. בפולמוס זה, שחלק גדול ממנו התנהל בפומבי מעל דפי עיתון 'המליץ', יוצגה העמדה האורתודוקסית התקיפה על ידי ר' אליהו עקיבא רבינוביץ', ר' יהודה ליב צירלסון ואחרים, שתבעו להקים ועדת רבנים שתפקח

עפשטיין כיצד תיתכן שמירת שבת במדינה יהודית, והלה השיב שכשם שנמצאו בגלות פתרונות דוגמת מכירת חמץ ו"היתר עיסקא", כך יהיה ניתן לעשות לגבי שאלה זו. על מהימנותו של סיפור זה ערער יונה עמנואל ("ערוך השלחן העתיד, דיני קדשים", **המעין** ט, ד [תמוז תשכ"ט], עמ' 45-46 בהערה), שכתב כי "מסופקני אם ספור זה נכון, והתנגדותו של בעל ערוך השלחן להיתר מכירה בשנת השמיטה תוכיח".

[18] בהתאם לדמותו של מייסד התנועה הציונית, בנימין זאב (תיאודור) הרצל, ושל תומכיו ומסייעיו בייסוד התנועה, דוגמת מקס נורדאו ודוד וולפסון. ביטוי טריוויאלי לכך, היא העובדה ששפת הנאומים והמסמכים של הקונגרס הציוני הראשון (והלאה), היתה גרמנית. ראו גם: אלכסנדרביין, **תיאודור הרצל – ביוגרפיה**, ירושלים תשל"ז, עמ' 180-182; מיכאל היימן, "הרצל וציוני רוסיה – מחלוקת והסכמה", **הציונות** ג (תשל"ד), עמ' 56-59.

על הפעילות ה"קולטורית" של התנועה הציונית; דחייתה הגורפת של תביעתם בקונגרס השני, סימנה שלב חדש במערכת היחסים שבין אורתודוקסים וחילונים בתנועה הלאומית ליישוב הארץ[19]. בהמשך לכך, בשנת תר"ס (1900), התחולל ברוסיה עימות פנים-אורתודוקסי סוער בשאלת היחס לציונות, על רקע פרסום מכתבים כנגד הציונות מאת רבנים ידועים בקונטרס 'אור לישרים'[20].

מה היתה תמונת-המציאות בתחום זה בעיירתו של הרי"מ עפשטיין, נובהרדוק? בשאלה זו אנו מוצאים פער מסוים בין התיאורים שנמסרו לימים על ידי מקורביו וכותבי קורותיו של הרי"מ עפשטיין, לבין המציאות שהתקיימה בפועל. כך, ר"מ בר-אילן מתאר ש"נאווהארדוק היתה בכלל מלאה רוח ציוני" כבר בתחילת המאה העשרים, דבר שהתבטא לדבריו בעריכת אסיפות ציוניות רבות בעיירה[21]. עמיתו רי"ל מימון, ממייסדי תנועת "המזרחי", אף טען באחד מכתביו המאוחרים כי הפעילויות הראשונות לקראת ייסוד תנועה זו בשנת תרס"ב (1902), התבצעו בין השאר בנובהרדוק[22]. אלא שבפועל אין בידינו אישוש עובדתי לטענה זו; הן ההיסטוריונים של תנועת 'המזרחי', והן רי"ל מימון עצמו, אינם מזכירים מעורבות כלשהי של נובהרדוק ואנשיה בשנים הראשונות לפעילות התנועה[23].

גם תיאורו הפרספקטיבי של ר"מ בר-אילן את הרוח הציונית של נובהרדוק דאז והאסיפות המרובות שהתקיימו בה כבר בתחילת המאה, אינו עולה בקנה אחד עם מספר עדויות בנות הזמן. עוד בתרנ"ה (1895), בשלהי תקופת "חובבי ציון", נמצא

---

[19] על כל זאת, ראו: קלויזנר, "בראשית יסוד המזרחי", עמ' 327–344; יוסף שלמון, **דת וציונות – עימותים ראשונים**, ירושלים תש"ן, עמ' 252–261, 269–277, 324–332. ראו גם: אהוד לוז, **מקבילים נפגשים**, תל אביב תשמ"ה, עמ' 269–276; גאולת בת-יהודה, "שאלת ה'קולטורה' והמזרחי", בתוך: מ' אליאב וי' רפאל (עורכים), **ספר שרגאי: פרקים בחקר הציונות הדתית**, ירושלים תשמ"ב, עמ' 66–86.

[20] על כך ראו במאמרי, "מחיבת ציון לאנטי ציונות: ר' דוד פרידמן מקרלין כמקרה מבחן".

[21] **מוולוז'ין עד ירושלים**, עמ' 285, וראו להלן על כמה אסיפות מסוג זה. נוסיף כי בין הצירים של ציוני רוסיה לקונגרס הציוני החמישי, היתה "העלמה ס. געצאוו" מנובהרדוק (**הצפירה**, י' טבת תרס"ב [שנה 28 גליון 274], עמ' 3) – הלא היא סופיה בת נחמן צבי געצאוו שיוזכר להלן. מדובר אגב, כאמור שם, באחת משלוש נשים בלבד שנבחרו להיות צירות באותו קונגרס.

[22] **מדי חודש בחודשו**, ה, עמ' 109. הוא עצמו התגורר באותה תקופה במרקולשטי שבמדינת בֶּסָרַבְּיָה.

[23] ראו: ישראל קלויזנר, "בראשית יסוד המזרחי", עמ' 344–361; רי"ל מימון, "תולדות המזרחי והתפתחותו", בתוך: הנ"ל (עורך), **ספר המזרחי**, ירושלים תש"ו, עמ' קג-קי.

מי שהתלונן כי "רעיון ישוב א"י לא מצא לו מהלכים בלב בני עירנו [=נובהרדוק], וכלִמה תכסה פנינו לראות כי ברשימת החברים בחשבון ועד התמיכה לפועלים ולעובדים באה"ק נפקד שם עירנו, ובימי שמחותיהם ובמועדיהם לא יעלו את ירושלים על לבם להשתתף בפרוטותיהם לטובת הישוב. אם מפני חסרון חובבים או מעוררים, זאת לא אדע"[24]. כמה שנים מאוחר יותר (1900), וכבר בתקופת פעילותה של ההסתדרות הציונית, תיאר ברוח דומה ר' יצחק ניסנבוים, לאחר ביקורו בעיירה: "גם ציונים ישנם בנ[ובהרדוק], אבל מה פעוטה עבודתם, מה קטן מספרם ומה דל כחם!"[25].

אמנם, אין פירוש העדויות הללו שבאותה תקופה לא התקיימה כלל בנובהרדוק פעילות ציונית. נובהרדוק אכן לא בלטה במיוחד במפת העיירות שתמכו ב"חובבי ציון" בעידן הטרום-ציוני, אך תמיכה שכזו נכחה בה בפועל בשיעור מסוים – כפי שראינו לעיל (ביחס לתרומות לועד האודסאי). אגודת "חובבי ציון" בנובהרדוק נוסדה בחורף תרמ"ה (1885), במקביל לייסודה בעוד עשרות עיירות בעקבות התנופה שחוללה ועידת קאטוביץ, ובשעת ההקמה נרשמו בה כמאה וחמישים איש מתושבי העיירה[26]; גם אם מסתבר שהתלהבות זו דעכה בהמשך, עדיין הדבר ממחיש כי גרעין של פעילות 'ציונית' נשמר בעיירה לאורך השנים. מאוחר יותר, בתקופת פעילות ההסתדרות הציונית, ישנן בהחלט עדויות לקיומן של אסיפות ציוניות בנובהרדוק – ר"מ בר-אילן עצמו מספר על אחת כזו בשנת תר"ס (1900)[27]. בעיתונות התקופה הופיעו מדי פעם דיווחים על התרמות שנערכו בנובהרדוק למען הפעילות הציונית, בדרך כלל בערב יום כיפור ולעיתים גם בשבת נחמו[28]. לצד זאת התקיימו בעיירה אסיפות ציבוריות לרגל מועדים שונים – ט"ו באב, חנוכה, שמחת בית השואבה ועוד – ומתברר כי הגם שהאסיפות הללו לא הוגדרו באופן רשמי כאסיפות ציוניות, הרי שלא פעם הן לבשו בפועל אופי שכזה:

---

24 **המליץ**, י"ד טבת תרנ"ה (שנה 34 גליון 289), עמ' 3. על החתום: ש"ק.

25 "מחשבות רצוצות", **המליץ**, ג' חשוון תרס"א (שנה 40 גליון 223), עמ' 2.

26 **המליץ**, כ"ב טבת תרמ"ה (שנה 20 גליון 102), טור 1632.

27 ראו להלן. ניתן להוסיף גם ידיעה עיתונאית משנת תרס"א (1901), המדווחת על על אסיפה ציונית שהתקיימה באחד הבתים בנובהרדוק במוצאי שבת חנוכה, ובה השתתף, מלבד רנ"צ געצאוו ו"הרב מטעם" שלום אייזנברג ואחרים, גם ר' מאיר בר-אילן הצעיר (**המליץ**, י"ג אייר תרס"א [שנה 41 גליון 85], עמ' 4).

28 ראו לדוגמא: **המליץ**, י"ב אדר תרס"ג (שנה 43 גליון 48), עמ' 4.

מנאוואגרודאק (פ. מינסק) מודיעים, כי ביום ה' ט"ו שבט נאסף קהל גדול בביהכ"נ הגדול, אשר היה מלא אורה ומקושט ומפואר מאד, ויחוגו שם חגיגה לכבוד "חמשה עשר בשבט". ה' נחמן צבי געצאוו דרש דרשה נכבדה מעניני דיומא באזני הנאספים, ויעד לבם לתת ידם לציון. ואחרי דרשתו חלקו הציונים לעם הנאסף מפרי ארץ ישראל, וילכו לבתיהם שמחים וטובי לב[29].

מנגד, היו בעיירה גם קבוצות שלא היו שותפות לאווירה הציונית. בקהילה היהודית בנובהרדוק התקיימו לאורך השנים סיעות שונות שנבדלו זו מזו במידת האוריינטציה הלאומית שלהן, ובין השאר התקיים בה למן תחילת המאה ה-20 סניף קטן של מפלגת הפועלים היהודית ה"בונד", שיחסה לציונות היה שלילי[30]. גם בקרב הציבור האורתודוקסי של תושבי נובהרדוק, שהיה משמעותי יותר בהיקפו ונוכחותו בעיירה, התקיים לאורך השנים גרעין קטן, שהורכב בעיקר ממשפחות חסידיות, אשר יחסו לציונות היה עוין במוצהר[31].

אם כן, סך הנתונים שבידינו מאפשר לקבוע כי התפשטות ה"רוח הציונית" בנובהרדוק נעשתה בתהליך מדורג ואיטי למדי. בעשור האחרון של המאה ה-20 ומעט הלאה התקיימה אמנם פעילות ציונית קבועה, שתוחזקה בידי כמה פעילים בולטים (רנ"צ געצאוו, שלום אייזנברג, ר"מ בר-אילן) וזכתה לתמיכה בסיסית מ"הרוב הדומם" של תושבי העיירה, אך נפח התופעה היה עדיין מצומצם למדי, הן בעיני משקיפים מבחוץ והן בעיני בן העיירה. מאוחר יותר, במהלך העשור הראשון של המאה ה-20, התחזקה התודעה הציונית אצל רבים מתושבי העיירה; הדבר משתקף בעובדה – אותה מזכיר רי"ל מימון בהקשר זה – כי לכהונת רב

---

[29] **המליץ**, כ"ז שבט תרנ"ט (שנה 39 גליון 22), עמ' 3. על אסיפה נוספת מסוג זה, שנה מאוחר יותר, ראו להלן.

[30] ראו: ה' קפלן, "הבונד בנובהרדוק", בתוך: א' ירושלמי (עורך), **פנקס נאווארעדאק**, עמ' 52–53; יפה, **בגיטו נובוגרודק**, עמ' 36–40. בעניין זה נרחיב בפרק העוסק בתמונת המצב החברתית של נובהרדוק, להלן פרק שישי אות ב הערה 47.

[31] לאחר מלחמת העולם הראשונה, כשלתפקיד רב העיירה נתמנה ר' מאיר מאירוביץ משווינציאן (מעט מאוחר יותר הגיע גם ר' מאיר אבוביץ) שהיה פעיל ציוני בולט, מתואר כי "קבוצה קטנה של חסידים קנאים ואנשי הרחוב 'שלאס גאס' ניהלו מלחמה חריפה נגד 'הרב הציוני'. אבל במשך הזמן הזה היתה כמעט כל העיר לעיר ציונית, וגם בני החסידים סרו מ'דרך הישר', ובני 'שלאס גאס' נכנסו למגידים הציוניים בעיר, וחלק מהם עלה ארצה..." (יהושע יפה, "אחרוני הרבנים", בתוך: א' ירושלמי [עורך], **פנקס נאווארעדאק**, עמ' 129). יש להניח כי שני עשורים קודם לכן היה כוחו של הגרעין האנטי-ציוני בנובהרדוק גדול מעט יותר, מאשר בעידן שלאחר הצהרת בלפור.

העיירה לאחר פטירת הרי"מ עפשטיין, נבחר בשנת תר"ע (1910) לא אחר מאשר ר' יצחק יעקב ריינס, נשיא תנועת "המזרחי" ומייסדה[32]. נקודת הזמן בה נעשתה המגמה הציונית בנובהרדוק דומיננטית באופן סופי ומקיפה בבירור את רוב תושבי העיירה, היתה כנראה רק בתום מלחמת העולם הראשונה, לאחר הצהרת בלפור (1917); האפקט התודעתי שיצרה הצהרה זו בקרב הציבור היהודי במזרח-אירופה, הביא להתעוררות ציונית ותרבותית-עברית משמעותית בנובהרדוק, ומשלב זה ואילך אכן ניתן לומר בביטחון כי "אוירה ציונית אפפה את רוב הציבור היהודי בנובוגרודק"[33].

בעשור הראשון מאז ייסוד ההסתדרות הציונית, התקיימה אפוא בנובהרדוק מציאות מורכבת: חלק גדל והולך מאנשי העיירה תומך באופן אקטיבי בתנועה הציונית, אם הכללית ואם זו הדתית שבמסגרת "המזרחי", ואילו חלקים אחרים מבין התושבים אינם שותפים להזדהות זו עם הציונות. כפי שראינו לעיל, לקבוצה זו השתייך גם רבה של העיירה, הרי"מ עפשטיין, שהחזיק ביחס מסויג כלפי הציונות ואף גילה כלפיה התנגדות עקרונית. טבעה של מציאות כזו, בדרך כלל, ליצור מתח ואנטגוניזם בין שני צדדי המתרס האידיאולוגי; אולם כפי שלמדנו בפרק הקודם, הרי"מ עפשטיין באופן כללי השכיל לנווט את רבנותו בעיירה בעלת אוכלוסייה הטרוגנית מבחינה דתית ואידיאולוגית - ובדרך דומה הוא הצליח להתנהל, ברוב המקרים, גם בסוגיה הנפיצה של הציונות.

זהו הרקע על פיו יש להבין את הידיעה - העשויה להיחשב כיום סנצסיונית - שפורסמה בעיתונות בחורף תר"ס (1899), על אודות אסיפה ציונית שנערכה בנובהרדוק בחול המועד סוכות, לרגל "שמחת בית השואבה". בראש החגיגה, שנערכה בבית המדרש הגדול, ניצב לפי הדיווח לא אחר מרבה של העיירה, הרי"מ עפשטיין:

> ביום הראשון לחול המועד סוכות, שמחנו לראות פה בעירנו מחזה יקר מאד. בבית הכנסת הגדול אשר בעירנו, שהיה מקושט יפה ומואר באור גדול ודגלי ציון התנוססו בו, עמדה מקהלת משוררים גדולה - עשרים ושנים איש המשוררים בפה ומנגנים בכלי שיר. ותחל החגיגה והשמחה של 'שמחת בית השואבה' בשיר 'יגדל' ואח"כ 'הנותן תשועה'. אז עלה הבמתה הרב

---

32 על כך ראו להלן, פרק שישי אות ה הערה 95.

33 יפה, **בגיטו נובוגרודק**, עמ' 18-19. ראו גם שם, עמ' 36-38.

הגאון דפה שליט"א [=הרי"מ עפשטיין], ובדרוש יקר ונעלה הרים את התנועה הציונית למעלה, וידבר על מצבנו הנוכחי והתקוה בשוב ה' את שיבת ציון, ויעורר למוסר את צעירי הציונים להחזיק במעוז דתנו ומצותיה, כי זאת תורת הציוניות. אחרי הרב הגאון עלה הבמתה מר נחמן געצאוו, וישא מדברותיו בשפת עבר [=עברית] צחה [...] ואחרי כן דרש ה' ש.א. אייזענבערג, ודבריו היו נגד טענות מתנגדי הציוניות, ויסתֹר את כל דברי המתנגדים מכל המפלגות השונות. והמקהלה שבה לשיר משירי ציון, והחגיגה הזאת עשתה נפשות רבות לציון[34].

אין סיבה לפקפק בעצם קיומו של האירוע המתואר כאן. למעשה, ייתכן מאד שזהו אותו האירוע עליו סיפר לימים ר"מ בר-אילן, תוך אזכור אחת הדמויות המופיעות כאן, – נחמן צבי געצאוו: "וכאשר ערכו שמחה ציונית בנאוואהארדוק [...] וגיצוב בא להזמין את זקני – נענה להזמנה"[35]. עם זאת יש להפריד, באמצעות ניתוח ביקורתי, בין הפרטים העובדתיים שבתיאור האירוע לבין השיפוטים הערכיים המוטמעים בו על ידי הכותב, שהסתיר אמנם את שמו (תחת שם-העט "יבר-א"), אך לא את עמדתו האוהדת כלפי הציונות.

ראשית, לא היה מדובר באסיפה ציונית רשמית, אלא באחד מאירועי חג הסוכות: "שמחת בית השואבה". זו התקיימה בבית המדרש הגדול – מקום הנמצא, מטבע הדברים, תחת סמכותו של הרב – ובכל זאת, כתוצאה מהרכב המשתתפים בשמחה, היא לבשה בפועל אופי ציוני. כפי שכבר למדנו בפרק הקודם, מידת מעורבותו ויכולת השפעתו של הרי"מ עפשטיין על היבטים שונים בפרהסיה הנוברדוקאית, כאלה שלא נגעו במישרין לתחום ההלכתי, היתה מוגבלת. גם כאן יש להניח שאופיה של ההתכנסות בכלל, ופרטים כגון רפרטואר המקהלה ונאומו של ה"רב מטעם" שלום אברהם אייזנברג, לא היו מתואמים מראש עם רב העיירה.

שנית, אם נתמצת את המסר המושם בידיעה זו בפי הרי"מ עפשטיין, כאמור תוך סינון שיפוטו של המדווח (דוגמת "הרים את התנועה הציונית למעלה"), נמצא שאכן מדובר במסר ההולם את עמדותיו כפי הידוע לנו: "ויעורר [...] להחזיק במעוז דתנו ומצותיה, כי זאת תורת הציוניות". למותר לציין ש"תורת הציוניות", במובן שוודאי היה מקובל על רוב משתתפי האירוע, לא התמצתה או

34 **המליץ**, י"ט חשוון תר"ס (שנה 39 גליון 221), עמ' 3.

35 **מוולוז'ין עד ירושלים**, עמ' 285. על געצאוו וקשריו עם הרי"מ עפשטיין, ראו להלן אות ד הערה 45.

אף התאפיינה כתנועה ל"חיזוק מעוז הדת והמצוות" – אלא כמימוש השאיפות הלאומיות-מדיניות של העם היהודי. הרי"מ עפשטיין, אם כן, השתמש במסגרת הנאום שהוקצתה לו כדי להעביר את המסרים בהם היה מעוניין, בגבולות האפשר, תוך התנהלות פרגמטית האופיינית לרבנותו בנובהרדוק.

אישוש לפרשנות זו, וביטוי נוסף לאופן ההתנהלות של הרי"מ עפשטיין כלפי ציוני עיירתו, נמצא בשמועה מאוחרת יותר המספרת על אירוע דומה שהתרחש בתקופת "חובבי ציון", בו הוזמן דרשן ציוני לשאת נאום בבית המדרש הגדול בנובהרדוק. במקרה זה לא הסתיר הרי"מ עפשטיין את עמדתו השלילית כלפי העניין וסירב לאשר את קיום הנאום; אך בסופו של דבר, כשראה שהנזק של כפיית עמדתו על כלל הציבור עלול להיות גדול מהתועלת, הוא בחר לסגת מהחלטתו הראשונה לטובת הימנעות ממריבה. כך מסופר, שר' חיים זונדל מכבי "המגיד מקמינץ" הוזמן על ידי חלק מאנשי נובהרדוק לדרוש בענייני הציונות, "אבל רב העיר, הגאון הידוע ר' מיכל הלוי אפשטין (מחבר הספר 'ערוך השלחן') אסר עליו לדרוש. צריך לדעת שר' מיכל הלוי היה אחד מהמתנגדים הכי גדולים לרעיון של ישוב ארץ ישראל, והוא לא רצה שהמגיד מקמינץ יכניס 'מרד' בין צאן מרעיתו ע"י ההטפה לחבת ציון"; אך כשהגיע זמן הדרשה, ולאנשים שהצטופפו בבית המדרש התברר שנאסר על האורח לשאת את נאומו, "הנאספים צעקו פה אחד שאם המגיד לא ידרוש הם לא ישתקו וחו"ח [=וחס וחלילה] יחריבו את ביהמ"ד ואת כל העיר. כשראה הרב כי הקהל אינו שבע רצון מה'גזירה', פקד על גבאי ביהמ"ד שילכו להזמין את המגיד..."[36].

אף כי מדובר בשמועה אנונימית המובאת בהקשר הַגיוגרפי (גם ההערכה "שר' מיכל הלוי היה אחד מהמתנגדים הכי גדולים" משרתת את מגמתה – לתאר את קשיי הדרשן), הריהי משקפת היטב את ההתנהלות המורכבת והרגישה שנדרשה מהרי"מ עפשטיין, שבעצמו התנגד לציונות, בכהונתו כרבה של עיירה שחלק גדול מאוכלוסייתה רחש אהדה לציונות.

[36] מ' מנסקי (מו"ל), **אמרי חיים: מאמרים... מאת הרב ר' חיים זונדל מכבי**, תל אביב תרפ"ט, עמ' ה. ראו גם: הרב ח"ר רבינוביץ, "המטיפים לציון", בתוך: י' רפאל וש"ז שרגאי (עורכים), **ספר הציונות הדתית**, א, ירושלים תשל"ז, עמ' 479.

ג. פרשת המכתב הפומבי נגד הציונות

למרות כל זאת, אנו מוצאים מקרה אחד (ויחיד), בחורף תרס"ה (1904), בו פורסם מאת הרי"מ עפשטיין גילוי דעת פומבי, בדברים שבכתב, של עמדתו השלילית כלפי הציונות. הרקע הישיר לכך היה ייסוד תנועת "המזרחי", שנחשבה מעתה כמייצגת את הציונות הדתית, ועריכת הוועידה העולמית הראשונה שלה בפרשבורג, אלול תרס"ד (אוגוסט 1904); אירועים אלה עוררו מחדש את הוויכוח הפנים-אורתודוקסי ביחס לתנועה הציונית - שנחלש מעט מאז פולמוס "אור לישרים" וספיחיו - והביאו חלק ממתנגדי הציונות לפעול שוב לפרסום דעתם של רבנים מפורסמים כנגד הציונות בכלל, ובפרט כנגד התנועה שזה עתה הוקמה, "המזרחי", במטרה למנוע ממנה צבירת כוח והשפעה. בין הפעילים הבולטים בכיוון זה, היו ר' ישעיה זילברשטיין אב"ד וייצן שבהונגריה ור' דוב אריה ריטר מרוטרדם שבהולנד. זמן קצר לאחר קיום ועידת "המזרחי" בפרשבורג, פנה זה האחרון מיוזמתו לשורה של רבנים חשובים (רובם כאלה שכבר נודעו כמתנגדים לציונות), וביקש מהם לחוות את דעתם על הציונות ו"המזרחי". את המכתבים שקיבל בתשובה פרסם בין השאר בכתב-העת האורתודוקסי 'הפלס', שעורכו, ר' אליהו עקיבא רבינוביץ', היה כאמור מהפעילים הדומיננטיים ביותר שפעלו באותה תקופה כנגד הציונות[37].

אחד מהמסמכים שפורסמו במהלך הקמפיין הזה על ידי הרד"א ריטר, היה מכתב מאת הרי"מ עפשטיין, מתאריך ל' תשרי תרס"ה (אוקטובר 1904) - פחות מחודשיים לאחר קיום ועידת "המזרחי" בפרשבורג. בפתח המכתב הוא הזכיר בקצרה את קשיי הקיום היהודי במזרח אירופה: "רבים בורחים לאלפים ולרבבות לאמעריקא ולאפריקא לחפש אחר לחם ההכרחי, וביותר אוי נא לנו כי דת תוה"ק [=תורה הקדושה] הולכת הלוך וירוד באופן שאין לתאר". כהמשך לכך הגיע

[37] ראו: קלויזנר, "בראשית יסוד המזרחי", עמ' 359–360, 367. במה נוספת שהקדישה מקום למכתבים אלה, היא כתב העת הירושלמי **חבצלת**, שעורכו ישראל-דוב פרומקין נטה באותה תקופה כנגד הציונות. להעתקה תמציתית של כמה מכתבים, וביניהם מכתב הרי"מ עפשטיין, ראו: **חבצלת**, י' כסלו תרס"ה (שנה 35 גליון 7), עמ' 51–52. ראו גם שם, ג' כסלו (גליון 6), עמוד השער ועמ' 42–45. על ההתארגנות שהתקיימה בהונגריה כנגד ועידת פרשבורג, ראו בין השאר: בת-יהודה, **איש המאורות**, עמ' 243–248 (וכן עמ' 261–262); שמואל הכהן ויינגרטן, "המזרחי בטשכוסלובאקיה", בתוך: י' ברנשטיין (עורך), **מצפה**, תשי"ג, עמ' תנו-תסא. ראו גם: ר"י ריינס, **שני המאורות**, זכרון בספר, א, עמ' 33–37.

לנושאו העיקרי של המכתב – דעתו ביחס הציונות – והתנסח במילים חריפות, תוך הדגשה שהוא אינו רואה הבדל בין התנועה הציונית לבין "המזרחי":

> וביותר אחרי שנתפשטה לדאבון לבבינו החברה הזעומה המכונים 'ציונים', ועליהם נאמר 'ציון במר תבכה'. הם כיבו אש דת קדשנו, ומקדשים ומטהרים ראשי פורקי עול כידוע, לדאבון לבבנו. וגם החדשים המזרחים לא טובים מהמערבים הישנים, וארס נחש במקומו עומד. ואם כי תודות לד' כל גדולי ישראל מגלים ערוָת החברה ההיא, על כל זה תופסים [=הציונים] מעמי הארץ רבים, מפני שלמראית העין אומרים שהמה יגדרו הפרצות [...].
>
> כי על דבר הציונות, אין בידינו כֹּח לבטלה, עדי ירחם ד' ויביא לנו הגואל צדק בב"א [=במהרה בימינו אמן]. הכלל: כל ירא אלקים באמת בורח מפני הציונים המזרחים כבורח מפני האש, אך אלו העומדים על שתי הסעיפים נמשכו אחריהם, ואין בהם רבנים זולת המעטים שיסדוה לפי דעתם המשובשה. הרבה יש לדבר בזה, אך לא יספיקם הגליון".[38]

פרסומו הפומבי של מכתב חריף זה היה על פניו צעד החורג מהתנהלותו הקבועה של הרי"מ עפשטיין בנושאים רגישים המצויים במחלוקת ציבורית[39]; כפי שתיארנו בפרק הקודם, גם במקרים בהם עמדתו היתה חד-משמעית, הוא העדיף בדרך כלל להימנע מעימות ישיר או לנסח את דבריו באופן מתון יותר – זאת כנראה מפני הרצון לשמור על השלום בין הפלגים בעיירתו ומחוצה לה, ובעיקר מתוך הערכה שהנזק שייגרם ממחלוקת שכזו עלול להיות גדול מהתועלת. אמנם, כאן לא מדובר בעניין פנימי של אנשי נובהרדוק, וייתכן כמובן שגם הערכת שיקולי הנזק והתועלת היתה שונה במקרה הנוכחי. בכל זאת, קשה לקבוע מה היתה מגמתו של הרי"מ עפשטיין בכתיבת הדברים: האם הוא שלח את תשובתו לרד"א ריטר

---

[38] **הפלס**, שנה חמישית, כסלו תרס"ה, ברלין, עמ' 139–140, וראו שם עמ' 131–133 במבואם של רא"ע רבינוביץ' ורד"א ריטר. מכתב הרי"מ עפשטיין, שכעבור שבוע ימים נדפס גם בירחון **תל תלפיות** (ווייצן), אוזכר גם ב**איזראליט** (מיינץ), ומשם הועתק האזכור ל**הצפירה**, כ"ה חשוון תרס"ה (שנה 31 גליון 240), עמ' 2, וכאמור לעיל גם ל**חבצלת** הירושלמי. לאחרונה נדפס המכתב מחדש ע"י הורוויץ, **כתבי הערוה"ש**, סי' עו, בהשמטת המילה "המזרחים" במשפט "כל ירא אלקים באמת בורח מפני הציונים המזרחים". ראו על כך להלן חלק שני פרק שלישי, סוף אות 3.

[39] זאת בניגוד לטענת הכותב האנונימי של תולדות הרי"מ עפשטיין בפתח **ערוך השלחן** מהדורת עוז והדר (ירושלים תשס"ו), אשר במגמה שקופה ואנכרוניסטית תיאר את הלה כ"לוחם קנאי ומר" נגד הציונות. ראו על כך להלן חלק שני פרק שלישי אות ב.

בידיעה שהלה יפרסם אותה בפומבי?[40] בחינת הטקסט כשלעצמו אינה מעלה מסקנה ברורה. מצד אחד, מדובר אחרי הכל במכתב פרטי, ולא ב"גילוי דעת" הנרשם מלכתחילה על מנת שיפורסם; מצד שני, במכתב מופיעות גם קביעות המנוסחות בלשון כללית, הנשמעת כמופנית לציבור (דוגמת: "כל ירא אלקים באמת בורח מפני הציונים"). בדיקת נוסח המכתב ששלח הרד"א ריטר באותה תקופה לרב אחר ממזרח אירופה, ר' משה נחום ירושלמסקי, תומכת במסקנה כי דברי הרי"מ עפשטיין אכן נכתבו כתשובה פרטית לשואל שפנה אליו, ולאו דווקא לשם פרסומם בכרוז[41].

כך או כך, אם נסמוך על עדותו של רי"ל מימון – שהינו אמנם, כמובן, נוגע בדבר – הרי שלאחר מעשה, "כפי שאמר לי פעמים אחדות, התחרט מאד [הרי"מ עפשטיין] על מכתב זה"[42]. גם את עצם הפרסום, הוא מתאר כתוצאה של לחץ חיצוני – ועם זאת, כפרסום מודע שנעשה בידיעת הרי"מ עפשטיין: "בעטיים של חוגים ידועים, שונאי הציונות, נפתה פעם אחת ופרסם בדפוס מכתב נגד המזרחי". אולם אף אם כנים הדברים, אין לראות בחרטה זו שלאחר מעשה, נסיגה

---

[40] על השתקפויותיה של שאלה דומה בפולמוס "אור לישרים", שם חלק מהמכתבים אכן פורסמו מבלי ידיעתם המוקדמת של כותביהם ואף נגד רצונם, ראו במאמרי על פרשה זו (נזכר לעיל, הערה 15). להבדל בין האופן בו הרשה לעצמו הרי"מ עפשטיין להתבטא במכתב פרטי, לעומת אופן התבטאותו בבמה שנועדה לפרסום, ראו בסוף הפרק הקודם, אות ז.

[41] כך כתב הרד"א ריטר בכ"ה חשוון תרס"ה לר' משה נחום ירושלמסקי, במכתב המבקש להיות לכל הפחות 'חצי תשובה': "הנני כעת נשאל ונעשיתי שואל אודות ענין הציוניות [...] שהתעטפה בגלימא דרבנן ולקחה לה שם לווי משחית. עליו נשאלתי ואשאל: זאת המזרחית הני כשרה לבוא קהל אמונים? [...] כשאני לעצמי לבי נוטה להאמין כי כהמערבית המזרחית, שתיהן לאבן נגף..." (גליק, "המאבק בין הרבנים", עמ' 137). סביר להניח שהמכתב שקיבל הרי"מ עפשטיין היה דומה באופיו.

[42] **שרי המאה**, ו, עמ' 83. התיאור "אמר לי פעמים אחדות" הוא מופרז מן הסתם (המכתב פורסם שלוש שנים לפני פטירת הרי"מ עפשטיין, וקשה להניח שרי"ל מימון הספיק יותר מפעם-פעמיים להזדמן לנובהרדוק ולהיפגש עמו ולשוחח על הכרוז; אף שלפי דבריו הוא אכן השתדל בנסיעותיו באיזור להיכנס אליו – **שרי המאה**, שם, שם עמ' 117). יש לציין שבמקום אחר טען רי"ל מימון כי על אף ש"מורי ורבי זה היה מתחילה מתנגד גמור לציונות", עם זאת "בשנות חייו האחרונות היתה לו עמדה פשרנית בזה" (רי"ל מימון, "לתולדות החידוש של רעיון הסנהדרין", **סיני** ל [תשי"ב], עמ' ד). כהמשך לכך הוא מספר שכשדיבר עם הרי"מ עפשטיין בסוף ימיו על רעיון חידוש הסנהדרין במדינה יהודית, לא שלל הלה את עצם הרעיון, אלא השיב שהדבר צריך להיות מסור לרבני ארץ ישראל בלבד, לכשייעשה רלוונטי (כלומר, כשתקום מדינה כזו).

מהעמדות העקרוניות שהושמעו במכתב כלפי הציונות ו"המזרחי"; סביר יותר להניח שהצער הופנה כלפי עובדת **פרסומם** של הדברים, לאור מגמתו הכללית של הרי"מ עפשטיין שלא להיכנס לעימות חזיתי במקום שהדבר צפוי להזיק יותר מאשר להועיל – כפי שרמז במכתב זה עצמו: "הציונות אין בידינו כח לבטלה", וכפי שללא ספק היה בעיירתו שלו, נובהרדוק.

מדוע, אפוא, הוא בחר בתחילה לפרסם (או לשלוח לאדם העשוי לפרסם) מכתב כה חריף? מסתבר שיותר משהדבר קשור לשיקול אידיאולוגי ולהערכה כזו או אחרת של המציאות, הוא נבע מתכונה מסוימת ודומיננטית בהתנהלותו של הרי"מ עפשטיין. כך מתאר נכדו, ר"מ בר-אילן, בהקשר שונה ועם זאת בעל קווי דמיון מסוימים – יציאתו הפומבית של הרי"מ עפשטיין בהתקפה חריפה על מתנגדי תנועת המוסר: "זקני היה מאותם האנשים שכשרונותיהם ופעולותיהם הם ספונטניים ואימפולסיביים, ומה שמתעורר בלבם לפי 'משקל ראשון' נעשה מיד. ולפיכך קינא 'קנאת התורה' ולא חשב מראש על התוצאות של ביטוי חריף..."[43]. באופן דומה אך שונה, עדויות לכוחו של ה"משקל הראשון" אצל הרי"מ עפשטיין קיימות גם לגבי שיטתו הלמדנית[44].

אספקט זה מביא אותנו לשכלל את ניתוח התנהלותו של הרי"מ עפשטיין בסוגיות השנויות במחלוקת ציבורית, כפי שהוצג בפרק הקודם: אמנם כפי שראינו, גם בנושאים שבהם אחז בתפיסה מוצקה וחד-משמעית הוא העדיף בדרך כלל לפעול בצורה פרגמטית ומדודה, כך שנקיטת עמדה פומבית תקיפה היתה עלולה להביא לפגיעה במרקם החברתי המורכב של יהודי ליטא בכלל ונובהרדוק בפרט – אך בפועל, וכפי שלמדנו זה עתה, לעיתים נדחקה העדפה זו תחילה על ידי תכונת

---

[43] **מוולוז'ין עד ירושלים**, עמ' 267. בדמיון מעניין נוסף, גם במקרה זה – לפי דברי ר"מ בר-אילן – התחרט לבסוף סבו על פרסום המכתב. אמנם, ישנו הבדל מהותי בין הקשרם החברתי של דברי הרי"מ עפשטיין בסוגיית הציונות לבין זה של דבריו בפרשת תנועת המוסר: זו האחרונה, בניגוד לציונות, לא היתה שנויה במחלוקת בקרב תושבי נובהרדוק. לפיכך, נקיטת עמדה פומבית ומוצהרת מצד הרי"מ עפשטיין, לא היתה עלולה לגרום נזק ומחלוקת בעיירתו וכתוצאה מכך פגיעה ביכולת השפעתו הציבורית במישורים אחרים – מה שאין כן סוגיית הציונות. לפרשת פולמוס המוסר יוקדש הפרק הבא.

[44] כך נמסר בשם אחד מתלמידיו האחרונים, ר' יוסף שלמה כהנמן, שכוחו וגדולתו של הרי"מ עפשטיין בהלכה התבטאו ב"משקל ראשון", כלומר בהחלטה הנובעת מן המבט הראשוני בסוגיה ובחינת העניין על פניו, עוד קודם להתעמקות בסברות (מפי ר' פנחס שרייבר, בתוך: סורסקי, **הרב מפוניבז'**, עמ' מד; **מוולוז'ין עד ירושלים**, עמ' 270).

ה"משקל הראשון" באופיו של הרי"מ עפשטיין, כשרק לאחר מעשה גובר לבסוף השיקול הפרגמטי העקרוני.

ד. יחסים אישיים עם דמויות ציוניות

אישוש משמעותי לתזה זו, בדבר העדפת ההתנהלות הפרגמטית גם בנושאים שבהם נקט הרי"מ עפשטיין עמדה נחרצת, ניתן למצוא בנכונותו לגלות יחס אישי חיובי כלפי אישים שונים שהיו פעילים ציוניים מוצהרים. דוגמא אופיינית לכך הוא נחמן צבי געצאוו, איש נובהרדוק מלומד שפעילותו הציונית נזכרה לעיל מספר פעמים. את טיב היחסים בין השניים תיאר בקצרה ר"מ בר-אילן:

> בעת ההיא חי בנאווהארדוק בעל בית חשוב ושמו נחמן צבי גיצוב, שהיה מופלג בתורה וגם סופר מודרני. ספרו 'על נהרות בבל' קנה לו שם. בכמה שאלות בחיי היהודים שדעתו של זקני עליהן היתה אחרת, השפיע עליו גיצוב. וזקני היה אומר: 'אם גם איני מסכים, אבל כיצד אפשר לסרב לגיצוב?' וכאשר ערכו שמחה ציונית בנאווהארדוק [...] וגיצוב בא להזמין את זקני, נענה להזמנה[45].

דוגמא נוספת לכך היא ר"מ בר-אילן עצמו; כבר בתקופה שבה חי סמוך לסבו בנובהרדוק, הוא עסק בפעילות ציונית, ואף פרסם בהקשר זה מאמרים ב'המליץ'[46]. בזכרונותיו הוא מספר על אירוע אחד, בו "אחד מנכדיו [של הרי"מ עפשטיין], עלם צעיר לימים" – הוא עצמו, למעשה[47] – הלך לאסיפה שנערכה על ידי ציוני

---

[45] **מוולוז'ין עד ירושלים**, עמ' 285. נחמן צבי בן אברהם יוסף געצאוו היה מלומד תושב נובהרדוק (יליד סלובודה, פרבר של מינסק); פרסם מאמרים שונים בכתבי-עת בני התקופה, לצד ערכים באנציקלופדיית 'אוצר ישראל' של אייזנשטיין, ובוורשא תרמ"ז הדפיס את ספרו **על נהרות בבל**, העוסק בתולדותיה של בבל ההיסטורית, תוך התמקדות בתקופת התלמוד והגאונים (לרשימת סקירות על הספר ראו: ר' ראובן מרגליות, "ציונים ביבליוגראפיים", **ארשת** א [תשי"ח], עמ' 455). געצאוו היה מיודד עם הרי"מ עפשטיין, כאמור, וביום השנה הראשון לפטירתו נשא עליו הספד שנדפס במקביל בחוברת בשם **אֲדָר – נטוע** (קטעים מתוכו יובאו להלן, בסוף פרק ח). געצאוו עצמו נפטר בתרע"ח (ראו הידיעה ב**הצפירה**, ב' אב תרע"ח [גליון 28], עמ' 11); רבה של נובהרדוק בשנותיו האחרונות, ר' מנחם קרקובסקי, הזכירו בספרו **עבודת המלך**, ווילנא תרצ"א, דף ע"ו ע"א (ראו עוד: וולברינסקי ומרקוביץ, **לקורות עיר נאוואהרדאק ורבניה**, עמ' יד-טו).

[46] ראו אצל ר"מ צינוביץ' (הדן בקצרה בנושא), **עץ חיים**, עמ' 348.

[47] כמנהגו הספרותי הקבוע של ר"מ בר-אילן בזכרונותיו (השוו **מוולוז'ין עד ירושלים**, עמ' 165,

נובהרדוק, ושם נתכבד לראשונה בנשיאת נאום. "זה היה הנאום הראשון שנשא אותו נכד. כמובן, אחרי נשף כזה ו'הצלחה' שכזאת, שקע 'הנואם' בשינה כמה שעות בַּיוֹם. למחר פגש הזקן [=הרי"מ עפשטיין] את הנכד, ואמר לו: אכן, בדעתי היה לתת לך 'חלק' [=עונש חינוכי] כראוי על שאיחרת כל כך לישון, אך שמעתי על דבר 'דרשתך' אמש, ובכן מחול לך. ברם אל תרבה עוד בשהיות..."[48]. הדברים אמורים אמנם בהקשר משפחתי, המותיר מקום לסלחנות על התנהגות בלתי רצויה, אך עדיין ניתן ללמוד מכך על היררכיית שיקוליו של הרי"מ עפשטיין, במישור שבין קשרים אישיים ומשפחתיים לבין עמדות אידיאולוגיות[49].

זווית התבוננות נוספת על מערכת היחסים שלו עם נכדו ר"מ בר-אילן, לאור פעילותו הציונית של האחרון, מוענקת לנו על ידי רי"ל מימון, מי שבעצמו משמש דוגמא מובהקת לכך שהרי"מ עפשטיין היה עשוי לגלות יחס חיובי וקרוב גם כלפי אישים שאחזו בעמדות אידיאולוגיות כמעט-הפוכות משלו בסוגיית הציונות. רי"ל מימון נפגש לראשונה עם הרי"מ עפשטיין בסביבות שנת תרנ"ד (1894), ושהה בסביבתו קרוב לשנתיים[50]. כבר בתקופה זו, כדבריו הוא היה פעיל בצורה אקטיבית בענייני "חובבי ציון", ועם זאת זכה לקירוב מאת הרי"מ עפשטיין: "כשלמדתי אחר כך בביתו של מורי ורבי רבי יחיאל מיכל אפשטיין בעל 'ערוך השולחן' והייתי סמוך על שולחנו, והוא היה מחבב אותי מתוך חיבה יתירה, גם אז, למרות מה שהוא בעצמו היה מתנגד לציונות, הייתי אני משתתף בכל אסיפה ציונית שהיתה נקראת בנווהרדוק..."[51]. בשנת תר"ס (1900) אף קיבל ממנו

עם עדות רי"ל מימון לגבי אותו אירוע, **שרי המאה**, ו, עמ' 115). ראו גם דברי י' תירוש בהקדמתו לספרו של **מוולוז'ין עד ירושלים**, עמ' 11; יצחק גוש-זהב, "מווילנא עד ירושלים", בתוך: י' ברנשטיין (עורך), **מצפה**, תשי"ג, עמ' תט.

48 **מוולוז'ין עד ירושלים**, עמ' 285.

49 עוד על הקשר בינו לבין נכדו ר"מ בר-אילן, סיפר האחרון בהספד על אשתו ביילה ברלין: "בימי נעורינו התארח אצלנו בפורים הסבא ז"ל בעל ערוך השלחן, וביתנו היה מלא אורחים, והאורח ראה את אשתי בעבודתה, עבודת עקרת הבית ואם בישראל. אז נכנס אלי ואמר: אושר מצאת, אשה אשר כזו!" (**הצופה**, ל' תשרי תש"ו, עמ' 3. עוד על אודות ביקור של הרי"מ עפשטיין אצל נכדו ר"מ בר-אילן, בסביבות תרס"ה בשבתו בווילנא, ראו: שפירא, **רבי משה שמואל ודורו**, עמ' 176).

50 ראו: **מדי חודש בחודשו**, ה, עמ' 149; שם, ח, ירושלים תשכ"ב, עמ' 8; **שרי המאה**, ו, עמ' 81-83, שם עמ' 115; ובהערה הבאה.

51 **למען ציון לא אחשה**, עמ' 39-40. במקום אחר הוא מוסר, שכשהיה מזדמן לפרקים לנובהרדוק ונפגש עם הרי"מ עפשטיין, "הוא היה שמח לקראתי, מקבלני באהבה ושואל אותי אגב אורחא על

סמיכה לרבנות[52], ובתרס"ב (1902) נטל ממנו הסכמה לספרו 'הנותן בים דרך' (ברדיצ'ב תרס"ג), בה הזכיר הרי"מ עפשטיין כי "זה הרבה שנים שיש לו עמדי חילופי מכתבים בדברי תוה"ק"[53]. באחרית ימיו של הרי"מ עפשטיין, כשהחליט רי"ל מימון לעלות לארץ, "הודעתיו במכתב על נסיעתי זו, והוא שלח מכתב לבנו הרב רבי דובער עפשטיין בירושלים, כי יואיל לקרבני"[54].

עתה, בחזרה לר"מ בר-אילן וליחסו של סבו כלפיו לאור סוגיית הציונות, מוסר רי"ל מימון את הדברים הבאים: "בימים ההם, כשהייתי סמוך על שולחנו של מורי הגרי"מ עפשטיין, התוודעתי לנכדו הרב מאיר ברלין, שהיה צעיר ממני, והשפעתי גם עליו מרוח האהבה שבלבי לציון וירושלים. דבר זה לא מצא חן בעיני הסבא שלו, הוא מורי ורבי הנזכר, ופעם אחת העירני בנעימות, כדרכו בקודש, כי יותר מדי אני מפרסם את הציונות ברבים, בשעה שיודעים כי הוא מתנגד לה..."[55]. עמדתו הידועה של רי"ל מימון ביחס לציונות, לא מנעה ממנו אפוא לספר על

הנעשה והנשמע בציונות" (**שרי המאה**, ו, עמ' 115). אף אם מדויק תיאורו, אין להניח שהדבר נבע ממידה כלשהי של הזדהות אידיאולוגית, אלא נעשה בשל היחסים האישיים בין השניים.

[52] "ברכות מאליפות לראש ש"ב הרב מר יהודא ליב הכהן פישמאן ליום קבלת סמיכת הוראה מאת הגאב"ד נאווארודאק..." (**המליץ**, כ' אלול תר"ס [שנה 40 גליון 198], עמ' 4 – ושם שורה של מברכים).

[53] הרי"מ עפשטיין אינו מזכיר בדבריו מפגש ישיר, על אף שהוא מגדירו כ"ידידי עוז"; הסיבה לכך, כפי הנראה, היא שעיקר היכרותם האישית נעשתה שבע שנים קודם לכן, בתרנ"ד-תרנ"ה כאמור, ומאז נעשה עיקר הקשר על ידי חילופי מכתבים. למקומות נוספים בהם מזכיר רי"ל מימון דברים ששמע מהרי"מ עפשטיין, ראו: **שרי המאה**, ה, עמ' 56, 162; ו, עמ' 81, 83, 95, 98–99, 100, 103, 111, 113, 118. ראו גם בספרו **חדר הורתי**, אודסה תרע"ב, דף ט ע"א, וכן **חקרי הלכה ושאלות ותשובות** (לרב שמואל מוהליבר), ירושלים תש"ד, עמ' ל"ה בהערה.

[54] **שרי המאה**, ו, עמ' 115. הוא מוסיף ומספר ש"כשזכיתי להשתקע בארץ ישראל אני וביתי, קיבלתי אז מכתב ברכה מרבי יחיאל מיכל, שבו כתב לי (כפי הרשום בזכרוני): אשריך שזכית לכך. (המכתב נכתב, כמדומה לי, כמה חודשים לפני פטירתו)". אולם זכרונו של רי"ל מימון הטעה אותו: ביקורו הראשון בארץ היה בין ח' אייר לט' סיוון בשנת תרס"ח, כחודשיים לאחר פטירת הרי"מ עפשטיין (ראו: גאולה בת-יהודה, "תולדות ר' יהודה ליב הכהן מימון", **ארשת** ד [תשכ"ו], עמ' 17. השתקעותו בפועל בארץ, היתה רק בשנת תרע"ג – שם, עמ' 18). מכתב שכזה, לפיכך, היה באפשרותו לקבל רק לקראת נסיעתו לארץ אך לא במהלכה.

[55] **למען ציון לא אחשה**, עמ' 39–40. יש להדגיש כי חלק מן הסיפורים שרי"ל מימון מוסר על אודות שהותו אצל הרי"מ עפשטיין, ובכללם סיפורים בהם מוזכרת נוכחותו של הנכד ר"מ בר-אילן (ראו לדוגמא **שרי המאה**, ו, עמ' 114), פורסמו עוד בחייו של האחרון (רי"ל מימון, **אנשים של צורה**, שיצא בשנת תש"ז).

יחסו האמביוולנטי של הרי"מ עפשטיין לאופן חינוכו ונטייתו האידיאולוגית של נכדו הקרוב, על רקע ההתנגדות האישית שלו כלפי הציונות. התנגדות זו, מצידה, לא מנעה מהרי"מ עפשטיין לקרב ולהעריך גם אישים שהחזיקו בעמדות הפוכות משלו בנושא זה.

פרק חמישי

פולמוס המוסר

א. התפתחות תנועת המוסר ומתנגדיה: רקע

באותה שנה שבסופה נערך בבאזל הקונגרס הציוני הראשון, שנת תרנ"ז (1897), העסיק את היהדות האורתודוקסית בליטא וב'רוסיה הלבנה' נושא אחר לחלוטין: הפולמוס שהתעורר אז סביב תנועת המוסר ומוסדותיה החינוכיים, ובעיקר סביב דמותו ופעילותו של אדם אחד נמרץ, הלא הוא ר' יוסף (יוזל) הורביץ, המכונה כיום גם "הסבא מנובהרדוק"[1], על שם הישיבה שייסד בעיירה זו.

הרקע הרחב לפרשה זו הוא עצם התפתחותה של "תנועת המוסר", תנועה חברתית-למדנית שהציבה בפעילותה הרוחנית דגש מרכזי על תיקון המידות ועל ההתעלות המוסרית של הפרט[2]. את ראשיתה של תנועה זו, מקובל לזהות

[1] בהתאם לחלוקה הקלאסית של הישיבות מבית תנועת המוסר, משלהי הדור השני ואילך, לשלוש אסכולות חינוכיות, הידועות על שם מנהיגיהן: "הסבא מקלם" ר' שמחה זיסל זיו, "הסבא מסלבודקה" ר' נתן צבי פינקל ו"הסבא מנובהרדוק" ר' יוזל הורביץ. בפועל, מבחינה כרונולוגית ומושגית כאחד, נכון יותר לומר שאסכולת קלם, והעומד בראשה רש"ז זיו, שימשו כבסיס לצמיחת שתי האסכולות האחרות. לעיקרי ההבדלים בין האסכולות, ראו: צבי קפלן, **שיטין: מאמרים ורשימות**, תל אביב תשי"ג, עמ' סג-סה; **תנועת המוסר**, ד, עמ' 280-281; זייצ'יק, **המאורות הגדולים**, עמ' רל פיסקה קסד; וכן המובא אצל נעם גרין, "שבע יפול צדיק וקם", עמ' 144 הערה 4. עוד על אסכולת סלבודקה ראו: טיקוצ'ינסקי, "גדלות האדם ושפלות האדם", עמ' 223-226.
הערה מתודולוגית: לאורך דיוננו בפרק זה, כוונת המונח "תנועת המוסר" אינו לתנועה במובן המודרני, הארגוני וההירכי (כמו זה של ישיבות נובהרדוק בין מלחמות העולם), אלא לתנועה רעיונית-חברתית, המתוחמת מבחינה היסטורית בגבולות כרונולוגיים וגיאוגרפיים.

[2] לנושא בכללו הקדיש ר' דב כ"ץ את חמשת כרכי ספרו **תנועת המוסר**, הערוך כסדרת מונוגרפיות

עם תחילת פעולתו הציבורית של ר' ישראל סלנטר באמצע המאה ה-19, בווילנא ובעיקר בקובנא (מתר"ט - 1849), אז נתגבשה סביבו קבוצת תלמידים שנתפרסמו לימים בזכות עצמם - ביניהם ר' יצחק בלאזר, ר' שמחה זיסל זיו ור' נפתלי אמסטרדם. פעילותם החינוכית של תלמידי ר"י סלנטר החלה עוד בחייו, ומזוהה בשלב הראשון בעיקר עם דמותו של הרש"ז זיו, מייסד ישיבת קֶלְם (מתרכ"ב - 1862). לקראת סוף המאה ה-19 עבר מוקד הפעילות של אנשי תנועת המוסר אל בני הדור השני, צעירי תלמידיו ותלמידי-תלמידיו של הר"י סלנטר, שבין הבולטים שבהם היה ר' נתן צבי פינקל, ראש ישיבת סלבודקה (למן ראשית שנות התר"מ - התאריך המדויק אינו ברור).

בשלב זה, תחילת שנות השמונים של המאה ה-19, כבר צברה התנועה המתפתחת תשומת לב מרובה בקרב היהדות האורתודוקסית ברוסיה. ישנם דיונים במחקר האם יש לראות את תנועת המוסר כהמשך למשנתם החברתית של תלמידי הגר"א, כאלטרנטיבה לחידושה התיאולוגי של החסידות או כריאקציה פנומנלית לתהליך חדירת ההשכלה בקרב יהודי רוסיה[3]; בין כך ובין כך, אכן היה בתנועה זו פוטנציאל איום על התיאוסופיה הלמדנית של עולם ישיבות ליטא מחד גיסא, ועל האידיאולוגיה של משכילי רוסיה מאידך גיסא - וכדרכן של תנועות חברתיות ביהדות הפוסט-שבתאית, המחלוקת הציבורית סביבה לא איחרה לבוא[4].

של האישים הבולטים בתנועה בכמאה שנות קיומה במזרח אירופה (ת"ר-ת"ש). מחקר ביקורתי ומעודכן על ימיה הראשונים של התנועה, נעשה על ידי עמנואל אטקס, **ר' ישראל סלנטר וראשיתה של תנועת המוסר**, וכן על ידי מרדכי פכטר, **כתבי ר' ישראל סלנטר: דרושים**, **מאמרים**, **אגרות**, ירושלים תשל"ג, מבוא, עמ' 7-68. ראו עוד סדרת מאמריו של ר' יחיאל יעקב וויינברג על אודות תנועת המוסר ואישיה, שרוכזו לאחרונה על ידי רא"א וינגורט (עורך), **לפרקים**, ירושלים תשס"ג, עמ' ג-פד. [הערת העורך: ראו: בנימין בראון, **תנועת המוסר הליטאית - אישים ורעיונות**, תל אביב תשע"ד.]

[3] מלבד המחקרים שנזכרו בהערה הקודמת, ראו: גדליה אלון, "ישיבות ליטה", **כנסת - דברי סופרים לזכר ח"נ ביאליק**, ח, תל אביב תש"ג-תש"ד, עמ' 90-94 [=הנ"ל, **מחקרים בתולדות ישראל בימי בית שני ובתקופת המשנה והתלמוד**, א, תל אביב תשי"ז, עמ' 7-11]; צבי קורצוויל, "ר' ישראל מסלאנט והתנועה המוסרית", **סיני** מז (תש"ך), עמ' ק-קיב; יונה בן ששון, **הגות יהודית במבחן הדורות**, ירושלים תשנ"ד, עמ' 183-201; חגי סמט, "תנועת המוסר של רבי ישראל סלנטר והאידיאולוגיה המתנגדית: המשך או מהפכה?", **מכלול** יד (תשנ"ז), עמ' 87-95; ברויאר, **אוהלי תורה**, עמ' 57-60.

[4] למחלוקות סביב תנועת המוסר הקדיש ר"ד כ"ץ כרך נפרד בשם **פולמוס המוסר**, שבו בין-השאר העתיק את רוב התעודות הנוגעות לנושא זה שפורסמו בעיתונות התקופה. ראו בפתח הספר

למעשה, התנגדות לשיטה החדשה החלה עוד בתקופת פעילותו הראשונה של ר"י סלנטר, כשהקים "בתי מוסר" ופיתח טכניקות חינוכיות ופסיכולוגיות מחודשות לעבודת המידות; אך באותו שלב טרם אפשר לדבר על "תנועה", אלא היה זה עדיין פועלו של אדם בודד ומקצת מקורביו[5]. גם כאשר התעוררה התנגדות למוסדות החינוכיים שייסד תלמידו, רש"ז זיו, היתה זו התנגדות מקומית באופיה, שלא נגרמה דווקא בשל קוויה המתעצבים של התנועה החדשה[6].

הביקורת הציבורית הראשונה כלפי שיטת המוסר כתנועה חברתית, הגיעה מכיוונם של משכילי רוסיה, בפרט מן המרכזים בקובנא ופטרבורג, על רקע מאבקי כוח חברתיים ואידיאולוגיים שניהלו מול גורמים שנתפסו בעיניהם כרגרסיביים וראקציוניים בחברה היהודית. ניצניה של ביקורת זו הושמעו בשנת תרמ"ג (1883), בעקבות הפופולריות שצברו כולל האברכים שניהל ר"י בלאזר בקובנא (מייסודם של הר"י סלנטר והרי"א ספקטור) והישיבה של רנ"צ פינקל בפרבר הסמוך – סלבודקה; אך הטענות שהועלו אז כלפי המוסדות הללו לא זכו למענה[7]. רק כעבור שבע שנים, בשנת תר"ן (1890), התעצמה הביקורת במידה מספקת כדי לחולל הדים משמעותיים בעיתונות היהודית ברוסיה. במוקד ההתרחשויות באותה שנה ניצב רבה של העיר קובנא ר' יצחק אלחנן ספקטור, אשר מתוקף סמכותו הרבנית המקומית נחשב כאחראי למתרחש במוסדות תנועת המוסר בקובנא-סלבודקה, ובפרט באשר לכולל בקובנא שעמד תחת חסותו; כך, כשחזרו ונשנו בעיתונות היהודית-רוסית טענות בדבר אי-סדרים כספיים במוסדות אלו, פורסמה על ידו הבהרה מפורטת ששללה את תקפות הטענות[8]. בעקבות התערבותו של הרי"א ספקטור בנושא, החלה להתפרסם בעיתונות סדרת

(עמ' 5–7, 17–20), הקדמה ארוכה ואפולוגטית בה נימק את עיסוקו בנושא זה, בין השאר בעידודם של ר' יחיאל יעקב וויינברג ור' יחזקאל סרנא.

[5] ראו: אטקס, **ר' ישראל סלנטר**, עמ' 208–214; **תנועת המוסר**, א, עמ' 155–156; **פולמוס המוסר**, עמ' 21–23. ראו גם: ר' מאיר היילפרין, **הגדול ממינסק – ר' ירוחם יהודה ליב פרלמן**, ירושלים תשנ"ד, עמ' 29–34.

[6] ראו: **פולמוס המוסר**, עמ' 24; **תנועת המוסר**, ב, עמ' 213–218.

[7] **פולמוס המוסר**, עמ' 25–29. כפי שהוא מציין, כבר באותו שלב אוזכר שמו של ר' יוזל הורביץ, על רקע התבודדותו באותו זמן בבית סגור בסלבודקה, מעשה שגרר תשומת לב וביקורת (וכך גם בפולמוס תר"ן – שם עמ' 51, וראו עוד להלן). אמנם, לא היתה זו העילה לביקורתם של המשכילים, אלא המחשה לנזקים החברתיים והאישיים שתנועה זו, לשיטתם, עלולה לגרום.

[8] כ"ץ, שם, עמ' 32–35.

חילופי דברים חריפים בינו לבין המתנגדים למוסדות המוסר, שבראשם בלט אז אלכסנדר צדרבוים (ארז), עורך היומון 'המליץ'[9]. פרסומו של העימות בין הצדדים בפרהסיה העיתונאית הביא לראשונה להתייחסות לנושא מצד שורת רבנים ידועים בני אותו דור; אחד מן הרבנים הללו, שחתם לצד שלושה עשר מעמיתיו על כרוז תמיכה ברי"א ספקטור ובמוסדות המוסר בקובנא-סלבודקה, היה מיודענו הרי"מ עפשטיין מנובהרדוק[10].

בסופו של דבר, מחלוקת זו של שנת תר"ן לא הצליחה לחדור למרחב הפנים-אורתודוקסי, שהיה זירת פעילותם העיקרית של אנשי תנועת המוסר. על אף שביקורתם הספציפית של אלכסנדר צדרבוים ובני חוגו הביאה לבסוף לחילופי תפקידים בהנהלת הכולל בקובנא[11], חלוקת העמדות בשאלת היחס הכללי לתנועת המוסר נותרה עדיין על הציר רבנים – משכילים. שינוי בתמונת מצב זו אירע רק כעבור כשבע שנים נוספות, בשנת תרנ"ז (1897), כשהוא כרוך כאמור בדמותו

---

[9] שם, עמ' 36–51. כפי שהוא מעיר (עמ' 52), מעורבותו האישית של צדרבוים בפרשה הביאה לכך שמכתבי התמיכה ברי"א ספקטור לא פורסמו ב**המליץ** (שבהקשרים אחרים נחשב כבמה טבעית לכך), כי אם בבמה הווארשאית של עיתון **הצפירה**.

[10] **פולמוס המוסר**, שם, עמ' 52–57.

[11] לדיון מפורט בכולל קובנא ובאירועים הללו ראו: שטמפפר, **הישיבה הליטאית בהתהוותה**, עמ' 360–381. ר"ד כ"ץ מקמץ במילים על כך, ומוסר רק שנגרם "פירוד בין בני משפחת רי"א [ספקטור] לבין רי"ב [=ר' יצחק בלאזר]" שבעקבותיו עזב האחרון בשנת תרנ"א (1891) את ניהול הכולל, ועל מקומו נתמנה לא אחר מאשר ר' צבי הירש סלצובסקי, חתנו של הרי"א ספקטור, שנחשב למתנגד לתנועת המוסר (**פולמוס המוסר**, עמ' 59–60, 121; **תנועת המוסר**, ב, עמ' 250–251; והשוו שטמפפר, שם, עמ' 380. ראו גם דברי מקורבו של הריא"ס, ר' יעקב ליפשיץ, על אודות רצ"ה סלצובסקי, "אשר בשנים האחרונות השכיל מאד להרגיע את רוח רבנו ולהיות כיד ימינו בסדרי אחת הצדקות היותר נכבדות להרמת קרן התורה" – ליפשיץ, **תולדות יצחק**, עמ' 49. עוד על אודותיו וחלקו בניהול הכולל, ראו בידיעה שפורסמה עם פטירתו: **הד הזמן**, י"א שבט תר"ע [שנה ד גליון 8], עמ' 3). עם זאת, ר"י בלאזר הוסיף להחזיק בהנהגה החינוכית של הכולל עד לפולמוס תרנ"ז, אז עזב סופית בעקבות הלחץ שהפעיל בנו של הריא"ס ומחליפו ברבנות קובנא, ר' צבי הירש רבינוביץ' (מי שהיה בשעתו המנהל הראשון של הכולל, עד מינויו בתר"מ [1880] לרבנות מיטוי), שהתנגד אף הוא לתנועת המוסר ונטל חלק מרכזי בפולמוס. משמעות הדבר, למעשה, היתה ביטול זיקתו של הכולל לתנועת המוסר (כפי שציין כ"ץ עצמו, **פולמוס המוסר**, עמ' 257), והפיכתו לנכס השייך למשפחת ספקטור (השוו תוכן הכרוז של ר' חיים סולובייצ'יק ואחרים לתמיכה בכולל, משנת תר"ע, בתוך: מ"מ גרליץ [עורך], **חידושי הגר"ח השלם... בבא קמא**, ירושלים תשס"ד, עמ' שמו).

ופעילותו של מייסד ישיבת המוסר בנובהרדוק, ר' יוזל הורביץ. כהקדמה לתיאור הפולמוס, נסקור בקצרה את הקווים הרלוונטיים לענייננו בביוגרפיה של ר' יוזל[12].

ב. ר' יוזל הורביץ ופולמוס תרנ"ז

ר' יוזל נולד בסביבות תר"ח (1848) בפלונגיאן שבצפון ליטא, וגדל בכפר הקטן קורטוביאן (Kurtuvenai, כ-90 ק"מ ממזרח לפלונגיאן) על יד שאוול, שבו כיהן אביו כרב. תחילת דרכו היתה פרוזאית למדי; הוא התחתן עם בתו של אדם בשם יעקב שטיין מהעיירה שְׁוֶוקְשנה (Sveksna, כ-60 ק"מ מדרום לפלונגיאן), ובה התגורר לאחר נישואיו, כשהוא עוסק בעיקר במסחר ולצד זאת גם בהוראת תורה בקנה מידה מקומי. באמצע שנות העשרים לחייו התוודע לר' ישראל סלנטר במהלך נסיעות שערך בענייני מסחר אל ממל (Memel, כיום: Klaipeda), עיר הנמל הסמוכה בה ישב אז ר"י סלנטר; מפגש זה שינה לחלוטין את כיוון חייו. כבר במהלך שינוי זה, שהיה מהפכני יותר ממה שרצה ר"י סלנטר, עוצבו הסימנים לקווי האופי וההתנהלות הסוערים של ר' יוזל, כשהחליט כעבור זמן מה לעזוב את משפחתו ואת כל עסקיו ולהפנות עורף לאביו לטובת התמסרות ללימוד תורה ומוסר. את דרכו החדשה התחיל בחוג תלמידיו של ר' ישראל סלנטר בקובנא (Kaunas, כ-190 ק"מ מדרום-מזרח לשווקשנה), ובאמצע שנות התר"ל (1875) שהה תקופה מסוימת בעיירה רומשישוק[13]; לאחר מכן שב ללמוד בקובנא,

[12] על פי: **תנועת המוסר**, ד, עמ' 179 ואילך (ובפרט עמ' 179–196); ר' יהודה ליב נקריץ (חתנו של ר' אברהם יפה'ן), "ישיבות בית יוסף דנובהרדוק" עמ' 247–260; זייצ'יק, **המאורות הגדולים**, עמ' קלד–רד (כמאתיים עובדות וסיפורים על ר' יוזל, ממקורות שונים). שימוש מסוים אעשה גם בביוגרפיה המפורטת הראשונה של ר' יוזל, "מגדולי ישראל – הרה"צ ר' יוסף יוזל הורוויץ ז"ל", שפורסמה לאורך קיץ תרצ"ה בביטאונה של אגודת ישראל העולמית, **דרכנו**, מאת כותב בשם-העט "הרב א.מ. מוסרי" (מדובר במאמר הגיוגרפי מובהק, המכיל אמנם כמה פרטים חסרי שחר [כגון הקביעה כי ר' יוזל "התחנך בטל ילדותו בישיבות הגדולות בליטה" – גליון לז, עמ' י] ותיאורים המשקפים בעיקר את תודעת כותבם, אך גם כמה ידיעות חשובות. מאמר נוסף מאותה תקופה, נטול ערך היסטוריוני משמעותי, הוא זה של שבתי דון-יחיא [דניאל], "ר' יוזל בעל החורים", **התור**, ג' חשוון תרצ"ג [שנה 12 גליון 3], עמ' 3–6). במקרה של סתירות בין המקורות, אעדיף בדרך כלל את גרסת כ"ץ, המאוחר והשיטתי ביניהם.

[13] **תנועת המוסר**, ד, עמ' 184–185. בעיירה זו שהה במחיצתו, לפי עדות אחת, ר' שמעון יצחק הלוי פינקלשטיין (תרכ"א–תש"ז), לימים רב בברונזוויל שבניו יורק. בהקדמה לספרו, **סדר תפילה – עם ביאור שיח יצחק**, ירושלים תשכ"ח, עמ' 15, מספר בנו כי "אבי למד אתו [=עם ר' יוזל] בהיותו

בכולל הנזכר שנוסד בסוף שנות התר"ל, בו הושפע בין השאר מן הר"י בלאזר שנתמנה בתרמ"א (1880) למנהל הכולל. בהמשך שב ר' יוזל והתאחד עם משפחתו, שבאה אליו לקובנא, כשהוא מוסיף לצעוד בנתיבתה של שיטת המוסר. במחצית הראשונה של שנות התר"מ (סביבות 1882), לאחר שאשתו מתה בלידתה, עשה ר' יוזל מפנה דרסטי נוסף, פיזר את ילדיו אצל משפחות אומנה והסתגר בסלבודקה לתקופה ממושכת – קרוב לשנתיים – בבית נעול מוקף גדר, כשמגעו עם הבריות נעשה דרך אשנבים קטנים ובאמצעות פתקים[14]. למרות הסתגרותו הקיצונית, או למעשה: בגללה, פורסם שמו ברבים, ולצד תמיכה חומרית על ידי הגביר עובדיה לחמן מברלין (שתמך בכולל קובנא), ספגה דרכו ביקורת פומבית מעל גבי 'המליץ' – כנזכר לעיל – ובעקבות זאת השתדלו כמה רבנים ידועים לשכנעו להפסיק את ההסתגרות, ביניהם הרי"א ספקטור.

לבסוף, בין השאר עקב התערבות מאולצת של המשטרה המקומית, חזר ר' יוזל להופיע בציבור (בסביבות תרמ"ד, 1884), התמיד בלימודיו ושמו הוסיף להתפרסם בקרב אנשי שיטת המוסר. בהמשך נשא את בת-מארחו – וזאת, לפי המסופר, עקב הצער שנגרם לה ולמשפחתה מביטול שידוכה הראשון לאדם אחר. לצד המשך קשרים הדוקים עם כמה אישים בולטים בתנועת המוסר, החל ר' יוזל לחזור במהרה לדרך הפרישות, ולבסוף (בסביבות שנת תרמ"ו, 1886) קבע את מושבו בבקתה מבודדת ביער הסמוך לז'טל (זיטל, Dyatlovo), עיירה קטנה הנמצאת כ-35 ק"מ מדרום-מערב לעיירת המחוז נובהרדוק שבדרום ליטא וכ-250 ק"מ מדרום-מזרח לקובנא[15]. תקופה זו נמשכה עד לסביבות שנת תרנ"ה (1895), אז –

בן י"ד שנה עד הגיעו לי"ז שנה [=תרל"ה-תרל"ח], בעיירה קטנה בליטא, ברומסאסאג (היא רומשישוק)". אמנם רש"י פינקלשטיין עצמו, בהקדמת ספרו **עין שמעון**, ניו יורק תרצ"ה, מספר כי למן בר המצוה למד בקובנא, ולאחר מכן בגיל 16-19 למד לבדו.

[14] ראו להלן הערה 22.

[15] רי"ל נקריץ ("ישיבות בית יוסף דנובהרדוק", עמ' 249), רח"א זייצ'יק (**המאורות הגדולים**, עמ' קצה בהערה) ור"ד כ"ץ (**תנועת המוסר**, ד, עמ' 192–193 וכן עמ' 333) מסכימים כי יער זה השתייך לאדם בשם גרשון צירינסקי (אצל זייצ'יק הוא קרוי בטעות: זלמן) שגר באחוזה ששמה זוֹשֶן. נקריץ מציין כי אחוזתו של הלה היתה בסביבת ז'טל, הנמצאת ממערב לתחנת הרכבת של נובוֶילנה (Novoyelnya). אף כ"ץ כותב תחילה שאותה זושן היתה על יד נובוֶילנה, ומוסיף בהערה שהיער המדובר היה סמוך לזושן; אולם בהמשך דבריו הוא כותב פעמיים שאותו יער היה צמוד לעיירה דלטיץ', ומוסר בהקשר זה כמה סיפורים (וכך גם זייצ'יק, **המאורות הגדולים**, עמ' קצח פיסקה נ). נעלם ממנו, כנראה, שבין נובוֶילנה לדלטיץ' – הנמצאות משני עבריה ההפוכים של נובהרדוק –

בהשפעת רש"ז זיו – נטש ר' יוזל בפתאומיות את דרך ההסתגרות, ולראשונה מאז נכנס תחת השפעת תנועת המוסר כעשרים שנה לפני כן, החל בפעילות ציבורית להפצת דרך המוסר בקרב אברכים ולומדי תורה.

פעילותו החדשה התאפיינה תחילה בייסוד "כוללים", מוסדות לימוד תורה לאברכים, בין השאר מתוך כוונה – לפי המסופר – להכשיר את הלומדים לייסד ישיבות ברוח תנועת המוסר ברחבי רוסיה[16]. המשאבים הכלכליים הדרושים לשם כך, הוקצו על ידי קרן התמיכה של הגביר הנזכר, עובדיה לחמן, עליה פיקח הר"י בלאזר. תוך זמן קצר, וגילוי מרץ פעלתני בלתי רגיל, הוקמה על ידי ר' יוזל – בסיוע הר"י בלאזר – רשת כוללים, רובם בסביבה הקרובה למקום שהותו האחרון, איזור נובהרדוק (לובץ', ז'טל, לידא) וחלקם באיזור מולדתו בצפון ליטא (שאוול, דווינסק); לפי אומדן מאוחר, באלול תרנ"ו (1896) הקיפה רשת הכוללים כחמישים

מפרידים עשרות קילומטרים! בפועל אין ספק כי אותו יער הסמוך לזושן אכן היה בסביבות ז'טל; בעיתונות התקופה אנו מוצאים את תושבי ז'טל מביעים הערכה לפועלו של "הגביר הנעלה [...] מהור"ר גרשון צורינסקי נ"י, אשר איתן מושבו בחצר זאשען הסמוך לעירנו, גודל מסחרו יערות עד אין מספר..." (**הלבנון**, כ"ד חשוון תרל"ה [שנה 11 גליון 12], עמ' 94). כך שטיבם של הסיפורים שמביא כ"ץ על דלטיץ' – לוט בערפל. יצוין כי כ-30 ק"מ מדרום מזרח לנובהרדוק היה כפר בשם צירין ובו היתה אוכלוסיה יהודית קטנה; ייתכן כי זה היה מקום מוצאו של אותו גרשון צירינסקי.

[16] ישנו תיאור מעניין, אם כי סובייקטיבי ועוין בעליל, של ניסיון (כושל) להקמת סניף של מוסדות ר' יוזל בעיר מינסק בשנת תר"ס (1900). הכותב, חיים דוד רוזנשטיין ממינסק (עורך הסידור 'שירה חדשה' ואביו של המילונאי אברהם אבן שושן), תיאר כי בתחילת החורף הגיע לעיר אברך "לבוש סחבות" וביקש להתקבל באגודת "שומרי תורה המקומית", וסירב לגלות את זהותו. מאוחר יותר, לדבריו, הופיע אותו אברך כשהוא לבוש בגדים מהודרים, יחד עם בחור נוסף, והם התחברו לשליח נוסף של תנועת המוסר שפעל עוד קודם לכן בעיר, ולאחר כמה ימים עלה בידם לאסוף בחורים ולהקים "קיבוץ" ללימוד המוסר. "אז נודע הדבר, כי האברך הוא חתנו של ר' יוזיל 'בעל החורים', השלוח בתור מסית (מסיונר) הלום..." (**המליץ**, כ"ו שבט תר"ס [שנה 40 גליון 11], עמוד השער). מאוחר יותר סיפר רוזנשטיין כי חתן זה ניסה להביא לעיר בחורים שלמדו כבר במוסדות ר' יוזל, ובפעם אחת אף הגיע לשם ר' יוזל עצמו, אך לא עלה בידם להתבסס במקום באופן משמעותי (**המליץ**, כ"ט שבט תר"ס [שנה 40 גליון 13], עמוד השער; רוזנשטיין, **כתבים**, עמ' 99–106). הזיהוי היחיד האפשרי של חתן זה, מבחינה כרונולוגית, הוא ר' ישראל יעקב לובצ'נסקי. יצוין כי בקונטרס המכתבים למען ישיבות המוסר (להלן הערה 33), שנעתק בחורף תר"ס כפי שמעיד אישור הרי"מ עפשטיין בסופו, נוסף השם "מינסק" ברשימת המוסדות שבשער הקונטרס (כמו גם השם בוברויסק); אמנם כבר במכתבו של ר' יעקב מאיר גרודנסקי ממינסק משלהי חורף תרנ"ז נאמר כי "גם בעירנו לומדים הרבה מהם [=בחורי ישיבות המוסר]" (בקונטרס שם, דף 30א), אך נסיון לפתיחת סניף 'רשמי' נעשה כפי הנראה רק בתר"ס.

אברכים[17]. לאחר תקופת התבססות קצרה, החליט ר' יוזל להקים גם ישיבה גדולה לבחורים, שתהווה מוקד משיכה על-איזורי ומאגר פוטנציאלי עבור הכוללים ועבור ייסוד ישיבות נוספות, קטנות וגבוהות. את מקום הישיבה החדשה, שנועדה להוות שיא מפעלו החינוכי, קבע ר' יוזל בעיירה נובהרדוק.

תנופה זו, של הקמת מוסדות ברוח תנועת המוסר על ידי ר' יוזל בשנת תרנ"ו, הצטרפה למהלך אחר שבוצע כמעט במקביל על ידי הרנ"צ פינקל מסלבודקה: בתחילת תרנ"ז (1896) שלח הלה את אחד הר"מים בישיבתו, ר' איסר זלמן מלצר וקבוצה נבחרת מתלמידי סלבודקה, לייסד ישיבה חדשה, שמקומה נקבע אף הוא הרחק מצפון ליטא, בעיירה סלוצק (Slutsk), כ-100 ק"מ מדרום למינסק ו-125 ק"מ מדרום-מזרח לנובהרדוק. היוזמה למהלך זה באה דווקא מכיוונו של רב העיירה סלוצק, ר' יעקב דוד ווילובסקי (רידב"ז), שהישיבה הוקמה לבקשתו ותחת חסותו הישירה – אולם בתודעה הציבורית נקשר המהלך בשמה של ישיבת סלבודקה, שכבר זכתה בעבר לתשומת לב בעיתונות היהודית, כנזכר לעיל[18]. חיבורם של שני המהלכים הללו – הקמת רשת הכוללים סביב נובהרדוק על ידי

---

[17] נקריץ, "ישיבות בית יוסף דנובהרדוק", עמ' 251. כ"ץ (**תנועת המוסר**, ד, עמ' 195) משייך לתקופה זו גם הקמת מוסדות באודסה שבדרום רוסיה, בברדיצ'ב (כיום באוקראינה) ובווארשא (שבפולין דהיום) – אך קשה להניח שתוך זמן כה קצר היה ניתן להקים מוסדות בפריסה גיאוגרפית כה נרחבת, ומדובר כנראה בשיוך אנכרוניסטי. סביר יותר הוא תיאורו של רי"ל נקריץ (שם, עמ' 249, 253), המשייך את הקמת המוסדות באודסה, ברדיצ'ב ועוד לתקופה מאוחרת יותר (עמ' 253). אישוש לכך עולה מכרוז הרבנים תומכי המוסר בפולמוס תרנ"ז, בו נזכרו המוסדות "בהערים האלה: נאווהרדאק, לידא, לובטש, זעטיל, דווינסק ושאוויל" (ראו להלן, הערה 30). גם בכרוז שכתב הרי"מ עפשטיין בטבת תרנ"ז, הוא מזכיר רק מוסדות הקיימים בעיירות הללו וכן בעיירות איוויה וסלונים – אף הן בסביבות איזור נובהרדוק – אך לא באיזורים מרוחקים יותר (**כתבי הערוה"ש**, סי' סח, וראו להלן). בנקודה זו יש לתקן בכיוון ההפוך את דברי רי"ל נקריץ ("ישיבות בית יוסף דנובהרדוק", עמ' 254), המאחר את מועד הקמת המוסדות בשאוול ואיוויה. אמנם, ישנן ראיות לכך שלא כל המוסדות המשוייכים לתקופה זו אכן התקיימו בפועל; כך, על אף שהרי"מ עפשטיין מזכיר כאמור את הכולל בסלונים כבר בחורף תרנ"ז, הרי שפתיחתו הרשמית, על בסיס עשרה אברכים, התרחשה רק שנה לאחר מכן (ראו: **המליץ**, י"ז טבת תרנ"ח [שנה 37 גליון 289], עמ' 4).

[18] ראו: **פולמוס המוסר**, עמ' 61–63. על הקמת ישיבת סלוצק ראו: **תנועת המוסר**, ג, עמ' 41–42; מלצר, **בדרך עץ החיים**, א, עמ' 87–91; הלל זיידמן, "ישיבת עץ חיים בקלצק", בתוך: מירסקי (עורך), **מוסדות תורה באירופה**, עמ' 229–230. על שגשוגה המהיר של ישיבה זו, על אף היעדר בסיס פיננסי מספיק, ניתן ללמוד ממודעת עיתונות שפורסמה בתחילת תרנ"ח (1897), ובה נמסר כי "כאשר מצב הישיבה עוד לא הועמד על בסיס נכון, וכאשר בזמן העבר באו הרבה בחורים יותר

ר' יוזל, והקמת "ישיבת-בת" של ישיבת סלבודקה בסלוצק – והפריסה הגיאוגרפית הנרחבת שנוצרה עקב כך לישיבות המוסר, חיזקו את הרושם שמדובר במהפכה חינוכית מאורגנת, העשויה לשנות את פני העולם הלמדני ברוסיה. רושם זה קירב את פרוץ ההתנגדות הפומבית לתנועת המוסר.

כפי שמתאר ר"ד כ"ץ, המחלוקת התעוררה תחילה סביב הישיבה בסלוצק; לא כל תושבי העיירה ראו בחיוב את הקמת הישיבה החדשה, וקבוצה מהם התגבשה סביב ר' מאיר פיימר (בנו של רב העיירה הקודם ר' יוסף פיימר), שהיה מצוי באותו זמן בעימות אישי סביב משרת הרבנות מול הרב המכהן, הרידב"ז, שהיה כזכור היוזם להקמת הישיבה החדשה. ר"מ פיימר פרסם ב'המליץ' בשלהי חורף תרנ"ז (פברואר 1897) מאמר תקיף כנגד ישיבות תנועת המוסר, בו שלל את עצם השינוי בדרכי הלימוד הקלאסיות של הישיבות, לצד טענות נוספות כלפי מנהלי הישיבות ותלמידיהן[19]. בעקבות מאמרו פורסמו בעיתונות תגובות שונות, מהן בעד שיטת המוסר ומהן נגד, כשחלק מהן נכתב לראשונה על ידי דמויות רבניות ידועות[20]. הוויכוח הופנה במהרה כלפי הישיבה בסלבודקה, ובסיוע קבוצת תלמידים ואנשי סגל בישיבה שהתנגדו לרנ"צ פינקל ודרשו לפטרו, עורבו בפרשה רבני המקום – ר' משה דונישבסקי מסלבודקה ור' צבי הירש רבינוביץ' מקובנא – שהתבררו כמתנגדים לשיטת המוסר, ובעקבות זאת פוצלה הישיבה לשתי ישיבות נפרדות ("כנסת ישראל", "כנסת בית יצחק")[21].

במקביל, עוצמתו של הוויכוח הציבורי בעיתונות הלכה וגברה, ובאייר תרנ"ז (מאי 1897) נכתב כרוז ארוך וחריף בגנות תנועת המוסר וישיבותיה, חתום על ידי קבוצת רבנים ידועים, כולם – בלי יוצא מן הכלל – מעיירות בצפון ליטא: רצ"ה רבינוביץ', ר"מ דונישבסקי, ר' יצחק יעקב (איצל'ה) רבינוביץ' מפוניבז', ר' אברהם אהרן בורשטיין מריטובה, ר' צבי יעקב אופנהיים מקלם, ר' אבא יעקב

מכפי האפשר לקבל, לכן א"א בזמן הזה לקבל [תלמידים] חדשים הנצרכים לתמיכה" (**הצפירה**, ז' תשרי תרנ"ח [שנה 24 גליון 214], עמ' 1066).

[19] **פולמוס המוסר**, עמ' 63–66. למרבה האירוניה, כעבור מספר שנים (בתרס"ג) ניסה ר"מ פיימר עצמו להקים ישיבה השונה באופן מהותי מן הדגם הישיבתי הקלאסי, בכך שהוכנסו בה גם לימודי חול. ראו: דברי תלמיד סלוצק דאז ר' יוסף אליהו הענקין, **לב איברא**, ניו יורק תשי"ז, עמ' 89.

[20] **פולמוס המוסר**, עמ' 65–88.

[21] על כך ראו בפרוטרוט: שטמפפר, **הישיבה הליטאית בהתהוותה**, עמ' 295–298, והשוו: **פולמוס המוסר**, עמ' 89–91, 96–100, וביתר הרחבה בעמ' 260–270; **תנועת המוסר**, ג, עמ' 43–55. ראו גם אצל רי"א הענקין, שם.

בורוכוב מֻוקְשנה, ועוד; בעקבות הכרוז הצטרפו למתנגדי המוסר רבנים ידועים נוספים[22].

משלב זה הוביל את המתקפה אחד מחותמי הכרוז הראשון, ר' אברהם אהרן בורשטיין; במאמר בלתי רגיל בחריפותו, שפורסם בשלהי אייר – עוד לפני הכרוז הנזכר – תקף הר"א בורשטיין את ישיבות המוסר על כל היבטי פעילותן, תוך שהוא מציין בפירוש את זהותן של כמה מן הישיבות הללו: "כי בנו בתים לחברתם בנאווהרדאק ובסלוצק ובזיטל ובלובץ", וסיים בקריאה אופרטיבית "לגרש את 'בעל החורים' הידוע ואת עוזריו מהסתפח בנחלת ה'"[23]. "בעל החורים הידוע", כפי שמציין ר"ד כ"ץ, הריהו ר' יוזל הורביץ מנובהרדוק, שכּוּנה כך מעל גבי 'המליץ' עוד בשנת תרמ"ג (1883), כשהסתגר בחדר בסלבודקה ותקשר עם העולם דרך אשנב בקיר, ולפי המסופר היו אלה שני חורים: אחד למאכלי בשר ואחד למאכלי חלב[24]. עֵין הסערה, שהתמקמה תחילה סביב הישיבה בסלוצק ובהמשך

---

[22] **פולמוס המוסר**, עמ' 116-101. ישנו הפרש של חודשיים (!) בין תאריך החתימה על הכרוז (ח' אייר) לבין מועד פרסומו בעיתונות (**המליץ**, ט' תמוז תרנ"ז). הסיבה לכך מתבררת מהשוואה לתאריכי המכתבים המברכים עליו: כולם נכתבו אף הם בחודש אייר, אך הפרסום – של הכרוז והמכתבים כאחד – עוכב על ידי המארגנים, שביקשו לאסוף חתימות נוספות (ראו: כ"ץ, שם, עמ' 120-119). זאת ועוד, הכרוז הנגדי של תומכי המוסר (שפורסם ב**המליץ**, י"ג אב) נחתם בתאריך ב' תמוז, לפני שפורסם בעיתונות הכרוז של מתנגדי המוסר (אך לאחר מאמרו של הר"א בורשטיין, כדלהלן); ברור אפוא, שפרסומם הראשון של הכרוזים והמכתבים לא היה בעיתונות, אלא עוד קודם לכן, בהעתקים שהופצו באמצעות הדואר (בדומה לאופן בו יופצו בהמשך מכתבי הקונטרס 'אור לישרים'. ראו במאמרי "מחיבת ציון לאנטי ציונות: ר' דוד פרידמן מקרלין כמקרה מבחן").

[23] **פולמוס המוסר**, עמ' 125-122. מועד הפרסום: **הצפירה**, כ"ה אייר. דבריו אלה צוטטו שנית על ידי הרא"י בורוכוב (להלן הערה 29). ליציאת הר"א בורשטיין כנגד ישיבות המוסר, וכן לחתימת ר' איצל'ה רבינוביץ' מפוניבז' על הכרוז הנזכר, נודע משקל ציבורי משמעותי, לאור העובדה ששנים מעטות קודם לכן, סביב תר"ן, כיהנו שניהם – לא במקביל – כר"מים בישיבת סלבודקה (כפי שציינו הרא"י בורוכוב ועוד, וראו: **תנועת המוסר**, ג, עמ' 32; שטמפפר, **הישיבה הליטאית בהתהוותה**, עמ' 290). אחיו של הר"א בורשטיין אף סיפר לימים כי עזיבתו את סלבודקה נעשתה "מפני חלוקי דעות בינו ובין הנהלת הישיבה" (ר' ראובן הכהן בורשטיין, **דברי רד"ך**, ווארשא תרפ"ז, עמ' ה-ו. מקור זה, אגב, מתעלם לחלוטין מהשתתפותו של אחיו בפולמוס המוסר).

[24] ראו: **פולמוס המוסר**, עמ' 27. אף אם היו שני חורים, נימוק קיומם בהפרדה בין בשר לחלב אינו ברור (הגם שר"ד כ"ץ מקבל אותו ללא פקפוק [ראו שם, עמ' 302], ואחריו ר' דוד זריצקי, **תורת המוסר**, תל אביב תשי"ט, עמ' 85; ר' בצלאל לנדוי, "ענק לוחמי המוסר בדור האחרון", **בית יעקב**, אייר-סיוון תשכ"ג (גליון 49-48), עמ' 10; ואף חוקר ביקורתי כנעם גרין, "שבע יפול צדיק וקם",

עלתה לישיבת סלבודקה שבצפון, חזרה אפוא דרומה לאחר פיצולה של ישיבה זו, כשהיעד החדש להתקפות על תנועת המוסר הוא מעתה ר' יוזל, אשר שלושה מארבעת המוסדות שהזכיר הר"א בורשטיין (נובהרדוק, ז'טל ולובץ') היו שייכים לרשת שייסד[25].

ג. פועלו של הרי"מ עפשטיין בפולמוס

בדומה לנעשה בשנת תר"ן, אז ההאשמות כלפי הכולל בקובנא הביאו את הרי"א ספקטור שהכולל היה תחת אחריותו – לעמוד בראש מחנה התומכים, כך התרחש גם בפולמוס תרנ"ז: הצבתו של ר' יוזל במוקד הביקורת כמו גם ההאשמות החריפות כלפי הלומדים במוסדותיו, הן שהניעו את רבה של נובהרדוק, הרי"מ עפשטיין, להיכנס לעימות פומבי כנגד מתנגדי תנועת המוסר[26]. הישיבה שהקים

עמ' 144 הערה 6. ר"מ בר-אילן, לעומתם, אינו שולל את האפשרות שיש בסיפור זה "הרבה מן ההפרזה" – **מוולוז'ין עד ירושלים**, עמ' 264).

[25] ביטוי נוסף לנטיית מתנגדי המוסר לייחס את עצם האבולוציה של תנועת המוסר בדור שלאחר פטירת ר"י סלנטר לפעילותו "של ר' יוזל הפרוש וסיעתו בסלאבאדקה", ולזהות את עיקר ההתנגדות הרבנית בפולמוס תרנ"ז ככזו המופנית "נגד השיטה החדשה שבמוסר, שיטת רבי יוזל", נמצא במאמר שפורסם סמוך לשיאו של הפולמוס, ב**המליץ**, כ"ד אייר תרנ"ז (שנה 37 גליון 109), עמ' 2. גם רבנים שדחו את ביקורתם של מתנגדי המוסר, הבינו שזו – למן אמצע הפולמוס ואילך – מופנית בייחוד כלפי מוסדותיו של ר' יוזל "בק"ק נאווהרדאק ובערים הסמוכות", יותר מאשר מוסדות המוסר הוותיקים בקובנא וסביבתה; ראו מכתבו של ר' בן ציון שטרנפלד מבילסק, **הצפירה**, כ' אב תרנ"ז (שנה 24 גליון 178), עמ' 882–883 (מכתב זה נעלם מעיני ר"ד כ"ץ ואינו מופיע ב'פולמוס המוסר').

[26] למעשה, עוד בסוף החורף פרסם הרי"מ עפשטיין מכתב תמיכה פומבי בישיבת נובהרדוק: "מצאתי עלי חוב קדוש להודיע לרבים, בהיות בעוה"ר זה הרבה שנים ששמו אהלי תורה ולא נשמע הקול קול יעקב בבתי מדרשינו, ולשמחת לבבנו זה יותר משנה שלומדים פה כמה אברכים גדולי התורה בבה"מ, ושקידתם ביום ובלילה אך בתורה גמרא ופוסקים האירו עינינו. ועתה נתרבו גם מבע"ב דפה שקובעים עתים לתורה, וגם כמה מאברכי עירנו שפסקו מללמוד ועתה ע"י קנאת סופרים שתרבה חכמה גם הם שבו לבית אמם זו תוה"ק, והקול קול יעקב נשמע בבתי מדרשינו [...] וכן בהערים שבסביבותינו אשר ישבו שם אברכים, כולם הולכים בסדר הזה, ובזה אני מעיד עדות נאמנה" (**המליץ**, ז' ניסן תרנ"ז [שנה 37 גליון 73], עמוד השער. תאריך החתימה: כ"ו אדר ב'). באופן פרדוקסלי, מכתב זה לא זכה לביטוי בפולמוס המוסר (ולא נזכר בספרו של כ"ץ) דווקא משום שבזמן פרסומו עדיין סבב הפולמוס את קובנא-סלבודקה שבצפון, וכן סלוצק, כאשר רק בסוף האביב החלו המתנגדים להתמקד במוסדותיו של ר' יוזל בנובהרדוק וסביבתה.

ר' יוזל בנובהרדוק נמצאה תחת חסותו הישירה של הרי"מ עפשטיין, והמשך קיומה במישור הלוגיסטי והכלכלי התאפשר על ידי תמיכת אנשי ההנהגה המקומית בעיירה (ראו להלן), וממילא היו הם הכתובת העיקרית אליה הופנתה תביעתו של הר"א בורשטיין, "לגרש את בעל החורים הידוע ואת עוזריו".

ואכן, תגובתם של הרי"מ עפשטיין ואנשי הציבור בנובהרדוק לא איחרה לבוא. במכתב פומבי מתחילת חודש סיוון, עליו חתמו שישה מנכבדי העיירה, נמסר ש"עירנו נעשתה כמרקחה" מדבריו של הר"א בורשטיין, "כי העמיד על עמוד הקלון את האברכים הלומדים בעירנו ובהערים הסמוכות זה כשתי שנים [...] אין כאן לא חברה ולא כתה ושיטה, כי אם תלמידי חכמים יושבים ולומדים בשקידה [...] ורוח כל אנשי עירנו נוחה מהם, ולא טחו עינינו מראות, לפזר חנם כסף רב מדי שבוע בשבוע לכלכלתם. וגם את מנהלי הלמודים הכרנו בטוב לגדולי תורה...". בשולי המכתב הצטרף (יום לאחר מכן) המרא דאתרא, הרי"מ עפשטיין, שכתב: "...אוי לדור שעלתה בימינו כך, שאיש שמתאמר לישב על כסא הוראה ידבר דברי מינות ואפקרסות, ומוטב לו שנהפכה שלייתו על פניו, כעדות נכבדי הבע"ב [=הבעלי בתים] דמחנינו, וכפי שעינינו רואות ושמחות בשמחת התורה והיראה, מי יתן ויתרבו כמוהם בישראל, וכל המדבר עליהם 'צא צא' נאמר לו". אל הרי"מ עפשטיין הצטרף גם אחד מדייני בית דינו, ר' מרדכי שלופר, אשר מחה אף הוא על דברי הר"א בורשטיין ודרש ממנו להתנצל בפומבי[27].

לעומת דברי הר"מ שלופר שנכתבו בצורה מאופקת למדי (בהתחשב בנסיבות) וכן תוכן דבריהם הענייני-יחסית של נכבדי נובהרדוק, בלט הסגנון החריף של דברי הרי"מ עפשטיין, המכילים ביטויים קשים שהופנו ישירות לגופו של הכותב – הר"א בורשטיין. לימים העיד נכדו ר"מ בר-אילן, כי "כמה שנים אחרי כן, כאשר נודע לו לסבא ביתר פרטים מי הוא הרב בורשטיין וכמה גדול הוא בתורה, חרה לו מאוד על שכתב בחריפות נגדו. הוא היה חוזר על זה לפני בני ביתו"[28]. היה זה אפוא ביטוי לאופי האימפולסיבי שאפיין במקרים מסוימים את פעולותיו של

27 **פולמוס המוסר**, עמ' 126–127. מועד הפרסום: **הצפירה**, כ"ט סיוון תרנ"ז [שנה 24 גליון 136]. באופן דומה, גם בין אנשי קובנא היו שיצאו, יחד עם הר"י בלאזר, במחאה על דברי הר"א בורשטיין (**פולמוס המוסר**, שם, עמ' 128–129). אולם רוב ככל תגובות הנגד על דברי המחאה התייחסו בעיקר למכתבי הרי"מ עפשטיין ואנשי עיירתו, כדלהלן.

28 **מוולוז'ין עד ירושלים**, עמ' 267. הוא מוסיף כי "עלולים היו להתפרסם דברים חריפים יותר, אך אלו שחסו על כבודו של זקני השיבו ממערכת 'הצפירה' מה שנשלח בשמו לשם פרסום".

הרי"מ עפשטיין, מבלי להביא בחשבון חלק מהתוצאות העשויות להיגרם מכך; במקרה זה הדבר נבע, כפי שיש לשער, מן הצורך המיוחד שחש להגן על הישיבה שתחת חסותו מפני ההתקפות עליה ועל מייסדה.

כך או כך, ההתייחסות הבוטה כלפי הר"א בורשטיין התבררה במהרה כשגויה מבחינה טקטית, שכן היא עוררה את הרבנים שתמכו בעמדתו, או הכירוהו אישית, להתייצב להגנתו במשנה תוקף ואף לחזק את הטענות כנגד אנשי המוסר. במכתב משותף שפרסמו הרצ"ה רבינוביץ' והר"מ דונישבסקי מקובנא-סלבודקה, נכתב כי "צר לנו מאד על הכותבים והחותמים מנאווהרדק, ובראשם כבוד הרב הגאון האב"ד נ"י [=הרי"מ עפשטיין], אשר בלי דעת את גודל ערך הרב הגאב"ד דריטעווא נ"י [=הר"א בורשטיין] יצאו בשגגה לחרף ולגדף גבר מורם מעם...", והאריכו לנמק את תמיכתם בעמדותיו[29]. ביקורת זו כלפי הרי"מ עפשטיין היתה זהירה למדי, תוך הקפדה מורגשת שלא לגרום פגיעה נגדית בכבודו שלו. מתונה פחות היתה תגובתו של ר' אבא יעקב בורוכוב:

> לא פללתי שרב גדול בתורה כהגאב"ד דנאוואהרדאק, אשר – אף כי לא ידעתיו מתמול שלשום, בכל זאת הלא שבתו על כסא הרבנות בעיר כבודה כנאוואהרדאק תתן לנו ערובה נאמנה שהנהו גדול בתורה ויר"א [=ויראת אלקים] – איך יוציא מתחת ידו דבר שאינו מתוקן כדבר הזה [...] ואחריו מלא גם המו"צ [=ר"מ שלופר] ויפער פיו לבלי חוק, בדברים כמתלהמים הראוים להאמר על פושעי ישראל ח"ו [...] הנשמע כדבר הזה, שרב ומ"צ יצאו לחרף ולגדף רב גאון ולתתו למְדַבֵּר דברי מינות ואפיקורסות? [...] התדמו כי בהחילכם להשתמש בכלי זיין שנשתמשו בהם האינקויזיטורים, ותדונו דין רב גאון למין ואפיקורוס, תאיימו על אנשי אמת שהם עדים בדבר לבל יגלו את האמת ויכבשו עדותם?...[30].

ההכרה בכך שהשארת הבמה העיתונאית למתנגדי המוסר לבדם עלולה לסכן את המשך קיומה של הישיבה בנובהרדוק, כמו גם את שאר מוסדותיו של ר' יוזל, חייבה

---

[29] **פולמוס המוסר**, עמ' 129–131. מועד הפרסום: **הצפירה**, י"ח תמוז תרנ"ז.

[30] **פולמוס המוסר**, עמ' 131–137. בשל אורך הדברים, הם פורסמו באיחור ובשני חלקים: **הצפירה**, ב'–ג' אלול תרנ"ז. מחאה זו כלפי הרי"מ עפשטיין על שהתקיף את הר"א בורשטיין – המתואר על ידי הרא"י בורוכוב כבעל מוניטין רבני גדול מזה של יריבו – עשויה להיות מוצגת באור אירוני, בהתחשב בעובדה שהמותקף היה באותו זמן בן שלושים שנה בלבד, צעיר בכמעט ארבעים שנה ממתקיפו.

את הרי"מ עפשטיין לא להסתפק בפרסום המחאה על דברי הר"א בורשטיין, אלא לנקוט צעדים נוספים. באסיפה שנערכה בעיר בָּרָנוֹבִיץ' (Baranovichi, כ-60 ק"מ מדרום לנובהרדוק), וכונסה ככל הנראה ביוזמת הרי"מ עפשטיין עצמו[31], חתמו כעשרה רבנים מקהילות האיזור על כרוז בכותרת "למען האמת", בו נמסרה הצהרה בדבר טוהר נפשם וכנות מניעיהם של תלמידי ומנהלי ישיבות המוסר, לצד פנייה לציבור שלא יקבל את טענות המתנגדים. בין החתומים: ר' אליהו דוד רבינוביץ' תאומים (האדר"ת) ממיר, ר' יוסף שלופפר מסלונים, הר"י ריינס מלידא – וכמובן גם הרי"מ עפשטיין, שהיה זה שהעתיק את הכרוז כדי לפרסמו ברבים, והוסיף בשוליו, יחד עם דיין נוסף מבית דינו ר' מרדכי צבי סלוצקי, ודיין שלישי מלידא: "העתקה הלזו היא אות באות מגוף הכתב. גם אני הצעיר לבית לוי הייתי יחד עם אלופי הגאונים הנ"ל, וכל דבריהם קדש קדשים...".

לאחר אישור ההעתקה, צירף הרי"מ עפשטיין רשימה של שלושים רבנים מרחבי מזרח אירופה, "אשר נתנו הסכמתם וכתבו תעודות על יסוד הנהדר בקודש, האברכים הלומדים בהערים: נאווהרדאק, לובטש, לידא וכו' וכו', ונכתבו פה בסדר לפי הזמן הנכון בתעודותיהם". בין הרבנים הללו היו ר' שמואל זנוויל קלפפיש מווארשא, הרידב"ז מסלוצק, ר' אברהם יצחק הכהן קוק מבויסק, ר' מאיר אטלס מסלנט, ר' בן ציון שטרנפלד מבילסק, ר' אליהו פיינשטיין מפרוז'ין, ר' יצחק בלאזר ועוד – "כל זה הועתק אות באות בלי שום שינוי, ובאתי עה"ח [=על החתום] ער"ח מ' [=ערב ראש חודש מנחם] אב שנת תרנ"ז לפ"ק נאווהרדק"[32].

מכתבי הרבנים הללו החלו להיאסף עוד לפני פרוץ פולמוס המוסר, למן חודש כסלו תרנ"ז (נובמבר 1896), ביוזמה משותפת של הרי"מ עפשטיין ור' יצחק בלאזר שקיבצו את המכתבים לקונטרס מסודר, הנפתח במכתבי שניהם עצמם ונועד במקורו כנראה לסייע באיסוף כספים למוסדותיו של ר' יוזל; אך בטרם

---

[31] מלבד הראיות הנסיבתיות לכך (כדלהלן), ניתן לציין את דבריו של ר' אהרן שמואל תמרת, שהזכיר לגנאי את המתאספים בברנוביץ, "ובראשם הרב דנאוואהרדאק, אשר הוא הסיתם כולם לזה" (**המליץ**, י"ט אלול תרנ"ז [שנה 37 גליון 201], עמ' 7. רא"ש תמרת היה מי שניפק להערכתי את העמדה הבוטה ביותר שהושמעה במהלך הפולמוס כנגד בעלי המוסר, אך בשל אלמוניותו היחסית לא עוררו דבריו הדים רבים). אזכור לאסיפה המתוכננת עוד לפני קיומה, בא במכתבו של ר' זבולון ליב באריט מפלונגיאן (**פולמוס המוסר**, עמ' 151).

[32] שם, עמ' 144–148. מועד הפרסום: תחילה ב**המליץ**, י"ג אב תרנ"ז, ולאחר מכן ב**הצפירה**, י"ז אב תרנ"ז, בנוסח מלא של דברי הרי"מ עפשטיין.

נעשה שימוש ציבורי במכתבים הללו - שהיו עשויים למתן מראש את קולות המתנגדים לתנועת המוסר - התעורר הפולמוס הציבורי הסוער. על רקע זה, לא נותר לרי"מ עפשטיין אלא להסב את מטרת השימוש במכתבים מגיוס תמיכה כלכלית אל הגנה על ישיבות המוסר, באמצעות פרסום שמות כותבי המכתבים, רבנים נכבדים התומכים במוסדות תנועת המוסר - כפי שאכן עשה[33].

בסיכום הפרשה ניתן לקבוע כי "קו פרשת המים" בפולמוס המוסר, הרגע בו החל מרכז הכובד של הוויכוח לנטות לטובת תומכי ישיבות המוסר, התרחש עם כניסתו של הרי"מ עפשטיין לתמונה: תחילה במחאה על דברי הר"א בורשטיין, בהמשך באסיפת ברנוביץ' ולבסוף בפרסום שמות עשרות הרבנים התומכים בתנועת המוסר. התייצבותם של רבנים מן השורה הראשונה בעד ישיבות המוסר ואנשיהן, אילצה את רוב המתנגדים להכיר בכך שלא מדובר בתופעה חתרנית ומסוכנת שנולדה בשולי החברה האורתודוקסית (כפי שטענו תחילה), אלא בזרם חברתי-רעיוני לגיטימי[34].

אמנם, גם לאחר מכן הוסיפו להתפרסם סביב הנושא טענות, מאמרים ותגובות מאת פובליציסטים וסופרים שונים, ביניהם מיכה יוסף ברדיצ'בסקי, ליאון

---

[33] בעיתונות התקופה פורסמו כאמור רק שמותיהם של החתומים, אך הקונטרס ובו הנוסח המלא של מכתביהם השתמר עד ימינו, כפי הנראה ביותר מהעתקה אחת. ראו: הראל כהן, "איגרות הראי"ה לתמיכה ב'קיבוצי' תלמידי חכמים", **מאבני המקום** ז (תשנ"ג), עמ' 16. עותק של הקונטרס הנמצא בספריית פרנקפורט פורסם לאחרונה (2011) כקובץ דיגיטלי: http://nbn-resolving.de/ urn:nbn:de:hebis:30:2-10558; בסיומו של עותק זה הוסיף הרי"מ עפשטיין בכתב ידו: "לידע ולהודיע ולהוודע שכל השלשים ואחד מכתבים מגאוני זמנינו כולם נעתקו אות באות בלי שום שינוי, ולראי' חתמתי, פורים קטן תר"ס לפ"ק נאווהרדק, נאם יחיאל מיכל הלוי עפשטיין החופ"ק בעה"מ ספרי ערוך השלחן" (בתכני חלק מהמכתבים שבקונטרס אדון בפרק הבא). יצוין כי מכתב נוסף שנכתב באותו הקשר, הוא זה של ר' אליהו דוד רבינוביץ' תאומים (האדר"ת), שכתב בין השאר כי "מצאתי חובה לנפשי להשתתף עם ידידינו הגאון הגדול פאר הדור אבד"ק נאווהרדאק שיחי', לצאת לעזרת כ"ג שיחי'..."; המכתב ללא תאריך, אך נכתב כנראה רק בהמשך תרנ"ז ולכן לא הספיק להיכלל בקונטרס (אני מודה לרב בצלאל דבליצקי שמסר לידי את תצלומו). [הערת העורך: המכתב התפרסם לאחרונה בתוך: "אגרות רבני ליטא אודות קיבוץ הלומדים בנובהרדוק", **מן הגנזים** ה (תשע"ה), עמ' קלא-קנג.]

[34] השוו דברי רי"ל נקריץ ("ישיבות בית יוסף דנובהרדוק", עמ' 252): "מאחר שהרב הגדול בתורה ונכבדי העיר עמדו כחומה בצורה מאחורי בני הישיבה ומייסדה הגדול, שוב לא הועילו המקטרגים בקטרוגיהם". הדיו של כרוז ברנוביץ' התבטאו גם במכתבי כמה רבנים שהצטרפו בסמוך לכך להגנה על ישיבות המוסר (ראו, כדוגמא, מכתבו של הרב"צ שטרנפלד, לעיל הערה 25).

רבינוביץ' (עורך 'המליץ') ונחום סוקולוב; ובמקרים בהם נגע הדבר להתרחשות ספציפית, הצטרפו לעיתים לחילופי הדברים גם רבנים ידועים, דוגמת ר' מלכיאל צבי הלוי טננבוים מלומז'ה[35]. גם ויכוחים רבניים על דרכיה של תנועת המוסר או אף עצם קיומה נשמעו עדיין בחורף תרנ"ח (1897), חלקם בתגובה לכרוז אסיפת ברנוביץ' – אך ברוב ככל המקרים לא נמנו הדוברים על השורה הראשונה של רבני אותו דור[36]. קולם של הרבנים הגדולים שיצאו כנגד תנועת המוסר בתרנ"ז ובתחילת הקיץ, לא הוסיף עוד להישמע לאחר המאמץ המרוכז של הרי"מ עפשטיין ועמיתיו – שבא לידי פרסום בחודשי תמוז-אב של אותה שנה – וממילא גם אלו האחרונים לא הוצרכו עוד להידרש לפרשה באופן פומבי. הנושא הוסיף להעסיק זמן מה את בני אותו דור ביהדות מזרח-אירופה, אך שאלת זכות קיומה של תנועת המוסר כתנועה רעיונית, על אישיה ומוסדותיה, כבר הוכרעה.

[35] **פולמוס המוסר**, עמ' 159–170, 194–210. מדובר אמנם בוויכוח שהתקיים ביסודו במרחב הפנים-אורתודוקסי, ואכן ברדיצ'בסקי הוצרך להצדיק את עיסוקו בפרשה בנימוק ש"כלנו יהודים אנו לפי נטות רוחנו וחשבון עולמנו, ולכולנו יש רשות לשמוע אל צרכי נפשנו הרוחניים..." (שם, עמ' 199); ממילא, על אף שדבריהם נשמעו כמובן גם בעולם האורתודוקסי, הרי שמידת השפעתם הפוטנציאלית והמעשית על עתיד תנועת המוסר, היתה מועטת ביותר.

[36] ראו שם, עמ' 171–187, 215–228. בחורף תרנ"ח נערכו גם חילופי מכתבים פרטיים סביב הפרשה, בעיקר על ידי רבנים שישבו בריחוק מקום והדי הפרשה הגיעו אליהם באיחור. ראו שם, עמ' 152–157.

פרק שישי

ישיבת המוסר בנובהרדוק

א. ייסוד הישיבה בנובהרדוק

כמתואר בפרק הקודם, בשנת תרנ"ה (1895) החל ר' יוזל הורביץ להקים באיזור נובהרדוק רשת "כוללים" לאברכים, בהכוונתו של ר' יצחק בלאזר, כאשר אחד מהם מוקם בנובהרדוק עצמה[1]. זמן קצר לאחר מכן, בשנת תרנ"ו (1896), החליט ר' יוזל לייסד לצד הכולל הטרי בנובהרדוק גם ישיבה גדולה לבחורים: "אחרי חג הפסח [תרנ"ו] בא ר' יוסף יוזל בדברים עם הרב דמתא ועם בעלי הבתים הנכבדים בעיר", וביקש את הסכמתם ותמיכתם בייסוד הישיבה והשתתפות בהוצאותיה; הללו הסכימו לבקשה[2], וכך, זמן מה לאחר מכן, הוקמה ישיבת נובהרדוק –

---

[1] על שנת הקמת המוסדות בנובהרדוק מלמדים דברי ר' יוזל עצמו, במכתב מחורף תרע"ג (1913), בו ציין שמפעלו קיים "זה שמונה עשרה שנה" (היימן, "מארכיונו של הרב משה אביגדור חייקין", עמ' קעה; השוו גם האמור בכרוז אנשי נובהרדוק בקיץ תרנ"ז [1897], כי מוסדותיו של ר' יוזל קיימים "כשתי שנים" – לעיל, פרק חמישי הערה 27). לימים נטען שייסוד הכולל בנובהרדוק – בהכוונת הר"י בלאזר, כאמור – נעשה "בתור נגוד להכולל הקובנאי, שבינתיים יצא מרשות בעלי המוסר תחת השפעתם של מתנגדי המוסר" (ר' יחיאל יעקב וויינברג, "הישיבות ברוסיה" [נכתב לפני מלחמת העולם הראשונה], **הצפירה**, י"ח אלול תר"פ [שנה 59 גליון 188], עמ' 2 = מ' שפירא [עורך], **כתבי הגאון רבי יחיאל יעקב וויינברג**, ב, סקרנטון תשס"ג, עמ' רי). קשה לקבל טענה זו, לאור הפער בן ארבע-חמש השנים שבין עזיבת הר"י בלאזר את כולל קובנא לבין הקמת הכולל בנובהרדוק.

[2] על תמיכתם של אנשי נובהרדוק בישיבה, העידו הללו בעצמם במהלך פולמוס תרנ"ז: "לפזר חנם כסף רב מדי שבוע בשבוע לכלכלתם..." (לעיל, פרק חמישי, הערה 27). כך כותב גם רי"ל נקריץ ("ישיבות בית יוסף דנובהרדוק", עמ' 251), שמשגיח הישיבה "היה מחלק את הכספים שהיה מקבל מן הרב ומוַעד העיר מדי שבוע בשבוע". עם זאת, כפי הנראה, חלק משמעותי מתקציב הישיבה

תחילה על ידי מניין בחורים שלמדו בבית המדרש הישן שבחצר בית הכנסת הגדול בעיירה, ואחת ההערכות גורסת שבשנת תרנ"ז (1897) כבר היו בישיבה כ-60 תלמידים[3].

מניעי ההחלטה על הקמת הישיבה בנובהרדוק דווקא, טעונים ליבון. ר' יוזל, כזכור, הגיע לאיזור נובהרדוק כעשור לפני כן, כשקבע את מושבו ביער הנמצא בסביבתה; השאלה היא, אפוא, כיצד הגיע מלכתחילה לאיזור זה, ומדוע החליט לייסד את ישיבתו בנובהרדוק ולא באחת העיירות האחרות בסביבה. לשאלות הללו התייחס בין השאר ר"מ בר-אילן; את הגעתו של ר' יוזל לאיזור נובהרדוק הוא מנמק בכך שאיזור פעולתו הראשון בצפון ליטא (חבל זאמוט), בית הגידול של שיטת המוסר, כבר היה משופע בחיכוכים סביב הנושא – עוד מימי פעילותו של ר"י סלנטר – ור' יוזל עצמו כבר הספיק לספוג שם ביקורת (בתרמ"ג, 1883) על רקע התבודדותו בסלבודקה. רבני החלק הדרומי של ליטא, לעומת זאת, "ידעו מעט מאוד על הפרטים של שיטת המוסר ועל המחלוקת בענין זה. רבי יוזל היה בשבילם איש לא-נודע". זו גם הסיבה לכך שר' יוזל החל להקים את מוסדותיו דווקא באיזור זה, ולא בסמוך למכורתו בזאמוט: "גם מתנגדי המוסר וגם חסידיו היו בערים ההן ידועי שם, ועסוקים יותר מדי בשאלה זו, עד כדי שיוכל רבי יוזל, שהגשים אז את תורת המוסר, לייסד שם ישיבה או קיבוץ בלי מחלוקת". בנוסף, החלק הצפוני של ליטא כבר היה מאוכלס יותר בישיבות, דוגמת טלז, קלם וסלבודקה, ואילו "בפלך מינסק היתה הישיבה היחידה במיר [...] ולפיכך היה במחוז ההוא מקום לישיבה חדשה"[4].

בתקופה זו הגיע מקרן התמיכה של עובדיה לחמן (ראו: אובסי, **מאמרים ורשימות**, עמ' קכד). לתמיכת אנשי נובהרדוק בתלמידי הישיבה יש היבט נוסף: האחרונים – כמנהג הרווח בישיבות אותו דור – ניזונו למעשה משולחנם של בעלי הבתים בעיירה; כדוגמא מייצגת מסופר על ר' שלמה עפרון, מעסקני נובהרדוק, כי "אחדים מבחורי 'ישיבת נאווארעדאק' הידועה היו 'אוכלים ימים' דרך קבע בביתו, והוא סייע לישיבה גם בדרכים אחרות" (יפה, **בגיטו נובוגרודק**, עמ' 63). וראו גם להלן הערה 59.

[3] נקריץ, שם, עמ' 250-251 (ממנו לקוח גם הציטוט שלמעלה). הוא אינו מפריד בין ייסוד הכולל והישיבה, אך הדבר מתברר מן הדיון שלהלן.

[4] **מוולוז'ין עד ירושלים**, עמ' 265. היתה אמנם גם הישיבה בוולוז'ין, שנפתחה שוב במתכונת מצומצמת בשנת תרנ"ה (1895) כשבראשה עומד חתנו של הנצי"ב ר' רפאל שפירא, אך חשיבותה במפת ישיבות ליטא בשנותיה הראשונות היתה מועטת למדי; כך גם באשר לישיבת ראדין, עד להגעתו של ר' נפתלי טרופ בשנות התר"ס (תחילת המאה ה-20). לסקירה רוחבית של עולם

לשאלת הבחירה בנובהרדוק עצמה כמיקום המתאים להקמת הישיבה, ישנה כנראה תשובה אחת עיקרית: דמותו של רב העיירה, הרי"מ עפשטיין. לפי עדות שמוסר ר"ד כ"ץ בשם ר' אברהם יפה'ן (חתנו של ר' יוזל), התוודע ר' יוזל לרי"מ עפשטיין עוד בתקופת שהותו ביער הנמצא בסביבת נובהרדוק, והלה אף אירח אותו לעיתים על שולחנו בשבתות[5]. היכרות זו איפשרה לר' יוזל להתרשם ממשקלה הפוטנציאלי של תמיכת הרי"מ עפשטיין בישיבה המתוכננת, כפי שמשער ר"מ בר-אילן: "רבי יוזל, שהיה פיקח מאוד והכיר בטיבם של אנשים, חשב ומצא כי הלך הדעות של הסבא [=הרי"מ עפשטיין] יהיה לעזר לו, אם יהיה עליו לעמוד במערכה – ואמנם כיוון נכונה"[6]. ייתכן שההתרשמות ההדדית נסתייעה גם על ידי ר' אליהו דוב ברקובסקי (תרכ"ה-תש"ג), מי שנתמנה על ידי ר' יוזל לכהן כ'משגיח' הישיבה ושימש בתפקיד זה בעשור הראשון לקיומה: הלה התוודע לרי"מ עפשטיין עוד כשלמד בישיבת וולוז'ין, ובשנת תרנ"א (1891) אף נסמך ממנו להוראה[7]. אופיו של סגל הישיבה המתגבשת, לא היה אפוא עניין אניגמטי עבור הרי"מ עפשטיין.

ישיבות ליטא לפני מלחמת העולם הראשונה, ראו: קליבנסקי, **הישיבות הליטאיות במזרח אירופה**, עמ' 31-52. ראו גם: טיקוצ'ינסקי, **דרכי הלימוד בישיבות ליטא**, עמ' 104-105.

5 **תנועת המוסר**, ד, עמ' 196. לדברי המחבר, עצם תמיכתו של הרי"מ עפשטיין בישיבה נעשתה מלכתחילה כיוון ש"הוא העריך מאד את ר' יוזל" (על כך ראו להלן).

6 **מוולוז'ין עד ירושלים**, עמ' 265. נימוק נוסף שהוא מעלה להחלטה על מיקום הישיבה בנובהרדוק, הוא שעיירה זו היתה "רחוקה ממסילת הברזל. פירוש הדבר, אין בה שאון רב ואין לה שייכות מרובה לעולם החיצוני". אכן, ריחוקה של נובהרדוק ממסילת הרכבת הוזכר על ידי פ' שפירא בדו"ח של 'חברת מפיצי השכלה' משנת תרע"ג (1912) כאחד הנימוקים לכך ש"במקום כזה משתמרים דברים מן העבר ודברים חדשים אינם מכים שורש" (פורמן, "החדר היום – החדר בליטא", עמ' 319), ואף דוד וולברינסקי ומשה מרקוביץ מתארים בתרע"ג (1913) כי "אין בה מסילת הברזל ואין שום התפתחות אירופאית-קולטורית" (וולברינסקי, **לקורות עיר נאוואהרדאק ורבניה**, עמ' טו). אך אין זו, כמובן, סיבה להעדפת נובהרדוק דווקא על פני עיירות אחרות בסביבה שהיו בעלות אופי דומה. נובהרדוק, מכל מקום, היתה הגדולה שבהן בהיקף אוכלוסייתה היהודית.

7 ראו: משה צינוביץ', "רבנים ילידי לובץ'", בתוך: הלל (עורך), **לובץ' ודלטיץ' – ספר זכרון**, עמ' 256-258. לדבריו, בזמן פולמוס תר"ן (1890) נשלח ראי"ד ברקובסקי על ידי הר"י בלאזר כדי להשיג חתימות רבנים לכרוז שהתפרסם אז (נזכר לעיל, פרק חמישי, הערה 10); אחד החתומים הללו היה הרי"מ עפשטיין, וייתכן שזהו ההקשר בו נעשתה ההיכרות בין השניים. על אודות מינויו למשגיח בנובהרדוק, ראו: נקריץ, "ישיבות בית יוסף דנובהרדוק", עמ' 250-251. על הנסיבות בהן נטש את התפקיד, ראו להלן, הערה 50, וכן: הירש ליב גורדון, "העילוי ממיצ'יט", בתוך: י"ל גולדברג (עורך), **חידושי העלוי ממייצ'יט**, ניו יורק תש"ז, עמ' כז.

מה היה טיב הקשר בין הישיבה החדשה בנובהרדוק לבין רב המקום? בעולם הישיבות של מזרח אירופה במחצית השנייה של המאה ה-19, היתה מקובלת המתכונת של מוסד ישיבתי המנוהל על ידי דמות חינוכית ולמדנית, אך נמצא תחת חסותו הרוחנית והמעשית של המרא-דאתרא[8]. כך היה למשל הכולל שייסד ר"י סלנטר בקובנא יחד עם רב המקום, הרי"א ספקטור; כך היה גם באשר לישיבת סלוצק, שנוסדה כאמור על ידי הרא"ז מלצר ותלמידי הרנ"צ פינקל, ביוזמתו והשתדלותו של רב העיירה, הרידב"ז; וכך היה גם באשר לישיבת נובהרדוק, שייסד ר' יוזל בתיאום עם הרי"מ עפשטיין ובתמיכה מלאה שלו ושל הנהגת עיירתו[9].

למן העשור השני של המאה ה-20 נעשתה ישיבת נובהרדוק מזוהה לכל דבר עם שמו של מייסדה ומנהלה ר' יוזל, אך יש סימנים המעידים על כך שבתקופה הראשונה לקיומה, בחיי הרי"מ עפשטיין, היא התפרסמה דווקא על שמו של זה האחרון, אשר כפי שכותב ר"ד כ"ץ, "נתן את שמו על הישיבה ושימש לה כפטרון"[10]. כך, לדוגמא, עדות מאותן שנים מספרת כי בסמוך לייסוד הישיבה בנובהרדוק – כשהיה מדובר עדיין בכולל אברכים בלבד – התקיימה אסיפה בראשות הר"י בלאזר (שנגעה, כנראה, לאפיקי פעילותו של ר' יוזל), והדיון המרכזי בה היה "אודות הכולל של האברכים שיהיה גם כן בנאווארידאק, תחת השגחת הרב הגאון הגדול ר' מיכל עפשטיין, כידוע ליודעי חן"[11]. יש מבני אותו

---

[8] מתכונת נוספת ודומה שהיתה מקובלת באותה תקופה, היא שתפקידי ראש הישיבה ורב העיירה מאויישים על ידי אותה דמות. כך היה בוולוז'ין של הנצי"ב, כך בטלז של ר' אליעזר גורדון (וקודמיו), כך מאוחר יותר גם ב"כנסת בית יצחק" של הר"מ דונישבסקי בסלבודקה, ועוד. אף במקומות שבהם לא היה חיבור ישיר בין הישיבה לרב המקום בו שכנה (כך לדוגמא במיר של ר' חיים ליב טיקטינסקי, אז כיהן האדר"ת כרב העיירה, ובלומז'ה של ר' אליעזר שולביץ, אז כיהן הרמצ"ה טננבוים כרב העיירה), נדירים היו המקרים של ניכור וחיכוך פעיל בדרך קבע בין רב המקום לישיבה וראשיה (כפי שהיה בקלם; ראו בפרק חמישי הערה 19; **תנועת המוסר**, ב, עמ' 82). וראו בהערה הבאה.

[9] על היחסים בין הישיבות לקהילות שבהן שכנו, ראו: ברויאר, **אוהלי תורה**, עמ' 442–480, עמ' 317–335, אם כי דיונו ערוך על ציר מושגי, ולא כרונולוגי או גיאוגרפי. לדיון מקביל על אודות הישיבה הליטאית במאה ה-19, ראו: אטקס, "ישיבות ליטא בראי ספרות הזכרונות", עמ' 13–15; טיקוצ'ינסקי, **דרכי הלימוד בישיבות ליטא**, עמ' 129–135. חשוב במיוחד להבנת הנושא הוא דיונו המעודכן של מרדכי זלקין, "עיר של תורה". אמנם, עיקר עיסוקו מצוי רק במחצית הראשונה של מאה זו.

[10] **תנועת המוסר**, ד, עמ' 196.

[11] ר' יוסף זאב קויפמן, **זכרון יוסף זאב**, א, פילדלפיה תרס"ו, עמ' 8. הוא מוסר עוד שבאסיפה זו

דור שאף ייחסו לרי"מ עפשטיין לא פחות מאשר את עצם הקמת הישיבה: "ויסד בעירו ישיבה גדולה ונכבדה, ומוניטין שלה יצא בעולם, והרבה מאות תלמידים ינהרו אליה עד היום"[12]. באופן דומה, בין הרבנים שכתבו בתרנ"ז (1897) מכתבי תמיכה במוסדות ר' יוזל, לבקשת ר' יצחק בלאזר, היו שתיארו בפרט כיצד "הגדיל לעשות כבוד יד"נ מחו'[תני] הרב הגאון הגדול הגאב"ד דק"ק נאווהרדאק ש"י לתמוך בידי לומדים [...] ישר כחו כי זכה לכך..."[13].

לשם השוואה: בראשות הישיבה בסלוצק שהוקמה כמעט במקביל (בתרנ"ז, 1897) עמד כאמור הרא"ז מלצר, והיות שהלה נעשה לימים לאחד מגדולי ראשי הישיבות במחצית הראשונה של המאה ה־20, נזכרת הישיבה (ובצדק) על שמו בלבד – אך בתקופת פעילותה הראשונה היא היתה קרויה דווקא על שמו של רב המקום, הרידב"ז; כך מתאר ביומנו אחד מתלמידי הישיבה הראשונים, ר' יוסף אליהו

"קבלו אותי לשד"ר לנסוע בעד הכולל החדש". באחת המהדורות הבאות של ספרו, ניו יורק תרפ"א (עמ' 3), הוא מספר באופן שונה מעט: "ונתרציתי ג"כ לנסוע למדינת בריטניא לעשות מעמד בעד כולל האברכים הלומדים בנאווראדאק תחת השגחת הרב הגאון הגדול ר' מיכל עפשטיין שליט"א..." (אזכור הרי"מ עפשטיין בברכת החיים, מלמד כנראה שהדברים נכתבו לפחות תריסר שנים לפני הדפסתם).

[12] גוטליב, **אהלי שם**, עמ' 153. דבריו נכתבו בסביבות תרע"ב (1912). השוו גם דברי ר' דב אריה קליג, **לב אריה**, לבוב תרצ"ו, עמ' ו: "ואח"כ [בשנת תרס"ה] נסעתי ללמוד לעיר נאווהרדק אצל הגאון המפורסים מוהר"ר יחיאל מיכל עפשטיין זצ"ל [...] כי הי' אז שם קיבוץ גדול של בחורים וגם הרבה אבריכים הי' לומדים שם...". ראו גם המתואר לגבי ר' צבי הירש ציימן, שיצא בצעירותו ללמוד בנובהרדוק "וימנה בין הפרושים בה ויתעסק בלמוד ספרי גדולי הפוסקים, תרס"ג סמכהו הגאון האב"ד דנאוואהרודאק רי"מ הלוי עפשטיין בעל ערוך השלחן..." (אייזנשטדט, **לתולדות ישראל באמריקה**, ספר ראשון, ניו יורק תרע"ז, טור 46). במקורות הללו מתואר קיבוץ הלומדים כנמצא תחת חסותו הבלעדית של רב העיירה, ללא כל רמז לדמות חינוכית או ניהולית אחרת ששלטה במוסד.

[13] מכתב ר' מאיר נח לווין מווילנא, אייר תרנ"ז, קונטרס המכתבים (לעיל בפרק הקודם, הערה 33), דף 18א. ראו גם מכתב הרב"צ שטרנפלד (שם, דף 27א. וכן המכתבים: דף 28א, 31א, 33א). רבים מהכותבים בקונטרס שהזכירו שמות מסוימים, נדרשו בייחוד לפועלו של ר' יוזל (שם, דף 7א, 8א, 9א, 13א, 28א, 34א); אלא שבכך הם החרו־החזיקו אחרי הרי"מ עפשטיין עצמו במכתבו שבפתח הקונטרס, מלבד ר' חיים ליב מסטוויסק שהעיד כי הוא מכיר זה מכבר את ר' יוזל (שם, דף 8א). חלק אחר מהכותבים הזכירו בייחוד את הר"י בלאזר (שם, דף 12א, 23א, 27א), שהיה זה שפנה אליהם בפועל, וחלקם את ר' מאיר מיכל רבינוביץ מווילנא (שם, דף 8א, 20א, 28א, 31א) שהיה הראשון שהשיב לפניית הר"י בלאזר והרי"מ עפשטיין, בכ"א כסלו תרנ"ז, ומכתבו צורף כנראה לפניות שנשלחו לאחר מכן.

הענקין, כי "בסלוצק **למדתי בישיבת רידב"ז** זצ"ל, ולמדתי תורה מפי ר"ם הישיבה הגרא"ז מעלצער..."[14].

קריאת הישיבה על שמו של גאון מפורסם המעניק לה את חסותו, היתה אמצעי חשוב בגיוס תלמידים מרחבי רוסיה, לצד תמיכה כלכלית וציבורית, כפי שמתאר ר"מ בר-אילן: "הרב מנאווהארדק היה אז אחד הרבנים הנודעים ובני הסמך. ספרו 'ערוך השלחן' היה ידוע בעולם [...] את מחברו ראו בעולם כפוסק, והיו פונים אליו בשאלות ותשובות לא רק מרחבי רוסיה אלא גם מקהילות שונות בחוץ לארץ. כל זה, כמובן, הוסיף חיזוק לרבי יוזל במפעלו החדש"[15]. על אלמנט נוסף בדמותו של הרי"מ עפשטיין כגורם לגיוס תלמידים, הצביע ר"ד כ"ץ: "שמו גם משך תלמידים רבים לישיבת נובהרדוק, בקחתם בחשבון שיקבלו ממנו תעודת היתר הוראה, שהיה לה ערך רב בעולם הרבנות"[16]. אכן, אחוז משמעותי מהרבנים שנסמכו להוראה על ידי הרי"מ עפשטיין, עשו את היכרותם עמו כשהגיעו ללמוד בישיבת נובהרדוק, וחלקם אף נימקו במוצהר את בחירתם בישיבה זו ברצון להתוודע אל הרי"מ עפשטיין[17].

---

[14] רשימה משנת תרפ"ג (בקירוב), מובאת במאמרי: "מרא דאתרא של אמריקה: הגרי"א הענקין, תולדות חייו דמותו ופועלו", **ישורון** כ (תשס"ח), עמ' קלא הערה 23. השוו דברי הרידב"ז עצמו, **שו"ת בית רידב"ז**, ירושלים תרס"ח, סוף סי' יח. ותיאור בן הזמן: "הממונה על הישיבה הוא הר"מ [=הרא"ז מלצר] [...] ואף הרב דמתא רבי יעקב דוד מבקר כמעט בכל יום את הישיבה ויושב בה שעות אחדות..." (**המליץ**, כ"א שבט תרס"ג [שנה 43 גליון 30], עמוד השער. ראו עוד: זאב קפלן, **עדות ביעקב**, ווארשא תרס"ד, עמ' 18–19). למעשה, מוסדות ישיבתיים רבים במאה ה-19 היו קרויים באופן רשמי או רשמי-למחצה על שמו של אדם שאינו ראש הישיבה בפועל, אם המייסד הראשון ואם העשיר שתרם מכספו לייסוד הישיבה, וכדומה (דוגמא ידועה היא ישיבת "רמיילס" [ר' מייל'ס] בווילנא, על שמו של ר' מיילא, בעל החצר שבו הוקמה לימים הישיבה. ראו: מגיד, **עיר ווילנא**, עמ' 119–120).

[15] **מוולוז'ין עד ירושלים**, עמ' 265. גם רי"ל נקריץ כותב ברוח דומה (ואפשר שהושפע מתיאורו של בר-אילן): "בעת ההיא כיהן בה בכהונת הרבנות הגאון המפורסם בעל 'ערוך השולחן', ר' יחיאל מיכל אפשטיין, ובו מצא ר' יוסף יוזל סעד ותמיכה רוחנית של אחד מגדולי הדור בעולם הלמדנות" (נקריץ, "ישיבות בית יוסף דנובהרדוק", עמ' 250).

[16] **תנועת המוסר**, ד, עמ' 196. על אודות הלימוד בישיבות ליטא למטרת הכשרה לרבנות וקבלת "סמיכה" מראש הישיבה ראו: ברויאר, **אוהלי תורה**, עמ' 386–388; שטמפפר, **הישיבה הליטאית בהתהוותה**, עמ' 110–112.

[17] ראו להלן, הערה 55. למעשה, כפי שנראה בהמשך, ההסמכה לרבנות היתה חלק בלתי נפרד ממטרותיו המקוריות של הכולל בנובהרדוק.

בעקבות כל זאת, בצירוף השפעתו של פולמוס המוסר – אשר באורח פרדוקסלי הביא לפרסום שמה של ישיבת נובהרדוק ומייסדה ברחבי יהדות רוסיה – אנו מוצאים אומדנים ולפיהם שלוש שנים בלבד לאחר ייסוד הישיבה, בשנת תרנ"ט (1899), כבר נמצאו בה כמאתיים תלמידים וכשישים אברכים[18]. אלא שמדובר כפי הנראה בהערכה מופרזת ביותר; ברשימה תיעודית שערך ר' יצחק ניסנבוים בשנת תר"ס (1900), בעקבות ביקור בנובהרדוק במהלך מסעו בעיירות תחום המושב, הוא מתאר כי ב"קבוץ בחורים" ו"כולל פרושים" המקומי לומדים בסך הכל כשבעים בחורים וכעשרה פרושים [=אברכים][19]. נתון זהה מופיע גם במכתב של הרי"מ עפשטיין משנת תרס"א (1901), ובו הזכיר שלומדים בנובהרדוק "כשמונים ויותר ת"ח מובהקים"[20]. אין לדבר אפוא בתקופה זו על כמות של מאות תלמידים ועשרות אברכים, אלא על בסיס יציב של כשמונים איש.

ב. אופיה של ישיבת נובהרדוק בתקופתה הראשונה

כותבי קורותיו של הרי"מ עפשטיין, מציירים תמונה אמביוולנטית למדי של הקשר שלו עם ישיבת נובהרדוק, כמו גם יחסו למייסדה ר' יוזל הורביץ. המאוזן מביניהם, ר"מ בר-אילן, מתאר באופן הבא את הרקע לדברים החריפים שכתב הרי"מ עפשטיין כלפי הר"א בורשטיין במהלך פולמוס תרנ"ז:

> לצערנו, עשה זקני מה שעשה בהשפעתו של רבי יוזל, שנראה בעיניו כצדיק תמים [...] זקני התוודע אחרי כן מקרוב גם אל רבי יוזל, ולא תמיד הסכים לדרכיו, אבל השמחה על כך שלאחר כל הקשיים נתקיים בנובהארדוק קיבוץ גדול של תלמידי חכמים וביניהם אברכים מפוארים, שיצאו אחרי כן לעולם הגדול, קיננה בלבו של סבא עד ימיו האחרונים. זה גם הביא אותו לכך שהוקיר את רבי יוזל על מרצו הרב שלא ידע לאות[21].

---

18 נקריץ, "ישיבות בית יוסף דנובהרדוק", עמ' 252; **תנועת המוסר**, ד, עמ' 197.

19 "מחשבות רצוצות", **המליץ**, ג' חשוון תרס"א (שנה 40 גליון 223), עמ' 2. מידע נוסף שמסר ר"י ניסנבוים, הוא שלצד ר' יוזל מכהן גם משגיח – הלא הוא ר' אליהו דוב ברקובסקי (ראו לעיל הערה 7) – ושהקיבוץ בנובהרדוק הוא מעין "לשכה מרכזית" לקיבוצים השונים שבהנהגת ר' יוזל.

20 **כתבי הערוה"ש**, סי' עב. לאומדן מספר התלמידים בתקופה השנייה לקיום הישיבה, עשור מאוחר יותר, ראו להלן הערה 136.

21 **מוולוז'ין עד ירושלים**, עמ' 266–267, והשוו: **תנועת המוסר**, ד, עמ' 196.

הווה אומר, זקנו הרי"מ עפשטיין לא אחז באמת בהערכה מלאה לאישיותו ודמותו של ר' יוזל, אך הוקיר אותו על פועלו בהחזקת הישיבה, ובשל כך היה מוכן לקבל גם את הדברים שפחות מצאו חן בעיניו. הגדיל לעשות רי"ל מימון, שמסר תיאור דמיוני של מעורבות הרי"מ עפשטיין בפולמוס המוסר; לדבריו, הלה "לא הכניס את ראשו במחלוקת זו [...] הוא היה מונע את עצמו מלהיכנס לאחד הצדדים: למייסדי המוסר או מתנגדיו, אבל בלבו פנימה היה מצטער הרבה על השיטה הזאת..."[22]. דרך אחרת אחז לעצמו ר' ניסן וקסמן, שבחר בפשטות להימנע מאזכור כלשהו של פרשת פולמוס המוסר וחלקו של הרי"מ עפשטיין בה[23].

הגורם האחראי להתפתלויות ההיסטוריוגרפיות הללו, הוא הדימוי ההיסטורי הבעייתי של ישיבת נובהרדוק בכלל ושל ר' יוזל הורביץ בפרט: השיטות החינוכיות-פסיכולוגיות החריגות שפותחו ויושמו בישיבתו של ר' יוזל, עוררו התנגדות אפילו בתוך תנועת המוסר, ונובהרדוק נזכרת עד היום - ובצדק - כסממן הקיצוני ביותר (במישור החברתי-התנהגותי) של עולם הישיבות המזרח-אירופי בדור שלפני השואה[24]. אולם לאמיתו של דבר, ההתייחסות למושג "ישיבת נובהרדוק" כאל

---

[22] **שרי המאה**, ו, עמ' 118. מגמתיות זו מוסברת לאור יחסו העוין לישיבת המוסר בנובהרדוק, אותו הביע במקום אחר: "אני ישבתי בנובוהרדוק כשנתיים והכרתי את העיר ואת אנשיה הקנאים, והבנתי כי רק בנובוהרדוק יכולים היו לייסד את ישיבת המוסר הידוע[ה], שלא נתנה כבוד לא לישראל ולא לתורת ישראל ולמוסר היהדות" (**למען ציון לא אחשה**, עמ' 88).

[23] ראו: וקסמן, "הגאון בעל ערוך השלחן". התיאור מרחיק הלכת ביותר בעניין זה, נכתב על ידי אליעזר ירושלמי, יליד נובהרדוק, בספרו הבלטריסטי **מיערות הצפון**, עמ' 94: "גם רב העיר הזקן [=הרי"מ עפשטיין] לא היה דעתו נוחה מדרכים אלו [של אנשי המוסר], אך בהיותו אדם צנוע ושקט לא נכנס בריב עם ר' יוזל, רק התרחק ממנו ומישיבתו, ולא בא כל ימיו בכל מגע ומשא לא עם ראשה ולא עם בחוריה". ירושלמי היה בן חמש שנים בלבד בפטירת הרי"מ עפשטיין, ותיאור מופרך זה ממחיש את הבעייתיות ההיסטוריונית של רוב חלקי ספרו, לפחות בכל הנוגע לתקופת ילדותו ונעוריו (משפחתו עקרה מנובהרדוק בסביבות תרע"א [1911]).

[24] ראו בפרוטרוט: פישמן, "Musar and Modernity: the Case of Novaredok"; גרין, "שבע יפול צדיק וקם". עד היום טרם נערך מחקר היסטוריוני מסודר על ר' יוזל וישיבתו בנובהרדוק (ראו הערתו של שלמה טיקוצ'ינסקי, "הרב חיים זייצ'יק ולקחי השואה", עמ' 117. על רשימתו יש להוסיף את שני מאמריו של נעם גרין שראו אור בינתיים). העיסוק המחקרי בישיבות ליטא, הוקדש בעיקר לישיבות וולוז'ין, טלז וסלבודקה (ראו: שטמפפר, **הישיבה הליטאית בהתהוותה**; טיקוצ'ינסקי, **דרכי הלימוד בישיבות ליטא**, ועוד הרבה); ניתן להצדיק עובדה זו בכמה פרמטרים (גודל המוסד, השפעתו, מספר בוגריו ורבניו, ועוד), ובעיקר בכך שמדובר במוסדות המצליחים ביותר מסוגם במאה ה-19 וראשית המאה ה-20, אך אין בכך כדי לבטל את הצורך במחקר עניינן

מקשה אחת אחידה מבחינה היסטורית, ואף ההתיחסות לר' יוזל הורביץ האדם ותפיסותיו החינוכיות כאל נתון קבוע ונעדר-התפתחות, אינן אלא אנכרוניזם. לאקונה מתודולוגית זו היתה מנת חלקם של חלק ניכר מן הדיונים - ההגיוגרפיים והביקורתיים - שנעשו עד היום סביב ר' יוזל וישיבת נובהרדוק[25], וכאן המקום לעמוד על המורכבות ההיסטוריוגרפית הקיימת בנושא זה[26].

הדיון ההיסטוריוני המודרני מתבסס על מגוון רחב של מקורות, שניתן לחלקם בהקשר זה לשתי קטגוריות עיקריות: הראשונה היא התיעוד האותנטי בן הזמן - תעודות, ידיעות עיתונאיות, יומנים, מכתבים ומסמכים שונים, והשנייה היא התיעוד המאוחר והפרספקטיבי - תיאורים, עדויות וזכרונות שהועלו לימים על הכתב. התיעוד המאוחר הינו ז'אנר חשוב שבכמה היבטים אין לו תחליף, אך השימוש בו חייב להיעשות תוך מודעוּת למשמעות הפער הכרונולוגי בין החוויה לבין העלאתה על הכתב[27]. זאת בפרט במקרים דוגמת עניינה של ישיבת נובהרדוק,

של ישיבות נוספות (דוגמא קריטית: ישיבת מיר), לא כל שכן כשמדובר באפיזודה הייחודית של ישיבת נובהרדוק ובנותיה.

25 דוגמא מובהקת לכך הם דבריו של צבי שרפשטיין, **תולדות החינוך בישראל בדורות האחרונים**, א, ירושלים תש"ך, עמ' 369-372. ראו עוד: הלל גולדברג, "This world is a very narrow bridge"; נעם גרין, "חינוך האדם וייעודו בתפיסת הרב יוסף יוזל הורביץ", **הגות בחינוך היהודי** ח (תשס"ח), עמ' 13-36, ובעיקר עמ' 21-23. ולאחרונה במידה מסוימת: טיקוצ'ינסקי, "גדלות האדם ושפלות האדם", עמ' 227-228. גם אצל ר"ד כ"ץ ניתן למצוא לא-פעם תיאורים אנכרוניסטיים (ראו להלן הערות 33, 37, ובפרק חמישי הערה 15).

26 מרבית העיסוק הביקורתי בהתפתחויות הרעיוניות אצל אישי תנועת המוסר, נעשתה עד כה מן הדיסציפלינה הפילוסופית ולא ההיסטוריונית. ראו: בנימין בראון, "גדלות האדם והקטנתו - תמורות בשיטת המוסר של ישיבת סלבודקה", בתוך: ע' אטקס (עורך), **ישיבות ובתי מדרשות**, עמ' 243-272; תמר רוס, **המחשבה העיונית בכתבי ממשיכיו של ר' ישראל סלנטר בתנועת המוסר**, חיבור לשם קבלת התואר דוקטור לפילוסופיה של האוניברסיטה העברית, ירושלים תשמ"ו; מרדכי פכטר, "תפיסת התשובה במשנת ר' ישראל סלנטר ותנועת המוסר", בתוך: ב' איש-שלום וש' רוזנברג (עורכים), **יובל אורות - הגותו של הרב אברהם יצחק הכהן קוק**, ירושלים תשמ"ח, עמ' 257-276. חשוב לענייננו הוא סיכומו של בראון (שם, עמ' 269-271), הנעשה תוך התייחסות לתופעת ישיבות נובהרדוק.

27 לדיון בספרות הזכרונות של בוגרי ישיבות ליטא, ראו: אטקס, "ישיבות ליטא בראי ספרות הזכרונות", עמ' 9-13, 23. לדיון נוסף בספרות הזכרונות של סוף המאה ה-19 ראו: דוד אסף, **מה שראיתי... זכרונותיו של יחזקאל קוטיק**, תל אביב תשנ"ט, מבוא, עמ' 73-82 (וכן המקורות בהערה 3 שם).

שבו הנפח הטקסטואלי של ספרות הזכרונות וספיחיה גדול ומוכר בהרבה לעומת התעודות האותנטיות – וכך גם, מטבע הדברים, השפעתו על ההיסטוריוגרפיה של תולדות הישיבה ומייסדה.

זאת ועוד, אחוז ניכר מהתיעוד על ישיבת נובהרדוק מתייחס למעשה רק לעידן שהחל לאחר פטירת ר׳ יוזל, התרחש בפולין שבין שתי המלחמות והסתיים בשואה. עידן זה, לטענתי, אינו אמור להימצא במסגרת הדיון בישיבת נובהרדוק ההיסטורית, אלא הריהו עומד כיחידה בפני עצמה. במילים אחרות: לשם ההתחקות אחר ההיסטוריה הריאלית של הישיבה, בתקופה בת כעשרים וחמש השנים בהן עמד בראשה ר׳ יוזל כאשר במרביתן שכנה הישיבה בעיירה נובהרדוק, יש לנפות מן הדיון את המקורות הנוגעים לעידן שבין שתי מלחמות העולם – ובכללם כתביו המפורסמים של חיים גראדה, שלמען האמת אינם רלוונטיים לתקופת חיי ר׳ יוזל[28].

עתה, לכשנפנה לנתח את אותם המקורות שאכן נוגעים לישיבת נובהרדוק ההיסטורית, יש להפריד בין שלוש תקופות, הנבדלות זו מזו במובהק באופיה של הישיבה ובתנאי פעילותה: **הראשונה** – מהקמת הישיבה בתרנ״ו (1896) ועד פטירת הרי״מ עפשטיין בתרס״ח (1908, כאשר תקופת ביניים מתחילה בשלהי מהפכת 1905). **השנייה** – מאז ועד גלות הישיבה בעקבות אירועי מלחמת העולם הראשונה (1915). **השלישית** – מאז ועד פטירת ר׳ יוזל הורביץ בחורף תר״פ (1919, כאשר תקופת ביניים מסתיימת עם המעבר לפולין ב-1922). כפי שנראה להלן, כל אחת מן התקופות הללו התייחדה לעומת חברותיה בשינויים מהותיים בתנאי הקיום ובאופי הפעילות של הישיבה.

מיון חומר הגלם ההיסטוריוני שבידינו לפי חלוקה כרונולוגית זו, מעלה כי הרוב המכריע של התיאורים, הזכרונות והעדויות על ישיבת נובהרדוק ומנהיגה, שייכים דווקא לתקופה השנייה והשלישית, זו שאחרי פטירת הרי״מ עפשטיין, ובעיקר

---

[28] דוד פישמן (לעיל, הערה 24) טוען כי יש להתבסס על כתביו של גראדה כדי לחשוף את עומק הרדיקליות שב״שיטת נובהרדוק״. אך מלבד שיש לעמת זאת עם טענתו שלו שבתקופת פולין עברה רשת ישיבות נובהרדוק תהליך של התמתנות (הרי גראדה לא הכיר את עולמה של הרשת אלא בתקופה זו, כך שלכל הפחות לא מדובר בתהליך אחיד ועקבי), הדבר גם מעורר תהייה, עד כמה ניתן לייחס את המיתוס של ״שיטת נובהרדוק״, כפי שהוא משורטט על ידי פישמן וביתר אריכות במאמריו של נעם גרין (וראו גם **תנועת המוסר**, ד, עמ׳ 231–285), לדמותו ההיסטורית הממשית של ר׳ יוזל – שגראדה, יליד תר״ע (1910), הכיר במקרה הטוב מכלי שני ובעיקר שלישי.

אחרי גלות הישיבה מנובהרדוק להומל (ובהמשך לקייב) בתחילת מלחמת העולם הראשונה. כך הוא באשר לרוב העדויות שניתן לתארכן בספרו של רח"א זייצ'יק, 'המאורות הגדולים'; כך באשר לזכרונות שנאספו על ידי אטקס וטיקוצ'ינסקי[29]; וכך גם לגבי רבים מתלמידיו המפורסמים של ר' יוזל, שהגיעו לנובהרדוק רק לאחר פטירת הרי"מ עפשטיין[30]. יתרה מזאת, כל (!) תורתו שבכתב של ר' יוזל שהגיעה לידינו, בקונטרסי 'מדרגת האדם', מקורה בתקופת גלותו במלחמת העולם הראשונה, בהיותו בן כשבעים שנה, ומייצגים אפוא את הגותו המאוחרת בלבד[31]. מובן אפוא שיש לנקוט זהירות רבה לכשנעזרים במקורות הללו, ובתמונה

---

[29] ע' אטקס וש' טיקוצ'ינסקי (עורכים), **ישיבות ליטא – פרקי זכרונות**, עמ' 361–422 (אחד מן התקופה השלישית ושניים מן העידן שבין מלחמות העולם). לאחרונה פורסמו זכרונות נוספים על רשת ישיבות נובהרדוק מן העידן שבין שתי המלחמות, מאת בן ציון גולד, "Musarnikes", בתוך: ד' אסף וע' רפפורט-אלברט (עורכים), **ישן מפני חדש – שי לעמנואל אטקס**, א, חלק האנגלי, ירושלים תשס"ט, עמ' 103–108. הדברים תורגמו בסמוך ופורסמו בספרו של גולד, **יהודים ויהדות בפולין לפני השואה – פרקי זכרונות**, ירושלים תשס"ט, עמ' 119–124.

[30] בין השאר: ר' יצחק אורלנסקי, ר' דוד בודניק, ר' דוד בליאכר, ר' יצחק אלחנן וולדשיין, ר' הלל וויטקינד, ר' אהרן וינשטיין ועוד. אפילו ר' אברהם יפה'ן, חתנו הגדול של ר' יוזל, עשה את שידוכו עמו רק בשנת תרע"ג (ר"ש עלברג [עורך], **הפרדס** מד, חוברת ח (תש"ל), עמ' 40; סורסקי, **מרביצי תורה ומוסר**, ד, עמ' קכב). דוגמא מאידך גיסא לתלמידים בולטים של ר' יוזל שהיו בנובהרדוק גם בתקופה הראשונה, הם חתנו ר' ישראל יעקב לובצ'נסקי, ר' יואל ברנצ'יק ור' אברהם זלמנס. בתווך נמצא ר' שמואל וינטרויב.

[31] הקונטרסים, המכילים ניסוח בכתב של שיחותיו מתקופה זו, נדפסו בין השנים תרע"ח-תרפ"ד בפולטבה ובפיעטרקוב, וכונסו לימים במהדורת ניו יורק תש"ז. ראב"צ שורין (**קשת גיבורים**, ב, עמ' 75) טען כי בידי תלמידי ר' יוזל נשתמרו כתבי יד שלו מתקופה מוקדמת יותר; ייתכן שכוונתו לכתבים דוגמת עמודי הטיוטה שנדפסו בדורנו בספרו של שלום מאיר ולך, **שמואל בקוראי שמו – תולדות חייו של... רבי שמואל וינטרויב**, בני ברק תשנ"א, עמ' ק-קג (וכן: [חמו"ל], **בסופה ובסערה**, עמ' שס-שסב), המכילים כותרות קצרות וראשי פרקים שרשם לעצמו ר' יוזל לקראת שיחות לימים הנוראים בשתי שנים שונות (התאריך אינו ידוע) – אך כתבים משמעותיים יותר לא נדפסו עד היום.

בהקשר זה: בעבר היו עדויות על קיום כתבים הלכתיים מעטים של ר' יוזל. בשנת תרצ"ה סופר כי בתקופת ההתבודדות ביער הוא חיבר "הגהות על או"ח וחושן משפט, אשר נמצאים עד היום בכתב יד אצל חתנו הרב הגאון ר' אברהם יאפין" (מוסרי, "מגדולי ישראל", **דרכנו**, תרצ"ה [גליון לז], עמ' י), וזכרון מאוחר מדווח כי גם אצל חתן אחר שלו, ר' ישראל יעקב לובצ'נסקי מברנוביץ, היה כרך חושן משפט שעל גליונותיו רשם ר' יוזל הגהות (ר' אשר כצמן [בוגר ברנוביץ], "די מוסר באוועגונג פון די נאווארדאקער ישיבות", **דאס אידישע ווארט** גליון 238, ניו יורק, אייר-סיון תשמ"ג, עמ' 28). הכרכים הללו אבדו כנראה בשואה, אך גיסו של ר' יוזל, ר' יהושע זליג תרשיש,

המצטיירת מהם על שיטתו החינוכית של ר' יוזל ואופיה של ישיבת נובהרדוק, על מנת ללמוד על אורחות הישיבה בתקופה מוקדמת יותר[32].

בין כך ובין כך, ניתוח כלל המקורות העומדים לרשותנו, מעלה בבירור כי אופיה של ישיבת נובהרדוק לא היה אחיד והומוגני מראשיתה ועד אחריתה, אלא עבר במהלך השנים תמורות מהותיות במישור החברתי, החינוכי ואף האדמיניסטרטיבי. אמנם, מקצת מהמאפיינים הייחודיים של הישיבה נקבעו כנראה בסמוך להקמתה – דוגמת אי-מינוי ר"מים[33] – אולם כפי שנראה להלן, רוב ככל ההיבטים והריטואלים אשר הקנו לנובהרדוק את דימויה הקיצוני המפורסם, לא היו קיימים בעשור הראשון לקיומה.

למעשה, לעובדה זו יש ביטוי מפורש בספרות הזכרונות: הסופר יהושע אובסי, שלפי עדותו למד בנובהרדוק בסביבות שנת תר"ס (1900), באמצע "התקופה הראשונה" להגדרתנו, מחלק את בעלי המוסר לשתי אסכולות: על הראשונה נמנים אלה "שהם נטולים לגמרי מהחיים והיו עושים מעשים זרים ומתיהמים [=ומתמיהים] ומבזים את עצמם בפני כל" – כלומר, תלמידים התואמים את הדימוי ההיסטורי הנפוץ של נובהרדוק, המבוסס על "שפלות האדם" ושבירת המידות; על הקבוצה השנייה, לעומת זאת, נמנים אלה ש"למראית עין שחו עם הזרם, התנהגו בנימוס ובענווה [...] דקדקו הרבה בחיצוניותם והתערבו בין הבריות

שימר ציטוטים רבים מעיסוקו של הלה בענייני הלכה בספרו **עין תרשיש**, א, קובנא תרצ"ב, עמ' לד-לה, מז-מח, עח-צו (כזיהויו של רש"י זוין, **סופרים וספרים**, תל אביב תשי"ט, עמ' 367).

32 על הבעייתיות שבהסתמכות על 'מדרגת האדם' כמקור בלעדי להבנת שיטתו של ר' יוזל, כבר העירו, מנימוקים שונים, דוד פישמן ונעם גרין. גרין טוען כי השלב המאוחר בחיי ר' יוזל שבו הושמעו השיחות הללו, "מעלה את האפשרות שר' יוזל חזר בו, או לפחות מיתן כמה מרעיונותיו הרדיקליים כתוצאה מהניסיון שצבר במהלך השנים" (גרין, "שבע יפול צדיק וקם", עמ' 146). זאת, כנראה, בשל היעדר ביטויים משמעותיים של אנטינומיזם ב'מדרגת האדם'. אך לאמיתו של דבר, כל הנתונים ההיסטוריים מורים להפך: ככל שהתקדמו השנים, כך הלכה והתבססה המגמה הרדיקלית בפעילותו החינוכית של ר' יוזל, עד שהגיעה לשיאה בימי מלחמת העולם (כפי שממחישה עדותו של זילברג, עליה מרבה גרין עצמו להתבסס. ראו עוד להלן, בסוף הפרק).

33 ראו: **תנועת המוסר**, ד, עמ' 197–199. גם חלוקת הישיבה לחבורות קטנות (על פי גיל ורמה) בראשות אברכים ותלמידים בולטים (דבר שבגללו הוגדר המוסד פעמים רבות כ"קיבוץ" ולא "ישיבה"), מתוארת על ידו כקיימת כבר מראשית ייסוד הישיבה. עוד הוא גורס כי מאז ומתמיד היתה הסמכות החינוכית נתונה בידי ר' יוזל לבדו, אך לטעמי יש לפקפק בכך לאור העובדה שלצד ר' יוזל כיהן כזכור משגיח, רא"ד ברקובסקי; הגם שברור כי ר' יוזל היה בעל המעמד הבכיר, בלעדיות לא היתה אלא לאחר נטישת הרא"ד ברקובסקי בסביבות תרס"ו-תרס"ז (1907).

במידה ידועה" – כלומר, תלמידים התואמים את הדימוי הנפוץ של סלבודקה, המבוסס על "גדלות האדם". והנה, כפי שהוא מעיד במפורש, "הקיבוץ הנובוגרודקי היה קרוב בזמן הימצאי שם לכתה ב'"[34] – לקבוצה השנייה!

אכן, כשעמדו מוסדותיו של ר' יוזל במרכזו של הפולמוס בתרנ"ז, וזכו לכתבי הגנה מאת רבנים ובעלי בתים, תוארה ישיבת נובהרדוק כמוסד ישיבתי סטנדרטי לחלוטין, ללא סממנים יוצאי דופן כלשהם: "אין כאן לא חברה ולא כתה ושיטה, כי אם תלמידי חכמים יושבים ולומדים בשקידה עצומה ש"ס ופוסקים, ועושים חיל בלמודם. שקידת למודם גדלה כ"כ עד שכל רואיהם יתפלאו עליהם. המה בעלי מדות ובעלי נמוס ודרך ארץ עד להפליא, ורוח כל אנשי עירנו נוחה מהם, ולא טחו עינינו מראות לפזר חנם כסף [...] האברכים היקרים המסולאים בפז משימים לילות כימים והוגים בתורת ה' בש"ס ובפוסקים, יראי ה' ומוצאים חן בעיני ה' ואדם בהתנהגותיהם ובמדותיהם הטובות והישרות בנמוסי דרך ארץ עד להפליא"[35]. עדות זו נכתבה אמנם בהקשר אפולוגטי, על מנת להדוף את הביקורת על ישיבות המוסר, אך אין סיבה לפקפק בתמונה הכללית המצטיירת ממנה[36]: אם אכן היה מדובר כבר אז במוסד בעל צביון חריג ואקסצנטרי, קשה להניח שהוא היה מצליח לזכות בתמיכה אקטיבית מצד אנשי הציבור בנובהרדוק[37].

עוד בטרם החל הפולמוס, בכרוז תמיכה שניסח הרי"מ עפשטיין בטבת תרנ"ז (דצמבר 1896), הוא מתאר "אברכים גדולי תורה ויראה השוקדים בתורת ה' יום וליל בש"ס ופוסקים [...] ויראתם והנהגתם המעולה ונמוסי דרך ארץ שלהם,

---

[34] אובסי, **מאמרים ורשימות**, עמ' קכא. אמנם, גם לגביהם הוא טוען כי "הסתירו את התולעת המכרסמת בהם במעמקי נפשם".

[35] דברי נציגי הקהילה בנובהרדוק והמו"צ ר"מ שלופר; ראו בפרק הקודם, הערה 27.

[36] עדויות על ההיקף המצומצם של לימוד המוסר בנובהרדוק באותה תקופה, חוזרות גם בשנים שלאחר מכן, ללא הקשר פולמוסי. ר"י ניסנבוים, ברשימה שערך בשנת תר"ס (1900) בעקבות ביקורו בנובהרדוק (לעיל, הערה 19), מתאר כי רוב שעות היום מוקדשות לתלמוד, ורק בין מנחה לערבית מתאספים בחדר קטן ולומדים מוסר. גם בזכרונותיו של אובסי (**מאמרים ורשימות**, עמ' קכ) מתואר כי רק "השעה שבין מנחה למעריב היתה מוקדשת למוסרנות". ראו גם את סדר הלימוד המובא אצל רי"ל נקריץ ("ישיבות בית יוסף דנובהרדוק", עמ' 250).

[37] תיאוריו של כ"ץ את לימודי המוסר הנמשכים על פני שעות ארוכות (**תנועת המוסר**, ד, עמ' 274-273), הינם אנכרוניסטיים ופרספקטיביים במובהק, והשוו למשל השימוש שהוא עושה בכתביו של גראדה לשם המחשת שיחותיו של ר' יוזל (שם, עמ' 276–278). משך כזה של לימודי מוסר התפתח רק לקראת סוף העשור שלאחר מכן, כדלהלן.

ונוסף עליהם כמה וכמה מנינים בחורי חמד מצוינים וחריפים בקיאים, ובהם כמה וכמה הלומדים בהתמדה גדולה ונפלאה והנהגה ישרה ורצוי' [...] כל הרואה שקידתם הנוראה ויראתם הטהורה ונמוסי דרך ארץ שלהם, ישתומם..."[38]. בתיאור זה מודגש הצד המסורתי של לימוד התורה הקלאסי, תוך הבלעת נושא לימודי המוסר. דומים מאד דבריו של ר' אברהם אשכנזי מסֶליב – רב שהיה מיודד עם הרי"מ עפשטיין – המתאר במכתב תמיכה במוסדות ר' יוזל כיצד "ראו עינינו ולא זר בבואי לבית המדרש הגדול דנאווהרדאק, איך שאברכים ובחורים מצוינים גדולים בתורה ויראה יושבים שורות שורות ככרם ולומדים ש"ס ופוסקים בשקידה רבה ונפלאה ומחדדים זה את זה בהלכה..."[39].

מאוחר יותר, בכרוז אסיפת ברנוביץ', אף נוסחה הגדרה לגבי פרק הזמן היומי של לימוד מוסר במוסדותיו של ר' יוזל באותה עת: "רק כחצי שעה קודם תפלת מעריב ילמדו ג"כ איזה ספרי מוסר"[40] – פרק זמן מצומצם ומוגדר, כפי שהיה מקובל בסלבודקה ובנותיה. כך תיאר גם הרי"מ עפשטיין באביב תרנ"ז: "ויען שמעתי אומרים שרק במוסר יגדלו, מעיד אנכי ששקר הדבר ורק בין מנחה למעריב קרוב לחצי שעה שמעיינים באיזה ספרי מוסר זה בכה וזה בכה, אבל כל היום וכל הלילה לומדים גמרא ופוסקים"[41]. תיאור דומה בדבר חצי-שעת לימוד המוסר נשנה בדברי רבים מהרבנים שכתבו במהלך תרנ"ז מכתבי תמיכה במוסדות ר' יוזל[42].

---

38 **כתבי הערוה"ש**, סי' סח. תאריך הכרוז מקביל לניצנים הראשונים של פרוץ פולמוס המוסר.

39 **קונטרס המכתבים** (לעיל בפרק הקודם, הערה 33), דף 34א. זווית נוספת לתדמית הסטנדרטית של מוסדות נובהרדוק בשנים הראשונות, מוענקת במודעת פרסום של הספר 'פסקי הלכות' מאת ר' דוד פרידמן מקרלין, בה נכתב כי "ת"ח שאין ידם משגת, כמו האברכים הלומדים בכולל קאוונא ונאוואהרדאק ושאר בתי אולפנא", יזכו להנחה ברכישת הספר (**המליץ**, ט"ז טבת תרנ"ט [שנה 38 גליון 280], עמ' 6. את המודעה פרסם מקורבו ומדפיס ספריו של הרד"פ, ר' שמואל נח גוטליב). הדברים מפתיעים לכאורה, היות שבמהלך פולמוס המוסר הביע הרד"פ עמדה שלילית כלפי התנועה החדשה, כשהוא מצהיר כי העיקר הוא לימוד התורה המסורתי (**פולמוס המוסר**, עמ' 119-116); בנוסף, בולט האזכור בנשימה אחת של הכולל בקובנא, שבאותה תקופה כבר הופקע מידיהם של אנשי תנועת המוסר (כפי שראינו בפרק הקודם, הערה 11). הדבר עשוי ללמד כי כולל האברכים של נובהרדוק, שנודע תחת השגחתו של רב העיירה הרי"מ עפשטיין, נחשב בתודעה הציבורית שלאחר שוך הפולמוס כמוסד סטנדרטי לכל דבר.

40 **פולמוס המוסר**, עמ' 144-145.

41 **המליץ**, ז' ניסן תרנ"ז (שנה 37 גליון 73), עמוד השער; על מקור זה ראו בפרק הקודם הערה 25.

42 ראו: **קונטרס המכתבים** (לעיל בפרק הקודם, הערה 33), דף 10א, 12א, 14א, 17א, 24א, 27א.

בתיאורים הללו, ובפרט אלה שנכתבו על ידי תושבי נובהרדוק (הרי"מ עפשטיין, הדיין ר' מרדכי שלופר ונציגי הקהילה), בולטת העובדה שכולם מצאו לנכון להדגיש את "נמוסי דרך ארץ" של בחורי הישיבה; אפיזודות בסגנון כניסה לבית מרקחת כדי לקנות מסמרים, שיתוף קולקטיבי טוטאלי של הרכוש האישי והופעה חיצונית מוזנחת במכוון, טרם התקיימו באותה עת[43]. בנוסף, עדויות ממשיות על לימוד מוסר בנובהרדוק במשך כמה שעות מדי יום, ולא רק בחצי השעה המסורתית שבין מנחה לערבית, אינן מופיעות אלא למן השנים שאחרי פטירת הרי"מ עפשטיין[44]. ככלל, מתאר גם ר' דב כ"ץ, "בשנים הראשונות של קיום הישיבה לא היו ניכרים הבדלים גדולים בהנהגה המוסרית בין ישיבתו לבין ישיבות מוסר אחרות", ורק "במשך הזמן התגבשה שיטתו ונהפכה לקיצונית וקנאית"[45].

אף המתודה החינוכית של ה"בורסה" (בירז'ה) – עיסוק משותף ומוחצן של צמד בחורים במצבו המוסרי האישי של כל אחד מהם, באנלוגיה לצורת פעילותם של סוחרי המניות – הנחשבת לאחד מסמליה המובהקים של ישיבת נובהרדוק, לא היתה קיימת בעשור הראשון לפעילות הישיבה. ריטואל זה החל לכל המוקדם במפנה השנים תרס"ה-תרס"ו (1905), בהשראה ישירה מאסיפות-הרחוב של הרבולוציונרים במהלך מהפכת 1905, שכונו על ידיהם בשם "בורסה"[46].

---

[43] ראו התיאור ב**הצפירה**, י"א תשרי תרע"ב (שנה 37 גליון 216), עמ' 3, הטוען כי תלמידי נובהרדוק נוהגים לבזות את עצמם באמצעות הליכה ברחוב בבגדים הפוכים, לבישת בגדי חורף בקיץ ולהפך, ועוד. והשוו: ירושלמי, **מיערות הצפון**, עמ' 93-94; **תנועת המוסר**, ד, עמ' 255–260, וכן בזכרונותיו של זילברג מתקופת מלחמת העולם, בתוך: ע' אטקס וש' טיקוצ'ינסקי (עורכים), **ישיבות ליטא – פרקי זכרונות**, עמ' 361–362, ועמ' 365-368. ראו גם: קליבנסקי, **הישיבות הליטאיות במזרח אירופה**, עמ' 262–267.

[44] ראו הדיווחים על הישיבה ואורחותיה ב**הד הזמן** תר"ע (1910; להלן הערה 95) וב**הצפירה**, תרע"ב (1911; בהערה הקודמת). מתואר בהם, במעט הבדלים, כי 3–4 שעות ביום מוקדשות ללימוד מוסר: שעה אחת בבוקר מתוך ספרים, זמן מסוים בצהריים ל"בורסה", בין מנחה לערבית "סדר" כללי, ופרקי זמן קטנים במהלך היום להתבודדות ולימוד ביחידות. והשוו: ירושלמי, **מיערות הצפון**, עמ' 93-96. יש להעיר כי מגמת המקורות הללו – בלתי תלויים זה בזה אך עוינים במידה שווה לישיבה ואורחותיה – היתה להרבות בתיאור צבעוני של הישיבה ואורחותיה, ולפיכך מסתבר כי הממעיט שביניהם הוא גם המדויק יותר; וראו עוד להלן הערה 119.

[45] **תנועת המוסר**, ד, עמ' 198. ראו גם אצל סורסקי, **מרביצי תורה ומוסר**, א, עמ' רנ.

[46] ראו: **תנועת המוסר**, ד, עמ' 292–294; ר' בן ציון ברוק, **גוילי אש: שיחות, מוסר ודברי הגות**, ירושלים תשל"ג, עמ' ט"ו). על ה"בורסה" ראו גם בזכרונותיו של זילברג, בתוך: ע' אטקס וש' טיקוצ'ינסקי (עורכים), **ישיבות ליטא – פרקי זכרונות**, עמ' 362-363, וכן: דב רפל, "החינוך

אכן, כפי שכבר אובחן בעבר (על ידי כ"ץ) ונידון במחקר (על ידי פישמן), נקודת ציון מרכזית בהתנעת תהליך הרדיקליזציה של הישיבה היתה אותה מהפכה אנטי-צארית כושלת שהתחוללה לאורך השנים 1905–1907, ופרצה בין השאר כהמשך לתבוסת רוסיה במלחמתה עם יפן (1904–1905). מהפכה זו הביאה לנהיית צעירים רבים מן העולם היהודי אחרי התנועות האידיאולוגיות-חברתיות הסוחפות שבלטו בה: הבּוּנד ושאר תנועות הפועלים הסוציאליסטיות[47]. תופעה זו לא פסחה על ישיבתו של ר' יוזל ובחוריה[48]. התרחשות זו היא שהביאה את ר' יוזל לפתח תובנות חדשות בדבר אופי החינוך הנדרש עבור צעירי דורו, כזה שיהא רדיקלי וטוטלי מספיק כדי להתחרות עם המגמה הרבולוציונית צוברת הפופולריות: "לא

והלימוד בישיבות נובהרדוק", בתוך: א' ויזר (עורך), **ספר סנהדראי**, תל אביב תשל"ב, עמ' 444–440. ר"ד כ"ץ (שם) סבר לתומו כי מהפכת 1905 סיפקה רק את ההשראה לייסוד הריטואל, ואילו האנלוגיה לבורסה הפיננסית הריהי חידוש של ר' יוזל; אך לאמיתו של דבר, המהפכנים עצמם כינו את אסיפות הרחוב שלהם בשם "בורסה". כך לדוגמא תיאר בֶּר ברוכוב, במכתב מווארשא, מאי 1905: "לבּוּנְדאים יש כאן 'בורסה' באחד הרחובות. ב'בורסה', כלומר על המדרכות הרחבות של הרחוב ההוא, מתקהלים הבונדאים ומשוחחים בענייניהם" (מ' מינץ [עורך], **אגרות בר ברוכוב 1897–1917**, תל אביב תשמ"ט, עמ' 152).

[47] הדבר הורגש בישיבות ליטאיות רבות באותה תקופה. ראו: ב' שולמן, "הרוח המהפכנית בישיבות (טלז ושאדוב בשנים 1906–1909)", **העבר** יב (תשכ"ה), עמ' 133–137; שטמפפר, **הישיבה הליטאית בהתהוותה**, עמ' 301; ברויאר, **אוהלי תורה**, עמ' 382; **תנועת המוסר**, ד, עמ' 200; וכן קליבנסקי, **הישיבות הליטאיות במזרח אירופה**, עמ' 31 בהערה. על חלקם הכללי של יהודי רוסיה במהפכת 1905, ראו: אליהו פלדמן, **יהודי רוסיה בימי המהפכה הראשונה והפוגרומים**, ירושלים תשנ"ט, עמ' 244–252; יהודה סלוצקי, "שנת 1905 בחייהם של יהודי רוסיה", **העבר** כב (תשל"ז), עמ' 3–23.

[48] **תנועת המוסר**, ד, עמ' 200. ייתכן שלתקופה זו מתייחס הסיפור המאוחר שמביא רח"א זייצ'יק, לפיו "פעם בתקופה ידועה נסתננו אל ישיבתו כמה וכמה תלמידים שאינם מהוגנים", ור' יוזל הביאם לעזוב את הישיבה, "ומאז חל שינוי לטובה בכל התפתחות שיטתו ודרכו" (זייצ'יק, **המאורות הגדולים**, עמ' רד פיסקה עה, וראו גם עמ' רלד פיסקה קעז). דוגמא פרוזאית לתודעת המעורבות של בני הישיבה באירועי השעה, היא רשימת תורמים "בעד נגועי פוגרומי אוקטובר" 1905, שפורסמה בעיתונות, ובה בלטו שמותיהם של תריסר "בחורים [מ]ישיבת נובוגרודק ה'מוסרית'" (**הזמן**, י"ט טבת תרס"ו [שנה רביעית גליון 3], עמ' 4); וראו להלן הערה 127. בהקשר דומה, ישנה רשימה של 17 מתלמידי הישיבה בשנת תרס"ג, ביניהם ר' אלתר שמואלביץ, שלרגל חתונם חברם לישיבה תרמו כסף ליישוב ארץ ישראל וכן ליתומי פרעות קישינב: **המליץ**, י"ב חשוון תרס"ד [שנה 43 גליון 230], עמ' 4). עוד על ביטויי רוח המהפכה בעיירה נובהרדוק, ראו: הרכבי, **נאוואָרעדאָק**, עמ' 47–48; ירושלמי, **מיערות הצפון**, עמ' 35.

באה ההתפתחות הזאת בבת אחת בישיבה, כי אם במשך השנים [...] בעיקר מצא ר' יוזל לנחוץ לחזק את הרוח בישיבה לאחר ההתקוממות שהתחוללה ברוסיה בשנת תרס"ה (1905), שגם רבים מבני הישיבה נסחפו במעגלה"[49].

תהליך ההקצנה באופיה של ישיבת נובהרדוק בעקבות מהפכת 1905 בא לידי ביטוי בכמה שינויים בולטים שנערכו בסמוך לכך בסגל הישיבה. בסביבות תרס"ו-תרס"ז (1906), כעשר שנים לאחר הקמת הישיבה, עזב אותה ר' אליהו דוב ברקובסקי, שכאמור לעיל כיהן בה כ'משגיח', והתמנה למנהל ולמשגיח בישיבת לִידָא של הר"י ריינס; עזיבה זו, לפי הסבר מאוחר, נעשתה על רקע אי הנחת של הרא"ד ברקובסקי מ"הנהגת משטר מוסר קיצוני [...] דבר שלא היה לפי רוחו"[50]. זמן מסוים לאחר מכן, ככל הנראה בחורף תרס"ח (1907-8), אירעה התנגשות בוטה – ראשונה מבין כמה – של ר' יוזל עם אחד מחתניו, ר' אלתר שמואלביץ, ששימש ראש קבוצת תלמידים בישיבה. הלה עסק עם תלמידיו בפלפול ובלימוד גמרא בהיקף רחב יותר ממה שהחל להיות מקובל בישיבה בתקופה זו, ובשלב מסוים אף עשה זאת על חשבון השעות שבמערכת החדשה נועדו ללימוד מוסר (ובעבר הלא רחוק שימשו ללימוד גמרא); בעקבות האיום הפוטנציאלי שיצר הדבר על צביונה המתהווה של הישיבה, ולמרות קירבת המשפחה, סילק אותו חותנו ר' יוזל מתפקידו במעמד פומבי[51].

---

[49] **תנועת המוסר**, שם. תובנות חינוכיות התפתחו אצל ר' יוזל גם בעקבות טלטלות מלחמת העולם הראשונה (ראו לדוגמא: זייצ'יק, **המאורות הגדולים**, עמ' קנב פיסקה קנב, עמ' קצט פיסקה נח). על הקשר בין אופיה הרדיקלי של ישיבת נובהרדוק לבין הלכי הרוח המהפכניים של התקופה, הרחיב כאמור את הדיון דוד פישמן, "Musar and Modernity: The Case of Novaredok", ובפרט עמ' 46-49. יש להעיר אמנם כי חלק מהריטואלים הנובהרדוקאיים (ה"פרטים") שפישמן מפרש כחיקוי לפעילותם של אנשי הבּוּנד במהפכת 1905, התהוו כפי הידוע בתקופה מאוחרת יותר (המידע הריאלי שבידינו על רבים מהם מתייחס רק לעידן שבין שתי המלחמות).

[50] משה צינוביץ', "רבנים ילידי לובץ'", בתוך: הלל (עורך), **לובץ' ודלטיץ' – ספר זכרון**, עמ' 256-258.

[51] **תנועת המוסר**, ד, עמ' 329; קול, **אחד בדורו**, א, עמ' 75. תיארוך הסיפור לחורף תרס"ח מתחייב מן המובא אצל קול, שאחד הנוכחים היה רי"ש כהנמן (שלמד בנובהרדוק בין שלהי תרס"ז לאביב תרס"ח). ממילא, ההתנגשות המתועדת בתרע"א (עליה ראו להלן, אות ה) היתה שנייה במספר לכל הפחות, ואילו הסילוק הנוכחי היה לזמן מוגבל בלבד. כ"ץ מספר עוד, מכלי שלישי, על עימות של ר' יוזל עם בנו (!), שלא אחז בשיטת המוסר ולפיכך סירב אביו להקנות לו תפקיד בישיבה, מחשש לפגיעה באופיה (**תנועת המוסר**, שם. לדבריו, בעקבות זאת נאלץ הבן להגר לארה"ב, ושם נעלמו עקבותיו). לפי סיפור נוסף, אנונימי ובלתי מתוארך, אחד הר"מים הצעירים המליץ על תלמיד אחד "לפני רב המקום, שהוא ראוי לקבל היתר הוראה", זאת מבלי שהתייעץ תחילה

בסיכום ביניים: את תהליך ההקצנה של ישיבת נובהרדוק, שהחל לקראת סוף העשור הראשון של המאה ה-20, יש לראות בין השאר כריאקציה ישירה לרוחות הזמן והשפעת התנועות המהפכניות בקרב הדור הצעיר, כפי שהשתקף בייחוד במהפכת 1905.[52] האופי הרדיקלי של הישיבה, שהוסיף להתחזק בהמשך (על רקע אירועי מלחמת העולם והמהפכות של שנת 1917), היה קשור הדוקות

ר' יוזל – והלה בתגובה סילק את הר"מ מן הישיבה, משום ש"ראה בזה הפרעה בסדרי הישיבה" (**תנועת המוסר**, שם, עמ' 324).

[52] בנקודה זו אין מנוס מלהעיר על שיבוש מצער שנפל בזכרונותיו של זלמן שז"ר. בספרו **כוכבי בוקר**, תל אביב תשכ"ו, עמ' 112-129, מתאר שז"ר בפרוטרוט את דמותו של יעקב שלום קצנלבוגן (יש"ק), שנולד בתרל"ז למשפחת רבנים (ה'חזון איש' היה בן-דודו), ולאחר שנטש את הדת פרסם ממושבו שבלונדון שירים ופרוזה בכתבי העת עד מותו בתרס"ד; כתביו נאספו לאחרונה על ידי אבנר הולצמן, **בחוצות לונדון – מבחר סיפורים ורשימות**, תל אביב תשס"ב. שז"ר מספר (**כוכבי בוקר**, עמ' 115, 117) כי יש"ק הגיע אל עיירתו, סטויבץ, "משום שהוא ערך אז התקוממות – שקוראים 'שא' – בתוך ה'קיבוץ' של המוסר'ניקים אשר לר' יוזל בנובוגרודוק, פרש מן הישיבה וברח הביתה"; זאת בסמוך לתחילת הקונגרסים הציוניים. בהמשך (עמ' 119-120) מתאר שז"ר כיצד סיפר לו יש"ק "על ה'מרד' אשר היה שותף לו בישיבת המוסר'ניקים בנובוגרודוק, ועל ה'שא' אשר הם ערכו שם לר' יוזל 'בעל החורים', זה ראש הישיבה הנזיר הרודף בישיבתו את הציונות [...] את ר' יוזל לא הכרתי ובקיבוץ של המוסר'ניקים לא למדתי מעודי, אולם את סערת המרד הזה אשר הביא אתו מורי הנערץ חשתי בכל נפשי [...] הבחורים הנסערים המשוועים 'שא-א' אחד אדיר וארוך לתוך חלל הישיבה באמצע ליל השימורים [...] אותן השיחות שניהל אתי מורי המשורר י"ש קצנלבויגן בסִפרוֹ להבות על ה'שא' אשר אירגן זה עתה נגד ר' יוזל הנזיר הסגפן, ראש הישיבה של המוסרניקים בנובוגרודוק". התיאור הארוך הזה הובא על ידי הלל גולדברג, "This world is a very narrow bridge", עמ' 34, ואומץ גם על ידי הולצמן (**אהבות ציון: פנים בספרות העברית החדשה**, ירושלים תשס"ו, עמ' 93), שהוסיף מדעתו כי יש"ק עזב את נובהרדוק מפני ש"נקעה נפשו מדרך הלימוד הסגפנית האקסטטית הקיצונית שנהגה בישיבה". ובכן, כפי שהובהר למעלה, נובהרדוק בתקופה זו היתה ישיבת מוסר סטנדרטית לחלוטין, ללא אורחות קיצוניות כלשהן, ולא התרחש בה כל מרד פנימי. גם אם היה יש"ק רוצה לשייך את עצמו למתנגדי ר' יוזל בתוככי ישיבת נובהרדוק, לא היה ביכולתו לעשות זאת בשעה שהללו טרם התהוו. יתר על כן, באותה תקופה אכן התרחש מרד דומה להפליא לתיאור זה, שאכן כוון נגד לימוד המוסר ואכן הומצא במהלכו נוהל ה'שא' (המכונה גם: הופקה) – אך זאת לא בישיבת נובהרדוק, אלא בישיבת טלז! (ראו: זכרונותיהם המפורטים של ר' ירוחם ורהפטיג, **שלמי ירוחם**, ירושלים תש"א, בהקדמה; ב"צ דינור, **בעולם ששקע**, ירושלים תשי"ח, עמ' 70-71; ואצל שטמפר, **הישיבה הליטאית בהתהוותה**, עמ' 303 ואילך). אין ספק אפוא כי שז"ר, בכותבו את זכרונותיו עשרות שנים מאוחר יותר, טעה והחליף את טלז של ר' אליעזר גורדון עם נובהרדוק של ר' יוזל, שלימים נזכרה יותר מטלז כסמל של מוסר קיצוני.

להלכי הרוח שרווחו בקרב צעירי אותו דור. ממילא מובן מדוע תופעת נובהרדוק מעולם לא חרגה מגבולות הזמן והמקום שבהם נוצרה: אף בתקופת הפריחה של רשת הישיבות, בין שתי מלחמות העולם, לא הצליחה נובהרדוק להכות שורשים מעבר לים (בארה"ב), וגם נציגויותיה בארץ ישראל לא היו רדיקליות כאחיותיהן שבמזרח אירופה. קיומה של תופעה זו היה אפשרי רק במציאות מתוחה, כזו שלא רק העתיד שלה מעורער אלא גם ההווה. מאוחר יותר, כשהתייצבה תמונת המצב של עולם הישיבות לאחר השואה והקמת מדינת ישראל, כמעט לא נותר מוסד כלשהו שהמשיך באופן אותנטי את שיטותיו הפדגוגיות-התנהגותיות של ר' יוזל הורביץ[53]. גם לדידם של תומכיה ובוגריה, כנראה, היתה התנועה יפה לשעתה בלבד.

ג. מקומו של הרי"מ עפשטיין בעיצוב אופי הישיבה

זהו אפוא הרקע להצלחתה של השיטה החינוכית יוצאת הדופן שהתפתחה בישיבת נובהרדוק. אך גם בהתחשב במצע ההיסטורי הנוח, אין להניח ששיטה זו היתה באה לעולם לולא פועלו החינוכי והמעשי של מייסדה והעומד במרכזה, ר' יוזל הורביץ. כפי שמומחש בתולדות חייו, תכונות האופי הרדיקליות באישיותו באו לידי ביטוי זמן רב לפני ייסוד הישיבה בנובהרדוק ופיתוח הדרך החינוכית החדשה; ובכל זאת, לפי העובדות שלפנינו, בעשור הראשון לקיומה של הישיבה היא נוהלה על ידו כמוסד סטנדרטי למדי, שאינו נבדל מהותית משאר ישיבות המוסר. מה פשר הדבר? מדוע לא עוצבה ישיבת נובהרדוק, בתקופתה הראשונה, בצלמו ודמותו של ר' יוזל העומד בראשה?

לטענתי ניתן להצביע על נוכחותו של רב המקום הרי"מ עפשטיין, ומעורבותו הפעילה בחיי הישיבה, כגורם ממתן ומרסן לאותן מגמות רדיקליות שהיו עשויות להתפתח – ואכן התפתחו – בלעדיו. הרי"מ עפשטיין החזיק אמנם בעמדה אוהדת כלפי תנועת המוסר בכלל (ראו בפרק הקודם) ור' יוזל בפרט (ראו בהמשך), אך באופי עיסוקו הלמדני השתייך לדגם הרבני המסורתי של המאה

---

[53] ראו דברי טיקוצ'ינסקי, "הרב חיים זייצ'יק ולקחי השואה", עמ' 138, והמידע המובא אצל רי"ל נקריץ, "ישיבות בית יוסף דנובהרדוק", עמ' 280–290. כהמשך מסוים, מבחינה ארגונית ותודעתית, נחשבה בשעתו רשת המוסדות "אור יוסף" שהוקמה בסביבות פאריז שבצרפת על ידי ר' גרשון ליבמן. ראו: דוד שניאור, **איש על דגלו**, ירושלים תשנ"ח, עמ' 13–20, ועמ' 73–74; שורין, **קשת גיבורים**, ב, עמ' 79–83.

ה-19, וממילא גם השפעתו הישירה והעקיפה על ישיבת נובהרדוק פעלה בכיוון השמרני.

לנוכחותו בחיי הישיבה היו כמה היבטים: העובדה שבאותה תקופה נודעה כנראה הישיבה על שמו של הרי"מ עפשטיין[54], ההזדמנות שהיא העניקה לתלמידיה לשהות בצילו של גאון מפורסם ואף האפשרות לקבל ממנו "סמיכה" להוראה, היו בעלות אפקט משמעותי על החתך החברתי של הבחורים שהגיעו ללמוד בה. רבים מהם, כמסתבר, בחרו בנובהרדוק לא בשל השתייכותה לזרם המוסר ודמותו הייחודית של ר' יוזל, אלא דווקא בגלל נוכחותו של הרי"מ עפשטיין[55]; ממילא, לא היו אלה בחורים מן הטיפוס המוכשר או המעוניין ליטול חלק בתהליך של רדיקליזציה חברתית; אותה דמות סטריאוטיפית של בחור הישיבה ה"נוברדוקאי", אם בכלל התקיימה בתקופה זו, תאמה מספר זעום בלבד של בחורים[56]. בנוסף, עדות מאוחרת מלמדת שמעורבותו של הרי"מ עפשטיין לא התמצתה בהענקת חסות כללית והסמכה להוראה: הוא נהג לשאת את שיעור "פתיחת הזמן" כשהתחילו ללמוד מסכת חדשה, ובתקופה מסוימת אף היה מגיע לישיבה לזמן מה כמעט בכל יום, "למען השיב בפלפולי דאורייתא" לתלמידי הישיבה, ש"היו שואלים אותו בכל שהש"ס, והיה עונה להם בכל מקום, והיה אומר על פה הראשונים כלשונם..."[57]. פעילות למדנית מסוג זה העניקה למוסד צביון ישיבתי שגרתי.

---

[54] ראו לעיל, הערות 10-16.

[55] בין האישים שלמדו בנובהרדוק בתקופה הראשונה, ונסמכו להוראה על ידי הרי"מ עפשטיין, ישנם רבים שלא נודעו כבעלי זיקה כלשהי ל"שיטת נובהרדוק" (ר' שמואל לווין, ר' יעקב לוויצקי, ר' ישראל ליוורטובסקי, ר' ישעיה מרקוס, ר' דוב ברל סווירסקי, ר' משה יצחק סוקולובסקי, ר' עוזר פאליי, ר' אליהו פלקסמן, ר' בן ציון צביק, ר' יעקב ישראל קרף, ר' שלמה יהושע קרומר, ר' ישראל רוזנברג, ר' נחום דובער רזניק), לצד כאלה שאמנם הגיעו לנובהרדוק בגלל ייחודה של הישיבה ודמותו של ר' יוזל אך בפועל התקרבו בעיקר לרי"מ עפשטיין (ר' ירוחם ורהפטיג, ר' יוסף שלמה כהנמן), ואף כאלה שהרי"מ עפשטיין סומן כסיבה העיקרית לבואם אל נובהרדוק (ר' יחזקאל אברמסקי, ר' מנחם מנדל בורשטיין, ר' דוב אריה קליג, ר' אריה ליב קפלן).

[56] ברשימה המצויה בידי ריכזתי שמות של למעלה משישים בחורים שלמדו בנובהרדוק בתריסר השנים הראשונות לקיום הישיבה (תרנ"ו-תרס"ח), ואשר שמותיהם נשמרו לדורות אם מפני פועלם בהמשך חייהם ואם בשל תיעוד מקרי; מתוך כל אלה, מספר האישים שנעשו מזוהים במובהק עם ר' יוזל ודרכו (ואף זאת בעיקר בתקופת הפריחה של רשת ישיבות נובהרדוק) אינו עולה על 10%.

[57] ר' שלמה זלמן בלוך (שלמד בישיבה באמצע תקופתה הראשונה), **הצדיק רבי שלמה**, עמ' יג.

יתרה מכך, בשנים הראשונות אנו מוצאים את הרי"מ עפשטיין מעורב ישירות בהליך קבלת האברכים לכולל ולישיבה בנובהרדוק, כשהוא קובע סטנדרטים ומטרות משלו עבור המוסדות החדשים. כך עולה ממודעה שפרסם באביב תרנ"ז (1897), בה הודיע "לאברכים החפצים להמנות במספר האברכים הלומדים פה עירנו וסביבותיה ומצטיינים להפליא עין כל רואיהם בשקידתם הנפלאה בש"ס ופוסקים, בצדקתם ובנימוסי ד"א [=דרך ארץ] שלהם ורוח המקום ורוח הבריות נוחה מהם: הנני להודיע, אשר על הקיץ הבא בל יבוא לפה שום אברך מבלי תעודת רב גאון מפורסם אחד, אשר [מעיד כי] הוא מוכשר להיות מורה הוראה בישראל – **כי רק לאברכים כאלה נוסדה התמיכה**"[58]. מתברר כי לפחות בתחילת הדרך, תמיכתו של הרי"מ עפשטיין במוסדותיו של ר' יוזל היתה מותנית בכך שכולל האברכים יוקדש למטרת הכשרת רבנים ומורי הוראה; הדמות שנועדה ליישם את התכלית הזאת של הכולל, ולהעניק בפועל "היתר הוראה" לאברכים שהוכשרו לכך, היתה כמובן הרי"מ עפשטיין עצמו.

מעורבות זו בהליך קבלת התלמידים היתה קיימת לא רק לגבי הכולל, אלא גם באשר לישיבה שייסד ר' יוזל לצד הכולל. כך מלמדת מודעה דומה שפרסם הרי"מ עפשטיין שנה מאוחר יותר, בשלהי חורף תרנ"ח (1898): "כאשר בקיץ הזה נתיסד בפה נאווהרדק ע"פ אנשים נדיבי לב יראי אלקים חובבי תוה"ק ליתן תמיכה לבחורים מופלגי תורה שילמדו פה – מודיעים שכל בחור שרצונו לבא, יביא עמו מכתב תעודה מהרב דמתא שהוא מופלג בתורה"[59]. תמיכתם הכלכלית של אנשי העיירה בישיבתו של ר' יוזל, הותנתה אפוא – בהכוונת הרי"מ עפשטיין – ברף

(והשוו לעיל הערה 9 על מעורבות הרידב"ז בישיבת סלוצק). גם ר"ד כ"ץ מוסר שהרי"מ עפשטיין "עמד אתה [=עם הישיבה] במגע רצוף" (**פולמוס המוסר**, עמ' 175).

[58] **הצפירה**, י"א ניסן תרנ"ז (שנה 24 גליון 77), עמ' 392, ושוב בי"ח ניסן (גליון 81), עמ' 418 (ההדגשה – שלי). תאריך חתימתו: כ"ז אדר ב'. נוסח מקוצר יותר פורסם לפני כן ב**המליץ**, ג' ניסן תרנ"ז (שנה 37 גליון 69), עמוד השער.

[59] **הצפירה**, י"ב סיוון תרנ"ח (שנה 25 גליון 112), עמ' 620, ושוב בי"ז סיוון (גליון 116), עמ' 640. תאריך חתימתו: כ"ד אדר (עש"ק לס' עבודת הקודש). האמירה כי "בקיץ הזה נתיסד בפה נאווהרדק" אינה מתייחסת לעצם הקמת הישיבה, אלא להחלטתם של "אנשים נדיבי לב" להקצות תמיכה כלכלית גם לבחורי הישיבה (ולא רק לאברכי הכולל, כדלעיל). מודעה זו נדפסה במקביל ב**המליץ**, ד' סיוון תרנ"ח (שנה 38 גליון 105), עמ' 4, ושוב בט' סיוון (גליון 107), עמ' 6 ובט"ו סיוון (גליון 112), עמ' 6, כ"ז סיוון (גליון 122), עמ' 8, בנוסח מקוצר יותר: "כאשר נתרצו אנשים נדיבי לב יראי אלקים חובבי תוה"ק לתת תמיכה לבחורים מופלגי תורה...".

למדנות מינימלי שיגלה התלמיד הפוטנציאלי; תנאי שהיה מקובל ברוב ישיבות ליטא דאז.

אספקט פיננסי נוסף של מעורבות הרי"מ עפשטיין בישיבת נובהרדוק, היה במישור גיוס הכספים: כך, מספר ר"ד כ"ץ, "בהיותו מפורסם בשעתו כאחד מגדולי הדור, היו חתומים המכתבים בדבר תמיכה לישיבה בשמו, וכל השד"רים שיצאו לכל קצווי רוסיה לערוך מגביות לטובת הישיבה הצטיידו בתעודות המלצה ממנו"[60]. אכן, מקבץ כמעט-אקראי שפורסם לאחרונה, של תעודות ומכתבי המלצה ששלח הרי"מ עפשטיין לרבנים ונדבנים שונים בשנים תרס"א-תרס"ח (1901-1907), מאפשר להתרשם היטב ממידת מעורבותו בהיבט הזה של קיום הישיבה[61]. בין המכתבים הללו נמצא גם אחד שנכתב על ידיו ועל ידי ר' יוזל במשותף, כשבסיום המכתב חתומים השניים יחד, הלה כרב המקום והשני כ"מנהל" – ושמות השניים מופיעים גם בחותמת מיוחדת[62]. בנוסף נודע הרי"מ עפשטיין ככתובת הציבורית למשלוח תרומות ונדבות עבור הישיבה[63]. מעורבות זו בצדדים הטכניים והפיננסיים של הישיבה, תרמה כמובן ליכולת השפעתו של הרי"מ עפשטיין על אורחותיה ואופיה, במישרין ובעקיפין; הוסיפה לכך העובדה שלאורך רוב שנותיה בנובהרדוק לא החזיקה הישיבה במבנה עצמאי משלה, אלא הלימודים התקיימו בבתי המדרש הפזורים בעיירה – דבר שחיזק את כוחו של רב המקום, שנחשב מתוקף תפקידו לבעל אחריות על מבני הדת הציבוריים[64].

---

[60] **תנועת המוסר**, ד, עמ' 196.

[61] ראו: **כתבי הערוה"ש**, סי' סט, עב-עה, צז, קה ואולי גם קא. בסי' קה נזכרת גם מכירת ספרים מסוימים לטובת הכנסות הישיבה; מסתבר שמדובר בסדרת ספריו של הרי"מ עפשטיין עצמו, 'ערוך השלחן'.

[62] **כתבי הערוה"ש**, סי' עה, בתעתיק משובש של החתימה. כיוון שמדובר כאמור במקבץ אקראי (רוב המכתבים שנדפסו הם כאלה שנשלחו לר' משה נחום ירושלמסקי, שארכיונו שמור כיום במכון שוקן בירושלים), ניתן לשער בביטחון שהיו רבים נוספים כמותם, וכפי שמעיד קיומה של חותמת קבועה משותפת.

[63] דוגמא פרוזאית: במודעה קטנה המבשרת על תרומות שנאספו ליישוב ארץ ישראל בחתונה שנערכה בפטרבורג, אוזכר גם "סך 7.50 ר' [=רובל] לטובת כולל נאווארידאק, ששלחתי לידי הגאון ר' יחיאל מיכל האב"ד דשם" (**המליץ**, י"ב ניסן תרנ"ט [שנה 39 גליון 60], עמ' 8. הכותב: זלמן נח קליינשטיין מווילנא).

[64] ראו: **תנועת המוסר**, ד, עמ' 202.

שותפותו הפעילה של הרי"מ עפשטיין בענייניה הלימודיים והאדמיניסטרטיביים של ישיבת נובהרדוק, הוסיפה להתקיים לפחות עד אמצע העשור הראשון של המאה ה-20. כך, בשנים תרס"ג-תרס"ה (1903–1904) אנו מוצאים בעיתונות הודעות המבשרות כי "הממונים על החזקת אברכים ובחורים בנאווהרדאק מודיעים, בל יבוא שום אברך ובחור לפה, הן חדשים והן אלה שלמדו בפה ונסעו לביתם, עד שישאלו מקודם אם יש מקום לקבלם. וכל מי שיבוא בלי מענה לא יקובל, ויפסיד את הוצאותיו, כנהוג בכל הישיבות"[65] – והנה, השם המופיע תחת "אדרעס למכתבים" בעניין זה, הוא: Равв. М. Эпштейну – הרב מ. עפשטיין.

סך ההיבטים הללו של מעורבות הרי"מ עפשטיין בישיבת נובהרדוק, מבסס את ראייתו כשותף מרכזי לעיצוב הקווים הקונבנציונליים שהיו דומיננטיים בישיבה בתקופה הראשונה לקיומה. יתר על כן, גם אחרי שהחל תהליך הרדיקליזציה באופיה של ישיבת נובהרדוק, בשלהי חייו של הרי"מ עפשטיין, הרי שאותם מאפיינים למדניים-ישיבתיים שהוסיפו עדיין להתקיים בה, היו למעשה תולדה והמשך של האופי הקונבנציונלי שהוקנה לישיבה בתקופת הרי"מ עפשטיין ועל ידו.

על מנת להעריך את משמעותם וחשיבותם של הקווים הקונבנציונליים בישיבת נובהרדוק גם בתקופה בה הלך והתקרב תהליך הרדיקליזם לשיאו, ניתן לעשות שימוש במכתביו של לא אחר מאשר ר' יוזל עצמו, אשר – כפי שמתברר – בבואו לבקש סיוע מרבנים ממחוזות רחוקים, העדיף לצייר דווקא את צדדיה הסטנדרטיים והשגרתיים של הישיבה, תוך שהוא מצניע לחלוטין את אופיה הרדיקלי הייחודי. במכתב מחורף תרע"ג (1913) לר' משה אביגדור חייקין מלונדון, תיאר ר' יוזל כי "מפה יצאו רבנים גדולים יושבים על כסאות למשפט בקהילות גדול[ו]ת"; על תלמידי הישיבה הוא מספר כי "רובם ככולם אהובים וברורים, שוקדי התורה בעצמה ועמוסים ביראת שמים טהורה"; וכשהוא מנמק מדוע "ישיבתנו הק' היא מצויינת במינה", הוא מצייר את דמותם של "אנשים צעירים לימים וגדולים בתורה ויראה, וכל חפצם ומגמתם בחיים להיות תחת דגל התורה והיראה [...] ואך אל התורה עיניהם ומהם חכמתם האמיתית ויראתם הטהורה"[66].

[65] **הצפירה**, כ"ו אדר תרס"ג (שנה 30 גליון 61), עמ' 4. מודעה זו פורסמה שוב ב**המליץ**, י"ג תשרי תרס"ד (שנה 43 גליון 211), עמ' 4, וכן כ' תשרי (שנה 43 גליון 214), עמ' 4; ובמקביל ב**הצפירה**, ד' תשרי תרס"ה (שנה 31 גליון 201), עמ' 4.

[66] היימן, "מארכיונו של הרב משה אביגדור חייקין", עמ' קעה.

גם במכתב נוסף, מוקדם יותר, ששלח ר' יוזל בשנת תרע"א (1911) לר' אליהו קלצקין מלובלין, תיאר את בחורי הישיבה כ"גדולי תורה ויראה השוקדים בש"ס ופוסקים, אשר יהיו לגדולי ישראל מצוינים בתורתם ויראתם הטהורה"[67].

הימנעותו של ר' יוזל מלציין קווים רדיקליים וחדשניים באופיה של ישיבת נובהרדוק, או אף היעדר כל רמז מצידו לשיוכה ה"מוסרניקי" של הישיבה, מקורם כפי הנראה בעובדה שמדובר במכתב המיועד לתורמים פוטנציאליים מארצות שונות, כאלה שאינם נמנים בהכרח על קהל התומכים הטבעי של תנועת המוסר בכלל וישיבת נובהרדוק בפרט. יחד עם זאת, אין ספק כי היסודות לתיאורים הללו נוצקו בתקופת השפעתו של הרי"מ עפשטיין ובהשראתו הישירה; אותם "רבנים גדולים" המכהנים "בקהילות גדולות" שיצאו מהישיבה, לשם המחשה, נסמכו רובם ככולם ממנו, קרוב לוודאי. קיומם של היסודות הללו הוא שאיפשר לר' יוזל להשיג תמיכה כלכלית וחברתית מחוץ לחוג המצומצם של תומכיו, גם בתקופה השנייה והרדיקלית של הישיבה.

ד. מניעי התמיכה בר' יוזל וישיבתו

כאן המקום להתחקות אחר המניעים לתמיכה האינטנסיבית שהפגין הרי"מ עפשטיין כלפי ישיבת המוסר בנובהרדוק. תמיכה זו, לאמיתו של דבר, כרוכה באופן בלתי נפרד עם ההערכה האישית שרחש כלפי מנהלה של הישיבה, ר' יוזל: מכּתביו של הרי"מ עפשטיין עולה שהוא העריך לא רק את פועלו של הלה, כפי שטען ר"מ בר-אילן, אלא גם את דמותו ואישיותו. בכרוז תמיכה ברשת הישיבות של ר' יוזל שנכתב על ידי הרי"מ עפשטיין בטבת תרנ"ז (1896) הוא מתאר "כי הקים ד' לנו גם בדורנו השלם אנשים גדולי הערך, צדיקים ואנשי מעשה הדואגים לקרן התורה [...] וגדולים מעשיו של ידיד ד', הרב הגאון הצדיק המפורסם מוהר"ר יוסף יוזיל יצ"ו [...] כי נתרבו ונתישבו על ידו בהרבה ערי ישראל..."[68]. גם במכתב פרטי ששלח הרי"מ עפשטיין לאישיות שנתבקשה לסייע לגיוס כספים עבור הישיבה, הוא מתאר את ר' יוזל כ"איש צדיק ונשגב, ואינו

[67] זעירא (עורך), **שנות דור ודור**, א, עמ' קסח-קסט.

[68] **כתבי הערוה"ש**, סי' סח. "הגאון", בהקשר זה, הינו תואר שגרתי של כבוד, הרווח במכתביהם של רבני ליטא במחצית השנייה של המאה ה-19, בעוד התואר "הצדיק" לא נכתב בדרך כלל אלא על מי שנחשב כראוי לכך. לנושא בכללו ראו: חיים חמיאל, "על נושא התארים בשו"ת בשנים תר"כ-תרנ"ה", **סיני** צה (תשמ"ד), עמ' נט-פד (לענייננו ראו בפרט עמ' עט).

נהנה מזה בפ"א [=בפרוטה אחת]"[69]. בהתאמה לכך, בספרות הזכרונות ישנן מסורות לביטויי הערכה מפליגים שהשמיע הרי"מ עפשטיין כלפי ר' יוזל. עדות אחת מספרת שאמר עליו כי "אין בנמצא עוד חכם כמותו בכל העולם"[70], ועדות מפורטת יותר, ששימר ר"ד כ"ץ, מספרת על אחד מתלמידי ישיבת נובהרדוק שהתלונן בפני הרי"מ עפשטיין על הנהגותיו של ר' יוזל, והלה השיב לו "כלה את דבריך וצא! הרי במקצוע זה הוא יחיד בדורו"[71]. לצד העדות שנזכרה לעיל, על כך שהשניים הכירו עוד בתקופת התבודדותו של ר' יוזל ושהלה אף התארח לעיתים אצל הרי"מ עפשטיין בשבתות, מביא ר"ד כ"ץ עדות לפיה מידי שנה בחג הפורים נהג זה האחרון להקדים ולשלוח משלוח מנות לר' יוזל[72].

כל זאת, כאמור לעיל, אינו עולה בקנה אחד עם תיאורו האמביוולנטי-מדי של ר"מ בר-אילן על יחסו של סבו הרי"מ עפשטיין לר' יוזל, אך ניתן להסכים ששאלת טיב היחסים בין השניים אכן טעונה ליבון. כפי שממחישה הביוגרפיה של ר' יוזל, הקווים הסוערים באופיו באו לידי ביטוי עוד שנים רבות בטרם הקמת הישיבה בנובהרדוק; אף שלעיל תיארנו כיצד המגמות הרדיקליות של ישיבה זו התהוו בתהליך מדורג, הרי שבמישור האישי ניתן להצביע על התנהגויות אקסצנטריות של מייסדה כבר עם הגיעו לנובהרדוק. הדבר בלט במיוחד במישור המשפחתי: בשנותיו הראשונות בעיירה חי ר' יוזל בנפרד מאשתו וילדיו, שנשארו בסלבודקה – זאת "בגלל הסתייגותו לקבל טובת הנאה מהישיבה. [לכן] לא תמך באשתו כפי שהתנה אתה מתחילה, והיא התפרנסה מאפיית מעשי תנור וחיתה חיי צער ובדידות"; רק בהמשך, ובעקבות לחץ מצד הר"י בלאזר, הביא ר' יוזל את משפחתו לנובהרדוק[73]. קשה להניח שהדבר נעלם מעיני רב המקום, הרי"מ

---

[69] **כתבי הערוה"ש**, סי' עב; מכתב מניסן תרס"א (1901) לאברהם אליהו הרכבי.

[70] ר' שלמה זלמן בלוך, **הצדיק רבי שלמה**, עמ' 10 (בתרגום חופשי מאידיש).

[71] **תנועת המוסר**, ד, עמ' 196–197, מפי ר"א יפה'ן בשם ר' ישראל יעקב לידר מקאפוליה, "שנכח באותו מעמד".

[72] שם, מפי ר"א יפה'ן בשם חותנו עצמו. כ"ץ מציע כהשערה, שהרי"מ עפשטיין עשה זאת בין השאר על מנת "להעלות [את] ערכו [שלו] בעיני התלמידים לטובת השפעתו בישיבה".

[73] **תנועת המוסר**, ד, עמ' 206–207. יצוין כי לדברי אובסי (**מאמרים ורשימות**, עמ' קכד) ר' יוזל היה "נוטל מקופת הקיבוץ לפי הצורך", אך גם הוא מסכים שהיה זה "רק כדי צרכיו ההכרחיים" (והשוו ירושלמי, **מיערות הצפון**, עמ' 95, המספר כי "בתו [של ר' יוזל], שהיתה באה לפעמים לאמו של שמואליק [=ירושלמי עצמו], היתה מתאוננת על המחסור השורר תמיד בביתם"). במידה מסוימת ניתן לראות בכך המחשה של הבעייתיות הטמונה בזרם הרדיקלי של תנועת המוסר, המעדיף את

עפשטיין, ובלתי סביר שהערכתו את ר' יוזל כ"צדיק נשגב" כללה גם מעשים חריגים מסוג זה.

מאידך, יש לזכור כי הגם שההיבטים הרדיקליים באורח חייו של ר' יוזל היו גלויים לעין, אין כל סימן ורמז לניסיון מצידו להנחיל אותם כשיטה לרבים בתקופה הראשונה של קיום הישיבה בנובהרדוק. מסתבר שבאותו שלב הוא האמין עדיין שאורח החיים הקיצוני הוא עניינם של יחידי סגולה בלבד, ורק בהמשך, עקב נסיבות חיצוניות (כדלעיל), התפתחה אצלו הגישה הגורסת שזוהי הדרך החינוכית המתאימה עבור כלל צעירי התקופה. היעדר המאפיינים הרדיקליים ממשנתו החינוכית המעשית של ר' יוזל בתקופה הראשונה, היה בו כדי לסייע לרי"מ עפשטיין לקבל את דמותו וחלק מהתנהגויותיו הפרטיות החריגות.

כך או כך, סך ההיבטים של אישיותו והליכותיו של ר' יוזל – שבמישורים אחרים אכן בלט כדמות מופתית[74] – הביא להחשבתו כמודל לגיטימי של 'צדיק' בעיני הרי"מ עפשטיין. קשה להפריז במשמעות הדבר: אחרי הכל, מדובר כנראה בדמות

ההשתלמות המוסרית ועבודת המידות של הפרט על פני מישור ההתנהלות שבין אדם לחברו. ר"ד כ"ץ אינו מהסס להשתמש במילים חדות בתיאור התנהגותו המשפחתית של ר' יוזל: "כבר סופר לעיל כמה נהג באכזריות כלפי אנשי ביתו בשעה שהחליט לפרוש לתורה או להתבודדות. בזמן שבא לידי הכרעה שעליו לעזוב את עסקיו ולהתמסר לתורה ולעבודת ה', לא לקח כלל בחשבון את שאלת פרנסתם ונטש אותם לבד ללא כל משען ומסעד. ולמרות כל ההתנגדויות לצעדו זה מצד אבותיו ורבותיו וכל ידידיו, עמד כצור סלע על החלטתו..." (**תנועת המוסר**, עמ' 327–328. בהמשך הוא מזכיר מעשי אטימות נוספים של ר' יוזל כלפי משפחתו – ברוח אחת הדעות ב**תלמוד בבלי** [עירובין כב ע"א], שדברי תורה נמצאים "במי שמשים עצמו אכזרי על בניו ועל בני ביתו כעורב" – ומסיים: "כנראה הרגיש בעצמו שיש לו חולשה מיוחדת בעניני משפחה [...] ומשום כך התאמץ בהיפך הנגיעה הזאת, לעקור אותה משרשה". ראו עוד שם עמ' 329, והסיפור החריג והאנטינומיסטי בעמ' 318, וכן אצל רח"א זייצ'יק, **המאורות הגדולים**, עמ' קסז פיסקה קכז, עמ' ריד פיסקה קכה, ועמ' רטו פיסקה קכז).

[74] ראו: **תנועת המוסר**, ד, עמ' 315–322, ועוד. מפורסם בהקשר זה היחס הלבבי שידע ר' יוזל להפגין כלפי הבריות, באופן שנתפס כמנוגד לתדמיתו הסוערת ולסיפורים שפורסמו על אודותיו בחייו (ראו שם, עמ' 330–331). עובדה זו הותירה רושם ניכר בספרות הזכרונות, כך לדוגמא אצל משה זילברג (בתוך: אטקס וטיקוצ'ינסקי [עורכים], **ישיבות ליטא – פרקי זכרונות**, עמ' 363–364); ר' משה שורין (מובא אצל בנו, **קשת גיבורים**, ב, עמ' 243); יהושע אובסי (**מאמרים ורשימות**, עמ' קכא), ועוד. אפילו בקרב אנשים שביקרו בחריפות את שיטתו ואופי ישיבתו, ניתן למצוא כאלה שהסכימו שמדובר בדמות ייחודית כלשעצמה: "זהו טפוס מצוין במינו, שריד בדורנו, בצדקתו ובחסידותו הנפרזה" (**הד הזמן**, כ' סיון תר"ע [שנה ד גליון 32], עמ' 3).

האוהדת ביותר שרכש ר' יוזל אי פעם מחוץ לשורות תנועת המוסר. וכפי שראינו, אהדה זו שימשה מרכיב חשוב הן בתמיכתו הכוללת של הרי"מ עפשטיין בישיבת המוסר בנובהרדוק והן בהצלחת הישיבה עצמה בתקופתה הראשונה ואף לאחר מכן.

האם בשלהי תקופה זו, כשההתנהלות האקסצנטרית החלה להפוך אצל ר' יוזל גם למשנה חינוכית אקטיבית, חלה נסיגה במידת התמיכה של הרי"מ עפשטיין בו ובישיבתו? כיצד הגיב לשינויים שהוכנסו בהדרגה באורחותיה של הישיבה לאחר מהפכת 1905, דוגמת ה"בורסה"? יש לציין, מחד גיסא, כי כל העדויות הנזכרות על הערכת הרי"מ עפשטיין את ר' יוזל, נוגעות לתקופה מוקדמת יותר, או לחלופין נטולות תאריך; עם זאת, בדיקת התאריכים של מכתבי ההמלצה שכתב הרי"מ עפשטיין בעד ישיבת נובהרדוק, מעלה שכאלה הוסיפו להיכתב גם בחודשי חייו האחרונים[75]. גם מגעיו עם הישיבה ותלמידיה, הוסיפו להימשך במקביל. כלומר, על פניו לא התרחש נתק כלשהו, ותמיכתו של הרי"מ עפשטיין בישיבת נובהרדוק לא נפסקה עד סוף ימיו. אך האם פירוש הדבר שהתמורות ההולכות ומתהוות באופיה של הישיבה, היו בהכרח לרוחו? כפי שהצבענו לעיל, מעורבותו בישיבת נובהרדוק נשאה אופי קונבנציונלי בלבד. הוא אמנם הביע תמיכה פעילה במוסדות המוסר של ר' יוזל מאז היווסדם, אך כשלעצמו ראה את ייעודו של הכולל בנובהרדוק כמוסד להכשרת אברכים להוראה ורבנות, ועל כל פנים כמסגרת שמטרתה המרכזית לימוד תורה מן הדגם הישיבתי המסורתי בעוד לימוד המוסר מצורף רק כנספח. אין כל סיבה להניח שהרחבת נפח העיסוק במוסר, וההקצנה ההדרגתית באופיו של עיסוק זה, היו זוכים לתמיכה מצידו.

אלא שבשונה מן העשור הראשון לקיום ישיבת נובהרדוק, אז שימשה דמותו של הרי"מ עפשטיין כגורם ממתן שתרם לא מעט לחיזוק הקווים הקונבנציונליים באופי הישיבה, הרי שבשלוש השנים האחרונות לחייו התרחשה ירידה משמעותית ביכולת ההתערבות שלו בחיי הישיבה. למן שנת תרס"ה – כמעט במקביל למהפכת 1905 – חלה הרעה הולכת וניכרת במצב בריאותו של הרי"מ עפשטיין, ובפרט בכושר הראייה שלו, עובדה עליה התאונן רבות במכתביו מאותה תקופה[76]. הליקויים הבריאותיים של שנות הזיקנה, טבעם להביא לירידה מסוימת בתפקוד האינטנסיבי לעומת העבר; סביר להניח שבתנאים כאלה התקשה הרי"מ עפשטיין

---

[75] ראו: **כתבי הערוה"ש**, סי' עה, מרחשוון תרס"ח (1907).

[76] על כך ראו להלן, פרק שמיני.

להוסיף ולהחזיק באותה מעורבות פעילה בענייניה האדמיניסטרטיביים של הישיבה והליכי קבלת התלמידים אליה[77]. מעבר לכך, בעיות הבריאות גם הכריחו את הרי"מ עפשטיין להיעדר מביתו לתקופות ממושכות, לשם קבלת טיפול רפואי. ידוע לנו, לדוגמא, כי בקיץ תרס"ה (1905) שהה הרי"מ עפשטיין מחוץ לנובהרדוק לאורך יותר משלושה חודשים רצופים, שבמהלכם שהה בעיקר בפטרבורג הרחוקה, לשם ניתוח עיניים[78] – ולא היתה זו הנסיעה הממושכת היחידה. במציאות שכזו, היה קל בהרבה לר' יוזל ליישם שינויים משמעותיים בסדרי ישיבת נובהרדוק (כדוגמת ה"בורסה"), ללא חשש מביקורתו של פטרון הישיבה, שבשובו לעיירה כבר ניצב בפני עובדה מוגמרת.

תהליך הרדיקליזם של ישיבת נובהרדוק למן אמצע העשור הראשון של המאה העשרים, נהנה אפוא משילובם של שני גורמים, חיצוני ופנימי: הגורם החיצוני, הדומיננטי, הוא המציאות החדשה שנוצרה עם מהפכת 1905 בקרב הנוער היהודי ברוסיה, והתובנות החינוכיות שפיתח ר' יוזל בעקבות כך, שהשתלבו היטב עם האופי המהפכני שלו עצמו. הגורם הפנימי היה ההסרה ההדרגתית של העַכָּב הממתן בדמות פטרונותו של רב המקום, הרי"מ עפשטיין, על הישיבה ותלמידיה.

ה. קורות הישיבה בנובהרדוק לאחר פטירת הפטרון

החשיבות שנודעה לדמותו של הרי"מ עפשטיין בתולדות ישיבת נובהרדוק בתקופה הראשונה לקיומה, מודגשת בייחוד בהשוואה למערכת היחסים הבעייתית והלוחמנית שהתפתחה לאחר פטירתו (בסוף חורף תרס"ח, 1908) בין הישיבה ומנהיגהּ ר' יוזל, לבין הרבנים שנבחרו למלא את משרת רב העיירה. לאחר תקופת מעבר בת כשלושת-רבעי שנה[79], נבחר לכהן כרבה של נובהרדוק לא אחר מאשר ר' אברהם אהרן בורשטיין מטבריג (טויראגן, Tauragė), מי שהיה כזכור המתנגד

---

[77] ואכן, מאמצע תרס"ה ואילך איננו מוצאים אותו מפרסם עוד בעיתונות הודעות בענייני הישיבה, כפי שנהג לעשות בשנים שלפני כן (בעמודים הקודמים צוינו הודעות רבות בענייני הישיבה שפרסם הרי"מ עפשטיין מחורף תרנ"ז ועד תחילת תרס"ה – בנוסף למקבץ האינטנסיבי של מודעות וכרוזים שפרסם במהלך פולמוס המוסר; לעומת זאת, מחורף תרס"ה ועד פטירתו בסוף חורף תרס"ח לא עלה בידי לאתר ולוּ מודעה אחת).

[78] ראו: קליג, **לב אריה**, עמ' ו, והשוו **כתבי הערוה"ש**, סי' קמו וסי' מא.

[79] בחודש הראשון שימש רי"ש כהנמן כממלא מקומו של הרי"מ עפשטיין (ראו להלן פרק שמיני), ולאחר מכן כפי הנראה עלו וירדו שמותיהם של מועמדים שונים (ראו להלן הערה 81).

החריף ביותר לישיבות המוסר בפולמוס תרנ"ז. כפי שמתאר ר"ד כ"ץ, בחירה זו נעשתה נגד רצונו של ר' יוזל; לדבריו, לאחר פטירת הרי"מ עפשטיין:

> נכנס ר' יוזל בעובי הקורה בבחירת רב אחר במקומו. הוא ראה בזה שאלה הנוגעת באופן חיוני לעניני הישיבה, כי על רב העיר להיות גם הפטרון של הישיבה, והכרחי שיהיה לו יחס חיובי אליה ויוכל לעבוד אתה בשיתוף. תושבי המקום בחרו בר' אהרן בורשטין, מי ששימש לאחר זמן כרבה של טבריג, לרב העיר, אבל בהיות שהוא נמנה על מתנגדי המוסר הידועים ומהחתומים על 'גלוי הדעת' הידוע שיצא כנגד בעלי המוסר, לא הסכים ר' יוזל למועמדותו, ושמו לו מכשולים רבים על דרכו עד שנאלץ לעזוב את המקום[80].

כיצד נבחר הר"א בורשטיין לרבה של נובהרדוק? לדברי רי"ל נקריץ, אנשי נובהרדוק עצמם נחלקו בעמדותיהם כלפיו, כשחלקם תומכים בו (והם שנתנו לו את כתב הרבנות) וחלקם מתנגדים לו, בעיקר מפני שבעקבות פולמוס תרנ"ז הוא נתפס כיריבו של רבם הקודם הרי"מ עפשטיין[81]. היחס לתנועת המוסר, אפוא, לא היה המרכיב המרכזי בעמדותיהם של תושבי העיירה. ייתכן מאד כי חלה התרופפות בעמדה החריפה שבה החזיק הר"א בורשטיין עשור קודם לכן כלפי תנועת המוסר, אך גם כך, לא מדובר בדמות שניתן לצפות ממנה לתמיכה בישיבת המוסר המקומית; בחירתם של פרנסי נובהרדוק בו כרב העיירה, מבטאת

---

[80] **תנועת המוסר**, ד, עמ' 202. כפי שנראה להלן, לא ניתן לקבל את גרסתו ההרמוניסטית של ר"מ בר-אילן, שטען: "בנאוואהארדק עצמה לא השאירה המחלוקת שום רושם רע. כהוכחה תוכל לשמש העובדה שלאחר פטירתו של סבא, מינו שם לרב [את] אותו הרב בורשטיין, ואיש לא הזכיר שבין הרב הקודם והרב החדש נפלה לפנים מחלוקת..." (**מוולוז'ין עד ירושלים**, עמ' 267). מעניינת גם התעלמותם המוחלטת של וולברינסקי ומרקוביץ, מחברי **לקורות עיר נאוואהרדאק ורבניה**, מפרשת מינוי הר"א בורשטיין וכן הר"י ריינס (ראו עמ' יג). אף אחיו של הר"א בורשטיין, שתיאר את תולדותיו בפתח ספרו **דברי רד"ך**, התעלם מפרשה לא-נוחה זו.

[81] נקריץ, "ישיבות בית יוסף דנובהרדוק", עמ' 254; והשוו טענת אליעזר ירושלמי (**מיערות הצפון**, עמ' 91–92), כי אביו הוא שהציע "את מי שהיה חברו לישיבה", הר"א בורשטיין, לתפקיד רב העיירה, לעומת אחרים בעיירה שהתנגדו לו. ר"נ וקסמן, אמנם, גורס שהר"א בורשטיין נבחר עקב המלצתו של הרי"ש כהנמן, תלמידו וממלא מקומו של הרי"מ עפשטיין (וקסמן, "הגאון בעל ערוך השלחן", עמ' 428); אלא שקיימת עדות הפוכה, לפיה הרי"ש כהנמן המליץ שלא למנות את הר"א בורשטיין בנימוק שיריבותו עם בעלי המוסר תביא למתיחות בעיירה (מובא אצל סורסקי, **הרב מפוניבז'**, עמ' מח). לדידי יש לפקפק בעצם ההנחה שהרי"ש כהנמן היה מעורב בבחירת הר"א בורשטיין, מאחר שהוא עזב את נובהרדוק יותר מחצי שנה לפני בואו של האחרון.

אם כן שינוי ברור ביחסם האוהד-מתחילה כלפי ר' יוזל וישיבתו – זאת קרוב לוודאי בשל תהליך ההקצנה האמור שעברה הישיבה באותן שנים[82].

עובדת בחירתו של הר"א בורשטיין נגד הסכמתו של ר' יוזל, הביאה את האחרון לפתוח בצעדי התנגדות חריפים לכהונתו של הרב החדש, במגמה למרר את חייו[83]. ר"ד כ"ץ מקמץ במילים, וכותב רק שכעבור כשנה נאלץ הר"א בורשטיין לעזוב את כסאו כתוצאה מההתנגדות תלמידי ישיבת נובהרדוק[84]; גרסה מכיוון הפוך

[82] ביטוי נוסף לשינוי עמדתם של אנשי העיירה ביחס לישיבתו של ר' יוזל, עולה לאור דמות נוספת ששמה נקשר בכהונת הרבנות בנובהרדוק לאחר הרי"מ עפשטיין: במכתב מכ"ב אלול תרס"ח – חצי שנה בדיוק לאחר פטירתו של הלה – מזכיר ר' אברהם יצחק הכהן קוק (שהיה אז ביפו) ידיעה לפיה ר' יצחק יעקב רבינוביץ' מפוניבז', עזב את עירו על מנת להיות רב בנובהרדוק (רב"צ שפירא [עורך], **איגרות לראי"ה**, מהדורה שנייה, ירושלים תש"ן, עמ' רצו). הרי"י רבינוביץ', שהיה כזכור עמיתו של הר"א בורשטיין עוד מתקופתם בסלבודקה, חתם לצידו בפולמוס תרנ"ז על הכרוז כנגד ישיבות המוסר. אין בידינו מקור נוסף למעורבותו בפרשת המינויים לרבנות נובהרדוק, אך אם הידיעה נכונה יש בה כדי להסביר את הפער בן שלושת-רבעי השנה שבין פטירת הרי"מ עפשטיין להגעת הר"א בורשטיין.

[83] ראו המסורות שבספרו של ירושלמי, **מיערות הצפון**, עמ' 96. מידע נוסף הובא על ידי ר' נתן קמנצקי, *Making of a Godol*, Jerusalem 2002, pp. 1210-1213 (למקור זה הגעתי בעקבות הפנייתו של נעם גרין, "שבע יפול צדיק וקם", עמ' 144 הערה 8). ראו למשל המובא שם מפי ר' זליג סטאר, תלמיד ישיבת נובהרדוק דאז. אמנם, הדברים המובאים ממאמרו של ר"ש ביאלובלוצקי, לפיהם הסכים ר' יוזל בתחילה שהר"א בורשטיין ישמש כראש הישיבה לענייני הלכה ותלמוד, הינם חסרי שחר. ראו בנוסף תיאורו של מרדכי גזבר: "אני הכרתי את בעל 'ערוך השולחן' ואת תנאי קהילתו בנווהרדוק, ועוד שמור בזכרוני חילול השם שנגרם באותה קהילה אחרי פטירתו של ר' מיכל אפשטיין ז"ל, ואת 'שפיכות הדם' שנגרמה לשני רבנים גדולים, הרב מקאליש והרב מטבריג, על ידי נושאי דגל המוסר מישיבת ר' יוזף בנווהרדוק" (**מעריב**, י' אב תשכ"ד [שנה 17 גליון 6059], עמ' 15. זכרון הכותב הטעהו כנראה באשר "לרב מקאליש", וייתכן שכוונתו – ושמא גם כוונת ביאלובלוצקי – לר' מנחם קרקובסקי, כדלהלן).

[84] **פולמוס המוסר**, עמ' 281. הוא מוסיף שבעקבות זאת "איבתו [של הר"א בורשטיין] למוסריים גדלה", ורק בסוף ימיו חזר בו ממנה (כפי ששמע ר"ד כ"ץ מפיו, בשנת תרפ"ה). אך יש לעמת זאת עם דבריו של כ"ץ עצמו, **תנועת המוסר**, ג, עמ' 69-70, המספר שכשחזר הר"א בורשטיין לטבריג והקים בה "קיבוץ", ביקש מרנ"צ פינקל לשלוח אליו קבוצת בחורים מישיבת המוסר בסלבודקה! ואכן, ידיעה זו מובאת על ידי ר' ישראל זיסל דבורץ, **תבונה**, יג (תשי"ח), עמ' פב, כראיה לכך שכבר אז הר"א בורשטיין "כפף את 'יצר ההתנגדות אל המוסר' שלו", והוא אף רואה זאת כשלב חשוב בשיכוך סימני ההתנגדות האחרונים לתנועת המוסר בישיבות ליטא. בין כך ובין כך, עובדה מעניינת היא שכאשר נפטר הר"א בורשטיין בירושלים תרפ"ו (1925), נכחו בהלווייתו בין השאר הרנ"צ פינקל ותלמידיו (**התור**, כ"ד כסלו תרפ"ו [שנה 6 גליון 3], עמ' 14).

מוסר ר' משה פרנקל, חתנו של הר"א בורשטיין[85], "כי בהיותו בעיר נודע לו כי מועט [=מיעוט] קטן בעיר מתנגד לו, לכן השתדל לעזוב את העיר, ולא עלתה בידו כי בעלי העגלות בעיר עשו יד אחת שלא להוליכו משם בשום אופן. ע"כ עזב בלילה בהחבא את העיר ויצא ברגל..."[86]. תיאור תמים זה, לפיו רק כשהגיע הר"א בורשטיין לנובהרדוק גילה לפתע שיש לו מתנגדים שם, איננו סביר, אך ייתכן בהחלט שהוא לא חזה את עוצמת ההתנגדות שתופנה כנגדו. אחד הצעדים יוצאי הדופן שנעשו בעקבות בחירת הר"א בורשטיין, היה העברה זמנית של רוב תלמידי הישיבה אל העיירה הקטנה ז'טל, כ-35 ק"מ מדרום-מערב לנובהרדוק. הדבר נעשה באמצע חורף תרס"ט (1909), כפי שנמסר בעיתונות התקופה על ידי אחד מאנשי ז'טל:

> ביום ו' העבר [=כ"ב טבת, 15 בינואר] קבלה עירנו כשבעים חניכים מהכולל דנאווארעדאק העומד תחת השגחת הרב הג' הצדיק ר' יוסף יוזל הורוויץ שליט"א. סבת הדבר היא, מפני כי בנאווארעדאק שוררות כעת מהומות ומבוכות ע"ד הרבנים, המפריעות מאד לסדר העבודה והלמודים, ולכן גמר הרב הנ"ל להעביר את החלק הגדול של הקבוץ מנאווארעדאק עִירה זיטל הסמוכה אליה כחמש פרסאות. אנשי עירנו קבלו אותם בכבוד ומתיחסים אליהם בחבה יתרה [...] ובאמת קבלה עירנו צורה חדשה מאז באו האורחים ההגונים האלה לעירנו[87].

---

[85] שאמנם לא הכיר מקרוב את חותנו; את בתו של הר"א בורשטיין הוא נשא לאשה מספר שבועות לאחר פטירת אביה. ראו **דואר היום**, ג' טבת תרפ"ו (שנה 8 גליון 75), עמוד השער.

[86] פתיחה לספרו של הר"א בורשטיין, **נר אהרן**, ירושלים ת"ש (ללא מספר עמוד). הוא מוסיף כי לאחר שנתגלה הדבר, החליטו אנשי העיירה למנוע מאשתו ובניו לעזוב, "למען ישוב". הסבר שונה לחלוטין לעזיבה לילית זו, מסר חיים זאקס (בזכרונותיו, "דער אַלטער פון נאַווארעדאָק"); לדבריו, הר"א בורשטיין נמלט בחשאי ובעל כרחו, בעקבות הרדיפות החמורות מצד בני הישיבה, "אַז דער רב, וועלכער איז געווען אַ קראַנקער מענטש, איז אַנטלאָפן צופוס אין מיטן דער נאַכט אין אַ דאָרף לעבן שטעטל" (תרגום חופשי: והרב, שהיה אדם חולני, נאלץ לנוס ברגליו באמצע הלילה לעיירה אחרת). והשוו: ירושלמי, **מיערות הצפון**, עמ' 96-97.

[87] **הד הזמן**, כ"ה שבט תרס"ט (שנה ג גליון 29), עמ' 4. כותב הידיעה: זימל זיטלביץ. רבה של ז'טל באותה עת היה ר' ברוך אברהם מירסקי (שנפטר בתחילת תרע"ב). יצוין כי הלה היה בעל השתייכות ציונית (ראו לדוגמא: גליק, "המאבק בין הרבנים" עמ' 134), דבר המאפשר לשלול את הטענה שהתנגדות ר' יוזל לחלק מהרבנים החדשים בנובהרדוק נבעה מעמדתם המתונה בסוגיית הציונות. עוד יש להזכיר כי שהותו הראשונה של ר' יוזל באיזור נעשתה ביער הסמוך לז'טל, דבר העשוי להסביר את הבחירה בה דווקא כמקום מתאים להעברת הישיבה באפיזודה הנוכחית (השוו:

לא היתה זו, כפי הידוע, הפעם הראשונה שישיבת נובהרדוק עברה לז'טל הסמוכה; עוד באייר תרס"ח (מאי 1908) נאלצה הישיבה לשהות זמן קצר בז'טל, בעקבות שריפה שפרצה במשכנה בנובהרדוק[88]. אך במקרה הנוכחי היה מדובר במעבר על רקע פולמוסי; ישיבתו של ר' יוזל זכתה, כמתברר, לתמיכה חיצונית עקיפה של אנשי עיירה סמוכה (שהוקירוהו זה מכבר), במאבקה כנגד הרב החדש של נובהרדוק ושכבת ההנהגה המקומית שבחרה בו.

ברוח דומה תוארו הדברים לימים על ידי רי"ל נקריץ, הכותב כי "בישיבת נאווארידוק הוסערו הרוחות, והואיל ור' יוסף יוזל חשש לתקלות רבות ולביטול תורה, החליט להעביר רוב תלמידי הישיבה למקום תורה אחר ולהעתיק מרכזה של נאווארידוק לז'יטל הסמוכה [...] ורק הקשישים שבחבורה, שלא היה חשש שיבולע להם מן המחלוקת שבעיר, נשארו בנאווארידוק"[89]. רי"ל נקריץ אינו מבהיר לאילו תקלות חשש ר' יוזל ומדוע. ניתן לפרש את ההתרחשות הזו בשתי דרכים: האחת היא שבין צעירי הישיבה נמצאו כאלה שהיו קנאים לכבודו של ר' יוזל יותר ממה שהלה בעצמו חפץ, ונקטו בצעדי התנגדות קיצוניים מדי, דבר שהיה כרוך גם בפגיעה מהותית בסדרי הלימוד של הישיבה, ולכן בחר להרחיקם ממוקד הפולמוס כדי לאפשר לישיבה להתנהל כראוי. האפשרות השנייה היא הפוכה: ר' יוזל בעצמו עמד בראש מסע ההתנגדות לר"א בורשטיין, והעברת הישיבה לז'טל נעשתה על ידיו כאמצעי לחץ על הנהגת העיירה[90].

לפי האפשרות השנייה, מה הם החששות הנזכרים כרקע לביצוע ההעברה, ומה פשר החלוקה בין צעירי הישיבה לוותיקיה? ובכן, ייתכן ששאלת היחס לר"א בורשטיין היתה מצויה במחלוקת בתוך ישיבת נובהרדוק עצמה, ור' יוזל ביקש להרחיק את תלמידי הישיבה החדשים מגורמי השפעה שליליים מבחינתו. כך

רי"ל נקריץ, "כולל נברידוק בז'טל", בתוך: ב' קפלינסקי [עורך], **פנקס זשעטעל**, תל אביב תשי"ז, עמ' 82).

[88] ראו הידיעה ב**הד הזמן**, י' אייר תרס"ח (שנה ב גליון 93), עמוד השער, ופעמיים נוספות בהמשך החודש.

[89] "ישיבות בית יוסף דנובהרדוק", עמ' 254, ושם פרטים טכניים נוספים על אודות המעבר. הוא מוסיף שכעבור חצי שנה חזרו בחורי הישיבה מז'טל לנובהרדוק – זאת אולי על רקע עזיבת הר"א בורשטיין את העיירה.

[90] ברוח זו תיאר את הפרשה חיים זאקס בזכרונותיו ("דער אַלטער פון נאַוואַרעדאָק"). רי"ל נקריץ, לעומת זאת, נוטה יותר להסבר הראשון, ההולם יותר מבחינה אפולוגטית.

ניתן להסיק בזהירות באמצעות ניתוח של מודעת עיתונות מפתיעה-לכאורה, שפורסמה באותה תקופה ממש "מאת הישיבה דק"ק נאוואגרודאק":

> אנו הח"מ מודיעים בשם עדתנו, כי באשר בפה זה יותר מעשר שנים קבוץ מבחורים לומדי תוה"ק, וכאשר ת"ל נתקבל כעת אצלנו רב נודע ומפורסם בעולם הגאונים והוא יודע היטב איך לנהל ישיבה על מי התורה והיראה, לזאת החליטה עדתנו בהסכמת הרב הגאון דפה כש"ת מו"ה ר' אברהם אהרן בהרב ר' יהושע בורשטיין נ"י, להרים את קרן הישיבה הקדושה בכל מאמצי כחה ולחזק את למוד תוה"ק בה, ואנחנו מצדנו נשתדל להמציא תמיכה חומרית לבחורי הישיבה בכל יכולתנו, ויחד עם הכסף הנקבץ נקוה כי בע"ה נחזיק מעמד. לכן כל בחור בעל כשרון שברכה בו ותעודה בידו על הנהגתו הרצויה לד' ולאדם, יקובל בע"ה על הקיץ הבע"ל בסבר פנים יפות[91].

על אף הכותרת, המייחסת את המודעה – שפורסמה ללא חתימות כלשהן – להנהלת הישיבה, הרי שבפועל היא יכלה להיכתב בידי כל גורם החפץ בכך, בישיבה או מחוצה לה[92]. הדבר הבולט במודעה הוא, ראשית, אי אזכור מחלוקת כלשהי סביב כהונתו של הרב בורשטיין; שנית, תיאור ישיבת נובהרדוק כמוסד סטנדרטי לחלוטין; שלישית, ובעיקר, הצגת תכנית רשמית בדבר מיסוד הקשר בין הר"א בורשטיין לבין הישיבה. מסתבר אפוא כי במחלוקת העזה שהתחוללה בין ר' יוזל ואנשיו ובין הרב החדש, נמצאו בתוך ישיבת נובהרדוק גורמים אופוזיציוניים שתמכו דווקא בזה האחרון, ותכננו אולי להביא לפיצול רשמי בתוך הישיבה, בדומה לזה שאירע בסלבודקה בפולמוס תרנ"ז.

אישוש מפורש להשערה זו, בדבר הקשר בין העברת רוב הישיבה לז'טל לבין הימצאות גורמים אופוזיציוניים בתוך הישיבה, מופיעה במאמר שפורסם בעיתונות לאחר כשנה, בסיוון תר"ע (יוני 1910). מדובר במאמר ביקורתי מאד על אודות ר' יוזל וישיבתו בנובהרדוק, הכולל תיאור נדיר ומפורט (אף כי עוין ומגמתי) של

---

91 **הד הזמן**, כ"ד שבט תרס"ט (שנה ג גליון 28), עמ' 4, וכן י"ז שבט (שנה 3 גליון 22).

92 לשם השוואה, מודעה אחרת, שפורסמה כמעט במקביל "ממנהלי הכולל והישיבה הק' דק"ק נאווהרדאק", מוסרת כי "כאשר נעתק חלק גדול מהכולל דפה לעיר זעטיל הסמוכה, לכן כל אברך או בחור שיחפוץ לבא להכולל דפה, יפנה בשאלתו או לנאווהרדאק או לזעטיל" (**הד הזמן**, כ"א שבט תרס"ט [שנה ג גליון 27], עמוד השער). מודעה זו, ולא חברתה, היא שנכתבה על ידי הנהלה האמיתית של ישיבת המוסר; "האדרעססע הרשומה" בתחתיתה, היא זו של Ейзель Гурвицъ – יוזל הורביץ.

סדרי הישיבה באותה תקופה, בכללם מרבית הסטריאוטיפ המוכר של "שיטת נובהרדוק", תוך הדגשת המקום הדומיננטי שממלאים בישיבה זו לימוד המוסר, ריטואלי ה"בורסה" ועוד. כהנגדה לדומיננטיות זו, שנתפסה כשלילית בעיני כותב המאמר האנונימי, הוא טוען כי "לעומת זאת יש שם כתה אחת של בחורים, עם חתן המנהל בראש, שאינם נכנעים להמנהל והנהגתו, ומתרחקים מכל אלה ושוקדים רק על למוד התורה [...] ביניהם יש בחורים מצוינים ואברכים מוסמכים להוראה, ובכל דבר הקשה להם בלמודם הם נמלכים עם חתן המנהל. המנהל איננו שבע רצון מזה, ולפרקים פורצת מחלוקת בין שני הצדדים, ולא אחת גרש המנהל את חתנו מה'ישיבה', עד שהיה האחרון מוכרח להימלט ל'זעטיל' מפני שלא יכול לעמוד בפני חמתו וקנאתו של ר' יוזל"[93]. החתן האמור כאן, הריהו ללא ספק ר' אלתר שמואלביץ, שהתנגשותו הראשונה עם ר' יוזל נזכרה לעיל. מתברר שהלה הוסיף להיות קשור לישיבה ולחותנו, ויחד עם קבוצת תלמידים וותיקים שימש כגורם תסיסה המקדם את מעמדם של לימודי הגמרא על חשבון לימוד המוסר, במגמה לשמור על אופיה המקורי של הישיבה כפי שהיה בתקופת הרי"מ עפשטיין; רק בסביבות תרע"א (1911), כשנה וחצי לאחר האירועים המתוארים כאן, עזב הר"א שמואלביץ סופית את נובהרדוק, כשלפי המסופר הוא נוטל עמו עשרות תלמידים שנמנו על תומכיו[94]. הימלטותו הנזכרת לז'טל אינה קשורה לאפיזודת העברת הישיבה לאותה עיירה בשנת תרס"ט, אך התיאור כולו מחזק כאמור את ההשערה שאפיזודה זו נבעה מחשש לפילוג בתוך ישיבת נובהרדוק עצמה. אותה מודעה הנזכרת לעיל, בדבר מיסוד קשרי הר"א בורשטיין והישיבה, היתה אפוא חלק מהכנת התשתית למהלך זה, בתמיכת גורמים אופוזיציוניים בישיבה – וכנראה גם בחסות הנהגת העיירה, שחשה אולי בעלות מסוימת על אותו "קיבוץ"

---

[93] **הד הזמן**, כ' סיוון תר"ע (שנה ד גליון 132), עמ' 3. על הימצאות תלמידים בישיבת נובהרדוק שהתנגדו לדרכו של ר' יוזל, ראו גם לעיל הערה 71.

[94] ראו עדותו של ר' מנחם מנדל שוק, אצל: מלצר, **בדרך עץ החיים**, א, עמ' 107. לאירוע זה מתייחסים כנראה גם זכרונותיו של חיים זאקס ("דער אַלטער פון נאָוואַרעדאָק"), המספר כי "ר' יויזל האָט אַזוי באַליידיקט זיין איידעם, אַז אויך ער האָט געמוזט אַנטלויפן פאַר חרפּה פון ישיבה, און מיט אים צוזאַמען זיינען אַוועק אַ גרויסער טייל ישיבה-לייט" (תרגום חופשי: ר' יוזל העליב את חתנו, כך שהיה מוכרח להוליך את חרפתו מן הישיבה, ויחד עמו עזבה גם קבוצה גדולה מתלמידי הישיבה). קשה להניח כי בשתי ההתנגשויות המתועדות – בתרס"ח ובתרע"א – נבעה העזיבה מהשפלה פומבית, וייתכן שזאקס עירב בזכרונו בין עזיבה המונית שאירעה בתרע"א לבין מעמד פומבי שאירע בתרס"ח (ראו לעיל הערה 51).

שהסכימה להקמתו חמש עשרה שנים לפני כן והעניקה לו מאז תמיכה כלכלית ולוגיסטית. אך בין כך ובין כך, מהלך זה לא הגיע לידי מימוש בפועל. בסופו של דבר, כאמור, גברה ידו של ר' יוזל, והר"א בורשטיין נאלץ לעזוב בפתאומיות את נובהרדוק, כפי הנראה בתחילת שנת תר"ע (1909).

אף אם האמין ר' יוזל שנצחונו זה יביא לשינוי גישתם של פרנסי נובהרדוק, ולכינון מחודש של יחס מקומי אוהד כלפי הישיבה, לא כך אירע בפועל. בחורף תר"ע (ינואר 1910), כמה חודשים לאחר עזיבת הר"א בורשטיין את רבנות נובהרדוק, נבחר לתפקיד זה **ר' יצחק יעקב ריינס**, מנהיגה בן ה-70 של תנועת "המזרחי" וראש ישיבת "תורה ודעת" אותה הקים בשנת תרס"ה (1905) בעיר לידא (Lida), כ-50 ק"מ מצפון-מערב לנובהרדוק. כך דווח בעיתונות על ידי אחד מאנשי נובהרדוק, אברהם קלובאק:

> שאלת הרבנות נפתרה בעירנו: בהסכם כל העדה נבחר כאן למרא דאתרא הגאון רבי יצחק יעקב ריינס אב"ד דלידה. וגם ה"ישיבה" הגדולה אשר בלידה עוברת יחד אתו לעירנו, ובקרוב יתחילו לבנות כאן בית חומה גדול בסך ארבעים אלף רובל בעד בני הישיבה, אחרי אשר מצאו בני עירנו כר נרחב לבית גדול אשר כזה. ובשבוע זה יבוא הרב רייניס לשכון כבוד בעירנו[95].

אנשי נובהרדוק הגיעו אפוא להסכמה עם הר"י ריינס, שהלה לא רק יתמנה לרבם אלא גם יעתיק לנובהרדוק את ישיבתו, שהיתה כידוע שונה מאד באופיה מישיבתו של ר' יוזל. הסכמה זו מבטאת החרפה נוספת במערכת היחסים שבין ישיבת המוסר בנובהרדוק לבין הנהגת העיירה. בהתאם לכך, ייתכן כי ר' יוזל התנגד גם למינויו של הר"י ריינס, כפי שרומז במעורפל ר"ד כ"ץ: "...לר' יוזל יצא להיכנס במלחמה עם תושבי המקום גם ביחס למועמדים אחרים"[96].

---

[95] **הד הזמן**, י"ז שבט תר"ע (שנה ד גליון 12), עמ' 3. ראו גם שיר התהילה שהקדיש אליהו קופלמן לעיירה נובהרדוק, על "כי בחרת לך לרב גאון יעקב" – הוא הרב יצחק יעקב ריינס (**הד הזמן**, י"ב אב תר"ע [שנה ד גליון 174], עמ' 3). על פועלו של הרב ריינס בישיבת לידא ראו: שלמון, **אם תעירו ואם תעוררו**, עמ' 266–286; בת-יהודה, **איש המאורות**, עמ' 283–308.

[96] **תנועת המוסר**, ד, עמ' 202. "מועמדים אחרים" – מלבד הר"א בורשטיין והר"מ קרקובסקי (כדלהלן). יודגש, אמנם, כי הרי"י ריינס נמנה בשעתו על אותם שלושים רבנים שכתבו מכתבים התומכים במוסדותיו של ר' יוזל. במכתבו, שנכתב בשלהי פולמוס המוסר (ה' אב תרנ"ז), הוא הביע עמדה מפורשת השוללת את עמדת המתנגדים: "התלמידי חכמים מכולל נאווהרדאק הם לומדים ש"ס ופוסקים כל היום [...] וגם בעירנו יושבים הרבה מהם, ורבים מהם הם גדולים בתורה [...]

ייתכן כי להתנגדות זו היה חלק בעיכוב הממושך שחל במימוש מינויו של הר"י ריינס לרב בנובהרדוק; למעשה, רק לאחר חמישה חודשים (!) מהבטחתו הנזכרת של קלובאק, דיווח "הרב מטעם" של נובהרדוק, שלום אייזנברג, על בואו בפועל של הר"י ריינס לנובהרדוק: "היום [4 ביולי, כ"ז סיוון] בא הלום הגאון ר' יצחק יעקב רייניס מלידה לקבל את משרת הרבנות בעירנו. קהל רב מיהודי המקום פגשוהו בקול המון חוגג ובתרועות שמחה"[97].

אך אפילו לאחר עיכוב ממושך זה, התברר ששמחת החוגגים מנובהרדוק היתה מוקדמת מדי: בסופו של דבר לא יצא מינויו של הר"י ריינס אל הפועל – והסיבה לכך הפעם לא היתה קשורה לענייניה הפנימיים של נובהרדוק, אלא לעיירתו הקודמת של הר"י ריינס, לידא. לדברי רי"ל מימון (שהיה ממקורבי הר"י ריינס), הסיבה לביטול המינוי דה-פקטו היתה שאנשי לידא לא רצו שרבם המפורסם יעזוב את העיר, ולפיכך סירבו לשלוח אחריו לנובהרדוק את ספרייתו הגדולה, דבר שאילץ אותו לוותר על המינוי החדש ולשוב ללידא[98]. רמזים עבים למעשה מעין זה, ולתרעומת שעורר הדבר בקרב אנשי נובהרדוק, מופיעים בהודעה שפורסמה בעיתונות על ידי עשרה מאנשי הנהגת העיר לידא, כחודש וחצי לאחר הודעתו הנזכרת של אייזנברג:

> בזמן האחרון החלו לבוא בפעם כפעם ידיעות בעתונים על דבר יציאתו של רבנו הגאון הגדול וכו' מוהר"י ריינעס שליט"א לנובוהורודוק, והעברתו את הישיבה להתם. אנחנו, בני לידה, התיחסנו אל השמועות האלו כאל דבר שלא יצא לפועל ולא שמנו אליהן לב כהוגן. אולם אחרי כן ראינו כי אמנם יש אמת בשמועות הללו, וכי אמנם עומד המעשה הזה להעשות. אז פנינו לרבנו

מתנהגים בהנהגה ישרה ורצוי' ולומדים [...] חצי שעה ביום באיזה ספרי מוסר [...] וכאשר כי בעתות האחרונות האלה הרבו שאון במה"ע [=במכתבי העת] אודות בעלי המוסר, ורבים המצדדים בזכותם, ויש גם המתנגדים לזה, ואולי יחשבו כי גם על האברכים והבחורים האלה יתנגדו ויכול להיות שתהי' עי"ז איזו מגרעת בתמיכת הת"ח הנ"ל, מצאתי לחוב קדוש להודיע כי בכל אופן אין עליהם שום טענה..." (**קונטרס המכתבים** [לעיל בפרק הקודם, הערה 33], דף 17א. עם זאת, ניכר כי אין בדברים הללו פוטנציאל ממשי של תמיכה בגישת הרידקליזם המוסרי שעתידה להנחות את ישיבת נובהרדוק חמש עשרה שנים מאוחר יותר, כאשר הגיע הרי"י ריינס בעצמו לכהן בנובהרדוק.

[97] **הד הזמן**, י"ב תמוז תר"ע (שנה ד גליון 150), עמוד השער.

[98] **שרי המאה**, ו, עמ' 155. לפי הסבר זה, ייתכן שהעיכוב בן חמשת החודשים בין ההודעה על המינוי לבין ההגעה לנובהרדוק, מקורו במשא ומתן של הר"י ריינס עם הנהגת לידא על תנאי העזיבה.

הגאון, ונודענו כי כבר הבטיח לעדת נובוהרודוק לבוא ולשכן כבוד בתוכה. בשמענו כזאת לא שקטנו עוד, ונכביד על רבנו הגאון בדברים והשתדלויות להשאר אצלנו, אך רבנו לא נעתר לבקשותינו להשיב אחור את דברו. **אז יגענו ומצאו אמצעים כאלה (נוסדים על אדני הצדק והיושר) אשר בהם הכרחנו את רבנו הגאון לבלתי עזוב אותנו ולהשאר על כס הרבנות בלידה גם לעתיד** [...] ובכן, אפוא, להוי ידוע לכל כי רבנו הגאון נשאר בלידה כמתחלה, וגם הישיבה על תלה עומדת בלידה כבראשונה, וכל חדשה לא נהיתה. ובנוגע לקהל עדת נובוהרודוק, הן בכל שעה נכונים אנו לענות לה לדין ולמלאת ככל אשר יושת עלינו לכפר את פניה[99].

פרשת מינויו המתעכב של הר"י ריינס לרבה של נובהרדוק נמתחה אפוא על פני למעלה מחצי שנה, מאמצע החורף ועד שלהי הקיץ של שנת תר"ע. בכל אותה תקופה, ומספר חודשים נוספים לאחריה, נותרה נובהרדוק ללא רב מכהן. לבסוף, בשנת תרע"א (1910), נבחר לתפקיד זה **ר' מנחם קְרָקוֹבְסְקִי**, שכיהן לפני כן בחסלביץ'[100].

ו. ישיבת "תורה ודעת" בנובהרדוק

הר"מ קרקובסקי לא היה ידוע כמתנגד תקיף לתנועת המוסר, אך מערכת היחסים שניהל עם ר' יוזל וישיבתו, היתה דומה מאד לזו של הר"א בורשטיין, כאשר הגורם העיקרי לחיכוכים היתה החלטת הר"מ קרקובסקי במהלך שנת תרע"א (1911) להקים בנובהרדוק ישיבה חדשה לצעירים – ובהמשך גם "קיבוץ" לבוגרים[101]. משמעותה של החלטה זו מתחדדת לאור העובדה שכמעט במקביל

[99] **הד הזמן**, כ"ד אב תר"ע (שנה ד גליון 184), עמוד השער. ההדגשה – שלי.

[100] הר"מ קרקובסקי, יליד תר"ל (1870), למד בוולוז'ין של הנצי"ב, כיהן מתרנ"ה (1895) בעיירה טימקוביץ' (הסמוכה לסלוצק, כ-100 ק"מ מדרום-מזרח לנובהרדוק) ובהמשך נתמנה לרב בחסלביץ' שבצפון-מזרח רוסיה הלבנה. היה חתנו של ר' אליהו פיינשטיין מפרוז'ין וגיסו של ר' משה ב"ר חיים סולובייצ'יק. בסביבות תרע"ז-תרע"ח (1917) עבר מנובהרדוק לווילנא, בה נתמנה ל"מגיד מישרים", ושם ישב עד פטירתו הפתאומית בחשוון תר"ץ (1929). בתרצ"א נדפס חלק מספרו 'עבודת המלך' על משנה תורה לרמב"ם, ובתרצ"ו נדפס ספר דרשותיו מתקופת וילנא, 'ארזי הלבנון'. ראו עוד: גוטליב, **אהלי שם**, עמ' 78; בלזר וזסלנסקי (עורכים) **שערי ציון – חוברת היובל**, שנה י, גליון א-ד (תשרי-טבת תר"ץ), עמ' קי; ר"מ צינוביץ', **אישים וקהילות**, תל אביב תש"ן, עמ' 205-207; ד' ליפץ ואחרים (עורכים), **יהדות ליטא**, ג, תל אביב תש"ך, עמ' 88.

[101] ראו דברי ר"ד כ"ץ: "לבסוף נתקבל לרב העיר ר' מנחם קרקובסקי [...] ר' יוזל בא אתו לידי הסכם

לבואו של הר"מ קרקובסקי, החליטה גם ישיבת המוסר בנובהרדוק לייסד במקום "מכינה" לצעירים, בצמוד "להישיבה הגדולה דפה"[102]; אף אם החלטה זו התקבלה לפני החלטתו של הר"מ קרקובסקי להקים ישיבה משלו, אין ספק כי הקמת שני מוסדות נפרדים המתחרים על אותה קבוצת גילים, באותו מקום ובאותו זמן, הריהי מתכון ודאי להיווצרות מערכת יחסים מתוחה בין ראש הישיבה הוותיקה לבין הרב החדש. ייתכן שחיכוכים אלה אף היו בין הגורמים לכך שאותה "מכינה" מתוכננת של ישיבת המוסר, הוקמה לבסוף לא בנובהרדוק אלא בברנוביץ[103].

העימות שהתעורר בין הר"מ קרקובסקי לבין ר' יוזל, נבע לא רק מעצם הקמתה של ישיבה מתחרה שאינה בעלת אוריינטציה "מוסרניקית", אלא גם מכך שישיבה חדשה זו, שנקראה "ישיבת תורה ודעת", עוצבה בהשראה מובהקת של ישיבת הר"י ריינס בלידא (שנקראה אף היא באותו שם), וכמוה שולבו בה לימודי חול ותכנית לימודים מודרנית לצד זו המסורתית – דבר שהקנה לה אופי וייעוד שונים

מוקדם שלא יקים ישיבה שנייה בנובוהרודוק, אבל לאחר שר' יוזל לא נתן לו דריסת רגל בישיבתו, יסד ישיבה אחרת [...] ותלמידים רבים נמשכו אחריו. במשך הזמן נפלו חיכוכים רבים בינו ובין ר' יוזל..." (**תנועת המוסר**, ד, עמ' 203-202).

102 ראו המודעה מאת הנהלת הישיבה, **הד הזמן**, י"ב שבט תרע"א (שנה ה גליון 24), עמ' 4, וכן ט"ו שבט (שנה ה גליון 26). מכינה זו, לפי התכנית, תכיל ארבע כיתות בהן ילמדו תורה "בסדר נכון עפ"י חוקי התורה ורוח הזמן"(!). ייסוד המכינות הללו, אגב, היה בבחינת הסנונית הראשונה להבניית החלוקה הגילאית המוכרת כיום בעולם הישיבות, של "ישיבה קטנה" ו"ישיבה גבוהה". עד תחילת המאה העשרים חלוקה כזו לא היתה קיימת, וכל ישיבות ליטא הכילו מינון מסוים של בני נוער (גילאי 13-17) לצד הבחורים הבוגרים. שינוי זה, המצטרף לחלוקת ה'חדר' המסורתי לכיתות לפי שכבות גיל, משקף ללא ספק הפנמה של נורמות פדגוגיות ממוסדות החינוך בחברה הסובבת בכלל ובתנועת ההשכלה היהודית בפרט.

103 כפי שמלמדת מודעה זהה כמעט-לחלוטין, שפורסמה כחודשיים מאוחר יותר (**הד הזמן**, ו' ניסן תרע"א [שנה ה גליון 68], עמ' 4, וכן ח' ניסן [שנה ה גליון 70]). ההבדל בניסוח שתי המודעות, מלבד החלפת שם המקום, הוא שבזו האחרונה הומרה "רוח הזמן" לנוסח השמרני "נמוסי דרך ארץ", וכן נשמטה האמירה שהישיבה תתנהג "בהשגחה נאה ומועילה". יש לציין כי התאריך הידוע ליסוד הישיבה בברנוביץ הוא תרס"ז או תרס"ח (1907). ראו: א' בן מרדכי, "מתיבתא רבתא 'אהל תורה' דברנוביץ", בתוך: מירסקי (עורך), **מוסדות תורה באירופה**, עמ' 329; מ' ברזובסקי, "ברנוביץ התורנית והחסידית", בתוך: א"ש שטיין (עורך), **ברנוביץ – ספר זכרון**, תל אביב תשי"ד, טור 233. גם לכשנקבל תיארוך זה, יש להסיק שאותו מוסד שהוקם ב-1907 לא החזיק מעמד וב-1911 הוקם שנית.

בתכלית מאלה של ישיבת המוסר השכנה[104]. כך לדוגמא תיארה מודעה שפורסמה בעיתונות באביב תרע"ב (1912) על ידי ועד הישיבה החדשה:

> בנאוואהרדאק (פ. מינסק) נפתחה לפני חצי שנה, ברשיון הממשלה, ישיבה בעלת שש מחלקות [=כיתות], בה נלמדים: גפ"ת [=גמרא, פירוש רש"י ותוספות], שפתנו הלאומית [=עברית] וידיעות כלליות בקורס של מחלקות גמנסיה. לע"ע מתקבלים תלמידים רק אל 3 מחלקות. הישיבה עומדת תחת השגחת הרה"ג דעירנו, מר מ. קראקאווסקי, והרב ש. אייזנברג. ע"ד הפרטים לפנות ע"פ האדריסה...[105].

בפועל, על אף צביונה ה"גימנזיסטי" של מודעה זו[106], מקורות מקבילים מלמדים שהיה מדובר בישיבה בעלת צביון מסורתי יותר, אשר לימוד הגמרא הקלאסי תפס בה את עיקר הנפח (בזמן ובחשיבות) – ועם זאת, אכן למדו בה גם לימודי חול, והיא פעלה באישור הממשלה[107]. כך עולה לדוגמא ממודעה שפרסמה הישיבה

---

104 העובדה שהישיבה החדשה בנובהרדוק נוסדה בהשראת ישיבת לידא, צוינה גם על ידי פ' שפירא בדו"ח של 'חברת מפיצי השכלה' (פורמן, "החדר היום – החדר בליטא", עמ' 319). עם זאת יש להדגיש כי השם "תורה ודעת" לא היה בלעדי לישיבת לידא או מזוהה דווקא עמה. בתי ספר בשם זה התקיימו זמן רב לפני הקמת ישיבה זו, בביאליסטוק ואחר כך בלודז', וכן בווארשא, מינסק ובמקומות נוספים; ובמקביל לישיבה בנובהרדוק הוקמה גם בטבריג שבצפון ליטא ישיבה בעלת שם זהה. ביטוי זה, המופיע לכל אורך התקופה בהקשרים רבים, שימש כסיסמה המייצגת מסר ורוח מסוימים (שילוב השכלה כללית לצד ידיעת התורה), ולא ככינוי שידוע על שמו של מוסד מוגדר.

105 **הזמן**, י"ט ניסן תרע"ב (שנה שנייה גליון 68), עמ' 6. ראו גם המודעה **בהד הזמן**, י"ב שבט תרע"א (שנה ה גליון 24), עמ' 4. השוואה פשוטה של המידע המובא להלן עם חוברתו של הר"י ריינס, **שני המאורות**, זכרון בספר, ב, ממחישה את הדמיון הבולט בין ישיבת לידא לבין ישיבת הר"מ קרקובסקי. יצוין, בהקשר זה, כי על פי חוקי רוסיה דאז, במוסדות חינוך שפעלו ברשיון היתה חובת לימודים כלליים בארבע או חמש המחלקות הראשונות, ורק לאחר מכן היה רשות ללמוד לימודי קודש בלבד (ראו **שני המאורות**, שם, עמ' 15).

106 דבר המודגש בכינויו של הרב מטעם, שלום אייזנברג, כ"הרב", בעוד הר"מ קרקובסקי קרוי "מר". ייתכן כי שני האישים הללו ביקשו לעצב את אופיו של המוסד כל אחד בכיוונו-הוא, והמודעה הנוכחית מבטאת בעיקר את רוחו של אייזנברג; אלא שבפועל, אין כל עדות נוספת למעורבות מצד אייזנברג בענייני ישיבה זו.

107 ראו המודעה **בהצפירה**, י"ב ניסן תרע"ד (שנה 40 גליון 73), עמ' 4, בה נכתב כי שאיפת הישיבה "לתת לחניכיה חנוך עברי ע"פ רוח החרדים במלא רוחב המשמעות, ועם זה להכינם נגד עתידם בצאתם לעולם המעשה [...] מתוך שקידתה הנמרצה של ישיבתנו על תקנת חנוך בנינו [...] אינה נמנעת להכניס תקונים מועילים בנוגע לחנוך ולשכלול שטת הלמודים" (המודעה פורסמה שוב

שנה מאוחר יותר, בה הוצגה תכנית לימודים זהה, שלצידה נוספה ההדגשה כי "העיקר הוא למוד הגמרא", וכן ש"על זה ישנה השגחה מעולה מאת מרן הרב הגאון הגדול ר' מנחם קראקובסקי שליט"א. התכנית מתחלת מראשית התפתחות בגמרא, ונגמרת בלמוד עצמי בגמרא ותוספות"[108].

הר"מ קרקובסקי היה אחראי אפוא על אופיו הישיבתי של המוסד החדש; מי שפעל לצידו והיה ממונה על ניהולו הפדגוגי של המוסד, היה איש נובהרדוק יצחק מירסקי[109]. עבודתם המשותפת באה לידי ביטוי במודעה שפורסמה בערב חג

בגליונות י"ח ניסן, כ"ד ניסן). כדוגמא לשמרנותה היחסית של ישיבה זו, ציין פ' שפירא בדו"ח של 'חברת מפיצי השכלה' משנת תרע"ג (1912), כי "מועצת הממונים של הישיבה, שיושבים בה בעלי הבתים המתקדמים ביותר, פסלה לשימוש את ההיסטוריה של ש' דובנוב בתרגום עברי, בגין המשפט [הנוגע לקריעת ים סוף], 'אז נשבה רוח גדול ומי הים יבשו'. דובנוב הוחלף ב[זאב] יעבץ..." (פורמן, "החדר היום – החדר בליטא", עמ' 319–320). השוו גם ביקורתו של נחום סוקולוב, שניתח מזווית מבטו את ההבדלים בין הישיבה החדשה בנובהרדוק לבין ישיבות מודרניות אחרות (בעיקר לידא ואודסה) והתלונן כי על אף שגם בזו הראשונה "לומדים למודים עבריים וכלליים מלבד גפ"ת", בסופו של דבר מטרת המוסד היא בעיקר "להכשיר את התלמידים שיוכלו בעצם ללמוד דף גמרא ותוספות" (**הצפירה**, כ"ד אייר תרע"ד [שנה 40 גליון 105], עמוד השער).

108 **הצפירה**, ה' ניסן תרע"ג (שנה 39 גליון 78), עמ' 4, וכן **הזמן**, ט' ניסן תרע"ג (שנה שלישית גליון 78), עמ' 4. ההבדלים באופן התיאור את הר"מ קרקובסקי, ממחישים היטב את ההבדל במגמת שתי המודעות. במודעה אחרת הורחבה היריעה בעניין: "בנוגע לאופן מהלך הלמודים בישיבה, מודיע הוועד: הישיבה שלנו חושבת לעיקר את הלמוד ואת השקידה בגפ"ת. אמנם התכנית מקפת גם למוד הלשון העברית וגם ידיעות כלליות בקורס של 4 מדרגות גימנאזיה [...] אולם העיקר – אינו זז ממקומו, ועיקר הלמוד אשר אליו צריך התלמיד להקדיש את עתו, במידה הראויה לזה, הוא למוד תוה"ק. ועל זה ישנה השגחה מעולה מאת מרן הרב הגאון ר' מנחם קראקובסקי שליט"א העומד בראש..." (**הצפירה**, ה' תשרי תרע"ג [שנה 38 גליון 199], עמ' 4, ובנוסח מקוצר מעט ב**הזמן**, ז' תשרי תרע"ג [שנה שלישית גליון 199], עמ' 4).

109 יהושע יצחק מירסקי, מחנך ציוני וסופר, נולד בשנת תר"ל (1870). לפועלו בניהול הישיבה סייעה אשתו, שרה רטנר (בנם היה המשורר וחוקר הפיוט אהרן מירסקי [נובהרדוק תרע"ד – ירושלים תשס"א]). לאחר מלחמת העולם הראשונה הקים מירסקי בית ספר יסודי בשם "מזרחי", אותו ניהל עד לכיבוש הסובייטי ב-1939. נספה עם שאר יהודי נובהרדוק בשנת תש"ב (1942). ראו עוד: יפה, **בגיטו נובוגרודק**, עמ' 56–60. פועלו בהקמת וניהול ישיבת הר"מ קרקובסקי, מתואר שם כך: "שנתיים לפני פרוץ מלחמת העולם הראשונה, הקים בנובוגרודק ישיבה שנשאה את השם 'תורה ודעת', אשר זכתה בברכתו של רבה הידוע של העיר באותה העת, הרב מנחם קרקובסקי. היתה זו ישיבה יחידה במינה, פורצת דרך בעולם הישיבות של אז, שהרי שולבו בה תורה והשכלה" (עמ' 56).

הפסח תרע"ג (1913), ובה פרוגרמה חינוכית מפורטת של אותה ישיבה לצעירים; פרוגרמה זו יכולה לשמש כדגם השוואתי לצביונן של ישיבות נוספות מן הדגם החדש – המשלב לימודי חול לצד לימוד התורה המסורתי – שקיומן נעשה לגיטימי למדי ברוסיה בעשור השני של המאה ה-20. רלוונטית במיוחד לענייננו, במודעה זו, היא הידיעה שנמסרה בה על הקמת "קיבוץ" ישיבתי לבחורים מבוגרים, שיעסקו בלימוד תורה בצורה בלעדית:

...בדבר קבלת תלמידים אל ישיבתנו לזמן הבע"ל, ישיבתנו זקפה על עצמה את החיוב להקנות לחניכיה, בצד למוד תורתנו הק' – שאצ"ל שזהו עיקר פעולתה – גם למוד לשוננו וידיעות כללי[ו]ת בתכנית רחבה, הנחוצות לכל אדם בעולם המעשה [...] מלבד כל אלה עומדת ישיבתנו תחת השגחתו הקרובה של מרן הרב הגאון כש"ת מנחם קראקובסקי שליט"א, והודות להשפעתו והשתתפותו בבחינות, ולסדרים הטובים השוררים בישיבתנו, הצטיינו התלמידים בהנהגה ישרה, בשקידה ובהבנה [...]

והננו מודיעים שמרן הגאון יסד בעירנו קבוץ של בחורים המקדישים את חילם רק לאורייתא, הודות להשפעתו הבלתי פוסקת של רבינו הגאון לעורר בלב הבחורים את השקידה והמסירות אל הלמוד, ושתי פעמים בשבוע הוא קורא לפניהם שיעור "בפלפולא דאורייתא", ובשביל זאת מלאו הבחורים את חובתם למיגמר ולמסבר [...] לקובץ [=לקיבוץ] הנ"ל יסופחו בחורים לזמן הבע"ל רק במספר מצומצם (לפי ערך האמצעים), ורק בחורים כאלה שכבר רכשו להם ידיעות רחבות בתלמוד ומפרשיו ובאו רק לשם השתלמות[110].

בעקבות הקמת "קיבוץ" זה, נוצרה אפוא זירת התמודדות ישירה מול ישיבת המוסר הוותיקה של ר' יוזל. להחרפת המצב תרמה העובדה כי מלבד היריבות האידיאולוגית, היה מדובר גם במאבק חזיתי על אותם תלמידים פוטנציאליים,

---

[110] **הזמן**, י"ד ניסן תרע"ג (שנה שלישית גליון 82), עמ' 6, ושם פרטים טכניים וכלכליים נוספים על אודות ישיבה זו. למודעה דומה חצי שנה לאחר מכן, ראו גליון י"ג תשרי תרע"ד (גליון 218), עמ' 4, שם נמסר כי הישיבה "כבר זכתה לשם טוב בסדריה הנכונים והשפעתה הטובה על חניכיה", ושבאותו זמן סיים "המחזור הראשון בידיעות הגונות, ועבר אל הישיבה" של הר"מ קרקובסקי, היינו ה"קיבוץ" הנזכר, שבו עוסקים הבחורים המבוגרים בתורה לבדה. במודעה נוספת מאביב תרע"ג, נאמר כי המבקשים להצטרף ל"קיבוץ" נדרשים "לפנות מראש במכתב לרבינו הגאון, ולכשיקובלו – יקבלו תשובה. עליהם לשלוח תעודה של הרב דעירם על ידיע(ד)תם הרחבה בתורה והנהגתם הישירה..." (**הזמן**, י"א ניסן תרע"ג [שנה שלישית גליון 80], עמ' 4).

הבאים מאותה שכבת גיל ומאותן קהילות ליטאיות טיפוסיות. ביטוי אופייני למאבק ההדדי מופיע בהודעה שפרסמה ישיבתו של הר"מ קרקובסקי עבור מתענינים צעירים, בה נמסר בין השאר, בלשון מרומזת, כי "כדי להימנע מאי נעם אנו מעוררים את התלמידים לבלתי שים לב לעצותיהם ולהצעותיהם השונות של בני הקבוץ המוסרי שבעירנו, שיפגשום בדרך. כמובן, רק כונה בלתי רצויה מדברת מתוך פיהם ואין לחוש להם כלל ולהתעות אחריהם"[111]. מודעה זו רומזת לנסיונות שהיו מצד בחורי ישיבתו של ר' יוזל להעביר אליהם חלק מן הרכש הטרי של ישיבת הר"מ קרקובסקי. תיאור ציורי של התופעה נמסר לימים על ידי חתנו של ר' יוזל, ר' אברהם יפה'ן:

> דכירנא כשגם בנאווהרדק נפתחה ישיבה של "תורה והשכלה" לפי החתף של התקופה התסוסה ההיא, הגיע לישיבה ההיא תלמיד בעל כשרון גדול שאביו הרב שלחו שמה, ובמכתבו על יד בנו כתב בזה"ל: בני כבר טעם במדה גדולה מעץ החיים, וכעת רוצה לטעום גם מעץ הדעת... ואמנם תלמידי הסבא ז"ל שהיו בולשים אז על כל תלמיד חדש הבא העירה וכו', הקדימו והביאו את התלמיד הנ"ל לפני אדמו"ר [...] ולאחר אריכות הדברים ועיון מעמיק הכריע התלמיד הנ"ל להשאר בישיבת המוסר של נאווהרדק והתמסר לעבודת המוסר בכל כולו[112].

[111] **הצפירה**, י"ב תשרי תרע"ד (שנה 39 גליון 222), עמ' 4, ושוב בכ' תשרי תרע"ד (שנה 39 גליון 227), עמ' 6, ובגליון שלמחרת, ובמקביל בנוסח מקוצר מעט ב**הזמן**, י"ג תשרי תרע"ד (שנה שלישית גליון 218), עמ' 4, ושוב בגליון י"ט תשרי.

[112] ר"א יפה'ן, "חזיתיה מאחורי'", בתוך: שרה יפה'ן [בת ר' יוזל, תרמ"ד-תשמ"ד] ואחרים (עורכים), **ספר זכרון – זכור לאברהם**, בני ברק תשל"ב, עמ' ז. התלמיד בו מדובר כאן הינו כנראה ר' יצחק וולדשיין (מי שנעשה לימים לחתנו של ר' אלתר שמואלביץ), שהגיע לנובהרדוק כדי ללמוד בישיבת הר"מ קרקובסקי, אך כפי שסיפר בעצמו, לאחר שהניח את חפציו בביתו של הרב, "כמתוך סקרנות הלך לבקר ולתהות על קנקן הישיבה שהתנהלה ע"י אדמו"ר [=ר' יוזל] [...] ולבו נמשך להישאר בישיבת אדמו"ר"; ר' יוזל אף שכנע אותו שלא לחזור לקחת את חפציו מבית הר"מ קרקובסקי, מחשש שמא הלה ישפיע עליו לבטל את החלטתו (זייצ'יק, **המאורות הגדולים**, עמ' רכט פיסקה קסב). השוו גירסתו של ר' אברהם רפפורט, שהסכים לגלות רק כי הרי"א וולדשיין הגיע לנובהרדוק "כדי להשתלם בשפה הרוסית ובמדעים..." (רפפורט, "קונטרס חסדי דוד", עמ' 18). זיהויו של מחבר הקונטרס נעשה על ידי טיקוצ'ינסקי, "גדלות האדם ושפלות האדם", עמ' 228 בהערה). הוא מוסיף כי ר' יוזל הבטיח לו תחילה שאם ישהה חודש בישיבתו ימצא לו מורה מתאים ללימודים אלה – אלא שלאחר חודש כבר לא חפץ בכך הרי"א וולדשיין עצמו.

עדות נוספת על תופעת 'חטיפת' התלמידים, מזווית אנשי הצד השני, פורסמה בשלהי תרע"ג (1913) על ידי ר' יצחק מירסקי, "בשם מנהלי הישיבה" של הר"מ קרקובסקי, ובה תוארו הדרך הטכנית של ביצוע ה'חטיפה' והבעיות שנגרמו בעקבותיה לישיבת הר"מ קרקובסקי:

> הנהלת הישיבה 'תורה ודעת' בנאווהרדק פ' מינסק, מפרסמת בזה תשובה כללית על מכתבי התלונה המתקבלים בישיבה מאת הורים, על שאינם מקבלים מאתנו שום ידיעה בדבר מצב הלמוד של בניהם למרות הבטחתנו. לאמר: התלמידים - בניהם, אינם נמצאים כלל בישיבתנו, כ"א [=כי אם] בהקבוץ הנועד למוסר שבעירנו; בתחלת הזמן הזה קם העומד בראש הקבוץ, ר' יוזל הידוע, ויבהל את חלוציו אל התחנות הסמוכות לעירנו לקדם את הצעירים הבאים אלינו. ובתחבולות של ערמה ופלסתר משכו אחריהם את התלמידים התמימים וקלי הדעת ביותר, שנסעו במחשבה להספח לישיבתנו. ומפני שמטעמים ידועים לא קבלנו בזמן העבר תלמידים כאלה שנספחו פעם אחת אל הקבוץ המוסרי, משום זה לא יכלו בניהם המוטעים להכנס אל ישיבתנו גם אחרי עמדם על טעותם ואחרי פנותם אלינו בדבר הכניסה[113].

אפיזודה זו ממחישה היטב את מערכת היחסים הבעייתית שהתקיימה בין ר' יוזל ומוסדותיו בנובהרדוק לבין רב העיירה, הר"מ קרקובסקי, והישיבה שהקים. הסכסוך בין הצדדים פגע חמורות בישיבת המוסר של ר' יוזל, וחיסל למעשה את הסיכויים שלאחר עזיבתו הסופית של ר' אלתר שמואלביץ, כמעט במקביל להגעת הר"מ קרקובסקי, ישובו ענייניה של ישיבת נובהרדוק להתנהל על מי מנוחות. ר"ד כ"ץ מאריך לתאר את ההתנגשויות התכופות שהתרחשו בין שתי הישיבות היריבות, אשר בחלק מן הזמן אף הצטופפו זו לצד זו באותו בית מדרש; עובדה זו, לדבריו, "גרמה לר' יוזל צער רב, עד שהחל לחשוב, כפי שמספרים" – לחסל את מפעל החיים שטיפח בעמל: "לקחת אתו כשנים עשר בחורים מבחירי הישיבה ולעלות לירושלים"[114].

---

[113] **הצפירה**, כ"א אלול תרע"ג (שנה 39 גליון 207), עמ' 4. ה"טעמים הידועים" להחלטה שלא לקבל תלמידים שהספיקו לבקר ולו פעם אחת בישיבת המוסר, פירושם כנראה החשש שתלמידים אלה גויסו מעתה לשמש "סוכנים כפולים" שיפעלו להעברת תלמידים נוספים אל ר' יוזל.

[114] **תנועת המוסר**, ד, עמ' 203. ראו גם הנ"ל, **פולמוס המוסר**, עמ' 257, שם הוא מתאר כי "במשך כל השנים שררו ביניהן יחסים מתוחים מאד, ואף אירעו התנגשויות חמורות". השוו תיאור שפורסם בשנות השלושים: "פעם אחת קרה שאחד מגדולי הרבנים [=הר"מ קרקובסקי] התנגד

אישוש לכך שהמחלוקת החדשה אכן הניעה את ר' יוזל לנסות לעזוב – שוב – את נובהרדוק ולהעביר את ישיבתו למקום אחר ומרוחק, מופיע בתיאור עיתונאי מאביב תרע"ב (1912), המוסר כי "הישיבה המוסרית שבעיר נאוואהרודוק מחפשת לה מקום אחר מפני צרתה: הישיבה המתוקנת שנוסדה שם. ורק בעלי החובות שלה, שנושים בה באלפים רובל, אינם נותנים להישיבה הקדושה לזוז ממקומה עד שתשלם את החוב"[115].

מן העבר השני, למרות ההפרעה המתמדת לפעילותה של ישיבת הר"מ קרקובסקי ונסיונות 'חטיפת' התלמידים החדשים שלה, נראה כי מוסד זה הצליח להתפתח יפה בשנות קיומו הקצרות; מודעה שפרסם הר"מ קרקובסקי בתחילת שנת הלימודים תרע"ד בישרה כי "בישיבה שלי כמעט אין מקום פנוי לקבלת בחורים חדשים"[116]. כך או כך, לאחר אותו מאבק ממושך שבמשך כשלוש שנים הסעיר את שני הצדדים, הכירו השניים כפי הנראה בקיומו הלגיטימי האחד של השני[117]; ר"ד

לשטתו, ועשה ישיבה בעיר נוברדק מסודרת עם למוד השכלה, וכמובן היתה זאת למפריע לישיבתו הנברדקאית, ובא אליו הרב ר' יוסף יוזיל עם כמה מגדולי תלמידיו בחג הסוכות, ודברו הרבה בדברי תורה והתפעל הרב מגדלות תלמידיו בתוה"ק, וכה נסתבב הדבור על התנגדות הרב להישיבה, עד שיצא ר' יוסף יוזיל במחאה עצומה נגדו ובהתרגשות ובכעס עזב הוא עם תלמידיו את בית הרב..." (מוסרי, "מגדולי ישראל", **דרכנו**, כ"ג אב תרצ"ה [גליון מד], עמ' יא. הוא מוסיף כי ר' יוזל עשה זאת באופן שהשאיר פתח להתפייסות).

[115] **הצפירה**, י"ד אייר תרע"ב (שנה 38 גליון 36), עמ' 3. הכותב האנונימי מגלה עוינות מובהקת לעולם הרבנות והישיבות, אך רוב העובדות שבדבריו תואמות את הידוע לנו ממקומות אחרים. בהמשך הוא מספר כי כשהשמועה על כך הגיעה לסטויפץ, שעד לאחרונה אירחה את ישיבת מיר (שגלתה ממקומה בתרע"א עקב שריפה במשכנה. השוו **הצפירה**, ג' כסלו תרע"ב [שנה 37 גליון 258], עמ' 4) וכעת נותרה ללא ישיבה, עורר רב העיר – ר' יואל סורוצקין – את תושבי העיירה לממן את חובותיה של ישיבת נובהרדוק כדי להעבירה לסטויפץ. הכותב טוען שהסיבה לביטול תכנית זו היתה פטריוטיות שהתעוררה בקרב אנשי נובהרדוק כששמעו על נדבנותם של אנשי סטויפץ, וכך כוסו חובות הישיבה והיא יכלה להישאר במקומה. אלא שתיאור זה אינו מתקבל על הדעת, מאחר שכזכור לא החובות הכספיים היו הסיבה לרצונו של ר' יוזל לעזוב את נובהרדוק.

[116] **המודיע**, א חשוון תרע"ד (שנה 5 גליון 3), טור 48, וכן בגליונות הבאים; בחתימת המודעה נכתב רק "מנחם במוהרצ"ה, אב"ד ור"מ דפה"ק הנ"ל" כאשר שם המקום נשמט – אולם הן שם משפחתו והן שמה של העיירה מפורשים בכתובת הנלווית בשפה הרוסית. בהמשך ההודעה מסר הר"מ קרקובסקי כי לאור הצפיפות האמורה "אבקש לבלי יבא שום בחור הנה בטרם יקבל תשובה מאתי לבא, ודוקא בעלי כשרון מובחרים".

[117] ראו: **תנועת המוסר**, ד, עמ' 325, וכן עמ' 204. גם בתיאורו של "הרב מוסרי" (לעיל הערה 114), נאמר: "והסוף הי' שנעשה שלום ביניהם". עובדה ראויה לציון היא שעל אף המתיחות הנזכרת בין

כ"ץ מספר שלאור נזקי המחלוקת הסכים לבסוף ר' יוזל שכאשר תסתיים הקמת בניין חדש עבור ישיבתו (פרוייקט שהחל בתרע"ב), יֵצאו תלמידיו מבית המדרש הגדול שבו שכנו גם תלמידי הר"מ קרקובסקי[118]. אך תהליך הסדרת קיומן ההדדי של שתי הישיבות השכנות נקטע לבסוף בעקבות פרוץ מלחמת העולם הראשונה, בסוף שנת תרע"ד (אוגוסט 1914)[119].

מלחמת העולם, שגרמה בתוך שנה להעתקת מוקד פעילותו של ר' יוזל מנובהרדוק להומל (Gomel), ובהמשך לקייב, בה נפטר בכסלו תר"פ, דצמבר 1919), שינתה פעם נוספת את פניה של ישיבת המוסר שלו, והיא שהביאה למעשה להפיכת "נובהרדוק" לתנועה של ממש. רק מתקופה זו ואילך ניתן לדבר בפועל על המתכונת המוכרת של רשת ישיבות על-איזורית, בעלת מרכז והיררכיה ארגונית מסודרת, הפזורה על פני חלקים נרחבים ממזרח אירופה[120]. כך נקבע בפתח

מירסקי לבין "ר' יוזל הידוע", כלשונו, הרי שכאשר לאחר המלחמה ביקשו תלמידי ר' יוזל לחדש את פעילות הישיבה בנובהרדוק, והתעוררה התנגדות לכך בקרב בני העיירה "בשל הליכותיהם המיוחדות של בחורי הישיבה ונסיונותיהם [בעבר] להתערב בעניני הרבנות והנהגת הקהילה", הרי ש"ר' יצחק [מירסקי], שלימוד התורה היה יקר בעיניו, בלט מאד בקרב הפעילים שביקשו לשכנע את הגורמים הקובעים בקהילה לאפשר את חידוש פעילותה של הישיבה בעיר, תוך הבטחת ראשיה להימנע ממעשים שהביאו לאותה ההתנגדות", ואכן הישיבה שבה לפעול בעיר זמן מה, ור' יצחק אף סייע לה במהלך קיומה, והתרים לטובתה את מתפללי בתי הכנסת בעיירה (יפה, **בגיטו נובוגרודק**, עמ' 58). פיוס דומה נעשה גם מול הר"מ קרקובסקי: ר"ד כ"ץ מספר כי כשהגיעו תלמידיו של ר' יוזל לנובהרדוק כדי לחדש בה את הישיבה, העניק להם הלה – שכבר היה בווילנא – מכתב המלצה (**פולמוס המוסר**, עמ' 281).

118 **תנועת המוסר**, ד, עמ' 325.

119 הר"מ קרקובסקי, כנזכר לעיל, עזב את נובהרדוק בשנת תרע"ז-תרע"ח (1917); עובדה הטעונה בירור, בהקשר זה, היא הרישום הקלוש שהותירו הוא והישיבה שלו בספרות הזכרונות של אנשי נובהרדוק. בספרו של א' הרכבי משנת תרפ"א, **נאוואַרעדאַק**, אין הוא מופיע כלל (רשימת הרבנים מסתיימת ברי"מ עפשטיין), וגם ב**פנקס נאוואַרעדאַק**, שנערך לימים במדינת ישראל, הוא נזכר מעט מאד. ייתכן שנטישתו את נובהרדוק, בנסיבות שאין אנו יודעים עליהן מאומה, הותירה משקעים בקרב אנשי העיירה.

120 לפני המלחמה התקיימה בעיקר רשת הכוללים בצפון ליטא ובאיזור נובהרדוק, שהוקמו עוד בתרנ"ו (1896) כדלעיל, ולא שררו ביניהם קשרים מוסדיים של ממש. על קורות ישיבת נובהרדוק במהלך מלחמת העולם ולאחריה, ראו: קליבנסקי, **הישיבות הליטאיות במזרח אירופה**, עמ' 76–80, 93–95. ראו גם: נקריץ, "ישיבות בית יוסף דנובהרדוק", עמ' 255–260; **תנועת המוסר**, ד, עמ' 210–212, 247–249; וכן בזכרונותיו של זילברג, בתוך: ע' אטקס וש' טיקוצ'ינסקי (עורכים), **ישיבות ליטא – פרקי זכרונות**, עמ' 370.

החוברת הראשונה שנדפסה מתורתו של ר' יוזל, בשנת תרע"ח (1918): "מפני סבות הזמן נתחלקה הישיבה לכמה מקומות [...] וב"ה בכל מקום נתרבה מספר הלומדים"[121], וביתר פירוט בהקדמה לחוברת נוספת שיצאה באותה שנה: "כאשר **מסיבות הזמן נתחלקה הישיבה, ונמצאים במספרם אחד עשר מקומות המתנהגים על פי רוח אחד**, תשעה ישיבות נמצאים בגבול הזה [=רוסיה] ושני ישיבות נמצאים בגבול השני [=גרמניה, בזמן המלחמה] בנאווארדק ובאראנאוויץ..."[122].

תנופה נוספת בתולדות ישיבות נובהרדוק החלה בשנים תרפ"ב-תרפ"ג (1922), עם העתקת מרכז הכובד של הפעילות לשטח פולין העצמאית כתוצאה מרדיפות השלטון הקומוניסטי ברוסיה. בפתח תקופה זו נוסדו בהדרגה המרכזים בביאליסטוק (Bialystok) של ר' אברהם יפהן, ווארשא (Warsaw) של ר' אברהם זלמנס ומזריץ' (Miedzyrzec Podlaski) של ר' דוד בליאכר, ולצידם המרכזים בפינסק (Pinsk, שהשתייכה גם היא לפולין בין מלחמות העולם) של ר' שמואל וינטרויב, וכן בלטביה – דווינסק (Daugavpils) של ר' דוד בודניק[123]. התרחבותה של רשת הישיבות, שנקראה "בית יוסף" על שמו של ר' יוזל וכללה עשרות סניפים ואלפי תלמידים, הביאה אמנם למיתון מסוים של המגמות הרדיקליות שרווחו בה בשנותיו האחרונות של ר' יוזל, אך מאפייניה הייחודיים והמבנה הארגוני ההדוק שלה הותירו אותה כתופעה מובחנת ונפרדת משאר ישיבות מזרח אירופה באותה תקופה[124].

---

121 ר"י הורביץ, **מדרגת האדם בתקופות העולם**, פולטבה תרע"ח, גב השער. עצם יוזמת ההדפסה של 'מדרגת האדם', הריהי מאפיין מובהק של התמורות שהפכו את "נובהרדוק" מישיבה ושיטה מקומית לתנועה על-איזורית. זמן קצר לאחר סיום הדפסת החוברות הללו, החל להתפרסם ביטאונה של תנועת "בית יוסף – נובהרדוק", **אור המוסר**.

122 הנ"ל, **מדרגת האדם בתיקון המדות**, פיעטרקוב תרע"ח, עמ' 2 (ההדגשה – שלי). ראו גם ההקדמה לחוברת שנדפסה לאחר פטירת ר' יוזל, **מדרגת האדם ביראה ובאהבה**, פיעטרקוב תרפ"ב, עמ' 8: "כמו שידוע אשר בעת המלחמה באמצע סערת הנסיונות, הי' רץ כצבי ויסד ברוסיא ובאוקרייאינא יותר מארבעים ישיבות...".

123 דיון מפורט בתנועת נובהרדוק בין מלחמות העולם, נמצא אצל קליבנסקי, **הישיבות הליטאיות במזרח אירופה**, עמ' 136–152, 262–267. ראו גם: נקריץ, "ישיבות בית יוסף דנובהרדוק", עמ' 265–270; **תנועת המוסר**, ד, עמ' 227–229 (כ"ץ כותב כי עיסוק נרחב בישיבות נובהרדוק יבוא בכרכים נוספים של ספרו – אך אלה לא הופיעו); סורסקי, **מרביצי תורה ומוסר**, ד, עמ' קכד-קמג; וכן המידע הפזור לאורך: [חמו"ל], **בסופה ובסערה**, עמ' קכ"א-רצ"ג; רפפורט, קונטרס 'חסדי דוד' (לעיל הערה 112), עמ' 12 ואילך.

124 ראו: דוד פישמן, "The Musar Movement in Interwar Poland", in: Y. Gutman, E. Mendelson, J. Reinharz, C. Shmeruk (eds.), *The Jews in Poland Between Two World Wars*, Waltham,

קיומה של הרשת נגדע בשנת ת"ש (1939), עם כניסת הצבא הגרמני לעומק השטח הפולני.

ז. לקראת סיכום: התלות הכלכלית של ישיבת נובהרדוק בסביבתה

בסעיפים הקודמים עמדנו בפרוטרוט על צביונה ואופיה של ישיבת נובהרדוק לאורך השנים, ועל התמורות שחלו בה בתקופה השנייה לקיומה, למן מהפכת 1905 דרך פטירת הרי"מ עפשטיין (1908) ועד פרוץ מלחמת העולם הראשונה (1914). כעת אני מבקש לברר לאור מסד הנתונים שהוצב לעיל, מה היו תנאי הפעילות של הישיבה בתקופה זו מן הבחינה הכלכלית, ובאיזו מידה הושפעו התנאים הללו מהאינטראקציה בין הישיבה והנהגתה לבין הסביבה החיצונית.

ישיבת נובהרדוק היתה מבוססת למן הקמתה על המבנה הארגוני הקלאסי של ישיבות המאה ה-19: ללא מבנה פנימייתי, לינה קבוצתית וחדר אוכל אלא הסדרי לינה והסעדה מאולתרים למחצה, בעיקר באמצעות נוהג ה'ימים': שידוך בחור מסוים למשפחה מסוימת לצורך קבלת סעודות בחלק מהשבוע, וכן לינה בשכירות, כאשר בחורים שלא נמצא עבורם סידור לינה במסגרת זו, נאלצו להסתפק בספסלי בית המדרש[125]. שיטת כלכלה נוספת שננקטה במקביל ל'ימים', היתה חלוקת סכום חודשי צנוע, בשוברים שניתן לממשם בחנויות המזון שבעיירה – דבר שנעשה

Mass., 1989, 247-272 (ובפרט עמ' 266-270); טיקוצ'ינסקי, "הרב חיים זייצ'יק ולקחי השואה", עמ' 135-138. בשולי הדברים יש להעיר על דברי עמנואל אטקס אשר בהנגדה לשגשוג רשת ישיבות נובהרדוק בין שתי מלחמות העולם, מציין "שגם בתקופה זו היו מי שהוסיפו להסתייג מדרכה של ישיבה זו. הבולט והחשוב שבהם היה ר' אברהם ישעיהו קרליץ" (אטקס, "ישיבות ליטא בראי ספרות הזכרונות", עמ' 24). לאמיתו של דבר, מלבד שלא היה בתקופה זו כל ביטוי פומבי להתנגדות ה"חזון איש" לישיבות המוסר – כתביו בנושא פורסמו שנים רבות לאחר מכן – הוא גם טרם זכה באותה תקופה למעמד "הבולט והחשוב" כלשון אטקס, שנודע לו לימים בארץ ישראל. השווה: בנימין בראון, **החזון איש: הפוסק, המאמין ומנהיג המהפכה החרדית**, ירושלים תשע"א, עמ' 130-131, 168-170; ושם עמ' 80-82.

125 ראו: שאול שטמפפר, "הפנימייה והישיבה במזרח אירופה", בתוך: מ' דגן ומ' בר-לב (עורכים), **החינוך הפנימייתי הממלכתי-דתי בישראל**, ירושלים תשנ"ז, עמ' 15-28. עוד על נוהג ה'ימים' בספרות הזכרונות, ראו בין השאר: רוזנשטיין, **כתבים**, עמ' 24-27; ע' אטקס וש' טיקוצ'ינסקי (עורכים), **ישיבות ליטא – פרקי זכרונות**, עמ' 314-316.

בין השאר במימון הנהגת העיירה והתושבים היותר אמידים[126]. עד כאן מדובר כאמור במציאות השגרתית של ישיבות ליטא בפרוס המאה ה-20; נתון נוסף שבו נשתנה עניינה של ישיבת נובהרדוק מכמה ישיבות אחרות (דוגמת וולוז'ין), היה שזו לא החזיקה בבעלותה בית מדרש פרטי, אלא נצרכה להשתמש לאורך השנים במתחמים שונים (ומתחלפים) ברחבי העיירה שהוקצו לה על ידי הקהילה המקומית.

משמעות הנתונים הללו על תנאי הקיום של הישיבה, היתה כפולה: ראשית, פעילות אחת ויחידה - הלימוד בבית המדרש - ריכזה כקבוצה את כלל תלמידי המוסד, והיא בלבד שאיחדה אותם כשותפים לאותה מסגרת. שנית, תפקודה התקין של הישיבה, ברוב הפרמטרים הטכניים, היה מותנה במידה רבה בתמיכת אוכלוסיית העיירה[127]. כלומר, לא היה מדובר בקיום כלכלי עצמאי, כמו זה של הישיבות העל-קהילתיות הגדולות ביותר, אלא במעין סימביוזה, קיום משולב-למחצה של הישיבה בקהילה.

מנגד, בדומה ליותר מאורגנות שבישיבות ליטא בסוף המאה ה-19, לרשות ישיבת נובהרדוק עמד גם תקציב קבוע, שהתבסס לא רק על תמיכת הממסד המקומי, אלא גם על תורמים חיצוניים, ובהם קרן עובדיה לחמן מברלין וכן עסקן אמיד בשם דוב ב"ר זאב זֶלְדוֹבִיץ ממינסק. פירושו של תקציב זה היה גמישות מסוימת בניהול ענייני המוסד מול ההנהגה המקומית, ובעיקר תלות מופחתת בנוהג ה'ימים' הוולונטרי, דבר שאיפשר לישיבה להחזיק כמות גדולה יחסית של אברכים.

כפי שראינו לעיל[128], התיאורים המוכרים על לימוד מוסר קולני במשך שעות והתנהגות חריגה של בחורי הישיבה, אינם נוגעים למצב שהתקיים בישיבה בתקופתה הראשונה, אלא למציאות שהתפתחה במהלך התקופה השנייה, בסמוך לפטירת הרי"מ עפשטיין ובעיקר לאחריה. גם האירועים של התנגשות בין ר' יוזל

---

[126] לעיל, הערה 2.

[127] על השתלבותה המוצלחת של ישיבת נובהרדוק במרקם הקהילתי של העיירה, בתקופה שקדמה לתפנית הרדיקלית, עשויה להעיד גם העובדה כי שליש מתריסר בחורי ישיבת נובהרדוק ששמם פורסם כתורמים לנפגעי פוגרומי אוקטובר 1905, באו ממשפחות בנות העיירה (שניים נוספים באו מצירין הסמוכה, אחד מקורלנד שבצפון ליטא, והשאר מהעיירות: אומסק, רחמיסטריבקה, סלינץ, דויד-הורודוק, דומברוביץ).

[128] הערה 43.

לאישים אחרים בסגל הישיבה[129], והעתקת מקום הישיבה הלוך ושוב לעיירות סמוכות[130], לא התרחשו אלא בתקופה זו. התמורות באופי הישיבה, וחוסר היציבות בהרכב הסגל שלה ובמיקומה הפיזי, עשויים להעיד גם על הרעה בתנאי הפעילות הכלכלית והארגונית של הישיבה. ואכן, כמה עדויות אותנטיות, שפורסמו באותן שנים, מאשרות מסקנה זו. ישנה אמנם בעיה היסטוריונית בהישענות על העדויות הללו: רובן ככולן נכתבו על ידי גורמים שהביעו עוינות בלתי מוסתרת כלפי הישיבה, אורחותיה והעומד בראשה. לפיכך יש לנתחן בצורה ביקורתית על מנת לנטרל את ההטיות העובדתיות שמקורן בעוינות זו.

תיאור אחד, מחורף תרע"ב (1911), מוסר כי 3–4 "עמודי התווך" של הישיבה, כלומר ראשי החבורות הוותיקים והמקורבים לר' יוזל, הם היחידים שמקבלים תמיכה כלכלית מלאה, וכל שאר התלמידים, בחורים ואברכים, מקבלים רק תמיכה חלקית[131]. באיזה היקף תמיכה מדובר? לדברי מקור זה, בחור ממוצע מקבל בכל חודש שני רובל בלבד, ורק מעטים מקבלים שלושה רובל. סכום זה אינו נמסר במזומן, אלא כפתקים המאפשרים לקנות בהקפה אצל חנווני העיירה, כאשר בשעת הקניה מנוכה לא פחות מ-40% מערכם המקורי. כלומר, מדובר בפועל בתמיכה חודשית ממוצעת של 1.20 רובל, "ובכסף הזה צריכים רוב התלמידים, שהם בני עניים ואינם מקבלים כל תמיכה מביתם, להחיות את נפשם חודש שלם". אלא שיש לעמת זאת עם תיאור אחר בן הזמן, מקיץ תר"ע (1910), המוסר נתונים שונים במקצת: לדברי תיאור זה, התמיכה החודשית הממוצעת נעה בין 3–6 רובל, ואכן ניתנת בפתקים העוברים ניכוי בשעת הקניה, אלא ששיעור הניכוי אינו עולה על 20%[132]. כלומר, התמיכה החודשית בפועל נעה בין 2.40 רובל לבין 4.80 רובל. בהנחה שלא חלה במהלך כשנה ירידה דרסטית שכזו בשיעור התמיכה, איזה

---

129 לעיל, הערה 51, 94.

130 לעיל, הערות 87-91.

131 **הצפירה** (לעיל, הערה 43). השוו ביקורתו המובלעת של ירושלמי, **מיערות הצפון**, עמ' 96, על שיטת המקורבים והוותיקים שנהגה בישיבה. המקור ב'הצפירה' גורס עוד כי ישיבת נובהרדוק משמשת "מרכז לכל ישיבות המוסר", ומייחס לר' יוזל סמכות של מינוי משגיחים בשאר ישיבות המוסר; דבר זה משרת את מגמתו להציג את אופיה המיוחד של נובהרדוק, על כל המגרעות שהוא מוצא בה, כמשקפת את תנועת המוסר בכלל. למען האמת, ישיבת נובהרדוק שימשה אמנם כמרכז מוסדותיו של ר' יוזל (כפי שציין ר"י ניסנבוים עוד בתר"ס-תרס"א – לעיל, הערה 19), אך לא היה לה קשר רשמי, ודאי לא הירכי, עם ישיבות מוסר אחרות.

132 **הד הזמן** (לעיל, הערה 91).

מבין התיאורים מדויק יותר? על כך עשויה להשיב העובדה כי התיאור הראשון, הממעיט, טוען מנגד כי ההכנסה השנתית של הישיבה, מקופות צדקה ושד"רים, עומדת על סכום של למעלה מ-9,000 רובל! לפי דבריו קיים אפוא פער עצום בין הכנסות הישיבה לבין הסכום הזעום המוקצה לתמיכה בבחורים, כשליש בלבד מן ההכנסה השנתית. מדובר ללא ספק בנתון מופרך, שמקורו כאמור במגמה העוינת של כותבו. סביר אפוא להניח שהתיאור הגבוה מבין השניים קרוב יותר לאמת.

אלא שבין כך ובין כך, מדובר בתמיכה כלכלית מצומצמת ביותר[133]. לשם השוואה, שכר הלימוד שנדרש מהורי התלמידים בישיבה המתחרה של ר' מנחם קרקובסקי, למן תרע"ב ואילך, עמד על 25 רובל ל'זמן'[134], כאשר לרשות הישיבה עמדו מקורות הכנסה נוספים בעיירה ומחוצה לה. מצבם החומרי של בחורי ישיבת הר"מ קרקובסקי, היה אפוא משופר בהרבה משל עמיתיהם בישיבת ר' יוזל[135].

למציאות כלכלית רעועה זו, היה מן הסתם חלק בצמצום מסוים של מספר התלמידים שהתרחש כנראה בתקופה זו לעומת התקופה שקדמה לה: בתיאור משנת תר"ע (1910)[136] נמסר כי בישיבה "נמצאים כמאה וחמשים בחורים תורניים, ובזה כשלשים אברכים". לא ברור האם הכוונה שהאברכים מחוץ למניין; אם כך הוא, הרי שאומדן דומה מסר ר' יוזל עצמו שנתיים וחצי מאוחר יותר, במכתב מחורף תרע"ג (1913)[137]; בו תיאר כי בישיבתו "נתרבו ת"ח לערך שני מאות

---

[133] המקור השני מוסיף כי גם לאחר הניכוי, לא תמיד ניתן למצוא מי שיסכים לקבל את הפיתקאות – פדיונן על ידי הישיבה לא היה סדיר, כנראה – ולפיכך "רוב הבחורים מוכרחים למשכן את בגדי השבת וללוות כסף ולפדות אחרי כן בקושי רב את המשכנות".

[134] ראו המודעה שצוינה לעיל, הערה 107.

[135] דבר שגרם מן הסתם להפרשים סוציו-אקונומיים בהרכבם החברתי של שני המוסדות. הורים שנמנו על המעמד הנמוך היו מתקשים לעמוד בתשלומים שנדרשו עבור בנם בישיבת הר"מ קרקובסקי (אף כי במודעה הנ"ל נאמר שתלמידים עניים, אם הם בעלי כשרון, יזכו בהנחת שכר לימוד). זאת לעומת ההצטרפות לקיבוץ של ר' יוזל, שלא היתה כרוכה בשכר לימוד, כנהוג בישיבות המאה ה-19. יש להעיר אמנם כי גם ה'מכינה' שתוכננה להיווסד בתרע"א לצד ישיבת המוסר בנובהרדוק – ולבסוף נפתחה בברנוביץ – גבתה מהורי התלמידים שכר לימוד, שנועד בין השאר לאספקת ארוחות מסודרות לתלמידים (ראו המודעה שצוינה לעיל, הערה 102). אלא ששכר הלימוד המתוכנן עמד על 10 רובל ל'זמן', כלומר 40% בלבד מעלות הלימוד בכיתה המקבילה בישיבת הר"מ קרקובסקי. כך שגם במוסד זה נשתמרה הפנייה אל קהל היעד של מעמד נמוך יותר.

[136] לעיל, הערה 93.

[137] לעיל, הערה 66.

אנשים, אברכים ובחורי חמד". אלא שבהערכה שפורסמה בין שני התאריכים הללו, בתחילת תרע"ב (1911), נאמד מספר תלמידי ישיבת נובהרדוק בכמאה עשרים בלבד[138]. אם נניח שוב שמדובר במניין הבחורים בלבד – דבר שאינו ברור – ושמספר תלמידי הישיבה בתקופה זו לא היה נתון לעליות ומורדות דרסטיות מדי שנה, מסתבר שאותם שלושים אברכים משנת תר"ע, היו חלק מ"כמאה וחמשים" הלומדים. אם כן, מספר התלמידים בנובהרדוק התייצב באותן שנים סביב מאה ועשרים בלבד, ובנוסף להם כמה עשרות אברכים. כך או כך, יש להסיק כי דברי ר' יוזל בתרע"ג על "לערך שני מאות אנשים", נאמרו רק באופן כללי.

מה הם הגורמים שהביאו למצב הכלכלי הקשה של הישיבה בתקופה זו? מקור מסוים רומז כי עובדיה לחמן, שהתנגד לתהליך הרדיקליזם שעבר על הישיבה בסוף העשור הקודם, איים להפסיק את תמיכתו – וככל הנראה גם מימש את איומו[139]; גם הנדיב השני בחשיבותו שתמך בישיבה, דוב זלדוביץ, מתח ביקורת על ההקצנה שחלה באופיה של הישיבה ולכל הפחות איים להפסיק לתמוך בה[140]. בנוסף, סקרנו את התפקיד המהותי שמילאה דמותו של הרי"מ עפשטיין, רבה של העיירה, בגיוס כספים לישיבה, בין השאר באמצעות הענקת תעודות המלצה למשולחים, שסייעו ליכולתם לגייס כספים גם במקומות רחוקים[141]. אין צורך לומר כי תמיכה רבנית כזו, בעידן שבו ר' יוזל מנהל מלחמה עיקשת כנגד מחליפי הרי"מ עפשטיין ברבנות העיירה, כבר לא הוענקה למשולחיה של הישיבה; ממילא יש להניח כי האפקטיביות של פעילותם – ללא המלצתו של רב בעל שם ציבורי, מלבד ראש הישיבה השנוי במחלוקת – נפגעה בצורה מהותית. אין זה מקרה כי אותם מכתבי בקשה ארוכים שנשמרו בידינו, אותם שלח ר' יוזל במו ידיו ליעדים שונים בנסיון לגייס תרומות לישיבה[142], נכתבו דווקא בתקופה זו של סגירת ברזי התקציב שהתקיימו בעבר.

---

138 **הצפירה**, י"א תשרי תרע"ב (שנה 37 גליון 216), עמ' 3.

139 ראו: מוסרי, "מגדולי ישראל", **דרכנו**, תרצ"ה (גליון לז), עמ' יא.

140 ראו: רפפורט, "קונטרס חסדי דוד", עמ' 24–25. הדברים נכתבו מזווית חד-צדדית (לפי האמור שם, ששינוי היחס מצד הנדיב אירע מפני "שבינתיים הבאישו המשכילים בעיניו את ריחה של נובהרדוק והלשינו כל מיני עלילות שהאמין בהם לתומו"). לטענת הכותב, ר' יוזל הצליח לבסוף לשכנע את זלדוביץ להמשיך בתמיכה הכספית.

141 לעיל, הערות 60–62.

142 ראו לעיל הערות 66–67.

לכל זאת נוספה העובדה כי ר' יוזל ואנשיו ותלמידיו נמצאו באותה תקופה בעימות חריף מול חלק ניכר מאנשי העיירה, על רקע הרדיקליזם באורחות הישיבה, וכפי שהתבטא כאמור במאבק כנגד הרבנים שנבחרו על ידי ההנהגה המקומית. במציאות שכזו, קרוב לוודאי כי נכונותם של אנשי נובהרדוק להוסיף ולכלכל את בחורי הישיבה בכסף, במקומות לינה, במזון ובארוחות, כפי שעשו בעבר, פחתה בצורה דרסטית; וכך אכן רומזים כמה מקורות[143]. את התמונה הכללית המצטיירת, מאשש מקור נוסף המספר על חובות כבדים שהיו לישיבה בתקופה זו[144]. פירוש כל העובדות הללו – התמעטות מקורות המימון, הפסקת הסיוע מצד אנשי העיירה, תפיחת חובות הישיבה ובהתאם לכך צמצום התמיכה שהעניקה – היה כי רבים מבחורי ישיבתו של ר' יוזל הגיעו בתקופה זו אל סף רעב כפשוטו, וכי עצם קיומו של המוסד הלך ונעשה בסכנה (עד לפיוס שהושג ברגע האחרון מול סיעת הר"מ קרקובסקי).

אם כן, במבט פרספקטיבי ניתן לומר כי תקופת "השנים הטובות" של ישיבת נובהרדוק מבחינה כלכלית, ארגונית וקהילתית גם יחד, הגיעה לקיצה עם פטירת הפטרון והתומך הגדול שלה, הרי"מ עפשטיין, באמצע תרס"ח (1908). תריסר השנים שמייסוד הישיבה בתרנ"ו (1896) ועד אז, הריהן למעשה התקופה היחידה בה ניתן לדבר על ישיבה בעלת סדרים תקינים, היושבת במקום של קבע על מי מנוחות ומשולבת היטב בסביבה שבה היא נמצאת. בשנים שלאחר מכן, לעומת זאת, היתה הישיבה שרויה עד למעלה-ראש במאבקים קשים כנגד רבני העיירה כמו גם הנהגת הקהילה, ולעיתים אף מתחים אישיים בתוך סגל הישיבה; פעילותה התאפיינה במידה רבה באי-סדרים טכניים ולימודיים, בהעתקה תדירה של מיקום בית המדרש בתוך העיירה ומחוצה לה, ובתנודות במניין התלמידים. ובמצבם הכלכלי – דבר שהעמיד אותה כמעט על סף סגירה[145].

---

143 ראו: יפה, **בגיטו נובוגרודק**, עמ' 58; מוסרי, "מגדולי ישראל", **דרכנו**, כ"ג אב תרצ"ה (גליון מד), עמ' יא.

144 ראו לעיל, הערה 115.

145 ראו לעיל, הערה 115.

ח. אפילוג

בסיום הדברים, דומה כי ניתן לקבוע שאפילו ישיבת נובהרדוק, מי שנחשבת לסמל האנטי-ממסדי המובהק ביותר בתולדות ישיבות ליטא, לא היתה מסוגלת להתפתח מבלי גיבוי הדוק של הממסד הרבני והקהילתי לאורך השנים. אופיה המתון של הישיבה בתקופה הראשונה לקיומה, הוא שהעניק לה תמיכה מצד החברה הסובבת; רק תמיכה זו היא שאיפשרה לישיבה לצמוח ולהתקיים בתנאים נורמליים, ורק על גביה יכלה הישיבה להתבסס במידה שתאפשר לה לשרוד גם בתקופה בה הרדיקליזם ההולך וגובר שלה הרחיק ממנה את מוקדי התמיכה הישנים. המאבקים הקשים אליהם נקלעה הישיבה בתקופה השנייה לקיומה, מאבקים שהתחוללו לעיתים במעגלים הפנימיים ביותר של הישיבה, העמידו אותה לא פעם ולא פעמיים בפני איום של קריסה, חלקית או מוחלטת[146] – דבר הממחיש שוב את חשיבותה של התמיכה לה זכתה הישיבה בתקופתה הראשונה, מצד הרי"מ עפשטיין ואנשי עיירתו.

אולם מנגד, מתברר שככל שהלך והתערער מצבה החומרי והסביבתי של הישיבה, וככל שתנאי הקיום החיצוניים נעשו בלתי אפשריים כמעט, כך הלך והתעצב האופי הייחודי שהקנה לזרם "נובהרדוק" את פרסומו ההיסטורי לדורות[147]. תופעה זו, למעשה, ממחישה שוב את הקשר ההדוק בין עצם היווצרותו של הזרם לבין התנועות המהפכניות שרווחו ברוסיה באותה תקופה, והתאפיינו אף הן בפריחה תחת לחץ ומלחמה. כהמשך לכך ניתן לומר, בצורה פרדוקסלית, שצביונה של רשת "ישיבות נובהרדוק" כפי התדמית המוכרת, לא היה יכול להתגבש אלא בשעה שהישיבה-האם, זו שפעלה בעיירה נובהרדוק ונתנה את שמה לרשת כולה, כבר חדלה מלהתקיים; אף תקופת השגשוג של רשת הישיבות בפולין, התרחשה דווקא בשעה שהמייסד הגדול, ר' יוזל, כבר לא היה בין החיים. עם זאת, הזכרון הקיבוצי המגבש של "התקופה המכוננת", בה שכנה הישיבה בנובהרדוק על מי מנוחות, וההשראה החופפת של דמות ר' יוזל ופועלו, השפיעו השפעה רבה על מהלכן ותודעתן של ישיבות נובהרדוק ומנהיגיהן גם בתקופת הפריחה שבין מלחמות העולם.

146 ראו לעיל, הערות 104-105.

147 על תופעת פריחתה של הישיבה דווקא בימי הלחץ של מלחמת העולם (הנידונה אצל פישמן), עמדו כבר תלמידיו של ר' יוזל; ראו המובא מפי הרי"י לובצ'נסקי, אצל זייצ'יק, **המאורות הגדולים**, עמ' ריז פיסקה קלה, וראו גם עמ' קצז פיסקה מז.

פרק שביעי

משפחת הרי"מ עפשטיין

א. גיסו הנצי"ב מוולוז'ין

למעלה בפרק שני, העוסק בתקופת נובוזיבקוב, תיארנו את הפיכתו של הנצי"ב מוולוז'ין מגיסו של הרי"מ עפשטיין גם לחתנו, הנשוי לבתו בתיה מירל. שם הזכרנו גם את ההסכמה שנתן הנצי"ב לספרו של גיסו, 'אור לישרים', בתמוז תרכ"ט (1869): "...כבוד גיסי הג' חריף ובקי חכם חרשים, רב פעלים ביתרון דעת ויראת ה' כש"ת מוהר"ר יחיאל מיכל הלוי עפשטיין...". הפרק הנוכחי יוקדש להרחבת היריעה על קשריהם של שני הגיסים, הרי"מ עפשטיין והנצי"ב. כאמור לעיל (בפרק ראשון, העוסק בתקופת בוברויסק), מפגשם הראשון התרחש בוולוז'ין, כשהנצי"ב התמנה לר"מ צעיר; בזמן כלשהו הסמוך לסיום לימודי הרי"מ עפשטיין בישיבה, התחתן הוא עם אחותו של הנצי"ב. מאז ואילך נעשו השניים לידידים קרובים, כשהקשר ביניהם מתבצע הן על ידי מכתבים והן על ידי ביקורים של האחד במקומו של השני, ולעיתים אף בנסיעות משותפות בהקשרים שונים.

כך למשל אנו מוצאים את הנצי"ב מבקר בבוברויסק באביב תרכ"ב (1862)[1]; לא נודע לנו מה היתה סיבת נסיעתו לשם, אך קרוב לוודאי שהיא כללה ביקור אצל גיסו הרי"מ עפשטיין, שישב עדיין בעיירה זו. מן הצד השני, ישנן בידינו עדויות רבות לביקורים שערך הרי"מ עפשטיין בביתו של הנצי"ב בוולוז'ין[2]; בנו שלו,

[1] עובדה שצוינה בהסכמה שנתן אז לספרו של ר' חיים בנדר, **אור החיים**, וילנא תרכ"ז.

[2] ראו לדוגמא: רמ"צ נריה, **שיחות הראי"ה**, עמ' קג-קד, תל אביב תרמ"ה. וכן: **מוולוז'ין עד ירושלים**, עמ' 152; **שרי המאה**, ה, עמ' 171, וההערות שלהלן.

ר' ברוך עפשטיין, התגורר אצל דודו הנצי"ב בעת לימודיו בישיבת וולוז'ין, למן תרל"ג ואילך[3].

רבים מביקוריו של הרי"מ עפשטיין בוולוז'ין, היו קשורים לעסקי הישיבה וניהולה; מידע חשוב על כך נמסר על ידי נכדו ר' מאיר בר-אילן, שבאותם ימים גדל בוולוז'ין אצל אביו הנצי"ב. הוא מספר שבשנים האחרונות לפני סגירת הישיבה, היה הרי"מ עפשטיין בא לוולוז'ין לעיתים קרובות "כשהיה צורך להימלך בעניין. בהיותו בוולוז'ין היו מכבדים אותו באמירת שיעור"[4]. באיזה עניינים, למשל, היה צורך להימלך? ר"מ בר-אילן מספר שכששלטונות רוסיה החליטו לכפות הכנסת מורה ללימודי רוסית לישיבת וולוז'ין (בסביבות תרמ"ז - 1887), התעוררה מחלוקת בקרב הנהגת הישיבה בשאלת זהותו של מורה זה: בכיר הר"מים, ר' חיים סולובייצ'יק מבריסק, סבר שרצוי שיהיה זה מורה גוי, שכן מורה יהודי - שיהיה "משכיל", מטבע הדברים - עלול להשפיע לרעה על התלמידים. העֶמדה שכנגד יוצגה על ידי גיסו

---

[3] ראו: **מקור ברוך**, עמ' 1678 ואילך. מועד סיום לימודיו בוולוז'ין הוא שאלה שטרם טופלה כראוי. א"ז תרשיש משער שמשך הלימודים היה חמש שנים, עד תרל"ח - זאת על סמך השערה נוספת, סבירה אמנם, שזו היתה שנת חתונתו עם בת רא"מ הורוויץ אב"ד פינסק (**רבי ברוך הלוי אפשטיין**, עמ' 91. ההשערה האחרונה מבוססת על הספד ר"ב עפשטיין את חותנו - שנפטר בתר"ן - שם כתב שזכה להכירו "כשתים עשרה שנה"; הנ"ל, **נחל דמעה**, ווארשא תר"ן, עמ' 9) - אך במאמר שפרסם ר"ב עפשטיין בשנת תרמ"א על ישיבת וולוז'ין, הוא כותב "זה בערך עשר שנים מאז יצאתי ממנה"! (**המליץ**, ב' אדר א' תרמ"א [שנה 17 גליון 3], עמ' 53). הקביעה "בערך עשר שנים" נאמרה באופן בלתי דייקני בעליל, כי בשנת תרל"א הוא טרם הגיע לוולוז'ין; אך בכל אופן, קשה להניח שהיה כותב זאת אילו עזב את וולוז'ין שלוש שנים בלבד לפני כן. במאמר נוסף, מחורף תרל"ז, הוא חותם "ברוך הלוי עפשטיין מנאוואהרדאק" (**המגיד**, ה' כסלו תרל"ז [שנה 13 גליון 15], הוספה עמ' 2), ובמקום אחר הוא מספר שחזרתו הראשונה לבית הוריו היתה בניסן תרל"ה (**מקור ברוך**, עמ' 1704; שם, עמ' 1737). ייתכן מאד אפוא ששהותו הרצופה בוולוז'ין הסתיימה כבר בתרל"ה, ועד נישואיו בסביבות תרל"ח הוא שהה בה רק לפרקים, תדירים אמנם (כך גם יש להבין את אמירתו במקום אחר - "רוב שנות שחרותי ובחרותי עשיתי בישיבה בוולוז'ין" - **מקור ברוך**, מבוא, עמ' 3). לאחר נישואיו התמעטו ביקוריו אצל דודו בוולוז'ין, אך עדיין התקיימו מדי פעם, כפי שהוא מציין באותו מאמר מתרמ"א: "כי עוד היום הנני סמוך ונראה להישיבה [...] בוואלאזין הנני כיום לרגל מצבי הפרטי, ויודע ורואה אני את בנינה ותלמידיה יותר מפעמים בכל יום" (**המליץ**, שם).

[4] **מוולוז'ין עד ירושלים**, עמ' 279. בדומה לכך תיאר בשנת תרמ"ח (1888) מ"י ברדיצבסקי: "בחור אחד ממכירי, למדן גדול, ערב את לבבו להקשות את אביה [=של אשת הנצי"ב] הרב הגאון ר' יחיאל מיכל הראב"ד מנאוואהרודאק כשהיה בזה והגיד השיעור (כי כך המנהג בזה, כשאורח הגון בא לעיר יכבדו אותו בהגדת השיעור), ועל כל חדוש וחדוש שחידש הרב האורח, הביא הבחור ההוא ראיה כי 'איכפא מסתברא'..." (ברדיצבסקי, **פרקי וולוז'ין תרמ"ח**, עמ' 67).

של ראש הישיבה, הלא הוא הרי"מ עפשטיין: "ומן הצד השני סבי, הרב מנובהרדוק, שבימים הקשים ההם היה בא לעיתים קרובות לוולוזין, והרבה להתעניין בעניינים הפנימיים של הישיבה. והוא החזיק בדעה שיש צורך למנות מורה יהודי, ואף הוא מצא סעד במה שנאמר 'אף על פי שחטא [ישראל הוא]'..."[5].

ר"מ בר-אילן מוסר גם שבנסיעות שערך הנצי"ב באותן שנים לפטרבורג, מרכז השלטון הרוסי, היה הרי"מ עפשטיין מצטרף אליו לעיתים, במקום ר' חיים סולובייצ'יק[6] (שנשאר כנראה לנהל את סדרי הישיבה). אכן, בכל הנוגע לשתדלנות אצל פקידי השלטון, היה הרי"מ עפשטיין בעל יתרון מובהק. נכדו מספר: "מעלה יתירה היתה לו לזקני זה, שרבנים מעטים מאד היו מצויינים בה אז: הוא ידע לדבר ולכתוב רוסית, ונחשב לאחד הרבנים 'הידענים' בהוויות העולם"[7]. קיימת אף עדות מפי כתבו של הנצי"ב על נסיעה לפטרבורג שערך הרי"מ עפשטיין לבדו בשליחות הישיבה: במכתב משבט תרמ"ח (1888) למלומד הידוע אברהם אליהו הרכבי, מוסר הנצי"ב בין השאר ש"גיסי הגאב"ד דק' נאווהרדאק נ"י כעת שמה בפ"ב [=בפטרבורג], בית אחיו הגביר מ' בינוש עפשטיין נ"י, וממנו ידע מע"כ נ"י את כל, ויהי דבר מעל'[תו] בעצה לאור לרגלו"[8]; המילים 'את כל' פירושן – צרכי הישיבה, אשר "השעה נחוצה מאד לשמור משמרתה" ויש צורך לסייע לה בשתדלנות "בקרית מלך רב הקיר"ה [=הקיסר ירום הודו]" – המשימה בה עסק גיסו הרי"מ עפשטיין.

דוגמא נוספת לנסיעה משותפת של שני הגיסים, בהקשר שלא נתפרש, נמסרה באופן אגבי על ידי ר' אברהם אליהו קפלן, במכתב מאדר א' תרמ"א (1881) בו סיפר שנמצא עמו במינסק גם הנצי"ב, ו"גם הרב מנובהרדוק, חותנו, היה יחד עמו. יתכן שיהיה כאן בשבת. ביליתי אצלו כראוי..."[9].

---

[5] שם, עמ' 165. בסופו של דבר, הוא מוסיף, ניצחה דעת הר"ח סולובייצ'יק. השווה גם: הנ"ל, **רבן של ישראל**, עמ' 134–137. לעיסוק רחב בפרשה ראו: שטמפפר, **הישיבה הליטאית בהתהוותה**, עמ' 220–224.

[6] שם עמ' 126.

[7] ולפיכך שימש במחוז נובהרדוק כאחד מראשי נציגיהם של היהודים, במגעים עם מפקד המשטרה המחוזית ושאר אנשי המינהל (**מוולוז'ין עד ירושלים**, עמ' 277–278). דוגמאות מייצגות לבקיאותו בהוויות העולם, ראו בין השאר להלן הערה 38.

[8] **שנות דור ודור – אסופת גנזים**, א, עמ' קצה. נדפס שנית בספרו של קוסובסקי, **אגרות הנצי"ב מוולוז'ין**, עמ' קל.

[9] רא"א קפלן, **כתבי העילוי מראקוב**, ירושלים תשכ"ג, הקדמה, עמ' ד.

מאוחר יותר, בשנת חייו האחרונה של הנצי"ב, בה ישב בעיר ווארשא עקב מחלתו ולאחר סגירת הישיבה בוולוז'ין, אנו מוצאים תיעוד של שבוע שלם בו שהה לצידו הרי"מ עפשטיין, שהגיע לווארשא לרגל הדפסת כרך נוסף של 'ערוך השלחן'. במהלך שבוע זה, באמצע חורף תרנ"ג (1893), הצטרף הלה פעמיים להסכמות שניתנו על ידי גיסו הנצי"ב: ההסכמה הראשונה, **מכ"ז שבט** תרנ"ג – "נקטינא בשפולי גלימי דמר גיסי וח' [=חתני] גאון ישראל מוולאזין, ולא נצרכה אלא להעדפה..."[10]; ההסכמה השנייה, **מג' אדר** תרנ"ג – "נקטינא בשיפולי גלימא דמר גיסי גאון ישראל שליט"א, ודבריי אך למותר..."[11]. גם בהסכמות נוספות שכתב הרי"מ עפשטיין, לספרים שכבר זכו בהסכמת הנצי"ב, הוזכרה עובדה זו על ידו בהבלטה: "וכבר הסכים על המחברת הלזו ראש גולת אריאל, מר גיסי גאון ישראל אב"ד ור"מ דק"ק וולאזין יע"א..."[12], "וכבר הסכימו על חבורו זה גדולי ווילנא ומר גיסי הגאון המפורסם דוואלאזין..."[13].

ב. אזכורים בספרי השניים

בכתבי הרי"מ עפשטיין, מוזכר גיסו הנצי"ב קרוב לעשר פעמים, הן בהפניות לדברים שנדפסו בספריו והן באזכורים למכתבים שהחליפו ביניהם. כך, לדוגמא, אנו למדים שבמחצית השנייה של שנות התר"כ התכתב הרי"מ עפשטיין עם גיסו על סוגיות שונות בספרו ההולך-ונכתב, 'אור לישרים': "וגיסי הגאון מוואלאזין כתב לי, דדעתו..."[14]; "וגיסי הגאון מוואלאזין, בעה"מ ספר הע"ש [=העמק שאלה] על השאילתות, כתב לי בשלחי פירושי זה אליו, שלדעתו [...] עכ"ל לשון גיסי הגאון נ"י, והמעיין יבחר"[15]. "וראיתי לגיסי הגאון מוואלאזין בספרו על השאילתות (פרשה בהר סי' קטו) הביא בשם חתנו הרב..."[16]. אף ב'ערוך השלחן' נזכר הנצי"ב כמה פעמים – ולמעשה מדובר בדמות הכמעט-יחידה מבני דורו של המחבר

---

[10] הסכמה לספרו של ר' שמעון משה חאנס, **רב פעלים** (מתורת ר"א בן הגר"א), ווארשא תרמ"ד.

[11] הסכמה לספרו של ר' אליהו דוד רבינוביץ'-תאומים (האדר"ת), **אחרית השנים**, נדפס בעילום שם, ווארשא תרנ"ג.

[12] הסכמה לספרו של ר' מרדכי רבינוביץ, **שלום מרדכי**, וילנא תרנ"א.

[13] הסכמה לספרו של ר' יהושע חיים הלוי עפשטיין, **חידושי רי"ח**, א, וילנא תר"ן.

[14] **אור לישרים**, נזיר, סוף סי' ק"כ.

[15] שם, יבמות, סוף סי' טז (שם נמצא ציטוט קצר ממכתב הנצי"ב).

[16] שם, קידושין, סוף סי' כז.

המוזכרת בספר זה: "גם גיסי הגאון בספרו על השאלתות פ' ויקרא הלך בכעין דרך זה, ע"ש..."[17]; "גיסי הגאון בביאורו על השאלתות נדחק הרבה לחלק..."[18].

כפי שניכר מן הציטוטים הללו, רוב ככל המובאות מדברי הנצי"ב בכתבי גיסו לקוחות מספרו הראשון, החיבור ההלכתי 'העמק שאלה', אך במקום אחד מביא הרי"מ עפשטיין – מבלי לציין זאת במפורש – דברים שנכתבו בפירושו של הנצי"ב לתורה 'העמק דבר': הוא מציין ראיה לכך שהגירושין שבתורה אמורים גם במקום שהאשה מתגרשת מרצונה, "שהרי דרשינן: 'ושלחה, מלמד שהיא עושה שליח' [קידושין מ"א ע"א], ופשיטא שלא תעשה שליח כשאינה חפיצה בהגירושין (**גיסי הג' בעה"מ העמק שאלה**)"[19] – והדברים מופיעים לפנינו ב'העמק דבר' לפרשת כי תצא: "'ושלחה' [...] מזה למדנו דיש גירושין מחמת שהיא רוצה בכך, שחוששת לעיגון או ליבום וחליצה וכדומה, ע"ז כתיב 'ושלחה', היינו לנפשה ורצונה"[20]. במקום אחר מזכיר הרי"מ עפשטיין גם את ספר השאלות-ותשובות של גיסו, 'משיב דבר', שנדפס לאחר פטירתו, בווארשא תרנ"ד: "...כאשר כבר צווחו גדולי הדור על זה [=היתר המכירה], כמבואר בתשובות גיסי הגאון הצדיק מוואלאזין, בחבורו משיב דבר בקונטרס השמיטה, ע"ש..."[21].

אף הנצי"ב הזכיר את הרי"מ עפשטיין בכמה מקומות בספריו. כך בפירושו לספרי: "וגיסי הגאון מוהר"י מיכל הלוי שי' נתן טעם יפה..."[22]. וכן בפירושו לתורה: "והנה בכל השבטים כתיב 'בני' לבד מיהודה ובנימין. ואמר גיסי הה"ג

---

[17] **ערוך השלחן**, יורה דעה, סי' סט סעי' לח. הדמות הנוספת מבני דורו שהזכיר הרי"מ עפשטיין בספרו, הריהו ר' ישראל מאיר הכהן מראדין, בעל 'משנה ברורה' (ליחס שבין שני הספרים הללו ראו להלן חלק שני פרק רביעי).

[18] שם, יורה דעה סי' קיג סעי' לה.

[19] שם, אבן העזר סי' קמה סעי' א.

[20] ספר דברים עם פירוש **העמק דבר**, וילנא תר"מ, דברים כ"ד א. לאזכור נוסף של 'העמק דבר', ראו להלן.

[21] **ערוך השלחן העתיד**, זרעים, א, הלכות שמיטה סי' טו סעי' י.

[22] פירוש **עמק הנצי"ב** לספרי, ב, ירושלים תש"ך, עמ' לד (פרשת שלח פיסקה ד: "עושה משתה לבניו אחד מכ"ד"). ישנה תשובה בה דן הנצי"ב בדברי "הגאון מנאווהרדאק [...] בתשובה כת"י" (**שו"ת משיב דבר** ב, ווארשא תרנ"ד, סי' מ), אך אין הוא מזכיר שמדובר בגיסו, ואכן כוונתו היא לר' יצחק אלחנן ספקטור, שכיהן בנובהרדוק בשנים תרי"א-תרכ"ד (השווה **שו"ת עין יצחק**, וילנא תרמ"ט, יורה דעה סי' כ. כבר עמד על כך ר' משה פרלמוטר, **חמדת הנפש**, ווארשא תרנ"ז, סי' כט). ראו גם **שו"ת משיב דבר**, א, סי' יב, תשובת הנצי"ב לאחיינו וגיסו ר' ברוך, בנו של הרי"מ עפשטיין.

מ' יחיאל מיכל הלוי נ"י, וכך העלה בני הה"ג מ' חיים נ"י, משום דעיקר תועלת הנשיאים..."[23].

הנצי"ב נפטר כידוע בכ"ח אב תרנ"ג (1893). שמונה ימים בלבד לפני כן, בכ' לחודש, הזכיר אותו הרי"מ עפשטיין, בפעם האחרונה בחייו של גיסו, במכתב תשובה על סכסוך שפרץ בקהילת לונדון: "לגיסי יח' הגה"ג מוואלאזין הייתי כותב, אך בעוונותי הוא חולה גדול, ד' ירחם. האדרעס שלו על שמו לווארשא רחוב מוראנאווסקי נומער 29..."[24]. לאחר פטירתו אנו מוצאים את הרי"מ עפשטיין מזכירו פעם נוספת, בברכת המתים, באחת מן הדרשות שהעלה על הכתב: "וכמו שפירש גיסי הגאון הצדיק מוולאזין זצ"ל, 'וישכון ישראל בטח בדד עין יעקב' – כלומר, אימתי שוכן ישראל בטח, כשהוא בדד ['העמק דבר', דברים ל"ג כ"ח]..."[25].

ג. בניו של הרי"מ עפשטיין

"ומולדתך אשר הולדת אחריהם – לך יהיו". חמישה ילדים היו להרי"מ עפשטיין: שני בנים ושלוש בנות. המפורסם שבילדיו הוא רבי ברוך עפשטיין בעל 'תורה תמימה', אך גם אחרים מביניהם היו רבי פעלים, אם בעיסוק בצרכי ציבור באמונה ואם בהפצת תורתו של אביהם על ידי המשך הדפסת ספריו, ועוד. בשורות הבאות אנסה לסכם ולמצות את הידיעות המבוררות אודות כל אחד מחמשת ילדיו של הרי"מ עפשטיין, תוך התמקדות בדברים שאינם ידועים לציבור הרחב.

---

[23] **העמק דבר**, במדבר ל"ד, יט (דף קמו ע"א). אגב אזכור ר' חיים ברלין בן הנצי"ב, נציין לאחד ממכתביו: "ודודי הגנ"י [=הגאון נרו יאיר] בס' ערוך השלחן סעי' עב, הביא סמך לזה..." (**שו"ת נשמת חיים**, יורה דעה סי' נב. ראו עוד שם, אורח חיים סי' כט, מכתב לר' ברוך בן הרי"מ עפשטיין, ושם סי' קצ"ב, מכתב מר' ברוך מכ"א סיוון תרס"ג, שסופו עוסק בחתונת אחיו-מאב של הר"ח ברלין, ר' מאיר [לימים: בר-אילן], ושם סי' פט, מכתב הר"ח ברלין מחורף תר"ס, המזכיר שנסע לחגוג "את חג נשואי אחי, בן אבי הגאון זצללה"ה למאהליב רייסין" – כוונתו ליעקב ברלין, בנה הבכור של בתיה מירל). ראו גם מכתב הרי"מ עפשטיין לר"ח ברלין משנת תרמ"ד – **כתבי הערוה"ש**, סי' נו. במכתב אחר פירט הר"ח ברלין את צאצאי סבו, וביניהם: "וחתנו של זקני מו"ה יעקב ז"ל, הרב הגאון המפורסם לש"ט מו"ה יחיאל מיכל הלוי עפשטיין נ"ו האב"ד בנאווהרדאק יע"א, בן הנגיד מוה' אהרן עפשטיין מבאברויסק..." (רד"ט האפרתי, **תולדות אנשי שם**, נספח, עמ' 11).

[24] נדפס שנית, ב**כתבי הערוה"ש**, סי' עח.

[25] **דרשות קול בן לוי**, דרשה א (עמ' 3).

ד. בנו רבי ברוך הלוי עפשטיין

על אודות בנו המפורסם של הרי"מ עפשטיין, רבי ברוך הלוי עפשטיין בעל 'תורה תמימה' ו'מקור ברוך', כבר נכתב ספר שלם בידי יליד עירו פינסק ר' אהרן זיסקינד תרשיש[26]. שם נמצא תיאור רוב הידוע על קורות חייו ופועלו. אמנם, רא"ז תרשיש כתב את רוב דבריו בהסתמך על מקור אחד בלבד, והוא ספרו של רבי ברוך עפשטיין 'מקור ברוך', ולצד זאת מקצת ספרים נפוצים אחרים; מטבע הדברים נחסרו עקב כך לא מעט פרטים על רבי ברוך הפזורים בעיתונות התקופה, בספרים שאינם נפוצים - ובכלל זאת ספר הזכרון עב-הכרס לקהילת פינסק - ואף בארכיונים. בנוסף, הרא"ז תרשיש נקט בגישה הנמנעת מעימות בין מקורות סותרים כאשר ישנם, מהפרדה בין הבר לתבן ומליבון עניינים שאינם נאמרים במפורש בחומרים הכתובים לפניו[27]. ואף על פי כן, סוף סוף זהו ספר המוקדש לתולדותיו של רבי ברוך בהיקף גדול בהרבה ממה שנוכל להקדיש כאן, וכמובן אין טעם לְשנות את הדברים[28]. לפיכך, להלן אתמקד במה שנוגע לשאלה אחת בלבד, והיא: טיב ואופי קשריו של רבי ברוך עם אביו הרי"מ עפשטיין[29].

---

[26] **רבי ברוך הלוי אפשטיין**, ירושלים תשכ"ז.

[27] הרי כמה דוגמאות לנושאים שנותרו עמומים בתולדותיו של רבי ברוך עפשטיין: שאלת תיארוך התקופה של לימודיו בוולוז'ין (ראו על כך לעיל הערה 3); פועלו במשך השנים בהן שהה בארצות הברית (ובכלל זאת כהונה קצרה כמזכיר 'עזרת תורה'); ואף הנסיבות המדויקות של מותו בגטו בפינסק (על כך ישנו מאמר מאת ר' שמריה גרשוני, "רבי ברוך עפשטיין - בעל התורה תמימה", **ישורון** כט (תשע"ג), עמ' תתפה-תתצ).

[28] מה גם שהעיסוק ברבי ברוך עפשטיין ובכתביו קובע מקום לעצמו, בפרט לאור הביקורת הנשמעת מפעם לפעם כלפי מאפיינים שונים בספרו המפורסם 'תורה תמימה' וכלפי האמינות של ספרו הביוגרפי 'מקור ברוך' (ראו על כך בין השאר להלן נספח א).

[29] אזכיר רק פרט אחד מלבד זאת, והוא שבשנת תרל"ח נעשה הרי"מ עפשטיין למחותנו של רבי אלעזר משה הורוויץ אב"ד פינסק: בנו רבי ברוך, שהיה אז בן שמונה עשרה, נשא לאשה את שיינה בת הרא"מ הורוויץ. זכרם של קשרי משפחה אלו בא לידי ביטוי בספרו הגדול של הרי"מ עפשטיין, שם הוא כותב אגב דין אחד בהלכות כתיבת גיטין: "וכן אמר לי מחו' הגאון רא"מ הלוי הורוויץ אב"ד דפינסק, שגם הוא והגאון ר' מרדכי [זקהיים] ז"ל שהיה לפניו, אין נוהגין כן..." (**ערוך השלחן** אה"ע, סדר הגט סעי' כט, ובנוסח דומה שם בסי' קכב סעי' טו). ניכר מתוך הדברים הללו שהם נכתבו לפני פטירתו של רבי אלעזר משה בשנת תר"ן; ובאמת אנו מוצאים שהלכות גיטין בספר ערוך השלחן נכתבו במהלך השנים תרמ"ה-תרמ"ו, ואותן מזכיר הרי"מ עפשטיין בתיתו דוגמאות לאופן כתיבת הגט (ראו **ערוך השלחן**, אה"ע סי' קכו סעי' כו, שם סי' קכז סעי' מה, ושם בסדר הגט מדינים ההכרחיים, סעי' מה).

מובן מאליו כי במישור האישי התקיימו יחסים קרובים בין הרי"מ עפשטיין ורבי ברוך – והרי סוף סוף הם היו אב ובנו. הסכמתו החמה של הרי"מ עפשטיין לספרו של בנו 'תורה תמימה', מעידה היטב על הערכתו לבנו[30]. נוסף לכך, במכתב ששלח הרי"מ עפשטיין בשנת תר"מ למו"ל 'קובץ יגדיל תורה' (אודסה), הוא המליץ לו שלא לפרסם מאמרי הלכה אלא ממי שיש לו אישור מהרב שבעירו, משום מיגדר מילתא – ובזאת הוא נותן את אישורו לאברך אחד מעירו "שהוא גדול בתורה"[31], ו"כמו כן של בני הרה"ג האברך ר' ברוך הלוי נ"י יכול להדפיס, כי ראויים להשמע ופרי לבבן הן"[32]. בכמה מכתבים הוא אף הזכיר דברים שכתב בנו בספרו 'תורה תמימה' (שנדפס בתרס"ב, שש שנים לפני פטירת הרי"מ עפשטיין), ודן בהם לכאן ולכאן[33].

ואף על פי כן, ישנם כמה סימנים לכך **שבפועל** הקשר בין הרי"מ עפשטיין ובנו רבי ברוך היה רופף יחסית (לעומת המצופה), ומבחינה מסוימת ניתן אף לומר כי התקיים מעין נתק בין מעגלי חייהם של השניים. המחשה בולטת לכך נמצאת בספר הזכרונות של רבי ברוך, 'מקור ברוך': בספר זה מוקדש כמעט כרך שלם לדודו הנצי"ב (רוב חלק ד), ולעומת זאת לאביו מולידו מוקדשת יריעה קטנה

---

30 "ברוך הוא וברוך טעמו, זה בני משוש לבי הרב ר' ברוך שיחי', שנתן אל לבו הדבר הגדול הזה [...] איך באפשרי להוציא הדבר הגדול הזה אם לא בחסד מיוחד ממרום [...] בבינה יתירה אשר בלבו, בחריפות ישרה ובבקיאות נמרצה..." (ההסכמה – מחורף תרס"ב).

31 הלא הוא רבי מרדכי אליהו רבינוביץ, יליד סטויפץ תרט"ו, שלמד בוולוז'ין ואחר נישואיו ישב כמה שנים בנובהרדוק. למן תרמ"א כיהן כרב בכמה קהילות, ולבסוף בסופוצקין הסמוכה לסובלק; חיבר ספרים רבים בהלכה ובדרש, ובהם שו"ת **נר למאור** (ווארשא תרמ"ט), ו**תורת מרדכי** (בילגוריי תרס"ט); לאחר פטירת רבי שמואל סלאנט אף היה מועמד לירושת כיסאו כרבה של ירושלים, אך נפטר בטרם עת בה' אדר תרע"א (ראו: גוטליב, **אהלי שם**, עמ' 131–132; ר"מ צינוביץ, **אישים וקהילות**, תל אביב תש"ן, עמ' 264–266; **הצפירה**, ו' אדר תרע"א [שנה 37 גליון 44], עמ' 3; ואכ"מ). יש לציין כי אכן בהתאם להמלצתו של הרי"מ עפשטיין, דבריו נדפסו כמה פעמים ב**קובץ יגדיל תורה** (אודסה) (ראו חוברת ז, תרמ"א, סי' פג; חוברת ח, תרמ"ג, סי' קא וקיד; חוברת ט, תרמ"ד, סי' קלב). עוד על קשריו עם הרי"מ עפשטיין, ראו ביומנו של האדר"ת, **סדר אליהו**, ירושלים תשד"מ, עמ' 101; ואזכור נוסף לשהותו בנובהרדוק, בתרל"ח, ראו שחור, **זכר אבות**, עמ' 349 (עיי"ש היטב).

32 **כתבי הערוה"ש**, חלק התשובות, עמ' נב.

33 ראו שם, חלק התשובות, עמ' מט, מכתב משנת תרס"ה, בו כותב הרי"מ עפשטיין: "ובני הגאון שיחי' בחיבורו תורה תמימה על החומש כתב [...] ואין דעתי נוחה מזה". אזכור נוסף נמצא בדרשה שנשא בשבת שובה תרס"ז: "והקשה בני הגנ"י בחבורו תורה תמימה [...] ותירץ בני הגנ"י..." – ובהמשך מקשה על דבריו (נדפס על ידי רי"מ סגלוביץ, **מאסף דרושי**, ב, וילנא תרע"ג, עמ' 107).

בהרבה – תולדותיו מצטופפות בכמה פרקים (בחלק ג) לצד אסופת חידושים של המחבר, סיפורים על אבות המשפחה ועוד כיוצא בזאת. הנפח המופחת שתופס הרי"מ עפשטיין ב'מקור ברוך' לעומת הנצי"ב, מתבטא לא רק במספר העמודים: קריאה עקבית מעלה שרבי ברוך מתאר את הנצי"ב כדמות משמעותית בחייו הרבה יותר מאשר את אביו הרי"מ עפשטיין[34].

עובדה זו אינה מפתיעה לכשנתבונן בקורות חייו של רבי ברוך עפשטיין בעשורי חייו הראשונים: הוא עזב את בית הוריו בגיל צעיר ביותר, כשהוא עדיין אינו בר מצוה, ויצא ללמוד בוולוז'ין אצל דודו הנצי"ב (בסוף תרל"ב או תחילת תרל"ג)[35]. בוולוז'ין הוא ישב שנתיים רצופות, ואף כשנטל לעצמו חופשה בת כחודשיים (בגיל ארבע עשרה בערך) לא נסע להוריו שבנובוזיבקוב הרחוקה, אלא שהה בווילנא[36]. נסיעתו הראשונה לבקר בבית הוריו נעשתה רק בסביבות פסח תרל"ה[37], ולאחר מכן חזר לוולוז'ין למשך תקופה ממושכת נוספת, ככל הנראה עד לחתונתו שבתרל"ח[38]. נמצא אפוא שלאורך התקופה הארוכה והמשמעותית של שנות הבחרות והנערות, בהן מתעצבת נפשו של אדם, נפגש רבי ברוך עם אביו הרי"מ עפשטיין פעמים ספורות בלבד.

עדות מכיוון אחר לקשר הרופף-יחסית בין הר"ב עפשטיין לאביו הרי"מ עפשטיין, היא העובדה שלאחר פטירת הרי"מ עפשטיין, זכויות ההדפסה של כתביו לא נמסרו לבנו זה – על אף שהוא כבר היה בעל ניסיון רב בכתיבה והוצאת ספרים – אלא לאחותו של הלה, ברײנה (עליה ראו בהמשך). זאת קרוב לוודאי על פי רצונו של הרי"מ עפשטיין, וכפי שהגדירה בתו את עצמה כ"**יורשת** ספרי המחבר".

---

34 זאת למרות שבפתיחת החיבור הוא כותב כי הספר נועד להיות "זכרונותי על חיי אבא מרי"! (**מקור ברוך**, מבוא, עמ' 2).

35 **מקור ברוך**, ד, עמ' 1737.

36 ראו שם, עמ' 1717.

37 ראו שם, עמ' 1704, והשוו שם, עמ' 1681. אמנם, הוא כמובן נפגש עם הוריו לכל הפחות בחתונת אחותו בתיה מירל עם דודם הנצי"ב, שהתקיימה בסביבות סיוון תרל"ד (זמן קצר לפני מעבר הרי"מ עפשטיין ומשפחתו לעיירה נובהרדוק; ראו על כך להלן אות ח).

38 ובהקשר זה גם רא"ז תרשיש עמד על כך שה"בית" הראשון של רבי ברוך לא היה בית הוריו בנובוזיבקוב או בנובהרדוק, אלא דווקא הבית שהקים בפינסק עם נישואיו.

ה. אזכורי הרי"מ עפשטיין בספרי בנו

עובדה נוספת המתקשרת לענייננו, היא שבאופן מפתיע רבי ברוך עפשטיין בכתביו **התורניים** המרובים[39] כמעט לעולם אינו מזכיר את אביו (בכלל) או את ספרו הגדול 'ערוך השלחן' (בפרט); וזאת אף במקום שהיה מתבקש לכאורה לעשות כן, אם מפני שאביו אמר בדיוק כמוהו, ואם לחלופין, מפני שאמר ההפך ממנו[40]! דוגמא לכך היא כאשר רבי ברוך כותב לעניין "אלו ואלו דברי אלוקים חיים", שהתורה נקראת שירה כי "מכל ערבוב הקולות השונות ומשונות יחד, תצא מנגינה יפה וזמרה נאה וערבה"[41] – והרי זה ממש כדברי הרי"מ עפשטיין המפורסמים בהקדמתו לספרו הגדול (חלק חו"מ), כמעט באותן המילים[42].

על דוגמא מסוג אחר העיר בדורנו רבי עובדיה יוסף[43]: רבי ברוך התייחס בספר זכרונותיו לפולמוס שהיה בסביבות שנת תרכ"ח על שמן הזית המיוצר בצרפת, ששמועות טענו כי מעורב בו שומן חזיר[44]; הוא כותב כי מאז הפולמוס כל ירא שמים נמנע מלאכול שמן זה, ושאמנם היו שניסו לבדוק את הרכב השמן באמצעים כימיים "אך לא כל הבוחנים באו לעמק השוה בזה, מפני שתכונה אחת לשמן זית ולשומן החזיר בכל טבעם", ולכן הבדיקה הכימית אינה מדויקת דיה. והנה, אביו הרי"מ עפשטיין התייחס לאותו עניין בדיוק וכתב ההיפך הגמור מדברי בנו[45]! הוא אמנם מעיד כי תחילה "לקול המולה גדולה לא אכלנו" את השמן,

---

[39] תורה תמימה כמובן, ושאר ספריו: תוספת ברכה, גשמי ברכה, ברוך שאמר ועוד. לגבי מידת אזכור ספר ערוך השלחן, הדברים נכונים גם באשר לחלקים התורניים של מקור ברוך.

[40] כבר עמד על כך בעבר ר' יונה עמנואל, "על סופרים ועל ספריהם", **המעין** ט, ד (תמוז תשכ"ט), עמ' 45, וראו שם בדוגמאותיו.

[41] **מקור ברוך**, ד, עמ' 1777–1778.

[42] דוגמא נוספת הובאה על ידי ר' יונה עמנואל (**פרשנים ופוסקים אחרונים בפירושו של הרב ש"ר הירש על התורה**, ירושלים תשכ"ב, עמ' טז): רבי ברוך כותב כלימוד מחודש ש"לפי המבואר בכ"מ דירושלים יש לה קדושה ומעלה יתירה משאר ערי א"י [...] א"כ לפי"ז יתחייב דעניי ירושלים קודמין לעניי עיר אחרת שבא"י, וזה דבר חדש..." (**תורה תמימה**, דברים ט"ו אות כ"ב ד"ה ודע) – ואולם כדברים הללו כבר הביא אביו הרי"מ עפשטיין בשם החתם סופר, שעניי ירושלים קודמים לעניי שאר ארץ ישראל (**ערוך השלחן**, יו"ד סי' רנא סעי' ח). אמנם, מן ההכרח לציין כי חלק זה של ערוך השלחן נדפס רק **לאחר** התורה תמימה.

[43] **שו"ת יביע אומר**, ה, יו"ד סי' ט אות ב. דברי הרי"מ עפשטיין מצוטטים שם בשינויים גדולים.

[44] **מקור ברוך**, ד, עמ' 1915.

[45] **ערוך השלחן**, יו"ד סי' קיד סעי' יח.

אבל לאחר ש"גדולי חכמי הרפואה והרוקחים הגדולים" בדקו את הרכב השמן "כפי חכמת הכימי"א" ומצאו שאין בו שום תערובת של שומן, "אז נפסק הקול והתחלנו לאוכלו, וכל המחמיר בזה אינו אלא מן המתמיהין...". החריג כאן אינו רק שהר"ב עפשטיין כותב הוראת איסור על דבר שאביו הקל בו בהדיא[46] – אלא שהוא אינו מזכיר כלל את דברי אביו או אף מציין אליהם, והרושם העולה הוא שהם כלל לא היו ידועים לו[47].

למעשה, בספרו הגדול 'תורה תמימה' מזכיר רבי ברוך את אביו פעמיים – פעמיים בלבד. פעם אחת בעניין אמירת "בפני נכתב ובפני נחתם", לגבי מה שפסק הרמ"א שלכתחילה צריך לומר כן בלשון הקודש, והגר"א דחה דבריו, וכותב על כך רבי ברוך:

> אמר אבא מרי שליט"א דיש לדברי הרמ"א מקור בגמ', והוא בריש גיטין ג' א', דמפרש שם מאי טעמא לא תקינו חכמים לומר 'בפני נכתב לשמה, בפני נחתם לשמה', משום דאי מפשת ליה דבורא אתא למגזייה (לדלוג ולקטוע דבוריה), ופריך: השתא נמי (כשאומר רק בפני נכתב בלא מלת לשמה) אתא למגזייה, ומשני, חדא מתלת גאיז, חדא מתרי לא גאיז. ר"ל, כשצריך לומר שלש תיבות אפשר לגייז תיבה אחת, אבל בתרי תיבות לא גייז, ע"כ. ולפי"ז לכי תידוק הנה הענין 'בפני נכתב' יתכלכל בשתי תיבות אך ורק בלה"ק לבדו, ובשאר הלשונות לא יתכלכל בפחות משלש תיבות, וא"כ אחרי דבג' תיבות יש חשש שיגייז, לכן לכתחלה צריך שיאמר זה רק בלה"ק, עכ"ד[48].

---

[46] אגב כך יש להעיר כי בשונה מהרי"מ עפשטיין שהדגיש מה ש"אמרו הקדמונים שאין להגיה שום ספר מספרי התלמוד והפוסקים ע"פ סברת עצמו, דאולי יקום ויפרש פירוש נכון כפי הגירסא הישנה, והרבה צווחו על זה ואמרו דאם לא נראה לת"ח גירסא הכתובה יגיה בפירושו אבל לא בפנים הספר" (**ערוך השלחן**, יו"ד, סי' רעט סעי' א) – הרי בנו רבי ברוך נקט יד רחבה בהגהות מסברא הנכתבות כקביעה ודאית, כמו שכבר העיר רבי מנחם מנדל כשר (**תורה שלמה**, כו, ירושלים תשל"ד, פרשת צו, עמ' 285–301).

[47] דוגמא בולטת אף יותר לכך, היא הסיפור על רבי חיים מוולוז'ין ושאלת חריפותו של הצנון (ראו נספח ב בהערה 59), המובא בספרו של רב"ע **מקור ברוך** (ג, עמ' 1165–1169) – ועיקר המעשה כבר נזכר בערוך השלחן (יו"ד סי' צו סעי' יג). כאן אין שום היבט של הבדלי דעות או של עניין אמירת דבר בשם אומרו וכדומה – אדרבא, רבי ברוך מצהיר במפורש שמקור הסיפור הוא אביו – אלא מתבקשת מאד הפניה פשוטה המציינת שאביו הזכיר את המעשה בספרו.

[48] **תורה תמימה**, דברים פרק כ"ד הערה כ"א.

ואכן דברים דומים מאד כתב הרי"מ עפשטיין בספרו:

> מי שאמר כן, דצריך רק לה"ק, מאיזה טעם אמר; ונ"ל דשפיר אמר, דהנה בש"ס (ג' א') הקשו למ"ד דהטעם משום לשמה, למה לא תקנו לומר 'בפ"נ לשמה ובפ"נ לשמה'? ותרצו דאתי למגזייה, כלומר: אם נרבה עליו דבורים לא יאמר כתקון חכמים, ע"ש. הרי מפורש ששיערו חז"ל שביותר מד' תיבות יוכל ליפול טעות בדבריו; וזהו דבר ידוע שלה"ק הוא לשון שמועט מחזיק את המרובה, משא"כ בכל הלשונות לע"ז, ולכן אם יאמר בפ"נ ובפ"נ בלע"ז יהיה יותר מד' תיבות ויוכל להיות טעות[49].

הפעם השנייה בה נזכר הרי"מ עפשטיין ב'תורה תמימה', היא לעניין מה שאמרו שכל המועדות בטלים ופורים לא בטל: "ומפי אבא מארי שליט"א שמעתי לפרש, דהכונה היא דבזה חלוק נס פורים מנסי שאר המועדים – יציאת מצרים, מתן תורה וענני כבוד בסכות – דבעוד שהם היו נסים גלוים שאין להסתפק בהם, הנה נס פורים, אע"פ שהכל היה מאת ה', אע"פ כן היה כל ענינו בדרך הטבע, באופן שמי שלבו חלק מאמונת ה' יכול לפרש הכל בדרך הטבע; וזהו שאמר: אם גם נסים גלויים כמו בכל המועדים יפסקו, אבל נסים הכמוסים בדרכי הטבע לעולם לא יבטלו. וכפי שיראה בכל דור ודור המסתכל בהליכות עולם בכלל ובחיי ישראל בפרט"[50].

לרבי ברוך ואשתו (שיינה) היו ארבעה ילדים: צילה, פייגל, מאיר ואלעזר משה. על האחרון לא ידוע מאומה ואולי נפטר בגיל צעיר; שתי הבנות התגוררו לאחר נישואיהן בסמוך לאביהן שבפינסק, ונעקד"ו בשואה יחד עם משפחותיהן ועם שאר יהודי פינסק; והבן הנותר מאיר היגר לפני כן לארצות הברית, וממנו צאצאיו של רבי ברוך הלוי עפשטיין.

ו. בנו רבי דובער הלוי עפשטיין

רבי דובער עפשטיין, שהיה מבוגר מאחיו רבי ברוך, נולד בבוברויסק במהלך שנות התר"י. לאחר שגדל ועמד ברשות עצמו, כנראה לאחר שהתחתן (ראו בסמוך), הוא

---

[49] **ערוך השלחן**, אה"ע סי' קמב סעי' לד. גם דברים אלו נדפסו רק לאחר התורה תמימה (דהיינו שרבי ברוך הביא כאן מדברי אביו **שבע"פ** – וכן בציטוט הבא – ולא שנטלם מספר ערוך השלחן הנדפס).

[50] **תורה תמימה**, אסתר פרק ט הערה מ"ד.

עבר להתגורר בווילנא[51], כשהוא שומר משם על קשר עם בית הוריו שבנובהרדוק[52]. בשנת תרס"ב עלה לירושלים, שם נשא לאשה – קרוב לוודאי בזיווג שני[53] – את ליפשא שחור, בתו של בן דודו (ראו בסיום) רבי אלכסנדר זיסקינד שחור.

בירושלים נעשה רבי דובער לעסקן דגול ורב פעלים, שהשתתף במשך השנים במספר גדול של מוסדות ציבוריים בעיר. כבר בשנים הסמוכות לעלייתו הוא היה בין גבאי תלמוד התורה שעל יד ישיבת עץ חיים[54], ובהמשך נעשה לאחד מגבאֵי ישיבת עץ חיים עצמה[55]; בשנת תרס"ז היה שותף לכמה התארגנויות להקמת מוסדות לאברכים ותלמידי חכמים בירושלים[56]; למן תרס"ט נמנה על חברי מועצת "אגודת ביאליסטוק" לרכישת אדמות בארץ ישראל על ידי שומרי מצוות[57], ובהמשך הצטרף לחבורות נוספות של יישוב הארץ[58].

---

51 משם פרסם מאמר תגובה תורני: **המגיד**, כ"ד שבט תרל"ז (שנה 21 גליון 6), עמ' 57. יצוין כי בשנים הראשונות אחרי עלייתו לארץ ישראל, היה חותם לצד שמו: "מווילנא".

52 ראו לדוגמא חתימתו (לצד אחיו רבי ברוך) בשולי מכתב של גיסם רבי אפרים זלמן שחור חתן הרי"מ עפשטיין, בהיותם בנובהרדוק בסוף תרל"ט: שחור, **זכר אבות**, עמ' 343. ושם בעמ' 356, מכתב שכתב רבי דובער עצמו לקרובו הנ"ל עוד בטרם נשא את אחותו – כלומר לפני תרל"ז – כשגם אז הוא שהה בנובהרדוק.

53 מלבד שכך מסתבר לאור גילו באותה שנה (קרוב לחמישים), הרי שבמודעה שפורסמה בווילנא בשנת תרע"ג, נמסרה ברכה לנישואיהם של בנימין ב"ר אלכסנדר זיסל אוסטרובסקי מסלוצק, עם סופיה עפשטיין, "נכדת הגאון הנודע ר' יחיאל מיכל עפשטיין זצ"ל האבד"ק נאוואהרודאק" (**הזמן**, ג' טבת תרע"ג [שנה שנייה גליון 266], עמוד השער). מאחר שבנותיו של רבי ברוך עפשטיין נקראו – כאמור לעיל – צילה (ססיליה) וציפורה (פייגל), הרי שאין ספק כי סופיה זו היתה בת בנו האחר של הרי"מ עפשטיין, רבי דובער, שכבר היה אז בירושלים; ובתו זו, כמתברר, נותרה בליטא. אמנם לא הצלחתי למצוא כל מידע על אשתו הראשונה של רבי דובער (ממנה נולדה בת זו).

54 **חבצלת**, כ' סיון תרס"ה (שנה 35 גליון 27), עמ' 208.

55 כפי שמזכיר בשנת תרע"ג אחיינו וולברינסקי (**לקורות עיר נאוואהרדאק ורבניה**, עמ' יג), וראו עוד להלן.

56 באייר תרס"ז הוא פתח את האסיפה בעניין "ייסוד מרכז ציבורי לבני תורה" (**חבצלת**, י"ט אייר תרס"ז [שנה 37 גליון 28], עמ' 215), וכעבור חודש הוא פתח גם את אסיפת ייסוד "בית ועד לחכמים" (**חבצלת**, כ"ה סיוון תרס"ז [שנה 37 גליון 33], עמ' 262). ראו גם בספרו של רמ"מ פרוש, **בתוך החומות**, ירושלים תש"ז, עמ' 60, 84–85.

57 ראו **איגרות הראי"ה**, א, ירושלים תשכ"ב, עמ' שפב; שם חתום רבי דובער על מסמך המסדיר את התנהלות המושבות, כפי שהוחלט באסיפת המועצה בביתו של הגראי"ה קוק, ושם חתומים שאר חברי אותה מועצה (ובהם לדוגמא רבי יואל משה סלומון).

58 ראו **איגרות הראי"ה**, ב, עמ' שמא (שם חתם לצד הגראי"ה קוק על כתב ייסוד "אגודת שבח

ישנה ידיעה הגורסת כי כאשר נפטר הרי"מ עפשטיין בשלהי חורף תרס"ח, ביקשו בני נובהרדוק מבנו רבי דובער לבוא לכהן ברבנות על כיסא אביו – "והוא סרב בהחלט. חביבה היתה לו ישיבתו בארץ ישראל – ויסורים בה – מהרבנות הגדולה והחשובה בנובהרדק"[59]. כשפרסמו רבני ירושלים לקראת שנת השמיטה תר"ע כרוז המתנגד ל"היתר המכירה", הופיע גם רבי דובער בין החתומים[60]. מאוחר יותר, כשנוסדה "אגודת ישראל", נמנה רבי דובער על המקימים את הסניף שלה בירושלים[61], ובתחילת שנות התר"פ אף כיהן כיו"ר הסניף[62].

בתקופה הקשה של מלחמת העולם הראשונה, אז מתו מרעב רבים מיהודי ירושלים, המשיך רבי דובער לשאת בתפקידים ציבוריים, הקשורים בין השאר לסעד ותמיכה בבני ירושלים לעדותיהם[63]. לאחר המלחמה הוא נמנה זמן מה על חברי "ועד העיר האשכנזי" שהוקם בתרע"ח[64], ובמקביל הוסיף לכהן כגבאי בישיבת עץ חיים המתחדשת[65], כמו גם מוסדות נוספים – בהם בראש ובראשונה בית היתומים מייסודו של מהרי"ל דיסקין (בו כיהן כגבאי וכסגן-נשיא)[66], וכן

הארץ"), ושם עוד בעמ' רלט. ישנה אף איגרת ששלח אליו הגראי"ה קוק מלונדון, בקיץ תרע"ח, בענייני יסוד הסתדרות "דגל ירושלים" (**איגרות הראי"ה**, ג, עמ' רא).

[59] **דואר היום**, כ"ח ניסן תרצ"א (שנה 13 גליון 158), עמ' 3 (הכותב: י' הלוי שכטר). אין בידינו מידע נוסף על טענה זו, אך גם אין לשלול אותה בהכרח, לאור העובדה כי כהונת רבה של נובהרדוק התמלאה רק שלושת-רבעי שנה לאחר פטירת הרי"מ עפשטיין, ובינתיים אכן נפוצו שמועות על מגעים עם רבנים שונים (ראו למשל בספר **איגרות לראי"ה**, ירושלים תש"ן, עמ' רצ"ו; ואין כאן המקום להאריך). עם זאת, כיוון שרבי דובער מעולם לא כיהן ברבנות, אין זו בחירה מובנת מאליה.

[60] **חבצלת**, י"ד טבת תר"ע (שנה 40 גליון 24), עמוד השער.

[61] פרוש, **בתוך החומות**, עמ' 209; ומזכיר זאת אפילו רי"ל מימון, **שרי המאה**, ו, עמ' 118.

[62] ראו בין השאר: **הדרך**, אדר-ניסן תר"פ (שנה ראשונה גליון ו-ז), עמ' 73; **דואר היום**, כ"ה אלול תרפ"א (שנה 3 גליון 305), עמ' 3; **דואר היום**, כ"ד טבת תרפ"ב (שנה 4 גליון 86), עמ' 3.

[63] ראו מכתבו של דוד ילין (ועוד) לרבי דובער, מאייר תרע"ו, בבקשת סיוע לקהילת בני תימן שבעיר לאור התפשטות מחלות ושאר מצוקות: יוסף טובי, **הקהילה התימנית בירושלים**, ירושלים תשנ"ד, עמ' 224. ראו גם **דואר היום**, כ"ד כסלו תרפ"ב (שנה 4 גליון 60), עמ' 3.

[64] ראו ש"ז שרגאי, "נסיונות לארגון עובדים דתיים בירושלים", **שרגאי** ד (תשנ"ג), עמ' 56; ובספרו של רש"ז זוננפלד, **האיש על החומה**, ג, ירושלים תשס"ו, עמ' 113.

[65] כפי שמציין רבי ישעיהו זאב וינוגרד, **שערי זיו**, א, ירושלים תש"ז, בהקדמה (עמ' 4).

[66] במכתב ברכה לקרן היתומים שע"י אגודת ישראל לקראת ראש השנה תרפ"ט, מטעם בית היתומים, חתם רבי דובער כאחד משלושת גבאי המוסד, ואחריו חתמו רבי אליהו קלצקין ורבי יוסף חיים זוננפלד (צילום המסמך שמור בידי). ראו גם הודעתו בשם בית היתומים, בעיתון **דואר היום**, י' אב תרפ"ב (שנה 4 גליון 241), עמ' 3.

חברת הגמ"ח "שערי חסד"[67]. במשך שנות התר"פ נטל חלק בענייני ציבור נוספים בירושלים, כשהוא כבר בן למעלה משבעים[68], ובשלהי חייו עוד הספיק להימנות על מייסדי "חברה להתאכרות בני הישיבות" [מלשון איכרים, עובדי אדמה], שנועדה לחזק את כוחם של שומרי התורה בהתיישבות ברחבי בארץ ישראל[69].

רבי דובער נפטר למחרת חג הפסח, כ"ב ניסן תרצ"א, כאשר לא כהתה עינו ולא נס ליחו, וכפי שתואר בידיעה שפורסמה בתום ה'שבעה' לפטירתו: "בשנות השבעים [לחייו] היה עובד את עבודת הלב שלו [...] עוד בשמחת בית השואבה חוהמ"ס שעבר ראינוהו אוחז בידי היתומים הקטנים בני חמש ושש שנים, ומרקד עמהם במעגל לשמחת ולמשוש לבם – וכעת הנה ראינוהם הולכים ומבכים אחרי מטתו..."[70]. הוא נטמן בסמוך לקברי הנביאים שבשיפולי הר הזיתים.

לא נודע לי דבר על צאצאיו של רבי דובער מאשתו הראשונה (לפי המובא לעיל), למשל מבתו הנזכרת לבית אוסטרובסקי. מאשתו השנייה, ליפשא לבית שחור, נולדו לו בנים בירושלים ומהם צאצאים וצאצאי צאצאים.

ז. בתו הרבנית בריינה וולברינסקי [וואלאברינסקי] ופועלה להדפסת ספריו

בריינה, בתו של הרי"מ עפשטיין, היתה כפי הנראה מבוגרת מאחיה רבי ברוך וצעירה מרבי דובער. בראשית תרל"ז היא התחתנה עם רבי אפרים זלמן ורהפטיג-שחור (ממשפחת שחור הידועה, שהרי"מ עפשטיין כבר היה קרוב לה דרך אשתו; וראו בסיום), שהיה עד אז תלמיד בישיבת וולוז'ין[71]. בשנים שלאחר החתונה הם

---

[67] ראו בכרוז "לחזוק שמירת שבת", **קובץ קול תורה** שנה א, חוברת ו-ח (תר"ץ), עמ' עט; ספר **תועפות ראם** (תולדות רבי אליהו ראם), ירושלים תשס"ז, עמ' 188–189; ועוד.

[68] ראו בין השאר בספרו של בנימין קלוגר, **מן המקור**, ב, ירושלים תש"מ, עמ' 144; ובספרו של ר"מ פרוש, **שרשרת הדורות בתקופות הסוערות**, ג, ירושלים תשס"א, עמ' 50.

[69] **דואר היום**, י"ג אייר תר"ץ (שנה 12 גליון 183), עמ' 5. בנשיאות החברה כיהן הגראי"ה קוק; בדף קבלה של חברה זו (שצילומו נמצא אצלי), חתומים השניים יחד כשרבי דובער מוגדר "מזכיר הכבוד".

[70] **דואר היום**, כ"ח ניסן תרצ"א (שנה 13 גליון 158), עמ' 3. ושם תיאור רחב לדמותו.

[71] ראו מכתב הרי"מ עפשטיין לחתנו-לעתיד, מאב תרל"ו, זמן לא רב לפני החתונה: **כתבי הערוה"ש**, סי' נד. מכתבים אליו מגיסיו רבי דובער ורבי ברוך, נדפסו בשחור, **זכר אבות**, עמ' 358–359. אגב אציין כי חדו"ת של רבי אפרים זלמן נדפס ב**קובץ יגדיל תורה** (אודסה) חוברת ה, תר"מ, סי' נה.

התגוררו בנובהרדוק כשרבי אפרים זלמן סמוך על שולחן הרי"מ עפשטיין, ובאותה תקופה (לקראת סוף שנות התר"ל) נולדה להם בת, שנקראה בשם ראשקה – על שם אמו של הרי"מ עפשטיין. אמנם לדאבון לב נפטר רבי אפרים זלמן בדמי ימיו; לאחר פטירתו דאג הרי"מ עפשטיין באופן אישי לנכדתו היתומה ראשקה, בפרט בכל הנוגע לנישואיה[72].

שנים מספר לאחר פטירת בעלה הראשון, נישאה בריינה בזיווג שני לרבי משה צבי וולברינסקי, שהיה רבה של העיירה סקידל (הסמוכה להורודנא)[73]. בשנת תרמ"ט נולד להם בן בשם דוד (עליו ראו בהמשך). ואמנם לדאבון לב, אף רבי משה צבי נפטר על פני אשתו בריינה – ועל פני חותנו הרי"מ עפשטיין – בכ"ב טבת תרס"א[74]. לאחר הפטירה חזרה אלמנתו לגור בסמוך לאביה, בנובהרדוק, יחד עם בנה הנזכר; אולי בשל קירבתה לאביה הרי"מ עפשטיין בשנות חייו האחרונות, זכתה היא כאמור לרשת ממנו את זכויות ההדפסה של כל כתביו ובראשם ספר ערוך השלחן.

---

[72] כפי שהתבטא במכתביו לאחיו של הרא"ז – דודה של ראשקה – רבי יוסף דוד שחור, בשנים תרס"ג-תרס"ד: "ועתה כל מעייני לעשות נכבדות כבודות לנכדתי בת אחיו, השולמית המשכלת ראשקה לעב'[ן]..." (**כתבי הערוה"ש**, סי' קח); "נכדתי בת אחיו השולמית ראשק' תי', זה כמה שבועות שנדרשה מנכדי החריף ר' מאיר ברלין וכו' ואשתו שתבוא אליהן למואוויואנו, ואני גם עתה היא שם ותתעלס עמם, ויכול להיות שיעלה שם לפני' איזה עניין, ואם יתן ה' בטח נודיע לכתר"ה" (שחור, **זכר אבות**, עמ' 289; פיסקה זו נשמטה מספרו של הורוויץ, **כתבי הערוה"ש**, סי' נג, וראו מה שהערתי להלן חלק שני פרק שלישי אות 3); "כלולות נכדתי, בת אחיו הג' ז"ל, ממשמשים ובאים... ועוד אודיע לחביבי, ובטח ירצה לשוש משוש לכבוד אחיו, חתני הה"ג ז"ל. והמקום המוגבל הוא בבראנאוויץ" (שם, סי' מב). אגב, במכתב מוקדם יותר ששלח הרי"מ עפשטיין לרי"ד שחור בעש"ק נצבים תרנ"ג, הצטרפה הנערה ראשקה בשולי המכתב אחר דברי סבה (שחור, **זכר אבות**, שם).

[73] הרב וולברינסקי, יליד ז'טל תר"כ, היה תחילה רב בעיירה מכנובה ולאחר מכן בסקידל. נישא לבתו של הרי"מ עפשטיין בזיווג שלישי (לפי הרשום בערכו ב**שם הגדולים השלישי** לר' משה מרקוביץ, כתב יד אוניברסיטת בר-אילן – באדיבות פורום 'לתעלומה נקרא אור' של אוצר החכמה). יצוין כי שמו מופיע ברשימת המנויים (פרענומראנטין) לערוך השלחן חו"מ ח"א מהדורת תרנ"ג.

[74] כנזכר למחרת ב**הצפירה**, כ"ג טבת תרס"א (שנה 28 גליון 1), עמ' 2. אגב, ברשימת התולדות הקצרה שפרסם רבי יעקב קוסובסקי-שחור, **ישורון** טו (תשס"ה), עמ' תתי, נאמר כי רבי משה צבי הינו מח"ס שו"ת שאל וענה וספר תורת משה על ב"ק. המקור הוא דברי בנו רבי דוד וולברינסקי, **לקורות עיר נאוואהרדאק ורבניה**, עמ' יג; אלא שיש לציין כי בפועל ספרים אלה לא זכו לראות את אור הדפוס.

ח. הדפסת ספרי 'ערוך השלחן' על ידי הרבנית בריינה אחר פטירתו

בכרך הראשון שנדפס לאחר פטירת הרי"מ עפשטיין – והוא החלק האחרון של ערוך השלחן אורח חיים, ווארשא תרס"ט, נחתם בשער "**ממני** יחיאל מיכל בהרב ר' אהרן הלוי עפשטיין **זצ"ל שהי'** אב"ד נאווהרדק". כלומר שהרי"מ עפשטיין עוד התחיל להתעסק בהדפסתו, אך לא הספיק לסיימה, וככתוב עוד על השער: "הובא לביה"ד בהוצאות יורשי הגאון המחבר". כאן נכתב בלשון רבים, אבל במודעות שפורסמו בעיתונות עם יציאת הספר, נמסרו (ברוסית) שמה וכתובתה של בריינה לבדה, המספרת (בעברית) כי הספרים "נמצאים למכירה רק אצלי – עתה יצא לאור חלק האחרון של או"ח..."[75].

מאז והלאה, בכל ספרי ערוך השלחן שנדפסו משנת תרע"א ואילך, נכתב על השער כי הם יוצאים לאור על ידי בתו הרבנית בריינה. מלבד עצם ההדפסה פרסמה הבת מפעם לפעם הודעות על יציאת הכרכים מן הדפוס; ובמודעה משנת תרע"ב הוסיפה: "ספרי עה"ש ב"ה נתפשטו בכל תפוצות ישראל ונמכרו בעשרת אלפי עקז' בכל אירופה, אסיה ואמריקה. נחשב כאחד מספרי הפוסקים שסומכים עליו להלכה ומורין כן. אנו מבקשים בזה את כל מוקירי וחובבי ספרי עה"ש שכבר רכשו את החלקים שיצאו לאור עד עתה על יו"ד חו"מ או"ח ואהע"ז, שיודיעו לנו את אדריסותיהם בהקדם היותר אפשרי"[76].

לאחר מלחמת העולם ותהפוכותיה, בשנת תרפ"ג, החלה בריינה בהדפסה חוזרת של כרכי ערוך השלחן, זאת בסיועו של בנה רבי דוד, שהתגורר אז בניו יורק וגייס משם כספים להדפסה. בצעד שהיה כנראה נכון לשעתו, הדפיסה בריינה קודם כל את חלקי ערוך השלחן שיצאו בעבר, אף על פי שבאמתחתה היא החזיקה גם

---

75 **הד הזמן**, ד' ניסן תרס"ט (שנה ג גליון 6), עמ' 4. עוד לפני כן, בקיץ תרס"ח, פורסמו כמה וכמה מודעות המבשרות כי כרכי ערוך השלחן שכבר נדפסו בעבר "נמצא להמכר רק אצל בתו הרבנית..." (לדוגמא: **הד הזמן**, י"ד סיוון תרס"ט [שנה ג גליון 109], עמ' 3; וכן כ"א ניסן תרס"ח [שנה ב גליון 82], עמ' 4).

76 **הזמן**, י"ט ניסן תרע"ב (שנה שנייה גליון 68), עמ' 6. במודעה מקבילה נוסף כי "עד היום כבר יצאו לאור עה"ש בי"א כרכים גדולים..." (**הצפירה**, י"א ניסן תרע"ב [שנה 38 גליון 65], עמ' 4). במודעה אחרת, מתרע"ד, כתבה בריינה על הספר ערוך השלחן "שידוע כבר מהותו לכל מורי הוראות, ובצדק יֵאמר כי מהם יסֹד ומהם פִּנה לכל מוקירי ואוהבי משנה והלכה ברורה במקום אחד. ויען כי רבו הדורשים מחירם, אודיע..." (**הצפירה**, כ"ו ניסן תרע"ד [שנה 40 גליון 81], עמ' 4).

את כתבי היד של החלקים שטרם נדפסו. הטעם לבחירה זו היה כפול: ראשית, כמה מכרכי ערוך השלחן שכבר נדפסו עסקו בהלכות שכיחות מאד, כמו הלכות שחיטה וטריפות ביו"ד והלכות שבת באו"ח, והיתה להם דרישה מרובה מצד רבנים ומורי הוראה, ולכן הורגש בייחוד הצורך בהדפסתם החוזרת אחר שאזלו מן השוק. שנית, זול ופשוט בהרבה להדפיס שוב בדפוס סטריאוטיפי (וכיו"ב) ספר שכבר נדפס בעבר מאשר להכין לדפוס ספר חדש מכתב יד. אפשר כי בשל טעם אחרון זה, ה"בחירה" להדפיס דווקא את מה שכבר נדפס היתה למעשה כורח המציאות.

מכל מקום, מסתבר כי כרך אחד חדש של ערוך השלחן הצליחה בריינה בכל זאת להדפיס מכתב היד, והוא השליש האחרון של יורה דעה (סי' רמ-תג), שנדפס בווילנא בשלושה קונטרסים לאורך שנת תרפ"ה. עד לשנת תרצ"א הספיקה בריינה להדפיס סך הכל חמישה עשר כרכים, ובהם כל חלקי ערוך השלחן שנדפסו בעבר (בין השנים תרמ"ד-תרס"ט); בשלב זה היא כבר החלה להתכונן להדפסת שאר חלקי ערוך השלחן שטרם נדפסו עדיין – אולם באותו זמן נפטר על פניה גם בנה הנזכר, וכבר לא נותרו בידה אמצעים לממן הדפסת עוד כרכים חדשים (דבר שהיה כאמור יקר בהרבה לעומת הדפסה חוזרת של כרכים קיימים). בשנות חייה האחרונות, אפוא, לא הדפיסה אלא מהדורות נוספות של ערוך השלחן אורח חיים (בנובהרדוק תרצ"ג-תרצ"ז).

אותו בן, נכדו של הרי"מ עפשטיין רבי [יוסף חיים][77] דוד וולברינסקי, גדל בנובהרדוק על ברכי סבו הרי"מ עפשטיין, ובהמשך הספיק כאברך צעיר להשתתף בכתיבת הספר 'לקורות עיר נאוואהרדאק ורבניה', ווארשא תרע"ג, לצד "הסנדלר מראסיין" ר' משה מרקוביץ (אותו הכיר בהיות שניהם ילידי סקידל). כעשור לאחר מכן, בתרפ"ב או תרפ"ג, היגר רבי דוד לארצות הברית, ושם נתמנה לרב בית המדרש הגדול דאנשי ספרד בברונקס שבניו יורק. בתקופה זו עמד בקשרי הלכה עם רבנים שונים מסביבות ניו יורק[78], עד שנפטר על פני אמו – בר"ח שבט תרצ"א – והוא בן ארבעים ושתיים שנה בלבד, כשהוא אינו זוכה להשאיר אחריו זש"ק[79]. אלמנתו,

---

[77] שמות אלה, המופיעים לגביו רק בתקופתו שבארה"ב, נוספו לו כנראה עקב מחלה.

[78] מכתב ממנו נדפס בספרו של רבי מנחם הכהן ריזיקוב, **תורת הכהנים**, ניו יורק תש"ח, סי' פה; ומכתב אליו מאת רבי אלעזר מאיר פרייל, נדפס בספרו של הלה, **המאור**, א, סי' לג (שם הוא קורא לו "ש"ב"; נראה כי קירבה זו היתה דרך אשתו של רבי דוד, הנזכרת להלן).

[79] ראו בספרו של רב"צ אייזנשטדט, **דורות האחרונים**, ספר שני, א-ל, ניו יורק תרצ"ז, טור 69-70;

הרבנית שרה וולברינסקי, המשיכה אחריו לשמש כמפיצת ספרי ערוך השלחן בארצות הברית[80].

בגב שער מהדורת וילנא תרצ"א של ערוך השלחן (אה"ע סימנים קנה-קעח), הדפיסה בריינה קינה קורעת לב על בנה הנפטר ועל בעליה שחלפו מן העולם, ועל עצמה שלא תזכה להשאיר בעולם צאצאים פרי בטנה[81], ועל צוואת אביה הרי"מ עפשטיין שלא תוכל עוד להגשימה:

לזכר עולם יהיה צדיק, הוא בני יקירי, בבת עיני, גאון וחכם, בעל מדות טובות וי"א, מוהר"ר דוד וואלאברינסקי ז"ל, הוא דמות דיוקנו של אביו הגאון ר' משה וואלאברינסקי ז"ל הרב דסקידל, אשר השאיר לי בני זה באלמנותי לגדלו ולחנכו. טפחתיו ורבתיו בבית הורי ז"ל, על ברכי א"א הגאון הותיק הרי"מ הלוי עפשטיין זצ"ל בעל המחבר ערוך השלחן אב"ד בנאווארדאק.

והנה נוטל ממני עטרת ראשי, זה הוא בני חביבי ר' דוד ז"ל בחצי ימיו ביום כ"ה טבת תרצ"א בשרתו בקודש לרב בפרור עיר נויארק, בראנקס, באמעריקא. נשארתי שכולה וגלמודה, בלי משען ועוזה, אוי לי על שברי, נחלה מכתי, ואיך אנחם. ואם אובה להתנחם בעניי, בזה כי צדיק ה' בכל דרכיו, ה' נתן וה' לקח, יהי שמו מבורך, וברוך דיין אמת.

על אלה אזכרה ואשפכה עלי נפשי, כי נוטל ממני העוזר והעוזב למלאות צואת א"א זצ"ל הקדושה לי, בזה אשר השאיר לי הדפסת ספריו ערוך השלחן להוציאם לאור, ואשר ב"ה ט"ו חלקים כבר יצאו לאור על ידי, ועוד ד' חלקים המה מונחים בכתובים, מסודרים לדפוס: ג' חלקים על יורה דעה, וחלק אחד על אה"ע. ועוד חלק שני מספר אור לישרים על ספר הישר לר"ת ז"ל.

ועתה לא יתנני מנוחה, איך אוכל למלאות צואת א"א זצ"ל, אשר רבים מרבנים משתוקקים ומבקשים ממני להדפיסם, כי רק זה בני יקירי ר' דוד ז"ל הי' לי למשען בזה, וזה הי' ג"כ מקור מחייתנו. מי יתן כי ימצא איש נדיב

הוא מתאר את רבי דוד כ"הרב הגאון החריף ומופלא במדות ודרשן מצויין" (והוא אף קורא לרי"מ עפשטיין "שארנו" – ואינני יודע הא כיצד). התאריך המובא בדורות האחרונים (וכן במליצי אש) הוא א' שבט תר"ץ, ואילו בדברי אמו של ר' דוד התאריך הוא כ"ה טבת תרצ"א. בהדפסת הדברים נפלה טעות אצל כל אחד מהם (ביום בחודש או בשנה) והתאריך שלמעלה הוא המופיע על המצבה.

80 כפי שמבשרת מודעה ב**הפרדס** ה (תרצ"ב), חוברת ז, עמ' 26.

81 וראו להלן.

בישראל אשר יאבה לזכות לי בזה לעזרני, לא בנדבה ח"ו, רק בהלואת כסף בלי מרבית. שם עולם אתן לו, לחוק את שמו על שערי הספרים. וזכות הצדיק א"א זצ"ל יעמוד לו בכל אשר יפנה, והדיין אלמנות ואבי היתומים ישלם לו כגמולו. וזכרונם הקדוש של בעלי הגאון ר' משה ז"ל ובני הגאון ר' דוד ז"ל, יהיו לברכה, וזכותם יעמוד נצח לנו ולכ"י. תנצב"ה[82].

בריינה בת הרי"מ עפשטיין המשיכה לחיות בנובהרדוק את שארית ימיה. מפעל אחד חשוב בו עסקה בזקנותה – בנוסף להדפסת ספרי אביה – הוא בית היתומים שהוקם בנובהרדוק מיד לאחר מלחמת העולם הראשונה[83]; בריינה היתה חברה בהנהלתו במשך שנים על שנים, ככל הנראה עד סמוך לפטירתה (ואפשר כי נעקד"ה בשואה).

לבריינה היתה כאמור בת אחת מזיווגה הראשון: ראשקה בת אפרים זלמן שחור. למרבה הפלא, אף שבת זו נתגדלה בבית סבה הרי"מ עפשטיין, ועניין חתונתה נזכר בכמה איגרות שלו, למרות זאת לא עלה בידי לברר את זהות האדם עמו התחתנה, וממילא כך גם לעניין ילדיה (אם היו), ואיננו יודעים האם זכתה בריינה בת הרי"מ עפשטיין לשם ושארית מבת זו.

---

[82] כפי שאנו יודעים כיום מגורל הדפסתם של ספרי ערוך השלחן, תקוותה של בריינה כי ימצא תורם הגון לגאולת כתבי היד לא זכתה לצאת אל הפועל. אמנם שריד אחד נותר לפליטה: בערוב ימיה, וככל הנראה בצר לה על שלא תצליח להדפיס את הכתבים כצוואת אביה, שלחה בריינה אל אחיינה רבי מאיר ברלין (בר-אילן) תכריך כתבים אחד ובו הלכות נדרים ושבועות (יורה דעה רג-רלט); שני דורות אחר כך, בשנת תשנ"א, יצא לאור חלק זה של ערוך השלחן (שנשמר בידי בני המשפחה שבארץ ישראל), בהשתדלותו של ר' שמחה פישביין מניו ג'רזי. בנוסף הוציא הר"מ בר-אילן בעצמו את הכרכים הראשונים של 'ערוך השלחן העתיד' (תרח"צ), ושאר חלקי ספר זה הושלמו לאחר פטירתו.

[83] על אודות בית היתומים בנובהרדוק ראו: אליהו גומנר, **15 יאר קינדערהיים אין נאוואגרודאק**, נובהרדוק 1933. בעמ' 18 נזכרת בריינה כחברת ההנהלה, ובתמונה משנת תרצ"ג המובאת בעמ' 31, בה מצולמים אנשי ההנהלה לצד חניכים ובוגרים, הקשישה היושבת במרכז הינה "רביצן בריינע וואלאברינסקי" – שתווי פניה דומים להפליא הן לאלה של אחיה רבי ברוך, הן לאלה של אביה הרי"מ עפשטיין, ואף לאלה של אחותה בתיה מירל (תמונה נוספת נדפסה שם בעמ' 33). עוד על בית היתומים, ראו בספרו של יהושע יפה, **בגיטו נובוגרודק ובתנועה הפרטיזנית**, תל אביב תשמ"ט, עמ' 25–28.

ט. בתו הרבנית בתיה מרים ברלין – השידוך עם הנצי"ב

בסוף פרק שני הזכרתי בקיצור את נישואיה של בת הרי"מ עפשטיין בתיה מרים (מירל) עם דודה הנצי"ב; ואמנם תיארתי שם את הדברים בקיצור נמרץ, וכאן אשנה אותם ביתר הרחבה וכפי סדרם.

בתיה מירל נולדה בבוברויסק לקראת אמצע שנות התר"י (כדלהלן), כנראה לפני אחיה רבי דובער. בסביבות שנת תרכ"ד עבר הרי"מ עפשטיין לעיירה נובוזיבקוב, ושם גדלה בתו כנערה. במחצית הראשונה של שנות התר"ל, כשהיא כבת שמונה עשרה, נישאה בתיה מירל לצעיר בן משפחת עשירים מהעיר צ'רניגוב – בירת המחוז בו היתה נובוזיבקוב; אולם נישואין אלה לא עלו יפה, והיא "נתגרשה ממנו לאחר כמה חודשים" כלשון בנה רבי מאיר ברלין (בר-אילן), המספר כי סיבת הגירושין היתה מפני שאותו בחור הבטיח תחילה להקדיש את עצמו ללימוד תורה, אולם בפועל לא עמד בדיבורו. הוא מוסיף ומספר כי הגירושין לא היו לרצון בעלה והוריו, כך שתחילה היא עזבה את הבית באופן עצמאי, וכיוון שבמצב שכזה "על פי חוקי הארץ במדינת רוסיה אז, היה הבעל יכול לדרוש את אשתו על ידי המשטרה", היא נאלצה להסתתר ואף להימנע מביקור בבית הוריה – עד שלבסוף עלה בידה להשיג גט[84]. "כמובן, אביה הגדול היה מצטער מאוד על גורלה..."[85] של בתו הצעירה, וביקש למצוא לה שידוך מתאים. בני משפחתו ומקורביו של הנצי"ב ביקשו לסייע בזיווגו-השני, וכך נשא לאשה את בתו של גיסו הרי"מ עפשטיין. אמנם, על אודות פרטי השידוך קיימות שתי מסורות נבדלות: המסורת האחת נמסרה מפי ר' יהודה ליב מימון, הכותב ששמע על כך ישירות מבעלת המעשה בתיה מירל, "כשעזבה באמריקה את בנה הרב מאיר ברלין ונסעה איתי יחד לארץ ישראל"[86]. סמוך לאחר גירושיה עלה בדעתו של אחיה הצעיר ר' ברוך, שהתגורר אז אצל דודו הנצי"ב בוולוז'ין, לשדך את השניים יחד – "וכשבא לימות החגים לבית אביו בנווהרדוק הציע לפניו בחשאי את הצעתו זו"[87]. "מורי ורבי ר' יחיאל מיכל,

---

[84] **רבן של ישראל**, עמ' 126–127, וראו גם: **מוולוז'ין עד ירושלים**, עמ' 120.

[85] ר"מ בר-אילן מתאר שהרי"מ עפשטיין ואשתו מיכלה הביטו על בתם, בעקבות המעשה, "כעל פורצת גדרו של עולם, לעזוב הון ועושר ובית מלא כל טוב בלעדי סבה נכונה", אך היא הודיעה להם שתתחתן רק עם תלמיד חכם (בר-אילן, **רבן של ישראל**, שם).

[86] **למען ציון לא אחשה**, עמ' 110. לגרסה דומה אך חלקית, ראו: **שרי המאה**, ו, עמ' 118–119 – שם הוא מוסיף שאף ר"ב עפשטיין השמיע בפניו חלק מהשתלשלות הדברים.

[87] **למען ציון לא אחשה**, שם.

שמלבד גאונותו בהלכה היה גם מכיר הליכות בני אדם ודרכי חייהם, לא היה יכול להחליט בנפשו להשיא את בתו הצעירה למי שהוא גדול ממנה בשלושים שנה בערך, אבל בנו ר' ברוך התעקש ורצה דווקא כי השידוך הזה יצא אל הפועל"[88]; לפיכך הוחלט לשאול את הנערה עצמה – וזו הסכימה מיד להצעה.

דא עקא, כשר' ברוך עפשטיין עצמו מספר – בדרך אגב – על נישואיה של אחותו לדודם הנצי"ב, אין הוא מזכיר ולו ברמז שהיה לו חלק בשידוכם של השניים[89]; ואכן, בנם של בתיה מירל והנצי"ב, ר' מאיר בר-אילן, בספרו הביוגרפי על אביו, מביא מסורת שונה בדבר נסיבות השידוך[90]. לדבריו, מי שהעלה את רעיון שידוכו של הנצי"ב עם אחייניתו בתיה מירל, היה אחד ה"משולחים" של ישיבת וולוז'ין, אדם בשם ר' דוב מסלוצק; משולח זה הִרבה להזדמן לביתו של הרי"מ עפשטיין בנובוזיבקוב, ובשלב מסוים העלה בפניו את הצעת השידוך הנזכרת. כמו רי"ל מימון, גם ר"מ בר-אילן מספר שהוריה של בתיה מירל התייחסו לכך תחילה כאל רעיון תמוה, בעוד היא עצמה חפצה בכך מיד. הוא מוסיף ומספר שכשחזר המשולח לוולוז'ין והעלה את ההצעה בפני הנצי"ב, אף הלה סירב להתייחס ברצינות להצעה זו – אך אותו משולח לא הִרפה, והוסיף להפציר הן בנצי"ב והן באחותו מיכלה ובעלה הרי"מ עפשטיין, עד שהתרצו שני הצדדים.

כיצד יש ליישב את שתי המסורות הללו? לאמיתו של דבר, ההפרש ביניהן אינו כה גדול. מסגרת הסיפור הריהי מוסכמת ומכילה ארבעה פרטים בסיסיים: **א.** בתיה מירל נישאה תחילה לאיש עשיר והתגרשה ממנו. **ב.** במקביל, גם הנצי"ב התאלמן מאשתו. **ג.** שני הצדדים סירבו תחילה לשמוע על רעיון השידוך. **ד.** בתיה מירל עצמה השיבה בחיוב למן הרגע הראשון. במילים אחרות, הפרט העיקרי השנוי במחלוקת הוא זהותו של השדכן – מציע הרעיון ומבצעו בפועל: ר' ברוך עפשטיין או ר' דוב מסלוצק. על פניו, האפשרות הראשונה הריהי סבירה יותר: קשה מאד להניח שאדם שאינו קרוב משפחה של אף אחד מן הצדדים, ואינו מכיר היטב את הנפשות הפועלות, יעז להעלות מיוזמתו (או אף יהגה במוחו) רעיון משונה של שידוך ראש ישיבה ותיק, בן חמישים ושבע ובעל נכדים ונינים, עם אחייניתו, גרושה טרייה הצעירה ממנו בעשרות שנים. מאידך גיסא, בלתי סביר שנער צעיר בן ארבע עשרה הוא שיעשה את כל מאמצי השידוך, השכנוע והתיווך בין שני

---

88 **שרי המאה**, שם.

89 ראו: **מקור ברוך**, עמ' 1980. לאמיתו שלדבר, אין הוא מוסר מידע כלשהו על נסיבות הנישואין.

90 **רבן של ישראל**, עמ' 124–127. ראו גם: **מוולוז'ין עד ירושלים**, עמ' 119–120.

הצדדים[91]. לפיכך ייתכן שיש לשלב את שתי המסורות יחדיו: רעיון השידוך של בתיה מירל עפשטיין עם דודה הנצי"ב, אכן הועלה לראשונה על ידי ר' ברוך עפשטיין הצעיר, אחיה של הכלה המיועדת שהתגורר באותה תקופה בבית דודו החתן המיועד – אולם מי שהוציא לפועל את השידוך, ותיווך הלוך ושוב בין שני הצדדים עד לקבלת הסכמתם, היה אותו משולח של ישיבת וולוז'ין, ר' דוב מסלוצק.

ר"מ בר-אילן מספר כי לאחר קבלת הסכמתם העקרונית של שני הצדדים, הפגיש אותם השדכן ר' דוב בעיירה הקטנה מולודצ'נה, הסמוכה לוולוז'ין, שבה נמצאה תחנת הרכבת האיזורית[92]. לדבריו, הנצי"ב בא עם בתו – הלא היא דרייזל, שכבר היתה נשואה לרבי רפאל שפירא – ובתיה מירל באה עם אמה, מיכלה. לעומת זאת אביה של הכלה, הרי"מ עפשטיין, לא נכח במפגש זה, "כי באותם הימים נתקבל לרב בעיר נווהרדוק". מדברי ר"מ בר-אילן במקום אחר אנו למדים שהחתונה עצמה התקיימה בו-ביום שקיבל הרי"מ עפשטיין את כתב המינוי לרבנות נובהרדוק[93]; כלומר, היה זה בסביבות סיון תרל"ד (שכן בואו לנובהרדוק היה בראש חודש תמוז).

עוד מוסר ר"מ בר-אילן, שאמו היתה בשעת חתונתה בת **28**[94]; כלומר, שנת לידתה היתה לפיכך תר"ו (1846). אולם קרוב לוודאי שזוהי טעות, כי סבתה של בתיה מירל (אשת רבי יעקב ברלין), אשר היא קרויה על שמה, נפטרה רק באביב תר"ח (1848)[95]. ר"מ בר-אילן עצמו מציין בסמוך כי אמו, ילידת בוברויסק, "נתגדלה ונתחנכה בעיר נובוזיבקוב, בהתקבל אביה שם לרב"[96] – דבר שקשה להולמו אילו היתה בתיה מירל כבר בת שמונה עשרה בזמן שעברה עם הוריה לנובוזיבקוב;

---

[91] בפרט לאור העולה מדבריו של ר"ב עפשטיין, שבמשך השנתיים הראשונות ללימודיו בוולוז'ין – תרל"ג-תרל"ד – הוא לא נסע לביקור בבית הוריו (**מקור ברוך**, עמ' 1704).

[92] **רבן של ישראל**, עמ' 127 (וכן להלן).

[93] מוולוז'ין עד ירושלים, עמ' 277.

[94] **רבן של ישראל**, שם. נכדתה, טובה ברלין-פפיש – בת-בנה יעקב ברלין – שהתגוררה לצידה בירושלים, מעריכה שבפטירתה בתרצ"ג היתה כבת שמונים וחמש ("סבתי בתיה מרים", בתוך: **וולוז'ין: ספרה של העיר ושל ישיבת עץ חיים**, תל אביב תש"ל, עמ' 482); אולם מדובר בהשערה בלבד (ובספרה של ברלין-פפיש, **צלילים שלא נשכחו**, עמ' 57, כבר הוצגה כעובדה).

[95] כפי שמציין הנצי"ב בפתח חידושים בהלכות אבלות שכתב בזמן ה'שבעה' על אמו (**שו"ת משיב דבר**, ב, בסוף הכרך עמ' 177).

[96] **רבן של ישראל**, עמ' 125.

הדבר אינו הולם גם את תיאורו במקום אחר, לפיו אמו באה לוולוז'ין (לאחר חתונתה עם הנצי"ב) "בימי נעוריה"[97]. לאור כל זאת מסתבר שמדובר בטעות פשוטה, אולי אף טעות סופר, ואפשר שר"מ בר-אילן התכוון לכתוב את הגיל: **20**. זהו הגיל שמציין גם רי"ל מימון[98], ומכאן כתבנו לעיל שבתיה מירל נולדה במחצית הראשונה של שנות התר"י.

י. המשך חייה של בתיה מירל

הנצי"ב ואשתו השנייה בתיה מירל התגוררו כמובן בוולוז'ין, ושם נולדו להם שני ילדים: יעקב ומאיר[99]. מאז החתונה בתרל"ד ועד לסגירת ישיבת וולוז'ין שמונה עשרה שנים לאחר מכן, נטלה בתיה מירל חלק חשוב בדאגה לענייני הישיבה[100]. בעקבות סגירת הישיבה באמצע תרנ"ב, עת נצרך הנצי"ב לנדוד בין עיירות ליטא כדי לאסוף ממון לכיסוי החובות שהותירה הישיבה[101], עברו בתיה מירל ושני בניה למינסק, שם הצטרף אליהם בהמשך אבי המשפחה הנצי"ב[102], ולאחר כמה חודשים עברו יחד לווארשא[103]. הנצי"ב נפטר כידוע בכ"ח אב תרנ"ג; לאחר פטירתו נותרו אלמנתו בתיה מירל ובניה בווארשא למעלה משנה, כשהם עסוקים – לצד אחרים – בהדפסת שו"ת משיב דבר (ווארשא תרנ"ד) ובהפצתו[104].

---

[97] שם, עמ' 118.

[98] **שרי המאה**, ו, עמ' 118.

[99] הראשון על שם אביו של הנצי"ב, והשני על שם דודו (של הנצי"ב) רבי מאיר ברלין אב"ד מוהילוב.

[100] ראו לדוגמא: מ"י ברדיצבסקי, **פרקי וולוז'ין** תרמ"ח, חולון תשמ"ד, עמ' 67-68. ואכ"מ.

[101] כמתואר בכמה ממכתביו (ראו קוסובסקי, **אגרות הנצי"ב מוולאזין**, עמ' קמד-קמז), וכן במכתב בנו רבי חיים ברלין (**שו"ת נשמת חיים**, מהדורת תשס"ח, חלק או"ח סי' קיח). ראו גם: **מקור ברוך**, ד, עמ' 2029–2030; והמקורות שבהערה הבאה.

[102] ראו מכתב הנצי"ב מאדר תרנ"ב: "והנני בק"ק מינסק בורח מן המלוים" (קוסובסקי, **אגרות הנצי"ב מוולאזין**, עמ' קמד), וביתר פירוט במכתב בנו הר"מ בר-אילן משנת תרע"ג בקירוב (אייזנשטדט, **לתולדות ישראל באמריקה**, ספר ראשון, טור 9). ראו גם: **רבן של ישראל**, עמ' 143–144; **מוולוז'ין עד ירושלים**, עמ' 182–186.

[103] **רבן של ישראל**, שם (ויש לתקן לאור האמור את תיאורו של שטמפפר, **הישיבה הליטאית בהתהוותה**, עמ' 248).

[104] ראו מכתבו של רבי חיים ברלין מקיץ תרנ"ה: **אור המזרח** לה (תשמ"ז), עמ' 40–44. בשער השו"ת נכתב: "בהוצאת אשת הגאון זצללה"ה ובניה". לתיאור הכנת הספר, שהחלה עוד בחיי הנצי"ב והשתתפו בה כמה מתלמידיו, ראו: **רבן של ישראל**, עמ' 146–147.

לאחר מכן חזרה כנראה בתיה מירל אל אביה הרי"מ עפשטיין שבנובהרדוק[105], יחד עם בנה השני ר' מאיר[106].

כמה שנים לאחר מכן – לא יאוחר מתרנ"ט – התחתנה בתיה מירל בשלישית, עם ר' חיים לוריא – בן אחותו של רבי יעקב מאיר פדואה מבריסק. לאחר החתונה הם התגוררו בעיירה בְּרֶזִין שבמחוז מינסק[107]. שם גם ביקר אותם הרי"מ עפשטיין לפחות פעם אחת, בנסיעה לצרכי רפואה, עליה אנו יודעים מהסכמה שכתב בברזין בסיוון תרס"ה, וציין כי "הנני פה אצל חתני הרה"ג שיחי', אשר שלחוני הרופאים למצוא מזור למחלתי"[108]. כשנפטר הרי"מ עפשטיין בשנת תרס"ח, השתתפו בתיה מירל ובניה בהלוויתו בנובהרדוק[109].

כעבור עשור, לאחר פטירת בעלה הנזכר – ללא ילדים מנישואין אלה – הצטרפה בתיה מירל בשנת תרע"ט אל בנה ר"מ בר-אילן שעשה אז בארצות הברית, ובתחילת שנת תרפ"ג עלתה בגפה לארץ ישראל (שם הצטרף אליה בנה הנ"ל בשנת תרפ"ו)[110]. מאז ואילך ישבה בשכונת זכרון משה בירושלים, שם נפטרה בכ"ד שבט תרצ"ג, בשנות השמונים לחייה[111].

---

[105] ראו **שרי המאה**, ו, עמ' 108; ולהלן לגבי ההלוויה.

[106] ראו מכתבו הנזכר שבספר **לתולדות ישראל באמריקה**. יש להניח שאף בנה הבכור של בתיה מירל, יעקב, היה עמם בתקופה זו (שכן התחתן רק בתר"ס), אך לא מצאתי לכך אזכור מפורש. אציין עוד שבשנת תרנ"ה יצא ר"מ בר-אילן ללמוד בישיבת טלז, ולקראת סוף העשור שהה בבריסק אצל קרובו רבי חיים סולובייצ'יק – אך בין התקופות הללו חזר לבית סבו שבנובהרדוק.

[107] מכתב ר"מ בר-אילן, בתוך: אייזנשטאט, **לתולדות ישראל באמריקה**, ספר ראשון, שם. מתחילת שנות התר"ס (בקירוב) ועד לנישואיו בתרס"ב, שהה הוא בעצמו בברזין (אצל אמו) – על כך ראו בהרחבה: בר-אילן, **מוולוז'ין עד ירושלים**, עמ' 287–292. עובדה חריגה היא, שעל אף שהוא מאריך שם בתיאור העיר ברזין ודמותו של ר"ח לוריא, אין הוא מזכיר ולו ברמז שהלה היה אביו-חורגו! אולם עובדה זו כתובה במפורש במכתבו הנזכר מתרע"ג: "גרתי שנים אחדות בברזין בבית אמי הכבודה מאד חכמת נשים, ובעלה האדם המצוין בתו"י [=בתורה ויראה] ר"ח לוריא יחי'...". גם אחייניתו טובה ברלין-פפיש הזכירה את הדבר ברשימותיה ("סבתי בתיה מרים", עמ' 480). מתברר שבזכרונותיו המאוחרים העדיף הר"מ בר-אילן משום מה להשמיט עובדה זו (ובהתאם לכך, אין הוא מעניק גם הסבר כלשהו לסיבת בואו לברזין).

[108] **כתבי הערוה"ש**, סי' קמו.

[109] **שרי המאה**, ו, עמ' 118. אגב כך אציין לחדו"ת שפרסם ר"ח לוריא בשנים תרס"ט-תרע"א – **קובץ יגדיל תורה** (סלוצק), שנה ראשונה קונטרס ד, עמ' 55–56; שנה ג קונטרס ד, עמ' 40–42.

[110] טובה ברלין-פפיש, "סבתי בתיה מרים", שם, עמ' 481. ראו גם המידע הפזור בדברי רי"ל מימון (המספר כי ליווה את בתיה מירל בנסיעתה לארץ ישראל), **שרי המאה**, ו, עמ' 116–120.

בתיה מירל ברלין הותירה צאצאים משני בניה, חלקם בארה"ב ורובם בארץ ישראל (למשפחות בר-אילן, ליברמן, פפיש, רֶמו, הלקין ועוד).

יא. בתו איידל כהנוב

על איידל (איידעלע), שהיתה קרוב לוודאי בתו הבכורה של הרי"מ עפשטיין, ידועים מעט מאד פרטים. היא נולדה בבוברויסק בסוף שנות הת"ר או תחילת שנות התר"י, עברה עם הוריה לנובוזיבקוב לקראת אמצע שנות התר"כ ושם נישאה בגיל צעיר – ובנסיבות שאיננו יודעים לגביהן דבר – לסוחר עשיר בשם אלכסנדר זוסיא (זישה) כהנוב, שהתגורר עד אז באודסה; לאחר נישואיהם התגוררו באחוזה רחבה שרכש כהנוב בסמוך לנובוזיבקוב[112]. איידל ובעלה הוסיפו להתגורר באותו איזור מרוחק גם אחרי שאביה הרי"מ עפשטיין עבר לנובהרדוק, ואין בידינו כל מידע על קשר שנשמר בינם לבין שאר המשפחה.

אחד מילדיהם של איידל ובעלה – נכדו של הרי"מ עפשטיין – היה ברוך (בוריס) כהנוב, שנולד באחוזת הוריו בשנת תרמ"ז; בבגרותו עסק במקצועות שונים בתחום ההנדסה, תחילה ברוסיה ואחר כך במצרים, אליה היגר בתרפ"ב; במצרים עסק גם בענייני ציבור למיניהם. בשנת תש"י, לאחר התהפוכות שהתחוללו בעקבות הקמת מדינת ישראל, עלה לארץ ישראל, בה נפטר ובה חיים גם צאצאיו[113].

יב. נספח – הרי"מ עפשטיין ומשפחת שחור

לאורך הפרק הזכרנו כמה מקרוביו של הרי"מ עפשטיין בני משפחת שחור: רבי אפרים זלמן ורהפטיג-שחור, רבי אלכסנדר זיסקינד שחור, ועוד. כאן אסכם את "משולש" קשרי הנישואין המסועפים שבין משפחות עפשטיין, שחור וברלין, שבמרכזם (לענייננו) ניצב הרי"מ עפשטיין.

---

111 הרמ"צ נריה, **שיחות הראי"ה**, תל אביב תשל"ט, עמ' קח-קט. עוד לדמותה ופועלה, בוולוז'ין, בְּרֶזין וירושלים, ראו: **מוולוז'ין עד ירושלים**, עמ' 118-122; **רבן של ישראל**, עמ' 127-131; טובה ברלין-פפיש, **צלילים שלא נשכחו**, עמ' 18-19, 55, 57. ראו גם תיאור פטירתה על ידי פרופ' שאול ליברמן (שהיה נשוי לנכדתה, יהודית בת ר' מאיר), בכתובת האינטרנט: http://faculty.biu.ac.il/~barilm/batya.html, מיולי 2001 ואילך).

112 ראו: ר"י ניסנבוים, **עלי חלדי**, עמ' 40.

113 ראו: דוד תדהר, **אנציקלופדיה לחלוצי הישוב ובוניו**, כרך יא, תל אביב 1961, עמ' 3721; ושם תמונתו לצד מעט פרטים נוספים, וכן אזכור שניים מצאצאיו (לבתי כהנוב ולניאדו).

ראשית לכל, **הרי"מ עפשטיין** עצמו היה נשוי למיכלה לבית ברלין, אחותו של **הנצי"ב**. אחות נוספת של הנצי"ב – שלושתם ילדיו של רבי יעקב ברלין – נישאה **לרבי חיים ליב שחור**, אבי משפחת שחור דנן. דהיינו, הרי"מ עפשטיין, הנצי"ב ורח"ל שחור, היו שלושה גיסים.

כעת, בת אחת של הרי"מ עפשטיין, **בתיה מירל**, נישאה (כדלעיל) לדודה מצד אמה, הנצי"ב. בן אחד של הרי"מ עפשטיין, **רבי דובער**, נישא (בזיווג שני) לליפשא בתו של רבי אלכסנדר זיסקינד שחור, שהיה אחיינו של הנצי"ב – בנו של גיסו הנזכר רבי חיים ליב שחור – ובן דודו של רבי דובער עצמו. ובשלישית, בת נוספת של הרי"מ עפשטיין, **בריינה**, נישאה (בזיווג ראשון) לרבי אפרים זלמן ורהפטיג – בנו של רבי אלכסנדר זיסקינד שחור הנזכר, שכאמור היה בן דודה.

נמצא אפוא:

1. הרי"מ עפשטיין היה גם גיסו של הנצי"ב וגם חותנו בזיווג שני.
2. רבי חיים ליב שחור היה גם גיסו של הרי"מ עפשטיין, גם אבי-מחותנו וגם סב-כלתו.
3. רבי אלכסנדר זיסקינד שחור היה גם אחיינו של הרי"מ עפשטיין וגם מחותנו פעמיים: החותן של בנו וחמיה של בתו.
4. רבי ברוך עפשטיין היה גם אחיינו של הנצי"ב וגם גיסו, וכן הוא היה גיס לבנו של בן דודו (רבי אלכסנדר זיסקינד שחור), רבי אפרים זלמן שחור.

בסיום אזכיר שני רבנים נוספים ממשפחת שחור, שלרי"מ עפשטיין היה עמם קשר אישי הדוק. האחד הוא רבי יוסף דוד (רושקין[114]) שחור, אחיו הצעיר של חתן הרי"מ עפשטיין רבי אפרים זלמן שחור (וגיסם של בריינה ורבי דובער), שנולד בתרכ"א, כיהן כרב בכמה קהילות ונפטר בטרם עת בח' אלול תרס"ו[115]. והשני הוא רבי אלעזר דוד ב"ר אלחנן שחור, אחיינם של רבי יוסף דוד ורבי אפרים זלמן הנזכרים, שגדל בצעירותו בליטא, ומפי השמועה נמסר שהיה קרוב לרי"מ

[114] כל שינויי שמות המשפחה שאנו רואים אצל משפחת שחור, כגון: קוסובסקי, רושקין, ורהפטיג וכו', נעשו ככל הנראה כדי לחמוק מגזירת הגיוס לצבא הצאר הרוסי.

[115] מכתבים רבים ממנו ובעיקר אליו, של הרי"מ עפשטיין ושל אחרים (בפרט רבי חיים ברלין), נדפסו לאורך הספר: שחור, **זכר אבות**. לתולדותיו ראו: ר"מ צינוביץ', **עץ חיים – תולדות ישיבת וולוז'ין**, עמ' 395-396; וכן ב**זכר אבות**, עמ' 72-87 ועוד.

עפשטיין עד כדי שהאחרון הכתיב לו חידושי תורה והעלה באמצעותו על הכתב חלק מהלכות שבת של ערוך השלחן[116].

[116] כך מביא שמעון יוסף מלר, **איגרות מרן רי"ז הלוי**, ירושלים תשס"ח, עמ' 470. רבי אלעזר דוד למד אצל החפץ חיים, רבי רבי חיים מבריסק ורבי חיים עוזר גרודזינסקי, ובהמשך חייו עלה לירושלים. היה נשוי לבת דודתו, פייגה בת רבי זאב שחור (שהיה נכד לרבי יוסף דוד שחור. ראו: שחור, **זכר אבות**, עמ' 99–100, 106).

פרק שמיני

אחרית ימיו

שנותיו האחרונות של הרי"מ עפשטיין עברו עליו בלא אשתו, ובבריאות שהלכה ונפגמה. אשתו מיכלה ברלין נפטרה לאחר מחלה קשה בי"ב אלול תרס"ב. שלושה שבועות לאחר מכן כתב הרי"מ עפשטיין לקרוב משפחתו: "זוגתי, דודתו הרבנית ז"ל, נעשתה חפשית ממחלתה המר ממות, ורוחה שבה אל האלקים ביום י"ב אלול העבר. הצור תמים פעלו, צדיק ד' בכל דרכיו, וד' יחזקני לעת זקנתי. ובדד נשארתי מחברתי ואשת בריתי הצדקת נ"ע [נשמתה עדן]"[1]. הרב שלמה זלמן בלוך, שלמד באותו זמן בנובהרדוק, סיפר שהרי"מ עפשטיין הספיד את אשתו ואמר, אולי בהפלגה, כי למעלה משלושים שנה היא ניהלה חנות והוא אפילו לא ידע את מיקום החנות, מרוב רצונה לאפשר לו לעסוק בתורה ללא טרדות[2]. כשנה קודם לכן חזרה בתו, הרבנית בריינה וולברינסקי, לגור עם בנה הצעיר דוד – נכדו – בנובהרדוק, לאחר פטירת בעלה השני, הרב משה צבי וולברינסקי, רב העיירה סקידל. בריינה עתידה היתה להיות קרובה לרי"מ עפשטיין בשנותיו האחרונות ולרשת את כתביו.

עד תרס"ד כנראה היה מצב בריאותו של הרי"מ עפשטיין טוב. בחשוון תרס"א, בהיות הרי"מ עפשטיין בן 72, כתב כי "קשה לי להאריך כי אינני בבריאותי"[3], ובסיוון כתב כי "לחולשת בריאותי הייתי מחוץ לעיר"[4]. למרות האזכורים של חולשה בהפרש של כמה חודשים, נראה שלא היה מדובר במחלה כרונית אלא

[1] **כתבי הערוה"ש**, חלק התשובות, עמ' קנח.

[2] **הצדיק ר' שלמה**, ירושלים תשנ"ח, עמ' יג.

[3] **כתבי הערוה"ש**, חלק התשובות, עמ' מ.

[4] שם, עמ' פה.

במחלה חולפת שסבל ממנה באותה שנה. זאת מפני שלפחות עד תרע"ה אין בכתביו אזכורים לחולשה ומחלות מסוג זה, למרות גילו.

החל משנת תרס"ד לקה הרי"מ עפשטיין במחלת עיניים שהחריפה לסירוגין, והיא הקשתה עליו מאד את הקריאה והכתיבה; הדבר הציק לו מאד, כפי שניתן לראות מהאזכורים החוזרים ונשנים של דבר בכתביו – ואין פלא בכך; עבור תלמיד חכם ההוגה בתורה וכותב תשובות, מחלת עיניים פוגעת בתפקוד בצורה קשה מאד.

בטבת תרס"ה כתב: "ועתה אין ביכולתי לחפש מפני כאב עיני אחר זה... וקשה עלי להאריך, ויאמין לי ידידי כתר"ה שכמעט איני רואה מה שאני כותב, ואיני לא בכתיבה ולא בקריאה, וגם מכתב כתר"ה אין ביכולתי לקרותו, ומה אעשה ועוונותי וכו', ואני מצפה לרחמי שמים"[5]. חודשיים לאחר מכן כתב שוב: "וקשה עלי לחפש ולהעתיק כעת כי זה יותר משנה שעיני כואבות וכהות... ואת כתר"ה הסליחה על כתבי בקיצור, ומה אעשה שבעוונותי נתייסרתי בעיני"[6]. באותו מכתב הסביר הרי"מ עפשטיין שמצב עיניו גורם לכך שהוא יכול להתאמץ רק עבור תשובות הנוגעות הלכה למעשה, ובלשונו - "כל שאינו נוגע לדינא לא אוכל לעמול אותם". ואכן, במכתב אחר כתב כי אין ביכולתו לענות באריכות "כראוי לכתר"ה, ובפרט כי קשה עתיקא מחדתא, והשי"ת יחזיר לי כחי כמאז ואור עיני"[7]. הרי"מ עפשטיין המשיך לבטא כאב על מחלת העיניים עד לימיו האחרונים ממש. בתרס"ה כתב כי "בעונותי זה יותר משנה שעיני כהות וקשה עליו הקריאה והכתיבה... ואף כי קשה עלי הכתיבה ועיני נשואות לה' להשיב לי אור עיני כמקדם"[8]. בטבת תרס"ז כתב כי "בעונותי עיני כואבות, ה' ירפאני, וקשה עלי מאד הכתיבה... ואחלה פני קדשו להתפלל עלי שישלח לי ה' רפואה לעיני הכהות"[9], ובמכתבים נוספים מתרס"ז שוב התנצל כי "מפני קוצר ראיית עיני מוכרחני... לקצר"[10], וכי "עיני עדיין כהות וקשה עלי הכתיבה, ד' ירפאני... ובאשר הכתיבה קשה עלי קצרתי"[11].

---

[5] שם, עמ' פא.

[6] שם, עמ' מט.

[7] **קובץ שערי תורה**, ו, ווארשא תרע"ב, עמ' 110.

[8] ר' דב נחמן הורביץ, **חידושי בר נחמני**, פיעטרקוב תרע"ד, עמ' 92.

[9] **כתבי הערוה"ש**, חלק התשובות, עמ' לט-מ.

[10] **כתבי הערוה"ש**, חלק התשובות, עמ' מה.

[11] שם, עמ' צא, מכתב מא' אב, מובא גם **בדרך עץ החיים**, עמ' 392. מדובר במכתב של הרי"מ

בסוף שבט תרס"ח, כחודשיים לפני מותו, כתב הרי"מ עפשטיין בהסכמה לספר: "זה זמן כביר שעיני כהות וכואבות, ד' ירפאני, וגם גוי חלש מאד, על כן לא אוכל להאריך"[12]. ככל שמחלת העיניים הציקה לערוך השלחן והגבילה אותו, עדיין היה מסוגל להתאמץ, לקרוא ולענות לתשובות עד ימיו האחרונים.

לכל המאוחר מתרס"ה הצטרפו, כאמור, בעיות בריאות נוספות וחולשה כללית למחלת העיניים שלו. בסיוון תרס"ה היה בברז'ין (Brzeziny, סמוך ללודז'), אשר אליה "שלחוני הרופאים למצוא מזור למחלתי, ולד' הישועה"[13], ובדומה לכך כתב באלול כי "כל הקיץ היתי בשוקי בראי [ארמית: מקום רחוק[14]] מפני העדר בריאותי ה' יחלצני", ושוב חזר על כך בטבת תרס"ז, בכותבו "סהדי במרומים שקשה לי לעת זקנותי וחולשתי להשיב, כי אינני כימים הראשונים, ד' יחזקני"[15]. וכאמור לעיל הוסיף בשבט תרס"ח כי "גווי חלש מאוד".

למרות חולשתו זו, עדויות מלמדות כי הרי"מ עפשטיין המשיך בפעילותו עד יומו האחרון, ולא רק בכתיבת מכתבים, אלא גם בלימוד ובטיפוח תלמידי חכמים. כך למשל, סיפר בתש"י הרב יוסף כהנמן, ראש ישיבת פוניבז', שהגיע לנובהרדוק לקראת שנת תרס"ח בהיותו בן 20, על פגישתו הראשונה, בערב ראש השנה תרס"ח, עם הרי"מ עפשטיין, שכבר היה "כלוא בבית" מפאת חולשתו; בביתו התקיים מניין כיוון שלא היה מסוגל לצאת ממנו, אולם מוחו היה צלול ו"פומיה לא פסק מגרסא"[16]:

> ראיתי לפני דמות קדומים נפלאה שאינה שייכת לחלוטין לדורות שלנו... מי מסוגל לתאר את הנדיבות שלו, את טוב ליבו. ואיך שהיה משכים כל בוקר ועונה בסבלנות לתור ארוך של אנשים ונשים שבאו אליו כדי לפתור חלום קשה... ואיך שהיה מקרב חביבות כל הבא בצל קורתו, ילד כמבוגר...[17].

עפשטיין לרב איסר זלמן מלצר, בעניין סכסוך ממוני שלו עם פלוני בסלוצק, ועל כן מצא דרכו גם לביוגרפיה של הרב מלצר.

[12] שם, עמ' קע.

[13] שם, עמ' קעט.

[14] מושאל מסוגיה בתלמוד הבבלי העוסקת בנושאי חזקה. ראו למשל בבא בתרא דפים כט-ל.

[15] **כתבי הערוה"ש**, חלק התשובות, עמ' מז.

[16] ארמית: פיו לא הפסיק מללמוד.

[17] מצוטט אצל אהרן סורסקי, **הרב מפוניבז'**, בני ברק תשנ"ט, עמ' מד-מה. גם שם וגם בספרו **מלך ביופיו**, עמ' 21, טועה סורסקי וכותב שרי"מ עפשטיין בשנתו האחרונה "כבר התקרב לגיל מאה

מאז מפגש זה היה הרב כהנמן בא לרי"מ עפשטיין בתדירות גדולה, לעדותו כמעט מדי יום[18], והתחבב עליו מאד. הרב כהנמן סיפר שאם היה יום שבו לא הגיע, הרי"מ עפשטיין היה שולח את שמשו לקרוא לו. והיה מזמין אותו להיות נוכח בשעת מושב בית הדין ובזמנים אחרים. לאחר כמה חודשים, היינו ממש לפני מותו, הספיק הרי"מ עפשטיין לתת "סמיכה" לרב כהנמן, נראה שבמטרה מוצהרת שהלה יחליפו זמנית לאחר מותו. הרב ניסן וקסמן מספר ששמע מפי הרב כהנמן, שלקראת סוף החורף רצה לשוב לעיר מולדתו, אך הרי"מ עפשטיין חש שפטירתו קרובה ולא רצה שהקהילה תישאר בלא רב מובהק במהלך הפסח, ולכן ביקש מהרב כהנמן להישאר עד אחרי הפסח, ואכן הרי"מ עפשטיין נפטר לקראת סוף חודש אדר והרב כהנמן כיהן כרבה של נובהרדוק לחודש שלם[19]. עדות זו מתחזקת בשל תיאורו של סורסקי[20], על פי הרב י"ז דיסקין ששמע זאת מר"מ בר-אילן (שאכן היה בנובהרדוק באותו זמן) שהרי"מ עפשטיין השאיר צוואה בכתב יד לפיה שהקהילה לא תקבל רב חדש עד אחר הפסח, ובינתיים "הבחור ר' יוֹשֶׁע מקוּל" [רבי יוסף כהנמן] יטפל, יחד עם דיין נוסף שיצרף אליו, בענייני מכירת החמץ של העיירה. "הדבר היה אז לפלא בעיני כולם: מדוע בחר דוקא בו?".[21]

הרי"מ עפשטיין נפטר בכ"ב אדר ב' התרס"ח (25 במרץ 1908) בגיל 79[22] ונקבר בנובהרדוק[23]. הבשורה על מותו הרחיקה הרבה מעבר לגבולות העיירה, וכך תיאר זאת העיתון הירושלמי, ה'חבצלת', בגליון ה' בניסן תרס"ח (6 באפריל 1908):

שנה", בעוד שבפועל נפטר בגיל 79.

[18] סורסקי, **הרב מפוניבז'**, עמ' מו.

[19] וקסמן, "הגאון בעל ערוך השלחן", עמ' 428.

[20] סורסקי, **הרב מפוניבז'**, עמ' מח.

[21] מקור נוסף לכל זה, אמנם ספרותי-ציורי ובלתי היסטורי באופיו, הוא ספרו של קול, **אחד בדורו**, עמ' 79-83. ושם בעמ' 83 טוען שהרב כהנמן נסע משם כבר במהלך הפסח, ועומד על כך שהעובדה שנסיעתו על כל פנים היתה סמוכה כ"כ לפטירת הרי"מ עפשטיין, מעידה שכל שהותו בת חצי השנה בנובהרדוק היתה בשל הרי"מ עפשטיין, ולא בשל ישיבת נובהרדוק.

[22] משום מה כותב בנו בספר **מקור ברוך**, עמ' 1675, כי "נפטר אחר שהגיע לגבורות (לשמונים שנה)", וכנראה בעקבותיו טעה הרי"ל מימון לכתוב (**מדי חודש בחודשו**, ה, עמ' 167) שהרי"מ עפשטיין נפטר "לאחר שהגיע לגבורות".

[23] **מקור ברוך**, שם; **שרי המאה**, ו, עמ' 118.

שחו אנשי קדש בים דמעה שהורידו על פטירת הרב הגאון הגדול מאור האומה, המיוחד בין גדולי ישראל אדירי התורה, גבר בכולא, ר' יחיאל מיכל הלוי עפשטיין זצ"ל הגאבד"ק [הגאון אב בית דין קהילת] נאווארדאק, ששחל"ח [ששבק חיים לכל חי] ביום השבת העבה. הרב המאוה"ג [המאור הגדול] ר' אריה ליב ראשקעס נ"י[24] והרב רבי בן ציון יאדלער נ"י[25] נשאו עליו מספד מר בביהכ"נ הגדול שבחורבת ר"י החסִד ז"ל. [ה]נשמה היתרה ששרתה בהמנוח הגדול ז"ל, הר[א]תה עזוז בכל קדשי בני ישראל, ואין אנו מספיקים לכתוב אֹדות זה כל צרכו אף במאמר מיוחד ומסוים. חבל על דאבדין ולא משתכחין! יתנחמו בניו הנעימים, ה"ה הרב הגאון רבי ברוך הלוי עפשטיין נ"י מח"ס הנודע 'תורה תמימה' על התורה, והרה"ג רבי דובער הלוי עפשטיין נ"י השוכן אתנו בעקת"ו, ובנחמת ציון וירושלים ינוחמו.

ביום השנה לפטירת הרי"מ עפשטיין, נערכה אסיפת זכרון בבית המדרש הגדול בנובהרדוק, במהלכה נישאה דרשה גדולה על ידי החכם ר' נחמן צבי געצאוו[26]. דרשה זו נדפסה בווארשא תרס"ט, באותה שנה, על ידי המו"ל ר' צבי גוטמן, בקונטרס בשם "אֲדָר - נטוע על קבר הרב הגאון הגדול... מרן רבי יחיאל מיכל הלוי עפשטיין זצ"ל, אב"ד דקהלת נובוגרודק המפוארה...". זהו קונטרס בן 32 עמודים, המכיל הספד ארוך הרצוף ברובו בדרשות, חידו"ת ופלפולים, כמנהג ספדני התקופה. והנה כמה קטעים מתוכו: "רבנו חנה בעיר קטנה, ושמו הלך מסוף העולם ועד סופו"[27]. "ביום שנפטר רבינו לבית עולמו, באו מסביב י"ב רבנים גדולים להספידו ולחלֹק לו את הכבוד האחרון"[28]. "היה אחד מגדולי ההוראה בדורו, ו*יערוך השלחן* לכל מבקשי הלכה למעשה..."[29]. אם הציטוט הראשון היה מוגזם במקצת, ולציטוט השני קשה למצוא ראיה, אזי לכל הפחות אפשר לומר כי הציטוט השלישי סיכם היטב את פועלו של הרב יחיאל מיכל הלוי עפשטיין: הוא אכן היה מגדולי ההוראה בדורו, וחיבורו "ערוך השלחן" הריהו עד היום נכס חשוב לכל מבקשי הלכה למעשה, ללומדים ופוסקים כאחד.

---

[24] לשעבר אב בית דין בעיירה שניפישוק.

[25] דרשן ו'מגיד מישרים' בירושלים, נודע בתור "המגיד הירושלמי".

[26] עליו ראו לעיל, פרק רביעי, הערה 45.

[27] עמ' 4.

[28] שם, עמ' 7.

[29] שם, עמ' 9.

חלק שני

ספרים, כתבים ועיונים

פרק ראשון

ספרי ערוך השלחן – דרך כתיבתם וסדר הדפסתם

א. סדר כתיבת החיבור וסיבתו

בפרק הנוכחי אבקש לתאר בפרוטרוט את השתלשלות כתיבתם והדפסתם של ספרי ערוך השלחן, על כל הידיעות והעניינים הנוגעים לכך. המגמה לאסוקי שמעתתא אליבא דהלכתא באה לידי ביטוי אצל הרי"מ עפשטיין כבר בספרו הראשון, 'אור לישרים' על ספר הישר לרבנו תם, אותו כתב והדפיס בשנותיו כרבה של העיירה נובוזיבקוב שבמחוז צ'רניגוב[1]. בקיץ תרל"ד עבר הרי"מ עפשטיין לכהן כרבה של העיירה נובהרדוק שבליטא, ובה ישב שלושים וארבע שנים עד פטירתו בחורף תרס"ח. זמן לא רב לאחר בואו לנובהרדוק, במחצית השנייה של שנות התר"ל[2], החל הרי"מ עפשטיין במלאכת כתיבת 'ערוך השלחן' כשהוא פותח תחילה בחלק חושן משפט.

הסיבה להתחלת המלאכה בחלק חושן משפט תוארה על ידי הרי"מ עפשטיין בהקדמת החיבור: "והיתה התחלתי בחלק חושן משפט כי עמוק הוא

---

[1] ראו למעלה חלק ראשון, פרק שני אות ד.

[2] כנלמד מדבריו בערוך השלחן, חו"מ סי' מג סעי' ב, שנכתבו בתרל"ז; וראו גם דבריו בסי' סז סעי' א, בין שמיטת תרל"ה לשמיטת תרמ"ב. נכדו תיאר כי החלק הגדול של הספר – "רוב" – נכתב בנובהרדוק (**מוולוז'ין עד ירושלים**, עמ' 269. וראו שם שלדבריו הרי"מ עפשטיין לא עסק בכתיבת הספר בשעת נסיעות וכדומה). אך כאמור נראה בבירור כי הספר החל להיכתב דווקא אחרי בואו לשם.

לשית עין על כל דברי רבותינו האחרונים העמוקים והרחבים, **ונגד זה בחלק השני נחסרנו מנעימות דבריהם וכל מעינם היה בחלק הראשון**, ושמה הניחו לי רבותינו מקום נרחב להתפשט בו"[3]. דהיינו, חלקו השני של חו"מ לא זכה למפרשים בכמות להם זכו שאר חלקי השו"ע – ובאמת היקף המפרשים על מחצית הסימנים הראשונה הוא כמעט כפליים מבמחצית השנייה, שעליה לא נכתבו חיבוריהם של התומים, הקצות והנתיבות; ואף לגבי החצי הראשון לא נכתבו ספרי פסקים מסכמים, כפי שיש על שאר חלקי השו"ע דוגמת 'חיי אדם' על או"ח ו'חכמת אדם' על יו"ד. יתר על כן, כפי שיוזכר להלן בסעיף על פגעי הצנזורה, מספר הספרים על חושן משפט שנדפסו ברוסיה בדורות שלפני פעולתו של הרי"מ עפשטיין היה קטן יחסית, ובכלל זאת אפילו ספרי שאלות ותשובות. מן הטעמים הללו בחר אפוא הרי"מ עפשטיין לפתוח דווקא בחו"מ.

בתוך כמה שנים נסתיימה כתיבת חלק חושן משפט (בחורף תרמ"ג); משם המשיך הרי"מ עפשטיין לחלק אבן העזר[4], ובינתיים החל בהכנות לקראת הדפסת החלק שכבר סיים. הסיבה לבחירתו של הרי"מ עפשטיין להקדים את כתיבת אבן העזר על פני אורח חיים ויורה דעה, דומה כפי הנראה לסיבה שבגללה בחר לכתוב תחילה על חושן משפט: כמות המפרשים בכלל, וספרי הפסקים בפרט, על חלק זה של השו"ע קטנה בהרבה לעומת הנכתב על חלקי או"ח ויו"ד שהכל צריכים להם.

אחרי שסיים את כתיבת חלק אבן העזר, בערך בשנת תרמ"ז[5], המשיך הרי"מ עפשטיין בכתיבת חלק יורה דעה (בתרנ"א כבר הדפיס את הלכות שחיטה וטריפות). לאחר שסיימו, לקראת אמצע שנות התר"ן, פנה הרי"מ עפשטיין באחרונה לכתיבת חלק אורח חיים[6], אותו סיים ככל הנראה בתחילת שנות התר"ס[7]. דהיינו, זמני כתיבת כל אחד מארבע חלקי ספר ערוך השלחן היו כדלהלן,

---

[3] **הקדמת ערוך השלחן** (בחלק חושן משפט).

[4] הלכות גיטין נכתבו בין השנים תרמ"ה-תרמ"ו, כנלמד מתאריכי הגיטין שהובאו שם (ראו **ערוך השלחן**, אה"ע סי' קכו סעי' כו; שם סי' קכז סעי' מה; שם סדר הגט מדינים ההכרחיים, סעי' מה).

[5] במכתב לג"ר חיים ברלין שיובא להלן (הערה 23) ושתאריכו כנראה תרמ"ז, נזכר שחלק אה"ע כבר נגמר.

[6] את השליש הראשון של אורח חיים סיים עוד לפני תרנ"ז, כמתברר ב**ערוך השלחן**, או"ח סי' רכט סעי' ג.

[7] ומיד החל בכתיבת ספרו המשלים 'ערוך השלחן העתיד' (ראו להלן הערה 97). בעניין היחס בין סדר הכתיבה וההדפסה של ערוך השלחן לאלה של הספר המקביל לו 'משנה ברורה', על כל הנובע מכך, עסקתי להלן בפרק רביעי.

בקירוב: חושן משפט – תרל"ז-תרמ"ג, אבן העזר – תרמ"ג-תרמ"ו, יורה דעה – תרמ"ז-תרנ"ד, אורח חיים – תרנ"ה-תרס"א.

ב. מתכונת החיבור ואופן כתיבתו

מטרתו ומגמתו של הרי"מ עפשטיין בכתיבת ספרו הגדול נתפרטו באריכות בהקדמתו לחלק חושן משפט: איסוף וכינוס דברי גדולי הפוסקים שנדפסו במאות השנים שמאז ימי השו"ע, אשר מחמת ריבויים וכמותם יקשה מאד על הלומד בשו"ע להקיפם כדבעי, להבין את יסודות הדינים ולהגיע עד ההלכה למעשה – ו"הדר החשש והבילבול למקומו"[8]. לכן קם הרי"מ עפשטיין וכתב חיבור בו יבוארו דברי השו"ע והרמ"א כסדרם דרך דעות גדולי האחרונים ועד שורת ההכרעה למעשה[9]. במתכונת הספר, סדרו וצביונו הלך הרי"מ עפשטיין אחר בעל הלבוש – ובעיקר אחר שלחן ערוך הרב, כפי שכתב במודעת פרסום בסמוך ליציאת הכרך הראשון[10]:

> חברתי על חו"מ ואה"ע חבור כלול מכל דברי רבותינו השו"ע והאחרונים ונוספות מראשונים ומה שחנני ה' ברחמיו, **כמתכונת שו"ע או"ח של הרב** ועל סדר השו"ע חברתי, וקראתיו בשמו 'ערוך השלחן'...

---

[8] **הקדמת ערוך השלחן**, שם (ד"ה ומטעם). אכן בתחילת ערוך השלחן חלק חו"מ ניכרת בייחוד המגמה של תמצות וקיצור, לעיתים הרי"מ עפשטיין אינו נכנס להסתעפויות מחלוקות האחרונים וממעט להתייחס לחידושי דינים של נושאי כלי השו"ע, ויש אף מקרים בהם יש בספרו פחות סעיפים מאשר בשו"ע (ראו למשל חו"מ סי' יב וסי' לג) – תופעה נדירה בשאר חלקי ערוך השלחן. עוד בעניין זה ראו דברי הרב אריה קרלין, בתוך ד' ליפץ ואחרים (עורכים), **יהדות ליטא**, א, עמ' 257 (ואין כאן המקום להעיר עליהם).

[9] כפי שכתב בפרוטרוט בעשרת הסעיפים המפרטים את דרכו של החיבור. אכן אין עניינו של ערוך השלחן באיסוף כל השיטות בראשונים למחנותיהם, כדרך הבית יוסף, אלא בהצגת הדעות המרכזיות ודיון בהן, כשבדרך כלל לא תבוא התייחסות לדעת יחיד אלא כשיש בה נפק"מ – למעט ביחס לרמב"ם, שהרי"מ עפשטיין דן בדבריו אף כשהוא יחיד (ולעיתים אף מזכיר זאת במפורש). וראו להלן הערה 12 וסביבה.

[10] **הצפירה**, ט' כסלו תרמ"ו (שנה 12 גליון 43), עמ' 354, ושוב שם, א' טבת (גליון 46), עמ' 377, ושם, כ"ח טבת (גליון 50), עמ' 411 (ההדגשה שלי; המשך הדברים להלן הערה 20). תודתי לרב יהושע מונדשיין שהפנה את תשומת לבי למודעה זו. בהקשר זה יש להעיר כי משום מה אין שו"ע הרב נזכר בחלק חו"מ של ערוך השלחן אפילו פעם אחת (בעוד שבחלק או"ח הוא נזכר לרוב, וכן לעיתים בחלק יו"ד). אולי הדבר כרוך בכך שחלק חו"מ בשו"ע הרב הריהו קטן מאד בהיקפו, ודאי ביחס לאו"ח.

ואולם אחד ההבדלים העיקריים בין מתכונת הערוך השלחן לבין הלבוש ושו"ע הרב, שבהם באה ההלכה בדרך כלל בקיצור יחסי, אף אם במעט אריכות לעומת השו"ע ובתוספת טעמים – ואילו בערוך השלחן ישנם בכל סימן וסימן דיונים ובירורים בשורשי הדינים, קושיות ותירוצים בדברי הראשונים והערות והשגות על דברי האחרונים. אף סדר הדברים שבתוך כל סימן אינו חופף לזה שבשו"ע (שלא כרגיל בלבוש ובשו"ע הרב), אלא מסודר באופן עצמאי, וזאת מפני שבדרך כלל הניח הרי"מ עפשטיין ביסוד דבריו לא את פסק השו"ע אלא את דברי הרמב"ם, וכפי שכתב בסיום הקדמתו[11]:

> וזה דרכי בדינים אלו, מקור המקורות לזה הם דברי הנשר הגדול הרמב"ם ז"ל, ובמקומות שע"פ פירושי רבותינו רש"י ותוס' נשתנו הדברים מדעתו הגדולה או במקומות שהראב"ד השיג עליו או משארי ראשונים, הבאתי דבריהם בלשון יש אומרים...

למעשה, הרי"מ עפשטיין לא רק הציב במרכז חיבורו את הרמב"ם דווקא, אלא גם פעל בהשראתו מתוך תודעה של "תורה שלמה", כשהוא עמל לברר את כלל דיני התורה ולא רק את ההלכות הנהוגות בזמן הזה, וכפי שכתב לדוגמא בעניין פתחי נדה: "וכל דינים אלה אינם נוגעים בזמה"ז [...] ועכ"ז ביארנו הדינים משום יגדיל תורה ויאדיר, להבין פתחי נדה וזיבה כפי עיקרי דיני התורה, ולכן גם הרמב"ם ז"ל הביאם אם כי עתה אינם נוגעים למעשה"[12].

---

[11] אות י. והרחיב עוד באו"ח סי' רמב סעי' ז: "הלכות שבת המה הלכות מרובות ועמוקות, ורבותינו הטור והש"ע עם גודל אריכותם מ"מ לא כתבו רק האסור והמותר אבל לא כתבו עיקרי אבות מלאכות ותולדותיהן וחיובי דאורייתא ודרבנן וכללי שרשי מלאכות של שבת, והרמב"ם ז"ל ביאר הכל ולשלימות מלאכת הקודש רצונינו לבאר ג"כ מעט בזה ומה שיש הפרש בין דעת הרמב"ם לבין כמה מרבותינו רש"י ותוס' ועוד מהראשונים כמו שנבאר...". ראו בעניין זה דברי הרב משה צינוביץ', **עץ חיים – תולדות ישיבת וולוז'ין**, עמ' 396.

[12] יו"ד סי' קפג סעי' מב. על דרך זו, מלבד ההוספות בחלק חו"מ שנתפרטו בהקדמתו (כדלהלן), בחלק אה"ע הביא הרי"מ עפשטיין גם את דיני השקאת סוטה וקרבנה (סי' קעח), ובחלק יו"ד הביא דיני עברי ואמה עבריה ושפחה חרופה (סי' רסז). בהקשר זה יש להעיר על האמור בגליונות האדמו"ר מגור בעל **פני מנחם** לחו"מ סי' שנח סעי' יג (נדפסו בסוף הכרך במהדורת "עוז והדר"), בעניין גניבת נפש מישראל שלא הובא בטוש"ע כי דיני נפשות אינם נוהגים בימינו, אך הרי"מ עפשטיין הביא זאת, וכתב האדמו"ר מגור: "ואולי בזמן רבינו ז"ל היו לפעמים חוטפים נפשות (לקנטוניסטין), לפיכך הרחיב לבאר חומר האיסור של גונב נפש מישראל ומכרו" – אך לפי מה שנתברר מובן גם בלאו הכי מדוע עשה כן הרי"מ עפשטיין.

אכן, ספר ערוך השלחן, לא רק שהוא החיבור הכמעט-יחיד (מלבד הלבוש, הפשוט יותר במתכונתו) שנכתב על כל השלחן ערוך בשלמותו, מראשית ועד אחרית, אלא שגם "לשלמות מלאכת הקודש הבאתי כל הדינים, אף שאין נהוגים בזמן הזה, כמו דיני סנהדרין ודיני סמיכה ומו"מ בדיני נפשות [...] וכל דיני הזמה וכן כל דיני קנסות [...] וכל דיני רוצח ועגלה ערופה וגם דיני ערי מקלט...", כלשון הרי"מ עפשטיין בהקדמתו (לחושן משפט, אות ט). וכיוון שבנוסף לכך הוא חיבר גם את 'ערוך השלחן העתיד' על דיני זרעים, קדשים, טהרות ועוד, הרי שלמעשה מדובר במפעל היחיד לאורך הדורות שהיקפו מתקרב לזה של הרמב"ם, שכתב ב'משנה תורה' את הלכות כל התורה כולה.

הרי"מ עפשטיין קרא לספרו בשם 'ערוך השלחן', אולם לא ביאר במפורש את טעמו בשם זה אלא כתב רק "וקראתיו בשם ערוך השלחן והערכתיו עם כל המיני מטעמים"[13]. מכאן היו ששיערו ששמו האמיתי של הספר הוא **ערוֹך** השלחן, בחולם, כי כך מצינו בדברי הנביא (ישעיהו כא ה) "עָרֹךְ הַשֻּׁלְחָן צָפֹה הַצָּפִית אָכוֹל שָׁתֹה...", ומסתבר לכאורה כי הלך אחר לשון הכתובים[14]. אולם הרי"מ עפשטיין אינו מזכיר כלל את דברי הנביא בהקדמתו[15]; ואילו היה שמו המקורי שם הספר ערוֹך השלחן יקשה להסביר כיצד השתבש בפי כל ואפילו על ידי צאצאי המחבר. ואכן, ישנה ראיה ברורה ששמו המקורי של הספר בפי מחברו היה ערוּך ולא ערוֹך, והיא שבשערי כרכי הספר שיצאו על ידי הרי"מ עפשטיין נכתב בתעתיק רוסי "**ערוּך** השלחן", בשורוק (והרי"מ עפשטיין ידע רוסית היטב, כידוע); אף במהדורה שהוציאה בתו בווילנא, נכתב באותיות לטיניות "**ערוּך** השלחן".

את האופן בו נכתב ספר ערוך השלחן, לפחות בשנים המאוחרות, תיאר נכדו ר' מאיר בר-אילן ששהה במחיצתו בסוף שנות התר"נ:

13 הקדמת **ערוך השלחן**, שם.

14 עוד טענו כי אין מדרכי הדקדוק לומר "ערוּך השלחן"; אולם אין זו טענה, לא רק משום שבשפה מליצית ניתן לומר כן, אלא גם משום שבלשון שבלשון אותם ימים אכן היה זה ביטוי רווח, "ערוך השלחן" במובן "השולחן הוא ערוך" (ראו לדוגמא במודעה ב**המגיד**, י"ז מרחשוון תרל"ח [שנה 21 גליון 41], עמ' 374).

15 ש"ק מירסקי, "ספרי חוקים – ספרי לימוד", **שנה בשנה** (תשכ"ו), עמ' 209 מספר על דברי ליצני הדור על שמו של הספר ומה שהשיב להם המחבר, שנקט לשון הנביא – אולם קרוב לוודאי שאין זו אלא מעשייה בעלמא (השוו **מוולוז'ין עד ירושלים**, עמ' 268).

זקני כתב את ספרו בקלות ובמהירות כזו, עד שכל הרואה זאת היה מעלה בלבו את המושג של 'השבעת הקולמוס'. נדמה היה כאילו הדברים נכתבים מאליהם... היה זקני יושב כל היום, מן הבוקר עד הלילה, חוץ משתי שעות בערך אחרי הצהריים, ב"חדר בית דין" יחד עם שני הדיינים שלו [...] היה יושב אל שולחנו, לידו עמד כסא ועליו היו מונחים תמיד ארבעה ספרים: רמב"ם, חלק מן הטור, שולחן ערוך, מסכת מש"ס בפורמאט קטן - בעניין שעמד לפניו. וכך, בעיינו פה ושם היה כותב את ספרו 'ערוך השלחן' דף אחר דף. לעתים רחוקות מאד היה קם ממושבו וניגש להוציא ספר אחר לעיין בו [...] הספר 'ערוך השלחן', הגדול בכמות ובאיכות, נדפס מתוך כתב היד כפי שיצא בפעם הראשונה מתחת ידו של המחבר [...] ובאלפי הגליונות של 'ערוך השלחן' לא היה בכתב היד שום כתם של דיו, לא היתה שום שורה ושום מלה מחוקה או כתובה מחדש. בהחזיקו את הגמרא ביד ולנגד עיניו הרמב"ם, הטור והשולחן ערוך, ובעזרת הבקיאות בכל הנוגע לנידון, ידע בבהירות ובביטחה, בלי ספיקות, בלי חששות, מה ואיך יש לכתוב...[16].

ג. תחילת הדפסתו

להדפסת הכרך הראשון של ערוך השלחן, חושן משפט חלק א, ניגש הרי"מ עפשטיין בסוף תרמ"ג[17]. כרך זה, כמו כל ספריו, נדפס במימון עצמאי - "בהוצאות הגאון המחבר"[18], והתהליך כולו היה מלווה בקשיים כספיים גדולים; וכפי שתיאר הרי"מ עפשטיין עצמו במכתב מטבת תרמ"ז שהמשך הדפסת ערוך השלחן מתעכבת מסיבות כלכליות: "...לדאבון לבבי עדיין אין בי כח להוציאו לאורה, מדררא דממונא [...] הדפוס ביוקר למאד"[19].

כתוצאה מחסרון הכיס של המחבר ויוקר ההדפסה הוכנו חלקי החיבור תחילה לא ככרכים שלמים בבת אחת, אלא כקונטרסים שכל אחד מהם מאגד קבוצת

---

[16] **מוולוז'ין עד ירושלים**, עמ' 269–271. הוא מספר גם על צורת הכתיבה של הרי"מ עפשטיין, בחדר בית הדין, בסוג מסוים של נייר ובנוצת אווז דווקא. יש לזכור אמנם, כי הדברים משקפים את סביבת הכתיבה של הספר רק בשנים האחרונות, בהן נכח כאמור הנכד כנער צעיר בבית סבו.

[17] הקדמתו הנזכרת נחתמה בכ"ד טבת תרמ"ג. כחלק מענייני הדפסת הספר שהה הרי"מ עפשטיין בווארשא בחורף תרמ"ד, כנלמד במכתבו מאז - **כתבי הערוה"ש**, סי' מב.

[18] כפי הרשום על שערי הכרכים שנדפסו בווארשא על ידי המלבה"ד ר' יוסף צבי לב.

[19] **כתבי הערוה"ש**, סי' קד.

סימנים בנושא אחד (הלכות קידושין, גיטין, שחיטה, בשר וחלב, נדה וכן הלאה), ולכל אחד מהם מספור עמודים נפרד ולעיתים אף שער משלו. כך היה יכול המחבר להדפיס קמא קמא כפי מכסת הכסף שהיתה בידו; וכאשר הצטברה לבסוף בבית הדפוס כמות קונטרסים מספקת, נכרכו יחד לכרך אחד ואז הופץ בקרב הציבור (אם כי במקרים מסוימים נכרכו הקונטרסים והופצו אף לחוד). כך, ערוך השלחן חושן משפט חלק א' חולק לחמישה קונטרסים, שהדפסת הראשון שבהם הסתיימה בתרמ"ד – וזוהי השנה המופיעה על גבי שער הכרך – אולם הדפסת האחרון שבהם הסתיימה רק בחורף תרמ"ו, ורק אז החלה ההפצה המסודרת של הכרך בקרב הציבור, וכפי האמור במודעה הנזכרת שפרסם הרי"מ עפשטיין[20]:

> ...**וכבר החילותי להדפיס בווארשא אצל המדפיס ר' נתן שריפטגיססער, ובימים האלו יוגמר עד סימן קפ"ט**. ומי האיש אשר חפץ לקנותו, ישיגנו בווארשא אצל ידידי [...] או אצלי, המחבר – יחיאל מיכל הלוי עפשטיין החופ"ק נאווארדאק, בעהמ"ח אור לישרים על ספר הישר לר"ת וערוך השלחן.

גם לאחר מכן הוסיף החיבור להידפס בשיטה זו, של הכנת קונטרסים-קונטרסים לפי היכולת וכריכתם יחד לאחר מכן. בסך הכל חולק ספר ערוך השלחן לעשרים ושבעה קונטרסים שונים: חושן משפט – שישה קונטרסים (החלק השני נדפס כולו בקונטרס אחד), יורה דעה – אחד-עשר קונטרסים, אבן העזר – ארבעה קונטרסים, ואורח חיים – שישה קונטרסים[21]. לעובדה זו נודעה לימים השפעה

[20] **הצפירה**, ט' כסלו תרמ"ו (לעיל הערה 10). ראו גם מכתב הרי"מ עפשטיין להג"ר משה נחום ירושלמסקי מי"ב אדר א' תרמ"ו: "ואשר ידרוש על חבורי 'ערוך השלחן', אשלח לכתר"ה באלו הימים..." (**מנחת משה**, א, ירושלים תשס"ו, עמ' רעב). לימים יטען ר' יהודה ליב מימון כי את "חלק חושן משפט, שהיה הראשון לעבודתו, גמר בשנת תרמ"ג כמו שהוא כותב בהקדמתו שם, אבל הדפיסו רק בשנת תרנ"ג, וקודם לו הדפיס חלק א וב ליורה דעה בשנת תרנ"א. ופרידברג ב'בית עקד ספרים' שלו לא ידע מזה ובלבל את מספר השנים" (**שרי המאה**, ו, עמ' 112). אולם הוא האשים לשווא את פרידברג ואדרבה נכשל בעצמו במה שהאשים. נתוני הדפסת חו"מ כרך א ברורים לאור מה שהובא לעיל, ורי"ל מימון כנראה לא ראה את שער המהדורה הראשונה. מסתבר שכשבא אל בית הרי"מ עפשטיין בתרנ"ד ראה שם את שער המהדורה **השנייה** של חו"מ א, שנדפסה בתרנ"ג, ומכאן טעותו.

[21] הדפסת חלקי החיבור בנפרד זה מזה הביאה מטבע הדברים לחוסר אחידות במתכונת הדפוס של הקונטרסים. לדוגמא, צורת האותיות וסידורן בשלושת הקונטרסים האחרונים של יו"ד ובקונטרס הראשון של אה"ע, שנדפסו באיחור ניכר מחבריהם, שונה משל השאר; ובשני

משמעותית על גורלו של החיבור (כפי שנראה בהמשך), שכן בכמה מקרים דילג הרי"מ עפשטיין מסיבות שונות על הדפסת אחד הקונטרסים באמצע אחד מחלקי השו"ע, וכך אירע לבסוף שלא זכינו שיהא בידינו החיבור בשלמותו.

ד. פגעי הצנזורה

גורם נוסף לעיכובים בהדפסת חלקי ערוך השלחן, בפרט בשנים הראשונות, היה עניינה של הצנזורה הממשלתית הרוסית, שבאותה תקופה פיקחה בקפידה על הדפסת ספרי תלמוד והלכה. זוהי למעשה הסיבה המרכזית לכך שחלק ב' של חושן משפט נדפס קרוב לעשור לאחר הדפסת החלק הראשון. במכתב לקרובו הרב חיים ברלין הזכיר הרי"מ עפשטיין כי "ספרי נדפס עד סימן קפ"ח, ומשם ואילך עדיין לא נדפס והכתב יד הוא בפ"ב [=בפטרבורג] אצל אחי שיחי' [ר' בנימין בינוש עפשטיין] למוסרו לביקורת"[22]. ושוב במכתב נוסף מאותה שנה (בחורף תרמ"ז) תיאר הרי"מ עפשטיין כי כתב היד של הספר נמצא כעת בידי הצנזור בפטרבורג[23]:

> ...ואשר ידמה כתר"ה כי כל ספרי ערוך השולחן נגמר בדפוס – לדאבון לבי עדיין אין בי כח להוציאו לאורה מדררא דממונא, ולבר מן דין הבקורת של ספרי זה הוא בפ"ב והיתי שם ודורשים שהחלק השני אדפיס רק בפ"ב, ובשם הדפוס ביוקר למאד, ע"כ הנחתי לעת עתה עד אשר יראיני ה' איך יפול בזה דבר.

הקונטרסים האחרונים של יו"ד וכן בקונטרס הראשון של חו"מ יש מספור לועזי בעמוד הימני ועברי בעמוד השמאלי – בעוד שבשאר הקונטרסים היתה תבנית קבועה, מספור לועזי על כל עמוד ומספור דפים עברי בעמוד השמאלי. לעיתים הוכן לקונטרס מסוים שער בפני עצמו אך לבסוף לא נעשה בו שימוש כי הוא נדפס במסגרת כרך גדול יותר (והשוו עוד להלן בהערה 93).

[22] **כתבי הערוה"ש**, סי' נו. בתאריך נכתב שם "י"ב ניסן תרמ"ב", אך אין ספק שזו טעות, הן מפני שבשנה זו טרם נמסר לדפוס כרך חו"מ א' והן מפני שי"ב ניסן נפל באותה שנה בשבת. השנה המוקדמת ביותר האפשרית היא תרמ"ד (ובמקרה זה יש לומר שהמפענחים טעו בין האותיות ב', ד' – הדומות בכתב ידו של הרי"מ עפשטיין), אך בעיני נראה יותר שמדובר בתרמ"ז, הן לאור האמור שם שכרך חו"מ א' כבר מופץ בציבור ושכתיבת חלק אה"ע כבר נגמרה, והן לאור העובדה שאנו יודעים ממקור נוסף (כדלהלן) שבתרמ"ז אכן היה הספר אצל הצנזור.

[23] **כתבי הערוה"ש**, סי' קד. וראו להלן על נסיבות ההדפסה לבסוף.

אכן, מבחינה זו היתה לרועץ העובדה שהרי"מ עפשטיין בחר להתחיל בחלק חושן משפט, שכן על ענייני חושן משפט היתה הצנזורה הדוקה עוד יותר מאשר על שאר חלקי השו"ע – וכפי שתיאר הרב יהושע מונדשיין את "יחסה המיוחד של הצנזורה הרוסית לחלק חושן משפט, שבו ראו את החלק 'המסוכן' ביותר שבשולחן ערוך, שהרי הוא מביע בריש גלי את הקביעה בדבר קיומו של 'דין תורה' שאינו תואם ל'דינא דמלכותא', ואין לך מרידה במלכות גדולה יותר מזו!"[24]. הרב מונדשיין ציין שורה ארוכה של ספרים שסבלו מכובד ידה של הצנזורה בחלק חו"מ, בעיקר בכך שהוכרחו לכתוב כי הדינים אינם הלכה למעשה וכי דינא דמלכותא דינא, או להצהיר באופן כללי כי "הדינים האלה היו נהוגים בימים הקדמונים, וכל זה בידיעת וברשות הממשלה אשר תחתיה ישבו. וכעת אינם נהוגים כלל..."[25]. הוא הוסיף כי בכמה מקרים הצנזורה לא הסתפקה בכך אלא מנעה לגמרי את הדפסת החלקים ה'בעייתיים'; למשל במהדורת יוזעפאף של שלחן ערוך הרב (תרי"א-תרט"ו) לא נדפס כלל חלק חו"מ (וכן הלכות ריבית מיו"ד). בדומה לזה, בעוד שבשער שו"ת עין יצחק (וילנא תרמ"ט-תרנ"ה) לגאון ר' יצחק אלחנן ספקטור נאמר כי הספר נכתב על כל ארבעת חלקי השו"ע, הרי שבפועל אין בו כלל תשובות בחושן משפט. ואילו בספר אחר של הגרי"א ספקטור, נחל יצחק (וילנא תרל"ב) העוסק כולו בענייני חו"מ, הוקדש עמוד שלם בפתח הספר לתשבחות כלפי הצאר הרוסי, כמובן בתוספת הצהרה שכל הדינים שבספר אינם נוהגים בזמן הזה: "...ועלינו להתפלל בשלום אדונינו הקיסר החסיד יר"ה ובשלום כל יועציו ושריו מגדול ועד קטן ירוממם ה' כלם [...] ומזהיר אנכי להתפלל תמיד בשלום אדונינו הקיר"ה והצלחתו, אשר בשלומו שלום לכל החוסים בצלו..."[26].

---

24 מבוא לפרסום "תשובה אבודה מכ"ק אדמו"ר ר' שניאור זלמן מליאדי", **אור ישראל** כו (תשס"ב), עמ' ט-י. על ענייני הצנזורה הרוסית בכללם ראו מאמרו של ד' אלישביץ, "הצנזורה הממשלתית על הפרסומים היהודיים בקיסרות הרוסית", **תולדות יהודי רוסיה**, ב, ירושלים תשע"ב, עמ' 63-72.

25 **שלחן ערוך הרב**, מהדורת ז'יטומיר תר"ז, ובדומה לזה מהדורת ווארשא תרנ"א (ראו במאמר שם). גם בתחילת 'גליא מסכת' של הגאון ר' דוד אב"ד נובהרדוק, שנדפס בתר"ד, נכתב "כי כל דינים המסתעפים בענינים האלו לא נהגו אך בעת שהיו יושבים על אדמתם, או בזמן שניתן להם רשות מהמלכים לדון על פי דיני הגמרא, אך בזמננו זה בטלו דינים הללו כי על פי חוקי המלוכה והמדינה ישפוטו, ואין להרהר אחר משפטי המדינה". ראו עוד במאמרו של הרב ישראל מאיר מענדלאוויטש על בעל 'גליא מסכת', **ישורון** יב (תשס"ג), עמ' תשד-תשה.

26 ראו דוגמאות נוספות במאמרו הנ"ל של הרב מונדשיין.

מכל הנגעים הללו סבל גם הרי"מ עפשטיין, שספריו נדפסו באותה התקופה ותחת אותו השלטון, בפרט לאור העובדה הנזכרת שהוא בחר להתחיל את ספרו בחלק חושן משפט דווקא. אכן, הוצאת החיבור היתה מלווה בחששות מפני הצקותיהם של פקידי הצנזורה ויכולתם לעכב את ההדפסה ואף לבטלה. מן הסיבה הזו כנראה, בפתיחת ערוך השלחן חושן משפט הוקדש עמוד שלם בכותרת "כבוד מלך" לתשבחות מופלגות כלפי הצאר הרוסי ומשפחתו, כשהדברים מנוסחים בצורה דומה להפליא לפתיחת 'נחל יצחק' שנזכרה לעיל. לאחר תיאור נאמנותם של היהודים ברוסיה כלפי המלכות לאורך הדורות וכן הדגשת הדינים המועילים למלך (כגון האיסור להעלים מכס), מסתיימת הפתיחה בקריאה גדולה לכבוד הצאר דאז, אלכסנדר השלישי: "יצו ה' חסדו למשיחו, מלכנו אדוננו הקיר"ה"[27].

ייתכן אמנם שהדברים הללו מבטאים במידה מסוימת את גישתו של הרי"מ עפשטיין לגבי צדדיה החיוביים של המלכות, שאלמלי מוראה איש את רעהו חיים בלעו[28]. אולם בסופו של דבר אין ספק כי הם נכתבו מפני מוראה של הצנזורה, שבלעדי זאת היתה עלולה לבלוע חיים את הספר דווקא[29]. די לקרוא את תיאור נכדו של הרי"מ עפשטיין, ר' מאיר בר-אילן, על הצאר המדובר אלכסנדר השלישי כדי להבין

---

[27] השוו גם הדברים שכתב הרי"מ עפשטיין בהקדמת ספרו הראשון 'אור לישרים': "ברוכים כל מלכי הארץ הם ושריהם וגדוליהם לדור דור, ובייחוד אדונינו אבי המדינה הקיר"ה החסיד [!] אלכסנדר, את חסדו וטובו חלילה לנו משכח דור דור. וכל בית ישראל נושאים בעדו ובעד זרעו רנה ותהילה להצליחהו ולהכרית הקמים עליו ועל כל טוב מעשיהו, יאריך ה' ימי מלכותו" (אמנם דברים אלו נאמרו כלפי אלכסנדר השני, שנחשב לנוח יחסית כלפי היהודים).

[28] כפי שכתב ביו"ד סי' רמו סעי' טז לגבי המינים: "ויש מהן שבלבם מורדים גם במלכותא דארעא, ולא כן העוסקים בגמ' ופוסקים ובחכמת האמת הם משועבדים למלכות הארץ בלב שלם ובנפש חפיצה, מפני שכן נצטוינו מרז"ל בהרבה מקומות וכן אמר שלמה [משלי כד, כא] ירא את ד' בני ומלך, כלומר מי שהוא ירא ד' הוא מתיירא גם מהמלך" (ובדומה בחו"מ סי' ב סעי' א). ראו גם **דרשות קול בן לוי**, דרוש א, עמ' 2, שם דיבר בשבח המלכות המגינה מפני האנטישמים המבקשים לפגוע ביהודים, וכהאי גוונא ב**ערוך השלחן**, אה"ע, סי' ז סעי' א. ראו גם דבריו בהלכות נדרים, יו"ד סי' רכח סעי' כז, לעניין שאין תקנות הקהל כנגד המלכות (וראו גם להלן בהערה 40).

[29] אף באשר לדברים שנכתבו בהקדמת 'אור לישרים', הרי שלקראת סוף ההקדמה, לאחר תיאור תלאותיו של עם ישראל וההצהרה כי "תודות לה' עתה אנו שלוים ושקטים בלי צווחה ובלי פרץ, יתברכו כל מלכי ארץ ויזכו לביאת בן פרץ, והיה ה' למלך על כל הארץ", הוסיף הרי"מ עפשטיין: "**והמבין יבין את אשר שררו לויך**". "לויך" זהו כמובן הרי"מ עפשטיין, שנהג לחתום בספריו "הצעיר לבית לוי", וייתכן כי השורות הללו מבקשות לרמוז ששבחי המלכות שנאמרו קודם הם מן השפה ולחוץ. כך או כך, הדברים הללו נדפסו שנה לפני פרוץ הפוגרומים הראשונים ביהודי רוסיה

שהשבחים המופלגים על אודותיו לא היו יכולים להיאמר אלא במאמץ להפיס את דעתם של פקידי הצנזורה: "ממשלת אלכסנדר השלישי היתה אחת מן הרעות [...] הפוגרומים הראשונים, גירוש מוסקבה, החוקים ה'זמניים' של איגנאטייב והגזירות שאינן פוסקות עשו את החיים היהודיים לבלי נשוא [...] הכל ידעו את רשעותו של אלכסנדר השלישי"[30]. לאור הרקע הזה אין הפתעה בכך שבמהדורת ערוך השלחן חושן משפט שנדפסה לאחר פטירת הרי"מ עפשטיין, בווארשא תרע"א, בידי בתו ויורשת כתביו, **הושמט לגמרי** עמוד זה של "כבוד מלך"[31].

אמנם, למרות מאמצי הפיוס והריצוי, ידוע כי יד הצנזורה הרוסית הכבידה מאד על ספר ערוך השלחן בכלל ועל חלק חושן משפט בפרט, ופתיחת "כבוד מלך" היתה רק הביטוי הראשון לכך[32]. הרי"מ עפשטיין עצמו, במכתב משנת תרס"ג בענייני סמכויות מרא דאתרא ותקנות הקהל, התבטא כשציין למקום המתאים בספרו חלק חו"מ כי "**להאריך בזה לא יכולתי שם מפני הצענזאר כמובן**"[33]. כבר בתחילת סימן א נוספה ההערה: "כל מה שנתבארו בדינים אלו הוא רק ברשיון ממשלת הקיר"ה, ודינא דמלכותא דינא", ובתחילת דיני מסירה שבחושן משפט חלק ב נוספה הערה ארוכה במיוחד[34]:

(באודסה תר"ל); ואילו הדברים שבפתח ערוך השלחן חושן משפט נדפסו כבר אחרי גל הפוגרומים הידוע לשמצה בשנת תרמ"א.

30 **מוולוז'ין עד ירושלים**, עמ' 217-215 (הכותב היה כבן 14 בשנת מותו של צאר זה). אמנם דברי הרי"מ עפשטיין בהקדמתו נכתבו בתחילת שנות שלטונו של אלכסנדר השלישי, אך היה זה כבר אחרי הפרעות וכאשר כבר נודע טיב יחסו של הלה ליהודים.

31 למרות זאת, במהדורות החדשות של ערוך השלחן שיצאו בימינו בחרו עדיין להציב זאת בפתח הכרך, כאילו מצויים אנו עדיין תחת כובד שלטונו של הצאר. אף בספר **כתבי הערוה"ש** הדפיסו זאת בלי להסתייג; וכבר הערתי על כך להלן חלק ב פרק שלישי סעי' 4, אות ב.

32 רבות מההערות שכתב האדמו"ר מגור בעל **פני מנחם** בגליונותיו לערוך השלחן (נדפסו בסוף הכרכים במהדורת "עוז והדר") נוגעות לשינויים מחמת הצנזורה. ראו בין השאר חו"מ סי' שסט סעי' ח וסי' תכה סעי' א; או"ח סי' נה סעי' טז, סי' קנו סעי' ד וסעי' ח, סי' תקכט סעי' ז, סי' תקמה סעי' כה וסי' תרע סעי' ב; יו"ד סי' פא סעי' לד, סי' רנד, סי' רסה סעי' יח, סי' שלד סעי' א וסי' שעז סעי' ב; אה"ע סי' קכט סעי' צג וסי' קנד סעי' יח.

33 **כתבי הערוה"ש**, סי' נב. החלק המדובר נמצא בחו"מ סי' ב סעי' ב, ואכן בסוף הסעי' נמצא בדפוס שלפנינו: "**...**". הדברים באותה תשובה עוסקים בסמכותם של הפרנסים לגבות מס קהילתי על מכירת בשר וכדומה לשם מימון משכורתם של כלי הקודש בקהילה – פעולה שנאסרה על ידי ממשלת הצאר מאז תקנות תר"ד (1844) ולכן לא היה יכול הרי"מ עפשטיין להזכיר זאת בספרו.

34 חו"מ סי' שפח סעי' ז. וכבר העיר האדמו"ר מגור בגליונותיו ש"כל קטע זה נכנס בעל כרחו של

ידוע לכל קוראי הדורות שבזמן הקדמון במדינות הרחוקות לא היה לאיש בטחון בגופו וממונו מפני השודדים והאנסים אף שנשאו עליהם שם משרה, כידוע גם היום מאיזה מדינות מאפריקא השוד והחמס שפַּחות הממשלה עושים. ועל טוב יזכרו מלכי איירופא וביחוד אדונינו הקיר"ה מרוסיא ואבותיו הקיסרים ומלכי בריטניא שפרשו כנפי ממשלתם בארצות הרחוקות למען יהי לכל איש ואיש בטחון על גופו וממונו, באופן שהעשירים לא יצטרכו להסתיר עצמם שלא ישללו ממונם ויהרגו אותם. ועל זה סובב הולך כל דיני מסור [מוסר] ומלשין שבש"ס ופוסקים כאשר נבארם בס"ד כי המוסר ומלשין את חבירו לפני שודדים כאלה הלא רודפו בגופו וממונו ולכן ניתן להצילו בנפשו.

גם בחלקים אחרים של ערוך השלחן ניתן להרגיש היטב בפגעי הצנזורה. באופן כללי יש כמה מטבעות לשון מובהקים שנכתבו כתוצאה מכך, דוגמת רוב ההערות שדין מסוים היה שייך דווקא "בימים הקדמונים"[35] וכן הכינוי "מצרי" או "אנס" במקום גוי[36]. ישנם כמה נושאים מסוימים שנפגעו במיוחד, ולדוגמא דיני גרים בהם הודגש ש"במדינתנו אין לנו רשות לקבל גרים מדינא דמלכותא", וכי "אפילו בזמן הקדמון שהיה לנו רשות לגייר, מ"מ אין להסית שום גוי לגייר את עצמו"[37]. או לדוגמא דיני נידוי וחרם, שבפתיחתם נכתב באורך[38]:

רבינו ז"ל, מפני הצנזורה ואימת מלכות ממשלת רוסיא ימ"ש, ושיבוש הוא [...] וכן בהרבה מקומות בחיבור זה ניכר ששלטו בו ידי הצנזורא". ראו גם דברי הגר"ש ישראלי כנגד מי שתפס את הדברים כפשוטם (**חוות בנימין**, א, כפר דרום תשנ"ב, עמ' קפד). ואמנם יש להעיר על התופעה המתמיהה, שהתנצלויות כלפי המלכות מופיעות גם בספרים שנדפסו בארצות שלא היה בהן כל עניין של צנזורה; ראו למשל בספרו של הג"ר מנחם הכהן ריזיקוב, **פלגי שמן**, ניו יורק תרצ"ט, בערך עמ' 8: "בכל מקום שנזכר בספרי שם עכו"ם או גוי כותי, הכונה שקאי על האומות שאינם מאמינים בהתגלות האלקות, והם האומות הקדמונים, אבל האומות דזמנינו הם מאמינים בהתגלות אלקות". אפשר שהדברים הללו נאמרו עדיין משום איבה וכיו"ב, או שהם נוגעים לשיטת המאירי הידועה בעניינים אלה.

35 למעט מקומות בודדים, כמו למשל באו"ח סי' שכט סעי' ט, "בזמן הקדמון, בזמן שבית המקדש היה קיים", שלפי מה שכתב בסעי' י נראה שאינו קשור לצנזורה (וראו במשנ"ב שם בביאור הלכה ד"ה אלא, תוספת דומה גבי מי שהיה חייב מיתת בית דין).

36 לדוגמא בעלמא ראו או"ח סי' שכט סעי' ב, שם הובאו דברי הרמב"ם לגבי "חצר שיש בה אנסים וישראלים" כשבמקור כמובן כתוב "גויים" (אף שבמהדורת וילנא נשתבש גם ברמב"ם "עכו"ם") – וכן הוא לאורך שאר הסי' (כמו גם במשנ"ב שם בסעי' ח).

37 יו"ד סי' רסח סעי' ו. וכן בכל מקום בערוך השלחן נזכרו גרים, נוסף שזהו "בימים הקדמונים".

38 יו"ד סי' שלד סעי' א. והשוו דברי הרי"מ עפשטיין אגב דיון בתופעת האנוסים: "ודע שכ"ז אינו

דינא דמלכותא דינא זהו כלל גדול, ומחוק הקיר"ה אסור לתת איזה נידוי או איזה חרם, וכן המשפט בכל ממלכות אירופה, ורק בארצות ישמעאל כמו מלכות התוגר ופרס ומרוקו, שמה הותר ע"פ משפט הממשלה. ולכן כל הדינים שאנו מבארים בנידוין וחרמות הכל הוא למדינות אלו אבל במדינתינו חלילה ליתן נדוים וחרמות ורק עלינו לדעת הדינים האסור והמותר ונפרוש מעצמינו מה שאסור לנו ולכן בהכרח לכתוב כל הדינים השייך לזה[39].

עוד בעניינים אלו, מתברר כי הצנזור שפיקח על הדפסת החלק הראשון (דווקא) של ערוך השלחן אורח חיים, הקפיד משום מה שלא תיזכר מסכת עבודה זרה בשמה האמיתי, ולכן הוא החליף את שמה ל'עכו"ם' בכל מקום בה נזכרה[40] – ואילו הצנזורים שעברו מאוחר יותר על שאר חלקי של אורח חיים לא הקפידו על כך, וכך בלמעלה מעשרים אזכורים של מסכת זו הריהי קרויה כרגיל 'עבודה זרה', למעט מקרה אחד בודד שדווקא בו גרם הצנזור לשיבוש משונה[41]. באופן אחר,

---

עניין בזמנינו, שמלכי האומות מלכי חסד, וחלילה להם לכוף בהעברת דת" (אה"ע סי' מב סעי' נא), וכן דבריו לגבי שבויות: "ובמלכיותינו לא שייך כלל דין זה כי מלכי חסד הם ואין להם המשפטים המכוערים הללו" (אה"ע סי' ז סעי' כז), ועוד בדומה לזה ביו"ד סי' רנא סעי' כא, ולענין מלחמה באה"ע סי' קמ"א סעי' קס"ח, ובענין אחר בחו"מ סי' קנו סעי' יג.

[39] ואמנם יש להעיר שבכמה מקומות הערות כאלה אינן קשורות לצנזורה, ולמשל לגבי חרם דרבנו גרשום הזכיר הרי"מ עפשטיין ש"כבר כתבו כל גדולי אחרונים שאין מתירין כל זה רק ע"פ מאה רבנים **וברשיון המלכות**", ושוב בהמשך שהרוצה היתר מאה רבנים חייב "על זה רשיון מהממשלה" (אה"ע סי' א סעי' כה. וכן בסי' קיט סעי' כב, "ע"פ היתר מאה רבנים וברשיון המלכות"), שלכאורה גם זה אינו אלא בשל הצנזורה – הרי"מ עפשטיין מציין מקורו ל**חלקת מחוקק** (ס"ק י"ב) אלא ששם כמובן לא נזכר "רשיון המלכות" – אולם הנה גם בתשובה אחת לגבי היתר מאה רבנים כתב הרי"מ עפשטיין "ובלבד שיעשו על פי חוקי המלכות יר"ה" (**כתבי הערוה"ש**, סי' מה). ועיינו עוד ב**שו"ת משיב דבר**, ד, סי' ב ושאר תשובות שגם בהן הותנה ההיתר ברשיון המלכות.

[40] ראו למשל סי' פד סעי' ג, סי' קפז סעי' ט וסי' רכד סעי' ג.

[41] בסי' שכט סעי' ז נכתב: "והא **דאמרינן בעכו"ם** דלחיי שעה לא חיישינן" – אולם אין הכוונה במקרה זה לגוי, אלא למסכת ע"ז (וכפי שצוין שם מראה המקום, דף כ"ז ע"ב), אך מפני עיסוקו של אותו דין ביהודים סבר כנראה הצנזור שהכוונה לגוי, והרחיק את הלשון מ"ע"ז" ל"עכו"ם". יש להעיר שגם על המשנ"ב הכבידה באותו סי' יד הצנזורה (מלבד השינוי הנזכר מ"גויים" לאנס"), וכך בסוף ס"ק יז נוספה הערה האומרת "וכבר נפסק בגמרא דינא דמלכותא דינא". מדובר בשיבוש חמור כי משום דינא דמלכותא בלבד לא יהא מותר לחלל שבת ח"ו (ועיינו **משנ"ב**, סי' תרנו סק"ט), אלא ההיתר בו מדובר שם הריהו **משום איבה** שיש בה סכנה בחשש מתגובת השלטון (עיינו **חידושי רעק"א**, או"ח, ריש סי' של ו**שו"ת חתם סופר**, יו"ד, סי' קלא) – ומאד יש לתמוה על המו"לים בדורנו שמוסיפים להדפיס באדיקות את "חידושיה" של הצנזורה הרוסית.

פיקוח הצנזורה על החלק הראשון של אבן העזר (שנדפס בשלהי שלטון הצאר) היה כפי הנראה הדוק פחות מאשר בחושן משפט ושאר חלקי ערוך השלחן, שכן כשהרי"מ עפשטיין דן בעניין "דנים וסוקלים על החזקות"[42] ומזכיר עונשי בית דין שונים, הוא לא נצרך להוסיף אפילו פעם אחת הסתייגות מהעניינים הללו בזמן הזה כפי שעשה פעמים רבות בחלקים אחרים[43].

ה. סדר הדפסת כרכי ערוך השלחן בחייו

ראינו אפוא כי הכרך הראשון של ערוך השלחן, חושן משפט חלק א, נכנס לדפוס בשנת תרמ"ד (בשיטת הקונטרסים) ונסתיים בחורף תרמ"ו. לאחר מכן רצה הרי"מ עפשטיין להמשיך מיד בהדפסת חלק ב של חושן משפט, אך חלק זה התעכב תקופה ממושכת אצל רשויות הצנזורה הרוסית, שדרשו שהוא יודפס בפטרבורג דווקא, תחת עיניהם הפקוחות[44]. כשהעניין הוסיף להתמהמה, ובנוסף התברר כי הוצאות ההדפסה של חושן משפט חלק ב בכרך בודד יהיו גבוהות, בחר הרי"מ עפשטיין להתחיל בינתיים בהדפסת הלכות שחיטה וטריפות מחלק יורה דעה, שהיקפן קטן כפליים מחלק הנשאר של חושן משפט וכן לא צפויים לגביהן מכשולים מיוחדים מצד הצנזורה[45]. כך נדפס בווארשא תרנ"א ערוך השלחן יורה דעה חלק א (סימנים א–ס). בסוף הכרך באה הודעה מאת הרי"מ עפשטיין, המתאר את נסיבות ההדפסה:

---

[42] אה"ע סי' יט.

[43] ראו גם אה"ע סי' טז, סי' כ ועוד כהנה. יש להעיר כי החלק האחרון של יורה דעה, סימנים רמ–תג, נדפס בפולין אחרי סיום שלטון הצאר הרוסי ולכן לכאורה לא היה אמור לעבור צנזורה כקודמיו, אולם בפועל כפי שראינו לעיל הוא נלקה בפגעי הצנזורה לא פחות ואף יותר מחלקים אחרים של ערוך השלחן. ההסבר לכך הוא שהדברים סודרו עוד בעידן הצאר (כמוכח מהאמור ביו"ד סי' שלד) וכנראה הוכנו כבר אז לביקורת הצנזורה, ולכן הוכנסו בהם בשעתו כל אותם שינויים – על ידי המחבר שביקש להתכונן לבאות (וכעין המובא לעיל הערה 34). מטעם זה, גם בהלכות נדרים שנדפסו בדורנו מכת"י, ביו"ד סי' רלב סעי' מא מזכיר הרי"מ עפשטיין את דבריו שבחו"מ סי' שפח (לעיל הערה 35) וכותב באותה רוח.

[44] כנלמד ממכתב הרי"מ עפשטיין דלעיל, הערה 24.

[45] כפי שנראה מיד, סיבה נוספת להדפסת הלכות שחיטה וטריפות דווקא (ולא חלק אבן העזר שנכתב לפניהם), היתה הביקוש הצפוי להם בקרב הציבור (כפי שאכן היה, ראו להלן הערה 63), שיסייע במימון הדפסת שאר חלקי הספר. זאת למרות שגם הביקוש לחלק חו"מ א היה נאה למדי (ראו להלן הערה 61).

> אמר המחבר, כבר מלתי אמורה בהקדמה לספרי ערוך השלחן על ח"מ מה ראיתי על ככה ומה הגיע אלי, ולמותר לכפול הדברים. והנה ספרי הנ"ל הדפסתי ויצא לאור עד סימן קפ"ט, ורבים ידרשוהו, ועכ"ז אין בי כח לגמור הדפסתו עד גמירא, **יען כי אין מדרכי לסבב ולעשות תחבולות להוציא הוצאותי כי רב הוא**. ועיני נשואות לד' לגומרו, וגם על אבן העזר המסודר אצלי מראשיתו עד אחריתו. ולכן אמרתי להדפיס עתה על הל' שחיטה וטרפות, וסידורו ואופנו כמעשה הראשון. **ויען כי יד הכל ממשמשין בו, ואולי אבנה ממנו להוציא לאור כל האמור למעלה**, ולד' התשועה על עמך ברכתך סלה.

שנתיים לאחר מכן, בווארשא תרנ"ג – ולא בפטרבורג כדרישתה הראשונית של הצנזורה – הדפיס לבסוף הרי"מ עפשטיין את חלק ב של חושן משפט, כשבסמוך לו נדפסת מהדורה שנייה של חושן משפט חלק א, דבר המלמד כי טפסי המהדורה הראשונה כבר אזלו מן השוק. מהדורה שנייה זו של חו"מ חלק א נתייחדה לעומת כל שאר כרכי ערוך השלחן בכך שמופיעה בה רשימת "פרענומעראנטין", מנויים ששילמו מראש בעבור הספר כמנהג אותם ימים, ובה כמאתיים איש[46]. נראה כי למרות דבריו הנזכרים של הרי"מ עפשטיין מתרנ"א "כי אין מדרכי לסבב ולעשות תחבולות להוציא הוצאותי כי רב הוא", הרי שבסופו של דבר הוא החליט במקרה זה לגייס ממון מן הציבור כדי שיוכל להשלים את הדפסת שאר חלק חושן משפט בכרך אחד כפי שחפץ.

על מנת שתהיה תמונת סדר הוצאת ספרי ערוך השלחן בהירה דיה, אכתוב מכאן ואילך את הדברים במתכונת של רשימה, עם תיאור קצר לכל מהדורה ודברים נוספים בעת הצורך. המידע הביבליוגרפי העיקרי על ההדפסה נלמד מדף השער של הכרכים והקונטרסים השונים, אך גם ממודעות פרסום בנות התקופה ומקורות נוספים[47].

---

[46] ביניהם ניתן למצוא את חתנו של הרי"מ עפשטיין הג"ר משה צבי וולברינסקי מסקידל ואת הגרח"ע גרודזינסקי מווילנא, הג"ר אליקום שלמה שפירא מהורודנא, הג"ר מרדכי וייצל (רוזנבלט) מאושמינה, הג"ר חיים יעקב נפתלי זילברברג (אז בוויערשוב – הזמין עשרה עותקים), הג"ר יצחק הכהן פייגנבוים והג"ר פתחיה הורנבלאס והג"ר יהודה ליב סג"ל מווארשא, הג"ר יצחק יעקב ריינס מלידא ועוד. מן הצד יצוין שבטופס כרך זה שבאתר Hebrewbooks.org/49509 מופיעה הקדשה מהרי"מ עפשטיין: "**מזכרת אהבה לש"ב אף כי לא אכירו מוקירו כערכו הרם**, **הרב הגדול חריף ובקי גביר מפורסם דגול מרבבה ירא וחרד... כקש"ת מוהר"ר מרדכי הלוי עפשטיין**, **ואכבדנו בספריי אלה ע"י משולחי הנוכחי ר' דוד ליב מנאווהרדק**, **ואבקשו לשום עין עליו**, **ש"ב המוקירו ומכבדו**, **המחבר**".

[47] ברוב המקרים ראיתי את הכרך המקורי; ובחלק מהמקרים ראיתי את צילום השער – דבר שיש

1. **חושן משפט חלק א** (סימנים א-קפח): בשער – ווארשא תרמ"ד, דפוס נתן שריפטגיסר. מלבה"ד: ר' ברוך ישעיה כהנא. "עם כמה מטעמים, כמבואר בהקדמת הספר". המחבר הוא "מק"ק באבראיסק, החונה בק"ק נובהרדוק" ובעל 'אור לישרים'. ההקדמה נחתמה בכ"ד טבת תרמ"ג, הקונטרס הראשון הודפס בתרמ"ד אך סיום ההדפסה והפצת הכרך ברבים היו כפי הנראה בחורף תרמ"ו (כדלעיל)[48].

2. **יורה דעה חלק א** (הלכות שחיטה וטריפות, סימנים א-ס): ווארשא תרנ"א. דפוס ומלבה"ד כנ"ל. ישנו שער פנימי לחלק טריפות[49]. הערת המחבר בסיום הכרך הובאה לעיל.

3. **חושן משפט חלק א מהדורה שנייה**: ווארשא תרנ"ג. לא נזכר בשער כי זוהי מהדורה שנייה. ה"פרענומעראנטין" שבכרך זה תוארו לעיל.

4. **חושן משפט חלק ב** (סימנים קפט-תכז): ווארשא תרנ"ג. סודר לדפוס בקונטרס אחד גדול. המחבר מתואר גם כבעל ערוך השלחן על "שחו"ט". עד כאן הכל בדפוסו של שריפטגיסר.

5. **יורה דעה חלק ב** (הלכות איסור והיתר, סימנים סא-קכב): ווארשא תרנ"ז, בדפוס יעקב זאב אונטרהנדלר[50]. הופץ גם בשני כרכים נפרדים, האחד עד

להיזהר בו מאחר שמהדורות הצילום הנפוצות של ערוך השלחן מכילות בליל של שערים שנלקחו לעיתים מן ההוצאה המקורית, לעיתים מהוצאה מאוחרת ולעיתים אף מכרך אחר לגמרי בהכנסת שינויים שונים. יצוין כי מאגרי מידע ביבליוגרפיים שנערכו בעבר, דוגמת בית עקד ספרים של פרידברג, לא נתנו מידע מדויק ואף החסירו מהדורות (יתר על כן, בערכו של הרי"מ עפשטיין בספרו של חיים דב פרידברג, **בית עקד ספרים**, ד, תל אביב תשל"א, עמ' 1263, מופיעים בטעות גם ספריו של בעל קיצור השל"ה). אף ב"מפעל הביבליוגרפיה" חסר חלק מן המידע שיירשם להלן על כמה מהמהדורות.

[48] בסוף סי' קלב, המסיים את הקונטרס הרביעי, נכתב "סליק החלק הראשון", דהיינו שהכוונה בשלב זה היתה לכרוך את הספר ולהפיצו כך – אך לבסוף הסתייע מבחינה כלכלית לצרף גם את הקונטרס החמישי. מאידך גיסא, שער הספר מתייחס לכרך "חושן משפט" כולו, ללא ציון העובדה שמדובר בפועל רק בחצי ממנו, כך שנראה שהכוונה המקורית (בתחילת תרמ"ד) היתה להדפיס את כל חלק חו"מ בכרך אחד.

[49] בשל הדפסתו במקור כקונטרס נפרד (כמתואר לעיל). בהדפסת השער הפנימי נעשה שימוש מעניין בגלופת השער הראשון, וניכרים סימני מחיקת "חלק **ראשון**" וכתיבה לאחריו "שני", וכן מחיקת "הלכות **שחיטה**" וכתיבה לאחריו "טריפות".

[50] במודעה שפורסמה בעיתונות באותה שנה נמסר כי "יצא לאור ס' ערוך השלחן על הל' מליחה,

סימן עח והשני מסימן עט ואילך, אך נראה כי ברוב הטפסים נכרכו שני הקונטרסים יחד כרגיל.

6. **יורה דעה חלק ד** (הלכות נדה ומקוואות, סימנים קפד-רא): ווארשא תרס"א, בדפוס החדש של אהרן גלינקא. מלבה"ד: ר' ברוך ישעיה כהנא[51].

7. **יורה דעה חלק א מהדורה שנייה**: ווארשא תרס"א (בסוף אותה שנה[52]), הובא לבית הדפוס על ידי "בית מסחר ספרים" של ר' יוסף צבי לב (לעוו) כשהוא "נדפס בהוצאות המחבר". משלב זה ואילך עבד הרי"מ עפשטיין באופן קבוע עם רי"צ לב, ששימש לו כמלבה"ד וכמפיץ. בשער: "**הוצאה שניה**...". מהדורה זו אינה רשומה עדיין ב"מפעל הביבליוגרפיה".

8. **אורח חיים חלק א** (עד הלכות שבת, סימנים א-רמא): פיעטרקוב תרס"ג, בדפוס מ' צדרבוים[53]. סודר בשני קונטרסים – ובפעם הראשונה והאחרונה צורף לכרך גם "תוכן עניינים" (מפתח סימנים).

9. **יורה דעה חלק ד מהדורה שנייה**: ווארשא תרס"ד, דפוס אפרים בוימריטר.

10. **יורה דעה חלק א' מהדורה שלישית**: ווארשא תרס"ה (ובהתאם לכך, בהדפסה הבאה של החלק בתרע"ג – "**הוצאה רביעית**")[54]. גם מהדורה זו אינה רשומה ב"מפעל הביבליוגרפיה".

בב"ח ותערובות ועוד, מאת הגאון הגדול מו"ה יחיאל מיכל הלוי עפשטיין אבד"ק נאווהרדאק. יוכלו להשיגו אצל המחבר [...] כמו כן יוכלו להשיג אצל הנ"ל גם שני חלקים הקודמים על חו"מ ושחיטה וטריפות" (**הצפירה**, י"ט אלול תרנ"ז [שנה 24 גליון 203], עמ' 1004; ושוב במשך החודשים הבאים).

[51] הדפסת הספר נזכרת במכתבו של הרי"מ עפשטיין מכ"א אדר תרס"א: "ואני מצפה בימים אלו אי"ה לקבל מווארשא הנדפס על נדה ומקוואות..." (**כתבי הערוה"ש**, סי' לט).

[52] שכן במכתב הנ"ל בסוף חורף תרס"א עדיין כותב הערוה"ש כי "על יו"ד חלק ראשון [...] הנה על שחיטה וטרפות כבר ספו תמו אצלי" (שם; וברשימה בסוף **הצפירה**, י' תמוז תרס"ב [שנה 29 גליון 147], הוא כבר מופיע). ייתכן שבאותה הזדמנות נדפסה גם מהדורה שנייה של יורה דעה חלק ב, שכן כרך זה נזכר במודעות מכירת הספרים בין השנים תרס"א-תרס"ה ברציפות, וקשה להניח שטפסי מהדורת תרנ"ז נותרו זמן כה רב אצל מוכרי הספרים. אך טרם ראיתי עותק מקורי.

[53] כך לפי האמור בשער. אמנם במכתב מכ"א אדר תרס"ג הזכיר הרי"מ עפשטיין כי "כעת מדפיסים **בווארשא** חיבורי על או"ח עד הל' שבת" (**כתבי הערוה"ש**, סוף סי' נג); אין בידי הסבר לכך אלא אם נאמר שנקט בשגגה "ווארשא" כי שם נדפסו ספריו הקודמים. מודעה על יציאת הכרך לאור פורסמה ב**הצפירה**, ב' סיוון תרס"ג (שנה 30 גליון 113), עמ' 6 (ושוב שם וכן ב**המליץ** לאורך הקיץ).

[54] ראיתי, אמנם, שער מקורי ממהדורה נוספת של יו"ד, א, עליו מופיע התאריך הלועזי 1909, אך

11. **אבן העזר חלק ג** (הלכות גיטין, סימנים קיט-קנד): פיעטרקוב תרס"ה[55].

12. **אבן העזר חלק ד** (הלכות חליצה וייבום, סימנים קנה-קעח): פיעטרקוב תרס"ו. הכל בדפוסו של צדרבוים.

13. **חושן משפט מהדורה שנייה** (**חלק ב**) **ושלישית** (**חלק א**): ווארשא תרס"ו-תרס"ז[56].

14. **אורח חיים חלק ג** (הלכות פסח, סימנים תכט-תצד): פיעטרקוב תרס"ז[57].

15. **יורה דעה חלק ד מהדורה שלישית**: ווארשא תרס"ח, אצל המדפיס טורש (Tursh).

16. **אורח חיים חלק ב** (הלכות שבת ועירובין וראש חודש, סימנים רמא-תכח): ווארשא תרס"ז-תרס"ח, דפוס בוימריטר. כרך זה עלה מן הדפוס ימים ספורים לאחר פטירת הגאון המחבר.

נמצאנו למדים כי במשך חייו הספיק הרי"מ עפשטיין להדפיס את כל חושן משפט, שני שלישים מאורח חיים, כמחצית מיורה דעה וכמחצית מאבן העזר. כמה חלקים של ספרו נדפסו יותר מפעם אחת – ובפרט החלק הראשון של חושן משפט, הלכות שחיטה וטריפות והלכות מקוואות, שזכו להיות מודפסים במהדורה שלישית עוד בחיי המחבר.

תחילה הדפיס הרי"מ עפשטיין את חושן משפט חלק א, וביקש להמשיך בהדפסת חלק ב אך מסיבות שנתבארו לעיל הדפיס בינתיים את הלכות שחיטה וטריפות

גם עליו נרשם "הוצאה שניה" (ופרטי המחבר באים בגוף ראשון) וללא תאריך עברי; נראה שלא נכלל במניין.

[55] מודעה על יציאת הלכות גיטין, וכן אזכור אורח חיים חלק א ושאר החלקים הקודמים (כולל יורה דעה חלק א שכאמור נדפס בשלישית באותה שנה), הופיעה ב**הצפירה**, י' אלול תרס"ה (שנה 32 גליון 180), עמ' 4 (ושוב בהמשך החודש).

[56] את הוצאת המהדורה הזו מזכיר הרי"מ עפשטיין במכתב מב' חשוון תרס"ז: "חלק חושן משפט, ולע"ע לא נמצא אצלי כי זה שנים שנמכרו לגמרי, ועתה מדפיסים אותם מחדש בווארשא" (**כתבי הערוה"ש**, סי' קט). ובמכתב נוסף באותה שנה כתב הרי"מ עפשטיין לשואלו כי בנוסף לכרך על גיטין הוא שולחן לו את ערוך השלחן על כל חו"מ בשני חלקים, על יו"ד עד סי' קכג ועל נדה ומקוואות, ועל או"ח עד הלכות שבת (שם סי' כא; י"ג טבת תרס"ז).

[57] מודעה קצרה על יציאת הכרך נדפסה בסוף הגליון הבודד של קובץ **היונה** (בעריכת רי"ל מימון), אודסה תרס"ז, עמ' 48.

מיורה דעה ולאחר מכן סיים את הדפסת חושן משפט חלק ב (כשהוא מדפיס במקביל גם מהדורה שנייה של חושן משפט חלק א).

לאחר מכן פנה להדפיס את המשך חלק יורה דעה, כשתחילה הוא ממשיך ברציפות את דיני איסור והיתר (עד סי' קכב) – אך לאחר מכן דילג אל הלכות נדה ומקוואות בלי הדפסת הסימנים שבינתיים. מדוע? ניתן להעלות לכך שתי סיבות: האחת היא שהלכות נדה ומקוואות נחשבו נחוצות ומבוקשות יותר בקרב הציבור, והשנייה – ואולי העיקרית – היא שרוב ההלכות עליהן דילג הרי"מ עפשטיין עוסקות כולן בענייני יהודים וגויים ויחסיהם: הלכות יין נסך, עבודה זרה, חוקות הגויים ועוד. מסתבר כי הדפסת ההלכות הללו היתה תלויה שוב בחסדי הצנזורה הרוסית, ולכן בחר הרי"מ עפשטיין להמשיך בינתיים הלאה ולהדפיס את חלק נדה ומקוואות שלגביו לא היתה צפויה בעיה מצד זה. כמו כן הדפיס הרי"מ עפשטיין במקביל מהדורה נוספת של הלכות שחיטה וטריפות, שזכו כצפוי לביקוש ניכר בקרב רבנים, שוחטים ובודקים.

לאחר הדפסת הלכות נדה ומקוואות הפסיק הרי"מ עפשטיין לפי שעה את המשך הדפסת חלקי יו"ד ופנה להדפסת דינים שימושיים יותר לציבור הרחב, שאת כתיבתם סיים בינתיים: חלק אורח חיים. לאחר הדפסת השליש הראשון שלו הדפיס הרי"מ עפשטיין שוב חלקים מיורה דעה שכבר אזלו מן השוק. ולאחר מכן, במקום להמשיך בהדפסת אורח חיים בחר – מסיבות שאינן ידועות לנו – להדפיס את הלכות גיטין מחלק אבן העזר שאותו סיים לכתוב זה מכבר (עוד לפני כתיבת יורה דעה). אחרי הדפסת הלכות גיטין המשיך הרי"מ עפשטיין ברציפות להלכות חליצה וייבום, מבלי להדפיס בינתיים את המחצית הראשונה של אבן העזר (הלכות אישות, יוחסין, קידושין וכתובות); גם את הסיבה לבחירה זו איננו יודעים בבירור, אך ייתכן שהדבר נבע מחומרתן וצריכותן של הלכות גיטין וחליצה בקרב בתי הדין לעומת הלכות קידושין וכתובות הנחשבות פשוטות יותר.

לאחר מכן, במקביל להדפסת מהדורה נוספת של חושן משפט ושל הלכות נדה ומקוואות, פנה הרי"מ עפשטיין להמשך הדפסת חלק אורח חיים של חיבורו[58], וללא ספק היה מסיים זאת ברציפות עד סוף החלק, אילולי נסתלק בעוונותינו בכ"ב אדר ב' תרס"ח.

[58] הסיבה להקדמת הלכות פסח על פני הלכות שבת ועירובין – אינה ידועה, אך ראו להלן הערה 89.

ו. תפוצת ספרי ערוך השלחן והתקבלותם

בטרם נמשיך לפירוט סדר ההדפסה של חלקי ערוך השלחן לאחר פטירת המחבר, אדון בשאלת תפוצתו של הספר עוד בחייו, ומן הצד גם בהתקבלותו בקרב ציבור המעיינים בהלכה. היבט חשוב הנוגע לתפוצתו של הספר הוא שבשונה מחיבורים מקבילים כגון קיצור שלחן ערוך ואף משנה ברורה, שנועדו והותאמו לשימושו של כלל הציבור הרחב (וכפי שאכן היה בפועל), הרי שמתכונתו הלמדנית של ערוך השלחן והמבנה המורכב של תכני הסימנים שבו[59] עשתה אותו מתאים בפרט ל"כלי קודש": רבנים ומורי הוראה, שוחטים ובודקים, דיינים וכן הלאה[60]. פירושה של העובדה הזו היא שתפוצתו של ספר ערוך השלחן אמורה להימדד בעיקר לפי מידת הימצאותו ושימושו בידיהם של אלה הנזכרים, ולאו דווקא לפי שימושו הישיר בקרב הציבור הרחב (כגון ה"חבורות" שנקבעו ללימוד ספר משנה ברורה).

אין ביכולתנו לדעת כמה עותקים נדפסו מכל מהדורה של חלקי ערוך השלחן (כמו שאר ספרים), וממילא גם לא את מספר הרוכשים את הספר בזמן נתון. עם זאת, לגבי התמונה הכללית ישנה לפנינו עדותה של בת הרי"מ עפשטיין ויורשת כתביו, הרבנית בריינה וולברינסקי, הכותבת בשנת תרע"ב כי "ספרי עה"ש ב"ה נתפשטו בכל תפוצות ישראל ונמכרו בעשרת אלפי עקז[אמפלערים] בכל אירופה, אסיה ואמיריקה..."[61]. בהנחה שאין הכוונה ל"עֲשֶׂרֶת", חישוב מניין ההדפסות של חלקי ערוך השלחן עד אותה עת מעלה כי בכל מהדורה נדפסו כחמש מאות

---

[59] באופן שאינו מפריד בין החקירות והבירורים בשיטות הפוסקים לבין שורת ההלכה, ומבלי לעקוב בהכרח אחר סדר הסעיפים של השו"ע. לעומתו, מעלותיו של המשנה ברורה עבור האדם הפשוט בולטות למרחוק: השפה הצחה, החלוקה של הבירורים הארוכים למדור נפרד, הסידור כהגהות מתחת ללשון השו"ע ובכלל העריכה המוקפדת (אף ספר קיצור שלחן ערוך סודר באופן שיהיה נוח לשימוש על ידי כל אדם מישראל). וראו להלן פרק רביעי.

[60] וכפי שתיאר נכדו ר"מ בר-אילן, גם אם על דרך ההפלגה: "אברכים שהכינו עצמם לרבנות, ורבנים צעירים שעדיין לא היו מתוקנים להוראה, למדו מתוך הספר 'ערוך השלחן' [...] שום שוחט לא ניגש לבקש 'קבלה' קודם שעבר בערוך השלחן על הלכות שחיטה וטריפות, ושום רב לא קיבל משרת רבנות בטרם שרכש לו את ערוך השלחן על יורה דעה ואורח חיים..." (**מוולוז'ין עד ירושלים**, עמ' 268–269).

[61] **הזמן**, י"ט ניסן תרע"ב (שנה שנייה גליון 68), עמ' 6. מן הדברים הללו אנו שומעים גם באופן כללי על הפצת הספר ברחבי העולם היהודי; באופן ממוקד יותר, מן השמות הנזכרים ברשימת הפרענומעראנטין של ערוך השלחן חו"מ א מהדורת תרנ"ג (לעיל הערה 46) ניתן ללמוד על הערים הרבות ברוסיה ופולין שרבניהן הזמינו את הספר.

עותקים **בממוצע**. עבור ספר שכאמור התאים בפרט למעיינים בהלכה ול"כלי קודש" מדובר בהיקף רחב יחסית.

אכן, כפי שראינו לעיל, חלקיו השונים של ספר ערוך השלחן נדפסו בכמה מהדורות עוד בחיי המחבר. בפרט זכו לביקוש חלק שחיטה וטריפות, חלק נדה ומקוואות וכן חושן משפט חלק א, שנדפסו כל אחד שלוש פעמים בתוך כ־10–20 שנים בלבד. ביקוש זה קיבל ביטוי במכתביו של הרי"מ עפשטיין, ולדוגמא במכתבו הנזכר לגר"ח ברלין כתב לגבי חלק חו"מ "כי רבים דורשים לספרי, אך המעט אשר קבלתי התמורה...", וכן בדברי הסיום הנזכרים ליורה דעה ח"א ציין הרי"מ עפשטיין כי "רבים ידרשוהו"[62].

אף תפוצתם הרחבה של הספרים נזכרת במכתביו של הרי"מ עפשטיין, ולדוגמא בכרוז שכתב בשנת תרנ"ו הזכיר כי "הארכנו בסייעתא דשמיא בדברי הרמב"ם בחבורינו על יו"ד סי' א [...] **והחבור מצוי בהרבה מקומות** וכל הרוצה יכול לעיין שם"[63]. בדומה לכך, במכתב משנת תרנ"ט הזכיר הרי"מ עפשטיין אגב אורחא כי טפסי חיבורו על שחיטה וטריפות "כבר איתבדרו בעלמא"[64].

הדרך הטובה ביותר לעמוד על תפוצת הספר היא להתחקות אחר חיבורים וקבצים בני אותו דור, שהוא החל להיות נזכר בהם זמן קצר לאחר עלייתו מן הדפוס[65]. למעשה, אם נתמקד בספריהם של גדולי רבני אותו דור נוכל לעמוד לא רק על התפוצה הכללית של ספר ערוך השלחן אלא גם על המידה בה זכה להתקבל ולעלות על שולחנם של אלה, לא רק במחוזות רוסיה ופולין[66] (שבהם נעשתה

---

[62] לעיל אחרי הערה 45. ואכן כבר בתרנ"ג הוצרך הרי"מ עפשטיין להדפיס מהדורה נוספת, ואף זו אזלה בתוך שנים בודדות, כפי שהזכיר בכתב מתרס"ז כי "זה שנים שנמכרו לגמרי" (ראו לעיל הערה 56).

[63] **כתבי הערוה"ש**, סי' כ.

[64] מכתב לג"ר משה נחום ירושלמסקי – שם, סי' צו.

[65] ראו לדוגמא אזכור ספר ערוך השלחן חו"מ במכתב הג"ר אליהו פוסק משנת תרנ"א (הובא על ידי בנו בקובץ **הפוסק**, שנה א חוברת א, תל אביב ת"ש, עמ' קעח), ובספר **חמדת משה** לג"ר משה פרלמוטר, ווארשא תרנ"ו, יו"ד סי' ע, ובקונטרסו **חמדת הנפש** (תרנ"ז), סי' כד ובהשמטות לסי' יז, וכן התייחסויות לספר בגליונות קובץ **תורה מציון** מהשנים תרס"א–תרס"ב (שנה שישית חוברת ד, עמ' י; שנה שמינית חוברת א, עמ' א – ועוד).

[66] ראו לדוגמא ב**שו"ת בית יצחק** לג"ר יצחק דנציג, ווארשא תרנ"ט, יו"ד סי' א ("ואחר זה אנה ד' לידי הספר ערוך השלחן להגאון מהרי"מ עפשטיין נ"י מנאוואהראדאק וראיתי שצדד ג"כ..."), ובספר **תשובות יהודה** לג"ר יהודה לייב גורדין, וילנא תרס"ח, סי' כא – ועוד כהנה. בדומה לזה,

עיקר ההפצה) אלא אף בארצות אחרות[67]. כך למשל, אזכורים של ערוך השלחן אנו מוצאים בתשובות מהרש"ם שבגליציה[68], בספרי מחותנו ר' נחמן כהנא מספינקא[69], אצל ר' גרשון שטרן בעל ילקוט הגרשוני[70] וכן פעמים רבות מספור במאסף הגדול 'דרכי תשובה' של ר' צבי הירש שפירא ממונקאטש[71]. היו גם מחכמי הדור במקומות שונים שהרבו להתכתב עם הרי"מ עפשטיין ומובן שהחזיקו בספריו והזכירום בחיבוריהם, דוגמת בעל 'שדי חמד'[72], ר' משה נחום ירושלמסקי[73], ושאר בשרו של הרי"מ עפשטיין ר' חיים ברלין[74].

הג"ר אליעזר ארלוזורוב אב"ד ראמען קבע לימודו בספר ערוך השלחן ורשם עליו הערות רבות, נדפסו בספרו **הגהות אליעזר**, פיעטרקוב תרס"ב, עמ' 101-106. גם הג"ר משה נחום וולנשטיין כתב הערות רבות על גליון ערוך השלחן, כרך יורה דעה מהדורת תרנ"ז (נמכר בתשע"ד על ידי בית מכירות קדם).

[67] בדף שנוסף אחרי ההדפסה לספרו של הג"ר יוסף אליהו פריד, **אהל יוסף**, ניו יורק תרס"ג, הזכיר המחבר כי "אחרי ההדפסה הגיע לידי הספר על או"ח מהרב הגאון יחיאל מיכל מעיר נאוואהרדאק, ומצאתי שהביא שם..." (הגיעני על ידי הרב בצלאל דבליצקי).

[68] הרב שלום מרדכי שבדרון, **שו"ת מהרש"ם**, א, ווארשא תרס"ב, סי' ריז; ג, סאטמר תר"ע, סי' לא, ועוד.

[69] **ארחות חיים** (על שו"ע או"ח), סיגט תרנ"ח, א, סי' רפד סעי' א; ב, סי' תמח סעי' יד, סי' תרעא סעי' א – וכן הלאה.

[70] **לקוט הגרשוני** (על הלכות שחיטה), פאקש תרס"ז, סי' לז סקיא, סי' מז סק"ב, סי' נד סק"ב, סי' נה סק"ד – ועוד.

[71] ראו **דרכי תשובה**, ה, סוואליב תרע"ב, יו"ד, סי' קיב, ס"ק יא, כג, כט, לט, מ, מו, נ, נא – מדגם אקראי מתוך סי' אחד. גם בספרו **שו"ת צבי תפארת**, מונקאטש תרע"ב, נזכר הרי"מ עפשטיין בשלהי סי' נב (בהשגה על דבריו). ראו עוד להלן הערה 80.

[72] ראו **שדי חמד**, ניו יורק תש"ו (מהד' קה"ת), כללים, מערכת המ"ם, כלל פ' סוד"ה וראיתי בספר; כלל פו ד"ה ובשו"ת, שם ד"ה וכתב; כלל קד אות ג ד"ה והגאון; כלל קעא; כללים מערכת הלמ"ד כלל ל; שם כלל קמא אות לב; **פאת השדה** כללים מערכת הבי"ת סי' סא ד"ה וראיתי בספר; שם מערכת הדלת כללים כלל י"א ד"ה וידידי; שם מערכת החית כלל ד ד"ה וכתב בספר, ד"ה ונסתפק – ועוד.

[73] שמכתבי הרי"מ עפשטיין אליו נזכרו כמה פעמים בפרק הנוכחי. ראו למשל שו"ת ר' משה נחום ירושלמסקי, **באר משה**, ווארשא תרס"א, קונטרס השיב משה סי' מב אותיות ב, ז: "ובחפשי בספרי אחרונים הנמצאים במחיצתי, ראיתי לכבוד ידידי הרב הגאון מו"ה יחיאל מיכל נ"י עפשטיין אבד"ק נאווהרדק, בספרו ערוך השלחן...". כהאי גוונא ראו גם לאורך **שו"ת מגן שאול**, לג"ר שאול קצנלנבוגן אב"ד שילעל, ירושלים תשמ"ט.

[74] ראו **שו"ת נשמת חיים**, ירושלים תשס"ח, יו"ד סי' נב. על אזכורי הרי"מ עפשטיין וספריו בקרב

בחלק מהמקרים אנו למדים כי החכם המדובר כבר שמע על ספר ערוך השלחן, אך טרם הגיע לידו עותק מן הספר. כך למשל ר' מאיר אריק, אז בבוטשאטש שבגליציה, דן בדברי הרי"מ עפשטיין בתשובה אחת בענייני מקוואות ומעיר כי "ס' ערוך השלחן אינו ת"י"[75]. אף ר' מלכיאל צבי הלוי טננבוים מלומז'ה, בתשובה לשואלו שהזכיר במכתבו את דברי הרי"מ עפשטיין, העיר "והנה לא ראיתי ספר זה..."[76].

מן הצד, אף שאין זה עיקר עניינו כעת, ניתן לציין כי בכמה מקרים אפשר להרגיש בהשגותיהם של מקצת מחכמי הדור על דרכו המחודשת של הרי"מ עפשטיין, המפלס בספרו הגדול את הדרך בינות לדעותיהם של גדולי נושאי כלי השו"ע ואינו נמנע מלהכריע ביניהם אליבא דהלכתא. הדוגמא הבולטת ביותר לכך נמצאת אצל הגאון הפולני ר' משה פרלמוטר מלודז':

> והראה לי דיין אחד [...] בספר ערוך השלחן מהה"ג מו"ה י"מ דק"ק נאווארדאק ז"ל בריש סי' צ"ג שמשיג בזה על הטו"ז, והביא ראיות הרבה דלא כט"ז, עי"ש. ואני אומר כי במחכ"ת לא הלך בזה בדרך ישרה, כי אף אם היה קשה לו על הט"ז ככל הקושיות שהקשה עליו, לא היה צריך לפסוק הלכה דלא כט"ז, אך די היה לפניו אם לפי שיטתו היה נשאר בזה בצ"ע, ולא להחליט כן לוודאי. ובוודאי אם היה מעמיק בזה היה מצא די ליישב את הט"ז ז"ל [...] ועתה היעלה על הדעת כי הגאונים האדירים האלה לא הרגישו בכל הקושיות החמורות שהקשה הרב ז"ל הנ"ל עליהם, אשר לפי דעתו לית נגר דיפרקינהו? [...] ולכן הסיר פסקי הגאונים האלה מעל השלחן והעריך את השלחן לפי טעמו[77].

הר"מ פרלמוטר אמנם מביא את דברי הרי"מ עפשטיין במלואם ומשיג עליהם לגוף העניין כפי דעתו באותה הלכה, אך מכל מקום ניכרים כאן היטב הבדלי הגישות, שלדעתו אין לדחות מפני קושיות את דעותיהם של גדולי אחרונים אלא יש לומר שהם בוודאי ידעו את הקושיות ובכל זאת פסקו כן. במקום נוסף בספרו כתב עוד

אביו של הגרח"ב, הנצי"ב מוולוז'ין (גיסו וחתנו של הרי"מ עפשטיין), עמדתי לעיל בחלק ראשון, פרק שביעי אות א.

75 **שו"ת אמרי יושר**, א, מונקאטש תרע"ג, סי' פח (דף מ"ו ע"ב).

76 **שו"ת דברי מלכיאל**, ה, בילגוריי תרס"ח, סי' קכב, וכן שם סי' קצח (בשני המקומות השיג על דבריו). ראו גם כעין זה בתשובת הג"ר איצל'ה מפוניבז', **שו"ת זכר יצחק**, סי' לח.

77 **אבן שהם**, פיעטרקוב תר"ע, סי' קד (המשפט האחרון רומז כמובן לשמו של הספר).

בכיוון זה: "והנה ראיתי בס' ערוך השולחן לחו"מ מהרב הגאון דק"ק נאווארדאק בסי' ק"ה, שכתב [...] ואני רשמתי שם עה"ג [=על הגליון] דאתמה עליו מאד, דאיך מלאו לבו להכריע בין הרים גדולים כאלה [...] ומי לנו גדול ממה"ג רבינו בעל נו"ב ז"ל שלא הכריע ביניהם בזה..."[78].

אמנם ניתן לומר כי השגות עקרוניות כהאי גוונא מצאנו אך מעט, ובדרך כלל נמצא אצל פוסקי אותו דור מו"מ כרגיל בדברי הרי"מ עפשטיין, לכאן ולכאן כדרכה של תורה. עם זאת, באופן אחר, בכמה מקומות שבהם באו דברי הרי"מ עפשטיין כנגד מנהגי חסידים (דווקא) נמצאו מבין הגדולים שהתמרמרו על כך[79]. הדוגמא המובהקת היא מבן הדור הצעיר יותר, ר' חיים אלעזר שפירא ממונקאטש, שאמנם בכמה מקומות הביא דברי הרי"מ עפשטיין בכבוד ונקט כמותו[80], אך כשדן בעניין חשש חמץ במי בארות השיג עליו בתוקף וסיים:

> ע"כ המורים מתוך ס' ערוך השלחן אליכם אטוף מילתי ואציע את בקשתי, לא תצַיתו להני קולי דהקיל הנ"ל, ועוד בזה בהל' פסח בכמה דברים מקל"ו יגיד לו, והויין דבריו כמורה הלכה נגד רבותינו בהוראה שקיבלו עליהם לאיסור להלכה למעשה כל מורי הוראות שבעולם (רובן ככולם), בודאי אסור לשנות[81].

---

[78] שם סי' סה. וראו עוד בסי' עה, שמשיג בחריפות על אחד מפסקי הרי"מ עפשטיין, וכותב "דלא כהמצאת המחבר הנ"ל, אשר לענ"ד זה הוא כתורה חדשה אשר לא שערום אבותינו, וגם הוא נגד הדעת והשכל הפשוט".

[79] ראו דברי האדמו"ר בעל **ויחי יוסף** מפאפא כנגד דבריו הידועים של הרי"מ עפשטיין באו"ח סי' עה לענין קריאת שמע מול שיער מגולה בימינו, "וידעתי מגאונים וקדושים שצווחו ככרוכיא על דבריו והתרעמו מאד על זה שנתן מכשול ח"ו לפני המעיינים בדבריו וצעקו שח"ו לסמוך על דבריו..." (הרב יוסף גרינוולד, **שו"ת ויען יוסף**, ירושלים תשל"ז, יו"ד, סי' צ). אמנם עניין זה אינו "חסידי" דווקא, שגם הג"ר אליהו מאיר בלוך העיד בלשון דומה מאד כי "ידעתי שצווחו ע"ז כל גדולי ישראל בליטא ולא הסכימו לדבריו" (**זכרון אליהו**, בני ברק תשמ"ג, עמ' רכא. מאידך יש להזכיר שעל דברי הערוה"ש הללו התבטא הג"ר משה פיינשטיין "כבר הורה זקן" – **שו"ת אגרות משה**, ניו יורק תשי"ט, או"ח, א, סי' לט).

[80] **שו"ת מנחת אלעזר**, ג, ברטיסלבה תרפ"ב, סוף סי' כ; **אות חיים ושלום**, בערגסאז תרפ"א, סי' כז (אות חיים סק"א) וסי' לז (אות חיים סק"ה).

[81] **נימוקי או"ח**, טארנא תר"ץ, סי' תסז סעי' יב. ראו גם דברי אביו ב**דרכי תשובה**, וילנה תרנ"ב, יו"ד סי' צא ס"ק א, אחר שהביא את החידוש שכתב הרי"מ עפשטיין בשם רבו להבדיל בין שני סוגי בצל חריף: "...יהיה איך שיהיה אין לנו לחדש קולא חדשה מה שלא נמצא זכר ממנה בשום פוסק [...] וצ"ע".

עוד כעין זה מצינו כאשר דן המנחת אלעזר בעניין תפילין דרבנו תם, וכתב בלשון קשה על מה שהביא הרי"מ עפשטיין ראיה לשיטת רש"י מדברי הזוהר:

> ואין כדאי להטפל ולהשיב על דבריו בזה, שהם מכחישים דברי רבינו האריז"ל כאלו לא ידע מד' הזוה"ק המפורשים לפי דבריו [...] והם דברים שאסור לשומען ואוי לעינים שכך רואות למחבר א' בזמנינו איך ארבו ישים ויטמון בקרבו ויעיז ויהין כזאת, ובעוקבתא דמשיחא וכו', למען תפוש את בנ"י בלבבם להסתפק באמתיות קבלת רבינו האריז"ל מפי אלי' ז"ל...[82].

אכן גם כאן ייאמר כי לא ניתן לראות את הדברים הללו, הבאים כאמור ביחס לעניינים מסוימים, כמשקפים באופן כללי את מעמד הרי"מ עפשטיין בקרב קהילות החסידים באותה תקופה. במקומו הארכתי לתאר את קשריו של הרי"מ עפשטיין עם חסידים בדורו[83], וכאן נסתפק בהזכרת המסופר על האדמו"ר רבי אברהם שלום הלברשטם מסטרופקוב כי "קנה את ספרי הערוך השלחן ועבר עליהן, רק שהגיע לעניין ה'משין-מצות' העביר עליהן קו"[84].

בסיכום התמונה הכללית של תפוצת הספר והתפשטותו ברחבי ארצות אירופה נצטט את דברי ר' אברהם שטרן בעל 'מליצי אש' מסלובקיה דאז, שכתב כי "היותר מפורסם מחיבוריו, אשר נתקבל באהבה בכל תפוצות ישראל להלכה ולמעשה, הוא ספר ערוך השלחן על ד' חלקי שולחן ערוך"[85]. תיאור זה דומה מאד

---

[82] **אות חיים ושלום**, סי' לד (אות חיים סוף סק"ד). אמנם אחר נשיקת עפר רגלי צדיק, תורה היא וכו' ואין לכחד שהדברים נפרזים מאד, ואין שום צורך להשיב על חשד תמוה כזה שכאילו בא הרי"מ עפשטיין לצנן ח"ו את היחס כלפי האר"י (שלא נזכר שם כלל). ומה שהלין על הרי"מ עפשטיין שכתב שבקבר יחזקאל נמצאו תפיליו בעוד שבראשונים איתא שמצאו שם תפילין ישנות, יש להעיר מדברי המגדל עוז (הל' תפילין פ"ג) שהתפילין נמצאו תחת מראשותיו של יחזקאל (ולפי זה מיושבת דחיית הגרעק"א דשמא היו התפילין פסולות וגנוזים).

[83] ראו להלן נספח א, אות ו.

[84] רבי משה סג"ל דייטש, **קונטרס ליקוטי דברים**, בתוך: **אור גנוז**, ב, לונדון תשנ"ו, עמ' יט-כ. יש להעיר כי לא ברור למה הכוונה בעניין המאשין-מצה, כי בפועל לא מצאנו התייחסות לנושא זה בערוך השלחן (באופן יוצא דופן) וכנראה היתה הכוונה לעניין אחר בהלכות פסח.

[85] **מליצי אש**, ג, וורנוב תרצ"ח, אדר ב', עמ' 62. ראו גם אצל רבי משה אביגדור חייקין, **כללי הפוסקים**, לונדון תרפ"ג, פתח דבר עמ' 5. אכן, למותר לציין כי בקרב חכמי הדור שאחרי הרי"מ עפשטיין נזכר ספרו רבות, וראו לדוגמא ר' דוד צבי הופמן, **שו"ת מלמד להועיל**, פפד"מ תרפ"ט, א, או"ח סי' לט, ב, יו"ד סי' מב; הרב אברהם יצחק הכהן קוק, **שו"ת אורח משפט**, ירושלים תשמ"ה, סוף סי' עח; הרב אהרן וולקין, **שו"ת זקן אהרן**, א, ניו יארק תשי"ח, סי' מז וח"ב סי' ה' וסי' נח;

לדברים שכתבה כעשרים שנים לפני כן בתו ויורשת כתביו של הרי"מ עפשטיין: "ספרי עה"ש ב"ה נתפשטו בכל תפוצות ישראל [...] נחשב כאחד מספרי הפוסקים שסומכים עליו להלכה ומורין כן"[86], "...שידוע כבר מהותו לכל מורי הוראות, ובצדק יֵאמר כי מהם יסֹד ומהם פִּנה לכל מוקירי ואוהבי משנה והלכה ברורה במקום אחד"[87]. באופן דומה תיאר גם ר' שלמה יוסף זוין בשנת תרצ"ט: "אין ההתעניינות בספרי 'ערוך השלחן' פוחתת כלל. אדרבה, הספרים מיד להוצאתם 'נבלעים בעודם בכפם' ויש צורך להוציאם במהדורות חדשות..."[88]. אכן, כפי שנראה מיד, קצב הדפסת מהדורות חוזרות של חלקי הערוך השלחן הוסיף להיות יציב בעשורים שאחרי פטירת המחבר, כשבממוצע נדפס כל חלק כארבע פעמים מאז הוצאתו לראשונה ועד סיום העידן שבין שתי המלחמות[89].

הרב יוסף צב"י דושינסקי, **שו"ת מהרי"ץ**, א, ירושלים תשט"ז, סי' לד וסו"ס ק"ח – ועוד כהנה. אף הג"ר יעקב חיים סופר, שספרו **כף החיים** החל להיות נדפס בשנות התר"ס במקביל להדפסת חלקי או"ח של ערוך השלחן, הספיק (בחלק יורה דעה) להביא מדבריו פעמים רבות.

86 **הזמן**, י"ט ניסן תרע"ב (שנה שנייה גליון 68), עמ' 6. סיום הדברים: "אנו מבקשים בזה את כל מוקירי וחובבי ספרי עה"ש שכבר רכשו את החלקים שיצאו לאור עד עתה על יו"ד חו"מ או"ח ואהע"ז, שיודיעו לנו את אדריסותיהם בהקדם היותר אפשרי". מודעה דומה הופיעה במקביל ב'הצפירה', בתוספת המידע כי "עד היום כבר יצאו לאור עה"ש בי"א כרכים גדולים..." (**הצפירה**, י"א ניסן תרע"ב [שנה 38 גליון 65], עמ' 4).

87 סיום הדברים: "ויען כי רבו הדורשים מחירם, אודיע..." (**הצפירה**, כ"ו ניסן תרע"ד [שנה 40 גליון 81], עמ' 4).

88 רש"י זוין, **סופרים וספרים**, ב, תל אביב תשי"ט, עמ 33.

89 ניתוח הנתונים מעלה כי מספר ההדפסות של חלק מסוים לאורך השנים היה תלוי בעיקר במשך הזמן שחלף מאז הוצאתו הראשונה לאור. כך, החלקים שזכו למהדורה חמישית הם חו"מ א ויו"ד א – שהיו שני החלקים הראשונים שנדפסו מהחיבור כולו. רוב שאר החלקים נדפסו 3–4 פעמים (למעט כמובן אלה שנדפסו לראשונה בשנות התר"פ). עם זאת ניתן להצביע על הפרש מסוים בביקוש בין חלקים שונים; לדוגמא, הלכות פסח (או"ח ג) שפורסמו בתרס"ז נדפסו שלוש פעמים נוספות עד תרצ"א, ואילו הלכות שבת (או"ח ב) שפורסמו שנה אחריהן נדפסו שוב רק פעם אחת בודדת, בתרצ"ג! בדומה, הלכות גיטין (אה"ע ג) שפורסמו בתרס"ה נדפסו שוב פעם אחת בלבד (בתרפ"ה), בעוד שדווקא הלכות חליצה (אה"ע ד) שפורסמו שנה אחריהן זכו להיות מודפסות פעמיים נוספות עד תרצ"א. ייתכן שההבדלים בשני המקרים טמונים בכך שעל הלכות פסח היו קיימים פחות חיבורים מאשר על הלכות שבת, והוא הדין לגבי הלכות חליצה לעומת הלכות גיטין.

ז. הדפסת כרכיו לאחר פטירתו

בשנה שלאחר פטירת הרי"מ עפשטיין השלימו צאצאיו את הדפסת הכרך האחרון של **אורח חיים חלק ד** (מהלכות יום טוב ואילך, סימנים תצ"ה-תרצ"ז) בווארשא תרס"ט. בשער נזכר כי הספר "הובא לביה"ד בהוצאות יורשי הגאון המחבר"[90], ואולם על תוכן הספר נאמר כי הוא "**ממני** יחיאל מיכל בהרב ר' אהרן הלוי עפשטיין זצ"ל שהי' אב"ד נאווהרדק" - דהיינו שהרי"מ עפשטיין הספיק להתחיל בהכנת כרך זה לדפוס אך לא הספיק לסיימו. במודעות שפורסמו בעיתונות עם יציאת הספר נמסר שמה של ביינה וולברינסקי, בתו של הרי"מ עפשטיין, שכתבה כי הספרים "נמצאים למכירה רק אצלי - עתה יצא לאור חלק האחרון של או"ח..."[91].

מודעות כגון אלה פורסמו תדיר בתחילת שנות התר"ע, כחלק ממהלך הדפסת מהדורות צילום חוזרות של רבים מכרכי המהדורה המקורית: בתר"ע נדפס בשנית יורה דעה חלק ב, בתרע"א נדפסו חושן משפט וחלקים מאורח חיים, בתרע"ב נדפסו הלכות נדה ומקוואות וכן הלכות פסח ובתרע"ג נדפס יורה דעה חלק א. כל ההדפסות החוזרות הללו נערכו למרות העובדה שכמה חלקים מערוך השלחן טרם ראו אור: יורה דעה חלק ג (סימנים קכג-רפב) וחלקים ה-ו (סימנים רג-תא) ואבן העזר חלקים א-ב (סימנים א-קכא). הסיבה לכך פשוטה: הדפסה חוזרת של מהדורה קיימת זולה פי כמה מאשר הכנת כתב יד חדש לדפוס. עם זאת, בתקופה זו הצליחה בתו של הרי"מ עפשטיין להביא לדפוס כרך אחד חדש של ערוך השלחן, והוא **אבן העזר חלק א** (הלכות פריה ורביה ואישות וקידושין, סימנים א-סה), שנדפס לראשונה בווארשא תרע"ב.

בשנת תרפ"ג, לאחר מלחמת העולם הראשונה והתהפוכות שנלוו לה, החלה בתו הנזכרת של הרי"מ עפשטיין - בסיוע בנה ר' דוד וולברינסקי מניו יורק - בהדפסה

---

[90] מדובר בבתו הנזכרת, יורשת כתביו ביינה וולברינסקי - כפי שיהא רשום בכל שערי הספרים החל מתרע"א. כבר בתרס"ח היא מופיעה כמפיצה (לדוגמא, **הד הזמן**, כ"א ניסן תרס"ח [שנה ב גליון 82], עמ' 4 - מודעה שפורסמה ביום השלושים לפטירת הרי"מ עפשטיין, ובה מוזכרת יציאת אורח חיים כרך ב).

[91] **הד הזמן**, כ"ז טבת תרס"ט (שנה ג גליון 6), עמ' 4, ועוד הרבה במהלך קיץ תרס"ח, על מכירת חלקים שונים והודעה כללית שהספר "נמצא להמכר רק אצל בתו הרבנית..." (**הד הזמן**, י"א סיוון תרס"ח [שנה ב גליון 106], עמ' 3). וראו עוד בחלק ראשון, פרק שביעי אות ז, לעיל, בנושא פועלה של הרבנית ביינה וולברינסקי להדפסת כתבי אביה.

חוזרת ומסודרת של כל חלקי 'ערוך השלחן' בדפוס שרגא פייבל גרבר בווילנא[92]. בשערי המהדורה הזו הוכנסו שינויים שונים, כגון פירוט התוכן בשער הכרך (לדוגמא "על הלכות פריה ורביה ואישות") ולעיתים גם ציון מספר המהדורה[93]. גם בתקופה זו, למרות שבתו של הרי"מ עפשטיין החזיקה בידה את כל כתבי ידו ובכללם שאר חלקי ערוך השלחן שטרם נדפסו[94], לא היה בידה הממון הנדרש לשם הכנתם לדפוס, אלא היה ביכולתה בעיקר להדפיס בדפוס צילום את החלקים הקיימים.

עם זאת, גם בתקופה זו עלה בידה לבסוף להדפיס כרך חדש אחד של ערוך השלחן, והוא השליש האחרון של יורה דעה: בווילנא תרפ"ה נדפס **יורה דעה חלק ו**, מסימן שה ועד סוף הספר, ובווילנא תרפ"ט נדפס **יורה דעה חלק ה**, מסימן רמ ועד סימן דש. ההחלטה להקדים תחילה את הדפסת חלק ו נבעה קרוב לוודאי בשל אילוץ ממוני: חלק אחרון זה הכיל פחות ממאה עמודים ולכן היה קל יותר להביאו לדפוס, ורק ארבע שנים אחר כך הצטבר הממון הדרוש כדי להדפיס את החלק שלפניו, שהיה בן למעלה ממאתים וחמישים עמודים[95]. מכל מקום, משעה שהושלמה הדפסת חלקים אלה של יורה דעה פורסם הדבר

[92] בתרפ"ג נדפסו או"ח, חלק א–ב של יו"ד וחלק ד של אה"ע, בתרפ"ד נדפסו שני חלקי חו"מ (כאשר כרך חו"מ ב נדפס על פורמט גדול מהרגיל עם שוליים רחבים), בתרפ"ה נדפסו – מלבד הכרך החדש כדלהלן – חלקים א, ג של אה"ע ושוב החלק הראשון של יו"ד, בתרפ"ז נדפסו חלקים ג–ד של אה"ע ובתרצ"א נדפסו או"ח חלק ד ושוב אה"ע חלק ג. לכמה מהמהדורות הללו צורפו מפתחות, שהושמטו במהדורות הצילום הבאות, אולי בשל חוסר יעילותם (הופיע בהם מספר הסימן בלבד ללא מספר עמוד).

[93] על שער חושן משפט, למשל, נכתב "מהדורה חמישית". בהקשר זה, על שער חו"מ מהדורת תרע"א נכתב "מהדורה שלישית", ואי אפשר להלום את שני המספורים הללו יחד כי לא נדפסה מהדורה נוספת ביניהם; אלא, שהמספור הגדול יותר מתייחס כנראה לחו"מ חלק א, שאכן נדפס פעם אחת יותר מאשר חו"מ חלק ב.

[94] ראו בפרוטרוט לעיל חלק ראשון פרק שביעי אות ז. בדבריה (המובאים שם) מתואר כי חלק יורה דעה החסר מחזיק "ג' חלקים", וכוונתה כנראה שסימנים קכג–קפב סודרו בשלושה קונטרסים.

[95] למעשה גם בגוף ההדפסות הללו ניכר היטב חסרון הכיס, שכן איכות העימוד שלהן ירודה מזו של שאר הכרכים, כנראה בשל העובדה שנדפסו בטכניקה של דפוס סטריאוטיפי ובידי מדפיסים שאינם מן השורה הראשונה. כך לדוגמא, לפעמים מופיע בכותרת הדף "ערוך השלחן" ולפעמים "ערוך השולחן", בוא"ו, ולפעמים הכותרת חסרה בחלקה או בכולה; כמו כן, בחלק מהעמודים יש רק מספור לועזי, בחלקם יש גם מספור עברי ובחלקם אין מספור כלל.

בעיתונות, והחלקים החדשים נמכרו "יחד וגם לחלקים, מונחים מכורכים ובלתי מכורכים"[96].

אם כן, במפעל ההדפסה הזה עסקה בתו של הרי"מ עפשטיין ברײנה וולברינסקי במשך שמונה שנים, מתרפ"ג ועד תרצ"א; על ידי מכירת הספרים נאסף מידי פעם סכום שהיה די בו כדי להכין כרכים חדשים להדפסה מכתב היד, כפי שנעשה בתרפ"ה ובתרפ"ט[97] – אולם בשנת תרצ"א, לדאבון לב, נפטר בנה הנזכר רבי דוד וולברינסקי (נכדו של הרי"מ עפשטיין) שהשתתף עד אז במלאכה, ושוב נטרפה השעה ולא היה ביכולת אמו להמשיך בכך לבדה.

כמה שנים מאוחר יותר שבה בתו של הרי"מ עפשטיין לעסוק בהדפסת מהדורות צילום של כתבי אביה הרי"מ עפשטיין, כשהדפיסה בשנים תרצ"ג-תרצ"ז בדפוס המקומי של בנציונובסקי שבנובהרדוק מהדורה נוספת של חלק אורח חיים. כרשום בשער, היה זה בהוצאותיה הפרטיות; ובזאת, כשלוש שנים לפני המלחמה הנוראה, הסתיימה פרשת הדפסת ספרי ערוך השלחן בעולם שבו פעל וחי רבינו הגאון ר' יחיאל מיכל הלוי עפשטיין.

ח. אחרית דבר

כפי שראינו לעיל, שלוש חטיבות של סימנים לא נדפסו בחיי המחבר או בחיי בתו יורשת כתביו: יורה דעה סימנים קכג-קפב, יורה דעה סימנים רג-רמ, ואבן העזר סימנים סו-קיח[98]. במשך שנים רבות היה דומה כי חלקים אלה של החיבור, שנותרו בנובהרדוק, אבדו בשואה יחד עם שאר כתבי היד של הרי"מ עפשטיין

96 **אונזער עקספרעס** (ווארשא), ה' ניסן תר"ץ, עמ' 8.

97 ואכן במודעת פרסום נוספת עם יציאת יורה דעה חלק ה-ו, באה ההפצרה "ימהרו נא הקונים לקנות את ספריו אשר נדפסו, למען לתת האפשרות לבתו הרבנית להוציא לאור את יתר החלקים מספריו היקרים והנחוצים להלכה למעשה, אשר המה עוד בכתובים" (**אונזער עקספרעס** (ווארשא), ל' אב תרפ"ט, עמ' 5).

98 אין כל ספק כי הרי"מ עפשטיין סיים לכתוב את ספרו עד גמירא ובכלל זאת גם החלקים שחסרים לפנינו. אך "לרווחא דמילתא" אציין כי בכמה מקומות בספרו הוא מזכיר את מה שכתב בחלקים הללו: ראו למשל אה"ע סי' כב סעי' ב, הפניה לסי' עו שאינו לפנינו; וכן באבן העזר סי' א סעי' כט, הפניה לסי' עה; אה"ע סי' קעח סעי' כה – "ואנחנו בס"ד בררנו דבריו בסי' קטו מן סעי' כז עד סעי' לב [...] ובסעי' מג בארנו שם [...] ע"ש, ובסעי' לא בארנו שם [...] ע"ש" (ומכאן ברור גם שהדברים נכתבו כסדרם, ללא קשר לסדר הדפסתם); או"ח סי' שב סעי' כד – הפניה ליו"ד סי' קמו; ועוד כהנה.

(דוגמת המשך פירושו 'אור לישרים' על ספר הישר). אך לפני כעשרים שנה נתבשר לפתע עולם התורה על יציאת אחד משלושת החלקים החסרים, והוא הלכות נדרים – ערוך השלחן יורה דעה סימנים רג-רמ.

התברר כי כתב היד של החלק הזה נשלח בשעתו על ידי בריינה וולברינסקי לבן אחותה ר' מאיר בר-אילן שבארץ ישראל, יחד עם כתבים נוספים של הרי"מ עפשטיין ובראשם ספר 'ערוך השלחן העתיד' שכתיבתו החלה לאחר שסיים הרי"מ עפשטיין את כתיבת חלק אורח חיים של ספרו, בערך בתחילת שנות התר"ס[99]. ר"מ בר-אילן עסק בשעתו בהוצאת 'ערוך השלחן העתיד' אך לא הספיק לסיים זאת בעצמו וממילא גם לא הגיע להדפסת החלק החסר של ערוך השלחן. כך במשך שנים רבות נותר כתב היד בידי צאצאיו – עד שלבסוף נמסר להדפסה בידי הרב שמחה פישביין, תחת השם "ערוך השלחן יורה דעה כרך ג", הובוקן (ניו ג'רסי) תשנ"א. כך זכינו לבסוף לחלק אחד מבין השלושה החסרים; השניים הנוספים, ככל הידוע, אבדו לבלי שוב.

בין כך ובין כך, כמה שנים לאחר המלחמה שבו והחלו להיות מודפסים מחדש ספרי הערוך השלחן, ומאז ואילך הם הולכים ונדפסים ללא הפסק בס"ד: בניו יורק תש"י ושוב בתשי"א נדפסו **לראשונה** כל כרכי הספר בבת אחת, במהדורת הצילום המוכרת של שמונה כרכים[100]. מהדורה זו היתה הנפוצה בדורותינו, עד להוצאת שתי מהדורות מחודשות בעשור האחרון – מהדורת "ברוכמן" ומהדורת "עוז והדר"[101] – תורה מפוארה בכלי מפואר כיאה וכיאות לרבינו הרי"מ עפשטיין ולספרו הגדול.

99 ראו הקדמתו לספר (כרך קדשים, א, ירושלים תשכ"ט). בכרך זרעים חלק א (הלכות שמיטה ויובל סי' ל' סעי' יד) מבורר שהדברים החלו להיכתב בסביבות תרס"א. ראו להלן חלק שני פרק שני אות ד.

100 על ידי בית מסחר הספרים של פלדהיים ושל מ' פולק. בתשכ"ב (ושוב במהדורות צילום לאחר מכן) נדפס ערוך השלחן גם בפורמט קטן ובעשרה כרכים, על ידי הוצאת "עם עולם".

101 יתרונה העיקרי של זו הראשונה, שהיא כוללת גם את החלק החדש של הלכות נדרים. על זו האחרונה, הנחשבת נאה יותר, ראו להלן חלק שני פרק שלישי אות ב.

פרק שני

החיבורים הנוספים

רוב מניינה ובניינה של תורת הרי"מ עפשטיין מרוכז בשני חיבורים, המהווים למעשה חיבור אחד שלם: 'ערוך השלחן' ו'ערוך השלחן העתיד'. מלבדם חיבר הרי"מ עפשטיין פירוש והגהות 'אור לישרים' על ספר הישר לרבינו תם (וממנו לא זכינו אלא לחלק הראשון בלבד), וכן חיבר פירוש 'ליל שימורים' להגדה של פסח, הגהות 'מיכל המים' על הירושלמי, קובץ דרושים 'קול בן לוי', ולאלה מצטרפים כמובן תשובותיו ואיגרותיו (שרובם נלקטו לאחרונה לספר 'כתבי הערוך השלחן'). בפרק הנוכחי אבקש לתאר את חיבוריו וכתביו ולפרט את העניינים והידיעות הנוגעים אליהם.

א. אור לישרים

מלבד מה שתיארתי למעלה, חלק ראשון בפרק שני אות ד, כאן נוסיף כמה היבטים המייחדים את החיבור 'אור לישרים'. ראשית, בדומה לגיסו הנצי"ב שכמה שנים קודם לכן (תרכ"א) פרסם את פירושו 'העמק שאלה' על ספר 'שאילתות דרב אחאי', בחר גם הרי"מ עפשטיין לא בסוג הנפוץ בין מרבית רבני העיירות, של הערות וחידושים על הש"ס, פירושים על השו"ע או תשובות בהלכה – אלא בספרו של אחד מגדולי הקדמונים, לבארו באופן שיטתי ומקיף, ואגב כך לשקע בו את חידושיו בתורה.

נוסף על כך, ובשונה מ'העמק שאלה', ביאורו של הרי"מ עפשטיין עוסק גם במלאכת ההגהה. מצבו הגרוע של 'ספר הישר' כפי שנדפס במהדורת וינה תקע"ז, עליה התבסס הרי"מ עפשטיין, אילץ אותו לעסוק הרבה בהגהת הדברים ותיקון

הנוסח: "לבד יוקר מציאותו אופל השיבושים כיסהו, חרולי הטעות חיפהו, עד כי תתן אותו אל יודע ספר לאמר 'קרא בו' ואמר 'לא אוכל' כי ספר חתום הוא" (מתוך ההקדמה). רוב ככל ההגהות, בהן הוא מתקן את הלשון ומסיים "כצ"ל" (ולפעמים תלה דברים בתלמיד טועה), הריהן מסברא, ולמעשה אינן 'הגהות' ממש המציעות נוסח וגרסה חדשה תחת זו המשובשת (דוגמת הגהות הגר"א), אלא הריהן **ביאור** המפרש את הדברים על ידי השלמת החסרונות המורגשים מתוכם, כחלק מבירור מקחו של רבנו תם[1]. מלאכה זו כמובן אינה מסוגלת לבוא במקום בירור הנוסח המקורי בעזרת כתבי יד ועדי נוסח וכו' – דבר שכמעט לא היה באפשרות להיעשות באותו דור – ועל כן כבר העירו המעירים שמלאכת ההגהה של הרי"מ עפשטיין ב'אור לישרים' לא עלתה היטב. אלא שכאמור, עיקרו של הספר אינו הצעת הנוסח ובירור הגרסה המקומית, אלא בירור הסוגיה בכללה, ובזאת נשארו רוב דבריו קיימים ועומדים.

מאפיין ייחודי נוסף של 'אור לישרים' הוא סגנון הרצאת הדברים, בשפה קולחת של בית המדרש המכילה לעיתים פנינים ומליצות שאינן שכיחות בחיבוריו המאוחרים יותר. הרי כמה דוגמאות: "דע אתה המעיין היקר, דבדברי רבינו מתורץ קושיות [...] ויושמו המעקשים למישור, ולא אוכל להאריך כעת בזה והמבין יבין, ואולי יזכני ה' לבאר במקום אחר"[2]; "ואגב ראיתי להזכיר מה שהמנהג בכל מדינת ליטא ורוסיא הלבנה ורוסיא הקטנה, דח"ו כשמתה אשתו בלי ז"ק [=זרעא קיימא] בתוך שלש שנים לנישואין, חוזרת הנדוניא להנותנים. וזה לא נזכר בשום מקום, ואולי הוא מתקנת מדינה זה איזה מאות שנים, אבל בשום מקום לא מצאתי זאת שהיתה תקנת הקדמונים [...] וה' יאיר עינינו בתורתו, ובלע המות לנצח ויסור ה' דמעה מעל כ"פ [=כל פנים] וישמחנו בק"ג [=בקיבוץ גלויות] ובב"י [=ובבנין ירושלים] תובב"א"[3]; "סוף דבר לדעתי כיוונתי האמת בס"ד בדברי הראשונים ולא פליגי [...] כפי שדקדקנו עשינו שלום בין כולם לדינא, וד' יאיר עיני במאור תורתו אמן"[4]; "ותמיהני על הגאונים שחשדו למאור עינינו זך

[1] לעיתים נגע הרי"מ עפשטיין בשיבושים כלליים יותר שנפלו בספר, כמו למשל הסימן המופיע אחרי סי' קב, הממוספר בטעות שוב כסי' קב, והרי"מ עפשטיין מעיר: "טעות הדפוס, אך לא רציתי לשנות, לבלתי השתנות כל סימני הספר". ובמקום אחר הוא מעיר שסימן מסוים נדפס שוב בהמשך הספר אך מקומו מצד עניינו הוא במיקום הנוכחי, ועל כן הוא מפרשו הכא ולא התם.

[2] **אור לישרים**, כתובות, סוף סי' נח (עמ' 31).

[3] שם, סי' סג סוף אות א (עמ' 34).

[4] יבמות, סי' כג סוף אות א.

השכל הכהן הגדול [=הש"ך] שלא שם עינו..."[5]; "ונתתי תודה לד' שכיוונתי לדעת האדם הגדול בענקים, הרמב"ן ז"ל..."[6].

בכמה פעמים מאריך הרי"מ עפשטיין לכתוב שנכנס לעובי הקורה כדי להסיר קושיה מדבריו הקדושים של הגר"א: "לא זכיתי להבין דבריו הקדושים [...] ונראה דדעת הגר"א ז"ל [...] ודעת רבינו הגר"א לאו מילתא זוטרתי היא, לזה נכנסתי בפירצה דחוקה, לומר שגם הגר"א ז"ל יודה עתה בזה"[7]. בכמה מקומות מוזכרים גם ספרי אחרונים שאינם מופיעים כמעט בספרו הגדול 'ערוך השלחן', ובפעם אחת אף הזכיר את ספרו של בעל ההפלאה, 'פנים יפות' עה"ת[8].

חלק מהערותיו של הרי"מ עפשטיין על ספר הישר הן הגהות ופירושים קצרים בסוגיה המקומית, וחלקן בירורים ארוכים של העניין, המסתעפים פעמים רבות לבירור הכרעת השו"ע והאחרונים; ככלל, ביאורו מרבה לבוא לשורת הכרעת ההלכה, וכמו שסיים במקום אחד: "ולא עת האסף פה אבל כן עיקר להלכה"[9]. הוא מקדיש נפח רב לביאור ויישוב שיטות הראשונים, ולתירוץ מחלוקותיהם, אך אינו נוטה לפלפל בעניינים שאין להם נפקא מינה: "ורבינו יחיד הוא בדבר זה, ע"כ אין רצוני להאריך בזה"[10]. ניתן לומר שכבר בספר זה באה לידי ביטוי המגמה שתאפיין לימים את ספרו הגדול 'ערוך השלחן', והיא להכווין את כל הלימוד לאסוקי שמעתתא אליבא דהלכתא, תוך התרחקות מפלפולים בעלמא. גם תוכן הדברים מזכיר לעיתים את דרכי ההסבר והביאור שב'ערוך השלחן', ולדוגמא: "ועתה קיימו וקבלו עליהם כל ישראל מסוף העולם ועד סופו חומרא זו [דר' זירא], וכאלו ב"ק [בת קול] יצא דהלכה כבנות ישראל"[11]; "והנלע"ד דבכל

---

5 גיטין, סוף סי' פז.

6 יבמות, סי' ב סוף אות ו.

7 שם, סי' יח סוף אות טו.

8 נזיר, סי' קטז אות א.

9 כתובות, סוף סי' סח.

10 יבמות, סי' כג אות ב. ואמנם ראו דבריו שם, כתובות סי' סג אות א: "ומאשר שחובה עליו לתרץ דברי רבינו, לכן נכנסתי ונדחקתי לפנים ממחיצתי לתרץ כל ההשגות". ובדומה לזה שם, גיטין סי' צד, עיון ארוך בשיטות הראשונים ובתו"כ כתב: "והנה אף שבחיבורי זה אין לי עסק בדברי הרמב"ם ז"ל, אמנם מפני שרבינו יחיד בדבר זה נגד כל הראשונים ואין לו חבר רק הרמב"ם [...] אבאר בס"ד דבריו". ושם, נדרים סי' קלח אות ג, הוא אף מקדיש את הגליון לעיסוק בעניין אחד של אגדה.

11 נדה סוף סי' קמה. כלשון זו ראו בערוך השלחן או"ח סי' לד סעי' ג: "ואף המניחים תפילין

מה שאמרו חכמים מפורש דלא צריך אין לו לאדם להחמיר ע"ע [=על עצמו], דזה מקרי נגד דברי חז"ל ולכן מיקרי הדיוט, אבל לבד זה אע"ג דלפי הדין לא צריך לנהוג בחומרא זו או שחז"ל אמרו פטור, אם מחמיר ע"ע קדוש יאמר לו"[12].

ב. פירוש ליל שימורים להגדה של פסח

הגדה של פסח עם פירוש 'ליל שימורים' מאת הרי"מ עפשטיין, נדפסה בווארשא תרמ"ט (98 עמ' בפורמט קטן). בפתח הספר הציב הרי"מ עפשטיין בירור הלכה בדין זמן בדיקת חמץ בערב פסח שחל בשבת, ולאחריו דיני בדיקת חמץ וערב פסח. נוסח ההלכות והדינים שבחלק בדיקת החמץ סודר ללא ספק על ידי הרי"מ עפשטיין עצמו; אולם באשר לנוסח ההגדה עצמה וההוראות לאורך סימני הסדר, אין אנו יודעים האם גם כאן הוגהו הדברים על ידי הרי"מ עפשטיין או שזוהי מלאכת המדפיסים שנטלו נוסח שכבר היה מסודר בלוחותיהם[13].

בספרו 'ערוך השלחן' מזכיר הרי"מ עפשטיין כמה פעמים את פירושו להגדה, אם מבירור ההלכה שבפתח החיבור ואם מתוכן הפירוש בעניינים הנוגעים לדינא: "ואנחנו בס"ד בארנו בפתיחה על ההגדה..."[14]; "...כמו שבארנו בביאור ההגדה בס"ד"[15].

לפי עדות אחת, הביאורים ב'ליל שימורים' מיוסדים על הדרושים שהיה הרי"מ עפשטיין משמיע על שלחנו בסדר לאורך השנים. כך כותב רי"ל מימון, ששהה אצלו בנובהרדוק בפסח של שנת תרנ"ד: "ב'סדר' של ליל פסח היתה דרכו לבאר לפני המסובים את ההגדה בדרך פשט עם תוספת נופך משלו בדרך דרוש ואגדה

דר"ת מברכין רק על תפילין דרש"י ורמב"ם ומתפללים בהם, כאלו בת קול יצא דכן הלכה". ושם סי' שמה סעי' יח: "שהעירובין נתפשטו ברוב ערי ישראל הרבה מאות בשנים מקודם ורק על סמך היתר זה, וכאלו בת קול יצא הלכה כשיטה זו". וע"ע שם סי' קיז סעי' ד וסי' קכח סעי' סד, ויו"ד סי' רעה סעי' יג.

12 גיטין, סי' פה אות ב. והשוו לדבריו ב**ערוך השלחן**, או"ח סי' לב סעי' יז ושם סי' תרלט סעי' כ.

13 בסדר בדיקת חמץ ב'ליל שימורים' לא מופיע נוסח "לשם ייחוד" לפני הברכה; אולם לאורך ההגדה מובא נוסח זה בכל מקום (ארבע כוסות, מגיד, אכילת מצה, מרור, אפיקומן וברכת המזון). כמובן שיטתו של הרי"מ עפשטיין היתה באופן אחד מהשניים, והמסתבר שלא נהג לומר לשם ייחוד.

14 **ערוך השלחן**, או"ח סי' תמד סעי' ב, וכן בסעי' יא: "ובפתיחה להגדה הארכנו בזה...".

15 שם סי' תעג סעי' כה, וכעין זה בסעי' כו.

הראויה לתשומת לב מיוחדת. כמה מחידושיו אלה נדפסו אחר כך על ידו בהגדה של פסח שהוציא לאור עם פירושו בעודו בחיים חיותו"[16].

פירושו של הרי"מ עפשטיין סובב את ההגדה בדרך דרוש; אמנם לא בסגנון הרווח בדורותינו של העלאת שאלה על פי הפשט ותשובתה על ידי חידוד קצר בדרך הרמז, אלא של דרושים מורכבים וגדושים בלמדנות ובבקיאות בש"ס, המסוגננים בלישנא דרבנן כמנהג אותם דורות. לעיתים באו בו לידי ביטוי ידיעותיו של הרי"מ עפשטיין בחכמת הנסתר: "ובאמת חכמי הקבלה כהרמ"ק בפרד"ס והאריז"ל בעץ חיים גילו לנו רז זה בסוד שבירת הכלים ונפילת הניצוצות, כידוע ליודעי ח"ן..."[17], ולעיתים גם פולמוסו כנגד דרכי הפילוסופיה: "האומות הקדמונים כחשו בה' ובהשגחתו ובתורתו מפני ששכלם לא השיג ליישב העניינים דבר דבור על אופניו, וגם הפילוסופים בהעמיקם בעמקי הפילוסופיא, אם לא היה להם יסוד האמונה - תעו מדרך האמת, כי קצרה בינת אנוש להשתרע בשכלו אף גם על הדברים הנעשים תחת השמש, וק"ו בן בנו של ק"ו ברוחניים האלקים שאין מבוא לשכל האנושי שמה. ולכן הרמב"ם ז"ל בספרו המורה כתב שבשכל בלבד א"א להשיג האמת, ורק 'צדיק באמונתו יחיה', והתורה הקדושה היא המאירת עיניים"[18].

---

16 **מדי חודש בחודשו**, ה, ירושלים תשי"ט, עמ' 165 (כיוון שההגדה נדפסה כבר לפני זמנה של עדות זו, ברי שהדברים על הדפסת החידושים בהגדה הריהם השערה למפרע). על השנה בה שהה רי"ל מימון בפסח אצל הרי"מ עפשטיין אנו לומדים - בין השאר - ממה שכתב במקום אחר על דבר שראה אז אצל הרי"מ עפשטיין כשנכנסה אשה אחת בתחילת הסדר בשאלה של איסור והיתר (**שרי המאה**, ו, עמ' 114 [במהדורה החדשה: 115]) - ושם מתואר נכדו בן ה-14 של הרי"מ עפשטיין; נכד זה הלא הוא ר' מאיר ברלין (בר-אילן), יליד תר"מ, שמתאר אף הוא בזכרונותיו את אותו המעשה (**מוולוז'ין עד ירושלים**, א, עמ' 272; על כתיבתו בגוף שלישי ועילום שם, ראו שם בהקדמה). יודגש כי חלק גדול מסיפוריו של רי"ל מימון על הרי"מ עפשטיין נדפסו עוד בחיי ר"מ בר-אילן, בספרו של רי"ל מימון, **אנשים של צורה**, עמ' קלג-קעט.

17 ראו פירושו על "שלשה מי יודע" (ליל שימורים עמ' 93).

18 גם זאת בפירושו ל"אחד מי יודע" (עמ' 92), ושוב בסמוך (עמ' 95). כעין זה ראו עוד ב**ערוך השלחן**, אבן העזר סי' יג סעי' ל: "וכלל גדול אומר לך שרבותינו חז"ל לבד גודל קדושתם וחכמתם בתורת ד' עוד היו יותר גדולים בחכמות טבעיות ובידיעות העולם יותר מכל המתחכמים להשיב על דבריהם הטהורים והמפקפק על דבריהם מעיד על עצמו שאינו מאמין בתורה שבעל פה אם כי יבוש מלהגיד זה בפה מלא". ראו גם שם, יורה דעה, סי' פד סעי' לו על הביטול הגמור לדברי חוקרים ומחקרים במקום שעומדים נגד דברי חז"ל.

כדוגמא מדבריו של הרי"מ עפשטיין נביא עניין אחד, שכבר נידון בעבר ביחס לספריו הידועים יותר ודבריו ב'ליל שימורים' שופכים עליו עתה אור מחודש, והוא בשאלה הידועה האם בית המקדש השלישי ייבנה בידי אדם או בידי שמים. בספרו 'ערוך השלחן העתיד' הביא הרי"מ עפשטיין מדברי רש"י ותוספות במסכת ראש השנה (ל ע"א) שבית המקדש השלישי ירד בנוי משמים, העיר שבירושלמי (מעשר שני פ"ה) משמע אחרת לכאורה שהרי נאמר שם שבניין בית המקדש קודם למלכות בית דוד, דהיינו לפני ביאת המשיח, ויישב בלשון מסותרת המכסה טפחיים: "נראה שבניין זה לא יגיע עדיין למדרגה זו, וברוך היודע נסתרות [...] נבואת יחזקאל רמזה עליהם, ולכן אין בו זכר ממה יבנה"[19]. מן הדברים הללו הסיק בזהירות בעבר ר' יונה עמנואל ז"ל, ש"משמע שאכן ייתכן שיהיה בניין בית המקדש לפני מלכות בית דוד, אבל בנין זה לא יגיע לשלמותו והדרו הסופי. לפי הסבר זה אין סתירה בין דברי רש"י ותוס' לבין דברי הירושלמי, שהרי הבניין לעתיד לבוא ייבנה בשלבים אחדים, והבניה בשלב הראשון אפשרית בידי אדם"[20].

והנה, בפירושו 'ליל שימורים' להגדה מתייחס הרי"מ עפשטיין ביתר אריכות לסוגיה זו, ומתברר שאכן זאת בדיוק היתה כוונתו[21]:

> דבירושלמי מע"ש פ"ה ה"ב אומר דבנין בהמ"ק יהיה קודם למלכות בית דוד, ע"ש, וברש"י ר"ה ד' ל' וסוכה ד' מ"א אומר דבנין העתיד לא יבנה ע"י בני אדם ובידי שמים יבנה, ע"ש. ולפי הנראה יהיה זה אי"ה אחר ביאת גואל צדק, כדמוכח משירת הים שאמרו 'מכון לשבתך פעלת ה'' - כלומר שעתה בבנייני המקדשות ע"י בני אדם, הוא רק כמו 'מכון לשבתך', אבל המקדש האמיתי הוא 'מקדש ה' כוננו ידיך' - שאתה תעשה אותו, ולא על ידי בני אדם, ואז 'ה' ימלוך לעולם ועד' - שתהיה התגלות מלוכה.
>
> ולענ"ד, כפי המתבאר לי מדברי קדושי עליון, שמתחלה יבנה הבית ע"י בני אדם ואח"כ בהמשך הזמן יתגלה בנין הקדוש משמים, בנין של אש - כמו שאנו אומרים בברכת 'נחם': 'ובאש אתה עתיד לבנותה'...

---

[19] **ערוך השלחן העתיד**, קדשים, סי' ג סעי' יז.

[20] יונה עמנואל, "על ספרים ועל סופריהם", **המעין** ט, ד (תמוז תשכ"ט), עמ' 44.

[21] **ליל שימורים**, עמ' 91 (על הפיוט "אדיר הוא". ר"י עמנואל סבר שפירוש ההגדה טרם נדפס; ראו **המעין**, שם, עמ' 42). ע"ע **בערוך השלחן העתיד**, הלכות המלוקטות סי' פא סוף סעי' ו.

לאחר פטירת הרי"מ עפשטיין נדפס החיבור פעם נוספת במהדורת צילום בווילנא תרפ"ח, על ידי בתו ויורשת כתביו בריינה וולברינסקי. בדורנו שבה ונדפסה ההגדה עם פירושו של הרי"מ עפשטיין כמה פעמים במהדורות שונות; בחלק מהן החליפו את נוסח ההגדה או אף השמיטו את דיני בדיקת חמץ שבפתח החיבור, אולי משום שרצו להתאים את הדברים גם לבעלי מנהגים אחרים בעריכת הסדר.

ג. הגהות מיכל המים על הירושלמי

לאורך השנים נהג הרי"מ עפשטיין לקבוע לימודו גם בתלמוד הירושלמי, ולרשום בצד הגליון הגהות וביאורים[22]. קובץ על יד ירבה, ולבסוף החליט הרי"מ עפשטיין להדפיס את כל הרשימות בחיבור בפני עצמו, לו קרא בשם "מיכל המים" – רמז לשמו ולתורה שנמשלה למים. את נוסח השער כתב בעצמו, כשאר ספריו, ואף הוסיף הקדמה קצרה, אך לא הגיע לכדי הדפסת הדברים (שכן משפט הבכורה ניתן לחלקי ערוך השלחן).

לבסוף, עשרים שנה אחרי פטירת הרי"מ עפשטיין, נמסר החיבור להדפסה על ידי בתו אצל דפוס ראָם הנודע בווילנא שהדפיס בתרפ"ח כרך בשם 'השלמה לירושלמי' (הירושלמי עצמו נדפס בווילנא בתרפ"ב ותרפ"ו) ובו עשרה פירושים מגדולי ישראל ובהם 'מיכל המים'. בסיום החיבור צורפו תשעה עמודים של הגהות וביאורים מבנו של הרי"מ עפשטיין, רבי ברוך עפשטיין, תחת השם 'מקור ברוך'[23].

---

[22] ראו הקדמתו להלן. כפי הנראה היה ברשותו דפוס ז'יטומיר תר"ך: בהערת המדפיסים בשולי העמוד הראשון נאמר כי ציוני העמודים הריהם לפי דפוסם ואילו ציוני העמודים שלפי דפוס ז'יטומיר הונחו במוסגר – ומשמע שאלו נכתבו במקור (קשה להניח שלא היה מבוקשם אלא לציין למספרי העמודים באופן שיועילו גם למחזיקי מהדורת ז'יטומיר, דבר הנוגד את מהלכם של מדפיסי וילנא).

[23] הגהות המקור ברוך נכתבו כנראה בשלב בו טרם החליט המחבר לקרוא לספר זכרונותיו 'מקור ברוך' (ראו במגילה פ"א ה"ט: "...ובספרי 'הזכרונות' כתבתי עוד בזה" – המרכאות במקור. ואמנם ב**מקור ברוך** עצמו, ג, עמ' 1674, הספיק להזכיר את הדפסת 'מיכל המים'). וראו תיאורו של שפ"ן הסופר (ר' שמואל שרגא פייגענזאהן) במאמרו על תולדות דפוס ראם: "עתה כשנכנס אדר תרפ"ז [...] זכיתי בעזרת ה' לראות בצאת לאור בשנה העברה הירושלמי – ההוצאה השניה, והשלמה לירושלמי הולכת ונגמרת בקרוב אי"ה, ות"ל כי נתעשרה ההשלמה עד כה בעשר עטרות, בהן שמונה מכתבי יד הגאונים..." – ובהם "כתב יד 'מיכל המים' על כל הירושלמי" של הרי"מ עפשטיין, וכן "כתב יד 'מקור ברוך', חידושים והערות על הירושלמי" (ד' ליפץ, **יהדות ליטא**, א, עמ' 293).

זו לשון הרי"מ עפשטיין בהקדמתו ל'מיכל המים':

> בה"י. הנה מרבותינו הראשונים לא זכינו לביאור הירושלמי, אך בדורות האחרונים עשו פירושים, הראשון הגאון מוהר"ר אליהו פולדא והשני הגאון בעל קרבן העדה והשלישי הכי נכבד הגאון בעל פני משה, והוא העמיק, הרחיב פירושו ותוספותיו, ועוד כמה גדולים. ועם כל זאת מרוב השיבושים וסתימת הדברים נשארו עדיין עוללות, וכתבתי על הגליון מה שחנני ה' בטובו באיזהו מקומות להגיהו ולבארו הנראה לעניות דעתי, ויהיו לרצון לפניך ד' צורי וגואלי.

מדובר בחיבור בעל היקף גדול למדי: שישים ושבעה עמודים גדולים וצפופים, על ארבעת סדרי הש"ס בירושלמי שלפנינו. אמנם יש מסכתות התופסות מקום ניכר בחיבור ואילו למסכתות אחרות יש לעיתים רק התייחסויות ספורות. כשליש מן החיבור (22 עמ') מוקדש לסדר זרעים; סדרי נשים ומועד מחזיקים כל אחד כרבע מן החיבור (17 עמ' ו-16 עמ' בהתאמה); והשאר סדר נזיקין (12 עמ').

עניינו של 'מיכל המים' בפירוש, הבנת והגהת דברי הירושלמי כתכלית לעצמה, ללא חיבורם אל הסוגיות כפי שנידונו להלכה בשו"ע ופוסקים, ובמקרים רבים אף מבלי להשוותם אל התלמוד הבבלי. לעיתים באים הביאורים בקיצור נמרץ ולעיתים באריכות, ויש בתוכם הגהות מסברא כדרך רבותינו (על הירושלמי) ותיקוני גרסאות לרוב, כדרך שכבר עשה הרי"מ עפשטיין בפירושו על ספר הישר. חלק ניכר מן החיבור מוקדש להערות והשגות על פירוש 'פני משה', שאותו ראה הרי"מ עפשטיין – כאמור בהקדמתו – כפירוש החשוב ביותר על הירושלמי. עוד מזכיר הרי"מ עפשטיין מדי פעם את הגהות הגר"א, ומלבדם כמעט שלא מוזכרים פוסקים או מפרשים אחרונים בדרך קבע, אלא רק זעיר פה זעיר שם.

יתר על כן, אף ספריו של הרי"מ עפשטיין עצמו כמעט שאינם נזכרים ב'מיכל המים', אף על פי שהוא נדרש לדברי הירושלמי פעמים רבות ב'ערוך השלחן' ובמיוחד ב'ערוך השלחן העתיד'. הסיבה לכך נעוצה ככל הנראה באופן שבו נכתבו הדברים מלכתחילה, כהגהות על גבי גליון הירושלמי תוך כדי לימוד ועיון, כאשר רק לבסוף הועתקו הדברים על ידי המחבר ונקבצו יחד לחיבור בפני עצמו. אמנם, ישנם בכל זאת ב'מיכל המים' כמה אזכורים בודדים לספריו האחרים של הרי"מ עפשטיין. ספר ערוך השלחן – "בחבורנו ערוך השלחן על ח"מ סי' שצ"ב סעי' כ"ח, בארנו [...] ובחבורינו שם בארנו [...] אבל יותר נראה כמו שבארנו כאן"[24],

[24] **מיכל המים**, בבא קמא, פרק ד הלכה א (דף י"ט ע"א).

"וע' מה שכתבנו בחבורינו ערוך השלחן באהע"ז סי' צ"ג סוף סעי' נ"ג"[25]; ספר 'ערוך השלחן העתיד' – "וכבר בארנו זה בחבורינו ערוך השלחן על קדשים..."[26]; ולפחות פעם אחת גם ספר 'אור לישרים'[27]. כל הציונים לחלקי 'ערוך השלחן' נמצאים בסדרי נזיקין ונשים, ולא בסדרי זרעים ומועד הבאים לפניהם, מלבד במקרה בודד[28].

לאור הנתונים הללו היה באפשרותנו לנסות לתארך בזהירות את תקופת **עיקר** כתיבת 'מיכל המים'; אך מאחר שרוב הדברים נכתבו כנראה תוך כדי לימודו של הרי"מ עפשטיין בירושלמי ולאו דווקא כחלק מכתיבת חיבור מסודר, אין משמעות רבה לשאלת "תאריך החיבור" ומסתבר כי הדברים הוסיפו להיכתב מאז הגיעו לידי הרי"מ עפשטיין כרכי הירושלמי ועד שלב כלשהו, ככל הנראה בשנות התר"ן, שבו העתיק את הדברים לטיוטת חיבור נפרד.

לאחר הדפסת הגהות 'מיכל המים' ב'השלמה לירושלמי', הם שבו ונדפסו כמה וכמה פעמים במהדורות שונות של הירושלמי עם מפרשים, וכמובן גם במהדורות החדשות של הירושלמי שנדפסו בדורנו.

מן הצד יש להעיר כי לפי כמה עדויות, הרי"מ עפשטיין חיבר גם חידושים לתלמוד הבבלי: כך מזכיר בנו ר"ב עפשטיין, "ועוד חבר ספר חדושים לתלמוד... (ולא נדפס)"[29], ואף נכדו של הרי"מ עפשטיין רבי דוד וולברינסקי העיד כי קיימים ממנו "חידושים על הש"ס, כתב יד" וזאת מלבד ה"ביאור על הירושלמי"[30]. אולם לא זכינו שיגיעו חידושים אלו לידינו.

---

25 שם, יבמות, פרק י"ג הלכה ב (דף ע"א ע"ב)

26 שם, הוריות, פרק א הלכה ה (דף ה ע"א).

27 שם, גיטין, פרק ה הלכה י (דף ל"ג ע"א).

28 שבו הוסיף הרי"מ עפשטיין **בסוגריים** הפניה לערוך השלחן חלק או"ח, שנכתב באחרונה: "הירושלמי שבת פי"ג סוף הלכה א' בארנו בחיבורינו ערוך השלחן א"ח סי' שטז סעי' לד ע"ש, וכאן קצרה היריעה" (**מיכל המים**, שבת, פרק ח הלכה ה' [דף ס"ז ע"א]). צורת ההוספה מעידה שהיא הוכנסה מן הצד, כלומר אחרי שהרי"מ עפשטיין כבר העתיק את ההגהות לחיבור נפרד.

29 **מקור ברוך**, ג, עמ' 1674.

30 וולברינסקי, **לקורות עיר נאוואהרדאק ורבניה**, עמ' יג (ומעניין שאינו מזכיר שם את 'ערוך השלחן העתיד'. לאידך גיסא, במקור ברוך שם לא נזכר 'ליל שימורים').

ד. ערוך השלחן העתיד

1. החיבור ומתכונתו

ספר 'ערוך השלחן העתיד' כשמו כן הוא: חיבור הממשיך את ספר ערוך השלחן שעל ארבעה חלקי שו"ע ומשלים אותו בסידור ההלכות שאינן בשו"ע[31]. סגנון הרצאת הדברים, על חלוקת הדיונים וצביון ההערות שבו, וביאור הדינים עם מקורותיהם והשתלשלותם, דומה לזה של ספר ערוך השלחן ואף מבחינה זו הוא משמש לו המשך. המלאכה כולה נעשתה כמובן בהשראת דרכו של הרמב"ם ומתוך מטרה להקיף כמותו את כל הלכות התורה[32]. ביסוד החיבור מונח מבנה הלכות ה'י"ד החזקה' לרמב"ם, כאשר הסדר הפנימי של הנושאים ואף שמותיהם מבוססים בדרך כלל על הרמב"ם, אם כי בחלוקה שונה של כרכים.

בדומה לספר ערוך השלחן המסודר על ארבעה חלקי השלחן ערוך, גם ספר ערוך השלחן העתיד חולק לארבעה חלקים: זרעים, קדשים, טהרות והלכות המלוקטות, כאשר בכל חלק מספור הסימנים רציף מתחילתו ועד סופו[33]. אין זו חלוקה שווה בכמותה, שכן היקף חלק קדשים וחלק טהרות גדול פי שניים ושלושה לעומת כל אחד משני החלקים האחרים: קדשים – רמ"א סימנים, טהרות – רל"ב סימנים, זרעים – קל"ב סימנים, הלכות המלוקטות – ק"א סימנים.

---

[31] כנודע, היה בעל החפץ חיים מעורר ללא הרף את הרבים ללמוד קדשים, ייסד כולל קדשים בראדין ועסק בעצמו בסידור הדינים וההלכות בכמה כרכים, למען היות מוכנים לקראת בניין בית המקדש במהרה בימינו. והנה אנו רואים שגם בן דורו בעל ערוך השלחן, הִרבה במקביל לעסוק בענייני קדשים וטהרות ואף הוא סידר בהם חיבורים כוללים ומקיפים. רוח אחת היתה אפוא עמהם, הן בסידור ערוך השלחן במקביל למשנה ברורה, והן בסידור ערוך השלחן העתיד במקביל לספר ליקוטי הלכות וכו'.

[32] ראו לעיל חלק שני פרק ראשון, על ספר ערוך השלחן, שאף לגביו כותב הרי"מ עפשטיין (בהקדמתו) כי דברי הרמב"ם הם יסוד הדיון ועליהם נוספו המפרשים ושאר הראשונים. וראו דברי ר' יונה עמנואל בסקירתו על החיבור (לעיל הערה 20), עמ' 42. עוד על הזיקה בין ערוך השלחן וערוך השלחן העתיד, ראו להלן הערה 45.

[33] הווה אומר, אין כל צורך בהפניה מסורבלת כמו שנמצא לעיתים, בסגנון: ערוך השלחן העתיד, קדשים, א, הלכות בית המקדש פרק ח – אלא די בהחלט לציין כך: ערוך השלחן העתיד קדשים סי' ח (כשם שנציין: שו"ע יו"ד סי' ב, ולא: שו"ע יו"ד חלק א הלכות שחיטה סי' ב), ובצורה כזו אכן ציין המחבר עצמו בכמה מקומות, כדלהלן.

לצד הדמיון במבנה ובסגנון הכללי, יש גם כמה הבדלים במתכונתו של ערוך השלחן העתיד לעומת ערוך השלחן. את עיקרם כבר ציין ר' שלמה יוסף זוין בסקירתו על אודות ערוך השלחן העתיד[34]: היות שבכתיבת ספר זה לא ניצבו לפני המחבר הבית יוסף, השו"ע ונושאי כליהם (אלא רק נו"כ הרמב"ם), הוצרך כאן הרי"מ עפשטיין בייחוד לבאר בכל דין ודין מה יסודו ומקורו ומהן נתיבותיו בדברי חז"ל והראשונים. כמו כן, העיר הגרש"י זוין, חידושיו של המחבר רבים הם יותר בספר זה (העוסק בהלכות שבהן כידוע נותר לאחרונים מקום רב יותר להתגדר בו), ויש בו אף ביטוי מסוים לדרישת טעמא דקרא.

הבדל בולט בצביונם של שני החיבורים הוא שמקומם של ספרי הפוסקים בספר ערוך השלחן העתיד זוטר פי כמה מאשר בספר ערוך השלחן, ובנושאים שלמים כמעט שלא ניתן למצוא אזכור למי מרבותינו האחרונים מלבד מפרשי המשנה, הירושלמי והרמב"ם שעל הדף[35]. לכאורה אין זה שינוי של ממש, שהרי מלבד שגם בספר ערוך השלחן אינו מרבה באופן יחסי להביא אחרונים, והרי אי אפשר להשוות את היקף וכמות החיבורים על הלכות השו"ע מול סדרי זרעים, טהרות וכו', וממילא אין לצפות שהיה מזכירם במידה דומה. אולם בפועל, גם כאשר נכתב בדורות שלפני הרי"מ עפשטיין חיבור מסודר וחשוב בנושאים הנידונים בערוך השלחן העתיד, מתברר כי המחבר לא נהג לעשות בו שימוש. לדוגמא, בסקירתו הנזכרת תמה הגרש"י זוין על כך שהרי"מ עפשטיין אינו משתמש בספר פאת השלחן, שהוא מן הספרים הידועים ביותר בענייני מצוות התלויות בארץ[36]; אך באמת לא רק פאת השלחן, אלא גם 'שערי צדק' לבעל 'חיי אדם', וכן עוד פוסקים שעסקו במצוות התלויות בארץ, לא בא זכרם לכל אורך כרך זרעים של ערוך השלחן העתיד[37].

[34] רש"י זוין, **סופרים וספרים**, ב, תל אביב תשי"ט, עמ' 30–35.

[35] בכלל המפרשים על הדף, גם אלו שנדפסו במהדורות החדשות של המשניות, דוגמת תוספות רעק"א, הגהות הגר"א, ומפרשים נוספים (אותם מזכיר הרי"מ עפשטיין לעיתים בלשון "משניות החדשים" – כנראה על שם דפוס וילנא תרמ"ז; ראו למשל זרעים סי' קה סעי' כה, שם הכוונה לבעל משנה ראשונה).

[36] שם, עמ' 35 (הוא שיער לפיכך שהספר לא היה בספרייתו של הרי"מ עפשטיין, אך התפלא אם כן מדוע לא עמל להשיגו).

[37] הרי"מ עפשטיין השתמש אמנם ב**שנות אליהו** לגר"א, אך זהו בכלל האמור לעיל על המפרשים שנדפסו במשניות.

נראה אפוא כי מדובר בעניין עקרוני: מטרתו של החיבור היא סידור הדינים הנלמדים בחז"ל כפי שנתבארו על ידי גדולי הראשונים (וראו ההקדמה דלהלן) – מבלי לחזר אחר מה שנתחדש לאחר מכן בהמשך הדורות[38]. וכמו שהגדיר הגרש"י זוין בסקירה מאוחרת יותר: "...לא דאג בעל 'ערוך השלחן [העתיד]' להכניס בספרו מה שחידשו והעלו מחברים שונים שלאחר השלחן ערוך. עורך ומסדר הוא – ולא מלקט"[39].

את רשימת הנושאים שבחלק ההלכות המלוקטות פירט הרי"מ עפשטיין בהקדמת החיבור: "נזירות, ערכין וחרמין, קידוש החודש, שקלים, ממרים והרבה מדיני סנהדרין [...] ומלכים". המשותף להן עם ההלכות בחלקי קדשים וטהרות, שרובן ככולן אכן אינן נוהגות בזמן הזה, וכשמו של הספר. אולם לגבי חלק זרעים העניין להיפך: רוב הלכותיו נוהגות גם בזמן הזה בארץ ישראל, על כל פנים מדרבנן. אם כך, מדוע כלל אותו הרי"מ עפשטיין יחד עם ההלכות שאינן נוהגות ושהן "הלכתא למשיחא" כלשונו בהקדמה? תשובה מעניינת לכך נשמעת מלשונו ביורה דעה סי' שלא, שם כתב כי לא יפרש את הלכות תרומות ומעשרות במקומן על סדר השו"ע, מפאת שני טעמים: האחד, שהלכות אלו מרובות בכמותן וגם מצד עניינן אינן שייכות לחלק יורה דעה. אך הטעם השני, כותב הרי"מ עפשטיין, הוא "יען שאינן נוהגין כלל בזמן הזה"! הדברים מפליאים לכאורה, וכי יש מי שסובר שהלכות תרומות ומעשרות אינן נוהגות כלל בזמן הזה? אלא, נראה ברור מכאן שקהל היעד שהציב הרי"מ עפשטיין לנגד עיניו בכתיבת חיבורו הגדול 'ערוך השלחן' היה בראש ובראשונה בני רוסיה ופולין במיליוניהם, שלדידם המצוות התלויות בארץ היו **בפועל** בגדר "אינן נוהגות בזמן הזה" ואכן היו כמעט בגדר "הלכתא למשיחא" עבור **רוב** יהודי העולם בדורו של הרי"מ עפשטיין.

באחרית ימיו, כחצי שנה לפני הסתלקותו, כתב הרי"מ עפשטיין הקדמה לחיבור, ממנה ניתן ללמוד על מטרות החיבור ועל נסיבות כתיבתו. מאחר שחלק ניכר מדיוננו להלן יתבסס על האמור בהקדמה זו, נביאנה בשלמותה:

> אמר המחבר: בהיות שכבר נפוצו חיבוריי ערוך השלחן על ד' חלקי ש"ע, ותודות לד' נתקבלו בכל תפוצות ישראל, ואם כי עדיין לא יצאו כולם

---

[38] אם כי כמובן אפשר שיזכירם לעיתים כבדרך אגב, כמו למשל בזרעים סי' סד סעי' ד שהביא תשובת הנודע ביהודה, ובסי' קיג סעי' ו הזכיר מה ש"עתה ראיתי" מהמחנה אפרים.

[39] רש"י זוין, שם, עמ' 77.

בשלימות לאור הדפוס – תקוותי לד׳ שלא יטשיני ולא יעזביני ויושיעיני להוציאם בשלימות, ולד׳ התשועה.

האמנם עוד גברו חסדי ד׳ עלי הצעיר לבית לוי, וחברתי עוד ארבעה חלקי ערוך השלחן לעתיד, והמה הלכתא למשיחא אשר לבות כל ישראל מלאים תקוה שלא ירחק חוק אי״ה. ואלו הן: א׳ על קדשים, ב׳ על טומאה וטהרה, ג׳ על זרעים, ד׳ על הלכות מלוקטות, והיינו נזירות, ערכין וחרמין, קידוש החודש, שקלים, ממרים והרבה מדיני סנהדרין – את אשר לא נתבארו בערוך השלחן על ח״מ – ומלכים.

ועשויים בסימנים וסעיפים כמו הש״ע. וברחמי שמים הבאתי שמה, לבד דעת הנשר הגדול הרמב״ם ז״ל שחיבר על כולם כידוע, וכן הסמ״ג, עוד הבאתי שמה דיעות רבותינו רש״י ותוס׳ ושארי רבותינו מפרשי הש״ס שעל פי פירושם נשתנה הדין, לבד דעת הראב״ד ז״ל שהוא על מקומו. ופלפלתי בהם כפי השגת ידי שחנני יוצרי ובוראי, ותפילתי לד׳ שיושיעני להוציאם לאור הדפוס.

ובאתי עה״ח יום י״א אלול תרס״ז לפ״ק, נאווהרדק, יחיאל מיכל בהרב ר׳ אהרן ז״ל הלוי עפשטיין[40].

2. מועד כתיבתו

באיזה שלב החליט הרי״מ עפשטיין להוסיף למפעלו הגדול ׳ערוך השלחן׳ גם את ההמשך ׳ערוך השלחן העתיד׳? נכדו ומי שהדפיס לימים את חלקיו הראשונים של החיבור, ר״מ בר-אילן, ציין את דברי הרי״מ עפשטיין בהקדמתו לחושן משפט, כי ״לשלימות מלאכת הקודש הבאתי כל הדינים אף שאין נוהגים בזמן הזה, כמו דיני סנהדרין ודיני סמיכה והמו״מ בדיני נפשות...״, והעיר:

> כוונתו של המחבר היתה לחבר את חבורו בהתאם לשלחן ערוך, רק בדינים הנוהגים בזמן הזה. רק ״לשלימות מלאכת הקודש הבאתי כל הדינים אף שאין נהוגים בזמן הזה״ [...] אבל ליותר מזה, מה שלא נוגע ״לשלימות מלאכת הקודש״, לא חשב אז המחבר לחבר. רק אחרי אשר גמר ספרו על כל ארבעה חלקי שלחן ערוך [...] וראה עולמו הרוחני בחייו, כי ספרו נתקבל בעין יפה מגדולי הדור ומרבנן ותלמידיהן [...] – נגש למלאכת הקודש,

[40] הקדמת **ערוך השלחן**, קדשים, א, ירושלים תשכ״ט.

להוסיף עוד ארבעה ספרים גדולים מיוחדים להלכות שאינן נוהגות בזמן הזה[41].

אין ספק כי הדברים הללו מבוססים באופן ישיר על מה שכתב הרי"מ עפשטיין עצמו בהקדמתו הנזכרת לחיבור[42]: "בהיות שכבר נפוצו חיבוריי ערוך השלחן על ד' חלקי ש"ע, ותודות לד' נתקבלו בכל תפוצות ישראל [...] גברו חסדי ד' עלי הצעיר לבית לוי וחברתי עוד ארבעה חלקי ערוך השלחן העתיד...". אולם ההבנה המשתמעת שעצם רעיון כתיבת החיבור התעורר רק עם סיום כתיבת 'ערוך השלחן', אינה מדויקת. בשעה שהתחיל את כתיבת 'ערוך השלחן' עדיין לא חשב הרי"מ עפשטיין לכתוב חיבור נוסף שישלים את הלכות התורה שבעל פה, אך להחלטה זו הגיע לכל המאוחר בתחילת שנות התר"ן, כשהיה באמצע חלק יורה דעה, כמבואר בדבריו בהלכות תרומות ומעשרות:

> דינים אלו, יען שאינן נוהגין כלל בזמה"ז וההלכות מרובות ואין להם ענין עם ספר היורה דעה, ואחרי שספר היורה דיעה גם בלעדיהן רב הכמות ורב האיכות, על כן נמנעתי מלכותבן פה, **וסדרנו הלכות אלו בהלכות שאינן נוהגות בזמן הזה**[43].

אם כן, כבר באמצע חיבור ספרו הגדול 'ערוך השלחן' הגיע הרי"מ עפשטיין למסקנה שאמנם "לשלימות מלאכת הקודש" אי אפשר להסתפק בהכנסת ההלכות הנוהגות בפני הבית אגב ההלכות הנהוגות בזמן הזה, שהרי באופן כזה לא יידונו אלא מקצת מהלכות קדשים, טהרות וכו', ולכן החליט לייחד לכך חיבור נוסף בפני עצמו. למעשה, ביכולתנו לצמצם עוד יותר את הנקודה שבה החליט זאת הרי"מ עפשטיין: בהלכות עבד כנעני שבאמצע יורה דעה צירף הרי"מ עפשטיין את הלכות עבד עברי ואמה עבריה, כפי הדרך שהתווה בהקדמת החיבור, וכתב: "עד כאן הלכות עבד כנעני, ועתה נבאר בס"ד הלכות עבד עברי, עִם שאינו נוהג

[41] הקדמת ר"מ בר-אילן לכרך זרעים א, ירושלים תרצ"ח, עמ' 2.

[42] גם הדברים בהמשך, "לדיני זרעים שלשה חלקים [...] ושני חלקים לדיני נזירות, ערכין וחרמין, סנהדרין, ממרים, מלכים, שקלים וקדוש החודש [...] ולהעמיד במרכז את דברי הרמב"ם ולבאר את נושאי כליו וכל המחברים הגדולים המתעסקים בהלכות אלו", חוזרים על הקדמת **ערוך השלחן**.

[43] יו"ד סי' שלא. יש להעיר כי בהלכות כלאים שבהמשך יו"ד סידר הרי"מ עפשטיין גם את כלאי זרעים (יו"ד סי' רצז) אף על פי שאסורים בארץ ישראל דווקא – כדי שלא להפרידם משאר הלכות כלאים הנידונות כולן שם.

אלא בזמן היובל"[44]. ברור אפוא שבשלב זה עדיין לא החליט לכתוב לכתוב חיבור נפרד על ההלכות שאינן נוהגות. אך כשישים סימנים לאחר מכן, בהלכות תרומות ומעשרות, אנו כבר שומעים כי החליט לעשות זאת; ואכן לימים יחזור הרי"מ עפשטיין ויסדר שנית את הלכות עבד עברי ואמה עבריה ביתר פירוט וביאור, בסיום דיני יובל שבערוך השלחן העתיד[45].

עד כאן באשר לעצם ההחלטה על החיבור הנוסף. אך ייתכן כי את כתיבת הדברים בפועל התחיל הרי"מ עפשטיין רק לאחר שסיים לכתוב את החלק האחרון של ערוך השלחן. כך אפשר להסיק לאור האמור בהלכות שמיטה ויובל, כאשר בתחילת הדברים הזכיר הרי"מ עפשטיין את "היתר המכירה" ומה שכתב כנגדו גיסו הנצי"ב מוולוז'ין בשו"ת משיב דבר שנדפס בתרנ"ד[46], ולקראת סיום הדברים בהלכות יובל כתב: "ובזמנינו היתה שמיטה בשנת תרנ"ו לאלף הששי ויהיה עוד אי"ה בשנת תרס"ג" – הרי שהדברים הללו נכתבו בין תרנ"ו לתרס"א[47]. אם נניח שהרי"מ עפשטיין החל את כתיבת החיבור בחלק זרעים, ממילא זוהי גם תקופת תחילת כתיבתו בפועל של החיבור, פחות או יותר במקביל לסיום חלק אורח חיים של 'ערוך השלחן' בתחילת שנות התר"ס.

אמנם, ישנן גם כמה ראיות להנחה נגדית, שהחיבור החל להיכתב כמה וכמה שנים לפני תקופה זו. ראשית, לפי המסקנה הקודמת נצטרך לומר כי דבריו האמורים ביורה דעה בלשון עבר "וסדרנו הלכות אלו בהלכות שאינן נוהגות בזמן הזה" אינם בדווקא, כפשוטו, אלא הכוונה רק שהחליט שביום מן הימים יסדר אותן שם. שנית, היקפו הגדול של החיבור אינו תומך בהשערה המצמצמת את משך

---

[44] **ערוך השלחן**, יו"ד, סי' רסז סעי' קלה, ומשם ואילך הוסיף כארבעים סעיפים על פני השו"ע.

[45] זרעים, סי' לט-מח. אמנם ברוב המקרים לא נשנו בערוך השלחן העתיד דינים שכבר נתבררו בערוך השלחן. לדוגמא בהלכות סנהדרין (**ערוך השלחן העתיד**, הלכות המלוקטות, סי' סג סעי' א) כתב הרי"מ עפשטיין שהוא מוסיף רק "עוד דינים שלא ביארנום בחו"מ בהל' דיינים" (וכן כתב בהקדמת החיבור); וכן דיני פתחי נדה וזבה, שנתבארו בערוך השלחן יו"ד לאורך סי' קפג (ושם בסעי' מב כתב הרי"מ עפשטיין: "וכל דינים אלה אינם נוגעים בזמה"ז [...] ועכ"ז ביארנו הדינים משום יגדיל תורה ויאדיר, להבין פתחי נדה וזיבה כפי עיקרי דיני התורה, ולכן גם הרמב"ם ז"ל הביאם אם כי עתה אינם נוגעים למעשה"); וכן דיני סוטה בסוף אבן העזר לא נשנו שוב בערוך השלחן העתיד. עובדה זו קושרת ביתר שאת את שני הספרים כחצאים של אותו החיבור.

[46] **ערוך השלחן העתיד**, סי' טו סעי' י.

[47] שם, סי' ל סעי' יד. תרס"א ולא תרס"ב, כי אז מסתמא היה הרי"מ עפשטיין רומז "הבעל"ט" או כיו"ב כמנהגו בזה.

כתיבתו לכשמונה שנים בלבד שכולן בימי שֶׁיִבתו של המחבר, לעומת ספר ערוך השלחן שנכתב במשך למעלה מעשרים שנה. שלישית, המקומות בשאר כתביו שבהם הזכיר הרי"מ עפשטיין את חיבורו זה (כדלהלן) נוגעים כולם לכרך קדשים, שבו כזכור גם קבע הרי"מ עפשטיין את הקדמתו, וייתכן לפיכך שכרך קדשים נכתב עוד לפני כרך זרעים[48]. ואכן, ר"ב עפשטיין מספר שאביו עמל על חיבור זה "**הרבה שנים**":

> ועוד [חיבר] ספר גדול, מעין 'שולחן ערוך' לדיני שלשת חלקי התלמוד: זרעים קדשים וטהרות, ועבד בו הרבה שנים, והיה שבע רצון מעבודתו זאת, באמרו כי כיון לנקודת המטרה אשר ספר כזה דורש...[49].

בין כך ובין כך, מסתבר כי זמן חתימת ההקדמה בשלהי תרס"ז היה סמוך למועד **סיום** חלקו האחרון של החיבור.

3. שמו המקורי

ר"מ בר-אילן כותב עוד בהקדמתו, כי הרי"מ עפשטיין בעצמו החליט לקרוא לחיבור זה בשם שבו נדפס לימים, 'ערוך השלחן העתיד':

> את הספרים האלה קרא הגאון המחבר בשם 'ערוך השלחן העתיד'. וכלל בזה דיני זרעים, כי בזמן כתיבת הספרים האלה לא (נ)חשב כי נזכה בקרוב לישוב יהודי גדול בארץ קדשנו ומשק יהודי של אחוזות ונחלות...

אף הדברים הללו מבוססים על דברי הרי"מ עפשטיין בהקדמתו, וגם כאן אין הם מכוונים לענ"ד. כך היא לשון הרי"מ עפשטיין בהקדמתו: "האמנם עוד גברו חסדי ד' עלי הצעיר לבית לוי, וחברתי עוד ארבעה חלקי ערוך השלחן לעתיד, והמה הלכתא למשיחא". הביטוי המדויק הוא אפוא "ערוך השלחן **ל**עתיד", ונראה ברור כי הרי"מ עפשטיין לא התכוון בשימוש בו לקבוע את שמו של החיבור, אלא לתאר את מהותו ועניינו – שכשם שיש 'ערוך השלחן' על הלכות השו"ע

---

[48] לא ניתן להכריע בכך לפי בדיקת האזכורים של כרך אחד במשנהו, מפני שמתברר כי הרי"מ עפשטיין הוסיף הפניות באותה מידה מכרך זרעים לכרך קדשים או להיפך. לדוגמא, בהלכות תרומות סי' נג סעי' ו: "ובהל' בהמ"ק סי' יג סעי' טז ביארנו בס"ד", ובהלכות בית המקדש שם: "וכוונתו בארנו בהל' תרומות סי' נג סעי' יד" – הרי שאפשר שאת שני האזכורים גם יחד הוסיף המחבר למפרע ולא בשעת כתיבת ההלכות. וכן כל כיוצא בזאת.

[49] **מקור ברוך**, ג, עמ' 1674.

הנוהגות בזמן הזה, כך יש גם 'ערוך השלחן' שהוא לעתיד, על ההלכות העתידות לשוב ולנהוג לעתיד לבוא.

ואכן, בכמה מקומות בשאר כתביו מזכיר הרי"מ עפשטיין את חיבורו זה, ובכולם הוא קורא לו 'ערוך השלחן' בסתם, ואפילו לא פעם אחת 'ערוך השלחן העתיד'. כך באחת מדרשותיו הזכיר הלכה מסוימת אשר "בחיבורנו ערוך השלחן על דיני קדשים סי' קפ"ט, בארנו בס"ד..."[50], וכן בהגהותיו על הירושלמי הזכיר "וכבר בארנו זה בחבורינו ערוך השלחן על קדשים..."[51]. אף בנו הר"ב עפשטיין, כדלעיל, הזכיר חיבור זה מבלי לציין שיש לו שם מיוחד בפני עצמו[52].

4. סדר הדפסתו ומתכונת הדפוס

מאחר שגם הדפסת חלקי ערוך השלחן לא הסתיימה בחייו של הרי"מ עפשטיין, מובן כי לא היה אפשר להתפנות אז להדפסת ערוך השלחן העתיד. רק שלושים שנה לאחר פטירתו, בסוף שנות התר"ץ, החל נכדו הר"מ בר-אילן להדפיס את החיבור, כשהוא פותח בחלק זרעים – ולא בחלק קדשים שבו נמצאת הקדמת המחבר. הטעם לכך, קרוב לוודאי, משום שרוב ההלכות בסדר זרעים שייכות גם בזמננו, והספר אף הודפס בארץ ישראל שבה נוהגים הדברים למעשה ממש, ומשום כך נתן להן הר"מ בר-אילן את משפט הבכורה.

תחילה נדפס, בתל אביב תרצ"ח, כרך זרעים חלק א, ובו הלכות מתנות עניים ושמיטה ויובל, עם הקדמת הר"מ בר-אילן המבאר את עניינו של הספר. עוד באותה שנה ובאותו מקום נדפס גם חלק ב של כרך זרעים, ובו הלכות

---

50 **דרשות קול בן לוי**, דרוש ו (נדפס בסוף **ערוך השלחן** הלכות נדרים, הובוקן תשנ"א, עמ' 30).

51 הובא לעיל, הערה 28 (ומעניין שבשני המקרים ההפניה היא לחלק קדשים).

52 אגב כך, עוד בהקדמתו מזכיר הר"מ בר-אילן את מספר החלקים של כל חלק וחלק בחיבור: "לדיני זרעים שלשה חלקים, **לדיני נדרים חמשה חלקים**, לדיני טומאה וטהרה ארבעה חלקים ושני חלקים לדיני נזירות, ערכין וחרמין, סנהדרין, ממרים, מלכים, שקלים וקידוש החודש". ברשימה זו נזכרים דיני נדרים, שלאמיתו של דבר סודרו על מקומם בשלחן ערוך יורה דעה ושם גם נתבארו בספר ערוך השלחן, ולעומת זאת חסרים ממנה דיני קדשים! מאחר שנוכחנו לדעת שדבריו מיוסדים כולם על הקדמת הרי"מ עפשטיין, שבה אכן נזכרים דיני קדשים ולא דיני נדרים (שהם גם חלק אחד ולא חמישה), ברור שאין זו אלא מכשלת לשון, שמקורה כנראה בכך שכתב היד של הלכות נדרים אכן היה מצוי באותה שעה בידי הר"מ בר-אילן. ראו מה שנתחבט בכך בעבר ר"י עמנואל (בסקירתו על החיבור, לעיל הערה 20, עמ' 41), שלא היה ביכולתו לדעת את העובדה הנ"ל.

תרומות[53]. אחר כך חלה הפסקה של כמה שנים, כנראה בשל תנאי המלחמה שפרצה בינתיים, והחלק השלישי והאחרון של כרך זרעים (ובו הלכות מעשרות, דמאי וביכורים) נדפס בירושלים תש"ו, בהוצאת מוסד הרב קוק ועדיין בחיי הר"מ בר-אילן.

לאחר מכן פסקה מלאכת ההדפסה. אם משום פטירתו של הר"מ בר-אילן (בשנת תש"ט), אם משום המאורעות הכבירים שהתרחשו בינתיים בארץ ישראל, והסביר ביותר – מפני שבניגוד לכרך זרעים שרוב ההלכות שבו היו מעשיות והיה צפוי לו ביקוש בקרב הלומדים ומורי ההוראה, הרי ששאר חלקי ערוך השלחן העתיד, כשמם כן הם: הלכתא למשיחא, וכנראה שראו פחות דחיפות בהמשך הדפסתם[54]. רק בתחילת שנות התש"כ נתחדשה ההדפסה על ידי מוסד הרב קוק, ומאז נמשכה ברצף ובתוך שלוש עשרה שנים נסתיימה כולה[55].

אמנם, ישנו הבדל מהותי בסידור צורת הדף בין שלושת חלקי כרך זרעים – כולל השלישי שכבר יצא על ידי מוסד הרב קוק – לבין שאר חלקי הכרכים האחרים. מאחר שבסגנונו, בעניינו ואף בשמו ממשיך החיבור כאמור את ספר ערוך השלחן, החליט ר"מ בר-אילן להדפיס גם את ערוך השלחן העתיד באותה חזות וסדר שבהם בחר בשעתו הרי"מ עפשטיין עצמו: חלוקה לשני טורים כאשר כל סעיף בפיסקה משלו, וההערות באות בסוגריים מרובעות בכתב רש"י. אולם בחלקים שנדפסו באחרונה על ידי מוסד הרב קוק הוחלט משום מה שלא להמשיך בצורת סידור זו של הדף, הנוחה לשימוש ומוכרת כבר ללומד מספר ערוך השלחן, ובמקום זאת סודרו הדברים בטור אחד, בשורות רצופות ובאותה האות (ואף אותו גודל) לכל אורך הספר[56]. לא ברור האם שינוי זה נעשה משיקולים של חיסכון בממון ובזמן או שהמראה החדש היה עדיף יותר לטעמם של המסדרים, כך או כך הוא

---

[53] על ידי "הוצאת ילקוט" של ר' בענדט כהן (לפנים מבעלי דפוס ראם בווילנא). בשער כרך זרעים חלק ב' חסר התאריך, אך הגרש"י זוין כבר מזכיר חלק זה בסקירתו הנזכרת מתשרי תרצ"ט: "שני חלקי הספר על דיני זרעים, שיצאו עכשיו...".

[54] וראו הסיומת שנוספה בשנת תשי"ט בסקירתו של הגרש"י זוין, **סופרים וספרים**, ב, עמ' 35, שחבל על כך שהר"מ בר-אילן לא הספיק לסיים את המלאכה, "ומי אחריו לגאול?".

[55] כך היה סדר הדפסת הכרכים: זרעים א וכן זרעים ב: תל אביב תרצ"ח. זרעים ג: ירושלים תש"ו. הלכות המלוקטות א: תשכ"ב. קדשים א: תשכ"ט. קדשים ב: תש"ל. קדשים ג: תשל"א. טהרות א: תשל"ג. טהרות ב, טהרות ג וכן הלכות המלוקטות ב: תשל"ה. לאחר מכן נדפסה הוצאה שלמה של כל כרכי ערוך השלחן העתיד במהדורה אחת (צילום), ושוב בתשמ"ז בשיתוף הוצאת וגשל.

[56] כבר העיר על פגמים אלו ר' יונה עמנואל בסקירתו על החיבור (לעיל הערה 20), עמ' 40-41.

הקנה לעמודי הספר מראה סתמי ובלתי נוח עבור הלומד, זאת מלבד חוסר האחידות שנוצר ממילא בין כרך זרעים לשאר הכרכים[57]. מנגד, שלושת חלקי כרך זרעים נדפסו בשעתו באותיות ישנות ושחוקות, וכך הדברים מצולמים עד היום באופן המקשה על העיון, לעומת האותיות החדשות של ההדפסות המאוחרות יותר. עדיין אנו מחכים אפוא למהדורה מחודשת שתכלול את כל המעלות כיאה וכיאות.

ה. דרשות קול בן לוי

לפני כעשרים שנה פורסם כתב יד של צרור דרשות שנשא הרי"מ עפשטיין בבית המדרש הגדול בנובהרדוק, ובמקביל העלה אותן על הכתב וסידר אותן לחיבור בשם 'דרשות קול בן לוי'[58]. רוב ככל הדרשות שבחיבור זה שייכות כנראה לחמש-עשרה השנים האחרונות של חייו, בין תרנ"ד לתרס"ח – שנות המעבר בין המאה ה-19 למאה ה-20.

תוך כהונתו כרבה של נובהרדוק במשך ל"ד שנים (מאז שנת תרל"ד), בשלב מסוים החל הרי"מ עפשטיין להעלות את דרשותיו על הכתב וסידר אותן בחיבור בפני עצמו, להן הוא קרא בשם: 'קול בן לוי'[59], וראו לעיל בהרחבה בחלק ראשון, פרק שלישי, אות ז. טעם השם מבואר מעצמו, וכפי שנהג הרי"מ עפשטיין לחתום בכל ספריו "הצעיר לבית לוי", ואף בגוף הדרשות הזכיר ייחוסו כשהוא מוצא לכך סימן ורמז בכתוב:

> וכן אני, השפל והצעיר לבית הלוי, יגעתי ומצאתי שמי בפרשה שופטים, דכתיב "וכי יבא הלוי" – ראשי תיבות יחיאל בן אהרן הלוי. וכל איש יכול למצוא שמו בתוה"ק אחר היגיעה, ויגעת ומצאת – תאמין[60].

---

[57] זאת ועוד, במפתח העניינים שבהקדמת הכרכים, משום מה לא נרשמו מספרי הסימנים, אלא רק הנושא שלהם! מה שמקשה כמובן על החיפוש אחר סימן מסוים (השוו לעיל הערה 33).

[58] על כך ראו לעיל חלק ראשון פרק שלישי אות ז.

[59] הביטוי ככתבו – מידות פ"ב משנה ב ומשם בתמיד כ"ח ע"א. על כך שהמחבר עצמו בחר בשם זה אנו יודעים בין השאר מדברי נכדו ר"ד וולברינסקי, **לקורות עיר נאוואהרדאק ורבניה**, עמ' יג: "וספר קול בן לוי על דרושים, כתב יד". אופיו המגובש של החיבור בא לידי ביטוי גם בכך שהמחבר מפנה לעיתים בדרוש אחד למה שכבר כתב בדרוש אחר (**דרשות קול בן לוי**, עמ' 25, 31, 43, 95, 150).

[60] **דרשות קול בן לוי**, דרוש י"ד (עמ' 82). וראו מה שכתב בנו רבי ברוך עפשטיין: "אבא מרי היה

בדרשות 'קול בן לוי' שלפנינו ישנם עשרים ושישה דרושים, כמחציתם לשבת שובה וכמה נוספים לשבת הגדול, והשאר אינם מיוחדים לתאריך מסוים. תקופת כתיבת הדרשות אינה נזכרת בפירוש, אך לפי כמה סימנים ניתן לשער כי רוב הדרשות נכתבו בין השנים תרנ"ד-תרס"ו: בדרשה הראשונה מזכיר הרי"מ עפשטיין את גיסו הנצי"ב בברכת המתים (זצ"ל)[61], כלומר שהיה זה בתרנ"ד לכל המוקדם, ואילו הדרשה שכתב לשבת שובה תרס"ז לא הספיקה להיכלל בחיבור הנוכחי (כדלהלן), כלומר שסידורו הסתיים עוד לפני כן. עם זאת, ייתכן כי חלק מהדרשות בחיבור שלפנינו שייכות לתקופה מוקדמת יותר, שכן כבר באמצע שנות התר"מ הזכיר הרי"מ עפשטיין במקום אחד דרשה שכתב: "ובדרשה ביארנו דמחלק [הרמב"ם] בין הבעל הכהן ובין כהן אחר"[62]; ואכן הדברים הללו נמצאים באחת הדרשות בחיבור שלפנינו[63].

דרשותיו של הרי"מ עפשטיין מתייחדות באופיין בכך שלצד דברי האגדה שבהם הן מתובלות לרוב, יש בהן לעיתים גם מהלכים ארוכים וחידושי הלכה בסוגיות מורכבות, ואם כי גם אלה נרתמים לבסוף עבור חידוד הנושא בו עוסקת הדרשה, הרי שבסופו של דבר הם עומדים בפני עצמם. יחד עם זאת, על מנת לשבר את דברי המוסר על אוזני השומעים, נהג הרי"מ עפשטיין בדרשותיו להשתמש במשלים שהיו מבוססים לא פעם על ידיעות כלליות או המצאות חדשות באופן שהיה נוח להתקבל על הלב. כך לדוגמא באחת הדרשות המשיל לשומעיו כיצד כל מעשי האדם בספר נכתבים באמצעות דוגמת הצילום ומהירות האור[64], ובדרשה

אוהב לתת סימן לתכלית הזכירה, לכל עניין ומאורע נכבד בחיים ובענייני משפחה" (**מקור ברוך**, ב, עמ' 1140), וכך הזכיר גם ר' שמואל נח גוטליב: "היה רגיל לתת סימנים לכל עניין ומאורע נפרד בחייו" (**אהלי שם**, עמ' 153 בהערה – וקרוב לוודאי שקיבל את הדברים מהר"ב עפשטיין, שהיה בן עירו).

[61] **דרשות קול בן לוי**, דרוש א (עמ' 2).

[62] **ערוך השלחן**, אה"ע סי' ו סעי' כה.

[63] **דרשות קול בן לוי**, דרוש כ (עמ' 125-126, עיי"ש). אמנם, אף אם נניח שלדרשה זו ממש נתכוון הרי"מ עפשטיין (ולא ששיקע שוב את הדברים בדרשה מאוחרת, כמנהג הדורשים, והיא שנדפסה), אין הכרח שהיא נכתבה עוד בשנות התר"מ, כי הגם שערוך השלחן אבן העזר נכתב באותן שנים הרי שהדפסתו היתה שנים רבות לאחר מכן (ראו לעיל חלק שני פרק ראשון אות ה) וממילא אפשר שההפניה לדרשה, המופיעה בסוגריים שאחרי סוגריים שבסוף סעי', נוספה רק למפרע. יש לציין שמאידך גיסא באחת הדרשות נזכר חלק אה"ע עצמו (**דרשות קול בן לוי**, עמ' 124).

[64] שם, דרוש ב (עמ' 8-9).

אחרת המשיל הרי"מ עפשטיין את היחס בין העיסוק בתורה הקדושה לבין מקומם של שאר לימודים באמצעות דוגמת צורתו של ספר החוקים הרוסי[65].

הרי"מ עפשטיין הספיק לסדר את דרשות 'קול בן לוי' אך לא להדפיסן, וכמו יתר כתביו הן עברו לידי בתו הרבנית ביינה וולברינסקי, שאת מאמציה בהדפסת כתבי אביה תיארתי לעיל[66]. בתחילת שנות התר"ץ, כשעברה בת הרי"מ עפשטיין את גיל השֵׂיבה וכן שכלה את בנה ר' דוד וולברינסקי, נוכחה לראות כי לא תזכה להשלים בעצמה את הדפסת כתבי אביה ולכן שלחה חלק מהם אל אחיינה ר"מ בר-אילן שבארץ ישראל. היו אלה כתבי יד של שלושה חיבורים: 'ערוך השלחן העתיד' בשלמותו, הלכות נדרים ושבועות מחלק יורה דעה של 'ערוך השלחן' ודרשות 'קול בן לוי'.

כפי שתיארתי למעלה, הר"מ בר-אילן החל להדפיס את ערוך השלחן העתיד, אך ההדפסה נפסקה אחרי פטירתו והמשיכה רק בשנות התש"ך עד סיומה באמצע שנות התש"ל. מאז נותרו שאר כתבי היד בידי נכדיו, וכעבור חמש עשרה שנה נמסרו גם הם לפרסום, בידי הרב שמחה פישביין שהדפיסם בהובוקן (ניו ג'רסי) תשנ"א תחת השם **ערוך השלחן יורה דעה חלק ג**, שבו נדפסו בכרך אחד הלכות נדרים ולאחריהן דרשות 'קול בן לוי'.

בכרך הנדפס חסרים תחילת הדרשה הראשונה וסיומה של הדרשה האחרונה, כנראה מחמת התבלות כתב היד במשך השנים. בנספח לספר צורפו שני דרושים נוספים, דרוש לסליחות ודרוש לראש השנה, שנדפסו לאחר פטירת הרי"מ עפשטיין על ידי ר' יעקב מאיר סגלוביץ בספרו 'מאסף דרושי' חלק א, וילנא תרס"ט. אמנם, נשמט משם דרוש אחד נוסף שנדפס בחלק ב של מאסף דרושי, וילנא תרע"ג (עמ' 107–116), והוא דרשה לשבת שובה תרס"ז – ככל הידוע הדרשה האחרונה שנכתבה על ידי הרי"מ עפשטיין[67].

---

65 שם, דרוש א (עמ' 1). וראו לעיל חלק ראשון פרק שלישי הערה 74.

66 חלק ראשון פרק שביעי אותיות ו–ז.

67 דרשה זו לא נכללה גם בספר **כתבי הערוך השלחן**, ירושלים תשס"ז, והיא מודפסת במלואה להלן נספח ד.

ו. תשובות הרי"מ עפשטיין ומכתביו

1. היקף תשובותיו של הרי"מ עפשטיין

עד כה תיארנו ארבעה ספרים של הרי"מ עפשטיין, מלבד ספרו הראשון 'אור לישרים' וספרו הגדול 'ערוך השלחן'. כל אלה הם חיבורים שנסדרו על ידי המחבר עצמו. סוג אחר של כתבים הוא האיגרות: תשובות ומכתבים שכתב הרי"מ עפשטיין לאורך השנים, אם להשיב לשואליו דבר ה' זו הלכה ולפלפל בדברי תורה, ואם במילי דעלמא ועניני ציבור מגוונים[68]. לא רבים הם המכתבים והתשובות שיש בידינו מהרי"מ עפשטיין, ומספרם לעת עתה הוא פחות ממאה (ולצידם עוד כשישים הסכמות וסמיכות). אך זאת לא משום שלא הִרבה הרי"מ עפשטיין לכתוב תשובות. אדרבה, יש בידינו עדויות רבות מבני דורו, קרובים ורחוקים, על התכתבויות ופניות אל הרי"מ עפשטיין כשאר גדולי המשיבים[69].

כך לדוגמא מוסר ר' יעקב בן ציון מנדלסון אב"ד גלזגו: "והצעתי הדברים לפני הגאונים הלוים נוחי נפש מרן ר' מלכיאל צבי הלוי הגאב"ד דק"ק לאמזא ומרן ר' יחיאל מיכל הלוי הגאב"ד דק"ק נאוואהרדאק זכרונם לברכה, והסכימו על ידי..."[70]. בדומה לזה תיאר ר' יצחק דנציג לגבי מעשה באחד מעיר פלונית שהחל מעצמו לסדר גיטין, ורב העיר הודיע על כך "לגאוני זמננו הי"ה ה"ה הגאון האמתי מוהר"ד פרידמאן מקארלין והגאון הגדול מו"ה יחיאל מיכל עפשטיין מנובהרדוק, והמה שלחו איסור גדול לבני עדתו שאסור לשאול ממנו שום שאלה, כאשר ראיתי בהעתקת מכתבם..."[71].

---

[68] כבר בתרכ"ט אנו שומעים שהרי"מ עפשטיין עסק בכתיבת תשובות, אותן הזכיר כמה פעמים בספרו אור לישרים, אם כי מהתקופה שלפני הגעתו לנובהרדוק נשתמרה בידינו רק תשובה בודדת, מתרכ"ב (ראו לעיל חלק ראשון פרק ראשון אות ד).

[69] זאת מלבד עדויות כלליות, דוגמת מה שמספר רי"ל מימון שהרי"מ עפשטיין כתב אלפי תשובות שחלקן הגדול אבד בתלאות השנים (**שרי המאה**, ו, עמ' 115), ובמקום אחר התלונן רי"ל מימון על גורלן של ה"תשובות הרבות שהיה משיב לכל שואל, וחבל שתשובותיו אלה נתפזרו לכל רוח ואיש לא דאג לאסוף אותן יחד" (**מדי חודש בחודשו**, ה, עמ' 165). גם הר"מ בר-אילן הצטער על תשובות סבו הרי"מ עפשטיין "שלצערנו הן מפוזרות ואי אפשר לקבצן יחד" (**מוולוז'ין עד ירושלים**, עמ' 271), וכן בנו הר"ב עפשטיין מזכיר: "ועוד חִבר [...] שו"ת עם גדולי הדור (ולא נדפס)..." (**מקור ברוך**, ג, עמ' 1674. כפי שנראה להלן, אין כוונת הדברים שהרי"מ עפשטיין אסף בעצמו את מכתביו, אלא שהתכתב עם עמיתיו).

[70] **מדרש יעבץ על ספר בראשית**, לידס תרע"א, עמ' קלה.

[71] **תשובות מהרי"ד**, ווארשא תר"ע, יו"ד סי' יח.

הגאון ר' דוד פרידמן מקרלין עצמו, כשהתעורר סכסוך בין חסידי טריסק וקרלין על רקע שידוך בין החצרות והתערבו משני הצדדים כמה גאונים ובראשם מהרש"ם מבערז'ן, כתב כי לדעתו אין עצה אלא להביא את הדין "לפני אחד מגדולי הרבנים בארצנו שאינם נוטים לשום מפלגת החסידים, כמו הרה"ג [רבי אליהו חיים מייזל] אב"ד דלאדז, או הרה"ג [רבי חיים סולובייצ'יק] אב"ד דבריסק, או הרה"ג [רבי צבי הירש רבינוביץ] אב"ד דקאוונא **או הרה"ג אב"ד דנאווארהאדק** שיחיו..."[72]. גם מהרש"ם עצמו הזכיר הצטרפות דומה לפסקים והיתר עגונות: "הנה בגוף הדבר שסמך עליו גם הרב הגאבד"ק נאווהראדיק נ"י..."[73]; "הנני מצטרף עם כת"ר להתיר את העגונה מכבלי העיגון, ויושיבו בית דין של ג' ויתירוה, ובאופן שיסכים עמנו גם הגאון אבד"ק נאווראהדק נ"י, כפי מכתב כת"ר שהציע גם לפניו שאלה זו..."[74]. אף הג"ר דוד צבי הופמן מאשכנז הזכיר בתשובה בענייני גיטין: "כיון שאני חדשתי כמה דברים [...] אחר הדרישה והחקירה ימחול ויציע מכתבי הנ"ל עם כל מה שהעלה ע"י דרישותיו לפני הגאונים דמאריאפאל [=ר' אליהו קלצקין] ודבאניהאד [=ר' אליעזר חיים דייטש בעל פרי השדה] – ובאשר שבעו"ה הגאון מנאוואהרדוק שבק חיים למרנן ורבנן, אני יועץ לשאול רב שלישי מרבני אשכנז..."[75].

באופן אחר, ר' דוד טעביל אפרתי מוויטבסק הביא במאמר אחד דברים ארוכים שהחליף עם הרי"מ עפשטיין עוד בתרל"ז[76], וכיוצא בזאת יש בידינו ידיעות אגביות

---

72 מכתב מי"ט אדר תר"ס, **המליץ**, י"ב תמוז תר"ס (שנה 40 גליון 141); ראו גם מכתב המהרש"ם, **המליץ**, ט"ו תמוז תר"ס (שנה 40 גליון 144).

73 **שו"ת מהרש"ם**, ב, סי' קכח.

74 שם סו"ס קסח. עוד בענייני עגונות ראו גם ב**שו"ת נשמת חיים**, מהדורת תשס"ח, אה"ע סי' עא.

75 **שו"ת מלמד להועיל**, ג, סי' לג (גם כאן, כמו במקור הקודם מהמהרש"ם, ניכר שהרב השואל הוא שהעלה את שמות הרבנים. ויש לתהות מדוע נועצו השואל וגם המשיב לשאול ג' רבנים **מג' ארצות** דווקא [ודוק], הרי הנידון שם אינו נוגע לחרם דרבינו גרשום).

76 **קובץ יגדיל תורה** (אודסה), חוברת ב, תרל"ט, סי' ד. אגב כך יש לפתור תמיהה שנתחבטו בה כמה פוסקים בדעת הרי"מ עפשטיין לעניין יציאה במשקפיים בשבת: ב**מנחת שבת** (קיצור הלכות שבת להג"ר שמואל בורשטיין), ווארשא תר"ס, סי' פד ס"ק ו, הביא את דברי הגרד"ט אפרתי הנ"ל, העוסקים בעניין זה, ותיאר: "וסיים שם ששלח תשובה זו לכבוד הגאון ה"ר יחיאל מיכל עפשטיין האבד"ק נאווארדאק וגם עוד כעשרה גאונים ראו אצלו תשובה זאת, והסכימו כולם לדבריו...". ב**שמירת שבת כהלכתה** (המהדורה הנפוצה פרק יח סעי' ט), שסמך דיונו בזה על **מנחת שבת**, העיר שעדות זו סותרת לנמצא בערוך השלחן לפנינו, שבסי' שא סעי' סא כתב לאסור בכל תוקף יציאה במשקפיים; ובספרו של הרב אליעזר יהודה ולדנברג, **שו"ת ציץ אליעזר** (כב, ירושלים תשנ"ח, סי' כד) התייחס לסתירה זו ותירץ שהרי"מ עפשטיין אסר דווקא באופן מסוים (ותירוצו אינו

רבות על רבנים ותלמידי חכמים למיניהם שהריצו לרי"מ עפשטיין שאלותיהם בהלכה[77]. כך ר' ראובן בורשטיין (אחי ר' אברהם אהרן בורשטיין מטבריג) מביא את דעתו של הרי"מ עפשטיין בענין "שחיטה תלויה", שלא ידענו עליה אלא מתשובה ששמעה הגיע לידי הרב הנ"ל[78]; ר' שאול קצנלנבוגן אב"ד שילעל מזכיר בתשובותיו (שנדפסו בדורנו) התכתבויות רבות עם הרי"מ עפשטיין[79]; ר' משה הלוי מובשוביץ (דודו של ר' ישראל מובשוביץ), מציין בכתביו כי "זה כמה שנים אשר כתבתי להרב הגאון מוהרי"מ עפשטיין יצ"ו לנאוואהרדאק, ושם הארכתי בקונטרס ארוך על ספרו ערוך השלחן..."[80]; על ר' יצחק שמחה הורביץ יליד נובהרדוק ובעל 'יד הלוי', סופר כי "החליף מכתבי שו"ת עם הגאון רי"א [ספקטור] והגאון ר"ח סאלאווייציג מבריסק והגאון ר' יחיאל מיכל עפשטיין מנאוואהרדאק"[81], ובדומה לכך ר' מרדכי פרנקל אב"ד סורוקה החליף הרבה תשובות עם גאוני הדור ובהם הרי"מ עפשטיין[82] – ועוד כהנה וכהנה.

נהיר לענ"ד הזעיר, ובמקום אחר הארכתי [הערת העורך: ראו בספרו של המחבר הי"ד, **אש תמיד**, ירושלים תשע"ו, עמ' 347–353]). אולם המעיין ביגדיל תורה בפנים ימצא שקושיא מעיקרא ליתא, כי הגרד"ט לא כתב שהרי"מ עפשטיין הסכים להיתרו, אדרבא בגוף הדברים באות ב–ד מאריך לדון בנימוקים שכתב הרי"מ עפשטיין לאסור, ורק בתחילת התשובה ובסופה העיר הגרד"ט ששלח את מה שהשיב לרי"מ עפשטיין אל כמה וכמה גאונים ונראו דבריו לפניהם. מלבד זאת, אפילו אם היה נאמר בתשובה שגם הרי"מ עפשטיין הסכים להיתר, לא היתה כאן סתירה, כי אותה תשובה היא מתרל"ז, ואילו ערוך השלחן חלק או"ח נכתב כעשרים וחמש שנים אחר כך וממילא היה לומר בפשטות שחזר בו לאיסור.

[77] ראו **שדי חמד**, באסיפת דינים, מערכת הא, אישות סי' א אות טז–ד (ד"ה וכתב אלי), שם הזכיר תשובה אחת של הרי"מ עפשטיין שבאה לידיעתו על ידי מכתב של רב אחד (הרב אברהם חיים סיראט) והביא הרבה מתוכן התשובה.

[78] **דברי רד"ך**, ווארשא תרפ"ז, סי' ג.

[79] **שו"ת מגן שאול**, ירושלים תשמ"ט. ראו למשל בסי' קכא: "וכן אמר בעהמ"ח ערוך השלחן לחתני הרב ששאל לו ע"ז, שכן הדין...", ובעמ' כט ועמ' מז ועוד הרבה. ויש להעיר על חידוש להלכה שנלמד משם בדעת הרי"מ עפשטיין, שבערוך השלחן יו"ד סי' פג סעי' נ כתב על קרבי דגים מסוימים שלא ברור היתרם, ואילו במגן שאול (שם עמ' ע) הזכיר מכתב מתרס"ד בו כתב הרי"מ עפשטיין: "שאצלו דבר ברור הוא שמין המותר הוא". כלומר שמה שנסתפק מתחילה בדין זה, לאחר מכן נתיישב בו להיתר גמור (אולי מחמת שביו"ד שם כותב שאת צד ההיתר שמע מרוקח אחד, ואילו במכתב הנ"ל כבר מבואר שראה זאת בעצמו).

[80] מובא בספר **עטרת ישראל**, תל אביב תשכ"ה, עמ' שעז.

[81] אייזנשטדט, **חכמי ישראל באמריקה**, ניו יורק תרס"ג, עמ' 35.

[82] אייזנשטדט, **דור רבניו וסופריו**, ספר שני, וילנא תר"ס, עמ' 40.

השילוב של ריבוי הידיעות הללו עם האגביות הכמעט-מקרית של השתמרותן בידינו, ממחיש כי כולן אינן אלא בבחינת דוגמאות, ונראה ברור ששיעור התכתובות שלא הגיעו לידיעתנו מרובה פי כמה. יתר על כן, הרי"מ עפשטיין עצמו העיד כמה וכמה פעמים בזמנים שונים על ריבוי המכתבים הנשלחים אליו: "ימים ספורות לא הייתי בביתי, ובבואי מצאתי מכתבו בתוך המון מכתבים..."[83]; "...הייתי מחוץ לעיר, ובבואי עתה מצאתי חבילות מכתבים"[84] (וראו עוד בסמוך)[85].

2. מעמד תשובותיו בעיניו

ברם, לא זכינו שישתמרו בידינו רוב ההתכתבויות הללו, מהסיבה הפשוטה שהרי"מ עפשטיין לא נהג כלל לשמור אצלו העתקות ממכתביו. אמנם במשך הדורות – עוד בתקופת הראשונים[86] – רבים מהמשיבים שעסקו במתן מענה לשאלות מרחבי ארץ דאגו להעתיק את מכתביהם לפני שליחתם, וכך היו יכולים בבוא העת

---

[83] **כתבי הערוה"ש**, סי' כג (תר"ס).

[84] שם, סי' נ (תרס"א).

[85] בחישוב כולל, עולים מכתבי הרי"מ עפשטיין שנדפסו עד היום למאה שלושים ושבעה מכתבים – תשעים ושישה מכתבים וארבעים ואחת הסכמות. ראו להלן, חלק שני פרק שלישי. אכן, מדובר בכמות מועטת למדי, לאור עדותו של הרי"ל מימון שרבו כתב אלפי תשובות במשך השנים (**שרי המאה**, ו, עמ' 115), עדות המאוששת מדברי הרי"מ עפשטיין עצמו, המציין לא פעם את "המון [ה]מכתבים" המציפים אותו באופן קבוע (**כתבי הערוה"ש**, מדור התשובות, עמ' מב), וכשהיה שב לביתו היה מוצף ב"חבילות מכתבים" (שם, עמ' פה), בכמות כה גדולה עד שאין ביכולתו לעשות העתקות לתשובותיו "כי לעוצם הריבוי שבכל יום כמעט חדשים לבקרים, אין ביכולתי לעשות העתקות..." (שם, בראש מדור התשובות, ללא ציון עמוד). מסתבר אם כן שלמרבה הצער רוב תשובותיו של הרי"מ עפשטיין אבדו במשך השנים, אם כי סביר להניח שחלק מהן עדיין שמורות אצל יורשי מקבלי המכתבים, ואולי יזכו בעתיד לראות אור.

[86] וכתיאור תלמידו של מהרי"ל: "שהיה רוצה להניחני להעתיק אליו כל התשובות שהשיב [...] כי עדיין הוא בידו כתיבת ידו מכולם, בשביל שהיה סופר מהיר נחוץ בקריצותיו ולא היתה מכתב ידו נקראת בעיני כל, והניח להעתיקה ושלח בכל פעם ההעתק והגוף החזיק, ובכן נתקבצו תיבה מליאה, ואני הייתי רגיל אצלו להעתיק לו [...] לכן אמר לי נפשו הקדוש שאעתיק לו חבור אחד מתשובותיו" (הועתק ב**מבוא לשו"ת מהרי"ל החדשות**). ואין ספק שבאופן דומה היה אצל הרשב"א, שעוד בחייו נפוצו קונטרסים מתשובותיו והיה בעצמו מציין אליהם: "ואם תחפשו בתשובות ושאלות שלי שישנם שם בעירכם, לשם תמצאו את הכל מבואר [...] ואיני צריך להאריך, שבאותם תשובות שלי תמצאו הכל מבואר" (**שו"ת הרשב"א**, ד, סי' קטז); "והנה יגיעך קובץ מתשובות שאלות שלי, ושם תמצא דבר זה של נטע רבעי באר היטב..." (שם, ג, סי' רלא); "ואם תעיין בספר התשובות שאלות שלי, שהוא בידך, תמצא כן מבואר ביאור רחב" (שם, א, סי' תתקנט); ועוד אחרים.

לקבץ את תשובותיהם לספר; אך הרי"מ עפשטיין כאמור לא נהג כן. מדוע לא טרח בעשיית העתקות? קרוב לוודאי מפני שאת כל כוחו ועמל כתיבתו השקיע בחיבוריו המסודרים, ובראשם ספר ערוך השלחן (הרגיל והעתיד), ואילו לכתיבת התשובות התייחס כאל צורך השעה בלבד שלא בו אמורה להיות משוקעת תורתו. משום כך, אף כשהשיב היו רוב תשובותיו קצרות למדי, כאשר רק מעטות מהן אוחזות יותר מעמוד אחד או שניים: "ולהיות טרדתי מרובה מכל עבר ופינה על כן דברי מועטים"[87].

סיבה קרובה צוינה על ידי ר' מרדכי שרייבמן, שעמד בקשר מכתבים עם הרי"מ עפשטיין לאורך שנים, ולימים כשהדפיס את הדברים בספרו תיאר את נסיבות ההתכתבות והוסיף[88]:

> וחוששני שבעלי הוראה והלומדים יחזיקו לי טובה על שאני מוציא לאור את התשובות האלה, שהם יקרי ערך, כי הגם שהרב הגאון הנ"ל היה אחד מגדולי בעלי הוראה בדורו וכל הרבנים מכל המדינות שבעולם היו פונים אליו בשאלות שונות והוא היה משיב לכל אחד ואחד, עם כל זה לא יצא לאור אף ספר אחד מהתשובות שלו, מהטעם שכתב לי הרב הגאון הנ"ל [...]: "שניות מדברי סופרים הגיעני. ושואל על מה שכתבתי במכתבי הקודם – ואיני זוכר כלל, **כי לעוצם הריבוי בכל יום כמעט חדשים לבקרים**, **אין ביכולתי לעשות העתקות**.

אך מעבר לעומס המכתבים, לב העניין הוא כאמור שאצל הרי"מ עפשטיין היו חילופי המכתבים אפיק צדדי בלבד להעלאת תורתו על הכתב, לעומת האפיק המרכזי של חיבוריו הגדולים, ולכן כנראה לא אבה להקדיש לכך זמן משמעותי. יחד עם זאת, כפי שהזכיר הר"מ שרייבמן דלעיל, הרי"מ עפשטיין הקפיד להשיב לכל הפונים אליו. וכפי שהתבטא בעצמו באחת התשובות: "...שמתרעם שכתב לי שני מכתבים ולא עניתיו – חס לי לעשות כזה, ואף גם לרחוקים וממרחקים אשר יכתירוני כמעט בכל שבוע, חלילה לי למנוע כך"[89].

---

87 **כתבי הערוה"ש**, סי' כו (תר"ס). ראו גם סי' מא (תרס"א): "והייתי מאריך יותר אך לא צילא דעתאי כו' ע"כ דבריי מעטים, ורק מפני כבוד התורה מוכרחני להשיב". בדומה לכך, במכתב שהשיב לשואל ש"בקש ממני לכתוב השאלה גם כן", כתב הרי"מ עפשטיין כי "טריחא לי מילתא וטרוד גדול אני – ע"כ הנני כותב על [גבי] מכתבו הראשון למען יראו כי ראיתי השאלה בשלמות" (שם סי' לט; תרס"א).

88 **מנחת מרדכי**, יו"ד, א-ב, תל אביב תש"ז, עמ' קפא.

89 **כתבי הערוה"ש**, סי' מט (תרמ"ד).

3. איסוף התשובות

אם כן, כל תשובותיו ואיגרותיו של הרי"מ עפשטיין שלפנינו הן כאלה שנשמרו בכליהם של מקבלי התשובות. חלק מהן נדפסו על ידי המקבלים או יורשיהם במשך השנים[90]; חלק מהן לא נתפרסמו אלא בדור האחרון לאחר שנתגלו בארכיונים למיניהם; ואין ספק שאחרות ממתינות עדיין לגילויין והדפסתן. אמנם מסתבר למרבה הצער שרוב המכתבים שכתב הרי"מ עפשטיין כבר אבדו מן העולם, אם במהלך שנות השואה ואם בידי יורשים שלא ידעו להעריך את חשיבות צרור הכתבים שבעזבון זקניהם.

ניסיון חשוב ומשמעותי ללקט את כל תשובות הרי"מ עפשטיין ומכתביו ולרכזם לספר אחד, נעשה לפני כמה שנים על ידי הרב יהודה אהרן הלוי הורוויץ, שהדפיס בירושלים תשס"ז את הספר **'כתבי הערוך השלחן'**. על אודותיו תבוא בפרק הסמוך סקירה וביקורת מפורטת.

[90] וכאשר נדפסו, היה מדובר לעיתים בלמעלה מעשרה מכתבים אצל מקבל אחד – דוגמת הג"ר מרדכי שרייבמן הנזכר, או הג"ר משה נחום ירושלמסקי. אף רי"ל מימון העיד שקיבל מהרי"מ עפשטיין עשרות תשובות במשך השנים (ואכן הרי"מ עפשטיין עצמו כתב כי "זה הרבה שנים שיש לו עמדי חילופי מכתבים" – שם, סי' קכא) – אלא שכולם הוחרמו כשנאסר על ידי הטורקים בשנת תרע"ד (**שרי המאה**, ו, עמ' 114).

פרק שלישי

ביקורת ספרים

א. ספר 'כתבי הערוך השלחן' - סקירה

בשנת תשס"ז התבשרנו ביציאת ספר חדש וייחודי לשוק - 'כתבי הערוך השלחן'[1]. ייעודו של הספר, כפי שמעיד שמו, הוא ריכוז כל, או לפחות רוב, כתביו של הרי"מ עפשטיין. אולם ספריו הנדפסים, שתוארו בפרק הקודם, משקפים רק סוג אחד של כתבים; הסוג השני של כתבים מאת גדולי ישראל, שחשיבותו לעיתים אינה נופלת מזו של ספריהם, הוא ה**תכתובות** שניהלו לאורך השנים: מדובר בעיקר על מכתבי שאלות ותשובות בהלכה, אך גם מכתבים בענייני אחרים, ו'ענייני דעלמא' בכלל, וכן ז'אנרים נוספים כדוגמת סמיכות, הסכמות וכיוצא בזאת.

הספר 'כתבי הערוה"ש' מחולק לשני חלקים: חציו הראשון מכיל את הפירוש 'אור לישרים', שהיה נדיר מאד עד כה[2], וכעת נסדר מחדש באותיות מאירות עיניים ותוך תיקון טעויות שונות שנפלו במהדורה הראשונה[3]. לספר מצורפות גם ההסכמות המקוריות, מאת האדמו"רים מצ'רנוביל, גיסו הנצי"ב, דודו הרב

---

[1] לסקירות קודמות על הספר ראו: הרב יואל קטן, **המעין** מח, ב (טבת תשס"ח), עמ' 96-95; הרב אליעזר בראדט, בכתובת http://seforim.blogspot.co.il/2007/07/other-works-of-r-ym-epstein-author-of.html (נכון ליום פרסום המאמר).

[2] אם כי מהדורה מחודשת שלו - במספר עותקים מוגבל - נדפסה כבר בטורונטו תשמ"ט, על ידי מו"ל בשם "אוצרינו". יש לציין שהעותק של 'אור לישרים' הנמצא בבית הספרים הלאומי (מק"ט R2=53A1701) מוגדר כנדיר, ובאופן חריג, היושבים באולם הקריאה אינם רשאים לקבלו לעיון; הסיבה לכך, אולי, כרוכה בסיפור תלישת ההסכמות מרוב העותקים, כדלהלן.

[3] אמנם, ניכרת חסרונה של עבודת עריכה מאסיבית יותר, כראוי לספר המוהדר מחדש, הכוללת פיסוק, ציון מראי מקומות, ושמא אף פתיחת ראשי תיבות. מן העורך שמעתי שהוא אכן התלבט

מאיר ברלין (אב"ד מוהילוב), הרב יצחק אלחנן ספקטור והמהרי"ל דיסקין; כפי הידוע, הדף המכיל את ההסכמות הללו נעדר מרוב העותקים ששרדו מהמהדורה הראשונה – דבר שהוסבר, כאמור לעיל, על ידי תלמידו הרב יהודה לייב מימון, ששמע מרבו שכשהגיע לכהן כרב בנובהרדוק, המעוז הליטאי, עוררו קנאי העיר מהומה עקב העובדה שעל ספרו נדפסו הסכמות של אדמו"רים חסידיים, ואף פלשו לביתו וקרעו את דף ההסכמות מכל העותקים שנשארו ברשות הרי"מ עפשטיין[4].

חציו השני של הספר מוקדש לסוג השני של כתבי הרי"מ עפשטיין – השאלות והתשובות שכתב במהלך השנים, לצד מכתבים, הסכמות ועוד[5]. בחלק זה נעשתה עבודת נמלים של ממש – ליקוט ואיסוף הכתבים המפוזרים על פני ספרים רבים, שונים ומשונים, שבהם נדפסו תכתובות למיניהן במשך השנים: הן ספרים שנדפסו עם הסכמת הרי"מ עפשטיין, הן ספרים שמחבריהם הדפיסו מכתב-יד תשובות ומכתבים שלו, והן עשרות קבצים תורניים מן הדור האחרון שהדפיסו מכתבים שלו שהגיעו לידיהם.

יסודיותה של העבודה מעוררת התפעלות: כמי שמתעניין באופן אישי בתולדות וכתבי הרי"מ עפשטיין, היו ידועים לי כשישים מכתבים שלו, שכולם נדפסו כבר בספרים וכתבי עת; מתוך הללו החמיץ העורך שמונה מכתבים בלבד, ולעומת זאת הביא עוד כשבעים וחמישה מכתבים נוספים. הפלח החשוב והמעניין ביותר מבין מכתבים אלה, הוא אותם מכתבים שהיו גנוזים עד עתה בארכיונים למיניהם, ובעיקר אצל אספנים פרטיים; השגת מכתבים אלו כרוכה כמובן בטירחה רבה של חיפוש ושיטוט באוספים שונים ברחבי העולם. מתוך כלל המכתבים, מדובר בשישה עשר מכתבים שמעולם לא נדפסו עד עתה[6].

בסוגיה זו, אך לבסוף החליט להגיש את הספר במתכונתו הראשונה, ולמעט ככל האפשר בחידושים למיניהם – החלטה שניתן כמובן לחלוק עליה.

[4] ראו למעלה, חלק ראשון פרק שלישי, הערה 46.

[5] אמנם, הכתרת חלק זה בכותרת "שו"ת הערוך השלחן" אינה מדויקת, שכן פחות ממחצית הסימנים הם תשובות לשאלות. ייתכן שהיה נכון יותר לחלק את המפעל לשני חלקים: א. **ספרי** הרי"מ עפשטיין: 'אור לישרים', 'דרשות קול בן לוי', הגדת 'ליל שימורים' ופירוש 'מיכל המים' (שני הספרים האחרונים, וכמחצית מן הדרשות, אינן כלולות בכרך הנוכחי). ב. **כתבי** הרי"מ עפשטיין: שו"ת בהלכה, ליקוטים, מכתבים והסכמות.

[6] אמנם, בציון מקורותיהם של המכתבים השונים מפנה העורך בערך כפליים מכך לארכיונים למיניהם, אך בפועל רבים מן המכתבים הללו כבר התפרסמו בקבצים תורניים למיניהם, וההפניה לוקה אפוא בחוסר דיוק.

תוכן נוסף שנכלל בשולי הספר, הוא מאמר ביוגרפי ארוך של הרב יעקב קוסובסקי-שחור, מצאצאי הרי"מ עפשטיין, שהתפרסם לפני כן במאסף התורני 'ישורון'[7]. מאמר זה אמנם אינו מכיל חידושים רבים ומחקר מעודכן בתולדותיו של הרי"מ עפשטיין, ורובו מבוסס למעשה על מאמר קודם (של הרב ניסן וקסמן), שהינו בעיקרו ריכוז המידע הקיים בשלושת המקורות הנפוצים והעיקריים לתולדותיו – 'מוולוז'ין עד ירושלים', 'שרי המאה' ו'מקור ברוך' – אך למרות זאת, עבור רוב הקוראים מדובר במאמר מקיף ומשביע רצון.

מי הוא האחראי על המלאכה הנכבדת? על הספר עצמו צוין בהבלטה שהמו"ל הוא מכון בשם "מכון אהלי ספר", אולם ניתן לנחש שמאחורי מכון זה עומד בעיקר אדם אחד, הלא הוא עורך הספר – הרב יהודה אהרן הורביץ, תלמיד חכם נמרץ ויודע ספר, שהצליח כמעט לבדו לעמוד במשימת הפקת וביצוע הספר. עם זאת, כשמלאכה כה גדולה נעשית בעיקר על ידי אדם אחד, אי אפשר שלא יימלטו ממנה חסרונות ופגמים שונים, החל מרמת שגיאות הכתיב והעריכה שרק הגהה כפולה ומזוקקת יכולה לנפות אותם, וכלה בבעיות תוכן ועריכה מסוגים רבים. סקירת הספר שלפנינו אכן מעלה לא מעט פגמים כאלה, כפי שנפרט להלן; אין הפירוט מיועד חלילה לפגוע במקחו של הספר – שהינו אחרי הכל ספר חשוב ומוצלח שהושקעה בו עבודה רבה – אלא מיועד הוא להיות לעזר המעיינים, ובעיקר לעזר העורך ומכון "אהלי ספר", עם התקנת המהדורה השנייה של הספר, שבוודאי תצא בסיעתא דשמיא.

1. הערות כלליות

א. קשה שלא להבחין **באי-הסדר השורר בתחילת הספר**: לאחר השער הכללי בא השער של 'אור לישרים', אחריו מפסיקות כמה הקדשות של תורמים, אחריהן שכתוב לשון השער המקורי של 'אור לישרים' (הנראה בעיצובו אף הוא כהקדשה), ורק אז מובאים נתוני ההוצאה לאור של הספר כולו. לאחר מכן מובאת רשימת התוכן של 'אור לישרים', ואחריה ממוקמים משום מה "דברי פתיחה" לכל הספר. לאחריהם מובא תצלום השער הפנימי של 'אור

[7] יצוין שבהפניה למקור המאמר ב'ישורון', נעשתה שגיאה כפולה: ב"דברי הפתיחה" שבראש הספר נאמר "לאחרונה הרחיב בתולדותיו הרב יעקב קוסובסקי במאמרו המקיף שבמאסף הנכבד ישורון יד, ומשם העתקנו לסוף הספר שלפנינו", ובמאמר הנ"ל עצמו (עמ' קפה) נכתב בהערה הראשונה שהוא הופיע ב"מאסף הנכבד 'ישורון' ניו יורק תשס"א". אולם למעשה המאמר איננו מופיע לא **בישורון** יד ולא בשנת תשס"א, אלא **בישורון** טו שיצא לאור בשנת תשס"ה!

לישרים' עם הקדשה בכת"י מהרי"מ עפשטיין, ואחריו מובאות ההסכמות לספר, הקדמת רבנו תם והקדמת הרי"מ עפשטיין, ורק לאחריהן מובא תצלום השער החיצוני של 'אור לישרים' – והקורא מתקשה למצוא את דרכו בין הדפים[8].

ב. מורגש מאד חסרונן של **הערות עורך** לאורך מדור התשובות, על כל תשובה ותשובה. מלבד העשרה ומידע נוסף שביכולתן של הערות כאלה לספק לקורא, הרי שיש מכתבים שלא ניתן כלל להבינם ללא ידיעת הרקע בו נכתבו[9]. גם בגוף תוכן המכתבים, ישנם לעיתים עניינים הדורשים הסבר: קיצורים, אזכורי אנשים, מאורעות, הפניות וכדומה. הערת עורך כמעט יחידאית מופיעה בסוף סימן ז, בו נטה הרי"מ עפשטיין להתיר הדלקת חשמל ביום טוב, והעורך מציין בצדק: "כנראה דרבנו התיר כי לא הכיר היטב הענין וללא בדיקה מקיפה, וכפי שמציין בעצמו בסוף דבריו – 'כן נראה לענ"ד לפי הבנתי במלאכת העלעקטרי, כי אינה מצויה ברובי הערים שלנו שנוכל לעמוד בדיוק על תוצאותיו'", ואף מפנה לפוסקים שאסרו זאת בתוקף – והדבר רק ממחיש את התרומה שהיו הערות כאלה יכולות להביא לאורך כל הספר.

2. הערות פרטניות

א. דבר הבולט בהיעדרו, הוא **מספור עמודים רציף** מתחילת הספר ועד סופו. ישנו רק מספור מקומי נפרד ל'אור לישרים' ולמדור התשובות, ולעמודי הפתיחה וההקדמות אין כלל מספור – מה שמקשה מאד על כתיבת הפניה מדויקת לעמוד מסוים בספר.

ב. במדור התשובות ישנה בעיה כללית של **חוסר אחידות** בעריכה: למשל, ברוב התשובות הודגש שמו של מקבל המכתב, אך לעיתים נשכחה ההדגשה (ראו למשל סי' נד), ובחלק מהמקרים אף מודגשת המילה הלא-נכונה[10], או האדם

[8] מן הראוי להמליץ על סדר הולם יותר: **1.** שער הספר כולו. **2.** מידע המו"ל. **3.** תוכן לספר כולו. **4.** דברי פתיחה לספר כולו. **5.** שער כללי של 'אור לישרים'. **6.** שכתוב השער המקורי. **7.** תצלום השערים החיצוני והפנימי מהמהדורה הראשונה. **8.** הסכמות. **9.** הקדמת ר"ת והקדמת הרי"מ עפשטיין.

[9] כזה הוא למשל סי' לא, תשובה לרב חזקיה מדיני בעל **השדי חמד**: "הן אמת צדקו מאד דברי הרב המערער ומה לתבן את הבר כאשר גם אנחנו תמהנו שהביא מר בספרו דברי המכ"ע וכו' ואיך אפשר להכניס בתוה"ק דברי התועים כי כרובם כן הוא וכו'...".

[10] ראו סי' קי, "גיסי גאון ישראל" – הודגשה בטעות המילה "ישראל".

הלא נכון[11]. כמו כן, בחתימת חלק מהתשובות הוכנסה גם לשון חותמתו של הרי"מ עפשטיין (ראו סי' סט, קא), אולם הדבר לא נעשה בעקביות - ישנן תשובות נוספות שהופיעו עליהן חותמות, ככל שניתן לברר מכתבי-היד[12].

ג. התחום שבו חוסר האחידות בולטת במיוחד, הוא **ההפניה למקורות המכתבים**: לעיתים צוין הספר והסימן בו נמצאת התשובה, אך לעיתים צוין רק שם הספר, דבר חסר תועלת כשלעצמו - וכך נעשה לעיתים אף שמדובר באותו ספר עצמו[13]. באותה מידה קשה למצוא תועלת בהפניה "מתוך קובץ תורני המאיר" (סי' נב) - איזה גליון? איזו שנה? וכך גם קשה להבין מדוע במכתבים שנלקחו מארכיוני מכון שוקן ישנה בדרך כלל הפניה למספרו של המכתב, אך לעיתים לא (סי' צו).

ד. כאמור, ישנן לאורך הספר טעויות ושגיאות דפוס לא מעטות[14], והתחושה

[11] ראו סי' קמה, שם הודגש גיסו של הרי"מ עפשטיין, שהוזכר אגב אורחא, במקום חתנו של גיס זה שאליו נועד המכתב.

[12] בסי' עה ישנה במקור חותמת המשותפת לו ול'סבא מנובהרדוק', ובסי' פה ישנה במקור אותה חותמת המופיעה בסי' ס"ט.

[13] למשל, בסי' כ צוין מקור מפורט, "מתוך שדי חמד כללים מערכת הלמ"ד כלל קל"א", אולם בסי' ל-לא צוין המקור כך: "מתוך ספר שדי חמד" - ותו לא!

[14] למשל: בהסכמת הגרי"א ספקטור נכתב "חריף ובקי בחדרי ומפורסם לתבילה" - וצ"ל "בחדרי **תורה**", "לת**ה**ילה". בראש הסכמת רבי אהרן מצ'רנוביל נכתב "זצוק"לל"הה", וכן כתוב בכותרת "טשרנובבל" ללא י. בסוף סי' נח כתוב "מתוך ספר הנותן **בית** דרך" וצ"ל "בים", ובשורה שלפני כן נכתב "ועעכו"ם" - אות ע' מיותרת. בעמ' מט כתוב "נתייסרתי בעינן" וצ"ל "בעיני", ובאותה שורה "לחא אוכל לעמול" - צ"ל "לא", וכמה שורות לאחר מכן נכתב "באהבהב" עם ב' מיותרת. וכך הלאה. ישנן גם טעויות רבות בציונים למקורות התשובות; למשל, בסוף סי' מח ישנה הפניה לשו"ת מגן שאול סי' קכ, אך בפועל התשובה נמצאת בסי' קסח. בסוף סי' לה ישנה הפניה ל"שערי תורה תרע"ב קו' ו סי' כח", אך בפועל התשובה נמצאת בשערי תורה חלק ז סי' עא.
חלק מן השגיאות נוגעות בתאריכים: התשובה בסי' נו למשל מתוארכת לתרמ"ב, אך הדבר אינו יכול להיות נכון היות שמוזכר בה שהכרך הראשון של 'ערוך השלחן' כבר נדפס, כך שמדובר לכל המוקדם בתרמ"ד (השווה סי' קד. גם אין מקום לסימן השאלה שהותיר העורך ליד פענוח המילים 'פ"ב' - מדובר בפטרבורג בלא ספק). כך גם יש לתהות על המכתב בסי' כח, המתוארך לתרומה תרס"ח - לכאורה חודש וחצי בלבד לפני פטירת הרי"מ עפשטיין; אמנם, הוא אינו מזכיר שם דבר על מצב בריאותו וחולשתו, כפי שעשה ברוב המכתבים מאותה שנה, ולעומת זאת הוא כותב "זה יותר משנה שעיני כואבות וכהות" - ועל כאב עיניים זה אנו שומעים רבות כבר בתרס"ה! לפיכך נראה כמעט בלי ספק שהתאריך הנכון הוא תרס"ה. הדבר מוכח מהשוואה למכתב שנשלח לאותו

היא שהגהה נוספת וקפדנית לפני ההדפסה היתה יכולה למנוע את רובן. כמות נכבדת של שגיאות כאלה מצויה במפתח האישים שבסוף הספר[15].

ה. ספיח נוסף של הטעויות ושגיאות הדפוס, הוא העתקה רשלנית-לעיתים של הטקסט המקורי, אם מכתב יד ואם מדפוס. יודגש שברוב המקרים נעשתה ההעתקה מתוך נאמנות למקור, אך עם זאת, ניתן להבחין לפעמים בהעתקות שלא נעשו בצורה מוקפדת, כמו למשל בסי' קמא, שם נכתב בחתימת ההסכמה "החופ"ק נאווהרדק בעהמ"ח ס' ערוך השולחן וספר אור לישרים על סה"י לר"ת", כשהמעיין במקור ימצא שלאחר "ערוך השולחן" באו המילים "על חו"מ ועל יו"ד", וגם השם "נאוואהרדאק" המופיע לפני החתימה נכתב במקור כ"נאווהרדק". כך אירע גם בחתימת סי' עה, שם נכתב בשורה הראשונה "יוזל הורביץ" ללא הדגשה, ומיד באותה שורה "יחיאל מיכל הלוי עפשטיין" בהדגשה, ובשורה שמתחת נכתב "המנה"ל החופ"ק"(?!) - כל זה כמובן מבולבל לגמרי, ובמכתב המקורי נמצא בשורה הראשונה "יחיאל מיכל הלוי החופ"ק" (ללא "עפשטיין"), ובשורה השנייה "המנהל יוזל הורביץ". נותר רק לקוות ששגיאות מעין אלו נותרו רק בחתימות המכתבים ושאר פרטים אזוטריים, ולא בגוף התוכן.

3. צנזור שנעשה בספר

בפתיחת הספר הצהיר העורך על כפיפותו להנחיית הרב חיים קניבסקי "שלא להעלים תשובות מסוימות אלא להדפיס ככל אשר תמצא ידינו". ואכן, על אף שהעורך רומז ש"לגבי פרסום חלק מהתשובות" אכן היתה לו התלבטות האם לפרסמן (והכוונה כנראה לתשובה המתירה הדלקת חשמל ביו"ט), בפועל לא הושמטה מן הספר שום תשובה שהיתה לפני עיני העורך. אולם מתברר ש**בתוך** המכתבים המצב שונה! בבדיקה מקרית מצאנו שהעורך הרשה לעצמו להשמיט קטע מסוים לפחות ממכתב אחד. לקראת סוף המכתב שבסימן נג, המופנה לקרובו של הרי"מ עפשטיין הרב יוסף דוד שחור, מסתיים אחד המשפטים במילים "הנני

אדם חודש לפני כן, בו ברור שמדובר בתרס"ה (ראו **קובץ שערי תורה**, ו, ווארשא תרע"ב, סי' נו). ייתכן שטעות פענוח זהה נפלה גם בסי' לז, ואכמ"ל.

15 למשל, ההפניה הנכונה לרב אליהו גולדברג היא לסי' לו ולא לח, ההפניה לרב קוק היא לסי' ע במקום סח, ועוד רבות כהנה. בעמ' קפח ישנה הפניה לסי' מד - אך ההפניה הנכונה היא לסי' מז. מקורן של שגיאות אלו נעוץ כנראה בכך שלאחר הכנת המפתח הגיעו ליד העורך תשובות נוספות, והכנסתן שינתה את סדר הסימנים. גם כאן היתה דרושה כמובן הגהה חוזרת.

בעניי מסכים לדברי כתר"ה שהדין עם השוכר", ומיד לאחריו מתחיל משפט חדש, במילים "ואתפלא שכותב כתר"ה שאין לו הספרים". אולם המעיין במקור בו נדפסה תשובה זו[16], ימצא שבין שני המשפטים הנ"ל מופיעה הפיסקה הבאה:

> נכדתי בת אחיו השולמית ראשק' תי', זה כמה שבועות שנדרשה מנכדי החריף ר' מאיר ברלין וכו' ואשתו שתבוא אליהן למואוויואנו, ואני גם עתה היא שם ותתעלס עמם, ויכול להיות שיעלה שם לפני' איזה עניין, ואם יתן ה' בטח נודיע לכתר"ה.

מתברר אפוא שהעורך בחר להשמיט לחלוטין את הפיסקה הנ"ל. מדוע? אם היה מעורב בכך החשש שמילה או שתיים עלולות להתפרש כיום במשמעות שונה מהמקור, יש להצר על כך שהחשש מאוויליותם של קוראים מסוימים מביא לצנזור לשונו של הרי"מ עפשטיין. גם יש לתהות מדוע העורך לא סמך על בינתם של קוראיו, לפחות כמו מול"י הספר 'זכר אבות' - הנמנים על אותו ציבור - שפרסמו את הדברים בלי כחל ושרק. יודגש שבהשמטה זו גורם העורך לאיבוד ידיעה משמעותית עבור כל המתעניינים בתולדות הרי"מ עפשטיין: מתגלה לעינינו כאן מסירותו ודאגתו לנכדתו (בת בתו) ראשקה שחור, שנותרה יתומה מאביה. במכתב שנשלח לרי"ד שחור כמה חודשים לפני כן, כותב הרי"מ עפשטיין: "ועתה כל מעייני לעשות נכבדות כבודות לנכדתי בת אחיו, השולמית המשכלת ראשקה לעב'" (כתבי הערוה"ש, סי' קח). במכתב נוסף שנשלח לרי"ד שחור כמה חודשים לאחר מכן (שם סי' מב) מספר הרי"מ עפשטיין ש"כלולות נכדתי, בת אחיו הג' ז"ל, ממשמשים ובאים... ועוד אודיע לחביבי, ובטח ירצה לשוש משוש לכבוד אחיו, חתני הה"ג ז"ל". כלומר, הקטע המושמט הוא 'החוליה החסרה', ממנה אנו למדים שלכל אורך התקופה האמורה (=כשנה וחצי) היו מעייניו של הרי"מ עפשטיין נתונים בדאגה לנכדתו היתומה, וביקש מנכדו הרב מאיר בר-אילן שיעזור לה במציאת שידוך, ולבסוף המאמצים הצליחו וראשקה היתומה התחתנה במזל טוב. האם אין אנו למדים מכאן שיעור חשוב על ישראל, רחמנים וגומלי חסדים?

צנזור קטן נוסף נעשה כל הנראה במכתב המפורסם של הרי"מ עפשטיין כנגד הציונות, שנכתב בתחילת תרס"ה (סי' עו). לקראת סופו של מכתב זה מופיע לפנינו המשפט הבא: "הכלל, כל ירא אלקים באמת בורח מפני הציונים... כבורח מפני האש". הפעם, שלוש הנקודות שנותרו מרמזות על ההשמטה שנעשתה.

[16] שחור, **זכר אבות**, עמ' 286–289.

המעיין במקור (שצוין שם), 'הפלס' כסלו תרס"ה, מגלה שבמקום שלוש הנקודות היתה כתובה המילה "המזרחים"[17]. מדוע הושמטה מילה זו? אם בכדי להקהות את עוקץ הביקורת החריפה על "המזרחי", יש לציין שמספר שורות לפני כן נדפסה כלשונה הערה נוספת כלפי המזרחי: "וגם החדשים המזרחים לא טובים מהמערבים הישנים, וארס נחש במקומו עומד". לא ברור, אם כן, מדוע דווקא ההערה השנייה 'זכתה' להשמטה ואילו הראשונה נותרה על תילה.

4. הערות על המכתבים שנדפסו

א. בתחילת מדור התשובות ('שו"ת הערוך השלחן') מופיע צילום מכתב בו מתלונן הרי"מ עפשטיין ש"מחמת ריבוי התשובות שבכל יום אין ביכולתי לעשות העתקות וכו'". בתחתית המכתב מודה העורך לרב צבי שוורץ שהמציא לו את המכתב מתוך אוסף סטפנסקי. אכן, **תצלום** המכתב הגיע מהם, אולם **לשונו** פורסמה זה מכבר בספר 'מנחת מרדכי' (לעיל חלק שני פרק שני הערה 88), עמ' קפא; לא מובן גם מדוע הסתפק העורך בהבאת תצלום ולא הכליל את המכתב בגוף בחלק המכתבים; כך גם היה נכון להביא בחלק המכתבים את לשון ההקדשה על טופס 'אור לישרים', שתצלומה מובא בתחילת הספר.

ב. ישנם כמה וכמה תכנים בספר, שלכאורה אין מקומם בו והיה מוטב שלא להביאם. כך היא למשל ההקדמה ל'ערוך השלחן', המופיע בחלק ה"ליקוטים" (סי' סד): הכללתה ב'כתבי הערוה"ש' הינה מעשה תמוה, שהרי הקדמה זו נמצאת בהישג יד כל אדם, בפתח חלק חו"מ א של 'ערוך השלחן'! בה במידה, ואף יותר מכך, תמוהה היא הכללתה של ההקדמה "כבוד מלכות" (סי' סה): הרי כל הקדמה זו לא נכתבה אלא כדי לפייס את הצנזורה הרוסית[18], ומכל מקום אף היא זמינה בפתח 'ערוך השלחן' ואין טעם להדפיסה במיוחד. דוגמא נוספת היא השימוש המפוזר שנעשה בקובץ הדרושים 'דרשות קול בן לוי': העורך בחר לקחת מתוכם רק את החלקים ההלכתיים, וזנח את חלקי הדרוש, המהווים את רוב החיבור; מדוע לא הקדיש מקום מיוחד לחלקי הדרוש, כדי

---

17 תודה לרב יהושע מונדשיין שהפנה את תשומת הלב להשמטה זו. עוד על מכתב זה, ראו דברי להלן אות ב.

18 אין כאן המקום להרחיב בראיות, ונסתפק בכך שכאשר בתו של הרי"מ עפשטיין, בריינה וולברינסקי, הדפיסה בווארשא תרע"א מהדורת צילום של כרך חו"מ, היא השמיטה לחלוטין את ההקדמה הנ"ל – עובדה המדברת בעד עצמה.

להשלים את הבאת כל כתבי הרי"מ עפשטיין? הרי מאידך הוא הביא את שתי הדרשות שנדפסו לאחר פטירתו ב'מאסף דרושי'.

ג. סוג בפני עצמו של כתבים שאין מקומם ב'כתבי הערוה"ש', הוא מכתביהם של האנשים ששאלוהו שאלות בהלכה. קשה להבין למשל מדוע מוקדש סימן שלם לאחד מהללו (סי' ט, הרב אפרים סטניסלבסקי); מן הנכון היה לתמצת את דבריו בכמה שורות של הערת עורך, או אף להסתפק רק בציון המקור בו נדפסה השאלה, אך ודאי לא להביאם בסימן נפרד[19], וגם לא במשקל גופן הזהה לדבריו של הרי"מ עפשטיין. כך גם מכתביו של הרב מרדכי שרייבמן המובאים לרוב (סי' כג-כד, כז, מא ועוד) – הרי עוסקים אנו בכתביו של הרי"מ עפשטיין, לא בכתבי מכותביו, והיות שברוב המוחלט של המקרים אין לפנינו את לשון השאלה שנשאל, מן הראוי היה לשמור על אחידות לאורך כל הספר.

ד. כאן יש להעיר על עניין תמוה שנפל באחד ממכתביו של הרי"מ עפשטיין: ב'כתבי הערוה"ש' סימן כה מובאת תשובה בהלכות טריפות, ובסופה מצוין המקור: "מתוך שו"ת קהילת יצחק". אולם בספר 'נר למאור' (פיעטרקוב תרמ"ו, מאת השו"ב אברהם מתתיה חלפן, עמ' 22–23), מובאת אותה תשובה – בלא שום ספק – אך בנוסח מקוצר ושונה מאד! הספר 'נר למאור' נדפס 16 שנה לפני 'קהילת יצחק'; האם פשר הדבר שבעל 'קהילת יצחק' הרשה לעצמו לשנות מלשון הרי"מ עפשטיין כדי לבאר את דבריו? או שמא בעל ה'נר למאור' העתיק את המכתב בקיצור וללא דייקנות, ולאחר מכן נתגלגל המכתב לבעל 'קהילת יצחק'? ואולי הרי"מ עפשטיין חרג ממנהגו ועשה העתקה לתשובה ששלח לבעל 'נר למאור', והרחיב אותה בהמשך בתשובה לבעל 'קהילת יצחק'? אף אחת מן התשובות הללו אינה סבירה, ולידי פתרונים לא הגענו.

ה. והנה לאחר פרסום הדברים הפנה אותי הרב יהושע מונדשיין ז"ל (שנסתלק זה עתה), לספר 'פני אריה', ירושלים תר"ס, דף מ"ח ע"א, שם התלונן המחבר על בעל 'נר למאור' ששינה הרבה מדבריו ללא רשותו; ממילא נמצא כי ההסבר הנ"ל הוא אכן הנכון – שבעל 'נר למאור' העתיק את המכתב בקיצור

[19] מאידך גיסא, לא ברור מדוע מוקמה תשובתו של הרי"מ עפשטיין לרב ישראל מיריינא באותו סי' עם תשובה אחרת לרב מרדכי שרייבמן (סי' כז). אין כל קשר בין נושאיהן של שתי התשובות.

וברשלנות, גם אם עדיין לא ברור כיצד הגיע המכתב המקורי לבסוף לידי בעל 'קהילת יצחק' (או להיפך, בתחילה לידי בעל 'נר למאור').

5. כתבים שנשמטו מעיני העורך

כאמור לעיל, עבודתו של העורך בליקוט מכתביו של הרי"מ עפשטיין מתוך עשרות ומאות ספרים וקבצים היתה יסודית להפליא – ועם זאת, נשמטו מעיניו כמה מכתבים שנדפסו בספרים שונים במהלך מאה ועשרים השנים האחרונות, ונציין להלן לתועלת המהדורה השנייה:

א. כפי שהערנו לעיל, הכללת הקדמת 'ערוך השלחן' כסימן בספר הינה מעשה מיותר, שהרי הקדמה זו נמצאת בכל בית כנסת ובית מדרש. אולם מאידך, היה נכון להביא את "הקדמת" הרי"מ עפשטיין לפירושו על ההגדה, 'ליל שימורים' – הקדמה שהיא למעשה עיון הלכתי בסוגיית בדיקת חמץ בערב פסח שחל בשבת; והיות שהספר הנ"ל נפוץ הרבה פחות מ'ערוך השלחן', היה מקום להכליל את הקדמתו ב'כתבי הערוה"ש'.

ב. בחלק ההסכמות הובאו שתי הסכמות על חלקים שונים של הספר 'פסקי הגר"א' (סי' קלח-קלט) – אולם הרי"מ עפשטיין כתב לספר זה גם הסכמה שלישית (משנת תרס"ב), שנדפסה בפתח חלק אבן העזר (וילנא תרס"ד).

ג. בספר של ר' הלל טריווש (עורך 'הפסגה'), 'השתיה כדת', וילנא תר"ס, עמ' 11, מובא מכתב קצר משנת תרנ"ט, בעניין שתיית פרי הגפן במדינת בֶּסָרַבְּיָה.

ד. בספרו של הרב דב נחמן הורביץ, 'חידושי בר נחמני' (פיעטרקוב תרע"ד), סי' לו (עמ' 92), מובא מכתב מסביבות תרס"ו, בעניין בשר ששהה שלושה ימים בלא מליחה (בדומה למכתב הנדפס בכתבי הערוה"ש סי' כג).

ה. בקובץ 'שערי תורה' חלק ו (ווארשא תרע"ב), סימן נו, מובא מכתב לרב משה מנדל שפיוואק בענייני יו"ד. יש לציין שהעורך הביא שלוש תשובות של הרי"מ עפשטיין מכרכים אחרים של 'שערי תורה' (כתבי הערוה"ש, סי' כח, לה, סא), ותמוה כיצד לא הבחין ברביעית; עיון פשוט בכרך המפתחות שיצא לקובץ זה, היה מגלה את קיום המאמר הנוסף.

ו. בספר 'לב דוד', לונדון תש"ס, עמ' 10, נדפסה סמיכת הרי"מ עפשטיין לרב דוד פלדמן.

ז. ביומון 'המליץ', כ' אלול תרמ"ז (שנה 27 גליון 194), מביא הרב אברהם חיים

סיראט מפערעקופ מכתב קצרצר של הרי"מ עפשטיין (נדפס שוב על ידי ר"י מונדשיין בקובץ 'זכור לאברהם', תשנ"ט, עמ' תיט-תכ). אורכו של המכתב אמנם אינו מאפשר לו 'להחזיק' סימן שלם, אך ניתן לצרפו לסי' פג-פד העוסקים באותו נושא – שו"ב שהסיג גבול.

ח. מכתב על מעות ארץ ישראל וקופת רמבעה"ן נדפס בקובץ 'מוריה', שנה כ"ט גליון ג-ד (תמוז תשס"ח), עמ' עו.

ט. סמיכה לר' אלחנן יעקובוביץ נדפסה בספר 'ביכורי אליהו', בני ברק תשס"ט, עמ' תלד-תלה.

י. מכתב נוסף לר' משה מנחם שפיווק נדפס בספרו 'מטה משה', ווארשא תרצ"ה, ושוב במהדורת ירושלים תש"מ.

יא. ובאופן אחר, בספר 'מנחת מרדכי' (לעיל חלק שני פרק שני הערה 88), עמ' קמח-קמט, מובאת בתוך הדברים תשובה של הרי"מ עפשטיין כמעט בשלמותה, ללא הפתיחה והחתימה.

6. מכתבים חדשים

מה שאבקש בסיום הדברים הוא לפרסם מכתב-יד ארבע איגרות חדשות של הרי"מ עפשטיין, שמצאתי בס"ד בארכיונו של מקבל האיגרות, הרב פרופ' דוד סימונסן (תרי"ג-תרצ"ב), שהיה הרב הראשי בקופנהגן, דנמרק[20]. הרב סימונסן נודע במשך עשרות שנים ככתובת לאיסוף תרומות עבור הישיבות ומוסדות התורה ברחבי העולם, דבר שהסתייע בין השאר בשל ה"נייטראליות" של ממלכת דנמרק כלפי הסכסוכים המרובים של מדינות אירופה, ובתור שכך פנו אליו במשך השנים רבים מגדולי אותם דורות בבקשות סיוע. כאלה הן גם האיגרות שלפנינו ששלח אליו הרי"מ עפשטיין, העוסקות בישיבת המוסר המפורסמת בנובהרדוק, אשר הרי"מ עפשטיין פרס עליה את חסותו ושימש לה כפטרון; על האחרונה שבאיגרות הללו, כחודשיים לפני פטירתו, הרי"מ עפשטיין אף חתום יחד עם מנהלה של הישיבה, רבי יוסף יוזל הורוויץ "הסבא מנובהרדוק"[21].

[20] ארכיונו נמצא כיום בספרייה המלכותית בקופנהגן, והועמד לפני כשנתיים לרשות הציבור. כל האיגרות שלהלן נכתבו בכתב ידם של אחרים אך נחתמו על ידי הרי"מ עפשטיין בחתימתו וחותמתו.

[21] הרקע הישיר לאיגרות שלפנינו (למעט הראשונה) הוא הפרעות שהשתוללו ברוסיה סביב שנת תרס"ו, כחלק מהאירועים הידועים בשם "מהפכת 1905". מלבד האבידות הקשות בנפש וברכוש,

איגרת א

ב"ה יום ג' כ"ה שבט תרס"ה נאווהרדאק

[אל הרב פרופ' ד' סימונסן] שליט"א [בקופנהגן] יצ"ו[22]

אחרי דרישת שלומו דמר,

מצאתי עלי חוב קדוש לחלות את פני כת"ר לקרב ולחזק להשד"ר הנכבד הרב הגדול מ"ו יוסף ניסן זאמעק הנוסע למחנם ע"ד ענין גדול קדוש ורם, לתמוך ולהחזיק להת"ח הרבים גדולי תורה השוקדים בש"ס ופוסקים, אשר יהי' לרבנים גדולי ישראל מצוינים בתורתם, חכמתם וצדקתם. וב"ה כי הרבה מהאברכים הלומדים יצאו להוראה ונתקבלו לרבנים בקהילות גדולות. וההוצאה מרובה למאד, הנדרש לכלכל ת"ח למאות הלומדים בהרבה קבוצים, וכולם מקבלים תמיכה שיגיעו למטרתם. וכידוע עתה מצב אחב"י במדינתנו כי רע ומר גורלם ד' ירחם, אנשים לאלפים עוזבים את הארץ במהומה והנשארים יושבים בחוסר לחם מחסרון פרנסה, ד' ירחם, וח"ו תפוג תורה, כי אין ביד נדיבי ארצנו להושיע אף במעט ואך אל נדיבי אחב"י בחו"ל עיניהם של הת"ח הרבים נשואות. וחוב קדוש על גדולי עמנו בחו"ל לעמוד לעזרת המפעל הקדוש הזה, אשר ממנו תצא תורה והוראה לישראל, ולעורר הנדיבים שיתמכו בימין צדקם להענין הקדוש אשר עומד ברומו של עולם היהדות.

מובטחני שבודאי יחוש כת"ר לכבוד התורה הקדושה ולומדי' ויקבל את השד"ר הנ"ל בספ"י ויתן ידו להענין הק', כמו שעשו גדולי וחכמי אשכנז אשר נתנו תעודותיהם להשד"ר הנ"ל. וזכות התוה"ק יגן על כת"ר ועל כל אשר לו, כנפשו העדינה ונפש מוקירו ומכבדו כערכו הרם, דו"ש בכבוד,

יחיאל מיכל הלוי החופ"ק

הסבו הפרעות נזקים חמורים גם לישיבות ליטא, שהועמדו לפתע על פי תהום בהישבר מטה לחמן, הן מצד המצב הכלכלי שלא איפשר לרבים מהתורמים הקבועים להמשיך לנדב מכספם, הן מצד המציאות שלא איפשרה לשד"רים להמשיך לסבב בארץ בבטחה כימים מקדם. לכך הוצרכו הישיבות ביתר שאת להתייצב על פתחי נדיבים מארצות המערב המבוססות.

22 המילים המוסגרות נכתבו בלע"ז (וכך גם בשאר האיגרות).

איגרת ב

ב"ה יום א' כ"ד טבת תרס"ו נאווהרדאק

[אל הרב פרופ' ד' סימונסן] שליט"א [בקופנהגן] יצ"ו

אחדשה"ט,

הכסף הנאסף במחניו ע"י השד"ר הרב מו"ה יוסף ניסן זאמעק בא אל הקודש בעד הת"ח הרבים גדולי תורה ויראה השוקדים בש"ס ופוסקים, אשר יהי' לרבנים גדולי ישראל, כנודע ומפורסם הענין הקדוש לשם טוב. וב"ה כי הרבה מהאברכים הלומדים בפה יצאו להוראה ונתקבלו בקהלות גדולות. תודה וברכה לכתר"ה על היותו לעזרת המפעל הק' אשר ממנו תצא תורה והוראה לישראל.

ומצאתי עלי חובה לחלות את פני כתר"ה כי גם עתה יקרב ויחזק להשד"ר הנ"ל ויעורר הנדיבים שיתמכו בימין צדקם ביד נדיבה להת"ח הרבים היושבים לפני ד'. כי ההוצאה מרובה למאד וההכנסה נתמעטה לגמרי במדינתנו. כי ידוע לכל הנעשה במדינתנו וכי אחינו ב"י יושבים במצור ומצוק, ומסיבת הפרעות השוד והבזה וההרג רב נהרסו הרבה ערים גדולות, והנדיבים נהפכו למקבלים ואין בידם להושיע אף במעט ללומדי תוה"ק. ואף הנשארים בחסדי ד' מחוסרי פרנסה כי המסחר שבת ויושבים בפחד. והת"ח הרבים שרוים בצער באין להם שום תמיכה, וח"ו תפוג תורה וכל הענין הק' עומד בסכנה. ורק אל נדיבי אחב"י בחו"ל עיניהם של הת"ח הרבים נשואות שיחלקו להם ברכתם. וחוב קדוש על גדולי עמנו בחו"ל להיות בתמכין דאורייתא ולהיות מעירם לעזר להת"ח הרבים.

וזכות התוה"ק יגן עליו ועל כל אשר לו, כנפשו הטהורה ונפש מוקירו ומכבדו דו"ש באהבה וכבוד,

יחיאל מיכל הלוי החופ"ק

איגרת ג

ב"ה יום ג' כ"ה שבט תרס"ו נאווהרדאק

[אל הרב פרופ' ד' סימונסן] שליט"א [בקופנהגן]

אחדשה"ט,

כבר נודע ומפורסם גודל ערך הישיבה הקדושה דפה, אשר נתיסד זה כעשר שנה, אשר לומדים בפה אברכים ובחורים גדולי תורה ויראה השוקדים בש"ס

ופוסקים, אשר יהי' לרבנים גדולי ישראל מצוינים בתורתם וצדקתם, וב"ה כי הרבה מהאברכים הלומדים יצאו להוראה ונתקבלו לרבנים בקהילות גדולות לשם טוב. והענין הקדוש הזה עומד ברומו של עולם היהדות. וההוצאה מרובה מאד, הנדרש לכלכל את הת"ח הרבים.

וכנודע עתה מצב אחב"י במדינתנו כי רע ומר גורלם ד' ירחם. ומסבת הפרעות השוד והבזה וההרג רב נפסקה ההכנסה לגמרי במדינתנו, כי הרבה מנדיבי ארצנו ירדו ממצבם, ואין בידם להושיע אף במעט, וח"ו תפוג תורה, והענין הקדוש הזה עומד לבטל, והת"ח הרבים שרוים בצער כי אין להם תמורה. וחוב קדוש על גדולי עמנו להיות בתמכין דאורייתא ולהיות לעזר להישיבות. וכאשר זה לא כבר היתה אסיפה בעיר ברלין מגדולי וחכמי העיר והוסכם אצלם ליתן חלק מכסף הנקבץ עתה בעד נגועי הפרעות לכל הישיבות, ונחלה את פני כתר"ה שישתדל שיתנו חלק הגון להישיבה הקדושה דפה, כמו לכל הישיבות, לכל הפחות ישלחו אלף רו"כ בעד הת"ח הרבים אשר מהם תצא תורה והוראה לישראל. וח"ו אם לא יבוא עזר יבטל כל הענין הקדוש.

מובטחני שבודאי יחוש כתר"ה לכבוד התוה"ק ולומדי', וישתדל בזה בכל האפשר. ודברי כתר"ה יהי' נשמעים וזכות התוה"ק יגן עליו ועל כל אשר לו ויאריך ימים ושנים בעושר וכבוד.

מוקירו ומכבדו כערכו הרם, דו"ש באהבה וכבוד,

יחיאל מיכל הלוי החופ"ק

איגרת ד

ב"ה יום ד' י"ט שבט תרס"ח נאווהרדאק

[אל הרב פרופ' ד' סימונסן] שליט"א

אחדשה"ט,

בשם כל הת"ח הרבים אברכים ובחורים גדולי תורה ויראה השוקדים בש"ס ופוסקים אשר יהי' לגדולי ישראל מצוינים בתורתם, חכמם וצדקתם הלומדים בהישיבה הקדושה דפה, הננו בתודה וברכה לכתר"ה על היותו תמיד בעזרתם. ועל ידי כתר"ה עושה חיל השד"ר הרב ר' יוסף ניסן זאמעק, ויהא שם כתר"ה ברוך אשר יקים את דברי התורה הק'.

ונחלה את פני כתר"ה כי גם עתה יהי' מעירו לעזר ויעורר את נדיבי עירו שיתמכו

בימין צדקם ביד נדיבה להת"ח הרבים היושבים באהלי תורה, כי ההוצאה מרובה למאד, הנדרש לכלכל את כל הת"ח הרבים כדי שיגיעו למטרתם, ומפני המהומות במדינתנו נתמעטה ההכנסה מאד ומפני היוקר הגדול השורר במדינתנו עלה ההוצאה בכפלים, ורק אל נדיבי אחב"י בחו"ל עיניהם של הת"ח נשואות. וחוב קדוש על גדולי עמנו בחו"ל להיות בעזרת המפעל הקדוש הזה העומד ברומו של עולם היהדות וממנו תצא תורה והוראה לישראל.

וזכות התורה"ק יגן עליו ועל כל אשר לו ויאריך ימים ושנם בעושר וכבוד, מוקירים ומכבדים אותו כערכו הרם דו"ש באהבה,

יחיאל מיכל הלוי החופ"ק

המנהל יוסף י' הורוויץ

ב. 'ערוך השלחן' מהדורת פרידמן – סקירה

ספר 'ערוך השלחן' נדפס לראשונה לפני כמאה שנה (בין השנים תרמ"ג-תרס"ח). מאז ועד ימינו נדפס הספר מחדש פעמים רבות, אך תמיד כגרסת צילום של המהדורה הראשונה, על כתבה הישן והצפוף, האותיות השבורות ושאר שיבושי הדפוס שנכללו מטבע הדברים באותה מהדורה. לאור המגמה המבורכת הקיימת בדורנו, של הוצאת ספרים מחדש במהדורה מתוקנת, מוגהת ומאירת עיניים, היה זה טבעי ומתבקש שגם 'ערוך השלחן' יזכה להוצאה כזו.

ואכן, בשנת תשס"ו הוציא מכון "עוז והדר" מהדורה מחודשת ("פרידמן") של 'ערוך השלחן'. כפי שנכתב בדף השער, מהדורה זו "מתוקנת, בהגהה מדויקת, בתוספת פיסוק וניקוד, בפתיחת ר"ת ומראי מקומות מפורטים". ואכן הכתב חדש, והטעויות והשיבושים תוקנו בעמל רב ומדויק. בנוסף, אותיות הסעיפים של השו"ע ונושאי כליו העיקריים צוינו בצד גליון הערוה"ש, כדי להקל על הלומד למצוא בשו"ע את הנידון עליו מדבר הרי"מ עפשטיין, וגם עמל מציאת מראי המקומות ראוי לציון. הספר מתפרש על פני 13 כרכים כשכל כרך מצויד במספור עמודים רציף, והתוצאה הכללית בהירה ומאירת עיניים[23].

[23] דא עקא, למרות הנכתב בעמוד השער, חלק גדול מראשי התיבות לא נפתחו, ולניקוד המובטח אין כל זכר; ייתכן שהדבר נעשה מתוך רצון לשמור על התדמית הלמדנית שנוצרה ל'ערוך השלחן' במהלך השנים, אולם בכל זאת, דומה שהיה ראוי ומכובד יותר להוציא את הספר בניקוד מלא

תוספת מבורכת שנעשתה על ידי מכון "עוז והדר", היא צירוף גליונו של ה'פני מנחם' – האדמו"ר מגור, ר' פנחס מנחם אלתר זצ"ל – שרשם בלימודו הערות רבות על 'ערוך השלחן', ובהן קושיות, הוספות ובירורים, וכן התייחסות למקומות רבים שניכרת בהם יד הצנזורה[24]; הערות מועילות אלה מודפסות כעת בסוף כל כרך.

אמנם, מעבר לכל האמור, השינוי העיקרי שנעשה במהדורה זו הוא ללא ספק הוספת פסקי 'משנה ברורה' על הדף, בכל מקום שדעתו אינה זהה לחלוטין לדעת הרי"מ עפשטיין. לעניות דעתי, יש להצטער ביותר על צעד זה; כדאי הוא הרי"מ עפשטיין שספרו יודפס לבדו, וערכו גדול כשלעצמו גם מבלי תוספות מסוג זה. הבאת פסקי 'משנה ברורה' לכל אורך 'ערוך השלחן', מביעה בעל כרחך איזו הסתייגות, כאילו אמרו המהדירים: "הנך יכול ללמוד את דבריו של הערוך השולחן, אך אל תשכח מהי ההלכה למעשה, בסופו של דבר – כפי שקבע המשנה ברורה..." – ומעין זאת אכן נאמר במפורש על ידי הרב יהושע לייפער, נשיא המכון: "הבאנו דבריו (של המשנ"ב) בשולי הגיליון, למען יוכלו כל שוחרי תורה **להעמיד דברי הלכה על בוריים**"[25]. הרי דבר זה הוא בבחינת לעג לרש! איש לא היה מעלה את דעתו, למשל, להדפיס את פסקי הגר"ע יוסף על קיצוש"ע של הגר"מ אליהו; זו שיטה כשלעצמה, וזו שיטה כשלעצמה, ולא ראיתי שמכון "עוז והדר" הכניסו את פסקי ערוך השלחן במהדורה המפוארת שהוציאו ל'משנה ברורה'[26].

אין הדבר דומה להבאת פסקי החזון אי"ש על המשנה ברורה; ראשית מפני שפסקי החזו"א מקובצים ברוב המהדורות בסוף הכרך ולא על הדף עצמו, ושנית מפני שהחזו"א אכן ראה את המשנה ברורה, העיר והוסיף עליו – אך לגבי הערוך

וללא ראשי תיבות – כפי שמקובל כיום בכל המהדורות של 'משנה ברורה', למשל – ובכך להקל על לומדי זמננו ולסייע לשטף העיון בספר.

24 [הערת העורך: ראו לעיל, חלק שני פרק ראשון אות ד, הערה 32.]

25 פתיחה לכרך א, ללא ציון עמוד. וראה דברי הרב מ"מ פומרנץ בפתיחה השנייה, המאריך להסביר שהמשנ"ב "תפס את מקום הבכורה כפוסק אחרון בכל תפוצות ישראל" ו"נחשב בדורות האחרונים כספר ההלכה השימושי ביותר מקרב הלומדים", ולכן ציינו את המקומות בו הוא חולק על הערוך השלחן. הוא אף טוען שהדבר משרת את גישתו של הרי"מ עפשטיין והולם את משנתו הרעיונית, שהרי הוא אמר ש"ידיעת ההלכה על בוריה היא המטרה העיקרית של לימוד התורה". יראה הקורא וישפוט.

26 **משנה ברורה המפואר**, מכון משנה ברורה השלם, חמ"ד תשס"ו.

השלחן המצב הפוך, שכן הערוך השלחן הוא שראה את המשנה ברורה, חלק עליו עשרות פעמים במפורש ויותר מזה שלא במפורש! לכן, על אף שבוודאי כוונת "מכון עוז והדר" היתה טובה, בכל זאת יש בדבר מקצת פגיעה בכבודו של הרי"מ עפשטיין, וחבל.

תוכן חדש נוסף, שצורף לתחילת הכרך הראשון, הוא מאמר ארוך בן 23 עמודים, המפרט את תולדותיו של הרי"מ עפשטיין; כך יכול הלומד להעשיר את ידיעותיו על הגאון המחבר וקורות חייו. שמו של כותב מאמר זה לא צוין משום מה, אך כפי שמוזכר בגוף הדברים, עיקרם מבוסס על 'מקור ברוך', ספר הזכרונות של הרב ברוך עפשטיין, בנו של הרי"מ עפשטיין. אולם כידוע לכל, 'מקור ברוך' איננו המקור היחיד לתולדותיו של הרי"מ עפשטיין. קיימים לפחות שני ספרים נוספים המקדישים מפרקיהם לנושא: 'מוולוז'ין עד ירושלים' של הרב מאיר בר-אילן – נכדו של הרי"מ עפשטיין, ו'שרי המאה' של הרב יהודה לייב מימון – תלמידו של הרי"מ עפשטיין. בעוד שספרו של הרב ברוך עפשטיין מצוטט בהרחבה, שני ספרים אלה נעדרים לכאורה מן המאמר, ואין אליהם כל הפניה או אף אזכור לקיומם. מדוע?

אין זה מפני שהם נשמטו מנגד עיניו של הכותב. ההיפך הוא הנכון; מי שישווה במדוקדק את תוכן המאמר עם שני מקורות אלו, ימצא שלמעשה קרוב לחצי מן המאמר מבוסס עליהם, ופיסקאות רבות אף הועתקו מדבריהם מילה במילה, ללא כל בושה. נציין כמה דוגמאות כאלה:

1. בעמ' כ' מובא: "לימים סיפר רבנו: כשבאתי לחבר את הערוך השולחן, קבעתי במחשבתי החלטה ברורה – להתרחק עד קצה גבול האפשר מכל פלפול שיש בו רק משום חדוד המוח ואינו מביא לתכלית הנרצה שהוא פסק ההלכה". ציטוט זה לקוח כהוויתו מהספר 'שרי המאה', שם מסביר הרי"ל מימון שכאשר ניגש לרי"מ עפשטיין בשנת תרס"ב כדי לקבל הסכמה על ספרו, "אמר לי אז **בעל פה** מעין הדברים האלה"[27].

2. בעמ' י"ט מובא ציטוט מהרי"מ עפשטיין בשם "בני משפחתו": "מה בין רב היושב על כס הרבנות בעיר גדולה לבין חברו היושב בעיר קטנה? הרי הראשון כהשני אין הרבנות מספקת לו את צרכיו אלא בדוחק...". "בני משפחתו"?

---

[27] **שרי המאה**, ו, עמ' 110. ההדגשה אינה במקור. ראו גם את הסיפור המובא במאמר בעמ' ד, על הפסוק "שור או כשב או עז", המועתק אף הוא מרי"ל מימון (שם, עמ' 97).

לא דובים ולא יער; זהו ציטוט נוסף המועתק מילה במילה מספרו של הרי"ל מימון[28].

3. בעמ' י"א מסופר בשם "אחד מבני התקופה", על תקנתו של הרי"מ עפשטיין לקבל שבת מוקדם, ומובא על כך תיאור ארוך, המסתיים בציטוט דבריו: "כאן אני בעל הבית. אם אינכם רוצים להתפלל עמי יחד תתפללו ביחידות, אך כאן אין עוד מניינים, כאן נסתיימה התפילה בציבור...". ובכן, אותו "אחד מבני התקופה" הוא למעשה הרב מאיר בר-אילן, נכדו של הרי"מ עפשטיין! ציטוט זה, וכן התיאור הארוך, מועתקים בשלמותם מספרו 'מוולוז'ין עד ירושלים'[29].

4. סיפור נוסף שהועתק מילה במילה מדברי הר"מ בר-אילן, מובא בעמ' י"ג, ומסתיים במילים: "עבר עוד זמן מה ורבינו נכנס לבית ופניו מזהירות, הוא פנה אל האשה ואמר: כשר, לכי הביתה לערוך את הסדר. רק הישמרי לבל יקרו שוב מקרים כאלו..."[30] – והפעם מתואר המקור האלמוני כ"אחד מתלמידיו".

5. בעמ' י"ח נמצאת שוב העתקה ארוכה מהר"מ בר-אילן, החובש הפעם את כובעו של "אחד מיוצאי עירו": "...כל הדברים האלה לא הפריעו את רבינו. הוא היה יושב אל שולחנו, לידו עמד כסא ועליו היו מונחים ארבעה ספרים: רמב"ם, חלק מן הטור, שולחן ערוך, מסכת מש"ס בפורמט קטן בעניין שעמד לפניו. וכך, בעיינו פה ושם, היה כותב את חיבורו הגדול 'ערוך השולחן' דף לאחר דף..."[31].

---

[28] **שרי המאה**, ו, עמ' 108 (חלק מתיאורו מבוסס על דברי **מוולוז'ין עד ירושלים**, עמ' 278. יש לציין שדרכו של הרי"ל מימון לכל אורך שרי המאה היתה ללקט מעשים מספרים שונים, מבלי להפנות למקור המדויק). כנראה מבלי משים, הסגיר כותב המאמר את העובדה שמדובר בציטוט מספר אחר, בכך שהשאיר שלוש נקודות – "..." – בכל פעם שדילג על משפט מדברי הרי"ל מימון.

[29] **מוולוז'ין עד ירושלים**, עמ' 281. משפט הסיום המובא במאמר שם, לא נמצא במקור. והשווה גרסתו של הרי"ל מימון לסיפור, בעמ' 111–112; יצוין שהרי"ל מימון ראה את ספרו של הר"מ בר-אילן, ואף מתייחס אליו בפירוש (ראו למשל שם, עמ' 105).

[30] ראו **מוולוז'ין עד ירושלים**, עמ' 272. במקור כתוב "הסבא" במקום "רבנו", וכן עוד כמה שינויים קטנים שנעשו כנראה על ידי הכותב האלמוני של המאמר (והשווה גרסתו של הרי"ל מימון לסיפור, עמ' 114). באותו עמוד במאמר מצוטטת פיסקה נוספת מפיו של הרי"מ עפשטיין, ואף היא לקוחה בשלמותה מדברי הר"מ בר-אילן (שם, עמ' 273).

[31] המקור – **מוולוז'ין עד ירושלים**, עמ' 269–270. גם כאן במקור כתוב "זקני" במקום רבנו, ועוד מספר שינויים ודילוגים.

ניתן להביא עוד דוגמאות רבות[32], אך די בכך כדי להוכיח ששמם של הרב מימון והרב בר-אילן הושמט מן המאמר במזיד ובחוסר הגינות. מדוע אם כן הם מופלים לרעה[33]?

לשאלה זו יש כנראה תשובה פשוטה מאד: כותב המאמר, אברך במכון החרדי של "עוז והדר" בבית שמש, לא שש לגלות לקוראיו החרדים ששניים מתוך שלושת הספרים שעליהם התבסס נכתבו על ידי ציונים-דתיים, רחמנא לצלן. הרי את אחד הפרקים במאמר הוא הקדיש לתיאור "מלחמתו בתנועות הציונים", בו הוא מספר ש"כהרבה גדולים בשעתו ראה רבנו בתנועות הציוניות את זורעי חורבן הדת והיה רבינו לוחם קנאי ומר נגדם. את דעתו היה מפרסם בראש כל חוצות, ולא נשא פני איש, אף אם היו אלו מנשואי הפנים שבעירו"[34]. כדי להוכיח זאת, הוא מצטט כרוז שפרסם הרי"מ עפשטיין בשנת תרס"ה, ובו יצא בחריפות כנגד הציונים ואף כנגד תנועת "המזרחי".

---

[32] בעמ' י"ג-י"ד מסופר שכשזקני עירו היו רואים רכבת, היו אומרים "הנה האפיקורס בא" – ועובדה זו, כמו שאר הפרטים שמסביבה, לקוחה מתיאורו של הר"מ בר-אילן (**מוולוז'ין עד ירושלים**, עמ' 303). בעמ' ט"ז-י"ז מסופר בשם "בני התקופה" על ביקור של שר הפלך בעיר – המבוסס על סיפורו של הר"מ בר-אילן (**מוולוז'ין עד ירושלים**, עמ' 278–279). בעמ' י"ט מסופר ש"היה רגיל להראות לתלמידיו" פיסקה מסוימת של השאגת אריה – ואכן הרי"ל מימון מספר שאת הפיסקה הזאת הראה לו הרי"מ עפשטיין כאשר שאל אותו בעניין מסוים (**שרי המאה**, ו, עמ' 85). בעמ' כ מסופר על תשובה שהשיב הרי"מ עפשטיין לשאלה שעלתה בשיחה משפחתית – ואכן הר"מ בר-אילן מספר על השיחה המשפחתית הזאת (**מוולוז'ין עד ירושלים**, עמ' 271). בעמ' כ"א מובא ציטוט מ"אחד מתלמידיו" – ומתברר שמדובר ברי"ל מימון (**שרי המאה**, ו, עמ' 110–111). בעמ' כ"ב מסופר בסתם ש"כמעט לא היה שו"ב שניגש לבקש קבלה בלא שעבר על ערוך השולחן הלכות שחיטה וטריפות..." – וכך בדיוק, מילה במילה, מספר הר"מ בר-אילן (**מוולוז'ין עד ירושלים**, עמ' 269). גם הסיפור על החייט בעמ' ג לקוח בשינויים קלים מהרי"ל מימון (**שרי המאה**, ו, עמ' 96). יש לציין שבחלק מהמקרים מופיע הסיפור לראשונה במקור ברוך, אך הכותב בחר לצטט דווקא משרי המאה, או להשלים משם פרטים (השווה **מקור ברוך**, ג, עמ' 1174 עם **שרי המאה**, ו, עמ' 100, וראו במאמר עמ' ו-ז, שם הביאו את הסיפור מ**מקור ברוך** אך הוסיפו פרט מ**שרי המאה** בסוגריים מרובעים).

[33] לשם השוואה, בכל פעם שהכותב מצטט מספרו של הרב ברוך עפשטיין – ששמו מוזכר רבות במאמר – הוא מקפיד להצמיד לציטוט הפניה פרטנית לכרך ולעמוד המדויק בו נמצא המקור.

[34] בהמשך מספר הכותב שהרי"מ עפשטיין "ביקש למנוע את כניסתם של מטיפי חיבת ציון לעירו בכל מחיר", וכדי להמחיש זאת הוא מספר שפעם הוזמן לנובהרדוק "אחד הדרשנים שלא היתה רוחו נוחה הימנו", והרי"מ עפשטיין סירב לאפשר לו לדרוש – אולם למעשה אין שום ראיה שסיפור זה קשור באופן כלשהו לתנועת חיבת ציון, ובכל זאת הכותב לא נמנע מלשרבב אותו בהקשר זה.

אכן, התנגדותו של הרי"מ עפשטיין לציונות ולמזרחי היא עובדה ידועה, אך תיאוריו הנלהבים של הכותב מבוססים אך ורק על אותו כרוז – ובאופן לא מקרי, דווקא בעניין זה נמנע הכותב מלהשתמש בעדותו של הרב מימון, שסיפר ש"בעטיים של חוגים ידועים, שונאי הציונות, נפתה **פעם אחת** ופרסם בדפוס מכתב נגד המזרחי. וכפי שאמר לי פעמים אחדות, התחרט מאד על מכתב זה"[35]. ניתן אמנם לטעון שיש להעדיף את דבריו המודפסים של הרי"מ עפשטיין על פני עדות השמיעה של הרב מימון, אולם דברים אחרים שכתב הרב מימון אינם ניתנים להכחשה: "הוא ידע כי אנכי חבר פעיל בציונות, ובכל זאת בכל פעם שנפגשנו הראה לי חיבה יתירה"[36]. לכן יש לפקפק עד כמה אמין תיאורו של הרי"מ עפשטיין כ"לוחם קנאי ומר" שהיה נוהג לפרסם את דעתו "בראש כל חוצות"[37].

אם כן, מותר לצטט באדיקות מדברי הרב מימון והרב בר-אילן, אך אסור בתכלית לגלות זאת לקוראים, שמא הם יבינו שחלק גדול מן המידע על הרי"מ עפשטיין נכתב על ידי שני "מזרחיסטים", לא עלינו, שאף היו נכדו ותלמידו – כנראה עובדה מביכה מדי עבור הציבור החרדי. כיצד תופעה עקומה זו נכנסה למהדורה חדשה ומפוארת של ערוך השלחן? למכון "עוז והדר" הפתרונים. בניגוד ל"מכון ירושלים" למשל, המנהל פרוייקטים גם עם הציבור החרדי וגם עם הציבור הדתי-לאומי (לדוגמא עם מכון אורות עציון), ואשר מקפיד על יושרה מקצועית מוחלטת, מכון "עוז והדר" הוא בעל אוריינטציה חרדית מובהקת, ומתברר שחלק מהנורמות המקובלות בציבור זה בתחום ההוצאה לאור, לא פסחו על המכון[38]. האם הדבר

---

[35] **שרי המאה**, ו, עמ' 83. גרסתו של הרי"ל מימון מוטה כנראה אף היא, לכיוונו שלו (וראו בהערה הבאה).

[36] שם, עמ' 115. עוד מספר שם הרי"ל מימון: "כאמור, לא היה נוטה לציונות, אבל בכל זאת היה מתייחס אל נושאי דגל התנועה הציונית ולחבריה בכל הכבוד הראוי" (עיינו שם).

[37] עניין זה אינו בעיית אמינות היחידה של המאמר (מעבר לכל הפלגיאט שתואר לעיל). בעמ' יח מתואר שהרי"מ עפשטיין היה מתעורר "בשעת חצות ליל" ולמד עד הבוקר, והיה הולך לישון "באשמורה הראשונה של הלילה". חיפשתי כמיטב יכולתי ולא מצאתי מקור לתיאור זה; ולא זו בלבד אלא שהרב ברוך עפשטיין כותב בספרו את ההפך, ומתאר שהרי"מ עפשטיין היה עומד על משמרתו "מאז האיר הבוקר עד אחר חצות לילה" (**מקור ברוך**, ג, עמ' 1673) – כלומר שבאותה שעה בה התעורר הרי"מ עפשטיין לשיטת כותב המאמר, הוא דווקא הלך לישון...

[38] דוגמא נוספת לתופעה מצערת זו, היא מהד' פרנקל של משנה תורה לרמב"ם: ב'ספר המפתח' על הלכות שמיטין ויובלות, למשל, אין אפילו הפניה אחת לספרו החשוב של הראי"ה קוק, 'שבת הארץ', וזאת כנראה מחשש זעמם של הקונים החרדים (לשם השוואה, חיבוריו של החזון איש בנושא מוזכרים כמעט בכל עמוד, וכן הרב אברמסקי, הרב זמבה ועוד). לאחר כתיבת שורות אלו

צריך להשפיע על יחסו של הציבור הדתי לאומי לספרים היוצאים ממכון זה? התשובה לשאלה מורכבת זו מסורה ביד הקורא.

ג. תכנית לההדרת הערוך השלחן

הוצאת מהדורה חדשה של הערוך השלחן מיועדת להשלים את מה שחסר במהדורת פרידמן (וכן לתקן את מה שעוות במהדורה זו), ולהוסיף מאפיינים ורעיונות חדשים האמורים להחזיר את הספר למקומו הטבעי כספר לימוד שימושי הלכה למעשה.

1. תיקון נזקי מהדורת פרידמן: ראשית השמטת הביוגרפיה המסולפת שצירפו, אך בעיקר הורדת פסקי המשנה ברורה מן הדף.
2. השלמת מה שחסר במהדורתם: פתיחת כל ראשי התיבות (ולא רק חלקם), ניקוד מלא של כל הטקסט. ובעיקר, להשיג מהוצאת "כתב" ומהרב פישביין הסכמה/זכויות להדפיס את הלכות נדרים.
3. ייתכן שכדאי לפצל את גוף הערוה"ש לשניים (בדומה למשנ"ב וביה"ל) – כשהחלק העיקרי יהיה הערוה"ש, והחלק השני יהיה ההערות וההרחבות (שנמצאות במהדורה הרגילה בסוגריים מרובעים ובכתב רש"י), על מנת להקל על הקורא (חיסרון – בחלק גדול מהעמודים אין הערות כאלה, כך שלא מדובר בשינוי אחיד). נגיעה משמעותית כזאת ב'צורת הדף' כבר נעשתה למשנה ברורה, במהדורת "סביב לשולחן" (שלקחה את המשנ"ב וסדרה את הדף מחדש, סביב השו"ע: השו"ע באמצע, וסביבו המשנ"ב, ולמטה שער הציון וביאור הלכה, ומתחתיהם שערי תשובה ובאר היטב. המטרה היתה שהדף ייראה כמו הדף הסטנדרטי של שו"ע וילנא, אלא שהמפרש שסביב השו"ע יהיה המשנ"ב. מהדורה זו כמובן לא פופולרית כמו הרגילה). צריך לשקול זאת היטב.
4. יש להוסיף מדור של "ציונים והערות" (בתחתית העמוד או בשוליו), שבו תהיינה התייחסויות תמציתיות לדברים שהרי"מ עפשטיין מעיר עליהם מבלי

הגיעה לידינו דוגמא נוספת להתעלמות מהרב קוק, ושוב על ידי מכון "עוז והדר" – ועל דוגמא זו נרחיב בסוף ביקורת ספרי השמיטה שלהלן. [הערת העורך: הכוונה למאמרו 'ביקורת ספר', **עלוני ממרא** 120 (תשס"ז), עמ' 125–127.]

לפרט, ציטוט מקוצר של מקורות שהוא מפנה אליהם וחולק עליהם וכו', ושאר הגהות והערות. [במהדורת פרידמן הוסיפו בצד כל תחילת סעיף, ציון קצר של המקור עליו מתבססים דברי הערוה"ש (רמב"ם, שו"ע ונו"כ). אולם שיטה זו לוקה בחסר, שכן במקרים רבים הרי"מ עפשטיין מביא דברי כמה מקורות באותו סעיף ולא תמיד מצוין המקור. את הנקודה הזאת יש לפתור במדור נפרד של הערות וציונים.]

5. בצד כל תחילת סעיף (במקום הציון הקצר שבמהד' פרידמן), לרשום כמה מילים שיבהירו לקורא בתמציתיות ובהירות מהו הנושא של סעיף זה. הדבר יאפשר לקורא להתמצא יותר בדף הערוה"ש, שבו הנושאים נמשכים לעיתים על פני כמה סעיפים, וסדר הנושאים אינו תמיד ע"פ סדר השו"ע, דברים הגורמים לעיתים לחיפוש ממושך כדי למצוא עניין מסוים בסימן, וכן הקורא עלול לטעות שסיומו של סעיף מסוים הוא גם דעת הרי"מ עפשטיין עצמו, מבלי לדעת שהרי"מ עפשטיין ממשיך לדון בזה גם בסעיפים הבאים. [לכן ייתכן שאם בסעיף זה יש הכרעת הלכה – למשל כזו שלובנה בסעיפים הקודמים – כדאי להוסיף מתחת למילות התיאור כיתוב מודגש: "הלכה למעשה". אפשרות אחרת: בכל מקום שיש משפט של הכרעת הלכה, לשים "*" בתחילת המשפט. סימן זה יכול להיות מקושר לקיצור הפסקים שבתחתית העמוד (ראו להלן), ולסייע אפוא לקורא בהתמצאות משני הכיוונים.]

6. כדאי להכין "קיצור פסקי הערוה"ש" ולצרף אותו למהדורה באופן כלשהו, תוך הקדשת מחשבה למיקום והצורה בו הדבר יהיה היעיל ביותר (הדרך הנוחה ביותר היא צירוף הפסקים בסוף הכרך אך בכך ייהפך הדבר ליעיל פחות ומנותק מן המקור; דרך אחרת היא צירוף קיצור הפסקים על הדף עצמו וכך יכול הלומד לראות סיכום הלכה למעשה של הדיון בערוה"ש; אמנם, באופן כזה ייתכן שהקורא יתקשה למצוא את הפסק בנושא המבוקש לאורך הסימן. אולי לרכז את קיצור הפסקים בסוף כל סימן? כמו כן, אם המלאכה רבה אפשר להכין קיצור כזה רק לאו"ח ויו"ד, שהם החלקים היותר 'שימושיים' הלכה למעשה ביום יום).

פרק רביעי

ערוך השלחן ומשנה ברורה[1]

א. השוואה

שני קודקסים, הערוך השלחן והמשנה ברורה, הם גולת הכותרת של הכתיבה ההלכתית בסוף המאה ה–19 ובתחילת המאה ה–20. שני החיבורים נכתבו כמעט במקביל למשך תקופה של כ–25 שנה, החל משנות השמונים של המאה ה–19. ר' ישראל מאיר הכהן, מחבר המשנה ברורה (המכונה **חפץ חיים** על שם ספרו הראשון) חי בראדין (רדון, Radun) שבדרום ליטא, היום עיירה במחוז הורודנה שבבלארוס; כך ששני הגאונים המחברים חיו רוב חייהם במרחק של כ–85 ק"מ בלבד האחד מהשני, אך מעולם לא נפגשו. הרי"מ עפשטיין היה מבוגר מהחפץ חיים בעשר שנים פחות תשעה ימים: הוא נולד בכ' שבט תקפ"ט (1829), והחפץ חיים בי"א שבט תקצ"ט (1839).

שניהם זיקקו את הפרשנות שהצטברה במשך הדורות סביב השלחן ערוך[2]. מכאן נפרדת דרכם. המשנה ברורה חובר על אורח חיים בלבד, ואילו ערוך השלחן הוא כמעט הספר היחיד שחובר על ארבעה חלקי השלחן ערוך במלואם[3], על כל 1,705 סימניו[4].

---

[1] **הערת המשפחה**: המחבר הי"ד לא זכה להשלים פרק זה כפי שהשלים את שאר הפרקים. הפרק נערך בידינו, כאשר בבסיס העריכה עמדו רשימותיו. את מה שהתכוון להוסיף לא נוכל לדעת, וחבל על דאבדין.

[2] ורוח אחת אף היתה עמהם בסידור הלכות קדשים, וראו לעיל חלק שני פרק שני, הערה 31.

[3] למעט הלבוש, שהינו מקוצר בהרבה במתכונתו.

[4] ערוך השלחן גדול במניין סימניו כמעט בשני שליש על פני המשנה ברורה (1,705 סימנים בערוך

מלאכת הרי"מ עפשטיין אין לה אח ורע בהיקפה במאות השנים האחרונות. ולא זו בלבד, אלא שמצודתו נפרשה על כל ההלכות שאינן נוהגות בזמן הזה, אשר סודרו על כל פרטיהן בששה כרכים של 'ערוך השלחן העתיד' (שמיטה, יובל, הלכות בית המקדש, נגעים, מעשה הקרבנות ועוד). בכך מפעלו המונומנטלי של ערוך השלחן מתקרב בהיקפו לזה של הרמב"ם[5]. לעומת זאת, את המשנה ברורה חיבר החפץ חיים כאמור כביאור על שלחן ערוך אורח חיים בלבד.

גם שיטת שני גאונים אלה חלוקה מעיקרה. החפץ חיים הסתמך באופן כמעט מוחלט על הספרים שקדמוהו. לעומת זאת, בערוך השלחן נעשה ליבון מחודש של ההלכה מתחילתה ועד סופה, החל מדברי התלמוד. לכן הוא נכתב כחיבור בפני עצמו ולא כנושא כלים, כאשר הסדר הפנימי בסימן נגזר ממהלך הבירור[6]. אמנם גם הוא ערוך על סדר סימני השלחן ערוך, אך דווקא הלכות הרמב"ם ולא סעיפי השלחן ערוך שימשו לו שלד לביאורו[7], כפי שהעיד בהקדמתו לערוך השלחן[8].

שני הגאונים חלוקים גם בהתייחסותם למנהג. הסברה הרווחת, שהמשנה ברורה ככלל אינו מתחשב במנהג כגורם בעל משקל הלכתי, אינה מדויקת. לדוגמא[9], לאחר שהביא סיעת פוסקים שמחמירים בפתיחה וסגירה בשבת של ספר שאותיות מצוירות על חודי דפיו, וסיעת פוסקים שמקילים, הוסיף: "וגם כתבו שכן המנהג".

השלחן לעומת 697 סימנים במשנה ברורה); ואם נכלול את **ערוך השלחן העתיד** על 829 סימניו, הרי היקפו של מלאכת הרי"מ עפשטיין גדול ביותר מ-70% ממלאכתו של החפץ חיים.

[5] הדבר מאפשר בין השאר השלמת דעת הרי"מ עפשטיין ממקום למקום, כגון מהלכות ס"ת ביו"ד להלכות סת"ם באו"ח.

[6] אין עניינו של ערוה"ש כב"י בהבאת כל השיטות שבראשונים, אלא הוא מביא את הדעות המרכזיות כדי לדון בהן. רק כאשר קיימת לדעתו נפקא מינה, הוא מעלה לדיון גם דעת יחיד, אך מלבד זאת לא יזכיר דעת יחיד אלא בדרך אגב – פרט לרמב"ם, שבו דן אף כשהוא יחיד.

[7] אף לגבי השלחן ערוך כתב הרי"מ עפשטיין תמיד "רבותינו בעלי השו"ע", כי כתפיסתו השו"ע אינו רק חיבור של ר' יוסף קארו שהרמ"א נספח אליו, אלא חיבור של שניהם יחד. לכן כשהוא מצטט מהשלחן ערוך הוא מביא את שניהם כדיבור אחד בלי הפרדה בין השו"ע להג"ה: "האמנם, מפני ריבוי הדעות, עמדו שני גדולי הדור, יוסף הצדיק ומשה איש האלקים, וחיברו חיבורים גדולים בכמות ואיכות... בית יוסף ודרכי משה... ומזה חיברו השולחן הטהור לפני ה', כי כולו זהב טהור, ויקח משה את עצמותו של יוסף הצדיק והכניס את דבריו... ושניהם כאחד בנו את כל בית ישראל" (הקדמת **ערוך השלחן** לחושן משפט, עמ' ג).

[8] וראו לעיל חלק ב פרק ראשון אות ב במודעת הפרסום שבסמוך ליציאת הכרך הראשון של ערוך השלחן, שם כתב הרי"מ עפשטיין שספרו הוא כמתכונת שו"ע או"ח של הרב.

[9] בסי' שמ בשער הציון ס"ק כד.

אך ניתן לקבוע שכמעט בכל המקרים בהם מתייחס המשנה ברורה למנהג כגורם בעל משקל להכרעת ההלכה, זהו כשמנהג זה כתוב בספרים, ומכאן כוחו בעיניו: לא בעצם היותו מנהג בעם ישראל, אלא בכך שהתקבל על דעת פוסקים. לעומת זאת, מנהג שהוא ראה בימיו, אם לא מצא פוסקים שכתבוהו והראו לו פנים, ורהיטות הסוגיה מורה כנגדו, ברוב המקרים אין המשנה ברורה מתחשב בו אלא כותב להחמיר. בשונה ממנו, הערוך השלחן מביא פעמים רבות את המנהג הרווח בליטא ואף את מנהגו האישי[10]. כן הוא מרבה ללמד זכות על מנהג שנהגו בו הציבור ולבאר את משענתו ההלכתית, גם אם לכאורה הוא אינו כפי הדעה שנפסקה להלכה, בין לקולא ובין לחומרא[11].

ב. התייחסות ערוך השלחן למשנה ברורה

לכאורה, הערוך השלחן יצא לאור אחרי המשנה ברורה, שהרי הוא מזכיר במפורש את המשנה ברורה עשרות פעמים (למעלה משלושים), ובמקרים נוספים הוא מזכיר את דעתו מבלי לפרט את שמו[12]. אמנם, מתברר שכל ההתייחסויות מופיעות לגבי שני כרכים בלבד של המשנה ברורה: כרך א – הלכות הבוקר,

---

[10] דבר זה מביאו להתייחס יותר לעניינים אקטואליים, אם כי לא תמיד, דוגמת התנגדותו למצת מכונה; וכן לעיתים דווקא המשנ"ב מזכיר עניין אקטואלי, ולדוגמא אנשי הצבא בהלכות שבת, או מסילת הברזל – שאותה גם הערוה"ש מזכיר. דהיינו יש התייחסויות של המשנ"ב להווה, ובפרט כאשר אלו דברים שהתייחס אליהם בספריו הקודמים, אך באופן כללי התייחסות זו היא הרבה פחות מהערוה"ש.

[11] אמנם פוסקים נוספים לימדו זכות על מנהגי הציבור, אך אצל הערוה"ש הדבר מתייחד בשניים: א. זו תופעה שיטתית ומקיפה; ב. היא מנומקת בטעמים של אהבת ישראל. כך באו"ח סי' סח סעי' ג כתב: "שבאשכנז אומרים דעה בינה והשכל ובספרד אומרים חכמה בינה ודעת וכן בכל הברכות כיוצא בזה ומה בכך ולכולנו תורה אחת ומשפט אחד ותפלה אחת ומי כעמך ישראל גוי אחד בארץ וחלילה וחס לעשות פירוד או לאמר שח"ו יש פירוד בין ישראל והאומר כן הוא כסיל ובער". אמנם, לא על כל מנהג ילמד הרי"מ עפשטיין זכות, ולפעמים אף להיפך. באופן כללי מנהג הראוי אצלו ללימוד זכות הוא מנהג (1) ותיק יחסית, (2) רחב היקף, (3) נוהג אצל שומרי מצוות באופן כללי, (4) העושים כן בכוונה תמימה ולא ניכרת בכך השפעת הזמנים החדשים. וההפך מכל אלה המנהגים שבהשפעת הרפורמה.

[12] וראו להלן. יש להעיר, שפעמים רבות מזכיר הרי"מ עפשטיין ספר בשם מ"ב, בעיקר ביורה דעה, אך כוונתו לספר 'משאת בנימין' (ראו יו"ד סי' קצב סעי' יד, סי' קצח סעי' סג, סי' שכו סעי' י, סי' שצט סעי' יב [בהפניה זו מוכח שאין כוונתו למשנ"ב, שהרי המשנ"ב פוסק להפך – ראו או"ח סי' תקמח סעי' ד], סי' תה סעי' טו [כנ"ל, ראו או"ח סי' תקסח סעי' מד]).

תפילין וקריאת שמע (אורח חיים סימנים א-קכז, ולמעשה עד סי' צא), וכרך ג - הלכות שבת (אורח חיים סימנים רמב-שדמ).

הסיבה שהרי"מ עפשטיין התייחס רק לכרכים א ו-ג של המשנה ברורה אינה מקרית כלל: שני כרכים אלו הם הראשונים שהדפיס החפץ חיים (כרך א - ווארשא תרמ"ג, כרך ג - ווארשא תרנ"א)[13]. החפץ חיים בחר להדפיס את כרך ג לפני כרך ב "יען כי רבים יעצוני אשר להלכות שבת משפט בכורה"[14]; וכן העיד בנו הרב אריה ליב הכהן, שלא רק הדפיס אביו קודם את הלכות שבת, אלא אף כתב אותן קודם: "ואם כי סיים חלק א בהלכות נשיאת כפיים, עלה בדעתו להפסיק בהלכות אלה ובברכות הנהנין, ולהחל עבודתו בהלכות שבת..."[15]. לפיכך הרי"מ עפשטיין הספיק לראות אותם ולהתייחס לאמור בהם. לעומת זאת, הרי"מ עפשטיין החל לכתוב את חלק אורח חיים כמה שנים לאחר יציאת חלק א של המשנה ברורה, שהיה לפניו; אך בשעה שכתב את הסימנים קכח-רמא טרם נדפס חלק ב של המשנה ברורה העוסק בסימנים אלו. כשכתב הרי"מ עפשטיין את הלכות שבת, כבר נדפס הכרך המקביל של המשנה ברורה והיה לפניו; וחלקים ד-ה של המשנה ברורה נדפסו, כל אחד בזמנו, לאחר שהרי"מ עפשטיין כתב את החלק המקביל בחיבורו. הכרך האחרון של המשנה ברורה (חלק ו - אורח חיים סימנים תקל-תרצז) יצא רק בשנת תרס"ז בפיעטרקוב, כמעט במקביל להדפסת השליש האחרון של ערוך השלחן לאורח חיים.

סדר ההדפסה אינו עניין למתעניינים בהיסטוריה בלבד כי אם לפוסקי הלכה. בנושאים הכלולים בחלקים א ו-ג של המשנה ברורה, יש מקום לומר שערוך השלחן נחשב "בתראי" לעומתו. בפרט בהלכות שבת יש סברא להעדיפו, מאחר שכאמור חלק מהלכות אלו נכתבו על ידי בנו של המשנה ברורה, הרב אריה ליב[16]. וכן כמובן במקרים בהם השיג עליו ישירות, במפורש או שלא במפורש,

---

13 בנו כותב שההדפסה החלה בחורף תרנ"ב, ולכן ייתכן ששנת ההוצאה היא למעשה תרנ"ג. ראו הרב אריה לייב הכהן, **קיצור תולדות החפץ חיים**, בתוך: **מכתבי החפץ חיים**, ניו יורק תשי"ג, עמ' 45.

14 מתוך מכתבו לאליעזר ליפמן פרינץ, בספרו של אלס בנדהיים, **פרנס לדורו - התכתבות אליעזר פרינץ עם חכמי דורו**, ירושלים תשנ"ב, עמ' 309.

15 **קיצור תולדות החפץ חיים**, עמ' 38. ומציין שלכן נדפס בדפוס ראשון של הלכות שבת 'חלק ב' שהוא [עתה] ח"ג.

16 ראו **קיצור תולדות החפץ חיים**, עמ' 41-43, שם מעיד בין השאר "כי בשביל שהכתבים לא יצאו תמיד מעט אחת, נמצא לפעמים סתירות שהרב המחבר לא עמד עליהם", ומביא דוגמא לסתירה

יש להחשיבו בתראי. אך אי אפשר לומר כן בשאר חלקי המשנה ברורה, שרי"מ עפשטיין לא ראה בזמן שחיבר את החלקים המקבילים בספרו. יש להדגיש, שעל אף שהחפץ חיים חי עוד עשרים וחמש שנים אחרי פטירת הרי"מ עפשטיין, במהדורות ספרו לא הוכנסו שום תיקונים אפילו לא במקרים של טעות סופר וכל שכן לא שינויי הלכות, מלבד מקצת תיקונים שהספיק להכניס בכרך הראשון[17].

בפועל, אף בחלקים המקבילים לכרכים א ו-ג של המשנה ברורה, יש להניח שאת עיקר חיבורו כתב הרי"מ עפשטיין בלי שספר המשנה ברורה היה מונח לפניו כל העת, ורק בשלב מתקדם של הכתיבה והעריכה הוא נפנה להסתכל בו ולהשוות עמו את דבריו. עובדה זאת ניכרת בבירור באשר להתייחסויות למשנה ברורה המופיעות בסוגריים בסופו של סעיף[18]. היא ניכרת גם במקרים בהם מידע המופיע במשנה ברורה אינו מוכר לערוך השלחן: לדוגמא, בסימן שטז סעיף ו הוזכרו בערוה"ש דברי הרמב"ם שהצד צבי קטן פטור. הערוה"ש כתב על כך: "לא ידעתי מקורו, ואולי מצד הסברא כתב כן" – וזאת כשבמשנה ברורה על אתר (ס"ק ח) העיר שמקורו של הרמב"ם הריהו בירושלמי (וכן בתוספתא המודפסת בש"ס וילנא). דוגמא נוספת נמצאת בסימן שז סעיף ו: הערוך השלחן הקשה למה נימק השלחן ערוך את האיסור לקרוא רשימה הכתובה על כותל גבוה "שמא יקרא בשטרי הדיוטות"; הלא בסימן רעה פסק כרבה שאסור לקרוא לאור הנר אפילו כשהוא גבוה משום "לא פלוג", וגם כאן – ברשימה הכתובה על כותל גבוה – שייך הטעם של "לא פלוג" ? אלא שבמשנה ברורה (שער הציון ס"ק נה) ביאר בשם התוספות שבת שהשלחן ערוך העדיף את הטעם של שטרי הדיוטות על פני הטעם של לא פלוג, מפני "דשייך טעם זה בעצם" – כלומר מפני שזהו טעם מהותי, הכרוך בעצם העניין, מה שאין כן הסייג הכללי של "לא פלוג" – וממילא מתורצת קושיית ערוך השלחן. אילו ראה הרי"מ עפשטיין דברים אלה של המשנה ברורה, יש להניח שלא היה מקשה קושייתו זאת.

בין סי' שיח שכתב הח"ח לסי' שכח שכתב הוא, וכל אחד אחז בשיטה שונה; אף שבכ"ז היה הח"ח עובר על דברי בנו וסיננם (שם עמ' 42 וכן עמ' 86), אבל עדיין לפעמים נשמט איזה דבר ממנו וכך יצאו הסתירות הנ"ל. לעומת זאת, את חלק א כתב החפץ חיים לבדו למעט עניין אחד בסי' מב שכתב עם בנו.

[17] לפי עדות בנו הנ"ל, שם, עמ' 30. ייתכן שעובדה זו נעלמה מעיני המדפיסים והמהדירים בדורות הבאים.

[18] ואולי נכונים הדברים, בחלק מהמקרים, גם באשר לסעיפים שלמים בהמשך הסימן, ויותר מכך – תיקון ההפניות לסעיפים הללו, אם ישנן, במקומות אחרים באותו חלק.

מאידך, יש לפחות מקום אחד בו ייתכן שהרי"מ עפשטיין אף העתיק את לשון המשנה ברורה: על המנהג שלא לכסות את הראש בטלית בשבת מחשש עשיית אוהל (שהאיר לו פנים בעל מחצית השקל, סימן שא סעיף מ), כתב המשנה ברורה: "ואין לזה שום טעם וריח" (שם סעיף קיב). אף שביטוי זה כשלעצמו מופיע מדי פעם בלשון הפוסקים, והרי"מ עפשטיין עצמו השתמש בו בכעשרה מקומות נוספים (ראו לדוגמא או"ח סימן רסח סעיף יז, סימן רפ סעיף ג), בכל זאת, למיטב ידיעתי הראשון שהשתמש בו בהקשר למנהג זה הוא המשנה ברורה.

כמחצית מהפעמים בהן הזכיר הערוך השלחן את המשנה ברורה מדובר בציון והפניה שגרתיים כדרכם של הפוסקים, ובשאר האזכורים הוא לרוב חולק על המשנה ברורה. פעמים בודדות הוא מביא אותו כסימוכין או מאשר את דבריו, ולחלופין מיישב את קושייתו או מסתייג מהכרעתו. בדרך כלל הוא מזכירו רק בראשי תיבות 'מ"ב' או 'בה"ל', אולם במקומות מספר הוא כותב את השם המלא – 'משנה ברורה' או 'ביאור הלכה'[19].

---

[19] להלן רשימת המקומות בהם התייחס הערוך השלחן לדברי המשנה ברורה:

מציין ומפנה אליו: סי' י סעי' ד; סי יב סעי' ד; סי' כה סעי' כג; שם כו; סי' סב סעי' ג; סי' עז סעי' ד; סי' עט סעי' יז; סי' פז סעי' ז; סי' פט סעי' כד; סי' צא סעי' ג; סי' רסב סעי' ד (בשמו המלא); סי' רסח סעי' ו; סי' רעה. לעומת הדעה המקובלת – שאמנם יש לה סימוכין – הגורסת שבאופן כללי המשנה ברורה נוטה יותר להחמיר (כראש ישיבה קלאסי) והרי"מ עפשטיין נוטה יותר להקל (כרב קהילה קלאסי), עובדה מעניינת היא שבחלק מן המקרים בהם הערוה"ש מתייחס במפורש למשנה ברורה וחולק עליו, הוא חולק דווקא לחומרא. יחד עם זאת, יש לזכור שלא בכל המחלוקות קיים צד של 'חומרא ו'קולא'; לפעמים מדובר בשאלה 'נייטרלית' של פרשנות, או דין שאין בו בהכרח צדדי קולא וחומרא, או שיש בו את שני הצדדים יחד, או שאלו מסופקים ותלויים בשיקולים נוספים, וכדומה.

חולק עליו: סי' י סעי' ז, סי' יא סעי' ח [לקולא], שם כב, סי' יד סעי' ה [לחומרא], סי' עו סעי' כא, סי' פט סעי' כג [לקולא], סי' צא סעי' ד, סי' רמ"ה סעי' יח [לחומרא], סי' רמז סעי' יג [לחומרא], סי' רסג סעי' יט, סי' רעא סעי' ל, סי' שב סעי' ט [לקולא], סי' שיט סעי' כב [לקולא], סי' שכח סעי' לט [לקולא], סי' של סעי' ז [לקולא], סי' שלו סעי' כא [לקולא].

מיישב את קושייתו: סי' עט סעי' יא.

מאשר את דבריו: סי' י סעי' ח. אמו"ר שליט"א כתב (הרב יהודה הרצל הנקין, **שו"ת בני בנים**, ב, ירושלים תשנ"ב, סי' ח) שיש פעמים רבות "אין ספור" שהערוה"ש חולק על המשנה ברורה מבלי להזכיר את שמו – דבר התואם את סגנונו הכללי של הערוה"ש, שמתייחס לדעות מסוימות מבלי לכתוב במפורש במי מדובר. כדוגמא ציין אמו"ר את סי' נה סעי' כ (כנגד משנ"ב ס"ק נב) וסי' שע סעי' יג (כנגד משנ"ב ס"ק כז). [אמנם לפי מה שהראינו לעיל, שהרי"מ עפשטיין ראו במשנ"ב רק

יש לציין שהרי"מ עפשטיין כמעט שאיננו מזכיר או מצטט מספרים שיצאו בתקופתו ואף בדור שלפניו, ויוצא דופן הוא המשנה ברורה. הדבר מעיד על הערכתו אליו, או לחלופין על הכרתו בחשיבות שנודעה לספר כבר בדור בו נדפס. הערכה זו מבצבצת גם מתוך הדברים עצמם, גם במקרים בהם הוא מציין אותו כמקור תומך: "וכן ראיתי בספר משנה ברורה, שכתב בשם מסגרת השולחן ששמע מכמה גדולים היתר זה..." (או"ח סי' רעה סעי' ב), ולפעמים אף במקרים בהם דחה את דבריו: "ובעל מ"ב הרעיש על זה, ולכן יצאנו ללמד זכות..." (או"ח סי' שיט סעי' כב). עם זאת, אין צורך לומר שיחסו הכללי אליו הוא כאל כל מחבר בן תקופתו, ובמקום שהוא חולק עליו הוא עושה זאת לעיתים בתקיפות רבה. לדוגמא: "המ"ב כתב... וח"ו מלומר כן... ולבד זה דבריו תמוהים, ע"ש..." (או"ח סי' יד סעי' ה); "המ"ב מסתפק בזה, ואין בזה שום ספק" (או"ח סי' יא סעי' כב); "ובה"ל רוצה לחדש בשביל הדבר התמוה הנמצא בסמ"ג, ואין אנו אחראים לזה" (=לדבר התמוה הנ"ל. או"ח סי' שלו סעי' כא).

עד סי' שדמ, הרי לא התייחס לסי' שע.] ניתן לציין מקרים נוספים מסוג זה, והרי כמה דוגמאות: בערוך השלחן סי' רצו סעי' ה כתב "ראיתי מי שהקשה דאיך יבדילו, והא נשים אינן שותות מכוס הבדלה. ותמיהני על זה..."; כוונתו בלי ספק למשנה ברורה, שהוא שהקשה קושיה זו (שם ס"ק ל"ה; הוא מפנה שם לדרך החיים, אך הלה [סי' צד אות ג] כתב זאת בניחותא ולא בדרך קושיה). וכן בסי' שכא סעי' ט כתב הרי"מ עפשטיין "וראיתי מפקפקים ואוסרים לחתוך בהא"ק מעסע"ר הבצלים, ולא נהירא לי כלל שהרי זהו ג"כ סכין... העשוי בתמונת חצי עיגול והוא כסכין דעלמא, ולמה נאמר שבנות ישראל עושות שלא כדין" – וכוונתו בלי ספק למשנה ברורה, שכתב כן מדעתו שם בס"ק מה: "מסתברא דיש ליזהר במה שנוהגין לחתוך בצלים. שלא יחתכם בכלי [שקורין האק מעסער], דאפשר דחשיב ככלי המיוחד...". מסתבר שכך הוא גם באשר לדברי הערוה"ש בסי' שח סעי' נה שלא יסמוך האדם שכשיתקבצו הרבה קליפות לפניו יהיו כגרף של רעי ויהיה מותר לטלטלן – והדברים מכוונים כנראה נגד המשנ"ב (ס"ק טו) שהסיק מן הגמרא בלשון זו ממש, ש"אם נתקבצו הרבה יחד" הריהן כגרף של רעי ומותר לטלטלן. עוד מסתבר שמה שהעיר הערוה"ש בסי' שב סוף סעי' יח ש"יש אוסרים כיבוס בעור בכל עניין, ושיטה זו צע"ג", כוונתו למשנ"ב שם (סעי' ט בביאור הלכה), שהאריך מאד להסיק כן (הסיבה שהערוה"ש נקט כאן לשון רבים, "יש אוסרים" ולא "יש מי שאוסר", היא כנראה מפני שהמשנ"ב הביא למסקנתו חיזוק מדברי גיסו של הרי"מ עפשטיין, הנצי"ב, בספרו **העמק שאלה**). ובאותו אופן, גם מה שכתב הערוה"ש בסי' רעג (סעי' ד) שהחלפת הבגדים בין קידוש לסעודה אינה הפסק והוסיף "וראיתי מי שלא פירש כן ולא נהירא לי", מסתבר שכוונתו למשנ"ב שכתב שאפילו הפסק כזה ופחות ממנו הריהו הפסק (שם ס"ק יד).

ג. תפוצת המשנה ברורה היום

לעומת ערוך השלחן, שחובר בפורמט הספרותי-הלכתי הישן ללא חלוקה למדורים, מעלותיו החיצוניות של ספר המשנה ברורה רבות: שפתו בהירה, יש בו הפרדה בין החקירות שסידר החפץ חיים ב"ביאור הלכה" לבין ההכרעה המסודרת במדור "משנה ברורה". הוא מסודר כהגהות על השו"ע, ועריכתו חדשנית ומוקפדת במידה נדירה. כל אלה הפכו אותו לספר שימושי ביותר בעבור מי שמבקש למצוא בקלות ובמהירות את פסיקת ההלכה למעשה. זאת בנוסף לאפשרות ללמוד מתוכו בהרחבה על ידי ביאור ההלכה[20].

אף שגם במשנה ברורה וגם בערוך השלחן יש חקירות ובירורים לרוב, בעוד שאצל המשנה ברורה אלה סודרו במדור נפרד - 'ביאור הלכה', בערוך השלחן החקירות הן בלב הסימן ומקשות על ההתקדמות למי שאינו מצוי בנושא. עובדה זו מקשה על המבקש להשוות את פסיקת הרי"מ עפשטיין בסעיף מסוים של השו"ע לזו של מחברים אחרים, שכן יש צורך להתאמץ למצוא את המקום בו התייחס הרי"מ עפשטיין לאותו סעיף. ממילא, המבקש ללמוד את ספר השלחן ערוך בצירוף פסקי האחרונים והוראותיהם, לרוב יעדיף את המשנה ברורה. ביכולתו של הלומד להקל על עצמו עוד יותר דרך דילוג על החקירות שב'ביאור הלכה' - אף כי במקרים רבים ההפרדה העניינית בינו לבין מדור המשנה ברורה, וכן בין מדור המשנה ברורה לבין שער הציון, הריהי רופפת למדי[21].

ניתן לסכם: ערוך השלחן בנוי על פי מידת הכותב, ואילו משנה ברורה בנוי על פי מידת הקוראים. כל הסיבות הללו, ואחרות, הביאו לפופולריות העצומה של המשנה ברורה, לעומת דחיקתו של הערוך השלחן לנישה של 'ספר מקצועי' בו משתמשים בעיקר רבנים ומחברי ספרים.

---

[20] ספר פופולרי מקביל בימינו הוא 'שמירת שבת כהלכתה', שבחלק ממעלותיו מקביל אכן למשנ"ב.

[21] ומהרב בצלאל דבליצקי שמעתי בשם גדול בקי אחד, שהטעם לכך הוא שהיות שדיבורי המתחיל במשנ"ב ממוספרים באותיות, קשה מאד לאחר שסודרו בדפוס לבוא ולהוסיף דבר נוסף שישנה את כל המספור, ואילו בביה"ל המסומן בכוכביות אפשר לעשות זאת בקלות. ואמנם גם שעה"צ ממוספר באותיות אבל מסתבר שבשל מקומו וטיבו היה מכל מקום קל יותר להוסיף בו הערה אגב אורחא.

ד. כוחו של מי עדיף

אמו"ר הביא סימוכים[22] לדעת סבי זקני הגאון הרי"א הענקין זצ"ל (וכן דעת הגאון בעל 'יסודי ישורון' ואחרים) שגדול כוחו בהלכה של הערוך השלחן יותר מהמשנה ברורה, ושבמקום שהם חולקים יש לפסוק כערוך השלחן. במקום אחר[23] ציין אמו"ר כמה גורמים להעדפתו של עולם הישיבות וה'עולם' בכלל את המשנה ברורה על פני ערוך השלחן, ובהם: הצורך במדריך הלכתי נגיש וקל; הרס הקהילות באירופה ואובדן מנהגי הקהילות, דבר שהביא לזינוק למעמדו הנוכחי של המשנה ברורה אחרי השואה; וכן "סיני ועוקר הרים, סיני עדיף" - יתרונו של מי שאוסף דעות רבות ופרטי דינים על פני פוסק שהוא פחות ממצה על אף שהוא חריף יותר. אמנם לדעת אמו"ר יש מקום לפקפק במה שמובא מקובץ איגרות החזון איש כראיה מוחלטת להעדפת המשנה ברורה, שדברי המשנה ברורה הם "כמו מפי [ה]סנהדרין בלשכת הגזית". נדונה שם שיטתו של רבנו תם בעניין צאת הכוכבים, שהיא דוגמא מובהקת לדין שאינו נהוג על ידי רוב העולם אף לא לחומרא, ואף שלא כדעת החזון איש עצמו. ועוד, החזון איש לא כתב שהוראת המשנה ברורה לבדה היא "כמו מפי [ה]סנהדרין בלשכת הגזית", אלא שהוראה שנתקבלה על ידי הבית יוסף ואחריו המגן אברהם ואחריו המשנה ברורה היא כן. ומן הסתם, הוא הדין להוראה שנתקבלה על ידי הבית יוסף ואחריו המגן אברהם ואחריו ערוך השלחן. אוסיף לציין שבהקדמה לפירוש 'צפה הצפית' על הלכות פורים לערוה"ש[24], מביא הרב מרדכי רבינוביץ' בשם אביו הגרנ"א רבינוביץ', ששמע מסבי זקני הגרי"א הענקין ש"הערוך השולחן היה פוסק אחרון"[25].

---

[22] הרב יהודה הרצל הנקין, **שו"ת בני בנים**, ב, ירושלים תשנ"ב, סי' ח.

[23] **הצופה**, מוסף ספרים וסופרים, פר' תרומה תשס"ח.

[24] הקדמה, הערה 1.

[25] רבים היום חולקים על קביעה זו, אבל לפני השואה היא היתה מוסכמת (תוספת אבי המחבר). לדברי הרב יוסף כהנמן, כוחו הגדול של הרי"מ עפשטיין היה ב"משקל ראשון", כלומר בהחלטה הנובעת מהמבט הראשון בסוגיה, תוך בחינת העניין על פניו עוד לפני ההתעמקות בסברות לכאן ולכאן. ואמר הרב כהנמן שבזאת בעיקר נגלתה גדולתו התורנית של הרי"מ עפשטיין, ולא בעיון הרחב והסימוכין שהיה מוצא לאחר מכן. ראו לעיל, חלק ראשון, פרק רביעי, הערה 44.

נספחים

נספח א

הרי"מ עפשטיין והצמח צדק בעדשת 'מקור ברוך'

א. מבחור ישיבה בוולוז'ין לרב בעיירה חסידית

בשונה מרוב העיירות הסמוכות שהיו בעלות אוריינטציה ליטאית מובהקת, בבוברויסק התקיימה קהילה חסידית גדולה, חב"דית ברובה, ולצידה שכנה קהילה ליטאית, אליה השתייכה משפחתו של הרי"מ עפשטיין. על אף שהֵדי המחלוקת העזה בין החסידים ל'מתנגדים' טרם שככו, היחסים בין שתי הקהילות היו טובים למדי - כנראה בהשפעת רבה של בוברויסק באותה עת, ר' ברוך מרדכי אטינגר, שנולד במשפחה הנמנית על חוג תלמידי הגר"א ומאוחר יותר התקרב מאד לבעל התניא, והיה מקובל על כל תושבי בוברויסק, חסידים וליטאים[1].

כאמור למעלה, תקופה קצרה לאחר נישואיו חזר הרי"מ עפשטיין לבוברויסק. בסיועה של אשתו, שהחזיקה חנות למוצרי אריג, השתקע הרי"מ עפשטיין בלימוד תחת הדרכתו של רבו הר"א גולדברג, שאף העניק לו סמיכה להוראה. באותה תקופה התמנה הר"א גולדברג לרבה של הקהילה הליטאית בבוברויסק, לאחר שהרב"מ אטינגר עלה לא"י, ולראשות הקהילה החסידית נבחר ר' הלל מאליסוב מפאריץ', תלמידו של 'האדמו"ר האמצעי' מחב"ד. בסמוך לכך החל הרי"מ עפשטיין

[1] ראו: ר"י ניסנבוים, **עלי חלדי**, עמ' 30; **שרי המאה**, ו, עמ' 96–97, 100. לתיאורים שניוניים ראו: דב אטינגר, 'רבי ברוך מרדכי אטינגר מבוברויסק-ירושלים', **שנה בשנה** (תשל"א), עמ' 299; וקסמן, "הגאון בעל ערוך השלחן", עמ' 422–423.

להעביר שיעורים בבוברויסק, ובהמשך גם נתמנה, ככל הנראה, לעמוד בראשות ישיבת אלטשול – ישיבה גדולה שנוסדה בבוברויסק בשנת תקפ"ז על ידי ר' עקיבא אלטשול תלמיד ר' חיים מוולוז'ין. כמה שנים מאוחר יותר כבר כיהן הרי"מ עפשטיין כדיין מומחה בבוברויסק, ושימש יד ימינו של הר"א גולדברג הזקן[2].

בסיומה של תקופה זו, שנמשכה כ-15 שנים, עזב הרי"מ עפשטיין את בוברויסק ונתמנה לכהונת רבנותו הראשונה, בעיירה נובוזיבקוב שבחבל צ'רניגוב בדרום רוסיה הלבנה. נובוזיבקוב היתה עיירה קטנה בעלת אופי חסידי, שרוב תושביה נמנו על חסידי חב"ד, והשאר היו חסידי צ'רנוביל[3]. רבם של חסידי חב"ד באותן שנים היה נכדו של בעל התניא, ר' מנחם מנדל שניאורסון, שלימים נודע – על שם ספרו – כבעל 'צמח צדק' (להלן: הצמח צדק).

ר' ברוך הלוי עפשטיין, בנו של הרי"מ עפשטיין ובעל הפירוש הפופולרי 'תורה תמימה', חיבר בערוב ימיו ספר זכרונות בשם 'מקור ברוך'. זהו ספר רחב היקף – ארבעה כרכים, למעלה מאלפיים עמודים – המסודר לפי תולדות משפחתו, ובכרך השלישי הוא מקדיש כמה פרקים לתיאור קורותיו של אביו. האירוע העיקרי המתועד בפרקים אלו, הוא נסיעה שערך הרי"מ עפשטיין לעיירה לובביץ', כדי לבקר את הצמח צדק[4]. הרקע לנסיעה, כפי שמספר הר"ב עפשטיין, היה רצונו של אביו להכיר את מי שהיה "מוכתר ומעוטר בכתר שם טוב ומפורסם לגאון ואדיר בתורה ופוסקי הלכות", ובעיקר משאלתם של חסידי חב"ד תושבי נובוזיבקוב, ש"היה להם לרצון לו הכיר פנים את רבם ואלופם הגדול"[5].

---

[2] כך עולה ממכתב משנת תרכ"ב – היחיד שנשתמר בידינו מתקופה זו – שנדפס שנית לאחרונה בספר **כתבי הערוה"ש**, סי' לו. המכתב, העוסק בשאלה סבוכה של קידושי טעות, מופנה לרב דובעריש מייזלש, רבה של ווארשא; הרי"מ עפשטיין מספר שעיניו של הר"א גולדברג כהו מראות, ולכן הוא "ביקש אותי גם כן לעיין בזה, ולבקש הסכמת הגאון על זה, ואז נושיב בית דין ונתירה".

[3] מינוי רב ליטאי בוגר ישיבת וולוז'ין לכהונה בעיירה חסידית, אינו דבר המובן מאליו; רי"ל מימון שמע מפי הרי"מ עפשטיין שהדבר הסתייע בין השאר באמצעות חסידי בוברויסק, שהמליצו עליו "כי כדאי והגון הוא להיות רב בעיירה חסידית" (**שרי המאה**, ו, עמ' 100). וקסמן, "הגאון בעל ערוך השלחן", עמ' 422, מעלה השערה לפיה היתה גם מחלוקת בין שתי קבוצות החסידים בעיירה, שלא הגיעו לכלל הסכמה האם הרב הנבחר צריך להיות חסיד חב"ד או צ'רנוביל, ולכן בחרו לבסוף רב 'נייטרלי'. ראו למעלה, חלק ראשון, פרק ראשון, הערה 8.

[4] ראו **מקור ברוך**, ג, פרקים כ-כב; כג אות ב; ל אותיות א, ג; לא-לב.

[5] שם, עמ' 1234. הסבר זה הגיוני למדי; בראש הספר 'אור לישרים' שהדפיס הרי"מ עפשטיין בז'יטומיר תרכ"ט – לאחר פטירת הצמח צדק – מופיעות הסכמותיהם של אדמו"רי צ'רנוביל,

הר"ב עפשטיין מאריך מאד בתיאור מפגשם של אביו והצמח צדק, ומרבה לצטט משיחותיהם, שכללו לדבריו נושאים מגוונים ביותר: הם דיברו על התנגדותו של הגר"א לחסידות[6], על ר' אביגדור מפינסק ומעשיו כנגד החסידים[7], על רבי נחמן מברסלב ומקצת שבחו[8], על ההבדל בין 'קצות החושן' ל'נתיבות המשפט'[9], על ה'נודע ביהודה' וספריו[10], על הבעייתיות שבלימוד פילוסופיה[11], ועוד ועוד.

לדברי הר"ב עפשטיין, אביו שהה אצל הצמח צדק "כחודש ימים ויותר", ובמהלך תקופה זו הם נפגשו כמעט כל יום, לעיתים אף פעמיים ביום, וכל מפגש ארך כמה שעות, בהן שוחחו ועסקו בדברי תורה. בסוף התקופה נתן הצמח צדק לרי"מ עפשטיין סמיכה להוראה[12], ואף ביקש ממנו להישאר אצלו שבוע נוסף, מחיבתו אליו. כמו כן, לאחר הפרידה הוא שלח לתושבי נובוזיבקוב מכתב המלצה נלהב על רבם[13].

ב. דיוני אמינות סביב הביקור בלובביץ'

שנים בודדות לאחר הדפסת 'מקור ברוך' כבר הופיעו פקפוקים ראשונים על מהימנות עדותו זו של הר"ב עפשטיין. חילופי הדברים בין אביו והצמח צדק מתוארים על ידו בפירוט מדוקדק מדי, ופיסקאות רבות וארוכות מובאות כציטוט, מילה במילה, מפיו של הצמח צדק. הוא גם מרבה לתאר את שפת הגוף וההתנהגות של האדמו"ר בשעת דיבורו: "ויאמר ברגש קצת (כנראה החל כאן להתרגש מפני תכלית סוף דבריו...)"[14]; "קם ממקומו ויגש אל אבי וילחץ את ידו"[15], וכדומה. קשה להניח שהרי"מ עפשטיין מסר לבנו פירוט כה מקיף ומדויק של שיחותיו

שלחסידיהם היתה כאמור קהילה קטנה בנובוזיבקוב. סביר מאד להניח שהרי"מ עפשטיין פעל גם ליצירת קשר עם האדמו"ר אליו היו כפופים **רוב** תושבי העיירה – הצמח צדק.

[6] שם, עמ' 1233–1238, וראו גם עמ' 1290–1291.

[7] שם, עמ' 1239–1246.

[8] שם, עמ' 1248.

[9] שם, עמ' 1253–1255.

[10] שם, עמ' 1265–1266.

[11] שם, עמ' 1608–1609.

[12] שם, עמ' 1235, וראו שם עמ' 1261–1262, וכן עמ' 1289.

[13] שם, עמ' 1235, 1630–1631.

[14] שם, עמ' 1264.

[15] שם, עמ' 1290.

עם הצמח צדק, ובלתי סביר שהוא היה מסוגל אף **לזכור** את הלשון המדויקת בה נאמרו הדברים לפני עשרות שנים. באותו אופן ברור שהר"ב עפשטיין עצמו, בגשתו לכתוב את זכרונותיו, לא היה מסוגל לשחזר במדויק את הלשון בה השתמש אביו עשרות שנים קודם לכן, כשסיפר לו על המפגש. אם כן, כיצד הוא מגיש את הדברים כציטוטים מדויקים מפי הצמח צדק?

תהיות אלו הועלו לראשונה על ידי ר' יקותיאל אריה קמלהאר, שחלקים מספרו 'דור דעה' נדפסו כחמש שנים אחרי 'מקור ברוך'. תחילה הוא מציין סתירה עניינית: ב'מקור ברוך' מובאות מפי הצמח צדק כמה אמירות חריפות כלפי ה'נודע ביהודה', שהתנגד לחסידות – אולם מקור מהימן מסר לו במכתב שהצמח צדק השמיע דברי שבח מופלגים כלפי ה'נודע ביהודה', "ואיך יעמדו דברי המחבר 'מקור ברוך' לפני עדות מכחשת כיו"ב?". לאחר מכן הוא מעלה את השאלה העקרונית:

> ...וגם אביו הגאון ז"ל לא רשם אז את השיחה עם כל התגין והעוקצין, למוסרם בדיוק לבנו ר' ברוך מבלי לחסור גם עוקץ אחד, ומאין ידע הר' ברוך עפשטיין למסור לנו השיחה, עם מליצות בכפל מילים ובביטויים שונים? אין זאת אלא שהוסיף מדיליה כיד צחות הלשון ותפארת המליצה הטובה עליו, ועל כן אין לסמוך על דבריו, כי קשה לברר מתוכם את הדיבורים שדיבר הגה"ק מוהרמ"מ ז"ל[16].

רי"א קמלהאר פוסל את ההסתמכות על סיפורי הר"ב עפשטיין ככתבם וכלשונם, אם כי הוא מקבל את ההנחה שהללו מבוססים על גרעין אמת. אולם האם באמת התיימר הר"ב עפשטיין לטעון שדבריו משקפים את הלשון המדויקת בה השתמש הצמח צדק? שימושו ב"ציטוטים" איננו מיוחד אצלו לצמח צדק, ואף לא דווקא לסיפורים ששמע מאביו, אלא מופיע לכל אורך 'מקור ברוך' – גם

[16] י"א קמלהאר, **דור דעה – גאוני הדור**, פיעטרקוב תרצ"ה, עמ' עו-עז. הוא מעיר בנוסף שהרי"מ עפשטיין והצמח צדק שוחחו מן הסתם באידיש, כך שלא מסתבר שהאדמו"ר השתמש באותן מליצות ומשחקי מילים המצוטטים מפיו בעברית. עובדה מתמיהה היא, לאור זאת, שבהמשך ספרו הוסיף רי"א קמלהאר להביא את "ציטוטי" הר"ב עפשטיין בשלמותם (ראו עמ' עב, קצ"ג-קצ"ד), למרות שהוא עצמו קבע ש"קשה לברר מתוכם" את דברי הצמח צדק! הדברים מגיעים לכך שכמעט כל המידע המובא בערך המוקדש לצמח צדק, לקוח בשלמותו מ'מקור ברוך' (עמ' רכד-רכח). כבר הבחין בכך ר' יהושע מונדשיין, ולדעתו הדבר נבע ממחסור בידע של הרי"א קמלהאר על תולדות גדולי רוסיה, שאילץ אותו להסתמך על מקורות מפוקפקים – הנ"ל, **הצופה לדורו**, ירושלים תשמ"ז, עמ' 268.

במקרים בהם ברור שאין כוונתו לטעון שכך בדיוק נאמרו הדברים: לדוגמא, בכרך ב הוא "מצטט" על פני כמה עמודים סיפור ארוך ביותר שסיפר ר' יצחק אלחנן ספקטור למאן דהוא[17], ובכרך ד הוא "מצטט" שיחה ארוכה מפיו של ר' זלמן זאב מווילנא[18]. מדובר במונולוגים ארוכים ביותר, שהר"ב עפשטיין אינו טוען ששמע אותם מעד שמיעה, ובכל זאת הוא מגיש אותם לקורא כציטוט ישיר מפי הדובר. הדבר נכון גם לגבי הסיפורים המובאים מפי הצמח צדק: למשל, בסיפור על שיחתם של ה'קצות' וה'נתיבות', הר"ב עפשטיין מעיר שכששמע את הסיפור הוא לא בירר האם הצמח צדק היה נוכח בעצמו במקום או ששמע את הדברים מאדם אחר, ולדעתו האפשרות השנייה מסתברת יותר[19]; כלומר, לדבריו שלו מדובר בשמועה מכלי רביעי או חמישי – ה'קצות' וה'נתיבות' דיברו, את דבריהם שמע אדם אחר, ממנו שמע זאת הצמח צדק, ממנו שמע זאת הרי"מ עפשטיין, ממנו שמע זאת בנו הר"ב עפשטיין – ובכל זאת הוא מביא את הדברים כציטוט מפי ה'קצות' וה'נתיבות'.

לאור זאת, קשה להניח שהר"ב עפשטיין באמת התכוון לשכנע את קוראיו שמדובר בציטוטים אמיתיים, המשחזרים מילה במילה את לשונו המקורית של הדובר. אפשרות סבירה יותר היא ששימושו במתודת הציטוט הינו בחירה ספרותית וסגנונית בלבד, כהרגלם של סופרים אחרים מאותו ז'אנר[20]. הסיפורים המובאים ב'מקור ברוך' נכתבו רובם ככולם בעיבוד חופשי, ולשון הדברים אינה מייצגת אלא את סגנונו של הר"ב עפשטיין; את היומרה ההיסטוריונית, לפיכך, יש לייחס רק לגרעין תוכן הדברים – הטעון כשלעצמו בדיקה כמו כל חומר היסטוריוגרפי אחר.

למסקנה דומה הגיע ההיסטוריון עמנואל אטקס. הר"ב עפשטיין מביא מפי הצמח צדק טענה מעניינת לפיה התנגדותו של הגר"א בסופו של דבר הועילה לחסידות (ונשוב לכך בהמשך); אטקס מביא זאת כדוגמא ל"מגמה האפולוגטית" – אחת

---

[17] **מקור ברוך**, ב, עמ' 813–819.

[18] שם, ד, עמ' 1696–1699.

[19] שם, ב, עמ' 1253–1255, בהערה.

[20] תופעה זו רווחה בספרות הזכרונות של התקופה. השוו: דוד אסף, ***מה שראיתי... זכרונותיו של יחזקאל קוטיק***, תל אביב תשנ"ט, מבוא, עמ' 80–81. אסף מגדיר זאת כז'אנר ה"זכרון היצירתי", המערבב בין עדות, פרשנות וסיפור, ומסכם כי "ההיסטוריון המבקש לעשות שימוש ב'זיכרונות יצירתיים' נוסח קוטיק חייב אפוא לנסות ולהפריד, ככל יכולתו, בין שלושת המישורים הללו המשמשים בערבוביה".

משלוש דרכי התייחסות נפוצות למחלוקת החסידות וההתנגדות – ולאחר מכן מתייחס למידת המהימנות של ייחוס ההסבר לצמח צדק:

> האומנם שמע יחיאל אפשטיין דברים אלה מפיו של ר' מנחם מנדל שניאורסון? קשה להניח שברוך אפשטיין או אביו בדו את הדברים מליבם. עם זאת, ספק גדול אם המנהיג החסידי הרחיק לכת עד כדי כך בהכרת תודה למי שהנהיג את המלחמה בחסידים. מסתבר שר' מנחם מנדל אמנם השמיע באוזני אורחו 'הליטאי' דברים בשבחו של הגר"א. אלא שנוסח הדברים ונימתם, כפי שהם מופיעים בספר 'מקור ברוך', משקפים את נקודת המבט המתנגדית[21].

המסקנה המשותפת לאטקס ולרי"א קמלהאר, היא שצריך אמנם להטיל ספק **בפרטי** הסיפורים שמביא הר"ב עפשטיין על הצמח צדק, אך העובדה **הכללית** הניצבת ביסודם – עצם פגישת הרי"מ עפשטיין והצמח צדק – נכונה ומדויקת. אכן, קשה להניח שהר"ב עפשטיין היה מקדיש עשרות דפים ב'מקור ברוך' לתיאור מפורט של מפגש אביו והצמח צדק, אם מפגש זה לא היה ולא נברא[22]. סבירה יותר המסקנה שהמפגש התרחש במציאות, והר"ב עפשטיין אכן מתבסס על מסגרת עובדתית, אלא שכאמור הוא הרשה לעצמו מידה רבה של חופש ספרותי במהלך תיעוד הסיפורים ששמע על המפגש, והכניס לפי הצמח צדק – במודע ושלא במודע, "כיד צחות הלשון ותפארת המליצה הטובה עליו" – גם פרטים וסיפורים ממקורות אחרים[23].

---

[21] הנ"ל, **יחיד בדורו**, ירושלים תשנ"ח, עמ' 154.

[22] זאת ועוד: אמרו חכמים "הרוצה לשקר ירחיק עדיו" – קרי, הבודה מליבו מאורע כלשהו ישתדל לבנותו באופן שיקשה על הכחשתו, בין השאר באמצעות 'הפחתת' מספר העדים למינימום. אילו היה הר"ב עפשטיין ממציא את המפגש, הוא היה אמור לשוות לו אופי חשאי יחסית, ולמעט בתיאורים פומביים – אך בפועל הוא נוהג להפך וכותב ש"בעת פרידתו מעליו אמר (=הצמח צדק) מפורש לפני בני משפחתו ולפני אנשים רבים שהיו באותו מעמד, כי קשתה עליו פרידתו", ומוסיף ומתאר ש"תכונת הפרידה" התפשטה על כל החצר, בני המשפחה והחסידים, ועל כל העיר, כולל צאצאי הצמח צדק (**מקור ברוך**, ג, עמ' 1628). הגם שזהו תיאור מופרז בעליל, קשה להניח שהר"ב עפשטיין היה מעז לכותבו אילו נסיעת הרי"מ עפשטיין ללובביץ' – ויציאתו משם – מעולם לא התקיימה.

[23] דוגמא מובהקת לכך היא ההספד על הצמח צדק שמביא הר"ב עפשטיין בשם אביו (**מקור ברוך**, ג, עמ' 1632–1633) – שקרוב לוודאי הושאל מהספדו של ר' יצחק בלזר על ר' שלמה קלוגר בשנת תרכ"ט, במכתב שנדפס על ידי ר' אברהם בנימין קלוגר, קונטרס **לשון צדיק**, לבוב תרמ"ד, עמ' י; קונטרס זה נדפס שוב על ידי ר' יהודה אהרן קלוגר, בסוף ספרו **תולדות שלמה**, למברג תרמ"ח.

על בסיס האמור לעיל ניתן לחלק את דברי הר"ב עפשטיין לשלוש דרגות מהימנות: **א.** נוסח הדברים – משקף אך ורק את סגנונו של הכותב; **ב.** תוכנו של הסיפור – דורש זהירות וקיצוץ פרטים חשודים; **ג.** המעטפת העובדתית הכללית – נכונה, אלא אם הוכח אחרת. תבנית זו מאפשרת לבדוק ביעילות יחסית את סיפורי הר"ב עפשטיין בכלל, ואת סיפוריו על המפגש בלובביץ' בפרט, ולדלות מהם את הפרטים המהימנים מבחינה היסטורית, מתוך ההנחה האמורה שרובם מבוססים על גרעין אמת[24].

ג. חוקר חסידי שולל את סיפור המפגש

אולם הנחה זו אינה מקובלת על הכל. לפני כמה שנים פרסם ר' יהושע מונדשיין, תלמיד חכם וחוקר חסידי רב מוניטין המשתייך לחסידות חב"ד[25], מאמר העוסק בסיפורי הר"ב עפשטיין על מפגש אביו והצמח צדק, והגיע למסקנות שונות בתכלית מאלה של רי"א קמלהאר ואטקס[26]. הוא אמנם נזהר תחילה מלקבוע שהרי"מ עפשטיין כלל לא ביקר אצל הצמח צדק – טענה שלא יהיה ניתן להוכיחה – והוא אף מביא "מסורת" חב"דית כלשהי שגם לפיה הרי"מ עפשטיין ביקר בלובביץ'[27], אך הרוח הנושבת לכל אורך דבריו, לעיתים ברמז ולעיתים בגלוי,

---

לזכותו של הר"ב עפשטיין ייאמר שזו אינה ההעתקה הבוטה ביותר מהספדו של הרי"צ בלזר; גלגוליו המרתקים של הספד זה קובעים ברכה לעצמם, ועוד חזון למועד.

[24] נדגים זאת בפשטות: כשהר"ב עפשטיין מזכיר את "הדיין דנובהרדוק, הרב הגדול רבי שבתי, זקן מופלג שעמד במשמרת הדיינות עוד לפני הגאון הנזכר" (**מקור ברוך**, ב, עמ' 1185), ומביא דברים שהספיק לשמוע ממנו, תוכן הדברים טעון בדיקה כאמור, אך בהחלט ניתן להסיק שהיה בנובהרדוק דיין זקן בשם ר' שבתי והר"ב עפשטיין עוד הספיק לראותו. הנחה זו אגב מתבררת כמדויקת לאור דברי הרי"מ עפשטיין, המזכיר במכתב משנת תר"מ את "חד מבי דיני, הרה"ג מו"ה שבתי נ"י" (**כתבי הערוה"ש**, חלק התשובות, עמ' ה).

[25] לדיון בשיטתו ההיסטוריוגרפית, בפרט בכל הנוגע לחב"ד, ראו: עמנואל אטקס, **יחיד בדורו**, עמ' 151-143. ראו גם: דוד אסף, **נאחז בסבך**, ירושלים תשס"ו, עמ' 48.

[26] המאמר פורסם לראשונה בקובץ **פעמי יעקב** מה (תש"ס), עמ' סא-סד; התימה המרכזית שלו הובעה בקצרה על ידי ר"י מונדשיין כבר קודם לכן, במדור ההערות של **קובץ יגדיל תורה** (הוצאת קה"ת) שנה א חוברת יב (תשל"ז), עמ' מב-מג. באלול תשס"ו נתפרסמה באתר 'שטורעם.נט' גרסה מורחבת למאמר, בכתובת: http://www.shturem.net/index.php?section=artdays&id=748 (פורסם ב-7.9.06). כל המובאות להלן מתייחסות לגרסה זו, המעודכנת ומורחבת מקודמתה, ומכיוון שהיא טרם הופיעה במקור מודפס, לא נוכל להפנות למספר עמוד.

[27] לפי מסורת זו, הרי"מ עפשטיין "עזב את ליובאוויטש בחרון-אף, על אשר אחד מגדולי החסידים

היא שכל סיפורי הר"ב עפשטיין על ביקור אביו בלובביץ' מצוצים מן האצבע, ובלשונו: "...בעל ה'דור דעה' שלא העלה כלל על דעתו, שהשיחות הללו לא היו ולא נבראו".

הנחת היסוד המרכזית של מונדשיין היא שהמקור היחיד המספר על ביקורו של הרי"מ עפשטיין בלובביץ', הוא הר"ב עפשטיין ב'מקור ברוך'. כך הוא תוהה – "וכלום לא נזדמנה ל'ערוך השולחן' הזדמנות נוספת כלשהי לספר על אותו חודש מאושר שזכה לו במחיצת ה'צמח צדק'?!"[28]. אולם התשובה לשאלה זו, המועלית מבחינתנו באופן רטורי, היא חיובית. קיימת בידינו עדות נוספת, של ר' יהודה לייב מימון, תלמיד הרי"מ עפשטיין, החוזר ומציין בשלושה מקומות שונים שגם הוא שמע מפי רבו על נסיעתו לצמח צדק[29]:

> "**והוא בעצמו סיפר לי**, כי לאחר מספר חדשים שהתיישב בנובוזיבקוב בתור רב, החליט למלא רצונם של בני קהילתו, ונסע ללובאביץ, כדי לקבל פניו של רבי מנדלי (בעל "צמח צדק") ולהשתעשע אתו בדברי תורה"[30].

"ואזכיר כאן מה שכתב ידידי המנוח הרב ברוך עפשטיין... מה ששמע מפי

נהג בו שלא בכבוד המגיע לו לדעתו". מדובר בסיפור אנונימי, שאינו מבוסס על מקור רציני כלשהו, ודאי לא בכתב (לדברי מונדשיין הסיפור "מקובל בקרב חסידי חב"ד"), והמגמתיות האנטי-ליטאית שבו ברורה לחלוטין; כל זה איננו מפריע למונדשיין להתייחס אליו כמקור המסוגל להפריך את הטענה שהרי"מ עפשטיין זכה לקירוב מצד הצמח צדק. מסורת חב"דית ברוח אחרת לגמרי נשמרה בידי ר' דובער אליעזרוב, נכדו של ר' שלמה יהודה לייב אליעזרוב (שיל"א), אשר לא זו בלבד שקיבל את המסורת "שבעל רי"מ עפשטיין העריץ ונסע לפרקים אל רבנו הצמח צדק", אלא גם סבר ש"זהו המקור להערכתו לר' שלמה ליב [אליעזרוב]"! (**שו"ת שאילת שלמה**, ירושלים תשס"ב, 'פרקי חיים', עמ' 24; על אודות יחסי הרי"מ עפשטיין והרב שיל"א, ראו להלן הערות 84-90).

[28] את התהייה הזאת הוא מעלה בקשר לרש"י זוין, שנסמך להוראה על ידי הרי"מ עפשטיין, ולא סיפר מעולם על כללי הוראה שקיבל הלה מהצמח צדק, למרות שהר"ב עפשטיין מספר שאביו נהג למסור כללים כאלה לאברכים שקיבלו ממנו סמיכה (**מקור ברוך**, ג, עמ' 1261-1262 ועוד). לתהייה זו אין מקום: הרש"י זוין בלאו הכי כמעט שאינו מזכיר בכתביו את קשריו עם הרי"מ עפשטיין, ובוודאי שלא מפרט כללי הוראה שקיבל ממנו, בשם הצמח צדק או לא, וממילא אין ללמוד מכך דבר. עם זאת, סביר להניח שדברי הר"ב עפשטיין על מסירת כללי ההוראה מבוססים על השערה בלבד.

[29] דבר התואם את דברי הר"ב עפשטיין, המספר שאביו הרבה להזכיר את ביקורו אצל הצמח צדק – **מקור ברוך**, ג, עמ' 1629-1630.

[30] **שרי המאה**, ו, עמ' 100. דברים זהים נדפסו גם בספריו: **אנשים של צורה**, עמ' קנג; **מדי חודש בחודשו**, ה, עמ' 154.

אביו הגאון, הוא מורי ורבי ר' יחיאל מיכל עפשטיין מנובהרדוק, על אודות השיחה שהיתה בינו ובין האדמו"ר מלובביץ' (**מה ששמעתי גם אני בעצמי מפי מורי הגאון הנזכר**)..."[31].

"**סיפר לי מורי ורבי**, הגאון רבי יחיאל מיכל הלוי עפשטיין (בעל 'ערוך השולחן') כי בהיותו רב בנובוזיבקוב (פלך צ'רניגוב), עיר שרובה חסידי חב"ד, נסע גם הוא פעמים אחדות לאותו גאון וצדיק, רבי מנחם מנדלי, האדמו"ר מליובאביטש"[32].

כתבי רי"ל מימון אינם נחשבים אמנם למקור היסטורי מהימן, כידוע, אך כאן לא מדובר בסיפור דברים בעלמא (בסגנון "מספרים ש..."‏, שרי"ל מימון עצמו לא לקחו ברצינות), אלא בעדות שמיעה ישירה שלו, על מה ששמע מרבו במו-אזניו. אין לוותר כמובן על קריאה ביקורתית של עדותו וזיהוי מגמות, הטיות והפרזות למיניהן – כבכל מקור היסטורי – אך גם אין יסוד לשלילה קטגורית של מהימנות כלל העדויות מסוג זה שנמסרו על ידו, ובפרט עדות שהוא מדגיש את האותנטיות שלה לא פחות משלוש פעמים.

כמו כן, על אף שרי"ל מימון השלים את שאר ידיעותיו בעניין מ'מקור ברוך'[33], הוא מביא עם זאת כמה שמועות מקוריות מהצמח צדק, שאינן לקוחות מדברי הר"ב עפשטיין. הוא גם אינו מנסה להגיש את הדברים כציטוט מדויק מפי אומרם, כפי שעשה הר"ב עפשטיין, אלא נוקט זהירות ומדגיש שמדובר ב"מעין הדברים האלה"[34]. סיבה נוספת לתת אמון בשמועתו זו של רי"ל מימון, היא שמובאותיו

---

[31] רי"ל מימון, **ספר הגר"א**, ירושלים תשי"ד, עמ' עג. לאחרונה נדפסו הדברים בספרו **תולדות הגר"א**, ירושלים תש"ס, עמ' קכה. [הערות הערוך: ראו לעיל חלק ראשון פרק שני אות ב.]

[32] **מדי חודש בחודשו**, ב, ירושלים תשט"ז, עמ' 176–177. מוזכר כאן שרבו נסע לצמח צדק "פעמים אחדות", אך הדבר אינו מדויק, שהרי הוא עצמו אינו מזכיר זאת בשאר המקומות, ו"אין לך בו אלא חידושו".

[33] למשל שהרי"מ עפשטיין ישב בלובביץ' "כחודש ימים", ונסמך מהצמח צדק שחיבב אותו מאד, והלה שלח אחריו מכתב לתושבי נובוזיבקוב, ועוד. כמו כן הוא העתיק מ'מקור ברוך' את המעשייה על ה'קצות' והנתיבות' (**שרי המאה**, ו, עמ' 101–102).

[34] מילים המקדימות את המובאה השלישית שצוטטה לעיל; ההדגשה במקור. רי"ל מימון נקי גם מרוב הכשלים עליהם העיר מונדשיין בהמשך: למשל, בעוד הר"ב עפשטיין הביא בשם הצמח צדק ששו"ע הרב נכתב "לרגלי המחלוקת" בין החסידים ל'מתנגדים' (**מקור ברוך**, ג, עמ' 1237), שמועה שעליה התרעם מונדשיין בצדק, הרי שרי"ל מימון מצטט את ההקדמה משו"ע הרב ומביא את מסורת בניו של בעל התניא – **שרי המאה**, ו, עמ' 110.

עוסקות בנושאים נייטרליים בהרבה מאשר אלה שמביא הר"ב עפשטיין, מה שמקטין את החשד שהדברים הוכנסו לפיו של הצמח צדק ממניעים פולמוסיים או פיקנטריים. למשל, אלה הדברים שמביא רי"ל מימון מ"השיחה הראשונה ביניהם":

...אמר לו האדמו"ר מליובאביץ': האם יודע רבה של נובוזיבקוב את יסוד היסודות של החסידות? יסוד היסודות של החסידות הבעש"טנית היא אהבת ישראל והשתתפות בצערו של כל אחד ואחד מישראל. חכמינו אמרו: 'בשעה שאדם (מישראל) מצטער, שכינה מה לשון אומרת? קלני מראשי, קלני מזרועי'. והכוונה היא, כי כבר אמרו במקום אחר כי בתפילין דמרי עלמא, גם של ראש גם של יד, כתובים פסוקים המדברים בשבחם של ישראל וגודל מעלתם. משום כך, כשאדם מישראל שרוי בצער, הרי הקב"ה, שהוא 'צדיק בכל דרכיו וחסיד בכל מעשיו', מרגיש בצערו של בן ישראל זה, והתפילין שבראשו ובזרועו נעשים עליו כבדים כביכול[35].

בניגוד לסיפורים העסיסיים שהר"ב עפשטיין מרבה להביא, כאן מדובר בדרוש שגרתי ונטול עניין מיוחד, וקשה למצוא סיבה שדווקא הוא יוכנס במרמה לפיו של הצמח צדק. אמנם, כאמור לעיל, את הלשון והסגנון יש לייחס לרי"ל מימון בלבד, וכך גם את ההגשה הדרמטית של הדברים (קשה להניח שזהו העניין שהיה הצמח צדק מגדיר כ"יסוד היסודות" של החסידות; יש בכך תפיסה אנכרוניסטית של יסודות החסידות הקדומה); אך הגרעין העובדתי של הדברים, לעומת זאת, הריהו מתקבל בהחלט על הדעת.

דומה אפוא שנוכחנו במידה מספקת שביקור הרי"מ עפשטיין בלובביץ' ומפגשו עם הצמח צדק, אכן התקיימו. יחד עם זאת, נותרה השאלה האם ועד כמה ניתן להסתמך על סיפוריו הפרטניים של הר"ב עפשטיין לגבי הביקור ותכניו. לשיטת אטקס ורי"א קמלהאר, כאמור, ניתן לעשות זאת בזהירות – אולם מונדשיין טוען שאין כל אפשרות כזו מפני שהסיפורים הללו, רובם ככולם, בדויים מן היסוד. את טענה זו הוא מגבה בראיות ודוגמאות רבות – אך בחינה ביקורתית מעלה שרובן מבוססות על פרשנות קטנונית ומחמירה, הדורשת לגנאי ככל יכולתה, ורק חלק קטן מן הדוגמאות מצליח לשכנע; כפי שנראה להלן[36].

35 **שרי המאה**, ו, עמ' 100–101.

36 מונדשיין פותח את דבריו בדוגמא בעלת חשיבות, אך היא זוקקת עיסוק נפרד מכמה סיבות: א. היא נוגעת ביסודה לספר 'תורה תמימה'; ב. כבר עסקו בה רבים לאחרונה; ג. אין לה קשר לרי"מ עפשטיין, לכן נתייחס אליה רק בקיצור נמרץ. בספרו **תורה תמימה**, וילנא תרס"ב, דברים

ד. האם הסופר הליטאי היה בור בתולדות חב"ד?

מתי התקיימה פגישתם של הרי"מ עפשטיין והצמח צדק? כפי ששמע רי"ל מימון מהרי"מ עפשטיין עצמו, הנסיעה ללובביץ' התקיימה "לאחר מספר חודשים שהתיישב בנובוזיבקוב בתור רב"[37]; אולם מתי הוא התיישב בנובוזיבקוב? גרסת

פרק יא אות מח, מצטט הר"ב עפשטיין קטע מתוך הספר **מעיין גנים**. מונדשיין מתלונן שהר"ב עפשטיין הגדיר את הספר – בסוגריים – כ'שו"ת', הלכתי לכאורה, בעוד שלמעשה מדובר ב"ספר מליצות הערוך בצורת חליפת-מכתבים"; עוד הוא מתריע שזה אינו מכתב "אל אשה חכמה אחת" כדברי הר"ב עפשטיין, אלא "מכתב דמיוני פיקטיבי". אולם אלה הן בסך הכל טעויות, לאו דווקא נעדרות היגיון. כמו כן קובל מונדשיין על כך שבתורה תמימה כותב הר"ב עפשטיין ש"לא נודע לנו מי הוא המחבר הנכבד הזה" שבעל 'תוספות יום טוב' מגדירו רק כמדקדק, ואילו ב**מקור ברוך** (ד, עמ' 1961-1964) הוא יודע עליו פרטים רבים ומאריך להוכיח שמדובר בתלמיד חכם. אך קשה להבין את התלונה: הרי מקור ברוך נדפס יותר מ-25 שנה לאחר תורה תמימה; כנראה שבינתיים מצא הר"ב עפשטיין פרטים נוספים על המחבר, שלא היו ידועים לו בזמן כתיבת תורה תמימה.

לאחר מכן מוכיח מונדשיין שהקטע המובא בתורה תמימה לא הועתק ישירות מתוך מעיין גנים, אלא נלקח מאחד הגליונות של **הצפירה** בשנת תרנ"ו, המכיל את אותן השמטות מהנוסח המקורי (אמנם, טענתו שהר"ב עפשטיין ניסה לשרבב את המילים "מכתב מהמחבר אל אשה חכמה אחת" לתוך דברי מעיין גנים אינה מוכרחת, שכן מילים דומות מאד מופיעות גם בתורה תמימה – כחלק ברור מדברי הר"ב עפשטיין). את עובדת ההעתקה הוא ממנף כדי לטעון שהסיפור שבמקור ברוך, לפיו אשתו של הנצי"ב הראתה לו את מעיין גנים, הוא שקרי – אך גם טענה זו אינה מוכרחת; תורה תמימה נדפס כ-30 שנה לאחר תקופת שהותו בבית הנצי"ב, והיות שכך אין לשלול את האפשרות שהוא אכן הכיר את הקטע שבמעיין גנים מאשתו של הנצי"ב, שהראתה לו עותק שהיה בספריית בעלה, ואילו כשרצה לצטט זאת בתורה תמימה אותו עותק כבר לא היה בהישג ידו, ולכן ציטט מהצפירה.

אכן, מעיין גנים הינו ספר נדיר, אך כמובן אי אפשר לשלול את האפשרות שעותק ממנו התגלגל לספריית הנצי"ב, כשם שהיה בהישג ידם של אנשים נוספים בני התקופה – כדוגמת ר' אריה יהודה ליפשיץ, בספרו **אבות עטרה לבנים**, ווארשא תרפ"ז, עמ' ע-עא, המצטט ישירות מתוך מעיין גנים, ואף מפנה לדברי הר"ב עפשטיין: "ראה בספר 'מעין גנים' (הג"מ ר' שמואל אקוואלטי, ווינציאה שי"ג, צנור חמישי מכתב י) שכתב: "וקושית מאמר רבותינו ז"ל [...] כי אפשר לחלק [...] לקרבה אל המלאכה המלוכה מלאכת ה' [...] לאמץ זרועותיהן לחגור מתניהן לאזור חלציהן [...]"... ראה ב"תורה תמימה" (דברים י"א י"ט) וב"מלכי בקדש" (ר' חיים הירשענזאן, ד, צד 64)...". בנושא זה ראו גם מאמרו של דן רבינוביץ: 'Rayna Batya and Other Learned Women: A Reevaluation of Rabbi Barukh Halevi Epstein's Source, *Tradition* 35 (2001), pp 55-69; עוד רבות יש להעיר בנושא זה, אך כאמור אין זה המקום, ועוד חזון למועד.

[37] **שרי המאה**, ו, עמ' 100.

רי"ל מימון אינה עקבית: מחד גיסא הוא קובע שההתמנות היתה "בימי שחרותו (בהיותו כבן עשרים ושבע שנים)"[38] – כלומר בסביבות שנת תרט"ז – ושב ומתאר את הרי"מ עפשטיין כ"צעיר ליטאי" ש"היה עדיין בימי שחרותו"[39], אך מאידך גיסא הוא מוסיף מיד שהדבר היה "באמצע מחצית היובל למאה שעברה (בערך שנת תרכ"ה)" – תרכ"ה ולא תרט"ז![40]

מקורות מקבילים מוכיחים שהתיארוך המאוחר קרוב יותר לאמת. בן עירו של הר"ב עפשטיין, שמואל נח גוטליב, כתב שהלה נולד בשבט תר"כ – בבוברויסק[41]; מכתב שכתב הרי"מ עפשטיין עצמו מוכיח שבסוף תרכ"ב הוא עדיין היה בבוברויסק[42]; הסופר י"ל קצנלסון מספר שלמד אצל הרי"מ עפשטיין תקופה קצרה בתחילת תרכ"ד – בבוברויסק[43]. הר"ב עפשטיין עצמו כותב שהמפגש התקיים "בתחילת שנות השלשים למאה זו, למניננו"[44], ולאור דברי קצנלסון מסתבר שכוונתו לסביבות תרכ"ד[45]. לאור כלל הנתונים הללו נראה שהרי"מ עפשטיין

38 שם, עמ' 81.

39 שם עמ' 100, ובעמ' 102 הוא חוזר ומדגיש שהיה זה "עודו בימי בחרותו".

40 ייתכן שרי"ל מימון התבלבל כתוצאה מהשימוש בביטוי המורכב "אמצע מחצית היובל": "אמצע יובל" או "מחצית היובל" הם אכן 25 שנה, אך "אמצע מחצית היובל" הוא 12.5 שנים. וראו על כך למעלה, חלק ראשון, פרק שני, הערה 15.

41 גוטליב, **אהלי שם**, עמ' 153; ניכר שהערך על הר"ב עפשטיין נכתב על סמך שיחה או מכתב איתו. אכן עובדה זו נדפסה עוד קודם לכן ע"י אייזנשטדט, **דור רבניו וסופריו**, עמ' 42. מכל מקום, עובדה מוזרה היא שהר"ב עפשטיין לא מזכיר בכל כתביו היכן נולד או גדל, ורק פעם אחת מסיח לפי תומו שלימודיו ב'חדר' היו בנובוזיבקוב: **מקור ברוך**, ב, עמ' 1061–1062.

42 **כתבי הערוה"ש**, סי' לו (ראו לעיל הערה 2). אייזנשטדט, **דור רבניו וסופריו**, עמ' 42, כתב שהמעבר לנובוזיבקוב היה בתרכ"ב, ואחריו הלכו מ' יוסיפון, ירחון **בית הכנסת**, שנה שנייה, גליון יא (אדר תש"ז), עמ' 14, ואחרים; תיארוכו של אייזנשטדט הינו הראשון שהועלה על הכתב, והיחיד שנתפרסם בחיי הרי"מ עפשטיין, ולפיכך היה מקום להעדיפו, אולם דברי קצנלסון שלהלן סותרים אותו, ומכתבו הנ"ל של הרי"מ עפשטיין מחודש אב תרכ"ב מחזק את ההנחה שהתיארוך אינו מדויק. מוסיפה לכך העובדה שבאותו דף טעה אייזנשטדט גם בתאריך לידתו של הרי"מ עפשטיין.

43 קצנלסון, **מה שראו עיני ושמעו אזני**, עמ' 65. דבריו שם נאמרו כמסיח לפי תומו ואין סיבה לפקפק בהם, אם כי יש לזכור שנכתבו רק בזקנתו.

44 **מקור ברוך**, ג, עמ' 1234–1235. למשמעות הביטוי "שנות השלושים" ראו שם עמ' 1632, ד, עמ' 1702. ראו עוד שם, ב, עמ' 1283, לגילי הרי"מ עפשטיין והצמח צדק בזמן המפגש.

45 השווה **מקור ברוך**, ד, עמ' 1789–1790, ש"תחילת שנות הארבעים" היא שנת תרל"ג או תרל"ד; שנת תרכ"ה היא כבר **אמצע** העשור. על פי תיארוך דומה כתב אהרן זיסקינד תרשיש, בספרו **רבי**

עבר לנובוזיבקוב באמצע או סוף תרכ"ד (1864) – ובתקופה זו, לפיכך, התקיים מפגשו עם הצמח צדק, כשנה ומחצה לפני פטירתו של האחרון.

בצמוד לשאלת תיארוך המפגש, מונדשיין מעיר שכידוע הצמח צדק היה חולה למדי בשנים האחרונות לחייו, וכמו כן אשתו נפטרה בתרכ"א או תרכ"ב ומאז לפי העדויות הוא הרבה להסתגר ומיעט לקבל אנשים ל'יחידות'. אם כן, תוהה מונדשיין, "איך משתלב בתקופה זו ביקורו היום-יומי של האב אצל הצ"צ, שהיה מרצה לפניו במשך שעות ארוכות ומשוחח על דא ועל הא"?

למען האמת, סתירה זו קיימת רק ביחס **לפרטי** טענת הר"ב עפשטיין, שאביו: **א.** שהה בלובביץ' קרוב לחודש; **ב.** במהלך תקופה זו נכנס אל הצמח צדק מדי יום ביומו; **ג.** בכל יום שוחח עמו כמה שעות. אולם אין צורך בקושיות כרונולוגיות כדי להבין שתיאור זה אינו אלא הפרזה; אם נשתמש בטכניקת הסינון דלעיל, יעלה בידינו סיפור סביר יותר, לפיו הרי"מ עפשטיין שהה תקופה מסוימת בלובביץ' (אולי שבוע-שבועיים), ובמהלכה נפגש פעמים מספר עם הצמח צדק, וזכה לקירוב מצידו[46].

מונדשיין טוען באופן כללי שהר"ב עפשטיין היה בור בדברי ימי חב"ד, ושהדבר מוכיח שסיפוריו על הצמח צדק בדויים. לדבריו, את כל ידיעותיו על הצמח צדק שאב הר"ב עפשטיין מסקירה על אודותיו שהתפרסמה בקובץ 'כנסת ישראל' בשנת תרמ"ח; כראיה הוא מציין שלושה פרטים שמופיעים בסקירה זו וגם הר"ב עפשטיין התייחס אליהם. האם זו הוכחה מספקת? הרי הר"ב עפשטיין מזכיר גם את "ספרי דברי הימים למשפחת שניאורסון", ואת הספר 'בית רבי', ויודע

ברוך הלוי אפשטיין, ירושלים תשכ"ז, שהרי"מ עפשטיין היה רב בנובוזיבקוב "קרוב לעשר שנים" (עמ' 52) ושבעת ההתמנות בנובוזיבקוב היה הר"ב עפשטיין "כבן ארבע או חמש" (עמ' 70).

[46] בניגוד לרושם הנוצר בעקיפין מדברי מונדשיין, לפיו הצמח צדק הסתגר לחלוטין בשנותיו האחרונות, ישנן עדויות הטוענות שאפילו בשנתו האחרונה הצמח צדק "מבלי שום לב על רפיונו קבל את האורחים... הטה אוזן קשבת לכל מבקשי עצתו", כלשונו של אלכסנדר זיסקינד רבינוביץ' (אז"ר), בתוך: **האסיף**, ווארשא תרמ"ט, עמ' 165. ר' שלום דובער לוין (מנהל הספריה המרכזית של חב"ד בקראון הייטס), **פרקים בתולדות חב"ד**, ניו יורק תשס"ה, עמ' ע-עא, מביא לעדות זו תימוכין נוספים. וכפי שמציין מונדשיין עצמו, גם חיים מאיר הילמאן, **בית רבי**, ברדיצ'ב תרס"ג, ח"ג פ"ו, כותב שבכל זאת היו מעט אנשים שזכו להיכנס אליו ל'יחידות'. יש להעיר, בהקשר זה, כי על כל פנים אין מקום לרושם של יחסי רב-תלמיד הדוקים שמצייר הר"ב עפשטיין לגבי הצמח צדק ואביו. גם במקומות המעטים בכתבי אביו בהם הובאו דברי הצמח צדק, אין הלה מוזכר בצורה שונה מכל פוסק אחר (ראו לדוגמא **ערוך השלחן**, יו"ד סי' רא סעי' כח).

שמכתב ארוך של 'האדמו"ר האמצעי' נדפס בו[47]. הוא גם ראה את שו"ת צמח צדק וקרא בו[48], וגם יודע לספר על היכרותו של אביו עם ר' ישראל נח מניז'ין, בנו של הצמח צדק[49], ועוד[50]. האם אין בכל אלה כדי להעיד שהר"ב עפשטיין הכיר את תולדות חב"ד לא רק על סמך הסקירה שמונדשיין טוען שקרא?

הוכחתו העיקרית של מונדשיין לטענה זו, היא שהר"ב עפשטיין לדבריו לא ידע שהצמח צדק היה נכדו הביולוגי של בעל התניא, אלא טעה בעקבות הסקירה, בה "נאמר רק שהיה נכדו של אדמו"ר הזקן, חתן בנו אדמו"ר האמצעי, וה'מקור ברוך' הבין בפשטות שחיתון זה עשאהו לנכד אדמו"ר הזקן"[51]. אולם עיון פשוט

---

47 **מקור ברוך**, ג, עמ' 1619, וראו גם עמ' 1223.

48 שם, עמ' 1262.

49 שם, עמ' 1633.

50 הר"ב עפשטיין גם מאריך לתאר את קורות בעל התניא בפטרבורג בסמוך לשחרורו מהמאסר (**מקור ברוך**, ג, עמ' 1616 ואילך), ומספר שבעל התניא שהה לאחר שחרורו בבית שהיה מלא "מחסידי הרב מתושבי פט"ב"; מונדשיין מעיר בציניות ש"אנו לא שמענו ולא ידענו אלא על חסיד אחד או שניים שהיתה להם זכות-ישיבה בבירת רוסיה באותן שנים". אולם האם אין לסיפור הר"ב עפשטיין על מה לסמוך? ר' שלמה יוסף זוין, למשל, מביא את מסורת חב"ד על כך ש"פלוגת" חסידים עסקה בהצלת בעל התניא – ושליש ממנה ישבו בפטרבורג כדי להתעדכן בנעשה ולהשתדל בהצלה (הנ"ל, "חגי כסלו של החסידות החב"דית", **סיני** ב [תרצ"ח], עמ' לט). ייתכן שמדויק יותר לומר שחסידים אלו שהו בפטרבורג ולא התגוררו בה, אך כנראה שאליהם התכוון הר"ב עפשטיין. הרש"י זוין מספר גם שביום השחרור חסידי בעל התניא "צהלו ורקדו ברחובות פטרבורג", ולפנות ערב כבר נודע שחרורו בכל העיר ו"התאספו לדירתו המון רב אנשים", עד שמי שרצה להגיע אליו היה צריך לפלס את דרכו "בין ההמון הרב" (שם עמ' מב) – בדומה מאד לתיאור הר"ב עפשטיין.

באופן דומה ניתן לדחות טענה נוספת: הר"ב עפשטיין מספר שם על בעל התניא מעשייה ידועה, סביב דברי חז"ל "חלב שחלבו עכו"ם ואין ישראל רואהו", ומונדשיין מעיר "שלא זו בלבד שאינו ידוע לחסידי חב"ד, אלא גם לרבותיהם לא נודע" – שכן האדמו"ר הרש"ב שניאורסון סיפר זאת על ר' נחום מצ'רנוביל, ולא על בעל התניא. אולם כפי שציין טוביה פרשל (**אור המזרח** כט [תשמ"א], עמ' 432–433), מעשייה זו הודבקה במשך הדורות לרבים מגדולי ישראל: למשל, בספר 'סמיכת משה' (פשמישל תרמ"ז) מסופרים הדברים על ר' שמעלקה מניקלשבורג, ובמקום אחר גיבור הסיפור הוא הרדב"ז(!). מסתבר, אם כן, שהר"ב עפשטיין שמע את מעשייה זו על בעל התניא דווקא.

51 מונדשיין טוען זאת מפני ש"בכל פעם מכנה הצ"צ בסיפורים אלו את אדמו"ר הזקן 'חותני זקני' במקום 'זקני'". נכון הוא שהר"ב עפשטיין מרבה להשתמש בכינוי המוזר "חותני זקני" (עמ' 1237, 1285, 1614), אך לעיתים הוא משתמש בכינוי "הרב הזקן" (עמ' 1621, 1626), ולעיתים הוא כותב

באותה סקירה מוכיח שמדובר בטענה משוללת יסוד: "[הצמח צדק] הוא נכד הרב הזקן מהרש"ז מלאדי בעל התניא והש"ע, נולד בשנת תקמ"ט, ויהי לחתן הרב 'האמצעי' מ' דובער. ויגדל על ברכי זקנו, ויהי שוקד על התורה..."[52]. האם ניסוח בהיר זה מאפשר להסיק בטעות, כטענת מונדשיין, שהצמח צדק היה נכדו של בעל התניא רק בעקבות נישואיו לבת האדמו"ר האמצעי?!

סיפור אחר שאותו מתקיף מונדשיין בצורה דומה, עוסק בביקורו של הצמח צדק בווילנא. הר"ב עפשטיין מספר בין השאר ש"כאשר נפל לו למנה הפעם לישא מדברותיו לפני גאוני וגדולי בירת מדינת ליטא – וילנא... השכיל להאיר את חלק הנגלה אשר בו... כאיש אשר אין לו כל יחש וכל נגיעה לחכמת הנסתר"[53]. על כך כותב מונדשיין: "כחשו יענה בפניו מעדותו של עד ראיה ושמיעה שנכח במקום, הלא הוא ש"י פין, המספר... על הדרוש שדרש שם ברבים בדברי קבלה וחסידות!". אולם ביקור הצמח צדק בווילנא התרחש יותר מעשרים שנה לפני הולדת הר"ב עפשטיין, והוא עצמו שמע על כך רק "מזקני העיר ווילנא" כלשונו[54] – וממילא התלונה על אמינות הדיווח אינה בהכרח עליו[55]. מעבר לכך, לא ברור ששתי הגרסאות אכן סותרות; ייתכן שדברי הר"ב עפשטיין נאמרו רק על שיחה

באותו עמוד גם "חותנו זקנו" וגם "זקנו" בלבד (עמ' 1599, 1615) – וברור שכל הניסוחים הללו משקפים רק בחירה ספרותית, ואין בהם טענה היסטורית שהצמח צדק קרא דווקא כך לסבו בעל התניא.

[52] י"ל זסניץ, בתוך: **כנסת ישראל** (בעריכת שאול פנחס רבינוביץ') ג, ווארשא תרמ"ח, עמ' 213. כמו כן, אם אכן ראה הר"ב עפשטיין את בית רבי (ראו לעיל, הערה 46), הוא ודאי ידע את ייחוסו המדויק של הצמח צדק. בעצם העניין לא מובן גם מדוע סובר מונדשיין שמאמר זה ב'כנסת ישראל' הוא המקור לידיעות הר"ב עפשטיין על חב"ד; הרי בשעה שכתב הר"ב עפשטיין את 'מקור ברוך', כבר היו בנמצא מקורות עדיפים יותר ובעיקר זמינים יותר, כדוגמת אנציקלופדיית 'אוצר ישראל' של י"ד אייזנשטיין (ראו בערכו של הצמח צדק, ו, עמ' 244), שכידוע היתה תחת ידו של הר"ב עפשטיין.

[53] **מקור ברוך**, ג, עמ' 1289.

[54] **מקור ברוך**, ג, עמ' 1285, וראו גם עמ' 1288: "כל זה אני כותב מפי המסורה מזקני חכמי הדור הקודם".

[55] אם כי ניתן להאשימו שכתב את הדברים מבלי לברר. באופן זה יש להתייחס לתלונתו המוצדקת של מונדשיין על הציטוט המסולף שמביא הר"ב עפשטיין מה'תניא' (**מקור ברוך**, ג, עמ' 1599). כפי שמונדשיין העיר, הר"ב עפשטיין ציין את הדברים לפרק כח, בעוד שלאמיתו של דבר הם לקוחים מפרק ג; שגיאה זו מסנגרת על הר"ב עפשטיין, שכן היא מוכיחה שהוא לא ראה את ה'תניא' בפנים, אלא העתיק את הציטוט מכלי שני כלשהו, ולכן טעה בהפניה – וממילא מסתבר

אחת, "כאשר נפל לו למנה הפעם לישא מדברותיו לפני גאוני וגדולי בירת מדינת ליטא", ואילו בשיחותיו האחרות בווילנא, בפני כלל הציבור, הוא אכן עסק גם בקבלה וחסידות; שהרי הר"ב עפשטיין כותב שהצמח צדק בחר את תוכן דבריו "לפי ערכו ולפי מעמדו הרוחני" של קהל שומעיו, ולמשל - "לפני גדולי תורה דרש בפלפול והלכה".

ה. הראשון שטען שהגר"א הועיל לחסידות

חלק נכבד מביקורתו של מונדשיין מוקדש לטענה שמביא הר"ב עפשטיין, מפי הצמח צדק כביכול, שהתנגדותו של הגר"א בסופו של דבר הועילה לחסידות[56]: "לולא המחלוקת היה באמת יסוד ומקום לדאוג ולחוש, כי... התורה הנסתרת תמעט רוב דמותה של התורה הנגלית, והמצות המעשיות תשפלנה בערכן לפני ההרגשות הלוהטות... ותהי איפוא המחלוקת לנו כתריס בפני הפורעניות". במילים אחרות, המהפכה הגדולה היתה עלולה להביא גם לפריצוֹת גדר כאלה ואחרות, והמתקפה החריפה מצד הגר"א וסיעתו מיתנה את קצב והיקף השינויים, וגרמה לבלימת התופעות השליליות שנוצרו בשולי התנועה החדשה.

כפי שהעיר אטקס, אכן קשה להניח, בלשון המעטה, שהדברים הללו יצאו מפיו של הצמח צדק. הר"ב עפשטיין מביא כאן בשמו דברים בלתי סבירים בעליל, כמו האמירה ש"אנ"ש אינם יודעים ואינם יכולים להעריך... ואין ערכם משיג להעריך את התודה הרבה שחייבים אנו לו (=לגר"א)", ושהיה צריך "לקרב ביותר את לבות אנ"ש לאורח חיים עפ"י תורת ההלכה", ושאר אמירות המביעות זלזול סמוי בחסידי חב"ד. אולם הטענה התמוהה ביותר המובאת בשמו, היא שספרי 'שלחן ערוך הרב' של בעל התניא, "רק לרגלי המחלוקת נבראו... ולה, להמחלוקת, אנו חייבים להודות על התגלות אור מאיר ואוצר בלום זה". כפי שמונדשיין מעיר בצדק, דברים אלה מוכחשים בעליל, שהרי בהקדמת 'שלחן ערוך הרב', מספרים בני המחבר שאביהם ניגש לכתוב את הספר בהוראת רבו, המגיד ממזריץ', עוד לפני פרוץ המחלוקת באביב תקל"ב.

במקרה הנוכחי ברור אפוא שהדברים שורבבו במאולץ לפיו של הצמח צדק,

שסילוף הדברים נעשה על ידי אותו כלי שני, והר"ב עפשטיין אחראי כנראה רק לפירוש המשובש ש"גדולת אין סוף ברוך הוא" היא חכמת הפילוסופיה.

[56] **מקור ברוך**, ג, עמ' 1235–1238. כל הציטוטים להלן – מעמ' 1237. ראו גם עמ' 1290–1291.

וההתייחסות אליהם אינה יכולה להיות אלא כאל פרשנות מסולפת של הר"ב עפשטיין, שדימה לעצמו כנראה שהצמח צדק היה יכול לומר אותם, ולפיכך שרבב אותם לפיו. הדבר מחייב כמובן להטיל חשד בכל שאר הדברים שהוא מביא מפיו; אולם האם ניתן לכל הפחות להסיק מכאן שהרי"מ עפשטיין והצמח צדק דיברו על הנושאים הללו? כפי שראינו לעיל, אטקס סובר שהתשובה חיובית, ושהצמח צדק אכן "השמיע באוזני אורחו 'הליטאי' דברים בשבחו של הגר"א". השערה זו מקבלת שוב אישוש מעדותו של רי"ל מימון, המספר – כפי ששמע מהרי"מ עפשטיין – ש"השיחה הראשונה ביניהם" היתה "בדבר המחלוקת שבין מתנגדים וחסידים, שעדיין לא שקטה"[57]. במקום אחר הוא שב ומזכיר את אותה "שיחה אחת שהיתה ביניהם על אודות החסידות ומתנגדיה", ומתוכן הדברים, אותם שמע לדבריו מהרי"מ עפשטיין עצמו, עולה שהצמח צדק אכן אמר דברים מסוימים בשבח הגר"א:

> ...אין להתפלא כלל אם היתה מחלוקת בין גדולי החסידים וגדולי המתנגדים, כל אחד לפי רוחו ונשמתו, ולא הרי הגר"א מווילנא כמו זקני רבי שניאור זלמן, זכר שניהם לברכה. נשמתו של כל אחד מהם היתה לה שורשים מיוחדים בדרכי התורה, וחבל מאד על אלה מן המתנגדים או מן החסידים שמקטרגים על פלוני הגאון או על אלמוני הצדיק, בשעה שאנו יודעים בבירור שכוונת שניהם היתה לשם שמים...
>
> ...כמו הגר"א כך גם הסבא שלי עסקו בתורה יומם ולילה. הם ידעו והאמינו באמונה שלימה כי 'גדול תלמוד, שהתלמוד מביא לידי מעשה', וכמובן ששניהם השתדלו בכל כוח השפעתם להרחיב על בני דורם שיעסקו בתורה בכל עת ובכל זמן; אולם, דווקא בזה לא היתה דעתם שוה. הגר"א מזכיר כפעם בפעם את דברי חכמינו 'לעולם יעסוק אדם בתורה ובמצות אף על פי שלא לשמה, שמתוך שלא לשמה בא לשמה', אבל הסבא שלי, שהלך בעקבות הבעש"ט, היה מזכיר תמיד את דברי הזוהר הקדוש: 'אורייתא בלא דחילו ורחימו לא פרחת לעילא'..."[58].

---

[57] **שרי המאה**, ו, עמ' 100–101. קיום השיחה בנושא זה הוא דבר הגיוני ומתבקש, בהתחשב בכך שמדובר במפגש של אדמו"ר מפורסם עם רב ליטאי, המכהן כרבה של עיירה חסידית.

[58] **מדי חודש בחודשו**, ב, עמ' 176–177; צוטט רק המקטע הרלוונטי. כזכור, רי"ל מימון מדגיש שלא מדובר בציטוט מדויק אלא "מעין הדברים האלה", כך שנוסח הדברים וסגנונם משקפים בסך הכל את האופן בו נשתמרו בזכרונו, ורק את גרעין התוכן יש לייחס – בזהירות – לצמח צדק.

לפי עדותו של רי"ל מימון מתברר – כפי ששיער אטקס – שהצמח צדק והרי"מ עפשטיין אכן דיברו על ההתנגדות לחסידות, והצמח צדק אף אמר דברים כלשהם בשבח הגר"א. העולה מכאן הוא שאפילו במקרה בו ברור שהדברים שמייחס הר"ב עפשטיין לצמח צדק לא נאמרו על ידו, אין לפסול את האפשרות שמסגרת הדברים מבוססת בכל זאת על עובדות כלשהן[59].

מונדשיין מצידו טוען שדברי הצדקת ה'התנגדות' שמביא הר"ב עפשטיין מפי הצמח צדק, "זו דוגמה לאחד הכזבים הידועים ביותר שהצליח ה'מקור ברוך' לזרוע בתודעת הציבור התורני". בדבריו יש שתי הנחות סמויות: **א.** הר"ב עפשטיין הוא הראשון שהעלה את הדברים; **ב.** אם הוא לא היה תולה אותם בצמח צדק הם לא היו מתקבלים. ההנחה הראשונה אינה נכונה מבחינה עובדתית – שכן רעיון דומה מאד נכתב בשנת תרפ"ב (1922) בספר הזכרונות של ר' יעקב ליפשיץ, מזכירו של ר' יצחק אלחנן ספקטור:

> באמת הכניסה עצם המחלוקת הזאת תועלת מרובה לשני הצדדים: החסידות השפיעה הרבה על מתנגדיהם, שהכניסה בהם זרם של חיי נפש... ומן הצד השני, ההתנגדות הכבירה והנמרצה של הגאונים המתנגדים, ההכרזות והחרמות האיומים שפרסמו ברבים, עצרו בעד הזרם הנפרז שהיה צפוי על ראשי החסידים ומתנגדיהם ביחד. כי לולא הוחדה וגם מורטה המחלוקת

---

[59] כחיזוק למסקנה זו נציין סיפור נוסף מ**מקור ברוך**, שנחשב למפוקפק ביותר אך לבסוף הוכח כמדויק. הר"ב עפשטיין מספר שאביו שמע מרבו הר"א גולדברג, על שאלה שהופנתה לר' חיים מוולוז'ין לגבי צנון שבושל בבשר ולאחר מכן התברר שנחתך מראש בסכין חלבית (**מקור ברוך**, ג, עמ' 1169–1165). לפי הסיפור, ר' חיים מוולוז'ין סבר כשלעצמו שצנון אינו מוגדר כחריף, ולכן הוא לא נעשה חלבי והתבשיל כשר, אך היות שלא רצה להורות בפירוש כנגד דעת ה**שלחן ערוך** (יורה דעה סי' צו סעי' א) המגדיר את הצנון כחריף – חידש 'אוקימתא' לפיה השו"ע דיבר רק על צנון שחור, הגדל בא"י, שהינו חריף בהרבה מהצנון הלבן המצוי באירופה. כבר העיר צבי קפלן (**סיני** סט [תשל"א], עמ' צא) שהסיפור מוזר מאד, כיוון שהגדרת הצנון כחריף אינה רק "דעת השלחן ערוך" אלא גמרא מפורשת. אולם כפי שמציין דב אליאך (**אבי הישיבות**, ב, ירושלים תשנ"א, עמ' 523), הרי"מ עפשטיין עצמו מביא בקצרה את עיקרי הסיפור! "ובילדותי שמעתי מאחד הגדולים, שגאון אחד הקיל ברעטי"ך שקליפתו לבנה, ואמר שאותו שקליפתו שחור הוא חריף ביותר – והחוש מעיד כך – ואמר שהרעטי"ך הגדילים בא"י ובבבל כולם קליפתן שחורה ומרים הרבה" (**ערוך השלחן**, יו"ד, סי' צו סעי' יג). מתברר אפוא שאת הסיפור ותמצית תכניו הר"ב עפשטיין אכן שמע מאביו, ורק ההסבר למניעי ה'אוקימתא' הינו פרשנות שלו. אלמלי היה הרי"מ עפשטיין כותב את השורות הקצרות הללו, היו רבים סבורים עד היום שהסיפור שבמקור ברוך הוא בדותא.

על אבן ישראל בחזקה, ולולא לא אחזו באמצעים חריפים כל כך, כי אז עברה התלהבותם של חסידי 'התלקים'[60] ופרצה כל גדר וגבול. ומאד קרובה היתה התלהבות והתעקשות החסידים אז, עד להפרד ולהתגודד לכתה שוברה כה'תלקים', שגם גדולי החסידות וטוביה הוכרחו ללחום נגדם עד שנתבטלה לגמרי, שע"כ ע"י המחלוקת העצומה התמזגה גם החסידות, כי באמת המחלוקת הזאת שומה היתה ממפעלות ופלאות תמים דעים המהפך סבות בתחבולות...'.[61]

אם כן, הר"ב עפשטיין איננו הראשון שהעלה את הרעיון שהתנגדות הגר"א בסופו של דבר הועילה לחסידות. למעשה, גם הר"י ליפשיץ איננו הראשון. רעיון זה הופיע כבר בשנת תרס"ו, בקובץ 'הניר', במאמרו של לא אחר מאשר הראי"ה קוק:

החסידות יצאה גם היא מתוך התביעה של ההזרמה הנפשית... הדבר הזה הורגש מצד האישיות הגדולה של אבות החסידות, שההזרמה הנפשית האלהית היתה חיה בקרבה, אבל צורתה היתה בלתי למודית כל צרכה, ולא יכלה איפוא להתבסס יפה ע"י חנוך מודרג מסומן בסימנים תוריים קצובים... והדורות הבאים הבאים היו יכולים לאבד את הטובה החיה הזאת ולהפכה לרועץ, לולי שנתמרקה ביסורים ע"י תבערת ההתנגדות מהזיו היותר עליון של נקודת הנשמה הישראלית... זאת היא הפסיכיקה התורית של הגר"א, שעמדה לשטן נגד הרחבת ההזרמה הנפשית האלהית של הפסיכיקה של הבעש"ט, שלא היתה מבוססה כל צרכה בחנוך הלמודי והיה מקום להתירא שלא תתנכר במשך הימים[62].

מתברר אפוא שרעיון זה, האופייני לאישים שהעריכו את שני העולמות והושפעו משניהם, כבר הגיע לידי בשלות בתקופה האמורה, למעלה ממאה שנים לאחר התנגדות הגר"א לחסידות – ומשום כך הוא הופיע, כמעט במקביל, בכמה מקורות שונים. רעיון זה גם הגיוני כשלעצמו, וזו כנראה אחת הסיבות להתקבלותו בהמשך

---

[60] הכוונה לכתות בסגנון חסידי קאליסק; ראו שם עמ' 13.

[61] יעקב ליפשיץ, **זכרון יעקב**, א, קובנא תרפ"ד, עמ' 14. הדברים שצוטטו נכתבו כבר בתרפ"ב, כמבואר בהקדמה (עמ' IV). יצוין שמונדשיין הכיר היטב את הדברים הללו, שהרי ציטט מהם במאמרו "פרנסי ווילנא והגר"א ומלחמתם בחסידות", **כרם חב"ד** גליון 4 (תשנ"ב), א, עמ' 220 הערה 212, ואף קבע שהם ספקולטיביים.

[62] "דרך התחיה", בתוך: **מאמרי הראי"ה**, ירושלים תשמ"ה, עמ' 6–7.

על דעת רבים וטובים משני הצדדים[63] – וממילא ברור שגם הנחתו השנייה של מונדשיין, שהרעיון התקבל רק בגלל ייחוסו לצמח צדק, נטולת בסיס ממשי.

ו. מעמד הרי"מ עפשטיין ופסקיו בקרב החסידים

מה היה המניע של הר"ב עפשטיין להמציא – לטענת מונדשיין – את כל הסיפורים הללו? מונדשיין משיב ללא היסוס: "מגמתו של ה'מקור ברוך' ברורה: פסקיו של אביו כלל וכלל לא היו מקובלים בקהל חסידים (ואולי לא רק בקרב החסידים), ובכך שהוא בדה את הסיפור על אודות הקירובים העצומים מצד הצ"צ... היה ה'מקור ברוך' סבור שעל-ידי זה תשתנה תדמיתו של אביו בעיני הציבור".

האם זהו נימוק משכנע? ניתן לטעון באותה מידה, שטענותיו של מונדשיין לא נולדו אלא מפני מורת רוחו מהרעיון שרב ליטאי צעיר זכה לקירוב מצד האדמו"ר הנערץ. קביעותיו שפסקי הרי"מ עפשטיין "כלל וכלל" לא היו מקובלים על החסידים, "ואולי לא רק בקרב החסידים", ושהר"ב עפשטיין חפץ לשנות את "תדמיתו של אביו בעיני הציבור" – אינן מעידות אלא על אחיזה בדעה קדומה שלילית כלפי הרי"מ עפשטיין, במידה המעוררת תהיות על המגמות הסמויות מאחורי ביקורתו.

לגוף הדברים, המניע שמעלה מונדשיין הינו מופרך. אילו סיפורי הר"ב עפשטיין על הצמח צדק היו מתפרסמים מוקדם יותר, היה ניתן אולי לדון האם הוא התכוון לסייע בכך להפצת ספרי אביו, אך 'מקור ברוך' נדפס עשרים שנה לאחר פטירת הרי"מ עפשטיין, ולמעלה מארבעים שנה לאחר שספריו החלו לצאת לאור. ספרי הרי"מ עפשטיין, שנדפסו עד תרפ"ח בכחמש מהדורות, נפוצו בכל מזרח אירופה הרבה לפני הדפסת 'מקור ברוך', בזכות עצמם כמובן, ללא צורך בשום סיוע מלאכותי; כבר בשנת תרע"ב, נמסר כי "ספרי עה"ש [=ערוך השלחן] נתפשטו בכל תפוצות ישראל ונמכרו בעשרת אלפי עקז' [=עותקים] בכל ארצות אירופה, אסיה ואמיריקה"[64]. גדולי הרבנים בתקופה זו

---

[63] מונדשיין מציין שני מקורות חסידיים שהביאו את הדברים – אחד מהם הרי"א קמלהאר – ומן הצד הליטאי את ר' שלמה וולבה. אנו נציין מקור ליטאי נוסף: ר' משה מאיר ישר, **החפץ חיים**, תל אביב תשי"ט, ב, עמ' תקפג; ומקור חסידי נוסף: ר' שניאור זלמן דנציגר, **ערוך השלחן באר הלכה**, ניו יורק תשס"ו, מבוא, עמ' יח.

[64] מודעה מאת בריינה וולברינסקי (בת הרי"מ עפשטיין), **הזמן**, י"ט ניסן תרע"ב (שנה שנייה גליון 68), עמ' 6. הקשר הדברים הינו שיווקי אמנם (והיא מסיימת: "נחשב כאחד מספרי הפוסקים

השתמשו בספריו[65], וכמה מספרי המאספים של התקופה מעלים על נס את חשיבותם. ראו למשל דברי ר' משה אביגדור חייקין: "עתה כאשר זכינו להספר ערוך השולחן על ד' חלקי שו"ע... מהרב הגדול מהרי"מ עפשטיין ז"ל, יעצתי לתלמידי העוסקים בפוסקים ללמוד כל סימן וסימן בטור וב"י ושו"ע בפנים, ואח"כ בספר ערוך השולחן, ואז ידע ההלכות בטעמיהן ברורים למעשה"[66]. ראו גם דברי ר' אברהם שטרן: "היותר מפורסם מחיבוריו, אשר נתקבל באהבה בכל תפוצות ישראל להלכה ולמעשה, הוא ספר ערוך השולחן על ד' חלקי שולחן ערוך"[67], וכן הלאה.

גם טענתו של מונדשיין שהרי"מ עפשטיין ופסקיו לא היו מקובלים "כלל וכלל" בקרב החסידים, אינה עומדת במבחן המציאות. הרי"מ עפשטיין אמנם היה 'מתנגד' במוצאו והשקפתו, אך הוא גדל בעיירה שרוב תושביה חסידים, חלקם הגדול חסידי חב"ד[68], ורבנותו הראשונה היתה בעיירה חב"דית מובהקת. בראש

שסומכים עליו להלכה ומורים כן"), אך הנתון המספרי המרשים שנמסר במודעה, מדבר בעד עצמו. השוו גם דברי הרי"מ עפשטיין עצמו, עוד בשנת תרנ"ו, המפנה לעיין "בחבורנו ערוך השלחן... והחבור מצוי בהרבה מקומות, וכל הרוצה יכול לעיין שם" (**כתבי הערוה"ש**, סי' כ).

[65] ראו למשל: ר' שלום מרדכי שבדרון, **שו"ת מהרש"ם**, א, ווארשא תרס"ב, סי' ריז, ג, סאטמר תר"ע, סי' לא, ועוד; ר' נחמן כהנא מספינקא, **ארחות חיים** (על שו"ע או"ח), א, סיגט תרנ"ח, סי' רפד סעי' א, ב, סי' תמח סעי' יד, סי' תרעא סעי' א, ועוד; ר' צבי הירש שפירא, **דרכי תשובה**, ה, סוואליב תרע"ב, יו"ד סי' קיב, ס"ק יא, כג, כט, לט, מ, מו, נ, נא (מדגם אקראי מתוך סי' אחד); ר' חזקיה מדיני, **שדי חמד**, ניו יורק תש"ו (מהד' קה"ת), כללים – מערכת המ"ם, כלל פ סוד"ה וראיתי בספר, כלל פו ד"ה ובשו"ת, שם ד"ה וכתב, כלל קד אות ג ד"ה והגאון, כלל קעא, ועוד רבות. ר' חיים ברלין, **שו"ת נשמת חיים**, ירושלים תשס"ח, יורה דעה סי' נב; ר' דוד צבי הופמן, **שו"ת מלמד להועיל**, א, פפד"מ תרפ"ו, או"ח, סי' לט: "...בעה"מ ערוך השלחן הוא בר סמכא שיכול לסמוך עליו". ראו גם ב, יו"ד, סי' מב ועוד רבות. ר' אברהם יצחק הכהן קוק, **שו"ת אורח משפט**, ירושלים תשמ"ה, סוף סי' עח: "והנה כת"ר סמך על הוראת בעל ערוך השלחן, שהקיל בזה גם בלא צירוף דב' קנים, וכדאי הוא ז"ל לסמוך עליו בשעה"ד". ר' משה נחום ירושלמסקי, **שו"ת באר משה**, ווארשא תרס"א, קונטרס השיב משה סי' מב אותיות ב, ז: "ובחפשי בספרי אחרונים הנמצאים במחיצתי, ראיתי לכבוד ידידי הרב הגאון מו"ה יחיאל מיכל נ"י עפשטיין אבד"ק נאווהרדק, בספרו ערוך השלחן...", ועוד ועוד. יצוין עוד שברשימת המנויים (פרענומראנטין) בפתח **ערוך השלחן**, חו"מ א, מהדורת תרנ"ג, מופיעים בין השאר ר' חיים עוזר גרודזינסקי ור' יצחק יעקב ריינס.

[66] **כללי הפוסקים**, לונדון תרפ"ג, פתח דבר עמ' V.

[67] **מליצי אש**, ג, נובוזמקי תרצ"ד (צולם: ניו יורק תשכ"ב), אדר עמ' 62.

[68] הרי"מ עפשטיין היה מיודד עם רבים מהם (ראו לעיל חלק ראשון, פרק שני אות א), ונציין למשל את ר' חיים יהודה לייב ליטווין (סוסניצר), חסיד חב"ד יליד בוברויסק שלימים היה רב בברודי

ספרו 'אור לישרים'[69] מופיעות הסכמותיהם של אדמו"רי צ'רנוביל, ר' אהרן ובנו ר' מנחם נחום – לפני הסכמותיהם של גדולי ליטא – והרי"מ עפשטיין עצמו הזכיר בספריו כמה ממנהגי החסידים[70]. רבנים ידועי שם שהשתייכו לחסידות חב"ד עמדו איתו בקשרים וקיבלו ממנו הסכמות, סמיכות ומכתבי המלצה, כדוגמת ר' יהודה לייב צירלסון רבן של פרילוק וקישינוב[71] ור' שלמה יוסף זוין שכיהן בין השאר כרבה של נובוזיבקוב[72]. גם רבנים מחסידויות אחרות היו מקושרים אליו, כדוגמת ר' משה טרצ'נסקי רבה של קרמנצ'וג[73] ור' יהושע השל רבינוביץ' – האדמו"ר ממונסטריץ', שהרבה להפנות אליו שאלות הלכתיות[74].

וסמארגון, המזכיר את הרי"מ עפשטיין – המבוגר ממנו בכ-11 שנים – כ"ידיד נפשי מנוער, הרה"ג המפורסם מ' יחיאל מיכל נ"י עפשטיין, מו"צ דק"ק זיבקאוו וכעת הגאון אבד"ק נאווארדאק": **שו"ת שערי דעה** – שער החיים, למברג תרל"ח, סי' סט (יט ע"ב). הנ"ל גם סמך להוראה את בן הרי"מ עפשטיין, הר"ב עפשטיין (גוטליב, **אהלי שם**, עמ' 154), שהיה גיסו בזיווג שני.

[69] ז'יטומיר תרכ"ט, נדפס מחדש בראש ספרו של הורוויץ, **כתבי הערוה"ש**. בסוף ההקדמה (עמ' 23) נזכרים "המיוחדים מהגליל ומאנשי עירי אשר היו לי לסיוע להוצאת הספר" – והם תושבי נובוזיבקוב, חסידי חב"ד וצ'רנוביל.

[70] ראו **ערוך השלחן**, או"ח סי' לב סעי' סג: "וסופרי רייסין נהגו ע"פ הגר"ז להניח כשיעור ט' אותיות..."; וכן או"ח סי' קמז סעי' ט: "במדינתינו בבתי מדרשות של חסידים מגביהים התורה וחוזרים ומניחים..." (וראו התייחסותו של האדמו"ר מלובביץ' לכך, במקורות המצוינים בהערה 82); וכן או"ח סי' רסג סעי' ז: "ובנות ישראל נוהגות לברך כל אחת בעצמה, אף כשהן אצל אמן" (גם פסיקה זו הוזכרה על ידי האדמו"ר מלובביץ', בהתוועדות משנת תשל"ה, כמובא בשבועון **התקשרות**, גליון 367, כפר חב"ד, פרשת ואתחנן תשס"א). הרי"מ עפשטיין הרבה להזכיר את פסקי בעל התניא, מ'שלחן ערוך הרב', כולל 'קונטרס אחרון' והשו"ת, וכן מסידורו (ראה למשל **ערוך השלחן**, או"ח, סי' רסה סעי' ח, וכן או"ח סי' תמה סעי' ה).

[71] ראו דברי הרי"מ עפשטיין בהסכמה לספרו **גבול יהודה**, פיעטרקוב תרס"ז. מכתבים נוספים פרסם, ב**כתבי הערוה"ש**, סי' קיז. למיקומו של הר"י צירלסון בחב"ד (ניז'ין, קאפוסט ולבסוף לובביץ'), ראו **אגרות קודש** למוהריי"צ, ו, אגרת א'תרמח.

[72] נסמך על ידי הרי"מ עפשטיין, וראו המלצת הרי"מ עפשטיין עליו – **כתבי הערוה"ש**, סי' ק. בהמלצה נזכרים רק חילופי מכתבים שהיו ביניהם, אך אין להסיק מכך שהרי"מ עפשטיין לא הכירו אישית, שהרי גם בסמיכתו את רי"ל מימון (שם סי' קכא) נזכרים רק חילופי מכתבים שהיו ביניהם, על אף שהלה כידוע שהה אצל הרי"מ עפשטיין כשנתיים ויותר.

[73] ראו דברי בנו, שלמה טרצ'נסקי, **זכרון משה**, ניו יורק תשל"א, הקדמה עמ' X, XI, XV. וכן: ר' חיים עוזר מרינובסקי, **על אבותינו ועל ייחוסם**, כפר חב"ד תשנ"א, עמ' 45-47. הר"מ טרצ'נסקי היה רבם של חסידי צ'רנוביל בקרמנצ'וג, והיה מיודד ומקובל גם על חסידי חב"ד בעיירה (להם היה רב אחר במקביל), ועמד בקשרי הלכה עם ר' לוי יצחק שניאורסון (אביו של האדמו"ר האחרון

כך לגבי הרי"מ עפשטיין כדמות – וכך גם לגבי ספרו: ישנן בידינו עדויות שונות (מלבד המפורט לעיל) על שימוש בספרו והערכה רבה כלפיו אף בקרב דמויות חסידיות ידועות, ולדוגמא מסופר על האדמו"ר ר' אברהם שלום הלברשטם מייסד חסידות סטרופקוב ונכדו של ר' חיים מצאנז (תרט"ז-ת"ש), ש"קנה ספרי הערוך השלחן, ועבר עליהן, רק כשהגיע לענין ה'משין-מצות' העביר קו עליהן", וכן מסופר על האדמו"ר ר' שלום מוסקוביץ' משאץ-לונדון (תרל"ח-תשי"ח), שהיה נוהג לומר "שטוב לחזור השו"ע בערוך השלחן... שהוא סדרן טוב במוח"[75]. גם בדורנו, ובחסידות חב"ד, האדמו"ר מלובביץ' הביא מספריו כמה וכמה פעמים[76], ואף העריך אותו כ"אחד מראשי האשכנזים"[77].

נשתמר בידינו סיפור מעניין, הנוגע לסוגיית מעמדם של פסקי הרי"מ עפשטיין בקרב חסידי חב"ד בדורו. פרטי הסיפור עולים משלושה מכתבים שכתב הרי"מ עפשטיין בסוף שנת תר"ס לרב שלמה יהודה לייב אליעזרוב (שיל"א),

מלובביץ'); כן היה מקושר לאדמו"ר ר' יוחנן מרחמיסטריבקה ונסמך על ידו וכן ע"י האדמו"ר ר' מרדכי דב מהורנוסטייפל (שם עמ' 19-21) ועוד.

74 ראו **כתבי הערוה"ש**, סימנים: כא, לא, לח-לט. הרי"מ עפשטיין גם כתב מכתב ברכה לספרו **דברי יהושע**, ב, ברדיצ'ב תרס"ז, שנדפס במהדורה החדשה של ספר זה, בהוצאת ח' וגשל, ירושלים תשמ"א, עמ' 8 (שם סי' קט).

75 שתי השמועות מובאות בקונטרס **ליקוטי דברים**, בתוך: **אור גנוז**, ב, לונדון תשנ"ו, עמ' יט-כ; הראשונה מפי ר' אלחנן היילפרין, והשנייה מפי מחבר הספר, ר' משה סג"ל דייטש. תודתי נתונה לרב בצלאל דבליצקי שעל ידו נתוודעתי למקור זה.

76 ראו: **אגרות קודש**, להנ"ל, א, אגרת ק"מ; ב, אגרת קעו; ג, אגרת תק"ג; ז, אגרת ב'רכד; יג, אגרת ד'תשו; כג, אגרת ח'תתקל"ט. הנ"ל, **לקוטי שיחות**, לג, עמ' 122 הערה 25; לו, עמ' 95 הערה 48; לח, עמ' 116 הערה 46; שם, עמ' 127 הערה 8; לט, הוספות עמ' 280. באחד המקומות הוא מונה את הרי"מ עפשטיין כאחד מגדולי האחרונים, יחד עם מגן אברהם, באר היטב, בעל התניא, משנה ברורה והאדמו"ר ממונקאץ' – **ליקוטי שיחות**, יז, הוספות אמור, עמ' 504. הוא גם הזכיר כמה פעמים את הספר **ערוך השלחן העתיד**, וראו למשל **ליקוטי שיחות**, לז, תזריע מצורע עמ' 37 בהערה; וכן הנ"ל, **תורת מנחם**, ה, ניו יורק תשמ"ה, שבת נחמו עמ' 2699, שם הוא מזכיר במיוחד "שבשו"ע לא נתבארו פרטי הדינים דלקט שכחה ופאה, ולכן היה צורך לחבר ספר מיוחד בשם 'ערוך השולחן העתיד', שבו נלקטו ונתבארו – בין השאר – כל פרטי הדינים דלקט שכחה ופאה".

77 **אגרות קודש**, להנ"ל, יח, אגרת ו'תתקח. "האשכנזים" – להבדיל מחסידים. באותו נושא הוא כותב לרב זוין: "וראה זה חדש – שדוקא בעל ערוך השולחן, מאשר ומשבח מנהג זה" – הנ"ל, **אגרות קודש**, יט, אגרת ז'שלג.

מצאצאי בעל התניא, שהיה באותה עת רבה של סמרקנד שבבוכרה (כיום: אוזבקיסטן)[78]. תחילתו של הסיפור בשוחט בשם אברהם אלתר מִפְּטִיהֳרַבְסְק, שלמד שחיטה אצל הרי"מ עפשטיין וקיבל ממנו תעודת היתר לכהן כ'שוחט ובודק'[79]. לאחר מכן התקבל הלה לשוחט בקהילה האשכנזית הקטנה בסמרקנד, על סמך התעודה הנ"ל ובסיוע מכתב המלצה נוסף ששלח הרי"מ עפשטיין לבקשת ראשי הקהילה[80]. זמן רב לאחר מכן עלה החשד שהוא מזלזל בשחיטתו[81], ובעקבות כך קיבל הרי"מ עפשטיין מכתב מר' דובער זאב קו'זובניקוב אב"ד יקטרינוסלב (כיום: דנייפרופטרובסק) – אף הוא מגדולי רבני חב"ד, ומקורבו של הרש"ב – ומרב נוסף, שהתלוננו יחד על מעשי השוחט, והרי"מ עפשטיין השיב להם שאין ביכולתו לאסור עליו לשחוט רק על סמך השמועות, אך אם נראה להם עצמם לאוסרו "חלילה לי לערער על זה". מאוחר יותר שלח גם הרב שיל"א מכתב לרי"מ עפשטיין ובו פרטים נוספים בעניין, ובקשה מחודשת שהרי"מ עפשטיין יבטל את הסמיכה שנתן לאותו שוחט. עם זאת, הרב שיל"א ביקש ממנו שלא יכתוב שהוא אוסר את השוחט על סמך דבריו, כי הדבר עלול לעורר כעס ומריבה[82]. כדי לפתור את המצב שלח הרי"מ עפשטיין לשוחט מכתב, שיועבר אליו דרך הרב שיל"א, ובו כתב בלשון עדינה שהוא מאמין שהזלזול בשחיטה אירע "יען שהוא מטולטל ואינו חוזר על דיני שו"ב", והוסיף שהוא איננו אוסרו מלשחוט עד שיברר הכל בעצמו, אך בינתיים הוא גוזר עליו ללכת

---

78 נדפסו בקובץ **אהלי שם**, כפר חב"ד תשנ"א, עמ' סט-עא; ושוב בספר **כתבי הערוה"ש**, סימנים פ-פב. כל המידע המתואר להלן לקוח ממכתבים אלה, וראו גם שו"ת **שאילת שלמה** [צוין לעיל הערה 27], שם.

79 "למד שחיטה בפה זמן רב, והיה מוחזק ביראת שמים היותר גדולה, וגם באומנות השחיטה יצא בדימוס, ונתתי לו קבלה" (סי' פ, וראו להלן).

80 "נתתי לו תעודה וסמיכה על שחיטה ובדיקה, ובמקומות שדרשו עליו ממני השבתי כי הוא שו"ב מומחה וירא אלוקים, וגם מסמרקנד כשקיבלתי זה זמן כביר ט"ג (=טלגרמה) לדרוש עליו השיבותי כנכון, כידוע לו..." (סי' פא, וכן בסי' פ: "וזה זמן כביר שקיבלתי ט"ג מעיר סאמארקאנד לשאול עליו, והשבתי לטוב כמובן").

81 הרי"מ עפשטיין מתאר ש"זה זמן כביר" שאלו אותו במברק על השוחט הנ"ל, ו"זה זמן כביר" לאחר מכן הוא קיבל מכתב ובו תלונות על השוחט (סי' פ).

82 "והרב בקשני במפורש לבלי לאסור אותו מצד מכתבו, כי בזה יתעורר עליו רוגז ומחלוקת" (סי' פב) – כנראה מצד השוחט וחבריו, כפי שעולה מתשובת הרי"מ עפשטיין: "ומה אעשה אם אאסור אותו, הלא אהי' מוכרח להעתיק להם מכתב כתר"ה, וה' יודע מה יוכל להתהוות מזה. על כן נשאר בדעתי לכתוב לו (=לשוחט) מכתב" (סי' פ).

אל הרב שיל"א ו"תהיה תחת כנפיו, וכל אשר יאמר לך תעשה"[83]. על החלטתו זו הודיע הרי"מ עפשטיין גם לרב קוז'ובניקוב, שכאמור היה הראשון שפנה אליו בתלונה על השוחט[84].

העולה מסיפור זה, לענייננו: שוחט שעשה את כל לימודו ושימושו אצל הרי"מ עפשטיין, התקבל לשו"ב תחת השגחתו של רב חב"די חשוב, שאישר את קבלת השוחט וסמך עליו לאור המלצת הרי"מ עפשטיין. גם כשהתעורר חשד על השוחט, פנה רב זה לרי"מ עפשטיין יחד עם רבני חב"ד נוספים מעיר אחרת, כדי לברר איתו את הדברים, ושניהם סמכו את ידיהם על מה שיחליט. האם הולם מקרה זה את קביעתו של מונדשיין ש"פסקיו של אביו כלל וכלל לא היו מקובלים בקהל חסידים" ושהיה צורך כביכול לשנות את "תדמיתו של אביו בעיני הציבור"?

ז. כיצד התייחס האדמו"ר מלובביץ' ל'תורה תמימה'

לפנינו נותרו, בסיכום, מעט טענות מוצדקות, כמה טענות קטנוניות, ובעיקר דברים שאפשר לדון אותם לכף זכות באותה מידה שאפשר לדונם לחובה. היחס בין משקל טענותיו של מונדשיין לבין הלשון בה הוא משתמש, אינו סביר; הר"ב עפשטיין מוגדר על ידו כ"לץ מתלוצץ" העוסק ב"סילופיו-תחבולותיו", שרוב "דבריו ההזויים" הם "שוא ושקר", "דבר מזוייף", "הכזבים הידועים" וכן הלאה. הוא אף קובע שעליו ושכמותו לא נאמר "מילתא דעבידא לאיגלויי לא משקר אינש".

שיפוט קטלני זה מועמד באור מביך-משהו לאור היחס המכובד שזכה לו ספר אחר של הר"ב עפשטיין – חומש 'תורה תמימה' – אצל האדמו"ר האחרון מלובביץ', ר' מנחם מנדל שניאורסון. כנזכר במקורות חב"דיים, האדמו"ר מלובביץ', וכן חמיו

---

83 שני הציטוטים מסי' פא.

84 כמפורש בסי' פ, ובסי' פב המופנה אליו. מקומו של הרד"ז קוז'ובניקוב בסיפור איננו ברור; ייתכן שממושבו ביקטרינוסלב שבאוקריינה הוא שימש כמתווך תכתובת הדואר בין הרב שיל"א לרי"מ עפשטיין, ודרכו עברו המכתבים מנובהרדוק שבבלארוס אל סמרקנד שבאוזבקיסטן. אולם כאמור, הרי"מ עפשטיין מזכיר אותו בסי' פ כמי שהיה מעורב אישית בנושא השוחט: "וזה זמן כביר קבלתי מכתב מהגאון אב"ד דיקאטערינעסלאו ומעוד רב בשם, ומדברים עליו סרה, השיבותי להם ג"כ אם נראה בעינם לאסרו חלילה לי לערער". מעורבותו בעניין, מכל מקום, מוכיחה ששאלת כשרותו של השוחט הנ"ל היתה משמעותית גם עבור חסידי חב"ד שבמקומו, ולא רק עבור הסוחרים האשכנזים.

הריי"צ, האדמו"ר הקודם, החזיקו בחומש 'תורה תמימה' ושמעו מתוכו את קריאת התורה, והאדמו"ר מלובביץ' אף נהג לקרוא בו את ההפטרה[85]. כיצד מסבירים חסידי חב"ד את העובדה שרבם השתמש דווקא בחומש זה? כאן אנו נתקלים בכמה הסברים סותרים. בתגובות למאמרו של מונדשיין שיערו כמה חסידים שהסיבה לכך היא היותו של החומש מדויק: "הרבי השתמש בחומש תורה תמימה לצורך הטעמים, שהיו בדקדוק רב". מנגד, הרב שלום דובער בוטמן טען שהסיבה היחידה לשימוש בחומש זה לכך היא שההפטרות מסודרות בו לפי מנהג חב"ד, "ועל כל פנים אין כל שחר לדעה שהחומש הנ"ל מדויק יותר מאחרים"[86]. הסבר שלישי מביא הרב יוסף שמחה גינזבורג: "יש הסבורים ששימושו של הרבי בחומש 'תורה תמימה' היה מפני שהרבי רצה להביט בדרשות רז"ל שעל המקראות. לפי זה, אין להביא מכך ראיה למידת הדיוק שבחומש עצמו (אף שההפסקות שבו הן 'מנהג מדינתנו')"[87].

אין בהסברים הללו כדי לטשטש את משמעות העובדה שהאדמו"ר מלובביץ' השתמש דווקא בחומש 'תורה תמימה'. אילו מחבר החומש היה מוחזק בעיניו ל"לץ מתלוצץ" ושאר התשבחות מאמתחתו של מונדשיין, הוא בוודאי היה בוחר לעצמו חומש אחר. יתרה מכך: לפי הסברו של הרב גינזבורג, שהאדמו"ר מלובביץ' השתמש בחומש כדי להיעזר בדרשות חז"ל המובאות על ידו, הרי שיש לפנינו עדות אופי כבדת משקל לטובת הר"ב עפשטיין ועבודתו – שהרי כפי שר"ב עפשטיין הצהיר בהקדמת ספרו, דרשות חז"ל לא תמיד מובאות כלשונן המקורית, אלא "פעמים רבות מאד" הוא קיצר דרשות ארוכות, הרחיב דרשות קצרות, הוסיף

---

[85] פרטים רבים בעניין נדפסו בשבועון **התקשרות**, היוצא לאור בכפר חב"ד על ידי צעירי אגודת חב"ד, בעריכת הרב מנחם ברוד. ראו למשל דברי הרב יוסף שמחה גינזבורג, **התקשרות**, גליון 514, ח' סיון תשס"ד, עמ' 16: "בתחילת הקלטות קריאת-התורה של מי שהיה הבעל-קורא בבית חיינו, הרה"ח ר' מרדכי שוסטערמאן ע"ה, הוא מודיע לשומעים, שמכיוון שהרבי השתמש בחומש זה, על-כן יהיו ההפסקים בין העליות לפי אותו חומש". ב**התקשרות**, גליון 551, ב' אדר א' תשס"ה, עמ' 16, מביא הרב גיצנבורג בשם הרב יוסף יצחק אופן "שהרבי נהג בקביעות לשמוע קרה"ת ולקרוא ההפטרה מתוך חומש 'תורה תמימה'". ראו גם דברי הרב מ"מ טייכמן, **קובץ מנהגי מלך**, ניו יורק תשנ"ה, עמ' 38: "בתפילת שחרית דשבת נכנס לביהמ"ד - בנוסף לסידורו הק' וספר התהלים - עם חומש 'תורה תמימה'".

[86] **התקשרות**, גליון 469, י"ח תמוז תשס"ג.

[87] **התקשרות**, גליון 598, ו' טבת תשס"ו, עמ' 16. ראו גם **התקשרות**, גליון 605, כ"ו שבט תשס"ו; **התקשרות**, גליון 670, ח' סיון תשס"ז; ועוד.

"מילה אחת או שתים לעיקר הדרשה" במקום שראה לנכון, ולעיתים אף ניסח בעצמו מדרש מחודש, על פי האופן בו הבין את דברי הסוגיה: "ואנחנו, כשעמדנו בעיון נמרץ... גלינו והוצאנו בס"ד את הדרשות לאור עולם"[88]. אילו היה האדמו"ר מלובביץ' סבור שהאחראי למלאכה גדולה זו הינו רמאי וסלפן ש"בו ובשכמותו לא נאמר 'מילתא דעבידא לאגלויי לא משקר איניש'", כלשון מונדשיין, קשה להניח שהוא היה סומך עליו ומשתמש בעבודתו.

אולם לא זאת בלבד שהאדמו"ר מלובביץ' סמך על עבודתו של הר"ב עפשטיין, הוא אף המליץ לחסידיו להשתמש בה. בשיחה משנת תשמ"ט הוא דיבר על כך ש"כדאי ונכון ביותר שנוסף על לימוד חלק הפרשה... יוסיפו וילמדו גם מפירושי חז"ל בתורה שבעל-פה... כפי שנלקטו כבר בספרים" – וכדוגמא לספרים אלה, בהם "כדאי ונכון ביותר" להשתמש, הוא מזכיר בהערה את "'**תורה תמימה**', 'תורה שלימה' וכיוצא בהם"[89]. לא ניתן אף לטעון שהוא סמך רק על מדרשי חז"ל שהר"ב עפשטיין עיבד ולא על הערותיו ופירושיו, שכן הוא עצמו הזכיר בכתביו כמה פעמים את הערות ופירושים אלה, ולעיתים אף הפנה אליהם וכתב "עיין שם"[90]. קורא חב"די עשוי אפוא למצוא עצמו במבוכה, כיצד אפשר ליישב את דברי מונדשיין – הכותב "רציתי להביא לידיעת הרבים כי אין להסתמך על האמור בספריו של בעל התורה תמימה, אפילו על דברים המובאים אצלו מפי כתבם"[91] – עם דברי האדמו"ר?

ח. סיכומו של דבר

בעייתיותו של הספר 'מקור ברוך', לצד סוגיית טיבם של ספרים אחרים של הר"ב עפשטיין דוגמת 'תורה תמימה', זקוקות ליבון מקיף ושיטתי יותר מאשר ערכתי בפרק זה, המתמקד בפרשה אחת מסוימת – ביקר הרי"מ עפשטיין אצל ה'צמח

---

88 ראו **תורה תמימה**, א, בראשית, פינסק תרס"ב, הקדמה אותיות ג-ה (עמ' 10-13). ר' מנחם מנדל כשר, **תורה שלמה**, כו, פרשת צו, ירושלים תשל"ד, עמ' רפה, מספר שחכם אחד בדק עבורו ומצא שרק שליש ממאמרי הגמרא מובאים ב'תורה תמימה' כלשונם (עיי"ש).

89 **ספר השיחות**, א, ניו יורק תשמ"ט, עמ' 252. ההדגשה שלי, וכן פתיחת ר"ת (מקור זה הובא על ידי הרב גינזבורג).

90 ראו **אגרות קודש**, להנ"ל, ו, אגרת א'תשמ"ב, טז, אגרת ו'פד; יח, אגרת ז'כא; כח, אגרת י'תתמז. הנ"ל, **ליקוטי שיחות**, לב, הוספות עמ' 250.

91 כלשונו בפתח המאמר הנדפס, קובץ **פעמי יעקב** מה (תש"ס), עמ' סא.

צדק'. ועם זאת, דומה כי נוכחנו לראות שאין מקום לפסול באופן אוטומטי וקטגורי כל ידיעה ושמועה וסיפור המובאים ב'מקור ברוך', אלא ניתן להשתמש בספר זה, בזהירות ביקורתית ולנפות את הבר שבו מן התבן.

נספח ב

רבי אליהו גולדברג אב"ד בוברויסק

בפרק הנוכחי אני מבקש לפתוח צוהר לתולדותיו ודמותו של רבי אליהו גולדברג מבוברויסק, תלמידו של רבנו חיים מוולוז'ין ומי שהיה רבו המובהק של הרי"מ עפשטיין. לא רב הוא המידע הזמין וגלוי על אודות רבי אליהו[1], אולם קובץ על יד ירבה, ועל ידי ריכוז הדברים, צירופם וליבונם יחד, תצטייר בפנינו תמונה האופיינית לקורות חייהם של גאוני הרבנים ראשוני תלמידי ישיבת וולוז'ין – לאו דווקא המפורסמים יותר, ששמועותיהם מתבדרות עד ימינו בהיכלי הישיבות בזכות תורתם השמורה בספרים, אלא אף אלה שבדורם שלהם נודעו למורי הוראה מובהקים, אב"דים ורבני קהילות מעטירות, כרבי אליהו גולדברג.

א. השנים הראשונות – קלצק, וולוז'ין וקאפוליה

רבי אליהו נולד בשנת תקנ"ז בקלצק, עיירה קטנה הנמצאת כ-75 ק"מ ממערב לסלוצק שבחבל מינסק במרכז רוסיה הלבנה (בלארוס דהיום). אביו של רבי אליהו היה "החסיד המפורסם"[2] רבי אריה גולדברג, שנפטר בסביבות תק"ע, ואבי אביו היה המקובל רבי נחמן מקלצק, שנמנה על רואי פניו של הגר"א.

רבי אליהו נמנה על תלמידי ישיבת וולוז'ין בדור הראשון לקיומה, וקיבל תורה ממייסד הישיבה רבי חיים מוולוז'ין. לימים, בהסכמתו לספר 'גאון אברהם' של רבי אברהם ב"ר שאול משקלוב[3], ייזכר רבי אליהו: "באזנינו שמענו מאבות העולם...

[1] תמצית תולדותיו נאספה לפנינו על ידי צינוביץ', **עץ חיים – תולדות ישיבת וולוז'ין**, עמ' 108-109. שם הובאו גם תיאורים ספרותיים על רבי אליהו ואבותיו (בעיקר מ'מקור ברוך').

[2] כלשון בנו רבי אליהו בחתימת כמה מהסכמותיו (יצוינו להלן).

[3] שנדפס באודסה תרכ"ד, שנים רבות לאחר פטירת המחבר.

כאשר שמענו מפה קדוש מאור הגולה הרב הגאון מוהר"ר חיים ז"ל מוואלאזין, אמר דבר זה..." (שהגאון בעל 'שאגת אריה' הפליג בשבח המחבר הנ"ל). לאחר סיום פרק לימודיו בוולוז'ין, אז קיבל גם 'סמיכה' להוראה, התיישב רבי אליהו בעיירה קאפוליה[4] (הנמצאת כ-30 ק"מ ממזרח לקלצק), ובה נשתדך עם בתו של הרב וחבר בית הדין שבעיירה, רבי יקותיאל זיסקינד[5], וישב בסמוך אליו כמה שנים.

מתקופה זו קיים בידינו מעשה מעניין, שסופר לימים על ידי רבי יחיאל יעקב וויינברג בעל 'שרידי אש'[6], שראה בכך "אחד מהרבה [מעשים] שמספרים על צדיקי הדור ההוא". לפי סיפור המעשה, כשהגיע רבי אליהו לקאפוליה קיבלו למדני העיירה את פניו בחשדנות-משהו, כיוון שהִרבה לעסוק בלימוד מוסר[7], וכן ראוהו מעיין לא פעם באטלס גיאוגרפי שהביא עמו – אולם יראת השמים של רבי אליהו עמדה למעלה מכל ספק. והנה, מוסיף ומספר הגריי"ו:

> ביום כיפור, לאחר תפילת מוסף, נעלם רבי אליהו. התחילו מחפשים אחריו ומצאוהו בבית החולים היהודי העירוני, כשהוא מבקע עצים ומכין מרק לחולים. הוא הוחזר לבית התפילה והובא בפני הרב מרא דאתרא, והרב אמר: אברך זה מבייש את זקנותנו, כי יותר מכולנו יודע הוא כיצד עובדים את הבורא ביום קדוש זה.

---

[4] כפי שמספר אחיינו – בן אחותו – אברהם יעקב פפירנא בזכרונותיו (בשפה הרוסית), שקטעים מהם תורגמו ב**ספר הזכרון לקהילת בוברויסק ובנותיה**, בעריכת יהודה סלוצקי, א, תל אביב תשכ"ז, עמ' 271. פפירנא כותב שרבי אליהו חי כמה שנים כ"פרוש" בווילנא, עם תלמידי הגר"א (והועתקו דבריו על ידי הגרי"י וויינברג, ראו להלן הערה 6), אך קרוב לוודאי שמדובר בשגיאה, שמקורה בהחלפת וולוז'ין של רבי חיים (אותה אין פפירנא מזכיר) עם וילנא של תלמידי הגר"א.

[5] אשר תשובה מבית דינו לרבי אליעזר יצחק מוולוז'ין, משנת תקצ"ח-תקצ"ט, נדפסה בשו"ת **חוט המשולש**, וילנא תרמ"ב, ג, סי' ד; תשובה זו הובאה גם בספרו של רבי דוד טעביל ממינסק, **שו"ת בית דוד**, ווארשא תרי"ד, סי' טו. פפירנא מגדיר את רבי זיסקינד כרבה של קאפוליה בה"א הידיעה, אולם נראה כי לא היה האב"ד.

[6] במאמרו "תנועת המוסר", ד' ליפץ, **יהדות ליטא**, א, עמ' 325–326; נדפס שנית בספרו **שרידי אש**, ד, ירושלים תשכ"ו, עמ' רפג-רפד, וכן בספרו **לפרקים**, ירושלים תשס"ב, עמ' טז.

[7] למשמעותו של מושג זה באותם ימים – בשנות התק"פ לערך – ראו ב**שרידי אש**, שם; הוא מקשר זאת לרבי חיים מוולוז'ין ותורתו, ומוצא בכך, בין השאר, השפעה ניכרת (אף כי על דרך הניגוד) של תנועת החסידות.

מקורו של סיפור המעשה שהביא הגריי"ו, הריהו אחיינו של רבי אליהו, א"י פפירנא[8]. פפירנא – שהיה "משכיל" מובהק, סופר ועיתונאי יליד קאפוליה (ת"ר) שגר בבוברויסק בצעירותו (בחיי דודו רבי אליהו) אך עזב אותה עקב תגובות נזעמות כלפי רשימות ארסיות שפרסם על אודות חיי העיירה[9] – מנסח את הסיפור כולו בנימה צינית בלתי מוסתרת, ובהתאם לכך מגדיר את מעשי רבי אליהו כ"שערוריה". קשה להניח שפפירנא לא הכיר את ההלכה המפורסמת שמותר ואף חובה לחלל שבת עבור חולה שיש בו סכנה[10]; הוא עצמו מדגיש שרבי אליהו הלך לטפל "בחולים המסוכנים שנשארו בלי פיקוח"[11]. מגמתו בתיאור הציני הריהי, כמסתבר, ללעוג לקפדנותם היתירה של "פרושי" קאפוליה, שחשדו בדודו רבי אליהו על לא עוול בכפו. אנו, מטבע הדברים, העדפנו את הנוסח בו הוגש הסיפור על ידי רבי יחיאל יעקב וויינברג, שהקפיד להפריד בין העובדות כשלעצמן לבין הנימה ששיווה להן פפירנא.

ב. רבנות פאריץ' והצמחת הרי"מ עפשטיין

בשלב מסוים בשנות התק"פ או התק"ץ, נתמנה רבי אליהו לכהן פאר בראשות קהילת ה'מתנגדים' בעיירה פאריץ', כ-150 ק"מ ממזרח לקאפוליה. מן המידע המועט הקיים על אודות תקופתו בפאריץ', שנמשכה כ-20-30 שנה, ניתן לציין את הסכמתו הנזכרת לספר 'גאון אברהם', שנכתבה בעיירה זו בתאריך כ"ד אב תר"ב.

האירוע העיקרי הידוע לנו מתקופה זו, הוא מפגשו של רבי אליהו עם נער צעיר מבוברויסק הסמוכה (כ-50 ק"מ מפאריץ'), בשם מיכל עפשטיין – שיתפרסם לימים כגאון בעל 'ערוך השלחן'. הרי"מ עפשטיין תכנן בתחילה, בנערותו, להיות סוחר כאביו[12], אולם לפי המסופר, מפגשו המקרי עם רבי אליהו בסעודת מצוה,

---

8 הגריי"ו הסתמך ישירות על המקור שברוסית, ולימים תורגמו דברי פפירנא ב**ספר בוברויסק** (לעיל הערה 4), שם. יש להדגיש שדבריו הריהם מקור משני בלבד, שהרי הוא טרם נולד בזמן בו היה הסיפור אמור להתרחש.

9 בגליונות **המליץ**, תרפ"ב. על כך ראו בזכרונותיו, שם עמ' 231-232.

10 ואף נעשים הדברים על ידי גדולי ישראל – ראו ב**רמב"ם**, הלכות שבת, פרק ב הלכה ג, וב**שלחן ערוך**, אורח חיים סי' שכח, טז ס"ק ה.

11 סלוצקי, **ספר בוברויסק**, עמ' 230.

12 כפי ששמע ממנו רי"ל מימון, **שרי המאה**, ו, עמ' 99, וראו גם דברי **מקור ברוך**, ג, עמ' 1164.

שינה את מהלך חייו: רבי אליהו כה התרשם מכשרונותיו של הנער, עד ששכנע את משפחתו ש"יסיעו אותו כולו מעסקיהם ולהקדישו כולו לעמל התורה", ומאוחר יותר אף דאג ללמדו באופן אישי[13]. גם בהמשך הדרך, כשחזר הרי"מ לבוברויסק לאחר כשנתיים של לימוד בוולוז'ין[14] וכשנה אחת אצל חותנו בעיירה מיר[15], ורבי אליהו נתמנה בעצמו לרב קהילת ה'מתנגדים' בבוברויסק, הוסיף להדריך את האברך הצעיר והעניק לו סמיכה להוראה[16]. לאחר מכן נתמנה הרי"מ לר"מ בישיבת אלטשול המקומית[17] – ישיבה שרבי אליהו, הרב דמתא, שקד במיוחד על טובתה[18].

כעשר שנים מאוחר יותר, אנו מוצאים את הרי"מ משמש דיין מומחה בבית דינו של רבי אליהו בבוברויסק, וכיד ימינו. במכתב משנת תרכ"ב לרבי דובעריש מייזלש אב"ד ווארשא, בעניין סבוך של קידושי טעות, מספר הרי"מ שאף רבו "הרה"ג הישיש הצדיק מוהר"א ג"ב [=גולדברג] מפה" הסכים להיתר, "אך מאשר כהו עיניו לראות ואף לא יוכל לחתום בח"י [=בחתימת ידו], ע"כ ביקש אותי ג"כ לעיין בזה... והרה"ג הנ"ל דוש"ת [=דורש שלום תורתו] דמר ומבקש מטו מהעדר פ"ש [=פרישת שלום], כי מן השמים עכבוהו"[19].

---

[13] **מקור ברוך** שם, וראו גם עמ' 1635, 1174. ר' ברוך עפשטיין כותב ש"בעת ההיא" כבר כיהן רבי אליהו כרבה של בוברויסק, אך זו טעות – רבי אליהו נתמנה לכך כמה שנים מאוחר יותר (כפי שנראה להלן).

[14] ככל הנראה בשנים תר"ז-תר"ט; על לימודיו אצל ר' איצל'ה מוולוז'ין ראו אייזנשטדט, **דור רבניו וסופריו**, ספר ראשון, ווארשא תרנ"ה, עמ' 42; שפירא, **ר' משה שמואל ודורו**, עמ' 42 ועמ' 209-208, וראו עוד **מקור ברוך**, ג, עמ' 1195, ד, עמ' 1919. ר' ברוך עפשטיין מתארך את הלימודים לשנים תר"ג-תר"ד, אך בלתי סביר להניח שאביו יצא לוולוז'ין כבר בגיל 14, ומן התיאור של ר' ברוך עצמו במקום אחר (ג, עמ' 1164) עולה שלימודיו המסודרים של אביו החלו בגיל מאוחר יותר.

[15] ראו: **מוולוז'ין עד ירושלים**, עמ' 275-276; **מקור ברוך**, ב, עמ' 941; **שרי המאה**, ו, עמ' 100.

[16] **מקור ברוך**, ג, עמ' 1164, וראו גם אייזנשטדט, **דור רבניו וסופריו**, שם.

[17] ראו בהספדו של הרב משה שמואל שפירא, **הד הזמן**, כ"ז אדר ב' תרס"ח (שנה ב גליון 65), עמ' 3; צינוביץ', **עץ חיים**, עמ' 400; **מוולוז'ין עד ירושלים**, שם; קצנלסון, **מה שראו עיני ושמעו אזני**, עמ' 58 ועמ' 65. לדברים שכותב ר' ברוך עפשטיין (**מקור ברוך**, שם) שאביו קיבל עליו את משרת הרבנות בבוברויסק, לא מצאנו פשר אלא אם הכוונה ששימש כמו"צ (ראו בסמוך). על אודות ישיבת אלטשול ראו צינוביץ', **עץ חיים**, עמ' 438-441; ר"י ניסנבוים, **עלי חלדי**, עמ' 40-41.

[18] כלשונו של ר"מ צינוביץ', **עץ חיים**, עמ' 438 (ככל הידוע – מסברת עצמו).

[19] נדפס שנית בספר **כתבי הערוה"ש**, סי' לו. מסיום הדברים אנו למדים על קשר שהתקיים עוד קודם לכן, בנסיבות שאינן ידועות, בין רבי אליהו לבין רבי דובעריש מייזלש, מראשי רבני פולין השכנה.

לימים, כשכתב הרי"מ את ספרו 'ערוך השלחן', הבליע בתוכו כמה וכמה שמועות והוראות שקיבל מרבו המובהק, רבי אליהו. אמנם כדרכו, לא נזכרו ב'ערוך השלחן' שמותיהם המפורשים של בעלי השמועה, אלא הריהו כותבם בלשון כדוגמת "וגם אני ראיתי בימי ילדותי לגדול אחד..."[20] – אולם לפחות בחלק מן המקרים אנו יכולים לזהות, בעזרת מקורות חיצוניים, מיהו הגדול בו מדובר. כך, בהלכות בשר וחלב מספר רבי יחיאל מיכל ש"בילדותי שמעתי מאחד הגדולים, שגאון אחד הקיל ברעטי"ך [=צנון] שקליפתו לבנה..."[21] – והנה מעדותו של בנו, ר' ברוך עפשטיין, אנו למדים ש"אחד הגדולים" שכאן הריהו מורו המובהק רבי אליהו גולדברג, וה"גאון אחד" ממנו שמע זאת הריהו רבי חיים מוולוז'ין[22].

ג. פרשת ההתמנות לרבנות בוברויסק

פתחנו לעיל בסיפור קורותיו של רבי אליהו בהיותו הרב בפאריץ', וסיימנו בהיותו הרב בבוברויסק – עתה נשוב לאחור ונעסוק בפרשת מעברו לבוברויסק. דיוננו הנוכחי מתחיל ברבי ברוך מרדכי אטינגר (איטינגא), גאון וצדיק מפורסם שבראשית דרכו נע על הציר שבין 'מתנגדים' לחסידים, ואף נעשה לחתנו של רבי שמואל אב"ד וילנא, ולימים נעשה לחסיד חב"ד מובהק[23]. רבי ברוך מרדכי כיהן כרבה של בוברויסק במשך עשרות שנים[24], במהלכן הפכה בוברויסק מעיירה

---

[20] **ערוך השלחן**, יורה דעה, סי' סא סעי' נג. למקרים נוספים בהם מוסר רבי יחיאל מיכל דברים שראה בעיניו מגדולי הדור הקודם, ראו: אורח חיים סי' ו סעי' ט-י, סי' כא סעי' ז, סי' רפט סעי' ג, יורה דעה סי' קץ סעי' כד, סי' שלט סעי' ט, אבן העזר סי' סד סעי' יז, ועוד.

[21] **ערוך השלחן**, יורה דעה סי' צו סעי' יג.

[22] ראו **מקור ברוך**, ג, עמ' 1169-1165. ניכר מהרצאת הדברים, שר' ברוך עפשטיין לא הבחין שאביו כתב מעשה זה בספרו 'ערוך השלחן' – וממילא לענייננו הרי זה בבחינת "מסיח לפי תומו". וראו למעלה, נספח א, הערה 59.

[23] תולדותיו רוכזו לאחרונה בידי ר' אליהו יוחנן גוראריה, **תולדות ברוך מרדכי**, כפר חב"ד תשס"ח. מפרקי הספר הראשונים ניתן להתרשם על תנודתו של רבי ברוך מרדכי בין ה'מתנגדים' לחסידים (ראו עמ' 24-26, 53-56, 69-76), אף שיש להביא בחשבון שרוב הפרטים והסיפורים מבוססים על מקור אחד בלבד – כתביו של האדמו"ר הריי"ץ שניאורסון – ואין בידינו כרוניקה המציגה את האירועים מן הזווית הנגדית.

[24] מקובל לתארך את שנת התמנותו בבוברויסק לתקס"א או תקס"ב (גורארי', **תולדות ברוך מרדכי**, עמ' 104-105), אולי מתוך הנחה שמשך כהונתו היה חמישים שנה (ראו סלוצקי, **ספר בוברויסק**, עמ' 269). אך ישנן כמה סיבות לפקפק בתיארוך זה, כפי שכתב לי הרב אברהם צבי אייזיקוביץ'

קטנה למרכז היהודי החשוב באיזור[25], ובו שתי קהילות גדולות – של חסידים (רובם חסידי חב"ד) ושל ליטאים-'מתנגדים'. בסוף ימיו, בשנת תרי"א "או קודם מעט" כלשונו של ר' חיים מאיר הילמן בספרו 'בית רבי'[26], עזב רבי ברוך מרדכי את בוברויסק ועלה לארץ ישראל. רח"מ הילמן מספר שלכהונה שנתפנתה קיבלו אנשי בוברויסק את רבי הלל מאליסוב ("ר' הלל מפאריטש"), שכיהן עד אז כרבה של הקהילה החסידית בפאריץ', וטוען שהלה נתמנה "לרב יחידי גם על קהל עדת המנגדים. וכולם היו יראים וחרדים מדבריו, שהיו כגחלי אש..."[27].

אולם לאמיתו של דבר, מינוי יחידי זה לא נעשה בהסכמת ה'מתנגדים', ואף בלעדיותו התקיימה לפרק זמן קצרצר בלבד; כבר בשנת תרי"ב אנו מוצאים שכרבה

הי"ו, וזה תורף דבריו (עם כמה תוספות שלי): **ראשית**, בתחילת שנות התק"ס היתה בוברויסק עיירה צדדית וקטנה מאד, ואף בסוף העשור היו בה כ-600 יהודים בלבד (ראו סלוצקי, **ספר בוברויסק**, עמ' 22-23. להשוואה, מובא שם, עיירות אחרות בחבל מינסק, כסמילוביץ', ראקוב, קוידאנוב ומוזיר, היו בעלות אוכלוסייה יהודית גדולה באופן ניכר). ספק אם "פרנסיה" של עיירה כזאת היו מעיזים להציע רבנות לדמות בסדר גודל של הרב"מ, חתנו של אב"ד וילנא וממקורביו של בעל התניא (אף כי היו דברים מעולם, כמובן). השינוי בגודלה ומעמדה של העיר החל רק בשנות התק"ע, בעקבות מפעלי בנייה ופיתוח מאסיביים שערך השלטון הצארי לקראת בוא צבא-נפוליאון (שהחזיק בעיירה בשנים תקע"ב-תקע"ג) ולאחר שחרורה, אז הוקם בעיירה המבצר הידוע, ומספר תושביה – יהודים ונכרים – הגיע במהירות לאלפים אחדים (ראו שם, עמ' 25-26, 29). **שנית**, ישנו מכתב של רבי דוב בער "האדמו"ר האמצעי", המתוארך לשנת תקע"ד-תקע"ה בקירוב, המופנה לשניים מחסידיו: רבי משה מייזלש, ומיודענו הרב"מ – מהם ביקש האדמו"ר שלא לעלות לארץ (**אגרות קודש מאת כ"ק אדמו"ר הזקן...**, א, ברוקלין תשמ"ז, עמ' רמט). הר"מ מייזלש היה איש וילנא (ראו על אודותיו הרב שלום דובער לוין, **תולדות חב"ד בארץ הקודש**, ברוקלין תשמ"ח, עמ' עה), ושם גם הכיר את הרב"מ; מפנייתו של האדמו"ר אל השניים בחדא מחתא, ורצונם המשותף לעלות יחד לארץ, משמע שהם נמצאו באותה תקופה במחיצה אחת, כלומר עדיין בווילנא, ולא שהרב"מ כבר מכהן פאר בבוברויסק (וכבר רמז על כך הרש"ב לוין, **מבית הגנזים**, ברוקלין תש"ע, עמ' שיג. אני מודה לרב יהושע מונדשיין שהפנה אותי למקור זה). לאור כל זאת, מסתבר שיש לדחות את תאריך התמנותו של הרב"מ בבוברויסק לשנים **תקע"ה-תק"פ**. רמז נוסף לכך הוא הסיפור שבתחילת רבנותו של הרב"מ התנגד לו רבי עקיבא אלטשול (ר"י ניסנבוים, **עלי חלדי**, עמ' 30-31) – והרי הלה כלל לא היה בבוברויסק בשנות התק"ס (ראו סלוצקי, **ספר בוברויסק**, עמ' 285, שם תוארך מעברו לבוברויסק לתקפ"ג, אך מסתבר למעשה שזהו התאריך בו הקים את ישיבתו).

[25] בנוסף למובא בהערה הקודמת, ראו סלוצקי, **ספר בוברויסק**, עמ' 30; בשנת תר"ז היו בעיירה כ-4,700 יהודים, עד תרכ"א מספרם הוכפל ל-8,800, ולפני תרל"ח הוכפל שוב ועמד על כ-18,000.

[26] רח"מ הילמן, **בית רבי**, א, ברדיצ'ב תרס"ג, פרק כו, דף עג עמוד א.

[27] שם, ב, פרק ח – דף יד עמוד א-ב.

של קהילת ה'מתנגדים' בבוברויסק מכהן נשוא מאמרנו, רבי אליהו גולדברג – שהגיע אף הוא מפאריץ'. זאת אנו למדים בין השאר מה"פרנומרנטין" לספר 'פרקי רבי אליעזר' עם פירושו הידוע של רבי דוד לוריא מביכוב, שנדפס בשנת תרי"ב בווארשא: תחת השם "באברויסק" מופיעים כ-25 שמות, רובם אישים אמידים ממנהיגי קהילת ה'מתנגדים' בעיר[28], ובראשם מופיע: "**הרה"ג כו' מוהר"א הרב נ"י**" – הלא הוא מיודענו הר"א גולדברג, הרב דמתא[29].

מה אפוא משקלה המדויק של טענת רח"מ הילמן שרבי הלל נתמנה גם לרבם של 'המתנגדים'? והאם אך מקרה הוא שלכהונה בראשות שתי הקהילות בבוברויסק – החסידית וה'מתנגדית' – הגיעו יחדיו שני הרבנים בעלי הכהונה המקבילה בפאריץ' הסמוכה? שאלות אלה מוצאות מענה בגרסה אחרת, שמוסר בן בוברויסק (יליד תרכ"ט) ר' יצחק ניסנבוים:

> לפני עזבו את באברויסק יעץ ר' ברוך מרדכי לראשי העיר כי יקחו להם לרבנים את שני הרבנים אשר בפאריץ הסמוכה, את רבי הלל בעל פלח הרמון לרב החסידים ואת רבי אליהו לרב המתנגדים. ראשי עדת החסידים הביאו מתחילה את רבי הלל וחשבו כי הוא יהיה לרב גם למתנגדים, כמו שהיה רבי ברוך מרדכי, אבל החסידים לא חפצו לקבל את רבי הלל עליהם לרב והביאו רב אחר. החסידים רדפו את הרב החדש של המתנגדים והוא עזב את העיר. אז עשו המתנגדים כעצת רבי ברוך מרדכי והביאו אליהם את רבי אליהו גולדברג, שהיה תלמידו של רבי חיים וואלוזינר, והחסידים זכרו גם הם את

---

[28] דוגמת ר' מיכאל מרגולין, מראשי הקהל (ה'מתנגדי'), ועמיתו-יריבו הגביר יצחק רבינוביץ – על אודות שניהם ראו ר"י ניסנבוים, **עלי חלדי**, עמ' 32, וכן **הלבנון**, י"א אייר תרכ"ט (שנה 6 גליון 16), עמ' 126-127, **הלבנון**, כ"ז חשוון תרל"ו (שנה 12 גליון 15), עמ' 116-117, ועוד. בהקשר זה ראו מכתבו של מרגולין משנת תרכ"ג, בו מסר תוך כדי דיבור ש"שמעתי דבר נאה ומתקבל ע"פ פשוטו מידידינו הרב הג' האב"ד דקהלתינו האשכנזים..." – הלא הוא רבי אליהו (המכתב נדפס ב**ארשת** א [תשי"ט], עמ' 385). לחדו"ת קצר נוסף שהובא בעיתונות התקופה בשם רבי אליהו, ראו **הלבנון**, ט' טבת תר"ל (שנה 6 גליון 45), עמ' 383 הערה ו.

[29] אמנם יש להעיר שהסתמכות על התאריך הרשום בשער ספר כדי לתארך במדויק את כלל התכנים המצויים בתוכו, הריהי בעייתית לעיתים מבחינה ביבליוגרפית, ואכמ"ל. אולם בלאו הכי ישנו מקור נוסף המאשר ששנת התמנות הר"א גולדברג לרב ה'מתנגדים' בבוברויסק היתה תרי"ב: בידיעה שפרסם איש פאריץ' על פטירת הר"א גולדברג, בשנת תרל"ה, נמסר ששנות כהונתו כרבה של בוברויסק היו עשרים ושלוש (**הלבנון**, ג' כסלו תרל"ו [שנה 12 גליון 16], עמ' 125).

עצתו של רבי ברוך מרדכי ולא הפריעו עוד את השלום. וכה היו בעירנו שני רבנים, לחסידים לחוד ולמתנגדים לחוד[30].

נמצאנו למדים, שדבריו של רח"מ הילמן על כך שרבי הלל נתמנה גם על ה'מתנגדים', הריהם נכונים לגבי תקופה קצרה בלבד בראשית בואו, אז האמינו ראשי קהילת החסידים שה'מתנגדים' יסכימו לכהונת רב אחד שהינו חסיד חב"ד, כפי שהיה עד אותה עת. עוד נמצאנו למדים שמעברם המקביל של שני רבני פאריץ' לבוברויסק לא היה מקרי, אלא נבע מהמלצתו הישירה של רבי ברוך מרדכי.

אמנם, ישנה בעיה בתוך דברי ר"י ניסנבוים. לדבריו, הן ראשי החסידים והן ראשי ה'מתנגדים' מילאו אחר עצתו של רבי ברוך מרדכי רק באופן חלקי: הראשונים הביאו לבוברויסק את רבי הלל לבדו, והאחרונים הביאו תחילה רב אחר במקום רבי אליהו; שני הצעדים לא עלו יפה, מפני ש"החסידים [=!] לא חפצו לקבל את רבי הלל עליהם לרב, והביאו רב אחר. החסידים רדפו את הרב החדש של המתנגדים [=!], והוא עזב את העיר. אז עשו המתנגדים כעצת רבי ברוך מרדכי והביאו אליהם את רבי אליהו גולדברג". מהלך ההתרחשויות המתואר כאן בלתי נהיר בעליל, וקרוב לוודאי שנפלה טעות סופר פשוטה בדברי ר"י ניסנבוים, ויש לגרוס ש**המתנגדים** הם ש"לא חפצו לקבל" את רבי הלל ועל כן הביאו רב אחר – הוא הרב שרדפוהו החסידים כפי שיסופר מיד. אולם גם לאחר התיקון הזה יש לתהות, כיצד לא נמצא זכר כלשהו במקור נוסף על אפיזודת ההבאה הזמנית של אותו רב אלמוני לקהילת ה'מתנגדים'?

מנגד, ישנם כמה רמזים המעידים על קיומם של "מאבקי ירושה" פנים-חב"דיים על זהות הרב החדש שימונה בראשות קהילת חסידי בוברויסק. רח"מ הילמן עצמו, במקום אחר, מספר על עצה שונה בתכלית שיעץ רבי ברוך מרדכי לראשי קהילת בוברויסק: למנות במקומו את מחותנו, רבי נחמיה גינזבורג מדוברובנא – "וכן עשו, ששלחו לו אנשים עם כתב רבנות, אך הוא לא רצה ברבנות", ובינתיים,

[30] ר"י ניסנבוים, **עלי חלדי**, עמ' 31. הדברים נכתבו אמנם כשני דורות ויותר לאחר סיפור המעשה, וסביר להניח שנשענו על שמועות שרווחו בבוברויסק; אולם מסגרתם הכללית תואמת את הידוע לנו ממקורות אחרים (רבי ברוך מרדכי בחר בעצמו ממלא מקום, רבי הלל נתמנה תחילה לבדו, ורבי אליהו הגיע בסמוך לכך). ראו גם בעמ' 65-66, שם מספר ר"י ניסנבוים שלמד תקופה קצרה עם ר' משה פרידלנד, נכדו של רבי ברוך מרדכי – דבר העשוי להמחיש את נגישותו למקורות מהימנים בענייננו.

בשבט תרי"ב, נפטר רבי נחמיה[31]. לפי גרסה זו, נמצא שחלפה כשנה תמימה ויותר בין עזיבת רבי ברוך מרדכי לבין מינוי ממלא מקומו – דבר המוסבר בסירובו של רבי נחמיה לקבל את המינוי. אולם מאחר שישנן כאמור ראיות המוכיחות שכבר בתרי"ב כיהן רבי אליהו בבוברויסק, נותר מעתה פרק זמן אפסי-כמעט להתרחשות המוסכמת הן אל רח"מ הילמן והן על ר"י ניסנבוים, שתחילה הובא רבי הלל לבדו! בעיה זו, על אודות מקומו של רבי נחמיה בפרשה, תתבהר אולי לאור מקור נוסף, המלמדנו על רב חב"די **שלישי** שהיו גורמים שפעלו למען הבאתו לבוברויסק: רבי אהרן ליפשיץ מבעליניץ, חסיד חבד"י שהיה מקושר לאדמו"ר ה'צמח צדק'[32], קיבל בשנת תרי"א (כנראה) מכתב מרבי יהודה ליב שניאורסון מקאפוסט, בנו של ה'צמח צדק', המוסר לו ש"ידידינו הנגידים הוותיקים הנוכחים שי' נוסעים לקבלו על כסא ההוראה דק' באברויסק, ולפי דבריהם הוסכם רומע"ל על זה, על כן הנכון שיסע רומע"ל עמהם..."[33].

הרי לנו שלושה רבנים חב"דיים, שבתוך שנה בודדת (תרי"א-תרי"ב) נערכו נסיונות להביא כל אחד מהם בנפרד לכהן כרב הקהילה החסידית בבוברויסק! ניתן אולי לטעון שהניסיון – שהתממש – להביא את רבי הלל נעשה רק לאחר פטירת רבי נחמיה בחורף תרי"ב (אפשרות דחוקה למדי מבחינה כרונולוגית, כאמור לעיל), אך אין בכך כדי להסביר מה מקומו של הניסיון להביא את רבי אהרן ליפשיץ בקיץ תרי"א, ומיהם האחראים לכך, ואף מדוע לבסוף לא יצא הדבר אל הפועל. לאור כל זאת, האפשרות הסבירה ביותר לדעתי, היא ששאלת זהותו של הרב שיחליף את רבי ברוך מרדכי בראשות קהילת חסידי בוברויסק, היתה בלתי מוסכמת **בינם לבין עצמם**: חלק מהם חפצו בהבאת רבי נחמיה מחותנו של הרב הקודם, חלק מהם חפצו בהבאת רבי אהרן ליפשיץ מבעליניץ, ועירבו לשם כך את רבי יהודה ליב שניאורסון מקאפוסט, ואילו הסיעה שכנראה היתה דומיננטית יותר תמכה בהבאת רבי הלל מפאריץ' הסמוכה, וכך אכן נעשה לבסוף.

נסכם אפוא את הפרשה. אין בכוחנו להכריע בשאלת זהות האדם שעליו המליץ רבי ברוך מרדכי – האם זהו מחותנו רבי נחמיה גינזבורג (כדברי רח"מ הילמן), או

31 רח"מ הילמן, **בית רבי**, א, פרק כו, דף סט עמוד ב.

32 ראו המובא ב**אור ישראל** נ (תשס"ח), עמ' ז-ח.

33 גורארי', **תולדות ברוך מרדכי**, עמ' 109. בהערה על אתר הובאו דברי הרב שלום דובער לוין, המוכיח שיש לתארך את המכתב לשנת תרי"א.

שזהו רבי הלל מאליסוב ועמו רבי אליהו גולדברג (כדברי הר"י ניסנבוים)[34]; ואם אכן היה רב אחר שהובא לקהילת ה'מתנגדים', ועזב עקב רדיפת החסידים – לכך לא מצאנו כל עדות נוספת; הדבר שעלה בידינו לברר הוא שהיה ניסיון חד-צדדי של ראשי הקהילה החסידית למנות רב אחד בלבד, חסיד חב"ד, על כלל יהודי בוברויסק, ושככל הנראה התעורה מחלוקת בין החסידים בשאלת זהותו של הרב המיועד. בין כך ובין כך, לאחר כל העדויות והסיפורים ישנה עובדה אחת שאינה מוטלת בספק: על מקומו של הרב"מ אטינגר בבוברויסק, מכהנים למן שנת תרי"ב ואילך שני רבני פאריץ' הסמוכה, רבי הלל בראשות קהילת החסידים ורבי אליהו בראשות קהילת המתנגדים[35].

זהו גם המקום לציין את התרשמות אחיינו של רבי אליהו, א"י פפירנא, על היחסים הטובים שהתקיימו בין שני רבני העיירה: "אם כי נפרדו ר' אליהו ור' הלל עד מאד בהשקפותיהם הדתיות, כיבדו איש את רעהו, וכן כובדו במידה שווה על ידי שתי הקהילות, חסידים ומתנגדים, על יראת השמים השלמה שלהם"[36]. עובדה קטנה הממחישה את ידידותם של רבי אליהו ורבי הלל, נמצאת בפתחו של הספר 'כיום יאיר' של רבי יחיאל לווינזון, ברלין תרכ"ה. ספר זה קיבל את הסכמתו של רבי אליהו, והנה בשולי הסכמתו מצטרף אליו רבי הלל: "גם אנכי אקבל ספר אחד אי"ה כשיצא ממכבש הדפוס, ונתתי ד"ק בכדי להיות בתומכי הרב הנ"ל שיוציא מחשבתו מכח אל הפועל. ובאתי עה"ח זיין ניסן תרכ"א לפ"ק, הלל במו"ה מאיר ז"ל הלוי, מ"ץ דפק"ק ב'[וברויסק]".

---

[34] לדעתי האפשרות השנייה **מסתברת** יותר, הן מפני שהיא שהתרחשה בפועל והן מפני שעל ידה מובהר גם עצם בואו של רבי אליהו לבוברויסק; אולם אין בכך, כמובן, בכדי להכריע בוודאות שזוהי האפשרות **הנכונה** מבחינה היסטורית.

[35] בשולי הדיון יש לציין למקורות השונים שדנו בעבר בפרשה: דב אטינגר (מצאצאי רבי ברוך מרדכי), בדברים שנדפסו בספר הזכרון **דובב שפתי ישנים**, ירושלים חש"ד, עמ' 249 (והשוו מאמרו: "רבי ברוך מרדכי אטינגר מבוברויסק-ירושלים", **שנה בשנה** [תשל"א], עמ' 300), ור"מ צינוביץ בספרו **עץ חיים**, עמ' 108–109 – מביאים שניהם את גרסת ר"י ניסנבוים לבדה. לאידך גיסא, הרא"י גוראר', **תולדות ברוך מרדכי**, עמ' 105–110, מביא את כל האפשרויות זו אחר זו, מבלי לנסות וליישבן יחד ואף מבלי להעיר על הסתירות ביניהן.

[36] סלוצקי, **ספר בוברויסק**, עמ' 230.

ד. מִסמיכותיו והסכמותיו

"הוא הסמיך רבים מבחורי הישיבות בבוברויסק ובסביבותיה לרבנות", סופר על רבי אליהו[37]. מלבד הרי"מ עפשטיין, שהיה המפורסם שבתלמידיו, אנו מוצאים רבני קהילות נוספים שזכו ללמוד אצל רבי אליהו ולקבל מאתו "סמיכה". אחד מהם הוא רבי אברהם דוב גבאי (ת"ר-תרע"ז), יליד בוברויסק ובעצמו תלמיד מובהק לרי"מ עפשטיין, שלאחר סמיכתו מרבי אליהו נתמנה בשנת תרל"ג לרב העיירה וורקלאן שבחבל וויטבסק[38]. נוסף עליו הוא רבי שלמה זלמן אלטשול, נכדו של רבי עקיבא אלטשול שהיה תלמיד רבי חיים מוולוז'ין וייסד ישיבות בבוברויסק ובסלוצק; רבי שלמה זלמן, שנודע כתלמידו של רבי דוד טבלי ממינסק[39], נסמך בצעירותו גם מרבי אליהו, ולימים נתמנה על מקום אביו לרב העיירה טשאוס שבחבל מוהילוב[40]. תלמיד נוסף של רבי אליהו היה רבי משה אהרן אלופין (תר"ג-תרנ"ז), מחבר ספר 'עמק הלכה'[41], שכיהן כרב בכפרים לאפיץ' וחאלוי שמצפון לבוברויסק, ובשנת תרכ"ה נסמך להוראה מרבי אליהו[42].

בנוסף לתלמידיו הישירים, היו גם רבנים ממקומות שונים ברוסיה, שהתכתבו מרחוק ומקרוב בשאלות הלכה עם רבי אליהו. כך הוא רבי זאב וולף טורבוביץ', לימים אב"ד קרוז, שהדפיס בספרו מכתב ארוך מסיוון תרכ"ט ששלח ל"כבוד יד"ע וידי"נ עוז, הרב הגאון המפורסם פאר הדור צדיק ועניו, מ' אליהו ג"ב, האב"ד

---

[37] סלוצקי, **ספר בוברויסק**, שם עמ' 42.

[38] גוטליב, **אהלי שם**, עמ' 54, וראו גם סלוצקי, **ספר בוברויסק**, עמ' 291.

[39] שהיה סב-אשתו ולימים נעשה גם לגיסו (נשא בזיווג שני את אחות רבי שלמה זלמן. ראו הקדמת **דברי דוד**, וילנא תרמ"ו, עמ' 4).

[40] גוטליב, **אהלי שם**, עמ' 86. מדבריו על אודות סבו רבי עקיבא ראו סלוצקי, **ספר בוברויסק**, עמ' 285.

[41] נדפס בווארשא תרנ"א בהסכמת רבי יצחק אלחנן ספקטור. חיבר גם את הספר **צוֹר תעודה**, ווארשא תרל"ח; כמו כן עמד לאורך שנים בקשרי מכתבים עם רבי חזקיה מדיני בעל 'שדי חמד', שהזכירו כמה וכמה פעמים, הן בספריו הראשונים (**אור לי**, אזמיר תרל"ד, דף קמ"ג ע"ב) והן בספרו הגדול **שדי חמד** (כללים – מערכת חי"ת כלל ג ד"ה ועל, מערכת הלמ"ד כלל קמא סעי' יח, מערכת המ"ם כלל פו ד"ה ואם; אסיפת דינים – מערכת חמץ ומצה סי' יד אות י, ד"ה גם).

[42] אייזנשטדט, **דור רבניו וסופריו**, ספר שני, וילנא תר"ס, עמ' 35, וראו גם סלוצקי, **ספר בוברויסק**, ג, עמ' 769, שם עמ' 771. רבי משה אהרן נפטר בטרם עת בשנת תרנ"ז – ראו הידיעה על פטירתו ודמותו ב**המליץ**, ה' תמוז תרנ"ז (שנה 37 גליון 139), עמ' 2, וידיעה נוספת בז' תמוז תרנ"ז (שנה 37 גליון 141), עמ' 4-5.

דק"ב יע"א [=דקהילת בוברויסק, יגן עליה אלקים]"[43]. גם רבי חיים ברלין, בנו של הנצי"ב מוולוז'ין, זכה להיות מקושר עם רבי אליהו בענייני הלכה, כפי שעולה ממכתב ששלח בסיון תרל"ב לר' מיכאל מרגולין, מראשי קהילת ה'מתנגדים' בבוברויסק, ובסופו כתב: "ומבוקשי להרצות דברי אלה לפני מורינו הגאון אב"ד שי' [=הוא הר"א גולדברג] ...ואחכה לקבל מכתבו, מה אמר בזה הגאון שי', אם נתקבלו דברי אלה בעיניו"[44].

בתקופת כהונתו של רבי אליהו בבוברויסק, ובפרט בעשור האחרון לחייו, אנו מוצאים כמה וכמה ספרים שנתחברו על ידי תלמידי חכמים בני האיזור, שזכו לקבל את הסכמתו. והרי רשימת הספרים:

- **גאון אברהם**, לרבי אברהם ב"ר שאול משקלוב, אודסה תרכ"ב. תאריך ההסכמה (שהזכרנוה לעיל), היחידה שבידינו מתקופת פאריץ', הוא כ"ד אב תר"ב.
- **תשובת שמואל**, לרבי שמואל מאמדור (נכדו של ה'בית שמואל'), וילנא תרי"ט. הסכמה זו (ללא תאריך) נדפסה שוב בספר נוסף מתורתו של המחבר, 'חידושי מר שמואל', וילנא תרכ"ז.
- **כיום יאיר**, לרבי יחיאל יהודה לווינזון, ברלין תרכ"ה. ההסכמה ללא תאריך, אך מחתימת עמיתו רבי הלל שהצטרף אליה (כפי שהזכרנו לעיל) אנו למדים שהריהי מאביב תרכ"א.
- **שו"ת דברי מרדכי**, לרבי מרדכי פרידבורג, ווארשא תרכ"ד. רבי אליהו מכנה את המחבר "ידיד נפשי" ומאריך לשבחו. תאריך ההסכמה הוא כ"ה אלול תרכ"ד.
- **דרך הישר**, לרבי צבי פנחס ליפשיץ, וילנא תרכ"ד. הסכמת רבי אליהו לא נדפסה בספר זה, אך שמו, "מו"ה אליהו בהחסיד מהר"א, מ"ץ דק"ק באברויסק" (לצד שמו של עמיתו רבי הלל), מופיע ברשימת הרבנים "אשר תמכו את ידי בחתימת ידיהם הטהורים". המחבר, כפי שנזכר בשער הספר ובהסכמות, היה באותו זמן ריש מתיבתא בבוברויסק.
- **תולדות יעקב יוסף**, לרבי יוסף ב"ר יעקב בכרך, וילנא תרכ"ח. תאריך ההסכמה הוא ב' תמוז תרכ"ו.

---

43 **ראש פינה**, וילנא תרל"ט, דף סח ואילך.

44 **שו"ת נשמת חיים**, ירושלים תשס"ח, כרך חושן משפט, עניינים סי' סה.

- **אור החיים** על 'מנחת שי', לרבי חיים בנדר, וילנא תרכ"ז. רבי חיים היה תושב בוברויסק, כפי שמציין רבי אליהו: "מתושבי עירנו וממיודעינו וממכירינו, עוסק במלאכת הקודש...". תאריך ההסכמה הוא ט' סיוון תרכ"ז.
- **שו"ת אהל משה**, לרבי משה קריינש, וילנא תר"מ. רבי אליהו כותב עליו בהתפעלות: "האי גברא רבא הרב הג' הגדול – אשר נפלא מאד שזה אשר ניהו רק בשנים...". תאריך ההסכמה הוא כ"ח אייר תרל"ב.
- **אבן שלמה**, לרבי שמואל מלצן, וילנא תרל"ג. רבי אליהו משבח את הספר, ה"משולב עם דברי גאון הגאונים קדוש ה' רשכבה"ג מהור"א מווילנא ז"ל". ההסכמה ללא תאריך.
- **דברי אריה**, לרבי אריה ליב אייזנשטט (שהיה בן עיירה הסמוכה לבוברויסק), וילנא תרל"ג. הספר נדפס שוב בתרל"ח תחת השם 'לב אריה'.
- **כתר חכמה**, לרבי זאב חיים ב"ר יצחק, ירושלים תר"מ (הוספה ב עמ' 7). הסכמה זו, שהיא למעשה מכתב המלצה, ניתנה בסביבות תרל"ד.
- **שו"ת שפת הים**, א, לרבי יחיאל מיכל וולפסון, וילנא תרל"ה. רבי יחיאל מיכל היה אז אב"ד פאריץ', ורבי אליהו מציין ש"אנכי הח"מ מכיר היטב מכבר את ידידי הרב הגאון...". תאריך ההסכמה הוא י"ט טבת תרל"ה, כחצי שנה לפני פטירת רבי אליהו.

ה. צאצאיו ואחרית ימיו

בין בניו של רבי אליהו אנו מוצאים את "הגביר הנדיב וירא אלוקים"[45] ר' עקיבא גולדברג ממיר, שהיה מחותנו של רבי מאיר רבינזון אב"ד רדושקוביץ[46]. ישנו רמז מסוים שרבי אליהו עצמו היה מחותנו של "הצדיק ממוש", רבי יעקב משה דירקטור (תקס"ט-תרל"ט) אב"ד מוש-חדש שבחבל מינסק[47] – אך הדבר עדיין טעון

[45] כלשון ר' שמואל נח גוטליב, **אהלי שם**, עמ' 193. ראו גם י' יוסילביץ, "אישים מ'דער מיר'", **ספר מיר**, תל אביב תשכ"ג, טור 284–286.

[46] בתו נישאה לבנו של רבי מאיר, ד"ר מרדכי, שבאותה תקופה היה "רב מטעם" בבוברויסק (שם, וראו גם סלוצקי, **ספר בוברויסק**, ב, עמ' 539).

[47] על אודותיו ראו בהקדמת הקונטרס של יצחק יעקב וורנובסקי, **חלק יעקב**, וילנא תרס"ה, עמ' 6–7, וכן אייזנשטדט, **דורות האחרונים**, ספר ראשון, ז–מ, ניו יורק תרע"ד, טור 177–178. בנו היה רבי ישראל יהונתן ירושלימסקי, חתנו של הרידב"ז וחמיו של רבי יחזקאל אברמסקי; אחד מחתניו

אישוש[48]. קרוב משפחה אחר של רבי אליהו, נינו של רבי נחמן מקלצק, היה רבי קלמן ב"ר יצחק אייזיק גולדברג, "רב גדול בתורה ויראה, ממיוחסי העיר קלעצק"[49].

לעת זקנתו של רבי אליהו נעשתה ראייתו כבדה, כפי שמסר הרי"מ עפשטיין במכתבו משנת תרכ"ב (שנזכר לעיל), שבו אף תיאר את רבי אליהו כ"ישיש" – והוא אז כבן שישים וחמש שנה. שלוש עשרה שנים לאחר מכן, בסוף שנת תרל"ה, נלקח רבי אליהו לבית עולמו, והוא בן שבעים ושמונה. לאחר פטירתו, נתפרסמה בעיתונות היהודית הידיעה הבאה:

> שמועה לא טובה שמענו מעיר באברויסק הסמוכה לעירנו פאריץ, כי ביום ד' אלול תרל"ה גוע ויאסף אל אבותיו הרב המאור הגדול חריף ובקי בכל חדרי תורה צדיק ומושל ביראת אלוקים וכו', מו"ה אליהו זצ"ל, אשר שמש שם בכתר הרבנות קרוב לעשרים וחמש שנה, ולפנים היה אב"ד בעירנו פאריץ. שנותיו היו ששה ושבעים[50]. ואבל כבד וגדול היה לכל אנשי ישראל ובפרט לעדת באברויסק, כי יקר הוא בדורינו איש שאר-רוח לו בתורה ויראה וחכמה כאליהו זצ"ל, ולא בנקל ימלא חסרונה. וכבוד גדול עשו לו במותו, עדת באברויסק שלחה דעפשע מינסקה להרב הדרשן המפורסם מוה' ישראל קמחי נ"י שיבוא ל(ב)באברויסק לעורר הספד וקינה על מות ישר באדם הצדיק הנ"ל, וה' יחונן עפרו, ותהי נשמתו צרורה בצרור החיים. והאל הטוב יחבוש לנשברי לב וישלם נחומים לאבליו, ובתוכם לי הכותב בדמע...[51].

היה רבי אברהם יצחק צימרמן, חמיו של רבי ברוך בער ליבוביץ', וחתן נוסף (בזוו"ש) שמילא את מקומו כאב"ד מוש-חדש, היה רבי יצחק יעקב וורנובסקי (יליד בוברויסק תר"ג).

[48] הרמז הנזכר נמצא במכתב שפורסם ב**המגיד**, כ"ו אייר תרמ"א (שנה 25 גליון 20, בהוספה) על ידי השו"ב והרב של דרוזגניק, שדיווחו על אדם שהגיע למקומם והציג את עצמו כ'מגיד' ודרשן, אך במהרה הסתבך בחשדות למיניהם; כשהעלוהו לתורה, הודיע ששמו הוא "הרב מורינו ר' מאיר בן הגאון המנוח ר' אלי' אב"ד דק"ק בברויסק", וש"חותנו [הוא] הרב הק' ממוש" – אולם לאחר חקירה קצרה נתברר שמדובר ברמאי שהסתתר בזהות שאולה. ההסתמכות על מקור שכזה הריהי בעייתית כמובן, אולם מאחר שאותו אדם העדיף לשאול זהות ידועה (בנו של רבי אליהו גולדברג) על פני המצאת זהות בלתי קיימת, קשה להניח שהיה בודה מליבו את עצם העובדה ש"הרב הק' ממוש" הוא מחותנו של רבי אליהו.

[49] לשון אייזנשטדט, **דורות האחרונים**, ספר שני, א-ל, ניו יורק תרצ"ז, טור 41.

[50] שני הפרטים הללו, גילו ומספר שנותיו בבוברויסק, הינם בלתי מדויקים ותוקנו מאוחר יותר – ראו בהערה הבאה.

[51] **הלבנון**, כ"ט אלול תרל"ה (שנה 12 גליון 8), עמ' 62. לאחר כמה חודשים, ב**הלבנון**, ג' כסלו תרל"ו

לאחר מלאת שלושים יום לפטירתו של רבי אליהו, בח' תשרי תרל"ו, נישא עליו הספד ארוך על ידי רבי זאב וולף טורבוביץ', שבאותה שנה התמנה לרבה של קלצק – עיירת מולדתו של רבי אליהו – וכנזכר לעיל זכה לעמוד עמו בקשרי הלכה. וכך ספד רבי זאב וולף:

...הגדלתי ההספד והרבתי דמעות על מיתת צדיק כתמר, הארז הגדול החכם ר' אליהו מבאברויסק, אשר יגע ועמל הרבה בתורה לשמה והיה צדיק גדול, ומי שלא ראה אותו מתפלל או מברך איזו ברכה ביראה ואהבה לא ראה יראת שמים מימיו... והוא קיבל חכמה הרבה ומדות יקרות מהגאון אור העולם הגר"ח מוואלאזין ע"ה, אשר קיבל מתורת רבו הגר"א ע"ה. ועתה במותו חשך השמש וכבה אורו הגדול... – ...כי הוא לא הניח איזה תלמיד ממלא מקומו ואין מי שיהי' קשור עמו ברוחו מעתה, לכן יש לנו להרעיש ולצעוק בקול – אנכי אשר הייתי קשור עמו בעבותות אהבה בחיים, וגם אתם אשר גדל עמכם בילדותו... – הי' נא מליץ טוב בעדינו לפני אבינו שבשמים, לחזק לבנו בתורתו ויראתו, ויזריח שמשנו להאיר לכל העולמות[52].

(שנה 12 גליון 16), עמ' 125, מסר הכותב – צבי רחמילביץ מפאריץ' – שבטעות הפחית שנתיים ממספר שנותיו של רבי אליהו (שבפועל היו 78), ומאידך הוסיף שנתיים למספר שנותיו ברבנות בוברויסק (שבפועל היו 23).

[52] **חזיונות יוסף** (לרב יוסף אביגדור קסלר, חתנו של רבי זאב וולף), ניו יורק תשי"ד, עמ' 152–158. ראו גם ניסנבוים, **עלי חלדי**, עמ' 32, שם מספר ר"י ניסנבוים על השתתפותו כילד בן שבע בהלוויתו הגדולה של רבי אליהו.

נספח ג

תלמידים ונסמכים[1]

א. רשימת תלמידים ונסמכים

כיום זכור הרי"מ עפשטיין בעיקר בזכות חיבורו ההלכתי המונומנטלי ערוך השלחן וערוך השלחן העתיד, הנמנה על השורה הראשונה של ספרי ההלכה בני הדורות האחרונים; אולם בדורו, מלבד ספרים נוספים שחיבר, מהם שנדפסו בחייו (פירוש 'ליל שימורים' על הגדה של פסח) ומהם לאחר פטירתו ('מיכל המים' על הירושלמי, 'דרשות קול בן לוי', ועוד), ומלבד אפיזודות שונות בתולדות התקופה, כגון החלק שנטל בהקמת ישיבת המוסר המפורסמת של 'הסבא מנובהרדוק', הרי היה הרי"מ עפשטיין ידוע כ**גדול המסמיכים בדורו**[2].

---

[1] **הערת המשפחה:** בחלקו הראשון של פרק זה, השאיר הרב איתם רשימות נסמכי הרי"מ עפשטיין וכן המקור לידיעות אלה, יחד עם הערות בודדות. החלטנו לפרסם את הרשימות כמות שהן, תוך עריכה מינימלית.

[2] הר"ב עפשטיין מתאר את מנהג הרי"מ עפשטיין בהסמכת רבנים: "כשהיה בא לפניו איש צעיר מחניכי הוראה לבקש 'לסמוך' אותו בתעודת היתר הוראה, היה משתדל מקודם לקרבו ולחבבו ולאמץ רוחו, על דרכו אשר הוא אומר ללכת אליה, וביחש כזה היה מוסיף אומץ בנפשו... ואח"כ לאט לאט היה נושא ונותן עמו במשך איזה ימים בכל ענפי התורה וההוראה... ועמד לדעת ערך כשרונותיו בגמרא וסברא, בהבנה, בתפיסה וביתר מעלות הנפשיות, עד אשר עמד על סוף מעלותיו ועל קצה ערך כשרונותיו בכל פרט" (**מקור ברוך**, ג, עמ' 5–1204). "יחד עם תעודת הסמיכה היה אבא מרי שונה להנסמכים ממנו פרק בדרכי המשא ומתן במקרה הוראה... וכן היה מורה להם שבשנים הראשונות לשבתם ברבנות, ישתדלו שלא לפסוק הוראה טרם יעיינו בפנים בשו"ע או בספרים זולתו המתייחסים להוראתו, ואפילו בכזו שנראית קלה ופשוטה קצת" (שם, עמ' 8–1207).

הגדרה זו הולמת את הרי"מ עפשטיין לא רק מפני הכמות הגדולה של רבנים שנסמכו אצלו במשך השנים, אלא בעיקר מפני הריכוז יוצא הדופן של רבנים שלימים נמנו על השורה הראשונה של חכמי דורם, אשר זכו לקבל ממנו סמיכה להוראה. וראו רשימה להלן.

נסמכי הרי"מ עפשטיין שלימים נמנו על השורה הראשונה של חכמי דורם (לפי שנת לידה):

הראי"ה קוק[3]. בעניין זה ראו לקמן אות ב.

הרב איסר זלמן מלצר[4]. מסופר שכאשר נתמנה הראז"מ לרב בסלוצק ונתברר שאין לו סמיכה רשמית, פנו אל הרי"מ עפשטיין ואל הר"ח מבריסק, והרי"מ עפשטיין "שלח מייד בדואר סמיכות" ואילו הר"ח מבריסק שלח מברק "יורה יורה ידין ידין"[5].

הרב יוסף אליהו הענקין[6]. סבי זקני הגרי"א הענקין הכיר את הרי"מ עפשטיין היטב, והזכיר בפנקסו איך כשהיה אצלו אמר הרי"מ עפשטיין דף או עמוד שלם ממסכת שבת בעל פה, בלי שום כוונה, כלאחר יד[7].

הרב יחזקאל אברמסקי[8]. מסופר שהרב אברמסקי למד בנובהרדוק מעט פחות

---

[3] **אהלי שם** (להלן **א"ש**), עמ' 493; הרב חיים קרלינסקי, **היהודי** א (תרצ"ו), עמ' 22.

[4] ידעאל מלצר, **בדרך עץ החיים**, א, עמ' 112.

[5] סורסקי, **מרביצי תורה ומוסר**, ג, עמ' כ"ג, מספר להפך, שאת המברק "יורה יורה, ידין ידין" שלח הרי"מ עפשטיין, ונכתב ברוסית, ושהפנייה לרי"מ עפשטיין נעשתה ע"י ראשי הקהל (בניגוד לידעאל מלצר שכותב כפי ששמע מר' רפאל מלצר בן הגרא"ז, שהגרא"ז עצמו פנה לרי"מ עפשטיין ולגר"ח). בדומה לסורסקי כותב הרב אהרן בן ציון שורין, **קשת גיבורים**, א, ירושלים תשכ"ד, עמ' 170, שלאחר שהרב מלצר הודיע לראשי הקהל בסלוצק שאין לו סמיכה, הם פנו אל הרי"מ עפשטיין, "גדול המסמיכים בדורו", וזה החזיר כנ"ל מברק בן 4 מילים וכו' (כפי ששלושתם מספרים). ומוסיף שלאחר כמה ימים קיבלו ראשי מכתב מהרי"מ עפשטיין, המודיע שאינו ראוי לסמוך גאון כגרא"ז. סיפור זה נלקח מדברי הרב מנחם שוק, "**הדואר**", ד' שבט תשי"ד.

[6] וראו מאמרי "מרא דאתרא של אמריקה" **ישורון** כ (תשס"ח), עמ' קכה-קעא; ומאמרי "אור אליהו", הקדמה לספר **גבורות אליהו**, א, אורח חיים, ליקווד תשע"ג, עמ' 5; וראו עוד **שו"ת בני בנים**, ב, מאמר א, ירושלים תשנ"ב.

[7] **שו"ת בני בנים**, שם, אות יב.

[8] אהרן סורסקי, **ספר הזכרון לגר"י אברמסקי** (בעריכת הרב יוסף בוקסבוים), ירושלים תש"ס, עמ' 17 (ובעמ' 22 מביא סורסקי כמה סיפורים על הרי"מ עפשטיין בשם הרב אברמסקי).

משנה (בשנת תרס"ג) אך לא בישיבת ר' יוזל אלא בבית הכנסת הקהילתי, ושם התוודע לערוה"ש, שבהמשך סמך אותו[9].

הרב שלמה יוסף זוין[10]. העורך הראשון של האנציקלופדיה התלמודית ומחבר 'לאור ההלכה', 'אישים ושיטות' ועוד.

הרב יוסף שלמה כהנמן[11]: ראש ישיבת פוניבז' בליטא לפני השואה. מייסד הישיבה בארץ לאחר השואה, ראשה הראשון וחבר מועצת גדולי התורה.

נסמכים נוספים, אשר רובם שימשו בתפקידי רבנות בערים ועיירות בליטא ובשאר קהילות במזרח אירופה, וחלקם עלו לארץ ישראל או היגרו או נמלטו לארה"ב, קנדה, ואירופה (לפי סדר א–ב):

הרב אברהם קלמן אברמוביץ', רב העיירה אלעשסק[12].

הרב יהודה אידל אידלסון, רב בקהילות שונות בארה"ב כולל קהל עדת ישורון בניו יורק, ממייסדי אגוה"ר והמזרחי בארה"ב[13].

הרב מרדכי דוב אלפרט, רב העיירה ארלוב ואח"כ מארד, ואח"כ אב"ד סוויסלאביץ' שע"י מינסק[14].

הרב חיים משה בורמאן, רב העיירה קלוגה[15].

הרב זאב בידנוביץ, מחבר ומהדיר ספרים רבים[16].

הרב אליהו דוב ברקובסקי, מנהל ישיבת נובהרדוק כעשר שנים, פרש על רקע "הנהגת משטר מוסר קיצוני... דבר שלא היה לפי רוחו", ועבר לנהל את ישיבת לידא, ולאחר מכן עלה לארץ[17].

---

[9] אהרן סורסקי, **מלך ביופיו – תולדות חייו, פועלו ודרכו בקודש של מרן הגאון רבי יחזקאל אברמסקי**, א, ירושלים תשס"ד, עמ' 21.

[10] **א"ש**, עמ' 162, וראו גם **אור המזרח** שנה י, חוברת ג-ד (תשכ"ג), עמ' 54, וראו שם, עמ' 53–58 על אודותיו.

[11] קול, **אחד בדורו**, עמ' 81.

[12] **א"ש**, עמ' 9.

[13] שם, עמ' 299.

[14] שם, עמ' 133.

[15] **א"ש**, עמ' 164–165; **דורות האחרונים**, ספר ראשון, א-ו, טור 57–58.

[16] **כתבי הערוה"ש**, סי' צא, עמ' קמט.

[17] משה צינוביץ', **ספר הזכרון לקהילות לובץ' ודלטיץ'**, חיפה תשל"א, עמ' 256–258.

הרב שמואל דוב ברגובסקי, רב בעיר יעלסק[18].

הרב שמריהו לייב הורביץ מגרייווה, מחבר ספרים רבים[19].

ר' יחיאל הלר, אב"ד קוידאנוב[20].

הרב ירוחם אשר ורהפטיג[21].

הרב נפתלי הרץ זייציק, רבה של העיירה דה-מוין, אייאווא, ארה"ב[22].

הרב זאב זיסרמן, רב העיירה לוויקוב שבווהלין[23].

הרב משה טרצ'נסקי[24].

הרב משה יוטר, רב בעיירה צ'רטערסק שע"י מינסק[25].

הרב יעקב בנימין זאב הכהן יקימובסקי[26].

הרב יוסף ירושלימסקי [ירושלמי][27].

הרב שמואל לוין, כיהן כרב בהמילטון, קנדה[28].

הרב ר' מאיר פרץ הלוי לוויץ[29].

הרב יעקב לוויצקי, רב באיבאנקוב שע"י קייב[30].

הרב ישראל ליוורטובסקי, רב באלקסניץ ואח"כ במאזיר שע"י מינסק[31].

הרב אשר למפרט, רב העיירה קלינקוביץ ע"י מינסק[32].

---

18 **א"ש**, עמ' 95.

19 **כתבי הערוה"ש**, סי' פט, עמ' קמח.

20 **א"ש**, עמ' 163.

21 הקדמה לספר **בית ירוחם**, ירושלים תש"ח; **כתבי הערוה"ש**, סי' צ.

22 **א"ש**, עמ' 300.

23 שם, עמ' 111.

24 **זכרון משה** (יו"ל ע"י שלמה טרצ'נסקי), ברוקלין תשל"א.

25 שם, עמ' 88.

26 **כתבי הערוה"ש**, סי' צד, עמ' קנ.

27 **אשה"ה**, ב, טור 543-544.

28 **א"ש**, עמ' 300, **תא"ש**, עמ' 80.

29 **תא"ש**, עמ 106.

30 **א"ש**, עמ' 6; **דורות האחרונים**, ספר ראשון, ז-מ, טור 211-213.

31 שם, עמ' 357.

32 שם, עמ' 372.

הרב חיים יצחק ב"ר אברהם אבא מיאנוב[33].

הרב ישעיה הכהן מרקוס, רב באמריקה[34].

הרב דב ברל סווירסקי, רב בשיקגו[35].

הרב משה יצחק סוקולובסקי[36].

הרב משה עטער[37].

ר' אפרים עפשטיין, ממייסדי ישיבת סלוצק, שימש בארה"ב בתפקידים רבניים שונים כולל ראב"ד בשיקגו[38].

הרב יצחק ליב עפשטיין, רב קהילה בניו יורק[39].

הרב עוזר פאליי, רב בעיירה אבא שבפינלנד, ואח"כ בקליבלנד[40].

הרב שמואל פונדילר, ממנהיגי ישיבות המוסר בין שתי מלחמות העולם[41].

הרב יהודה ליב פישמן מימון[42].

הרב דוד פלדמן[43].

הרב אליהו פלקסמן[44].

הרב אליעזר פרדמסקי, מנהל אגוה"ר בארה"ב וקנדה[45].

הרב בן ציון צביק, רב ברוסיה ובליטא, ואח"כ רבו של כפר גנים[46].

הרב יצחק לייב קאדושין, מו"צ במינסק[47].

---

33 שם, עמ' 64.

34 **תא"ש**, עמ' 83.

35 שם, א, עמ' 91.

36 **כתבי הערוה"ש**, סי' צה, עמ' קנ-קנא.

37 **תא"ש**, עמ' 93.

38 שם, עמ' 308, **תא"ש**, עמ' 92.

39 **דורות האחרונים**, ספר ראשון, נ-ת, טור 266.

40 **תא"ש**, עמ' 95.

41 **קשת גיבורים**, א, עמ' 230.

42 **א"ש**, עמ' 4 ועמ' קס"ו.

43 **לב דוד**, לונדון תש"ס, עמ' 10.

44 **כתבי הערוה"ש**, סי' צב.

45 **תא"ש**, עמ' 105-106.

46 יצחק רפאל, **אנציקלופדיה של הציונות הדתית**, ה, ירושלים תשמ"ג, טור 2-3.

47 **כתבי הערוה"ש**, סי' פח, עמ' קמז-קמח.

הרב יעקב ישראל קארף, רב העיירה זווהיל שבוואהלין[48].

הרב אליהו זאב קוצין[49].

הרב דב אריה קליג, ישב עם ערוה"ש כדיין בבית דינו[50].

הרב אריה ליב קלמנוביץ', רבה של אניפולי[51].

הרב יעקב קלמס, רב בכמה עיירות בליטא, ובמוסקבה, עלה לא"י וכיהן כחבר מועצת הרה"ר[52].

הרב משה צבי הירש קלצקין, רב בעיירה רומאנובה שע"י מוהילוב, כתב ציונים והגהות על התניא ע"פ ספרי החסידות הנדפסים ושבכת"י[53].

הרב אריה לייב הכהן קפלן[54].

הרב שלמה יהושע קרומר, רבה של קניזיץ ואח"כ בעיירה בעלינטש שע"י מוהילוב[55].

הרב ישראל רוזנברג[56].

הרב נחום דובער רזניק, רב בחובנא שע"י קייב[57].

הרב מרדכי שוחטמן, רב העיירה צ'רניביץ ואח"כ אב"ד סורוקה. נמלט לניו יורק, שם היה חבר אגוה"ר, וכן המזרחי[58].

הרב שלמה שלוסברג, רב במנצ'סטר[59].

הרב מרדכי שרייבמן[60].

---

48 **א"ש**, עמ' 348.

49 הקדמה ל**אדרת אליהו**, א, פיטסבורג תרע"ז, עמ' 1.

50 **כתבי הערוה"ש**, סי' צג.

51 **תא"ש**, עמ' 118.

52 יצחק רפאל, **אנציקלופדיה של הציונות הדתית**, ה, ירושלים תשמ"ג, טור 467–468.

53 **א"ש**, עמ' 196.

54 **תא"ש**, עמ' 112.

55 **א"ש**, עמ' 24.

56 **תולדות אנשי שם** (להלן **תא"ש**), עמ' 125.

57 שם, עמ' 349.

58 שם, עמ' 89; **תלפיות** ז (שנה?), עמ' 267.

59 שם, עמ' 465–466.

60 שם, עמ' 23.

ב. ה'ערוך השלחן' וסמיכתו את הראי"ה קוק[61]

רבים אינם יודעים לא רק שהראי"ה נסמך להוראה מהרי"מ עפשטיין, אלא גם שזו היתה הסמיכה היחידה שקיבל. לפיכך היה לה מקום מרכזי בהשגת תפקיד הרבנות הראשון שלו, כפי שנראה להלן. חוסר ידיעה זה איננו מפליא, שהרי מי שיפתח את ספרו הפופולרי של שמחה רז על אודות הראי"ה, 'מלאכים כבני אדם', לא רק שלא ימצא כל זכר לסמיכה שנתן הרי"מ עפשטיין לראי"ה, אלא גם יגלה שמי שהיה מעורב כביכול במינויו לרב העיירה זיימל, היה דווקא ר' ישראל מאיר הכהן מראדין, מחבר 'המשנה ברורה'! כך כותב רז[62]:

> כשהיו שניהם מסובים יחדיו, פנה אליו הרב בעל ה'חפץ חיים'... "בקשתי", ענהו בעל 'החפץ חיים', "כי יהיה לרב בישראל". "רבנותו" – המשיך ה'חפץ חיים' את דבריו – "חשובה אצלי יותר גם מעבודתו בהלכות קדשים. **הנה מקום פנוי לרבנות בעיר זוימל, במטותא להרשות לי להשתדל בזה, ואני מקווה כי יקבלוהו באהבה ובכבוד**". ימים מועטים לאחר הפגישה עם ה'חפץ חיים', פנתה אל הרב קהילת זוימל והציעה לפניו את כסא רבנותה...

סיפור המסגרת עליו מתבסס רז, לפיו החפץ חיים ביקש מהראי"ה שלא לדחות משרת רבנות, נשען אמנם על עדותו של הרצי"ה: "את משרת הרבנות לא רצה לקבל עליו בשום אפן, אך הוכרח לכך ע"י הפצרתו של הגאון ר' ישראל מאיר הכהן, החפץ חיים ז"ל, שנזדמן לפאניוויז בשנת תרמ"ז ונדבר אתו להקבע בלמוד הלכות קדשים, שהשפיע עליו שיקבלנה"[63]. אולם הקטע המודגש, בו סופר שהחפץ חיים בעצמו הציע לראי"ה לכהן כרבה של זיימל, הוא נטול כל בסיס[64]. הסיפור

61 בשנה שבה חובר מאמר זה, בכ"ב אדר ב' תשס"ח, מלאו מאה שנים לפטירתו של הרי"מ עפשטיין (1829–1908).

62 **מלאכים כבני אדם**, ירושלים תשנ"ד, עמ' 13.

63 **קונטרס לשלשה באלול**, ירושלים תרצ"ח, עמ' ז. וראו גם ר' חיים ליפשיץ, **שבחי הראי"ה**, ירושלים תשל"ט, עמ' נד.

64 החפץ חיים עצמו, במכתב ששלח לאדר"ת בעניין זה, אינו כותב אלא "קבלתי מכתב מידידי... שכתב לי שהחתן הרה"ג [=הראי"ה] נ"י נתקבל לרב ואב"ד בעיר זיימיל, ומאד שמח לבי ע"ז. ויתן ד' שיעלה מעלה מעלה, כי הוא גדול אמיתי בתורה" (ר' משה צבי נריה, **טל הראי"ה**, כפר הרא"ה תשמ"ה, עמ' ק-קא) – ואינו מזכיר ולו ברמז שהיה לו חלק בהתקבלות זו. אמנם, יש להעיר שככל הנראה לא רז הוא שהמציא זאת; כחודשיים לאחר פטירת הראי"ה, כתב הרב חיים קרלינסקי מאמר ביוגרפי קצר, בו נמסר שהראי"ה "נתקבל לרב בעיר זיימל בהשפעתו של ה'חפץ חיים'" (**היהודי**, א [ניו יורק תשרי תרצ"ו], עמ' 22).

האמיתי של התמנות הראי"ה לרב בזיימל, תועד ביומנו של חותנו, הרב אליהו דוד רבינוביץ'-תאומים[65], המוסר נימוק שונה לחלוטין באשר למניעים שגרמו לראי"ה לקום ולחפש רבנות:

> אז ראה חתני בעניי, וכי צר לו המקום לשבת בביתי, על כן הוסכם אצלו לקבל רבנות איזה עיר שתזדמן לו... לזאת שלח איש עתי לעיר זיימל שהיתה פנויה מרב. האיש הזה האיץ בנו ליסע יחד במוקדם, וכך עשינו...[66].

לאחר מכן מתאר האדר"ת שבבואם לזיימל סרו לבית ראש הקהילה ר' מתתיה חיות ודיברו עמו ארוכות, וביום למחרת דרש הראי"ה באוזני בני המקום; כך מסופר במקביל בספרו של בן ראש הקהילה, ר' אהרן חיות[67], המרחיב לתאר גם את מאמצי השכנוע שהפעיל האדר"ת על בני המקום, שאמנם התרשמו מהראי"ה אך חששו שהוא עודנו צעיר מדי[68]. כך מתאר זאת האדר"ת עצמו:

> ונשא מאד חן בעיניהם, **ונתרצו על פי הבטחתי שהוא ראוי להוראה, וגם הראיתי להם סמיכתו מהגאון מנאווארדאק שי' עוד בהיותו בחוה, אשר לא הראני כלל**. ובלבי שחקתי על חלומותיהם, ואמרתי להם שיהיו בטוחים שבעוד איזה שנים הבעל"ט יתימרו בכבודו. ותיכף נתנו לו כתר רבנות בהוד והדר... ואני בכיתי במרירות לבי, על אשר עוונותי גרמו לי שנאלץ הוא לקבל רבנות באביב ימיו, מפני לחצי ודחק.

---

[65] **סדר אליהו**, ירושלים תשמ"ד, עמ' 67.

[66] מן הדברים הללו נראה שהאדר"ת לא הכיר אף את הסיפור שמסר הרצי"ה, על בקשת החפץ חיים, למרות שסיפור זה התרחש לכאורה בביתו שבפוניבז'! "על כן הוסכם אצלו לקבל רבנות איזה עיר שתזדמן לו" – מפני שהאדר"ת לא יכול עוד לפרנסו, ולא מפני שהחפץ חיים כבר ביקש ממנו לקבל על עצמו רבנות. כבר הרגיש הרב משה צבי נריה בסתירה זו, ויישב זאת בהסבר שתחילה הסכים הראי"ה לחפץ חיים, שאם תוצע לו משרת רבנות לא יסרב, ואילו כאן אצל האדר"ת מדובר על חיפוש אקטיבי של משרת רבנות (ר' משה צבי נריה, **טל הראי"ה**, עמ' צ). מכל מקום, נראה ברור שהאדר"ת לא ידע דבר על כך, ולכן כה הצטער על שבגללו נאלץ הראי"ה להיכנס תחת עול הרבנות.

[67] **ששים ושלש שנה בירושלים**, ירושלים תשי"ג, עמ' 10, וכן ר' חיים ליפשיץ, **שבחי הראי"ה**, עמ' נז-נח.

[68] ר' אהרן חיות אף מפריז וכותב שאביו "הוא אשר יזם ובצע את מינויו של הראי"ה" – דבר הסותר את עדותו שלו ב**שבחי הראי"ה**, וכן אינו הולם את תיאור האדר"ת ביומנו; כנראה נכתבו הדברים כבן המשבח את אביו, וגרעין האמת שבהם הוא שאביו היה דמות המפתח בשכנוע שאר פרנסי זיימל, שיסכימו לקבלת הראי"ה למרות החששות.

מתברר אפוא ששני דברים סייעו לראי"ה להתקבל לרבנות זיימל: ראשית מאמצי השכנוע של חותנו האדר"ת, ושנית הסמיכה שקיבל בצעירותו מן הרי"מ עפשטיין, ועד עתה הסתיר אותה מחותנו בגודל צניעותו. האם עובדה זו, שסמיכת הרי"מ עפשטיין היא שסייעה לראי"ה להתקבל לכהונת הרבנות הראשונה שלו, אינה ראויה לבוא בספרים כדוגמת 'מלאכים כבני אדם'? כנראה שרז ואחרים העדיפו לייפות את הסיפור, על ידי קישורו לדמותו המפורסמת ונערצת יותר של החפץ חיים.

כעת נעבור לדון בעצם הסמיכה מן הרי"מ עפשטיין, מתי וכיצד זכה בה הראי"ה. גם כאן ישנם לפנינו שני גרסאות סותרות, וכפי שנראה, גרסת האדר"ת תוכל שוב לסייע בהחלטה איזה מהן היא הנכונה.

הגרסה הראשונה מובאת על ידי הרב משה צבי נריה, ללא ציון מקור, בספר המבוסס על "שמועות שבע"פ ודברים שבכתב" ('שיחות הראי"ה', תל אביב תשל"ט, עמ' קג-קד). לפי הסיפור, בחורף תרמ"ה הגיע הרי"מ עפשטיין לוולוז'ין כדי לבקר אצל גיסו, הנצי"ב, והלה "הזדרז להציג בפניו" את תלמידו האהוב הראי"ה; הרי"מ עפשטיין נשא ונתן עמו בהלכה והתפעל ממנו מאד. הרב נריה מוסיף ומספר שהראי"ה היה שקוע בעולם הלימוד, ולא העלה על דעתו לבקש סמיכה, אך "האורח חשב אחרת: לאו כל יומא מזדמן לפניו צורבא מרבנן שכל כך ראוי לסמוך אותו בשתי ידים. אלא שלא עשה זאת מיד והעדיף לתת לדבר צורה חגיגית" – ובעקבות כך בחר להפתיע אותו ולשלוח לו בפורים "משלוח מנות מקורי": סמיכה לדון ולהורות[69].

גרסה שונה לחלוטין מובאת על ידי פנחס המבורגר, המוסר אותה לכאורה מפי המקור המהימן ביותר – הראי"ה עצמו[70]. לדבריו, את הדברים הבאים שמע ממנו בחורף תרצ"א:

> ואספר לך דבר לא ידוע, שאם תרד מחר לרחוב יפו ותשאל אודות הרב קוק, אם יש לו סמיכה, וכמה סמיכות יש לו, ודאי יענו אותך כי ודאי יש לו כמה סמיכות – אבל לא כן הוא הדבר, כי מעולם לא קיבלתי שום סמיכה, **אלא**

---

[69] הרב נריה אף מצטט לכאורה מכתב הסמיכה, את המילים "יורה יורה, ידין ידין וכו', כאחד הרבנים הגדולים" – אך אין להניח שכתב זה אכן היה לפניו, שכן אזי בוודאי היה מפרסם אותו באחד מספריו; מסתבר ש'ציטוט' זה נלקח מאותו מקור עלום שממנו נלקח הסיפור כולו.

[70] **סיני** צז (תשמ"ז), עמ' רמו.

כשנסעתי לקבל את משרת הרבנות הראשונה שלי בזיימעל, אמר לי אבי מורי ושאר מכרים, שלא ראוי לקבל משרת רבנות בלי שום סמיכה, ואז בדרכי לזיימעל נכנסתי לנובורדאק וקיבלתי את הסמיכה הראשונה והיחידה, מהגאון רי"מ עפשטיין זצ"ל, מח"ס 'ערוך השלחן' – ותו לא.

ראשית, מגרסה זו עולה שהרי"מ עפשטיין לא יזם בעצמו את נתינת הסמיכה, אלא הראי"ה הוא שפנה אליו וביקש זאת ממנו, בעקבות עצת אביו. שנית, ובעיקר, לפי עדותו של המבורגר הראי"ה לא קיבל את הסמיכה בצעירותו, אלא רק בדרכו להתקבל כרב בזיימל! דא עקא, לפנינו ישנה כזכור עדות ברורה של האדר"ת, שנכתבה בעצם אותם ימים, ולפיה הסמיכה ניתנה "עוד בהיותו בחור" – כלומר לפני נישואיו, ובוודאי לא במהלך הנסיעה לזיימל[71]. ובכלל, הדרך מפוניבז' לזיימל עוברת הרחק מנובהרדוק. כיצד, אם כן, מתיישבים דבריו של המבורגר? מסתבר שהראי"ה אמר לו משהו על כך שהסמיכה מהרי"מ עפשטיין סייעה לו להתקבל לרבנות זיימל – כפי שכתב האדר"ת – אך היות שהמבורגר העלה את הדברים על הכתב עשרות שנים לאחר ששמע אותם, הם כנראה נתערבבו בזכרונו ונעשו בלתי מדויקים.

מאידך, הסיפור שהביא הרב נריה על כך שהרי"מ עפשטיין שלח את הסמיכה לראי"ה מיוזמתו שלו, ועוד דאג שהיא תגיע בדיוק בפורים כ'משלוח מנות', הוא מעשייה רומנטית מדי, וכאמור איננו יודעים אף מה מקורה. גם כאן עלינו לשער שגרעין הדברים נכון, ובאמת לאחר מפגשם בוולוז'ין קיבל הראי"ה בדואר את סמיכת הרי"מ עפשטיין, אולי אפילו בפורים או בסמוך לו, אך לא משום שהיתה בכך הפתעה או כוונה שהסמיכה תגיע כ'משלוח מנות'.

יש לציין, שבספר 'אהלי שם' נכתב – עוד בחיי הראי"ה – שהוא נסמך גם מהנצי"ב. אך זוהי טעות; הראי"ה כמובן למד אצל הנצי"ב, שהיה אולי הדמות התורנית המשפיעה ביותר על הראי"ה (כפי ששמע ממנו הרב נריה[72]), אך הראי"ה מעולם לא ביקש ולא קיבל ממנו סמיכה, כפי שאמר להמבורגר.

---

[71] יש לציין שישנם רבנים נוספים ילידי גריווה – עיר הולדתו של הראי"ה – שנסמכו מהרי"מ עפשטיין, וביניהם הרב שמריהו ליב הורביץ (ראו **כתבי הערוה"ש**, סי' פט), והרב יעקב בנימין זאב יקימובסקי (ראו שם, סי' צד). עובדה זו יכולה ללמדנו שפנייה לרי"מ עפשטיין לצורך קבלת סמיכה, היתה דבר מקובל למדי בסביבתו של הראי"ה "בהיותו בחור" – רמז נוסף לנסיבות קבלת הסמיכה.

[72] **טל הראי"ה**, עמ' סו.

בסיום הדברים נציין שתיים מהתייחסויותיו המפורשות של הראי"ה לרבו הסומך, הרי"מ עפשטיין: על מצבת קברה של בתיה מירל ברלין, בתו של הרי"מ עפשטיין ואשתו השנייה של הנצי"ב - מצבה שנוסחה על ידי הראי"ה - הזכיר הוא את "הגאון האמיתי, מרן מיכל הלוי אפשטיין זצ"ל, הגאבד"ק נובהרודוק"[73]. ובאחת מתשובותיו ההלכתיות, כתב הראי"ה על הרי"מ עפשטיין: "...והנה כת"ר סמך על הוראת בעל ערוך השלחן, שהקיל בזה גם בלא צירוף דב' קנים, **וכדאי הוא ז"ל לסמוך עליו בשעה"ד** [=בשעת הדחק]"[74].

[73] **שיחות הראי"ה**, עמ' קט.

[74] **שו"ת אורח משפט**, ירושלים תשמ"ה, סו"ס עח.

נספח ד

דרוש לשבת תשובה תרס"ז נאווהרדק[1]

בקהלת (ק' ז', פסוק י"ג) ראה את מעשי האלקים כי מי יוכל לתקן את אשר עותו. ואיתא במדרש שם בשעה שברא הקב"ה את אדה"ר נטלו והחזירו על כל אילני גן עדן וא"ל ראה מעשי כמה נאים ומשובחים הן תן דעתך שלא תקלקל ולא תחריב את עולמי שאם תקלקל אין מי שיתקן אחריך עכ"ל המדרש ומפרש דמקרא זה אאדם הראשון קאי.

והקשה בני הננ"י בחבורו תורה תמימה דלעיל פרשה ג' בפסוק דאת הכל עשה יפה בעתו אומר המדרש להיפך שדורש שם ר' בון ראוי היה אברהם להבראות קודם אדה"ר אלא אמר הקב"ה אם אברא תחלה את אברהם אם יקלקל מעשיו אין מי שיתקן אחריו אלא הריני בורא אדם ואם יקלקל יבא אברהם ויתקן עכ"ל המדרש, הרי שאברהם תיקן מה שקלקל אדם ואיך אומר המדרש כאן שאמר הקב"ה לאדם אם תקלקל אין מי שיתקן אחריך והלא אברהם תיקן קלקולו של אדם, ותירץ בני הננ"י דהתקון שתקן אברהם היה לנפשו לעצמו אבל כלל העולם נשאר בקלקולו שהרי כל הקללות שנתקללו האדם ואשתו חוה וכן קללת הארץ עדיין נוהגים עד ביאת הגואל בב"א.

והנה אמת נכון שכן הוא אבל א"כ איזה תקון הוא שתיקן אברהם אחרי שהעולם

---

[1] רי"מ סגלוביץ, **מאסף דרושי**, וילנא תרע"ג, עמ' 107–116, והוא דרשה לשבת שובה תרס"ז – ככל הידוע הדרשה האחרונה שנכתבה על ידי הרי"מ עפשטיין. דרשה זו לא נכללה בכרך שי"ל ע"י הרב שמחה פישביין שהדפיסם בהובוקן (ניו ג'רסי) תשנ"א תחת השם **ערוך השלחן יורה דעה חלק ג**, שבו נדפסו בכרך אחד הלכות נדרים ולאחריהן דרשות 'קול בן לוי' וגם לא נכללה ב**כתבי הערוה"ש**, ירושלים תשס"ז.

נשארה בקלקולה, אך הכוונה שהן אמת שתקון שתיקן אברהם היה רק לשעתו אבל תקונו הוא הכנה לתקון כללי לכל העולם לעתיד לבא אך יש להבין איך ומה.

ודע שהמקובלים והחוקרים מחולקים בתכלית כלל הבריאה מכל העולמות, שהמקובלים אומרים שתכלית כלל הבריאה הוא האדם מפני שנשמתו גבוה מעל כל גבוה, והחוקרים אומרים הן אמת שבריאת העולם השפל הלזו היא בשביל האדם אמנם עולם הגלגלים ועולם המלאכים תכלית הבריאה הוא הם עצמם ולא האדם, כמו שהאריך בזה הרמב"ם בספרו המורה והבדרשי בס' בחינת עולם. האמנם עכ"פ העולם הזה הכל מודים שהוא בשביל האדם, והנה אחרי שהבחירה נתונה להאדם לבחור בדרך הטוב או בדרך הרע כדכתיב ראה נתתי לפניך היום את החיים ואת הטוב ואת המות ואת הרע ובחרת בחיים, והרי עינינו רואות שרובא דרובא מבני אדם אין עוסקים בתכלית הבריאה אלא בהבל הבלים של עוה"ז א"כ הבריאה כולה בחנם, חלילה.

וכבר צעק דוד במזמור (פ"ט) זכר אני מה חלד על מה שוא בראת כל בני אדם מי גבר יחיה ולא יראה מות, ולדעת החיים והמות שבכאן אינו על החיים והמות הגופניים דא"כ מה יתמה על זה אלא החיים והמות הנפשיים, על דרך מאמרם ז"ל רשעים בחייהם קרוים מתים כיון שאין עוסקין בתכלית הבריאה, וצדיקים במיתתם נקראו חיים כיון שעסקו בתכלית הבריאה, וזהו שאומר מי גבר יחיה חיים נפשיים ולא יראה מות הנפשיי וא"כ כל הבריאה לבטלה.

והן אמת שחז"ל אמרו על פסוק סוף דבר הכל נשמע את האלקים ירא ואת מצותיו שמור כי זה כל האדם שכל העולם לא נברא אלא בשביל זה כלומר בשביל האדם השלם היחיד הנמצא בדור כדי כל הבריאה, וכיוצא בזה דרשו במדרש אלה תולדות השמים והארץ בהבראם אל תקרי בהבראם אלא באברהם כלומר שכל תולדת השמים והארץ כדאי בשביל אברהם לבדו, מ"מ קשה לומר כן שכל הבריאה לבטלה ח"ו לבד מיחיד או שנים בדור.

ולדעתי אם שבוודאי הבחירה נתונה לאדם ובראשית הבריאה ברא הקב"ה הבחירה כלומר שברא החלק הטוב המכונה בשם אור וחלק הרע המכונה בשם חשך, כדאיתא במדרש ריש בראשית והארץ היתה תהו ובהו וחשך וגו' אלו מעשיהם של רשעים ויאמר אלקים יהי אור אלו מעשיהם של צדיקים, דבאמת דרך התורה היא האור האמיתי ודרך רשעים הוא החשך האמיתי כדכתיב דרך רשעים כאפלה ובהכרח להיות יסוד זה בתחלת הבריאה בשרשה שאלמלי לא היה כן לא היה

באפשרי לחלק הרע לצאת אח"כ דאין כל חדש תחת השמש, ולכן הוכרח גם חלק הרע להיות בהבריאה והקב"ה נתן לחלק הרע כח ורשות ללחום עם חלק הטוב בכל יכולתו וזהו כח הבחירה, אבל מ"מ הטביע הקב"ה בתחלת הבריאה שלא יהא כח לחלק הרע לכלות את הטוב לגמרי וסוף סוף יתגבר החלק הטוב על החלק הרע ויבער את החלק הרע לגמרי כמו שבישר לנו הנביא על לעתיד והסירותי את לב האבן מבשרכם ונתתי לכם לב בשר והאומות נ"כ יאמרו בית יעקב לכו ונלכה באור ד' וזה יהיה בביאת משיחינו אי"ה, וגם זה נתהוה בראשית הבריאה כמו שדרשו במדרש שם על פסוק ורוח אלקים מרחפת על פני המים זה רוחו של מלך המשיח דכלפי שאמר מקודם וחשך על פני תהום אלו מעשיהם של רשעים לא תחשוב חלילה שהחשך ינצח דלא כן אלא האור ינצח ואימתי בביאת משיח צדקנו וזהו שאומר ורוח אלקים זהו רוחו של מלך המשיח.

ובזה מובן מה שאמרו חז"ל בשלהי סוטה בעיקבא דמשיחא חוצפא יסגי ולכאורא אינו מובן דכיון דבזמן המשיח כתיב ומלאה הארץ דעה א"כ אדרבה היה צריך להיות קרוב לזמן הזה ג"כ מעין זה, ולדברינו ניחא דהכוונה חוצפא כלפי שמיא שעוברים עברות היותר גדולות כמו חילול שבת וכדומה ולא לבד שבושים בזה אלא אדרבא עושים ביד רמה בעוה"ר כידוע. אך ידוע שכל כח העתיד להתבטל מתאמץ בכל הכחות קודם ביטולו להתקיים כמו הנר קודם שתכבה תתלהב, וכן האדם קודם מיתתו מתגבר בקרבו כח החיוני ולכן גם חלק הרע כיון שבביאת המשיח עתיד להתבטל ולכן קודם ביטולו מתאמץ את עצמו בכל הכחות עד שמעיז פניו כלפי מעלה ועושה כל העבירות בחוצפא רבה כמו שרואים לדאבון נפשינו. ובזה מובן ג"כ על מה שאנו רואים שבדורנו התגברה שנאת האומות יותר מבדורות הקודמים עד שהורגים ושוללים אותנו כידוע. ולכאורא כיון שאנו מתקרבים להם היה להם לקרב אותנו, אך באמת חלק הטוב וחלק הרע מתפרד לשני ראשים האחד האומות כנגד ישראל כמובן והשנית בין ישראל עצמם שמגברים החלק הרע בהפרת תורה ומצות נגד הטוב שהוא תורה ומצות, ולכן כיון שזה הרע מתגבר בין ישראל עצמם ולכן גם חלק הרע שמבחוץ ג"כ מתגברים עליהם, וכמו שאומר צופר לאיוב שצעק על היסורים שלו וצופר החזיקו שבוודאי חטא ולכן אומר לו [בסי' כ'] זה חלק אדם רשע מאלקים כלומר כיון שאתה בחרת בחלק הרע לכן גם האלקים שלח עליך החלק הרע הכשרים וכדומה כמבואר שם בריש איוב שאנשי שבא בזזו הבקר והאתונות והכו הנערים לפי חרב והכשרים בזזו הגמלים ואת הנערים הכו לפי חרב ועוד.

ובזה מובן מה שטרחו המפרשים בהתוכחה דבחקותי דכתיב ואם בחקותי תמאסו וגו' אף אני אעשה זאת לכם וגו' ולשון אף אני אינו מדוייק, ולדברינו מובן בטוב שאמר ואם בחקותי תמאסו כלומר שתגבירו חלק הרע על חלק הטוב אף אני אעשה זאת לכם להגביר עליהם מבחוץ חלק הרע על חלק הטוב. ותתייסרו ביסורים קשים ומרים דהכל ממוצא אחד מתגבורת הרע על הטוב, וזה גם כוונת חז"ל באבות ששכר מצוה מצוה ושכר עבירה עבירה כלומר שכר המצוה שהוא החלק הטוב נמשך מהמצוה עצמה שהוא ג"כ החלק הטוב ושכר עבירה שהוא החלק הרע נמשך ג"כ מהעבירה עצמה שהוא החלק הרע, דאחרי שבחרת בחלק הרע יומשך אחריך חלק הרע ולכן הזהירה התורה על התשובה וכן כל הנביאים דאחרי שנעשה תשובה ונשליך החלק הרע ונבחר בחלק הטוב גם הש"י יסור מעלינו את החלק הרע ויתן לנו החלק הטוב.

וזה שאמרנו שאין כח ביד חלק הרע לבטל לגמרי את החלק הטוב ואדרבא בהמשך הזמן יתגבר החלק הטוב ויעקור לגמרי את החלק הרע, יש לנו ראיות ברורות מהשני חלקי הרע שאמרנו ונדבר בחלק הרע שבישראל עצמם, דלכאורא יש פליאה גדולה על אלו מבני ישראל שמלעיבים בכל קודש וכופרים בעיקר למה להם לסבול צרות ישראל הלא בנקל להם לצאת מן המיצר ולקבל עליו דת אחר ויהיה בן חורין, ולכשנשאל להם למה לא תעשו כן ישיבו תשובות שאינן מספיקות. אך האמת הוא שבכל איש ואשה מישראל אף בהכופרים בעיקר יש ניצוץ קדוש טמון בנפשו שאינו מניחו לצאת לגמרי מקדושת ישראל והוא בעצמו אינו מרגיש זה כלל אבל האמת כן הוא, וזהו זה יאמר לד' אני וזה בשם ישראל יכונה [ישעי' מ"ד] וחכמי האמת אמרו שבאדם יש ג' חלקים נפש רוח נשמה והנפש יכול להתקלקל כדכתיב ונפש כי תחטא וכן הרוח יש רוח טהרה ורוח טומאה אבל הנשמה לא תתקלקל לעולם, אלא שבאדם רשע טמונה עמוק עמוק ועומדת מרחוק וזהו שיסדו הקדמונים אלקי נשמה שנתת בי טהורה היא כלומר שלא תתקלקל לעולם, וזהו דכתיב במשלי [כ'] נר' ד' נשמת אדם כלומר דכיון דכתיב ויפח באפיו נשמת חיים שכביכול הבורא יתברך נופח בהאדם חלק הנשמה בהכרח שתאיר לעולם ולא תתחשך.

וכן יש ראיות מהרע של החלק השני והרי ידוע כמה מהשנאה שנתגברה עלינו מהאומות וידענו כמה כחותינו קטנים ודלים נגדם א"כ מי מוחה על ידם שלא יעשו בנו כליון גמור, אלא שיש איזה יד נעלמה שלא תניחם לעשות כליון בנו וכמו שהובטחנו ואף גם זאת וגו' לא מאסתים ולא געלתים לכלותם וגו' והנביא אמר כי אעשה כלה בכל הגוים ואותך לא אעשה כלה וגו'.

ואחשוב שכנגד שני הדברים האלה אמר יחזקאל הנביא [כ'] והעולה על רוחכם היו לא תהיה אשר אתם אומרים נהיה כגוים וגו' חי אני נאום ד' אם לא ביד חזקה ובזרוע נטויה ובחמה שפוכה אמלוך עליכם והוצאתי אתכם מן העמים וגו' ביד חזקה ובזרוע נטויה ובחמה שפוכה ויש להבין מהו עניין חמה שפוכה. ולדברינו ה"פ מה שעולה על רוחכם לפרוק עול התורה והמצוה מעליכם ותהיו ככל הגוים אומר לכם שהיה לא תהיה ובחמה שפוכה אמלוך עליכם ובע"כ תהיו תחת עול התורה והמצוה אף שאתם תכעסו על זה, והרי תראו שאין אתם נכנסים לדת אחרת. ועל הרע השנית אומר והוצאתי אתכם מן העמים וגו' ובחמה שפוכה כלומר הגם שהגוים עושים לכם צרות רבות ושופכים עליכם חמה שפוכה ורצונם לכלות אתכם מ"מ היה לא תהיה כן ואתם תהיו קיימים וחיים לעד לעולם.

ושני אלה הדברים כלולים בפסוק דואף גם זאת באמרו לא מאסתים ולא געלתים לכלותם להפר בריתי אתם כלומר לא מאסתים לא לכלותם ולא להפר בריתי אתם שבע"כ כולכם תכנסו תחת ברית התורה ולזה מסיים כי אני ד' אלהיהם וכמ"ש.

וגם מארץ הקדוש והבהמ"ק יש ראיה ברורה שהרע אין ביכולת לעקור את הטוב לגמרי שהרי מכל המדינות הקודמות כמו אשור ובבל ואדום ועמון ומואב אין שום זכר למו וארץ ישראל אם כי בחורבנה היא מ"מ קיימת היא וגם הבהמ"ק יש שאר להכותל מערבי שעומד בנס ועליו נאמר הנה זה עומד אחר כלתנו.

ובזה שבארנו שבשורש הבריאה היתה בהכרח שיהיה הטוב והרע יש לנו לבאר המאמר התמוה בחולין (ס'): דר' שמעון בן פזי רמי קראי אהדדי כתיב את שני המאורות הגדולים וכתיב את המאור הגדול וכתיב את המאור הקטן אמרה ירח לפני הקב"ה וכי שני מלכים משתמשים בכתר אחד אמר לה לכי ומעטי עצמך אמרה וכי בשביל שאמרתי דבר הגון אמעט את עצמי אמר לה לכי ומשול ביום ובלילה אמרה שרגא בטיהרא מאי מהני אמר לה ישראל ימנו רק ראשי חדשים ומועדים ואמרה דגם להשמש מונין לתקופות אמר לה צדיקים יקראו על שמך יעקב הקטן דוד הקטן חזיא דלא מייתבא דעתה אמר הקב"ה הביאו כפרה עלי על שמיעטתי את הירח והיינו דאמר ר"ל מה נשתנה שעיר ר"ח דכתיב ביה לחטאת לד' אמר הקב"ה הביאו עלי כפרה על שמיעטתי את הירח, והוא כולה מוקשה וכבר טרחו בו רבים וגדולים, ולדברינו יתבאר בטוב טעם בס"ד בהקדם שני דברים, האחד במאמר חז"ל בברכות (ל"א): דאליהו הטיח דברים כלפי מעלה שאמר ואתה הסיבות את לבם אחורנית (מלכים א' י"ח) והקב"ה הודה לו דכתיב (מיכה ד') ואשר הרעותי כלומר בבריאת היצה"ר, והשנית במה שאמרו חכמי

האמת דקיטרוג הלבנה גרם לאדם הראשון שיחטא בעץ הדעת והמאמר מחוסר הבנה כמובן.

והנה ידוע לכל שהלבנה אין לה אור מעצמה רק מקבלת האור מהשמש וכל מה שתתרחק מהשמש תוסיף אור ובהתקרבותה לשמש תאבד אורה, ולכן בעת המולד שתעמוד הלבנה ממש בניגוד כנגד אין לה אור כלל וכאשר תתחיל להתרחק תוסף אורה עד שבחצי חודש שעומדת רחוק כל הכדור מהשמש הוא בשלימות אורה ואח"כ תתחיל להתקרב אצלה ותאבד אור מעט מעט עד כי בסוף החודש אין לה אור כלל.

ולמה בראן הקב"ה באופן זה דכבר נתבאר שתכלית הבריאה היתה בשביל הבחירה ולזה מוכרח לבראות יצה"ר שהוא חלק הרע ומכונה בשם חשך והיצר טוב מכונה בשם אור כמו שהבאנו מהמדרש, ולזה אם ביסוד הבריאה לא היה חשך כלל לא היה ביכולת לברא הרע כי אין כל חדש תחת השמש ולזה הוכרח החשך להבראות, וזהו הלבנה שאין לה אור כלל מעצמותה ובעצמה היא חושך וכשם שהחשך הזה לא לעולם כדכתיב והיה אור הלבנה כאור החמה כלומר שהיה לה אור מעצמותה ויהיה תמיד אור, כמו כן לעתיד לבא יתבטל היצה"ר כמו שייעדו הנביאים לאמר והסירותי לב האבן מבשרכם ומלאה הארץ דעה ועוד פסוקים רבים, וזהו שאנו אומרים בברכת הלבנה עטרת תפארת לעמוסי בטן שהם עתידים להתחדש כמותה ולפאר ליוצרם וכו'.

ובזה נבא אל הביאור שהקשה ר' שמעון בן פזי דמקודם כתיב שני המאורות הגדולים ואח"כ כתיב את המאור הקטן לא על גודל וקוטן הכמות מקשה אלא על האיכות כלומר דמקודם אומר שני המאורות הגדולים דמבואר שיש לכל אחד אור בפני עצמו ואח"כ אומר את המאור הקטן דמבואר שמקבלת האור מהשמש ובעצמה היא חשוך, ולכן כתיב לממשלת הלילה ולזה מפרש אמרה ירח לפני הקב"ה וכי אפשר לשני מלכים שיתמשו בכתר אחד כלומר כשנבראו שניהם כל אחד באור עצמי קיטרגה הלבנה כיון דתכלית הבריאה הוא בשביל הבחירה ולזה צריך לבראות את היצה"ר שהוא חושך וא"כ בהכרח שהחושך יהיה ביסוד הבריאה דאל"כ לא יוכל להיות הרע בעולם כמו שבארנו, וזהו שאמרה וכי אפשר לשני מלכים שישתמשו בכתר אחד כלומר בכתר האור והטוב וא"כ לא יהיה רע בעולם כלל.

ולזה השיב לה הקב"ה לכי ומעטי את עצמך כלומר יפה אמרת ולכן לא יהיה בך אור כלל ותקבל אורך מהשמש, וכל מה שתתקרב אל השמש תמעט אורך והתחילה

להתרעם וכי בשביל שאמרתי דבר הגון וכו' ואמר לה לכי ומשול ביום ובלילה כלומר שבזה יתרון לך על השמש שתאיר גם במקצת היום ואמרה שרגא בטיהרא וכו' כלומר שאין זה תועלת כלל ואמר לה ישראל ימנו בך ראשי חדשים ומועדים, כלומר כיון שתכלית הבריאה היא בשביל התורה וישראל וראשי חדשים ומועדים הם מעיקרי התורה וזהו רק ע"פ הלבנה א"כ אין לך כבוד יותר מזה ואמרה דגם לשמש מונין לתקופות והכוונה דעיבורי השנה תלוים בתקופת החמה כדי להשוות שנות הלבנה עם שנות החמה ודרשו זה מדכתיב תקופת השנה כדאיתא בסנהדרין [י"ג] וא"כ גם בהשמש תלויים המועדים, ואמר לה הקב"ה צדיקים יקראו על שמך וכו' כלומר אמת שאתה מרמז לחשך היצ"ר אבל תזכור מהכבוד שיהיה לך מן הצדיקים שכפאו היצ"ר ומקטינים עצמם בעוה"ז וגודל אורם בעוה"ב, חזיא דלא מייתבא דעתה כלומר דוודאי בשביל הצדיקים המעטים כד[א]י לסבול החשך אבל הלא רוב העולם הלא בחשך ידמו ומוטב היה שלא נברא וזה האמת כן כמו שאמרו חז"ל נוח לו לאדם שלא נברא משנברא, ולזה אמר הקב"ה דזהו בוודאי אמת וכמו שהורה הקב"ה לאליהו ואמר ואשר הריעותי ולזה הביאו עלי כפרה וכו' כלומר אני אשא ואני אסבול ואמלט לעתיד לבא גם את הרשעים כדכתיב בקרא דאשר הרעותי במיכה [ד'] ביום ההוא נאום ד' אוספה הצולעה והנדחה אקבץ ואשר הרעותי כלומר שאאסוף הצולעה אפילו אותם שצולעים באמונתם ואפילו הנדחים מאמונתם אקבץ מפני אשר הרעותי בבריאת היצה"ר ולכן עלי לתקנו לעתיד לבא, וישעי' (מ"ז) אמר ועד שיבה אני אסבול אני עשיתי ואני אשא ואני אסבול ואמלט, וזהו מאמר חכמי האמת שהבאנו שלולי קיטרוג הלבנה לא היה אדם חוטא בעץ הדעת ובוודאי כן הוא דאלמלי ביסוד הבריאה לא היה חשך כלל כי מהנמנע לברא את היצה"ר דאין כל חדש ומי גרם זה קיטרוג הלבנה כמו שבארנו.

ולכן לעתיד לבא כשיתבטל היצה"ר ומלאה הארץ דעה תתבטל גם החושך מהלבנה ותהיה לה אור מעצמותה כדכתיב והיה אור הלבנה כאור החמה כלומר גם באיכות אורה כמו שבארנו בס"ד.

ומהלבנה עצמה יש ראיה ברורה למה שאמרנו שאע"פ שניתן כח לחלק הרע לעשות כל חפצו מ"מ אין בו כח לכלות הטוב לגמרי ואדרבה כשתגיע הרע לסופה ותעשה שמות בארץ אח"כ יתגבר החלק הטוב ויכלהו כמו בהלבנה כאשר תגיד קודם המולד לתכלית החשך תשיב להאיר יותר ויותר, וזהו שאומרים בקידוש הלבנה שהם עתידים להתחדש כמותה ולפאר ליוצרם על שם כבוד מלכותו ויתבטל הרע מן העולם ואדרבא מה שהרע יותר חזק זהו סימן לביטולו לגמרי.

ובזה נבין הענין המבואר במשנה בעבודת יה"כ דהכה"ג היה מזכיר את השם המפורש בוידויו ואומר אנא השם חטאתי וכו' אנא בשם וכן הוא במחזור ויש להבין למה מקודם אומר אנא השם ואח"כ אנא בשם וזהו מירושלמי והכהנים והעם כשהיו שומעים את השם המפורש היו כורעים וכו' ואומרים ברוך שם כבוד וכו' ולהבין זה נאמר ונתבונן במה כחו של הוידוי הגדול כל כך עד שמוחלין לו על כל עונותיו.

ומצאתי בזוהר פנחס (ד' רלא) הטעם לפי שאי אפשר להעניש אדם אלא על ידי עדים ולא ע"י עצמו וכיון שמעיד בעצמו א"צ עדים ע"ש. וזהו כעין שאמרו בגמ' מודה בקנס פטור ויש להסביר זה דמלכותא דרקיעא כעין מלכותא דארעא ואיש החיל הבורח מן הצבא אם מביאים אותו עונשין אותו מאוד ואם בא בעצמו ואומר חטאתי אין עושין לו כלום. וזהו מאמר הנביא שובה ישראל עד ד' אלקיך כלומר שובה מעצמך כי אז לא תענש ולכן דוד כשאמר חטאתי נמחל לו והנביא אמר הנני ענשך על אמרך לא חטאתי ואלו אמרת חטאתי הייתי מוחל לך, וכבר מבואר אצלינו דזה שאומרים ברוך שם כבוד מלכותו לעולם ועד בחשאי מפני הגלות אין כבוד מלכותו יתברך נגלה מפני ריבוי החטאים ולכן ביוה"כ אומרים בקול רם מפני שאז כולם שבים בתשובה אם מעט ואם הרבה ויש שם כבוד מלכותו יתברך, וגם ידוע שלעתיד יאמרו השם בכתבו כשיתבער היצה"ר מן העולם כדאיתא מפ"ג דפסחים וכל זמן שהיצה"ר בעולם אין ביכולת לומר השם ככתבו אלא בכינויו באדנות.

ועוד יש להתבונן בשני שעירי יוה"כ למה האחד זורקין את דמו לפני ולפנים ועל מזבח הפנימי ורק בשרו שורפין מחוץ למחנה, והשני נכנס רק בעודנו חי למקדש והכה"ג מתודה עליו ואח"כ שולחין אותו לעזאזל וזורקין אותו מן ההר ונופל איברים איברים והרי שניהם קרבנות שוים ומכפרים שניהם על טומאות בני ישראל ולמה חלוקים הם באופן הקרבתם שזה כולו נכנס לקדושה הדם והחלב וזה לעזאזל.

אמנם זה מתבאר מאופן כפרתן לפי מה שאמרו חז"ל בפ"א דשבועות שהשעיר הפנימי מכפר על טומאת מקדש וקדשיו כלומר מי שנכנס למקדש בטומאה או שאכל קדש בטומאה, והשעיר לעזאזל מכפר על כל עבירות שבתורה קלות וחמורות כריתות ומיתות ב"ד כמבואר שם.

ולפי"ז א"ש דהנה זה השעיר הפנימי המכפר על מי שנכנס למקדש בטומאה או שאכל קדש בטומאה והרי זה האיש ישראל כשר הוא שעומד במקדש ואוכל קדש

אלא שתקפו יצרו וטימא את הקדש ואת המקדש אמנם מקומו בקדושה לפיכך גם קרבנו נכנס לקדש למקדש ודמו וחלבו על המזבח ולפני ולפנים כי הדם הוא הנפש ונפשו לא נתקלקל לגמרי ולכן דמו נכנס בקדושה ורק בשרו שהוא החומר הגס נתקלקל בטומאה ולכן בשרו בלבד נשרף חוץ למחנה אבל השעיר השני שמכפר על כל העבירות החמורות כריתות ומיתות ב"ד שגם דמו דם הנפש נתקלקל אלא ששרשו מעט בקדושה מיצירתו ולפיכך אינו נכנס למקדש רק לשעה קלה אבל להקריבו אי אפשר אחרי שטימא נפשו מאד ולכן מוציאין אותו כולו למדבר וכדי שלא תאמר שלאיש כזה אין תקנה חלילה לכן מכניסין אותו בחיים למקדש לאמר שעדיין יכול ליכנס לקדושה אם ישוב בתשובה שלימה.

ולכן הכה"ג שמתוודה על עוונותיו ועל כל עונות בית ישראל וכן כל ישראל מתודין עמו והוידוי מכפר ולכן יכול להזכיר את השם ככתבו וזהו שאומר אנא השם חטאתי וכו' ובשם המפורש אח"כ אומר אנא בשם כלומר כיון שהתרת לי להזכיר שמך ככתבו ולכן בשם הגדול הזה בהכרח שתכפר על כל עונותינו דאל"כ לא היית מתיר לי להזכירו ככתבו ולכן הכהנים והעם העומדים בעזרה כששומעים את השם המפורש כורעים ומשתחווים ונופלים על פניהם מפחד ד' ומהדר גאונו ואומרים ברוך שם כבוד מלכותו בקול רם מפני שעתה נגלה כבודו יתברך כמובן.

ובזה נבא אל המדרש שבראש הדרוש דהנה כבר בארנו דעם שהבחירה נתונה ביד האדם והקב"ה נתן רשות לחלק הרע שיעשה כחפצו מ"מ אין כח ביד חלק הרע להחריב את חלק הטוב לגמרי, וזה אנו רואים בפרט ובכלל דבפרט אנו רואין שאפילו מי שפרק ממנו עול היהדות לגמרי מ"מ אינו עובר לדת אחרת וזהו מפני הניצוץ הקדוש הטמון בפנימיותו כמ"ש, ובכלל ישראל אנו רואים שאין ביכולת האומות לעקור אותנו לגמרי כמ"ש ולבד זה איך שהדור עומד בשפלותו מ"מ עדיין יש בישראל גדולי התורה והיראה ושומרי מצות למאות ולאלפים תורות לד' וכבר אמרו חז"ל בסוכה [מ"ה:] שבכל דור ודור יש לא פחות מן ל"ו צדיקים ע"ש.

וטעם מספר הזה נ"ל דהנה לכל יסוד בהכרח להיות ג' רגלים כמו שלחן וכסא לא יעמדו בפחות מג' רגלים ולכן אמרו בברכות (ל"ב) שבעת העגל כשחטאו ואמר הקב"ה ואכלם ואעשה אותך לגוי גדול ואמר לו משה ומה כסא של שלש רגלים דהיינו אברהם יצחק ויעקב אין יכולין לעמוד בפני כעסך ק"ו כסא של רגל אחד ע"ש ובהוריות (ה') אמרו דכל שבט מקרי קהל ולכן לכל שבט צריך ג' צדיקים וי"ב פעמים ג' הוי ל"ו.

וגם מחטא אבינו הראשון נבין זה שאין בכח הרע לקלקל לגמרי והיינו דאדה"ר אחר שחטא לאכול מעץ הדעת אמר הקב"ה הן האדם היה כאחד ממנו לדעת טוב ורע ועתה פן ישלח ידו ולקח גם מעץ החיים ואכל וחי לעולם, וביאורו פשיט דעתה קלקל אותו ואת כל הדורות רק בחיי האדם שנוטה אחר היצה"ר אבל לאחר מיהו שפשט מעליו גסות החומר אין בו קלקול והרוח תשוב אל האלקים ומקבל עונשו או שכרו ונשארה הנפש נקיה וטהורה וזכה לגן עדן לעתיד לתחיית המתים. אבל אם היה אוכל גם מעץ החיים הלא היה חי לעולם והיה לעולם בקלקולו ולפיכך גרשו מגן עדן, וכבר כתבו הקדמונים שזה שא"ל הקב"ה כי ביום אכלך ממנו מות תמות אין זה על דרך העונש אלא על דרך הידיעה שתדע שאם תאכל מעץ הדעת אין לך תקון כל ימי חייך רק כאשר תמות אז תתוקן.

אבל א"כ יש להבין למה באמת לא אכל מעץ החיים ובפשוטו י"ל ע"פ מאמרם ז"ל גדול המצווה ועושה ממי שאינו מצווה ועושה והטעם פשוט דמי שמצווה תאוותו יותר גדולה ממי שאינו מצוה שביכולתו לעשות כחפצו אין יצרו מתגבר עליו אבל מי שמצווה יצרו מתגבר עליו ולפיכך על עץ החיים שלא היה מצווה שלא לאכול לא הסיתו הנחש שהוא היצה"ר והשטן ורק על עץ הדעת שהיה מצווה שלא לאכול הסיתו הנחש לחטא ומ"מ אינו מספיק שהרי הקב"ה אמר לו מכל עץ הגן אכול תאכל ומאמרו של הקב"ה הוא מצות עשה ולמה לא קיימה.

האמנם יש לנו דקדוק רב במקום נטיעת עץ הדעת ועץ החיים דהנה מקודם כתיב ועץ החיים בתוך הגן ועץ הדעת טוב ורע הרי מפורש שהעץ החיים היה באמצע הגן וממילא מובן שעץ הדעת שהיה סמוך לו לא היה באמצע ממש דשניהם באמצע אי אפשר כמובן.

ולפי"ז קשה טובא דהאשה כשאמרה להנחש מפרי עץ הגן נאכל ומפרי העץ אשר בתוך הגן אמר אלקים לא תאכלו ממנו וגו' וזהו העץ הדעת והרי העץ הדעת לא היה בתוך הגן באמצע אלא העץ החיים ומצאתי ברבינו בחיי שכתב שהעץ החיים והעץ הדעת אילן אחד היה בשרשו אלא שמהענפים של צד זה היה עץ החיים ומהענפים של צד השני היה עץ הדעת וכמדומני שכן ראיתי בזוהר.

ולפי"ז א"ש הכל וה"פ, ועץ החיים בתוך הגן כלומר באמצעו ועץ הדעת טוב ורע כלומר שגם זה שם ולפ"ז הקב"ה כשאמר לאדם שלא יאכל מעץ הדעת הלא הראהו על האילן שבאמצע ולא גילה לו שבה יש גם עץ החיים ולכן לא היה מצווה לאכול מעץ החיים ואדרבא לפי דעתו אסור לו לאכול מכל האילן ואדם שהגיד לחוה שלא תאכל ממנו לא הזכיר לה עץ הדעת אלא אמר לה שהעץ

שבתוך הגן אסור לאכול מפריו ולכן אמרה גם להנחש כן ולכן לא חששו לאכול מעץ החיים כיון שלדעתם אסורים בכל האילן אך אחר שחטאו אמר הקב"ה פן ישלח ידו ולקח גם מעץ החיים וגו' כלומר כיון שחטא אולי יאכל עוד מהאילן הזה ויפגוש בצד עץ החיים והם ג"כ לא חשו לאכול מעץ החיים כיון שלדעתם דבר אחד הוא וכבר מלאו יצרם הרע ממנו ולמה להם עוד, אך הקב"ה חשש שמא אח"כ יתיישבו בדעתם אחרי שאכלנו נאכל עוד כמו שדרשו במדרש על אכלתי ואוכל שאמר שיאכל גם על להבא ולפיכך גרשם הקב"ה משם, ונמצא שהאדם קלקל כל כוונת הבריאה אך לא בתכליתה ואם היה אוכל גם מעץ החיים היה מקלקל לגמרי ועתה לא קלקל רק בחיי האדם ולא במותו, ולזמן תחיית המתים יסור קלקולו לגמרי וזהו ידוע שעל ידי מי יתוקן על ידי התורה וישראל ומי הוא ראשית יסוד הישראלי הלא הוא אבינו הזקן אברהם שהיה היפך מאדם הראשון, דמאכילתו את עץ הדעת מבורר שלא היה חזק באמונה ובאהבת ד' יתברך, ואלו אברהם אבינו היה ראש מאמינים כדכתיב והאמין בד' וכל כך היה חזק באמונתו עד שעשה מעשים תמוהים והיינו כשאמר לו הקב"ה לך לך מארצך וממולדתך וגו' אל הארץ אשר אראך היה לו לשאול מהקב"ה עכ"פ לאיזה צד אלך למזרח או לדרום או לצפון אלא שכל כך היה חזק באמונתו וחשב בלבו כיון שהקב"ה אמר לו לך לך בוודאי ילך בהצד שנצרך וזהו שאמר הכתוב וילך אברם כאשר דיבר אליו ד', כלומר שמיד הלך בלא שאלה והיה לו נסיון גדול בזה כדכתיב ויעבור אברם בארץ עד מקום שכם עד אלון מורה והכנעני אז בארץ וירא ד' אל אברם וגו' וביאורו נ"ל להראות גודל אמונתו בהקב"ה שהרי אמר לו אל הארץ אשר אראך וא"כ היה להקב"ה להראות לאברהם תיכף כשיצא לבלי ידמה דאולי הוא טועה בדרכו והקב"ה לא עשה כן שהרי ויעבור אברם בארץ כלומר שהלך ארץ רבה ולא נראה לו הקב"ה והלך עד מקום שכם ולא נראה לו ומ"מ הלך להלן עד אלון מורה ולא נראה לו, ויותר מזה שהכנעני אז בארץ ואין המקום מסוגל לגילוי שכינה והיה לו להשתדל בהליכתו ומ"מ הלך והלך עד שאח"כ וירא אליו ד' וגו'.

וגם מהעקדה מוכח גודל אמונתו דנהי שעשה ציוויו של הקב"ה להוליך את יצחק להעקדה מ"מ היה לו לשאול מהקב"ה למתי אוליכנו ואולי ירחיב לו הזמן והוא לא עשה כן אלא תיכף ומיד כשא"ל הקב"ה קח נא את בנך וגו' תיכף ומיד וישכם אברהם בבוקר וגו'.

וגם אהבתו הגדולה להקב"ה בהעקדה מבואר לכל איש, ויש עוד להוסיף בשנדקדק בתפלת ר"ה בזכרונות שאנו אומרים וזכר לנו את הברית ואת החסד ואת השבועה

אשר נשבעת לאברהם אבינו בהר המוריה ותראה לפניך עקדה שעקד אברהם אבינו את יצחק בנו ע"ג המזבח וכבש רחמיו וכו' וקשה טובא הא השבועה היתה אחר העקדה כדכתיב בי נשבעתי נאום ד' וגו' וא"כ הוה לו להקדים מקודם ותראה לפניך עקדה וכו' וזכר לנו וכו'.

האמנם באמת זה שאומר ותראה לפניך עקדה לא להזכיר מעשה עקדה באנו דזה נכלל באת הברית וכו' והעקדה ידועה, אך בזה לוטה כוונה עמוקה דהנה יש להתפלא על אבינו הזקן דנהי שהיה מקיים דבר ד' להעלותו לעולה מ"מ מי הכריחו שיעקוד את יצחק בעצמו הרי הקב"ה אמר לו רק והעלהו לעולה וכל קרבן צריך עקידה כדתנן בדפ"ר דתמיד מ"מ אטו הכהן עוקדו וכן היה לאברהם לצוות לאחרים לעקדו ליצחק ולא יראה בעצמו צערו של יצחק ואחר שהיה עוקדים אותו היה נגש בהמאכלת לשוחטו ויותר מזה הלא האיל שהעלה תחת יצחק לא כתיב רק ויעלהו לעולה תחת בנו ולא כתיב שעקדו אף שבוודאי עקדוהו כדין קרבן ואיך נתאכזר לעוקדו בעצמו.

אמנם הוא הדבר אשר דברנו שכל כך חזקה בלבו אהבת ד' יתברך עד שהחליף מדתו מדת החסד שעשה חסד עם אחרים עד שרץ בחליו אחרי אנשים זרים להכניסם לביתו כמבואר ריש וירא ואפילו על אנשי סדום שהיו רעים וחטאים בקש רחמים כמבואר שם מפני שהיה מקור החסד והרחמים ועל כל זה לקיים מצות ד' נהפך לאכזר על בנו יחידו לעקדו בעצמו דווקא.

ולדעתי זהו שאחר מעשה האיל ויקרא אליו מלאך ד' וגו' בי נשבעתי וגו' יען אשר עשית וגו' ואינו מובן איזה גדלות יש במעשה האיל וכבר בארנו זה בדרך פלפול ועתה לפי דברינו י"ל בפשיטות דאחרי שראה הקב"ה שאת יצחק עקד בעצמו ואת האיל לא עקד בעצמו וזהו נסיון בהדבר אשר לא נצטוה כלל כמ"ש ולכן אמר בי נשבעתי וגו'.

ולכן בתפלת ר"ה אנו מבקשים זכרנו בזכרון טוב וגו' וזכר לנו את הברית וכו' אשר נשבעת לא"א בהר המורי' מפני זכות העקדה ושמא תאמר אחרי שאנו חוטאים גדולים והכעסנו את הקב"ה במעשינו הרעים אין ביכולתו יתברך לרחם עלינו ולזה אומר ותראה לפניך עקדה שעקד אברהם וכו' כלומר אברהם היה ילוד אשה ובשר ודם והיה רב החסד שאין כמוהו אף לאחרים וק"ו על בנו יחידו ונהי שהיה מוכרח להקריבו מ"מ הוא לעקדו בעצמו לא היה מצווה כלל ועכ"ז מפני אהבתך החליף מדת החסד שלו באכזריות נוראה לעקדו בעצמו מפני אהבתך וא"כ ק"ו שכן יכבשו רחמיך את כעסך מעלינו וכו' ולדעתי זהו שאנו מזכירים

תמיד זכות עקדת יצחק כלומר לא מה שעשה ציווי ד' אלא נוסף על הציווי והיינו שעקדו בעצמו כמ"ש, ולפ"ז יבואו שני המדרשים שבפתח הדרוש כמין חומר והמה עניינים נפרדים והיינו זה שדרשו על פסוק ראה את מעשי האלקים שאמר לאדם ראה כמה מעשי נאים ומשובחים ראה שלא תקלקל ולא תחריב את עולמי שאם תקלקל אין מי שיתקן אחריך, וה"פ ראה שלא תקלקל שלא תאכל מעץ הדעת וביותר שלא תחריב את עולמו כלומר שלא תאכל גם מהעץ החיים ואז יהיה חורבן גמור שלעולם לא יתוקן כלל כמו שביארנו שאם תקלקל אין מי שיתקן אחריך כלומר אם תקלקל לגמרי גם באכילת עץ החיים בוודאי אין באפשרי לתקן כלל אך עכשיו שרק אכלת מעץ הדעת יהיה תקון לעתיד ומי יתחיל התקון אברהם שהוא גדול ממך גם באמונה גם באהבת ד', ולפ"ז א"ש המדרש השני כמן חומר שאומר את הכל עשה יפה בעתו שברא את אדם קודם אברהם וכשקלקל בא הוא ותקנו על לעתיד אבל אם הייתי בורא אברהם תחלה והיה מקלקל שוב לא היה בכח אדם לתקנו מפני שמעלתו קטנה משל אברהם.

וזהו דאיתא במדרש על פסוק האדם הגדול בענקים זה אברהם כלומר אם כי אדם היה הראשון בבריאה אבל אברהם היה גדול ממנו ולכן כאשר אנחנו בניו של אברהם אבינו מחוייבים אנו להחזיק במדותיו הן במדת החסד בין אדם לחבירו והן במדת אהבת ד' יתברך לחזק דת תוה"ק ולתמוך בידי לומדי תוה"ק כדכתיב עץ חיים היא למחזיקים בה ותומכיה מאושר ואז נזכה לשנה טובה ומבורכה ונזכה לביאת משיחנו ולבנין בית קדשנו ובא לציון גואל אמן.

אחרית דבר

הרב פרופ׳ שמחה פישביין

מותם הנורא של הרב איתם הנקין ורעייתו נעמה הי״ד מהווה אובדן עצום לילדיהם, להוריהם, לאחיהם ואחיותיהם ולחבריהם, ולכלל ישראל. בני הזוג נרצחו באכזריות בפיגוע טרור בחול המועד סוכות תשע״ו. מותו של הרב איתם הנקין הותיר כאב מיוחד לקהילה האקדמית.

הקשר שלי עם הרב איתם החל כשנה לפני הירצחו. בתקופה זו חקרתי באופן נרחב את ספר ׳ערוך השולחן׳ מאת הרב יחיאל מיכל הלוי עפשטיין, על תשעה כרכיו. במהלך עבודתי הובא לידיעתי שהרב איתם כתב ופרסם מספר גדול של מאמרים בעניין זה. שמחתי בשומעי שחוקר נוסף עוסק בערוך השולחן. חיפשתי את מאמריו, ושמחתי גברה לאחר שקראתים. נוכחתי לדעת כי הרב איתם גילה בקיאות מופלאה בספר ״ערוך השולחן״ והתמצאות אנציקלופדית בחיי המחבר. יתר על כן, הרב איתם הבין בדיוק מה צריך לעשות עם החומרים והידע שצבר. הוא ארג מכל ידיעותיו שצבר יצירה מדעית יפהפייה, תוך ציור מרתק של חייו, הגותו, וכתביו של הרי״מ הלוי עפשטיין.

חשתי כי פרסומיו של הרב איתם על ערוך השולחן חייבים להגיע לקהל נרחב יותר. לשם כך, היה צורך בסידורם ובעריכתם יחדיו, הן לטובתם של החוקרים והן לטובת הציבור היהודי המשכיל. בהיותי עורך-שותף להוצאה האוניברסיטאית של טורו קולג׳, צירפתי אלי את ד״ר מיכאל שמידמן, דיקן התוכנית לתואר שני בלימודי יהדות בטורו קולג׳, ויחד הצענו לרב איתם לסדר את מאמריו על ערוך השולחן, לצרף אליהם הקדמה, ואולי להוסיף פרק חדש שטרם פורסם על מנת להשביח עוד את מחקריו החשובים. אמנם ההוצאה שלנו מפרסמת ספרים באנגלית בלבד, אבל בגלל התרשמותי העמוקה מטיב עבודתו של הרב איתם,

ורצוני להיות שותף בהפצת מחקרו בעולם היהודי, הוסכם כי הוצאת הספרים תחרוג ממנהגה ותפרסם ספר בעברית. כאשר הסברתי לרב איתם הנקין שכצעד ראשון, עליו לשלוח הצעת מחקר לאתר האינטרנט של ההוצאה, הוא ענה שישקול זאת. יצאתי מהפגישה אתו בתחושה שפגשתי אדם גדול.

הרב איתם סמך ידיו על המלצתי, ולשמחתי הרבה שלח הצעה מפורטת על פי הנחיות ההוצאה. בהצעתו, הוא כלל לא רק תיאור כללי של מטרת הספר, אלא גם תוכן עניינים וכן פרק שלא פורסם אודות הרי"מ עפשטיין והתנועה הציונית. נושא זה רלוונטי לתוכן הספר, ושתי סיבות לכך: הרי"מ עפשטיין חי בתקופת עליית התנועה הציונית במזרח אירופה, ועוד שהוא היה קרוב משפחה של הרב נפתלי צבי יהודה ברלין (הנצי"ב), המזוהה עם הציונות הדתית. כיוון שאני כבר עברתי על החומרים לקראת פרסומם, קיבלתי ללא כל היסוס את ספרו, ועמדתי בקשר רציף עם הרב איתם בציפייה לחיבור השלם.

אלא שלקב"ה תכניות משלו, והתכניות שלנו לא ניטלו בחשבון. בסוכות תשע"ו הגיעה לאוזנינו השמועה הנוראה כי הרב איתם נרצח.

הלכתי לנחם את המשפחה בזמן שישבה שבעה. הרגשתי קרבה מיוחדת אליה לא רק בשל הקשר שלי לרב איתם, אלא גם משום שהכרתי את אביו, הרב יהודה הרצל הנקין, עוד משנות לימודי בישיבה בניו יורק. במהלך השבעה שיתפתי את המשפחה בקשר שלי עם בנם, ובכוונתי לפרסם את מחקריו על ערוך השולחן. בתום השלושים יצרתי קשר עם ההורים כדי לדון היאך נוכל לממש את רצונו של הרב איתם לפרסם את ספרו.

הוריו הביעו הסכמה נלהבת להשתתף במסע זה. משפחת הנקין השקיעה זמן רב ומאמצים ניכרים בחיפוש חומרים רלוונטיים במחשב של איתם, ומאמציהם הם שאפשרו את פרסום הספר. אני אסיר תודה למשפחה על פועלם. אני מבקש גם להודות גם לד"ר מיכאל שמידמן על מאמציו.

הספר המונח לפנינו מהווה חלק קטן מיצירתו ומורשתו החשובה של תלמיד חכם גדול, חוקר מעמיק ויהודי חשוב.

ה' ייקום דמם.

שמחה פישביין

ביבליוגרפיה

אובסי יהושע, **מאמרים ורשימות**, ניו יורק תש"ז

אטינגר שמואל, **בין פולין לרוסיה**, ירושלים תשנ"ה

אטינגר שמואל ואחרים, **תולדות עם ישראל**, כרך שלישי – העת החדשה, תל אביב תשכ"ט

אטקס עמנואל, **יחיד בדורו: הגאון מווילנא – דמות ודימוי**, ירושלים תשנ"ח

אטקס עמנואל (עורך), **ישיבות ובתי מדרשות**, ירושלים תשס"ז

אטקס עמנואל, "ישיבות ליטא בראי ספרות הזכרונות", בתוך: ע' אטקס וש' טיקוצ'ינסקי (עורכים), **ישיבות ליטא – פרקי זכרונות**, ירושלים תשס"ד, עמ' 9-56

אטקס עמנואל, **ר' ישראל סלנטר ותנועת המוסר**, הדפסה שנייה מתוקנת, ירושלים תשמ"ד

אטקס עמנואל וטיקוצ'ינסקי שלמה (עורכים), **ישיבות ליטא – פרקי זכרונות**, ירושלים תשס"ד

אטקס עמנואל ואסף דוד (עורכים), **החדר – מחקרים, תעודות, פרקי ספרות וזיכרונות**, תל אביב תש"ע

אייזנשטדט בן ציון, **דור רבניו וסופריו**, ספר ראשון, ווארשא תרנ"ה

אייזנשטדט בן ציון, **דורות האחרונים**, ספר ראשון – א-ו, ניו יורק תרע"ג; ספר ראשון – ז-מ, ניו יורק תרע"ד; ספר ראשון – נ-ת, ניו יורק תרע"ה; ספר שני – א-ל, ניו יורק [ברוקלין] תרצ"ז; ספר שני – מ-ת, ניו יורק ת"ש

אייזנשטדט בן ציון, **לתולדות ישראל באמריקה**, ספר ראשון, ניו יורק תרע"ג

אסף דוד, **נאחז בסבך: פרקי מבוכה ומשבר בתולדות החסידות**, ירושלים תשס"ו

אפשטיין – ראו: עפשטיין

באואר יהודה, "נובוגרודק, סיפורה של עיירה", בתוך: ד' זילברקלנג (עורך), **יד ושם – קובץ מחקרים** לה (תשס"ח), כרך 2, עמ' 31–62

בלוך שלמה זלמן [חסר שם עורך], **הצדיק רבי שלמה: לקט שיחות חולין של ת"ח ממנו ועל רבותיו הקדושים**, ירושלים תשנ"ח

בקון גרשון, "החברה המסורתית בתמורות העתים: היבטים בתולדות היהדות האורתודוקסית בפולין וברוסיה", בתוך: י' ברטל וי' גוטמן (עורכים), **קיום ושבר**, כרך שני, ירושלים תשס"א, עמ' 453–491

בר-אילן ר' מאיר, **מוולוז'ין עד ירושלים**, מהדורה שנייה, תל אביב תשל"א

בר-אילן ר' מאיר, **רבן של ישראל**, ניו יורק תש"ג

ברדיצ'בסקי מיכה יוסף, **פרקי וולוז'ין תרמ"ח**, חולון תשמ"ד

ברויאר מרדכי, **אוהלי תורה: הישיבה, תבניתה ותולדותיה**, ירושלים תשס"ד

ברטל ישראל, **מבחר מקורות לתולדות יהודי מזרח אירופה במאה הי"ט**, ירושלים תשל"ז

ברטל ישראל וגוטמן ישראל (עורכים), **קיום ושבר: יהודי פולין לדורותיהם**, כרך ראשון – פרקי היסטוריה, ירושלים תשנ"ז; כרך שני – חברה, תרבות, לאומיות, ירושלים תשס"א

ברלין ר' חיים, **שו"ת נשמת חיים**, ירושלים תשס"ח (ארבעה חלקים)

ברלין-פפיש טובה, "סבתי בתיה מרים", בתוך: א' לאוני (עורך), **וולוז'ין: ספרה של העיר ושל ישיבת עץ חיים**, תל אביב תש"ל, עמ' 479–482

ברלין-פפיש טובה, **צלילים שלא נשכחו: ממוהילוב עד ירושלים**, רמת גן תשמ"ח

י' ברנשטיין (עורך), **מצפה: שנתון 'הצופה'**, כרך ראשון, ירושלים תשי"ג

בת יהודה גאולה, **איש המאורות: רבי יצחק יעקב ריינס**, ירושלים תשמ"ה

גוטליב שמואל נח, **אהלי שם**, פינסק תרע"ב

גוטסמן שלמה (עורך), **ישורון** יב (תשס"ג)

גולדברג הלל, "This World is a Very Narrow Bridge", in: H. Goldberg (Ed.), *Mussar – Anthology*, Hyde Park, MA. 1972, pp. 28-37

גוראריׂ אליהו יוחנן, **תולדות ברוך מרדכי**, כפר חב"ד תשס"ח

גליק שמואל, "המאבק בין הרבנים בסוף המאה הי"ט על הרעיון הציוני", **האומה** 154 (תשס"ד), עמ' 129–139

גרין נעם, "שבע יפול צדיק וקם: על מגמות אנטי-נומיסטיות בישיבת נובהרדוק", בתוך: ח' דויטש וד' ענקי (עורכים), **אקדמות** כב (תשס"ט), עמ' 143–167

דינור בן ציון, **בעולם ששקע**, ירושלים תשי"ח

האפרתי דוד טבלי, **תולדות אנשי שם**, ווארשא תרל"ה

הונדרט גרשון דוד, **גאולה קטנה ומעט כבוד: החברה היהודית בפולין-ליטא במאה השמונה עשרה**, ירושלים תשס"ח

הורוויץ אהרן יהודה הלוי (עורך), **כתבי הערוך השלחן**, ירושלים תשס"ז

היימן דב, "מארכיונו של הרב משה אביגדור חייקין", **סיני** צא (תשמ"ב), עמ' רסו–רעז

הלל ק' (עורך), **לובץ' ודלטיץ' – ספר זכרון**, חיפה תשל"א

הנקין איתם, "מחיבת ציון לאנטי ציונות: ר' דוד פרידמן מקרלין כמקרה מבחן", טרם נדפס

הרכבי אלכסנדר, **נאוואַרעדאָק** (אידיש), ניו יורק תרפ"א

וולברינסקי ר' דוד, מרקוביץ משה, **לקורות עיר נאוואהרדאק ורבניה**, ווארשא תרע"ג

וקסמן ניסן, "הגאון בעל ערוך השלחן", בתוך: א' הלוי פצ'ניק (עורך), **שנה בשנה** (תש"מ), עמ' 419–428

זאקס חיים, "דער אַלטער פון נאַוואַרעדאָק", פורסם ב'אלגעמיינעם זשורנאל, מרץ 2006 ואילך, בכתובת: http://www.algemeiner.com/generic.asp?print=true&id=1374

זוין ר' שלמה יוסף, **סופרים וספרים**, תל אביב תשי"ט

זייצ'יק ר' חיים אפרים, **המאורות הגדולים**, ירושלים תשכ"ט

זלקין מרדכי, **אל היכל ההשכלה: תהליכי מודרניזציה בחינוך היהודי במזרח אירופה במאה התשע עשרה**, תל אביב תשס"ח

זלקין מרדכי, "בין בני אלוהים לבני אדם: רבנים, בחורי ישיבות והגיוס לצבא

הרוסי במאה התשע עשרה", בתוך: א' בר-לבב (עורך), **שלום ומלחמה בתרבות היהודית**, ירושלים תשס"ו, עמ' 165-222

זלקין מרדכי, **בעלות השחר: ההשכלה היהודית באימפריה הרוסית במאה התשע עשרה**, ירושלים תש"ס

זלקין מרדכי, "עיר של תורה – תורה ולימודה במרחב העירוני הליטאי במאה התשע עשרה", בתוך: ע' אטקס (עורך), **ישיבות ובתי מדרשות**, ירושלים תשס"ז, עמ' 131-161

זעירא משה (עורך), **שנות דור ודור – אסופת גנזים**, כרך ראשון, ירושלים תש"ס

[חמו"ל], **בסופה ובסערה: תולדות חייו של... רבי שמואל וינטרויב זצ"ל**, בני ברק תש"ס

טיקוצ'ינסקי שלמה, "גדלות האדם ושפלות האדם בארץ לא זרועה: ישיבות המוסר סלבודקה ונוברדוק עולות לארץ ישראל, 1925–1935", בתוך: ע' אטקס ואחרים (עורכים), **חינוך ודת: סמכות ואוטונומיה**, ירושלים תשע"א, עמ' 220-267

טיקוצ'ינסקי שלמה, **דרכי הלימוד בישיבות ליטא במאה התשע-עשרה**, עבודת מחקר לשם קבלת תואר מוסמך, האוניברסיטה העברית, ירושלים תשס"ד

טיקוצ'ינסקי שלמה, "שכחו החיים וזכרו המוות: הרב חיים זייצ'יק ולקחי השואה ברוח תנועת נובהרדוק", בתוך: י' אסף ואחרים (עורכים), **זכרון בספר: קורות השואה במבואות לספרות הרבנית**, ירושלים תשס"ח, עמ' 116-139

יוונין שמואל, **נחלת עולמים**, ווארשא תרמ"ב

יפה יהושע, **בגיטו נובוגרודק ובתנועה הפרטיזנית** (בעריכת יצחק אלפרוביץ), תל אביב תשמ"ט

ירושלמי אליעזר, **מיערות הצפון עד חורשות הכרמל**, תל אביב תשכ"ב

ירושלמי אליעזר ואחרים (עורכים), **פנקס נאווארעדאק**, תל אביב תשכ"ג

כ"ץ ר' דב, **פולמוס המוסר**, ירושלים תשל"ב

כ"ץ ר' דב, **תנועת המוסר – תולדותיה, אישיה ושיטותיה**, חלקים ראשון-חמישי, ירושלים תשמ"ב

כ"ץ יעקב, **מסורת ומשבר: החברה היהודית במוצאי ימי הביניים**, מהדורה שנייה, ירושלים תשכ"ד

לוין מרדכי, **ערכי חברה וכלכלה באידיאולוגיה של תנועת ההשכלה**, ירושלים תשל"ו

ליפץ דב ואחרים (עורכים), **יהדות ליטא**, ג, ירושלים תש"ך

ליפשיץ יעקב, **תולדות יצחק: הוא תולדות רבנו... יצחק אלחנן (ספעקטאר)**, קובנא תרנ"ז

לשצ'ינסקי יעקב, **התפוצה היהודית**, ירושלים תשכ"א

מאהלר רפאל, **דברי ימי ישראל – דורות אחרונים**, ספר ראשון ושני כרך שני, מרחביה תשכ"א

מגיד הלל נח, **עיר ווילנא**, וילנא תר"ס

מוסרי א' מ' [=שם עט], "מגדולי ישראל – הרה"צ ר' יוסף יוזל הורוויץ ז"ל", **דרכנו**, שנה שנייה, כ"ז אייר - ל' אב תרצ"ה (גליונות לג-לד, לו-לח, מ, מד-מה)

מימון ר' יהודה ליב, **אנשים של צורה**, ירושלים תש"ז

מימון ר' יהודה ליב, **למען ציון לא אחשה**, ירושלים תשי"ד

מימון ר' יהודה ליב, **מדי חודש בחודשו**, חלק חמישי, ירושלים תשי"ט

מימון ר' יהודה ליב, **שרי המאה**, חלק שישי, ירושלים תש"כ [במהדורה המחודשת, ירושלים תשנ"א, נשתנה מספור העמודים]

מירסקי ר' שמואל קלמן (עורך), **מוסדות תורה באירופה בבניינם ובחורבנם**, ניו יורק תשט"ז

מלצר ידעאל, **בדרך עץ החיים**, ירושלים תשמ"ו

ניסנבוים ר' יצחק, **עלי חלדי**, ווארשא תרפ"ט

נקריץ ר' יהודה ליב, "ישיבות בית יוסף דנובהרדוק", בתוך: ש"ק מירסקי (עורך), **מוסדות תורה באירופה בבניינם ובחורבנם**, ניו יורק 1956, עמ' 247–290

נריה ר' משה צבי, **שיחות הראי"ה**, תל אביב תשל"ט

סגלוביץ יעקב מאיר (עורך), **מאסף דרושי**, חלק שני, וילנא תרע"ג

סורסקי אהרן, **הרב מפוניבז'**, בני ברק תשנ"ט

סורסקי אהרן, **מרביצי תורה ומוסר**, חלק ראשון, ירושלים תשל"ו

סלוצקי יהודה (עורך), **ספר בוברויסק: ספר הזכרון לקהילת בוברויסק ובנותיה**, תל אביב תשכ"ז

ספקטור שמואל (עורך), **פנקס הקהילות – פולין**, כרך שמיני, ירושלים תשס"ו

עפשטיין ר' אפרים מרדכי הלוי, **גבורות הארי**, הוצאה שנייה מתוקנת, וילנא תרמ"ט

עפשטיין ר' ברוך, **מקור ברוך**, וילנא תרפ"ח

עפשטיין ר' יחיאל מיכל הלוי, **אור לישרים** (על ספר הישר), ז'יטומיר תרכ"ט

עפשטיין ר' יחיאל מיכל, **דרשות קול בן לוי** (עם: ערוך השלחן, יורה דעה, חלק ג), ניו יורק תשנ"א

עפשטיין ר' יחיאל מיכל הלוי, **ערוך השלחן**, מהדורת "עוז והדר", ירושלים תשס"ו

עפשטיין ר' יחיאל מיכל, **ערוך השלחן העתיד**, מהדורת צילום, ירושלים תשמ"ז

פורמן אלי (מהדיר ומתרגם), "החדר היום – החדר בליטא", בתוך: ע' אטקס וד' אסף (עורכים), **החדר: מחקרים, תעודות, פרקי ספרות וזכרונות**, תל אביב תש"ע, עמ' 314–330 [יצוין כי תקציר של מסמך זה פורסם כבר בעברית בסמוך לפרסומו המקורי ברוסית. ראו: **הזמן**, ג' טבת תרע"ג, גליון 266, עמ' 2]

פיינר שמואל, **מלחמת תרבות: תנועת ההשכלה היהודית במאה ה-19**, ירושלים תש"ע

פישמן דוד, "Musar and Modernity: The Case of Novaredok", *Modern Judaism* 8 (1988), pp. 41-64

פצ'ניק ר' אהרן הלוי (עורך), **שנה בשנה**, ירושלים, תשל"א-תש"מ

צינוביץ' משה, "רבני קהלת לובץ'", בתוך: ק' הלל (עורך), **לובץ' ודלטיץ' – ספר זכרון**, חיפה תשל"א, עמ' 79–97

צינוביץ' משה, **עץ חיים – תולדות ישיבת וולוז'ין**, תל אביב תשל"ב

קול שמואל, **אחד בדורו – החלק הביאוגרפי**, א, תל אביב תש"ל

קוליק אלכסנדר (עורך), **תולדות יהודי רוסיה – מימי קדם עד העת החדשה המוקדמת**, ירושלים תש"ע

קוסובסקי-שחור ר' יעקב (עורך), **אגרות הנצי"ב מוולאזין**, בני ברק תשס"ג

קלויזנר ישראל, "בראשית יסוד הציונות הדתית על ידי הרב י"י ריינס", בתוך: י' רפאל וש"ז שרגאי (עורכים), **ספר הציונות הדתית**, א, ירושלים תשל"ז, עמ' 325–371

קליבנסקי בן ציון, **הישיבות הליטאיות במזרח אירופה בין שתי מלחמות העולם**, חיבור לשם קבלת דוקטור לפילוסופיה, אוניברסיטת תל אביב, תשס"ט

קליג דוב אריה, **לב אריה**, לבוב תרצ"ו

קצנלסון יהודה ליב, **מה שראו עיני ושמעו אזני**, ירושלים תש"ז

רוזנשטיין חיים דוד, **כתבים: מאמרים, רשומות ודברי ספרות**, ירושלים תשל"ג

רופין ארתור, **מלחמת היהודים לקיומם**, תל אביב ת"ש

ריינס ר' יצחק יעקב, **שני המאורות: מאמר זכרון בספר הנחלק לשני שערים**, פיעטרקוב תרע"ג

[רפפורט אברהם], "קונטרס חסדי דוד", בסוף ספר **דברי בינה ומוסר**, תל אביב תש"ל

שוחט עזריאל, "ההנהגה בקהילות רוסיה עם ביטול הקהל", **ציון** מב (תשל"ז), עמ' 143–233

שוחט עזריאל, "הרקרוצ'ינה בימי ניקולאי הראשון וריבוי הישיבות ביהדות רוסיה", **היסטוריה יהודית** א (תשמ"ו), עמ' לג-לח

שורין ר' אהרן בן ציון, **קשת גיבורים**, א-ב, ירושלים תשכ"ד-תשנ"ו

שחור ר' דב, **זכר אבות**, תל אביב תשנ"ג

שטמפפר שאול, **הישיבה הליטאית בהתהוותה**, מהדורה מתוקנת, ירושלים תשס"ה

שטמפפר שאול, "גידול האוכלוסייה והגירה ביהדות פולין-ליטא בעת החדשה", בתוך: י' ברטל וי' גוטמן, **קיום ושבר**, כרך ראשון, ירושלים תשנ"ז, עמ' 263–286

שטרן אברהם, **מליצי אש**, ג-ה, נובוזמקי-ווראנוב תרצ"ג-תרצ"ד

שלמון יוסף, **אם תעירו ואם תעוררו: אורתודוקסיה במצרי הלאומיות**, ירושלים תשס"ו

שפירא משה שמואל, "הרב הגאון רבי יחיאל מיכל איפשטין", **הד הזמן**, כ"ז אדר ב' תרס"ח (שנה ב' גליון 65), עמ' 3

שפירא משה שמואל [חסר שם עורך], **ר' משה שמואל ודורו**, ניו יורק תשכ"ד

תרשיש אהרן זיסקינד, **רבי ברוך הלוי אפשטיין**, ירושלים תשכ"ז

מפתח

כללי

הרי"מ עפשטיין

חיבוריו

אור לישרים

דרשות קול בן לוי

אישים

אודות המחבר

הרב איתם שמעון הנקין נולד בירושלים בשנת תשד"מ (1984) לרב יהודה הרצל הנקין מחבר שו"ת "בני בנים" ולרבנית חנה הנקין, לימים מייסדת מדרשת "נשמת". היה נין לגאון הרב יוסף אליהו הענקין זצ"ל. למד בצעירותו בתלמוד תורה "מורשה" ובישיבת "חיצים" שבאיתמר. למד שנים רבות בישיבת "ניר" בקריית ארבע לפני ולאחר שירותו הצבאי, ובמקביל החל בלימודי היסטוריה, וזכה במלגת רוטנשטרייך ללימודי תואר שלישי באוניברסיטת תל-אביב.

בראשית שנות העשרים לחייו החל לפרסם מאמרים בהלכה ובתולדות הרבנות במזרח-אירופה ובארץ ישראל. בחייו ראו אור שני ספרים: הראשון, 'לכם יהיה לאכלה', בירור הלכתי בנושא חרקים במזון, והשני (יחד עם הרב אברהם וסרמן), 'להכות שורש', ספר היסטורי העוסק בראי"ה קוק זצ"ל. ספר הלכה נוסף, 'אש תמיד – חידושים וביאורים בדיני שבת', הוכן בחייו והודפס לאחר הירצחו. הספר הנוכחי הוא הרביעי שבספריו. לבד מכך פרסם למעלה מחמישים מאמרים, שהופיעו בקשת רחבה של כתבי עת: מ"ציון" ועד "בית אהרן וישראל" של חסידות קרלין, ישורון, תחומין, ירושתנו, המעיין, אקדמות, ועוד. הרב איתם נודע ברוחב תפיסתו ויושרו האינטלקטואלי.

הרב איתם הנקין ורעייתו נעמה נרצחו בידי מחבלים לעיני ארבעת ילדיהם בחול המועד סוכות תשע"ו, סמוך לאלון מורה. בן 31 היה במותו.